It's Time to Change!

문제만 풀고 정답 체크하고 끝인 토익 준비.
이제는 바뀌어야 합니다.
한 문제를 풀어도
열 문제를 푼 것같이
꼼꼼한 정답 도출 과정을 익혀 보세요.

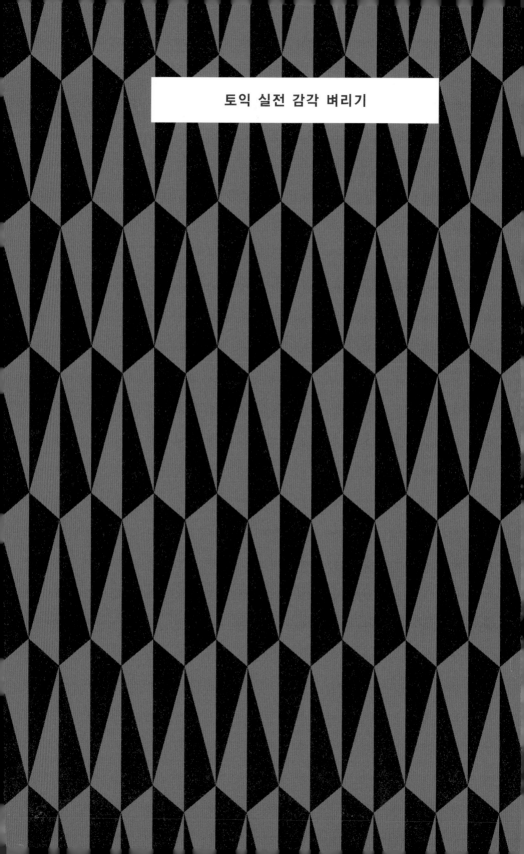

토익 실전 감각 벼리기

유수연 토익 950
최상위 문제 실전 모의고사
유수연 저
632쪽 | 3회분 | 18,000원

유수연 토익 750
최적화 문제 실전 모의고사
유수연 저
632쪽 | 3회분 | 18,000원

유수연 토익 650
맞춤형 문제 실전 모의고사
유수연 저
640쪽 | 3회분 | 18,000원

해설주의 토익
실전 모의고사 LC
백형식 저
320쪽 | 5회분 | 14,000원

해설주의 토익
실전 모의고사 RC
김병기 저
484쪽 | 5회분 | 15,000원

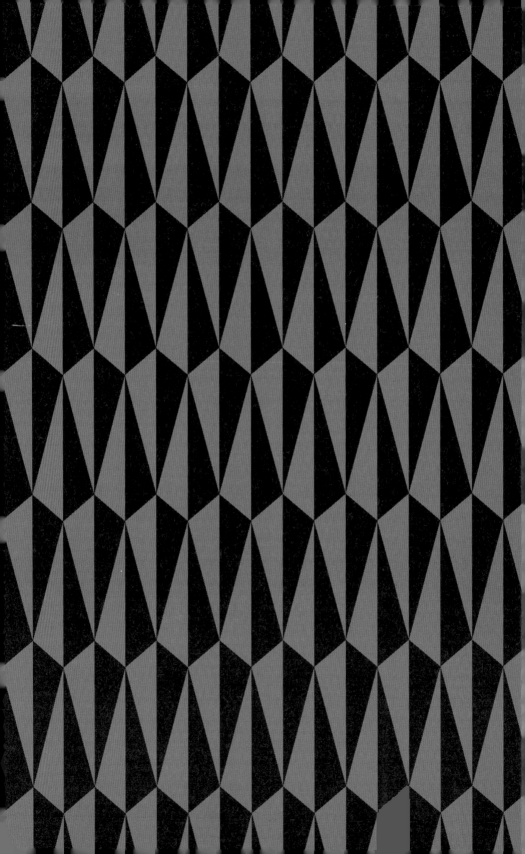

유수연 토익 750
최적화 문제
실전 모의고사

유수연 토익 750
최적화 문제 실전 모의고사

지은이 유수연
초판 1쇄 인쇄 2018년 8월 20일
초판 1쇄 발행 2018년 8월 31일

발행인 박효상   **총괄 이사** 이종선   **편집장** 김현   **기획·편집** 김효정, 김설아   **디자인** 이연진
디자인 싱타디자인 고희선
마케팅 이태호, 이전희   **관리** 김태옥

종이 월드페이퍼   **인쇄·제본** 현문자현

출판등록 제10-1835호   **발행처** 사람in   **주소** 121-839 서울시 마포구 양화로 11길 14-10 (서교동) 3F
전화 02) 338-3555(代)   **팩스** 02) 338-3545   **E-mail** saramin@netsgo.com
Homepage www.saramin.com

ISBN
978-89-6049-675-0 14740
978-89-6049-669-9 (세트)

사람이 중심이 되는 세상, 세상과 소통하는 책 사람in

유수연 토익 750

최적화 문제
실전 모의고사

유수연 지음

사람In

토익 수험생에게 고함

본 모의고사는
수많은 문제 유형을
정교하게 난이도 조절을 하여

750점대 이상
점수를 원하는 분들을 위해
최적화된 문제만
100% 추출한
모의고사 600제이므로

실제 시험과 다를 수 있음을 알려드립니다.

점수로 증명하는 750점 획득 전략

PART 1

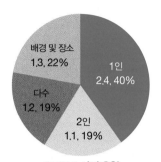

PART 1 사진 유형

정답의 패턴

정답을 유추하지 말고 보이는 것만 믿어라.
① 전반적인 묘사 〉 상세한 묘사
② 사실적인 묘사 〉 추상적인 묘사
③ 객관적인 묘사 〉 주관적인 묘사

정답과 오답의 가장 큰 특징은, 추상적이거나 구체적인 것보다는 사실 상황을 묘사한 것 또는 전반적인 동작 상황을 묘사한 것이 정답이라는 점이다. 사진 속 상황을 절대 유추하지 말고 보이는 것만 믿어라.

기본 문제 풀이 전략

STEP 1 사진 파악 – 음성이 나오기 전에 사진을 미리 보고 시선을 떼지 않는다.
STEP 2 받아쓰기 – 음성을 들으면서 빠르게 핵심어 한두 단어를 받아쓴다.
STEP 3 소거법 – 사진에서 보이지 않는 단어(동사, 명사)가 들리면 바로 소거한다.
STEP 4 정답 확인 – 오답을 먼저 제거하고 남는 것을 정답으로 선택한다.

최근 유형

① 유사한 동작을 묘사하더라도 마지막에 언급되는 명사를 확인하라.
② 사람 유무에 관계없이 정답이 되는 수동태 진행형(be동사 being p.p.)은 따로 있다.
③ 익숙하지 않은 사물 묘사나 자연 현상 표현을 확인하라.

사람 등장 사진의 정답 유형

사람 등장 사진에서 사물을 묘사한 정답이 나올 확률은 18%이다.
특히, 이중에 1인 사진은 67%, 2인 사진은 23%, 3인 이상 다수가 등장한 사진은 10%를 차지한다.

PART 2 출제 유형

기본적으로 PART 2는 질문과 답변의 유형이 15개뿐이다.

PART 2 기본 출제 유형		오답유형
의문사 의문문	1. Who 의문문	1. Yes/No 오류
	2. Where 의문문	2. 다른 의문사에 대한 답변
	3. When 의문문	3. 주어 오류
	4. Why 의문문	4. 유사 발음, 동일·연상 어휘 오류
	5. How 의문문	5. 시제 오류
	6. What/Which 의문문	
일반 조동사 의문문	7. 간접의문문	
	8. 조동사 의문문	
	9. 선택 의문문	
	10. 권유/제안/요청 의문문	
	11. 부가/부정 의문문	
평서문	12. 평서문	
회피성 답변	13. I don't know	
	14. 반문	
	15. 간접 상황	

유형별 출제율 분석

평서문 : 3.1 문제
1. 문제 상황 ▶ 대안/공감
2. 제안 ▶ 거절/승낙
3. 사실/상황 ▶ 맞장구
4. 질문 ▶ Yes/No

12%

45%

43%

의문사 : 11.1 문제
기본형 9문제
난이도 4문제
(모르겠다/간접 상황/반문)

비의문사 : 10.7 문제
기본형 4~5문제 (Yes/No 답변+∼)
난이도 5문제 (Yes, No 생략/간접 상황/모르겠다)

PART 3

PART 3 불변의 원칙

1. 정답은 대화의 진행 순서대로 등장한다.
2. 정해진 유형의 질문에서 벗어나지 않는다.
3. 대화는 구체적인 사실/상황으로 표현되나 정답은 포괄적으로 묘사된다.
4. MAN(남자) 질문은 남자의 대사에서 답이 나온다.

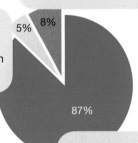

시각 자료 연계 문제 : 3문항
1. 일정: 행사, 공연, 교통, 날씨 등
2. 지도: 도로, 평면도, 노선도
3. 그래프: 파이 차트, 막대 그래프
4. 기타: 쿠폰, 리뷰, 영수증 등

화자의 의도 문제 : 2문항
1. Why ~ say "~"?
2. What ~ mean/imply when she/he says, "~"?

5% 8%

87%

기본 유형 문제 : 34문항
기본 정보: 직업, 업종, 대화 장소, 주제
세부 정보: 키워드 확인 문제
미래 정보: 미래, 요구/요청, 권유/제안

화자의 의도를 묻는 문제 풀이 전략

1. 화자 의도와 같은 뜻의 보기는 제거한다.
2. 포괄적으로 상황을 설명한 것이 정답이다.
3. 해당 위치에서 연결어를 확보하자.

시각 자료 연계 문제 풀이 전략

1. 대화에서 언급된 보기는 정답이 아니다.
2. 일정표는 일정의 변경, 취소 등을 확인하라.
3. 지도 관련 자료는 장소 전치사가 게임의 룰을 정한다.
4. 그래프는 서수, 최상급, 수량에 대한 언급에 답이 나온다.
5. 브로슈어, 쿠폰, 영수증은 잘못된 정보를 찾는 것이 정답이다.

고득점 유형

① 처음 2개의 질문이 주제/장소, 직업/목적 등인 경우는 처음 두 줄에 답이 동시에 나오는 2:1 구조이다.
② 3문제 모두 주제, 직업, 문제점이면 3:0의 구조이다.
③ I'll ~로 말하면 제안을, You'll ~로 말하면 요청을 뜻한다.
④ 답이 먼저 들리고 난 후에 키워드가 들린다.
⑤ 미래 문제는 상대의 말에서 답이 나온다.
⑥ however, but, by the way, unfortunately 뒤에 결정적인 정답의 단서가 나온다.
⑦ 앞으로 일어날 일의 순서를 묻는 문제는 I'll ~ / Let's ~에서 처음 들리는 동사가 정답이다.
⑧ 수동태 문제는 권유, 제안 등의 표현을 들어야 한다.
⑨ Let's/next/from now 등의 표현은 마지막 줄에 들리며 미래의 일정을 설명한다.

PART 4

PART 4 불변의 원칙

1. 정답은 담화의 진행 순서대로 등장한다.
2. 정해진 유형의 질문에서 벗어나지 않는다.
3. 대화는 구체적인 사실/상황을 표현하나 정답은 포괄적으로 묘사된다.
4. 담화의 전개 방식이 패턴화되어 있다.

최근 시험에서 가장 많이 출제되는 담화(talk) 유형은 회의, 설명/연설, 전화 메시지이며, 패턴화된 담화의 전개 방식은 반드시 알아두어야 한다.

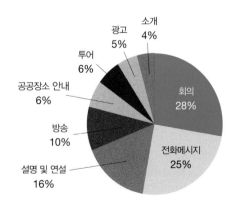

PART 5 & 6

PART 5

1
문장의 구조 분석을 통해 품사의 배열과 문법의 근거를 찾아라.

2
문제 해결을 위한 **문법** 사항을 정리해 두자.

3
문장 중에 **답 결정 단어**를 찾아 객관적이고 논리적인 근거를 확보하라.

4
어휘는 언제, 누구와 출제되는지를 함께 암기하라.

PART 5

PART 6

PART 6

1. 품사 선택 1~2 문제
① 품사의 배열 ② 관련 문법

2. 동사의 형태 2~3 문제
① 본동사의 개수
② 주어와의 수일치
③ 목적어 유무의 태
④ 다른 동사들과의 시제

3. 어휘 문제 4~5 문제
→ **말이 되는 것은 답이 아니다.**
① 본문 중에 답을 결정하는 연결 단어
② 동의어
③ 포괄적인 단어

4. 연결어 문제 1~2 문제
① 접속사와 전치사 확인
② 지시대명사/형용사 확인
③ 접속부사/부사 확인

5. 문맥 추가 4 문제
① 보기의 키워드 정리
② 본문 중 빈칸 앞뒤의 답을 결정하는 연결 단어
③ 전체 지문 중에서 오류 제거

PART 7

독해 4대 원칙

① 답은 지문의 순서대로 배치된다.

② 문제를 먼저 분석한 후에 지문의 해당 위치를 검색한다.

③ 본문은 구체적이고 답은 포괄적이다.

④ 보기의 오답들은 한 단어의 오류를 숨기고 있다.

전략적 문제 풀이 접근법

STEP 1 지문의 앞부분을 스키밍(skimming)하여 기본 정보를 정리한다.

STEP 2 질문을 분석하여 키워드와 답의 위치를 찾는다.

STEP 3 질문의 키워드와 보기 (A) ~ (D)의 키워드를 정리한다.

STEP 4 지문에서 보기의 키워드들을 스키밍(skimming)으로 검색한다.

STEP 5 지문에서 검색한 내용과 보기 (A) ~ (D)를 대조하여 정답을 찾는다.

★ 최근 토익 추세는 언뜻 보아서는 (A) ~ (D) 모두 답이 되는 것 같지만, 한 단어 때문에 오답이 되는 경우가 많다. 따라서 신속하면서도 꼼꼼하게 확인하면서 풀어야 한다.

차 례

▸ LC 테스트용 MP3 음원 파일과 복습용 음원 파일은 www.saramin.com에서 다운로드할 수 있습니다.

TEST 1

LISTENING TEST

In the Listening test, you will be asked to demonstrate how well you understand spoken English. The entire Listening test will last approximately 45 minutes. There are four parts, and directions are given for each part. You must mark your answers on the separate answer sheet. Do not write your answers in your test book.

PART 1

Directions: For each question in this part, you will hear four statements about a picture in your test book. When you hear the statements, you must select the one statement that best describes what you see in the picture. Then find the number of the question on your answer sheet and mark your answer. The statements will not be printed in your test book and will be spoken only one time.

Statement (B), "They're having a meeting," is the best description of the picture, so you should select answer (B) and mark it on your answer sheet.

1.

2.

GO ON TO THE NEXT PAGE

3.

4.

5.

6.

GO ON TO THE NEXT PAGE

PART 2

Directions: You will hear a question or statement and three responses spoken in English. They will not be printed in your test book and will be spoken only one time. Select the best response to the question or statement and mark the letter (A), (B), or (C) on your answer sheet.

7. Mark your answer on your answer sheet.
8. Mark your answer on your answer sheet.
9. Mark your answer on your answer sheet.
10. Mark your answer on your answer sheet.
11. Mark your answer on your answer sheet.
12. Mark your answer on your answer sheet.
13. Mark your answer on your answer sheet.
14. Mark your answer on your answer sheet.
15. Mark your answer on your answer sheet.
16. Mark your answer on your answer sheet.
17. Mark your answer on your answer sheet.
18. Mark your answer on your answer sheet.
19. Mark your answer on your answer sheet.

20. Mark your answer on your answer sheet.
21. Mark your answer on your answer sheet.
22. Mark your answer on your answer sheet.
23. Mark your answer on your answer sheet.
24. Mark your answer on your answer sheet.
25. Mark your answer on your answer sheet.
26. Mark your answer on your answer sheet.
27. Mark your answer on your answer sheet.
28. Mark your answer on your answer sheet.
29. Mark your answer on your answer sheet.
30. Mark your answer on your answer sheet.
31. Mark your answer on your answer sheet.

PART 3

Directions: You will hear some conversations between two or more people. You will be asked to answer three questions about what the speakers say in each conversation. Select the best response to each question and mark the letter (A), (B), (C), or (D) on your answer sheet. The conversations will not be printed in your test book and will be spoken only one time.

32. Where does the man most likely work?
(A) At a hotel
(B) At a grocery store
(C) At a dental clinic
(D) At a travel agency

33. Why does the man apologize?
(A) Some items are sold out.
(B) A system was not working properly.
(C) Dr. Kelly is not in her office.
(D) A bill has not been paid yet.

34. What does the man advise the woman to take?
(A) Beverages
(B) A pamphlet
(C) Sample products
(D) A form of identification

35. Where are the speakers?
(A) At a supermarket
(B) At a bus terminal
(C) At a train station
(D) At a convention center

36. What are the women worried about?
(A) Missing a presentation
(B) Losing important documents
(C) Having additional travel costs
(D) Not being on time for an event

37. What does the man recommend the women do?
(A) Book a bus ticket
(B) Use a cab
(C) Purchase a time-table
(D) Depart early

GO ON TO THE NEXT PAGE

38. What are the speakers mainly talking about?
(A) A company's sports club
(B) An annual business event
(C) A business meeting schedule
(D) An international basketball game

39. Who is Marious Keller?
(A) A job applicant
(B) A new coworker
(C) An important client
(D) An event organizer

40. What will the speakers probably do at noon?
(A) Schedule a test
(B) Talk about a policy
(C) Leave for a sports match
(D) Meet up for a meal

---

41. What is the man inquiring about?
(A) An open position
(B) A repair service
(C) A shipping service
(D) Opening hours

42. What does the man say he is concerned about?
(A) The repair fee
(B) A schedule change
(C) The availability of a worker
(D) A missing document

43. What does the woman ask the man to bring?
(A) A form of identification
(B) A discount coupon
(C) A warranty agreement
(D) An order invoice

---

44. What does the man like about the Liverpool Complex?
(A) Its reasonable rental fee
(B) Its convenient location
(C) Its quiet neighbors
(D) Its nearby parking facility

45. What does the woman mention she has done?
(A) Purchased a new car to commute
(B) Contacted a moving firm
(C) Wrote her name on a waiting list
(D) Met some neighbors already

46. What does the man encourage the woman to do?
(A) Look around more apartments
(B) Meet local people at dinner
(C) Bring some food
(D) Explore some local attractions

---

47. Who most likely are the speakers?
(A) Lawyers
(B) Web designers
(C) building contractors
(D) Accountants

48. Why does the woman say, "She was your client, wasn't she"?
(A) To decline a request
(B) To evaluate staff performance
(C) To ask for some input
(D) To get a client's contact information

49. How does the woman want to revise an agreement?
(A) By taking off a policy
(B) By adding an extra charge
(C) By scheduling more meetings with clients.
(D) By limiting the number of additional requests

50. What kind of business does the woman work for?
(A) A building contractor
(B) A furniture retailer
(C) A household appliance manufacturer
(D) A shipping company

51. What does the woman say the business is famous for?
(A) Its competitive prices
(B) Its fast delivery
(C) Its various products
(D) Its high-quality items

52. What is wrong with the man's order?
(A) The delivery was late.
(B) Some documents were misplaced.
(C) Different products were delivered.
(D) Some products are damaged.

53. What are the speakers scheduled to do in November?
(A) Acquire another company
(B) Come back from holiday
(C) Relocate their business space
(D) Close a deal with a building contractor

54. What does the woman mean when she says, "I think it would be better if it were smaller"?
(A) A room will provide a refreshing view.
(B) She wants to have a meeting in a different room.
(C) She will wear heavy clothing.
(D) A room could be too cold in certain seasons.

55. What does the man say he will do?
(A) Call off a meeting with a client
(B) Increase a budget
(C) Get in touch with a supervisor
(D) Revise an agreement

56. What does the man say he had a chance to do?
(A) Meet new coworkers
(B) Read the results of a survey
(C) Arrange a business meeting
(D) Review an new promotional plan

57. What kind of merchandise are the speakers talking about?
(A) An office wear
(B) A mobile device
(C) A desktop computer
(D) A travel package

58. What is scheduled to be held next week?
(A) An orientation meeting for new employees
(B) An inspection of a new factory
(C) A gathering for managers
(D) A meeting for a new advertisement

GO ON TO THE NEXT PAGE

59. What service can Sergio Business Consulting do for the woman?
(A) Building expansion
(B) Web site design
(C) Legal advice
(D) Career development

60. What will the woman's company do in a few months?
(A) It will appoint a new president.
(B) It will sign a merger agreement.
(C) It will introduce a new line of products.
(D) It will open another branch office.

61. What will the men most likely do next?
(A) Talk about available services
(B) Schedule a meeting with an expert
(C) Move to another meeting room
(D) Present a list of price options

Dora Music
Special Weekday's Discount!

30% Off		20% Off		15% Off
Monday	or	Wednesday	or	Friday

07 5265018292755

62. What is mentioned about the musical instrument?
(A) It comes in more than one design.
(B) It was made by hand.
(C) It can be delivered for free.
(D) It is an overpriced product.

63. Look at the graphic. On which day is the woman trying to buy a product?
(A) Monday
(B) Wednesday
(C) Friday
(D) Saturday

64. What information does the woman inquire about?
(A) Shipping services
(B) Opening hours
(C) Music classes
(D) Instrument repairs

Moorgate City Library

Late book return fee (per day)	£0.75
Late DVD return fee (per day)	£0.50
Late CD return fee (per day)	£0.90
Replacement card (each issue)	£2.00

Liverpool Street Bistro Menu
[Seasonal Drinks]

Juce 1	Juce 2	Juce 3	Juce 4
Tomato and Lemon	Pear and Tomato	Strawberry and Lime	Orange and Tomato

65. What does the man say will happen soon?
(A) A membership policy will change.
(B) The facility will be closing.
(C) Some equipment will be delivered.
(D) New books will be arriving.

66. Look at the graphic. How much will the woman have to pay?
(A) £0.75
(B) £0.50
(C) £0.90
(D) £2.00

67. What will the woman probably do next?
(A) Meet with the head librarian
(B) Look for more books to rent
(C) Present her photo identification
(D) Fill out an application form

68. What is the reason the man is surprised?
(A) Tables are set earlier than scheduled.
(B) A coworker has been promoted.
(C) The woman is working in the evening.
(D) Food supplies have not arrived yet.

69. Look at the graphic. Which item will speakers take off from the menu?
(A) Juice 1
(B) Juice 2
(C) Juice 3
(D) Juice 4

70. What will the woman probably do next?
(A) Arrange a public event
(B) Get in touch with local vendors
(C) Check the shipment again
(D) Fill out a request form

GO ON TO THE NEXT PAGE

PART 4

Directions: You will hear some talks given by a single speaker. You will be asked to answer three questions about what the speaker says in each talk. Select the best response to each question and mark the letter (A), (B), (C), or (D) on your answer sheet. The talks will not be printed in your test book and will be spoken only one time.

71. Why is the speaker calling?
    (A) To revise a building plan
    (B) To push a client for payment
    (C) To purchase some furniture
    (D) To ask a client to choose a design

72. According to the speaker, what will happen on January 14?
    (A) A Web site will be redesigned.
    (B) New equipment will be shipped.
    (C) A new product will be launched.
    (D) An opening ceremony will take place.

73. What information can the listener find on a Web site?
    (A) A directory of local companies
    (B) Previous work samples
    (C) Price options
    (D) An event schedule

74. What has Melissa Hall announced?
    (A) Upcoming policy changes
    (B) A new financing director
    (C) A company's new Web site
    (D) Her retirement from a firm

75. What aspect of the company's policy does the speaker highlight?
    (A) Participating in a regular training session
    (B) Accepting authorization for an early leave
    (C) Providing current staff promotion opportunities
    (D) Recommending qualified applicants

76. According to the speaker, what are listeners encouraged to do?
    (A) Come up with an idea to improve hiring processes
    (B) Adjust their holiday schedule
    (C) Let managers know their interest in an job opening
    (D) Arrange for a retirement party

77. Where most likely are the listeners?
(A) At an appliance shop
(B) At a production facility
(C) At an exhibition hall
(D) At a public park

78. Why does the speaker say, "You should know that it's going to be three hours long"?
(A) He is soliciting assistance from the visitors.
(B) He is trying to update a schedule.
(C) He is advising the visitors to rest when needed.
(D) He is explaning a current delay.

79. What does the speaker encourage the visitors to keep?
(A) Their information packet
(B) Their parking pass
(C) Their tour tickets
(D) Their safety equipment

---

80. What is the purpose of the talk?
(A) To announce a new corporate policy
(B) To clarify a work deadline
(C) To confirm food and drink orders
(D) To encourage staff to do volunteer work

81. Who most likely is Howard Gray?
(A) The owner of a local business
(B) An event organizer
(C) A food supplier
(D) The director of an orphanage

82. What should the listeners do if they want to take part in the event?
(A) Fill out a required form
(B) Make a donation to charity
(C) Speak to their manager
(D) Consult the company bulletin board

---

83. Who most likely are the participants in the event?
(A) Psychologists
(B) Lab technicians
(C) Sales people
(D) Electrical engineers

84. Why is the talk being given?
(A) To report an employee's recent promotion
(B) To discuss designs for a new facility
(C) To explain a change in a training program
(D) To outline a training program

85. What does the speaker imply when she says, "You can use the vending machines located on each floor"?
(A) To recommend participants have a small social gathering
(B) To announce where the vending machines are located.
(C) To inform participants that the vending machines are not working
(D) To advise participants to purchase snacks

GO ON TO THE NEXT PAGE

86. What industry does the speaker work in?
(A) Office appliances
(B) Printing business
(C) Food production
(D) Container manufacturing

87. Why is the speaker leaving the message?
(A) To propose a new project
(B) To schedule a meeting with a client
(C) To make a hotel reservation
(D) To talk about problem with a new label

88. What does the speaker ask the listener to do?
(A) Lead a weekly meeting
(B) Come to a branch office quickly
(C) Fix an order as soon as possible
(D) Deliver product samples on Monday

89. Who most likely are the listeners?
(A) Music reviewers
(B) Food critics
(C) Local residents
(D) Tour guides

90. According to the speaker, what is Finsbury Town most famous for?
(A) Its culinary schools
(B) Its natural scenery
(C) Its dining establishments
(D) Its historical theaters

91. Why does the speaker say, "I said Nathan Green"?
(A) To clarify a performer's full name
(B) To check a person's attendance
(C) To indicate that a musician is famous
(D) To introduce a new radio host

92. What is the speaker sorry for?
(A) Failing to contact staff members
(B) Announcing some incorrect data
(C) Postponing an event
(D) Being late for a meeting

93. According to a survey, what are customers disappointed with?
(A) The limited menu options
(B) The operating hours
(C) The inconvenient location
(D) The payment options

94. What will take place next week?
(A) A product launch
(B) A staff training session
(C) A tour of a new facility
(D) A promotional event

Directory of Elevators *please refer to them before getting on		
E–A	....	Floors 2-6
E–B	....	Floors 7-15
E–C	....	Floors 16-25
E–D	....	Floors 26-30

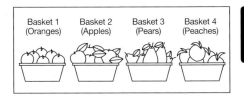

Basket 1 (Oranges)　　Basket 2 (Apples)　　Basket 3 (Pears)　　Basket 4 (Peaches)

95. What will most likely be the topic of the meeting?
(A) A landscaping job
(B) An office renovation
(C) A recruitment process
(D) An acquisition plan

96. What should the listener do at the security office?
(A) Pick up a parking ticket
(B) Get an ID badge
(C) Present an invitation for an event
(D) Inquire about the location of an office

97. Look at the graphic. on which floor can the listener find the speaker's business?
(A) 2
(B) 7
(C) 16
(D) 26

98. Why is the business having the event?
(A) To sell seasonal fruit
(B) To promote new products
(C) To celebrate its anniversary
(D) To close the supermarket

99. How long will the event last?
(A) One day
(B) Two days
(C) One week
(D) Two weeks

100. Look at the graphic. Which fruit basket contains products with an extra discount?
(A) Basket 1
(B) Basket 2
(C) Basket 3
(D) Basket 4

This is the end of the Listening test. Turn to Part 5 in your test book.

READING TEST

In the Reading test, you will read a variety of texts and answer several different types of reading comprehension questions. The entire Reading test will last 75 minutes. There are three parts, and directions are given for each part. You are encouraged to answer as many questions as possible within the time allowed.

You must mark your answers on the separate answer sheet. Do not write your answers in your test book.

PART 5

Directions: A word or phrase is missing in each of the sentences below. Four answer choices are given below each sentence. Select the best answer to complete the sentence. Then mark the letter (A), (B), (C), or (D) on your answer sheet.

101. Mr. Chang asked for team members to help --------- with the JR Manufacturing advertising campaign.
(A) he
(B) his
(C) him
(D) himself

102. Those participating in the factory tour should wear proper ---------.
(A) equip
(B) equipping
(C) equipped
(D) equipment

103. Due to last night's storm, neither the warehouse --------- the parking facilities are open today.
(A) as
(B) so
(C) nor
(D) but

104. Strict road safety rules --------- in the center of the city.
(A) are enforcing
(B) will enforce
(C) to enforce
(D) are enforced

105. The application fee is --------- refundable until July 10 and is 50% refundable afterwards.
(A) full
(B) fully
(C) fuller
(D) fullest

106. Jacob's Sandwich --------- all of its branches to display the price list at the cash register.
(A) spends
(B) covers
(C) requires
(D) records

107. Software development has led to
--------- demand for online courses.
(A) many
(B) add
(C) plus
(D) more

108. --------- meet the standards, you will
need to inspect all the procedures
and revise them.
(A) For example
(B) In order to
(C) To be sure
(D) For the purpose of

109. Although Sysco International, Inc.,
had many applicants for each open
position, few were ---------.
(A) qualify
(B) qualified
(C) qualifies
(D) qualifications

110. One of the main agenda items for
the 10th Tokyo Energy Conference is
the strengthening of policies ---------
renewable energy uses.
(A) whereas
(B) after all
(C) moreover
(D) concerning

111. Over the last five years, Danker
Finance has built a --------- as one
of the most reliable investment
companies in the state.
(A) character
(B) privilege
(C) relationship
(D) reputation

112. Amgen Electronics --------- its new
line of products at a trade show in
New York next Monday.
(A) being announced
(B) announced
(C) will announce
(D) announcing

113. Most companies rely ---------
customer reviews and surveys to
improve their service quality.
(A) into
(B) within
(C) on
(D) onto

114. All personal information on these
forms has been --------- so that we
can use them for training purposes.
(A) extended
(B) resolved
(C) produced
(D) removed

115. A job fair is the best way for job
seekers to meet with --------- from
all the major companies.
(A) recruitments
(B) recruiters
(C) recruit
(D) recruiting

116. Jackal Travel Agency in the city
center is open every day, --------- on
Sundays.
(A) with
(B) except
(C) just
(D) when

GO ON TO THE NEXT PAGE

117. All our staff members are trained to listen --------- to the customer's needs.
(A) attends
(B) attend
(C) attention
(D) attentively

118. Although Daniel Melder retired two years ago, he --------- writes a business column in the local newspaper.
(A) ever
(B) still
(C) especially
(D) anyway

119. Hamilton Airline issued a --------- to all its passengers informing them of flight delays.
(A) bill
(B) label
(C) manual
(D) notice

120. The board of directors is discussing plans for the renovation of Tucson National Park --------- is scheduled to be open to the public this fall.
(A) which
(B) where
(C) whose
(D) when

121. After seeing Dark Night, audiences will find the --------- scene one of the most impressive parts in the movie.
(A) last
(B) lasts
(C) lastly
(D) lasted

122. JuRi Bank offers the Easy ERP Program to help you run your business more ---------.
(A) extremely
(B) broadly
(C) potentially
(D) efficiently

123. Your reservation may be rescheduled once without penalty, --------- notice is given in writing at least two weeks in advance.
(A) regardless of
(B) provided that
(C) along with
(D) according to

124. We at Murphy Academy have a special program intended for --------- interested in pursuing a marketing career.
(A) whom
(B) either
(C) those
(D) which

125. This upgraded software will --------- increase the productivity of their product design process.
(A) very
(B) lately
(C) recently
(D) soon

126. Please note that the operation of electronic devices is prohibited --------- the tour.
(A) while
(B) during
(C) over
(D) along

127. Due to inclement weather, the trains from Leeds will arrive an hour --------- than usual.
(A) lateness
(B) latest
(C) late
(D) later

128. Despite the economic downturn, investment on property has maintained --------- growth over the years.
(A) correct
(B) final
(C) seasoned
(D) steady

129. You are advised to consult with your supervisor when --------- the document.
(A) revising
(B) revised
(C) revise
(D) revises

130. There will be a meeting at the end of this week to decide on --------- to promote our new vacuum cleaner.
(A) try
(B) so
(C) after
(D) how

GO ON TO THE NEXT PAGE

PART 6

Directions: Read the texts that follow. A word, phrase, or sentence is missing in parts of each text. Four answer choices for each question are given below the text. Select the best answer to complete the text. Then mark the letter (A), (B), (C), or (D) on your answer sheet.

Questions 131-134 refer to the following e-mail.

TO	David Miller ⟨dmiller@consult4u.com⟩
FROM	Sandra Olson ⟨solson@ksofficesupplies.com⟩
DATE	15 June
SUBJECT	employee benefit program

Hello David,

I was very pleased to meet you in Perth. After your presentation, we talked about the customer incentive program you started last year. You mentioned that the program ------- a contest based on customer feedback, with prizes for the **131.** employees receiving the most positive responses. I was surprised to hear that the program improved ------- and morale a lot. It sounds ------- the best way to **132.** **133.** show how much employees contribute to the company. -------. Would you be **134.** available to meet and talk with me about how you prepared for the program and the details?

I look forward to hearing from you.

Sincerely,

Sandra

131. (A) involved
(B) involving
(C) will involve
(D) to involve

132. (A) budgets
(B) necessity
(C) productivity
(D) priority

133. (A) of
(B) as if
(C) instead of
(D) like

134. (A) I would like to hire additional sales staff.
(B) I'm planning to do something similar at my company.
(C) I was scheduled to meet with our clients.
(D) I'm excited to work with customer service representatives.

Questions 135-138 refer to the following information.

Your KN-3000 Office Copier is one of the essential tools in operating your business. ------- 135., learning how to maintain and keep your copier working properly will make your business more efficient. Here, we provide special tips to keep your copier running smoothly. First, use its dedicated -------, 136. especially KN-3000 toner cartridges. Second, you should be careful when loading paper. In order to prevent paper jams, just follow the instructions in the manual provided. Third, clean the optics (glass) every few weeks or month. -------. 137. Finally, if you need to have your copier repaired, it's the best to seek the help of a ------- 138. professional. Please remember these tips to keep the repairman away.

135. (A) In conclusion
(B) On the other hand
(C) Therefore
(D) Even so

136. (A) supplies
(B) employees
(C) power
(D) access

137. (A) Turn off the copier when it is not in use.
(B) Use only a soft cloth and alcohol-free glass cleaner.
(C) When clearing jams, be sure to remove all parts of the page that has jammed.
(D) Keeping the paper organized will prevent paper from rippling.

138. (A) certify
(B) certifying
(C) certification
(D) certified

GO ON TO THE NEXT PAGE

Questions 139-142 refer to the following press release.

The Dream For Children (DFC), a charity organization based in LA, California, has received a grant from the Federal Government. DFC was awarded the grant for a proposal submitted two months ago. Jason Moore, Director of DFC, announced that the fund will be used to renovate its Child Care Center. -------. **139.** Additionally, the grant will pay for purchasing books for its library. After these -------, **140.** the rest of the funds will be used for supporting children with serious care needs ------- **141.** health, education and others. Mr. Moore said that a new internal committee ------- **142.** the project from start to finish.

139. (A) Education for children is one of the common child welfare.
(B) Mr. Moore has some experience in the construction industry.
(C) This includes replacing old facilities for the handicapped.
(D) Their child support case information is available on demand.

140. (A) progressions
(B) improvements
(C) promotions
(D) revisions

141. (A) which
(B) while
(C) such as
(D) in order

142. (A) overseeing
(B) will oversee
(C) was overseeing
(D) to oversee

Hamilton Resort
Reservation & Cancellation Policies

Before you book your room, please read our reservation and cancellation policies. They will help you ------- your time at our resort. If you make a reservation at the
143.
regular price, it may be cancelled for any reason. -------.
144.

For standard reservations, notice of cancellation is required 3 days or more prior to scheduled arrival. In this case, a full ------- will be made. If cancellations are
145.
made within 3 days, you will be charged a fifty dollar cancellation fee. No-shows and early departures ------- fulfillments of stay and are not entitled to a refund.
146.

If you need further assistance with a reservation or cancellation, please call our customer center at (555) 515-8457.

143. (A) change
(B) win
(C) plan
(D) expand

144. (A) There is a maximum of two guests per room.
(B) Hamilton Rewards points can not be used for special packages.
(C) Special requests will be honored depending on hotel capacity.
(D) Booking online at discounted prices need full payment and may not be cancelled.

145. (A) receipt
(B) explanation
(C) benefit
(D) refund

146. (A) in consideration
(B) are considered
(C) used to consider
(D) very considerate

GO ON TO THE NEXT PAGE

PART 7

Directions: In this part you will read a selection of texts, such as magazine and newspaper articles, e-mails, and instant messages. Each text or set of texts is followed by several questions. Select the best answer for each question and mark the letter (A), (B), (C), or (D) on your answer sheet.

Questions 147-148 refer to the following form.

Reimbursement Claim

NAME (IN BLOCK CAPITALS) BONITA FREDA
DATE 21 JULY
DEPARTMENT TECH SUPPORT

TOTAL	DETAILS OF EXPENSE
£834.00	Include **all meals and travel costs** for the new software program training course our team held at the Kensington Convention Center in Barons for 3 days last week.

Claim for reimbursement for the above amount.

Signature *Bonita Freda*

---

147. What did Ms. Freda's team do in Barons in July?
(A) Hosted an event
(B) Closed a deal with a client
(C) Designed a software program
(D) Transferred to another branch office

148. What does Ms. Freda request?
(A) Details of employee benefits
(B) Information on a training course
(C) Registration fee for a business event
(D) Compensation for business-related expense

Questions 149-150 refer to the following advertisement.

Brand New Item!
Light Travel around the World!

This item is much lighter than any other suitcases on the market at around 1.5 kilograms. Katelyn Tanisha, accomplished aircraft designer, used aluminum which is known as one of the lightest materials existing today to create this suitcase. Extra structure and strength is provided by reinforced plastic, so it can hold users' heaviest clothes and even a few books. A spaciously designed interior and three exterior pockets make the bag more convenient and useful to any type of travelers. Various colors are available!

149. What kind of product is being advertised?
(A) A closet
(B) An aircraft
(C) A line of clothes
(D) A piece of luggage

150. What is suggested about the product?
(A) It is affordable.
(B) It can be folded.
(C) It tends to be sturdy.
(D) It provides a large pocket.

GO ON TO THE NEXT PAGE

Questions 151-152 refer to the following e-mail.

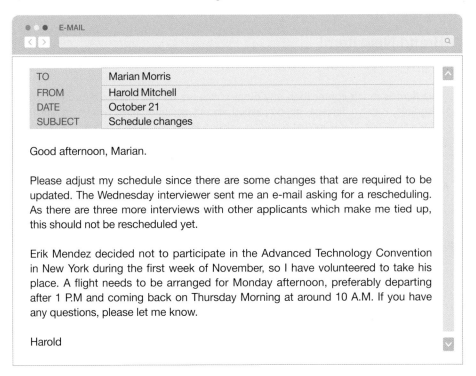

TO	Marian Morris
FROM	Harold Mitchell
DATE	October 21
SUBJECT	Schedule changes

Good afternoon, Marian.

Please adjust my schedule since there are some changes that are required to be updated. The Wednesday interviewer sent me an e-mail asking for a rescheduling. As there are three more interviews with other applicants which make me tied up, this should not be rescheduled yet.

Erik Mendez decided not to participate in the Advanced Technology Convention in New York during the first week of November, so I have volunteered to take his place. A flight needs to be arranged for Monday afternoon, preferably departing after 1 P.M and coming back on Thursday Morning at around 10 A.M. If you have any questions, please let me know.

Harold

151. What is the purpose of the e-mail ?
(A) To arrange a convention
(B) To apply for a job
(C) To schedule an interview
(D) To modify a calendar

152. What did Mr. Mitchell ask Ms. Morris to do?
(A) Take part in a convention
(B) Postpone an interview
(C) Handle travel arrangements
(D) Send an e-mail to Mr. Mendez

Questions 153-154 refer to the following online chat discussion.

Fellow Talk		
Agnes Matthews	1:10 P.M.	Good afternoon, Mr. Meyer. What can I do for you?
Derek Meyer	1:11 P.M.	Hi, I received a text message confirming that our order for Gospel office supplies has arrived, but there seems no package delivered to my office.
Agnes Matthews	1:12 P.M.	That's weird. Do you have the order request number?
Derek Meyer	1:13 P.M.	Yeah, it's Q23R4E.
Agnes Matthews	1:13 P.M.	OK. Thank you for your continuing business with us. I see that Pimlico is our loyal customer. According to the order system, it seems that the text message was sent out mistakenly. The order was shipped out just last night and should arrive on Wednesday.
Derek Meyer	1:15 P.M.	I got it. Anyway, I didn't expect it would arrive today. Thanks for the help.

153. What is suggested about Pimlico?
(A) It will hire Ms. Matthews.
(B) It is a packaging firm.
(C) It has ordered from Gospel before.
(D) It regularly updates its order system.

154. At 1:15 P.M., what does Mr. Meyer most likely mean when he writes, "I got it"?
(A) He should have replied to an e-mail.
(B) He learned that his order has been processed.
(C) He has located his package.
(D) He understood the reason his package did not arrive.

GO ON TO THE NEXT PAGE

Questions 155-157 refer to the following e-mail.

E-MAIL

FROM	Personnel Division
TO	Customer Service Division
SUBJECT	German classes
DATE	June 21

Good morning,

Our firm's upcoming expansion into the German market means that we will have more chances to interact with new clients and associates. To get ready for this, free German classes will be offered to employees in the Customer Service Division who will soon have to frequently interact with German speakers by telephone. The classes are not compulsory, but you are encouraged to use this opportunity to boost your language skills. Hanger International Language School will offer the classes in cooperation with us. It is one of the best language institutes here in Sudbury City which has wide knowledge about teaching business-oriented languages.

Extra travel will not be necessary since the classes are scheduled to take place on site with light refreshments. There will be two levels of business German: Professional, and Advanced. In order to identify which level is the most appropriate, attendees will take a level test. The classes will take place early in the mornings on Wednesdays and Fridays. Please take advantage of this great chance. Anyone interested should register by Tuesday.

Regards,

Yvette Mccarthy
Personnel Division
Ladbroke Communication Inc.

155. Why is the organization providing foreign language classes?
(A) Many employees have requested language training.
(B) Its main office is relocating to Germany.
(C) German clients are visiting its headquarters.
(D) It is opening a new branch in another country.

156. What is indicated about some staff members in the Customer Service Division?
(A) They may already know some German.
(B) They have to travel abroad frequently.
(C) They recently hired additional employees.
(D) They need to go to Hanger International Language School to attend classes.

157. What is NOT indicated about the classes?
(A) They will consist of two different levels.
(B) They will be held only two days a week.
(C) A light meal will be offered with them.
(D) Employees have to pay to attend them.

Alperton Building Contractor

Alperton Building Contractor has acknowledged expert teams in not only construction but also architectural design. Robyn Mclaughlin, an architect, founded the company 35 years ago after relocating to Hillingdon Town to learn more about construction while she worked for a local construction firm.

When Ms. Mclaughlin opened her own business, she mainly concentrated on renovating old houses including small one-bedroom apartments and studios. However, after a few years when her business grew, she started to build residential complexes and apartments. Eleven years ago, when Robyn's youngest son took over control of his mother's company, Alperton Building Contractor was awarded many contracts for commercial projects, such as office complexes and shopping centers, and expanded its business into nearby towns including Victoria City and Devon Town.

Although costs of building supplies significantly increased due to the intense competition, the firm has established a reputation for its high-quality service and competitive prices.

Alperton Building Contractor might be the answer if you are looking for a reliable building company. For further details, visit its Web site at www. alpertonbuildingcontractor.net.

158. Where would the leaflet most likely be found?
(A) In a local newspaper
(B) At a job expo
(C) In a financial report
(D) At a construction school

159. What is suggested about Alperton Building Contractor?
(A) It specializes in only residential buildings.
(B) Its acquisition of another firm has been approved.
(C) It is a family-owned organization.
(D) Its main office is in Victoria City.

160. What is NOT stated as a change the firm has experienced?
(A) Its leadership change
(B) The locations it operates
(C) The pricing policy it announced
(D) Its expansion into a new market

GO ON TO THE NEXT PAGE

Support for Art Initiative

Inviting all artists! The Selma Modern Museum is hosting a fund-raiser to sponsor its Support for Art Initiative, which is to set up funds to buy art supplies for local school students. We are seeking your support!

Visit the museum in August any time you are convenient (the opening hours are seven days a week from 10 A.M. to 4:30 P.M.). You will be given a new, plain mugs which are available in various sizes for you to pick from.

Choose your mug at the entrance next to the ticket office and paint any picture you want.

Be creative as much as you are able to! And don't forget to leave your sign on it. Bring it back to us by 29 September, along with your contact information.

These painted mugs will be offered for sale during the entire month of October. All the proceeds from the sale will go to the Support for Art Initiative. The contact information of the artists who participated in the event will be listed on the museum's online bulletin board.

For further details, contact the Selma Modern Gallery at 321-9393-1121 or check its Web site at www.selmamoderngallery.co/fundraise.

161. What will be the readers of the article encouraged to do ?
(A) To contribute funds to an event
(B) To plan a tour for local artists
(C) To take part in a fundraising event
(D) To volunteer to start an art course

162. What is the main goal of the Support for Art Initiative?
(A) To organize a variety of art events
(B) To train new artists
(C) To interact with the local community
(D) To donate art supplies to local students

163. What is NOT indicated about the painted mugs?
(A) They will be for sale in October.
(B) They must have the painter signatures.
(C) They will be selected for an award.
(D) They are offered in different sizes.

164. Where will museum visitors be likely to check the artists' contact information?
(A) At the entrance
(B) In the ticket office
(C) On its Web-site
(D) In the local newspapers

Questions 165-167 refer to the following notice.

Janitorial Services

The janitorial services division of Ruislip Holiday Inn has about 40 employees who are in charge of handling all the public space and cleaning in our facility including the guest rooms and the staff and management offices.

- In order to accommodate our guests, guests rooms are cleaned according to the occupancy schedule. More information on timing for guest rooms is available in the employee handbook.
- Clean public areas, such as function halls, restrooms, lounges and other spaces for customers on a daily basis.
- When public areas require prompt attention, janitorial workers will be available on request.
- Every other Tuesday, offices need to be cleaned including emptying trash cans and vacuuming floors.
- Personal work spaces are required to be cleaned and arranged neatly. Every plant in the offices should be taken care of by each staff member.

165. Who is the notice most likely intended for?
(A) Guests at a resort
(B) Employees at a hotel
(C) Agents at a tourist bureau
(D) Workers of a cleaning-supplies firm

166. How can readers learn about the scheduling of guest room cleaning?
(A) By contacting the hotel's back office
(B) By referring to a calendar in the staff office
(C) By checking information in an employee manual
(D) By consulting with the manager of janitorial services

167. According to the notice, how often are the wastebaskets in the offices emptied?
(A) Each day
(B) Twice a week
(C) Every two weeks
(D) Every other month

GO ON TO THE NEXT PAGE

Questions 168-171 refer to the following e-mail.

E-MAIL

FROM	lesterburton@sntbc.org.uk
TO	arlenecarlson@trando.co.uk
SUBJECT	Enrollment and lunch
DATE	21 August

Dear Ms. Carlson,

Thank you for showing us your interest in this year's Southern Nations Trade and Business Convention (SNTBC). Your attendance will be very welcome. —— [1] —— . Your enrollment form and fee payment have been accepted.

—— [2] —— . You neglected to indicate which food option you would like at the convention lunch on the form. That information needs to be passed on to the restaurant management in order for them to begin arranging meals for attendees. —— [3] —— . Besides the fish or beef options, the center's restaurant is serving several vegetarian choices. If you visit our Web site, you will be able to view more details about the options. Please reply to this e-mail as soon as possible and inform me of your preference. Be advised that the payment is inclusive of the lunch. —— [4] —— . No extra fee will be charged.

Sincerely,

Lester Burton
SNTBC

168. Who most likely is Mr. Burton?
(A) A professional cook
(B) A center receptionist
(C) A convention coordinator
(D) A restaurant representative

169. What is Ms. Carlson instructed to do?
(A) Make a full payment
(B) Confirm her meal preference
(C) Send an application form
(D) Book a table in advance

170. What is suggested about Ms. Carlson's payment for this year's event?
(A) It covers a meal at no extra cost.
(B) It can be refunded upon request.
(C) It is going to be raised soon.
(D) It has to be paid in full before the event.

171. In which of the positions marked [1], [2], [3], and [4] does the following sentence best belong?
"Yet one more detail is required to complete the enrollment process."
(A) [1]   (B) [2]
(C) [3]   (D) [4]

Questions 172-175 refer to the following article.

ALDGATE (23 October)—The Lucille Bistro, a local eatery serving pizza, pasta and wine, is growing rapidly. — [1] — . "Our bistro welcomes various customers, but more and more diners with their family members keep visiting us nowadays," said Mr. Jeremy Warren. "This can be attributed to the newly built residential complexes close to us," he added.

Mr. Warren said that most of the recent developments in the town seem to have contributed to the growth in our business. He insisted that the daily specials are offered at affordable prices, and many customers with their families can be seen at dinnertime. — [2] — . Soon, the bistro will introduce its brunch service as well as a wide range of new menu offerings. — [3] — .

Mr. Warren said that various appealing menu items are planned and prepared based on seasonal ingredients and what the regional farms offer, which makes loyal customers come back again and agian. "We started our business fifteen year ago and are thinking about providing breakfast services on weekends," he added. — [4] — .

Please come to the Lucille Bistro at 33 Aldgate East Avenue for your dining out with family or friends. The place will serve brunch on weekends from 11:30 A.M. to 3:00 P.M.

172. According to the article, what is the main reason the Lucille Bistro has experienced a surge in business?
(A) It has recently renewed its interior.
(B) It has provided meals at low prices.
(C) It has established a good reputation.
(D) It is located near many new residences.

173. What does Mr. Warren intend to do soon?
(A) Secure more funding
(B) Provide additional menu items
(C) Open another branch
(D) Recruit extra staff members

174. What is NOT indicated about the Lucille Bistro?
(A) It used to be run by two owners.
(B) It may soon serve breakfast during the weekends.
(C) It has been operating for fifteen years.
(D) It offers different menu items on a daily basis.

175. In which of the positions marked [1], [2], [3], and [4] does the following sentence best belong?
"Most of them visit more than twice a week."
(A) [1]   (B) [2]
(C) [3]   (D) [4]

GO ON TO THE NEXT PAGE

Questions 176-180 refer to the following Web page and e-mail.

http://www.doreenfinance.com

| Individual Services | Investing Services | Business Support | Networks & Events |

Seminar on Financial Knowledge
Supported by Doreen Finance and Luann Banking Services

Doreen Finance and Luann Banking Services (DFLBS) is delighted to introduce its latest series of financial knowledge seminars to be held for twelve months. These sessions, led by acknowledged financial experts, are completely free to all our customers and offer effective guidance on a wide range of subjects. Customers can register for each class on a first come, first served basis, which is limited to only the first 25 people. Registrants will be provided complimentary refreshments in the class room.

Subject	Lecturer	Venue	Time	Date
Basic Step: The Best Way to Buy Your First Home	Dolly Minerva	DFLBS Convention Hall	2:30 P.M.–3:30 P.M.	6 April
Taking out a Loan for Your Own Business	Leonor Casey	DFLBS Convention Hall	3:00 P.M.–5:00 P.M.	11 April
New System for managing Daily Expenses	Clint Watson	DFLBS Convention Hall	4:30 P.M.–6:30 P.M.	19 April
How to Minimize Interest Rates	Lance Conrad	DFLBS Convention Hall	6:30 P.M.–8:00 P.M.	25 April

● ● ●　E-MAIL

TO	mwebber@deloresappliance.net
FROM	customercare@doreenfinance.org
DATE	1 April
SUBJECT	Seminar registration
ATTACHMENT	Webber–R12

Dear Ms. Webber

This is to inform you that your registration for the financial knowledge seminar has been processed. We are sure that the information about how to borrow money to start a business will be useful to you. You will realize that the information can be applied promptly.

The proof of your registration has been attached. Please check our Web site for directions to the location. You will be directed to the designated parking lot upon getting to the venue, if you find one of our employees on duty. Signs will lead you to the seminar after coming to the main lounge.

Doreen Finance thanks you for your patronage. We are honored to offer you our best service.

Customer Care
Doreen Finance and Luann Banking Services

176. According to the Web page, what is planning to be offered?
(A) Information about real estate trends
(B) Knowledge about business law
(C) A software system for accounting work
(D) Chances to enhance financial literacy

177. What is NOT suggested about the seminars?
(A) They will be held every month.
(B) They are held at different venues.
(C) They are arranged for patrons of DFLBS.
(D) They are sponsored by DFLBS.

178. Who will lead the seminar Ms. Webber intend to attend?
(A) Ms. Minerva
(B) Ms. Casey
(C) Mr. Watson
(D) Mr. Conrad

179. In the e-mail, the word "applied" in paragraph 1, line 4, is closest in meaning to
(A) hired
(B) borrowed
(C) filled
(D) employed

180. What document has been attached to the e-mail?
(A) An attendee's confirmation
(B) A list of lecturers leading the seminars
(C) Directions to the seminar location.
(D) Proof of payment for the event

GO ON TO THE NEXT PAGE

Sherman Janitorial Service (SJS)

www.shermanjanitorialservice.co.org

Wherever you are located, SJS can take care of your organization's janitorial jobs! We have branches in all the major cities. Call us right away to checkout what services are available for you. We can help you get rid of the anxiety of dealing with the mess!

Extensive Care

Call us to let our experienced workers take care of your business's daily operation needs for cleaning floors, disposing of waste, and cleaning and sanitizing toilets. On your request, our workers can carry out their duties only in the early morning and late evening to avoid disrupting your business operations and activities.

Regular Maintenance and Cleaning

If you don't need our help every day, not to worry! Our services are available on a biweekly, weekly, bimonthly or monthly basis. And even upon demand, we can provide our service for you. On top of the cleaning service, our workers are set to solve minor maintenance issues to prevent serious problems. Let us handle jobs such as painting walls and changing light bulbs.

Massive Cleaning Service

Unexpectedly, serious messes can occur sometimes. So, our on-call workers are prepared to help you with cleaning up our patrons' facilities in such cases as a flood caused by a rainstorm or a burst pipe. In order to avoid damage from mold, the waterlogged areas will be dried up and fumigated.

Having Window Washed

Cleaning exterior windows as well as interior windows can be done in a cost-effective and safe way. In order to have this job done properly, one of our team leaders will visit to estimate the job through thorough evaluation before starting it.

It is guaranteed that we don't receive any payment until our customers are fully satisfied with our services. Just visit or contact one of your nearest SJS's branches to learn more about our reasonably priced services boasting the most eco-friendly and safest products and methods. (E-mail: priceestimate@shermanjanitorialservice.co.org, Phone: 210-3393-2294)

To: priceestimate@shermanjanitorialservice.co.org
From: fphillips@eleanorfinance.co.uk
Subject: Service
Date: 11 April

To whom it may concern,

I am currently working for a financial company located in the center of Richmond. There was a serious issue with the water pipe system in our building which caused severe water damage in our office. To clean and fix the area damaged by water, we are interested in using your service. Please contact me at 323-349-5928.

One of our neighbors, Ellen Owens at Hownslow Institution highly recommended your company's service. She praised your quality and safe service a lot.

Frances Phillips
Greenford Financial Service

---

181. What is NOT indicated about Sherman Janitorial Service?
(A) It has more than one branch.
(B) It is concerned about environmental issues.
(C) It has a customer guarantee policy.
(D) It provides services for private home owners.

182. In the information, the word "anxiety" in paragraph 1, line 3 , is closest in meaning to
(A) tension
(B) fever
(C) stress
(D) aspiration

183. What is mentioned about a feature of Extensive Care?
(A) Its equipment is relatively safe.
(B) It offers plumbing services for free.
(C) Its service schedule is flexible.
(D) It involves an on-site evaluation.

184. What service will Greenford Financial Service most likely use?
(A) Extensive Care
(B) Regular Maintenance and Cleaning
(C) Massive Cleaning service
(D) Having Window Washed

185. What is indicated about Hownslow Institution?
(A) It used to employ Mr. Phillips as a financial manager.
(B) It formed partnership with Greenford Financial Service.
(C) It has hired Sherman Janitorial Service before.
(D) It will be relocated to another city.

GO ON TO THE NEXT PAGE

Questions 186-190 refer to the following e-mails and article.

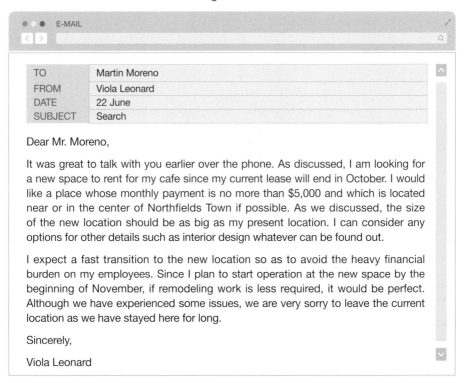

E-MAIL

TO	Martin Moreno
FROM	Viola Leonard
DATE	22 June
SUBJECT	Search

Dear Mr. Moreno,

It was great to talk with you earlier over the phone. As discussed, I am looking for a new space to rent for my cafe since my current lease will end in October. I would like a place whose monthly payment is no more than $5,000 and which is located near or in the center of Northfields Town if possible. As we discussed, the size of the new location should be as big as my present location. I can consider any options for other details such as interior design whatever can be found out.

I expect a fast transition to the new location so as to avoid the heavy financial burden on my employees. Since I plan to start operation at the new space by the beginning of November, if remodeling work is less required, it would be perfect. Although we have experienced some issues, we are very sorry to leave the current location as we have stayed here for long.

Sincerely,

Viola Leonard

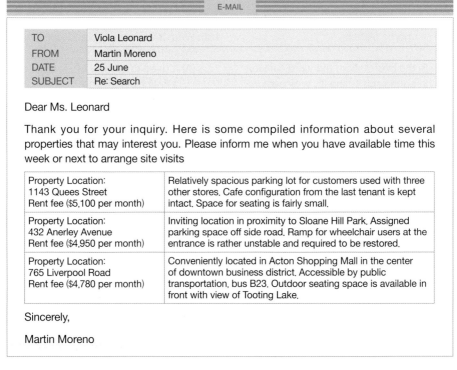

E-MAIL

TO	Viola Leonard
FROM	Martin Moreno
DATE	25 June
SUBJECT	Re: Search

Dear Ms. Leonard

Thank you for your inquiry. Here is some compiled information about several properties that may interest you. Please inform me when you have available time this week or next to arrange site visits

Property Location: 1143 Quees Street Rent fee ($5,100 per month)	Relatively spacious parking lot for customers used with three other stores. Cafe configuration from the last tenant is kept intact. Space for seating is fairly small.
Property Location: 432 Anerley Avenue Rent fee ($4,950 per month)	Inviting location in proximity to Sloane Hill Park. Assigned parking space off side road. Ramp for wheelchair users at the entrance is rather unstable and required to be restored.
Property Location: 765 Liverpool Road Rent fee ($4,780 per month)	Conveniently located in Acton Shopping Mall in the center of downtown business district. Accessible by public transportation, bus B23. Outdoor seating space is available in front with view of Tooting Lake.

Sincerely,

Martin Moreno

Green Pheasant found a New Nest.

By Maurice Jones

Hounslow (2 November) — The Green Pheasant, the respectable cafe, which served on 31 Putney Road for 12 years, has relocated to a new place at 432 Anerley Avenue. Yesterday, it had the grand opening.

All cakes and pastries at the Green Pheasant are freshly made by the owner of the business every early morning, which made the cafe popular. I personally suggest trying the Season Apply Pastry whose flavors are unspeakably delicious.

Needless to say, the coffee and tea smell and taste excellent.

Please note that you might need to be patient during busy hours as the seating space is rather smaller than that of the previous one. But, your long wait will be certainly rewarded with great service as well as with splendid food and beverage, which have allowed the place to operate for more than a decade.

With convenient parking, the new location is within walking distance from the downtown business district. Wheelchair users are welcome to visit the place. Opening hours are seven days a week 9 A.M – 6 P.M.

---

186. What is suggested about Ms. Leonard?
- (A) She is experiencing financial difficulties.
- (B) She did plan to buy new dining chairs and tables.
- (C) She employed a new cook.
- (D) She did not compromise her initial deadline.

187. What is most likely Mr. Moreno's occupation?
- (A) A property developer
- (B) A financial expert
- (C) A local realtor
- (D) A cafe assistant

188. What is true about the Green Pheasant's new location?
- (A) Its front ramp has been fixed.
- (B) It closes on the first day of every month.
- (C) It will hire more staff for busy hours.
- (D) Its parking lot will be temporarily unavailable.

189. According to the article, how does the new cafe differ from the previous one?
- (A) It is closer to famous local attractions.
- (B) It serves a smaller number of customers at once.
- (C) It does not include cakes on its menu anymore.
- (D) It is open for longer hours seven days a week.

190. In the article, the word "operate" in paragraph 3, line 7, is closest in meaning to
- (A) run
- (B) control
- (C) activate
- (D) manipulate

GO ON TO THE NEXT PAGE

Magazine Exploring the Globe: March Spring Special Issue

EXPERIENCE THIS SEASON'S BEST MOBILE APPLICATIONS for Travelers

Photo J-Travel CR2 is an intriguing new approach to arrange the photos taken during your travels. It can be an excellent choice for those who travel frequently as its user-friendly and unique interface makes sharing and organizing photographs a lot less hassle.

Photo J-travel CR2 can use the mobile device's located features to upload and automatically label digital photos not only with the date but also the location as users take them with their mobile device. This app establishes the history of the user's travels by arranging each photo in a virtual album for a specific trip. Then, the user readily accesses the album to add their own stories and details to each photo. Labels and stickers can be applied to photos by using special packages which can be selected by users. World famous spots like Time Square, the Eiffel Tower, and the Colosseum are included in one of the sticker packages. Users can back up all photo albums to the app's main server and be charged for backup, security, and storage functions. With only 1.5 GB of storage provided, a basic Beginner Level plan starts at £9 per month. Other level plans are available at higher rates, but offers larger storage capacity.

Thanks for your purchase of the Photo J-Travel CR2 mobile app!

In order to help you get started, here are the instructions to follow. You can make your own photo albums in the virtual workroom after completing your personal profile. Please keep in mind that subscriptions are available as a gift. If you would like to give Photo J-Travel CR2 to your acquaintances or friends, check our Web site at www.photojtravelcr2app.net/giftspurchase. Have happy and exciting travels with it.

Personal Information	Preferred Plan level
Name: Alfonso Steele **E-mail:** asteele@starspacemall.com **Phone number:** 443–2231–8867 **How often do you travel?** 7+ times a year **Do you ever travel abroad?** Yes **Frequented locations:** Rome, New York, Seoul, Tokyo	Beginner: £9/month ( ) Enjoyer: £13/month ( ) Hobbyist: £17/month (√) Professional: £20/month ( )

TO	asteele@starspacemall.com
FROM	subcariberservice@photojtravelcr2app.net
DATE	20 April
SUBJECT	Customer Notice

Dear Photo J-Travel CR2 subscriber,

Please be advised that there have been some changes to subscription plans. Rates for one of the monthly plans are going to increase sometime this quarter. Through these necessary changes to our services, more features for users will be added such as six more languages and enhanced photo filter options. Also, Hobbyist and Professional subscribers will soon be allowed to use additional special packages like photo book sets and printed photo postcards. The rates will be effective June 1 and are as below:

Type of Plan	Storage Capacity	Monthly Price
Beginner	3GB	£9
Enjoyer	5GB	£13
Hobbyist	10GB	£17
Professional	28GB	£22

Existing subscribers to Hobbist and Professional will be sent one complimentary printed photo book. If you have any question, please feel free to get in touch with us at subcariberservice@photojtravelcr2app.net

191. According to the advertisement, what does the Photo J-Travel CR2 enable subscribers to do?
(A) Create their itineraries
(B) Design their own applications
(C) Keep photos in their mobile phones
(D) Buy brand-new cameras at a low rate

192. What is indicated about the Photo J-Travel CR2?
(A) It can access features in a subscriber's mobile phone.
(B) It has been the most popular app among young users.
(C) It tends to be more expensive than other mobile applications.
(D) It can be applied to only particular types of mobile devices.

193. Why is Mr. Steele qualified to receive a photo book?
(A) He traveled to more than one international destination.
(B) He purchased a Photo J-Travel CR2 gift subscription for an acquaintance.
(C) He won the first place in a photo contest.
(D) He subscribes to Photo J-Travel CR2's Hobbyist plan.

194. What is NOT stated in the e-mail as a reason for the change in rate?
(A) To provide more special packages
(B) To add photograph filter choices
(C) To increase the number of language options
(D) To make the app accessible in more nations

195. What particular change will be made to the Beginner Level plan?
(A) Security features will be enhanced.
(B) The storage capacity is being improved.
(C) Subscribers' payments can be made only on a monthly basis.
(D) The number of photo albums a subscriber can arrange will be decreased.

GO ON TO THE NEXT PAGE

Questions 196-200 refer to the following notice, Web page, and receipt.

British Specialists Association

The British Specialists Association is honored to present the professional of the year award. Over fifteen years, writer Herbert Kennedy has been a pioneer of eduction in history and literacy for people of all ages. Please come to congratulate Mr. Kennedy on Friday, 21 November, at 6 P.M. in the Banquet Hall at the Edgar Hotel in Camden Town. Following the award ceremony, entertainment by the Hackney Rock Band as well as a full-course dinner will be provided.

The various pieces Mr. Kennedy created have contributed to our understanding of the era in which we stay. His first book, *Sailing Vessels*, involves a interesting story on how finding a new sea route helped bring changes and expand our world throughout the 1700s, and describes the milestones that influenced the world economy of the age. *The Boys of the River*, his another book, is a fiction that shows young countrymen's changes in life during the period of eighteenth-century industrial revolution and the subsequent events. Lastly, *Diverse Images of London* (in collaboration with well-known photographer Pearl Larson) follows the city from its past to the present with pictures and words.

To reserve a seat for the ceremony, check our Web site at www.bsa.com.uk. Please be advised that a group of rooms at the Edgar Hotel in Camden has been set aside for attendees at a discounted price. Check www.edgarhotelcamden.com.uk/bsassociation for further details.

---

http://www.doreenfinance.com

Featured Event: Award Presentation by British Specialists Association

Please book your room for the award ceremony on 21 November. Rooms are available for attendees at a discounted price from 20 November to 22 November; entertainment as well as a meal at the award event are included in the price. For information about prices and room availability, please contact (44) 4321 3321, extension 23.

By downloading the mobile app we recently introduced, 300 Edgar Hotel Rewards credits can be given when making a reservation. You can check in and out of our hotel more conveniently by using the app. This special offer lasts only until the end of November. New or reward program members are only eligible for this offer.

Edgar Hotel in Camden
Proof of Payment

Guest: Mamie Joseph   **Date:** 23 November
Permanent Address: 534 Bethnal Avenue, Homerton 2RQ1 34R

Room number: 431
Check-in: 21 November   **Checkout:** 22 November

Rewards program code: 54122 TRC   **Rewards credits:** 300 (Speical points)
Discounted price: £95 per night (British Specialists Association) + Tax
Total: £104.50
Bank card: XXXX-XXXX-XXXX-3321

We are happy to serve you!
Enjoy your stay with us!

---

196. What is mentioned as being part of Mr. Kennedy's works?
(A) Pearl Larson's photographs
(B) A summary of the history of Britain
(C) Information on the shipbuilding industry
(D) Changes in the appearance of a river

197. In the notice, the word "follows" in paragraph 2, line 8, is closest in meaning to
(A) obeys
(B) reads
(C) traces
(D) keeps

198. What is suggested about a discounted room price?
(A) It is good for a limited period.
(B) It is offered on a regular basis.
(C) It is provided only to reward program members.
(D) It can be applied for the event attendees' family members.

199. What is included in the price of a room reserved for the event?
(A) Breakfast every morning
(B) A photo session with a writer
(C) A musical performance
(D) Tickets to a local photo gallery

200. What is indicated about Ms. Joseph?
(A) She failed to use her credit card when booking a room.
(B) Her original plan was to stay a few more days after the event.
(C) She may have the hotel's mobile app in one of her mobile devices.
(D) Her membership will expire at the end of November.

GO ON TO THE NEXT PAGE

TEST 1

해설

정답 **TEST 1**

01. (B)	41. (B)	81. (B)	121. (A)	161. (C)
02. (A)	42. (A)	82. (D)	122. (D)	162. (D)
03. (C)	43. (C)	83. (C)	123. (B)	163. (C)
04. (D)	44. (B)	84. (D)	124. (C)	164. (C)
05. (B)	45. (C)	85. (D)	125. (D)	165. (B)
06. (C)	46. (B)	86. (C)	126. (B)	166. (C)
07. (C)	47. (B)	87. (D)	127. (D)	167. (C)
08. (A)	48. (C)	88. (C)	128. (D)	168. (C)
09. (B)	49. (B)	89. (C)	129. (A)	169. (B)
10. (B)	50. (B)	90. (C)	130. (D)	170. (A)
11. (A)	51. (C)	91. (C)	131. (A)	171. (B)
12. (B)	52. (C)	92. (C)	132. (C)	172. (D)
13. (C)	53. (C)	93. (D)	133. (D)	173. (B)
14. (B)	54. (D)	94. (B)	134. (B)	174. (A)
15. (A)	55. (C)	95. (B)	135. (C)	175. (B)
16. (C)	56. (B)	96. (B)	136. (A)	176. (D)
17. (A)	57. (B)	97. (B)	137. (B)	177. (B)
18. (A)	58. (D)	98. (C)	138. (D)	178. (B)
19. (A)	59. (C)	99. (C)	139. (C)	179. (D)
20. (B)	60. (B)	100. (B)	140. (B)	180. (B)
21. (A)	61. (A)	101. (C)	141. (C)	181. (D)
22. (C)	62. (B)	102. (D)	142. (B)	182. (C)
23. (B)	63. (C)	103. (C)	143. (C)	183. (C)
24. (A)	64. (C)	104. (D)	144. (D)	184. (C)
25. (A)	65. (B)	105. (B)	145. (D)	185. (C)
26. (C)	66. (D)	106. (C)	146. (B)	186. (D)
27. (B)	67. (C)	107. (D)	147. (A)	187. (C)
28. (B)	68. (C)	108. (B)	148. (D)	188. (A)
29. (B)	69. (C)	109. (B)	149. (D)	189. (B)
30. (A)	70. (B)	110. (D)	150. (C)	190. (A)
31. (A)	71. (D)	111. (D)	151. (D)	191. (C)
32. (C)	72. (D)	112. (C)	152. (C)	192. (A)
33. (B)	73. (B)	113. (C)	153. (C)	193. (D)
34. (C)	74. (D)	114. (D)	154. (D)	194. (D)
35. (C)	75. (C)	115. (B)	155. (D)	195. (B)
36. (D)	76. (C)	116. (B)	156. (A)	196. (A)
37. (B)	77. (B)	117. (D)	157. (D)	197. (C)
38. (A)	78. (C)	118. (B)	158. (A)	198. (A)
39. (B)	79. (C)	119. (D)	159. (C)	199. (C)
40. (D)	80. (D)	120. (A)	160. (C)	200. (C)

1

(A) A man is holding a backpack.
(B) A man is leaning his leg against the railing.
(C) A man is riding a bicycle.
(D) A man is taking off a jacket.

[해석]
(A) 남자가 배낭을 들고 있다.
(B) 남자가 다리를 난간에 기대놓고 있다.
(C) 남자가 자전거를 타고 있다.
(D) 남자가 재킷을 벗고 있는 중이다.

어휘   hold 잡고 있다   lean ~을 기대놓다   railing 난간   take off ~을 벗다

01 1인 사진은 사람의 동작과 외관에 집중한다.

PART 1의 1–2번 문제, 특히 1번은 주로 1인 사진이 출제된다. 1인 사진은 시선 처리를 주로 사진 중심부에 집중해 눈에 띄는 동작과 상태를 미리 파악해야 한다.

STEP 1 사진분석

❶ 1인 중심
❷ 난간에 발을 올려놓고 있다.
❸ 파란 재킷을 입고 있다.
❹ 자전거가 난간에 기대어 있다.

STEP 2 사진에 보이지 않는 단어가 들리면 바로 소거한다.

(A) A man is~~holding~~ a backpack.
▸ 배낭을 들고 있지 않다.
(B) A man is leaning his leg against the railing. ▸정답
(C) A man is~~riding~~ a bicycle.
▸ 자전거는 난간에 세워져 있다.
(D) A man is~~taking off~~ a jacket.
▸ 재킷을 벗고 있지 않다.

STEP 3 입다 vs. 벗다

Part 1에서 자주 사용하는 '입다'의 동사는 put on과 wear인데, put on은 입고 있는 동작을, wear는 입고 있는 상태를 나타낸다. 그래서 putting on a hat은 모자를 쓰고 있는 동작을, wearing a hat은 모자를 쓴 상태를 나타낸다. '벗다'는 take off로 벗는 동작을 묘사하므로 주의해야 할 필요가 있다.

〈Part 1 옷차림 묘사 빈출 표현〉

He is **wearing** a tool belt. 남자는 연장벨트를 차고 있다.
He is **wearing** protective equipment[gear]. 남자는 안전장비를 착용하고 있다.
He is **wearing** glasses. 남자는 안경을 쓰고 있다.

2

(A) They're looking at a sign.
(B) They're trying to hoist flags.
(C) Some people are exiting a building.
(D) One of the women is opening a window.

[해석]
(A) 그들은 간판을 보고 있다.
(B) 그들은 깃발을 게양하려 한다.
(C) 일부 사람들이 건물을 나가고 있다.
(D) 여자들 중 한 사람이 창문을 열고 있다.

어휘　look at ~을 보다　sign 표지판, 간판　hoist 들어 올리다, 게양하다　flag 깃발　exit 나가다

02 2인 이상의 사진은 공통된 동작이나 포괄적인 상태가 답이다.

2인 이상의 사진은 Part 1 중반에 위치하여 난이도가 높은 편에 속하지는 않지만, 1인 사진과는 달리 여러 대상의 동작이나 상태, 사물을 파악해야 하므로 주의해야 한다.

STEP 1 사진분석

❶ 〈사람+사물〉 사진
❷ 두 사람이 무언가를 보고 있다.
❸ 깃발이 걸려 있다
❹ 창이 많은 건물이 있다.

STEP 2 사진에 보이지 않는 단어가 들리면 바로 소거한다.

(A) They're looking at a sign. ▶정답
(B) They're ~~trying to hoist~~ flags.
  ▸ 깃발을 게양하려고 하지 않는다.
(C) Some people ~~are exiting~~ a building.
  ▸ 건물에서 나오는 사람이 없다.
(D) One of the women ~~is opening~~ a window.
  ▸ 창문을 열고 있는 사람은 없다.

STEP 3 사람과 사물이 혼합되어 있는 사진의 POINT

1. 사람의 비중과 배경의 비중을 판단한다.
2. 사진 속 장소와 주변 사물의 위치 및 상태를 확인한다.
3. 사진에서 부각되는 사물의 특징과 관련 단어들을 암기해 두어야 한다.
4. 사람의 동작과 무관한 동사를 사용한 오답에 주의한다.
5. 사진에 없는 사물을 언급한 오답에 주의한다.

3

(A) A man is putting on glasses.
(B) A man is purchasing some items.
(C) Merchandise is being displayed.
(D) The door of a chest is being closed.

[해석]
(A) 남자가 안경을 쓰고 있는 중이다.
(B) 남자가 물품을 구매하고 있다.
(C) 상품이 진열되어 있다.
(D) 상자 문을 닫고 있는 중이다.

어휘 put on ~을 쓰다 purchase 구입하다 merchandise 물품, 상품 chest 상자 close 닫다

03 be being displayed는 사람이 없어도 정답이다.

▶ '진열하다'는 마트, 시장, 보석상, 빵집, 옷가게 사진의 빈출 표현이다.
▶ '진열하다'는 사람이 없거나 그 행위를 하고 있지 않아도 진행형 수동태인 be being displayed가 정답이 될 수 있다.

STEP 1   사진분석

❶ 사람과 주변 배경
❷ 남자가 물품을 보고 있다.
❸ 물품이 진열되어 있다.

STEP 2   사진에 보이지 않는 단어가 들리면 바로 소거한다.

(A) A man is ~~putting on~~ glasses.
▶ 안경을 쓰고 있는 동작이 아니다.
(B) A man is ~~purchasing~~ some items.
▶ 물품을 구매하고 있는지 알 수 없다.
(C) Merchandise is being displayed. ▶정답
(D) The door of a chest is ~~being~~ closed.
▶ 상자 문을 닫고 있는 사람은 없다.

STEP 3   빈출 표현

1. '진열하다'의 표현
진열되어 있는 상태는 현재, 현재진행형, 현재완료형이 모두 답이 될 수 있다.
❶ be on display
– Books are on display. 책이 진열되어 있다.
❷ be displayed
– Clothing is displayed on racks. 옷이 선반에 진열되어 있다.
❸ be being displayed
– Cakes are being displayed. 케이크가 진열되고/진열되어 있다.

2. '사다, 구매하다'의 표현

출제 동사	장소	사진
buy purchase pay	판매대	① 직원이 손님에게 물건을 건넬 때 ② 손님 혹은 직원이 지불 수단(돈, 신용카드)을 내밀고 있을 때

4

(A) There are no clouds in the sky.
(B) Some workers are erecting a building.
(C) Some people are crossing a bridge.
(D) Some people are resting on the stairs.

[해석]
(A) 하늘에 구름이 없다.
(B) 작업자들이 건물을 세우고 있다.
(C) 일부 사람들이 다리를 건너고 있다.
(D) 일부 사람들이 계단에서 쉬고 있다.

04 다수의 사람들이 등장하는 사진은 주로 공통된 동작이나 전체 배경에 대해 언급한다.

최근에는 다수 사람 중 한 명을 언급하여 특정 동작이나 상태의 특징을 답으로 하는 문제가 출제된다.

STEP 1 사진분석

❶ 사람과 주변 배경
❷ 사람들이 계단에 앉아 있다.
❸ 공사 중인 건물이 있다.

STEP 2 사진에 보이지 않는 단어가 들리면 바로 소거한다.

(A) There are ~~no~~ clouds in the sky.
▶ 하늘에 구름이 있다.
(B) Some workers are ~~erecting~~ a building.
▶ 건물을 건설 중인 사람이 보이지 않는다.
(C) Some people are ~~crossing a bridge~~.
▶ 다리를 건너고 있는 사람이 없다.
(D) Some people are resting on the stairs. ▶정답

STEP 3 2인 이상 사진의 POINT

1. 특정인 한 명을 언급할 때는 One of the men의 표현과 함께 동작과 상태의 차이점을 나타낸다.
2. Some people 혹은 They 등의 표현이면 공통된 동작/상태가 답이 된다.
e.g. They are having a meeting. 사람들이 회의를 하고 있다.
Some people are participating in a parade. 일부 사람들이 퍼레이드에 참가하고 있다.

사진 유형	정답 유형
다수 사람이 나왔을 경우	① 다수의 공통 행위와 상황 묘사 ② 특정인 한 명의 구체적인 동작 묘사 ③ 주변의 상황 묘사

5

(A) Flowers have bloomed in a greenhouse.
(B) Trees have been planted along the street.
(C) Grass is being trimmed neatly.
(D) A man is working on a roof.

[해석]
(A) 온실에 꽃들이 피어 있다.
(B) 나무가 거리를 따라 심어져 있다.
(C) 잔디를 깔끔하게 다듬고 있다.
(D) 남자가 지붕 위에서 일하고 있다.

어휘 bloom 꽃을 피우다 greenhouse 온실 along ~을 따라 plant 심다 grass 잔디, 풀 trim 다듬다 neatly 깔끔하게 roof 지붕

05 사람이 있더라도 배경이 부각되는 경우 사물의 상태를 위주로 듣는다.

사람과 사물이 함께 있는 사진이라고 해도 후반부 문제에서는 사람과 사물의 비중이 비슷하게 출제된다.

STEP 1   사진분석

❶ 사람과 주변 배경
❷ 나무가 도로를 따라 심어져 있다.
❸ 건물이 있다.
❹ 길 위에 사람들이 있다.

STEP 2   사진에 보이지 않는 단어가 들리면 바로 소거한다.

(A) Flowers have ~~bloomed~~ in a ~~greenhouse~~.
▸ 사진에 온실이 없다.
(B) Trees have been planted along the street. ▸정답
(C) Grass is ~~being trimmed~~ neatly.
▸ 잔디를 다듬고 있는 사람은 없다.
(D) A man is ~~working on a roof~~.
▸ 지붕 위에서 일하고 있는 사람은 없다.

STEP 3   오답을 먼저 소거한 후에 정답을 찾는다.

소거법 POINT
1. 사진에서 보이지 않는 명사, 동사가 들리면 모두 오답이다.
2. 1인 사람 사진 → 주어는 대부분 통일되기 때문에 동사와 뒷부분을 위주로 받아쓰기를 한다.
3. 다수 사람 사진 → 주어의 단복수에 맞는 동사를 파악하자.
4. 보기가 사물 주어로 시작하면 완료형 '이미 ~한 상태'가 주로 답이 된다.
5. 사람이 없는 사진에서 진행형 수동태 be being p.p.가 들리면 오답이다.

6

(A) Some lines are being painted.
(B) A man is using a vending machine.
(C) Some cars have been parked in a lot.
(D) A man is parking his car into the garage.

[해석]
(A) 일부 선을 페인트칠하고 있다.
(B) 남자가 자동판매기를 사용하고 있다.
(C) 일부 자동차가 부지에 주차되어 있다.
(D) 남자가 차고에 차를 주차하고 있다.

어휘   vending machine 자동판매기   park 주차하다   lot 부지   garage 차고, 주차장

06 사람이 없는 사진에서 2가지를 기억하라.

▶ 사물 사진의 소거 포인트 1: 사람 명사가 들리면 오답이다.
▶ 사물 사진의 소거 포인트 2: be being p.p.는 오답이다.

STEP 1   사진분석

❶ 사람이 없는 사물 위주 사진
❷ 차가 주차되어 있다.
❸ 자동판매기가 있다.

STEP 2   사진에 보이지 않는 단어가 들리면 바로 소거한다.

(A) Some lines are ~~being~~ painted.
▶ 페인트 칠 하는 사람은 없다.
(B) ~~A man~~ is using a vending machine.
▶ 자동판매기를 사용하고 있는 사람은 없다.
(C) Some cars have been parked in a lot. ▶정답
(D) ~~A man is parking~~ his car into the garage.
▶ 주차 중인지 알 수 없다.

STEP 3   사물 사진의 소거 POINT

1. 가장 부각되는 사물의 위치나 상태, 주변의 사물, 배경을 확인하라.

❶ 가장 부각되는 사물의 위치 및 상태를 확인한다.
❷ 주변 사물을 확인한다.
❸ 장소 및 배경을 확인한다.
❹ 사람이 없는 사진에 사람 명사가 나오면 오답이니 바로 소거한다.
❺ 사진에 없는 사물을 언급한 오답에 주의한다.

2. be being p.p.는 오답이다.

- 〈사물 주어 + be being p.p.〉는 '사람이 사물을 가지고 동작을 진행하고 있다'의 의미로 이해해야 하므로, 사람이 없는 사진에서는 오답이다.
- [예외] display(진열하다)의 경우 상태의 지속을 나타내어 사람이 없더라도 진행형 수동태를 쓸 수 있다. ex. Some items are being displayed. 물건이 진열되고 있다.

07. Where's the accounting department?
(A) ~~Within business hours.~~ **When 의문문 답변**
(B) A savings ~~account.~~ **유사 발음 x**
(C) On the fifteenth floor. **장소 답변**

07. 회계부는 어디에 있나요?
(A) 영업시간 이내에요.
(B) 저축 예금 계좌요.
(C) 15층에요.

08. When was this equipment installed here?
(A) A few years ago. **시점 답변**
(B) ~~For~~ a more efficient ~~process.~~ **Why 의문문 답변**
(C) ~~In~~ our ~~factory.~~ **연상 어휘 x/Where 의문문 답변**

08. 언제 이 장비가 여기에 설치됐나요?
(A) 몇 년 전에요.
(B) 더 효율적인 절차를 위해서요.
(C) 저희 공장에요.

09. Why isn't Melissa coming here?
(A) In the Portland ~~branch.~~ **Where 의문문 답변**
(B) Because she has a meeting with a client. **이유**
(C) ~~No,~~ I don't think so. **Yes/No 오류**

09. Melissa 씨는 왜 여기 오지 않나요?
(A) Portland 지점에요.
(B) 그녀는 고객과 회의가 있어서요.
(C) 아니요, 전 그렇게 생각하지 않아요.

10. Which service will you use to ship this package?
(A) ~~Wrap~~ this ~~box.~~ **연상 어휘 x**
(B) The fastest one. **구체적 답변**
(C) About ~~two days.~~ **How long 답변/연상 어휘 x**

10. 소포를 배송하는데 어떤 서비스를 이용하실 건가요?
(A) 이 박스를 포장하세요.
(B) 가장 빠른 거요.
(C) 약 2일이요.

11. How late do you work today?
(A) I'm in charge of the morning shift. **간접적 답변**
(B) I was ~~late~~ for the meeting. **동일 어휘 x**
(C) The ~~weather is fine.~~ **연상 어휘 x**

11. 오늘 몇 시까지 일하시나요?
(A) 저는 오전 근무 담당이에요.
(B) 저는 회의에 늦었어요.
(C) 날씨가 좋아요.

12. Can I talk to you before the meeting starts?
(A) Nice ~~talking with you.~~ **동일 어휘 x**
(B) Okay, but only 10 minutes. **긍정의 답변**
(C) There'll be a grand ~~opening~~ on Wednesday. **연상 어휘 x**

12. 회의 시작 전에 당신과 얘기할 수 있을까요?
(A) 당신과 얘기해서 좋았어요.
(B) 네, 그렇지만 10분밖에 없어요.
(C) 수요일에 개점할 거에요.

13. Have the new pamphlets arrived yet?
(A) ~~In a plantation.~~ **Where 의문문 답변**
(B) ~~Thirty-five dollars.~~ **How much 답변**
(C) I haven't seen them. **간접적 답변**

13. 새 팸플릿이 도착했나요?
(A) 농장에요.
(B) 35달러요.
(C) 저는 그것을 보지 못했어요.

14. Can you tell Jessi about the expansion of our office or should I?
(A) Yes, ~~they~~ told all the employees. 주어 오류
(B) Well, it certainly wasn't my idea. 간접적 답변
(C) I want the ~~larger~~ bowl. 연상 어휘 x

14. Jessi 씨에게 저희 사무실 확장에 대해서 말해주실 수 있나요 아니면 제가 얘기 할까요?
(A) 네, 그들은 모든 직원들에게 얘기 했어요.
(B) 음, 그건 분명히 제 생각이 아니었어요.
(C) 저는 더 큰 그릇을 원해요.

15. Didn't Mr. Nunez say he wanted to relocate to the Ontario branch?
(A) Yes, he did. 긍정의 답변
(B) ~~Next Thursday.~~ When 의문문 답변
(C) It was ~~located~~ on Main Street.
유사 발음 x/Where 의문문 답변

15. Nunez 씨가 Ontario 지사로 이전하고 싶다고 말하지 않았나요?
(A) 네, 그가 그렇게 말했어요.
(B) 다음 주 목요일이요.
(C) 그건 중심가에 있었어요.

16. Whose turn is it to clean the employee lounge?
(A) ~~Turn~~ right at the corner. 동일 어휘 x/how 의문문 답변
(B) It's ~~on the fifth floor.~~ Where 의문문 답변/연상 어휘 x
(C) I did it last time. "모른다"의 간접적 답변

16. 직원 휴게실 청소는 누구 차례인가요?
(A) 모퉁이에서 오른쪽으로 도세요.
(B) 5층에 있습니다.
(C) 저는 지난번에 했어요.

17. How much does the facial care service cost?
(A) Hold on, please. Let me get my manager. 간접적 답변
(B) With a ~~moisturizing cream.~~ 연상 어휘 x
(C) We are ~~facing~~ a financial crisis. 유사 발음 x

17. 얼굴 케어 서비스는 얼마인가요?
(A) 잠시만요, 관리자를 데려오겠습니다.
(B) 수분 크림으로요.
(C) 저희는 금융 위기에 처해 있어요.

18. Should we use plain tiles in the bathroom again or use quarry tiles?
(A) I prefer plain ones. 둘 중 하나를 선택한 답변
(B) ~~Thanks,~~ I like it. 권유/제안 답변
(C) ~~At~~ the home improvement store.
Where 의문문 답변/연상 어휘 x

18. 욕실에 또 민무늬 타일을 사용해야 할까요, 아니면 석재 타일을 사용해야 할까요?
(A) 저는 민무늬가 좋아요.
(B) 감사합니다, 좋아요.
(C) 주택 자재 상점에요.

19. Isn't Ms. Morgan's presentation this afternoon?
(A) She had a last-minute schedule change.
Yes/No가 없는 간접적 답변
(B) Yes, it ~~was~~ very informative. 시제오류
(C) ~~Fifty chairs,~~ please. How much 답변

19. 오늘 오후에 Morgan 씨의 발표가 있지 않나요?
(A) 그녀는 갑자기 일정이 변경되었습니다.
(B) 네, 매우 유익했어요.
(C) 의자 50개 주세요.

20. Here are twelve copies of the marketing report.
(A) ~~The copier~~ in Office 302. What 의문문 답변/유사 발음 x
(B) I heard Yu jin's coming too. 미래 상황 답변
(C) The ~~sales trend.~~ What 의문문 답변/연상 어휘 x

20. 여기 마케팅 보고서 12부가 있습니다.
(A) 302호 사무실에 있는 복사기요.
(B) 저는 유진 씨도 온다고 들었어요.
(C) 판매 동향이요.

21. When will the new dairy product be launched?
(A) Sometime in November. 시점 부사 답변
(B) It is very ~~delicious~~. 연상 어휘 x
(C) ~~Our lunch break~~ is at 1 P.M. **What time** 답변

21. 언제 새 유제품이 출시되나요?
(A) 11월 중에요.
(B) 매우 맛있어요.
(C) 저희 점심 시간은 오후 1시입니다.

22. Have you learned how to use this program?
(A) ~~To upgrade~~ this program. **Why** 의문문 답변
(B) Yes, in the training workshop. 긍정의 답변
(C) Turn off your ~~computer~~. 연상 어휘 x

22. 이 프로그램 사용방법을 배웠나요?
(A) 이 프로그램을 업그레이드하기 위해서요.
(B) 네, 교육 워크숍에서요.
(C) 컴퓨터를 끄세요.

23. Let's take Mr. Gonzales to the café on Garners Lane.
(A) He is ~~an inspector~~. **Who** 의문문 답변
(B) It's quite crowded in there. 간접적 거절 답변
(C) ~~Take~~ another train. 동일 어휘 x

23. Gonzales 씨를 Garners Lane에 있는 카페에 데려갑시다.
(A) 그는 감독관이에요.
(B) 그곳은 상당히 붐벼요.
(C) 다른 기차를 타세요.

24. I can't find the office supplies order form.
(A) Selina can help you. 해결책 제시
(B) In alphabetical ~~order~~. 동일 어휘 x/**How** 의문문 답변
(C) The ~~findings~~ are promising. 유사 발음 x

24. 저는 사무용품 주문서를 찾을 수 없어요.
(A) Selina 씨가 당신을 도와드릴 수 있어요.
(B) 알파벳 순서로요.
(C) 그 결과는 유망해요.

25. I have an interview with Professor Sung.
(A) Go to the third floor. 다음 행동 제시
(B) She was a good ~~presenter~~. 연상 어휘 x/**How** 의문문 답변
(C) With an ~~application form~~. 연상 어휘 x

25. 저는 Sung 교수님과 인터뷰가 있어요.
(A) 3층으로 가세요.
(B) 그녀는 훌륭한 발표자였어요.
(C) 신청서와 함께요.

26. The printer in our office seems to be out of order.
(A) ~~Sorry, I couldn't make it~~. 권유/제안 답변
(B) The glass is ~~broken~~. 연상 어휘 x
(C) I'll call the technician right away. 다음 행동 제시

26. 저희 사무실에 있는 프린터가 고장 난 것 같아요.
(A) 죄송합니다. 저는 그것을 할 수 없었어요.
(B) 유리가 깨졌어요.
(C) 제가 바로 기술자에게 전화할게요.

27. Henry, didn't you apply for the IT manager position?
(A) For faster processing. **Why 의문문 답변**
(B) No, the position was already filled. **부정의 답변**
(C) Within the deadline. **When 의문문 답변**

27. Henry 씨, IT 관리자 자리에 지원하지 않 았나요?
(A) 더 빠른 처리를 위해서요.
(B) 아니요, 그 자리는 이미 찼어요.
(C) 마감일 이내에요.

---

28. How can I obtain a monthly parking permit?
(A) Near the park. **Where 의문문 답변**
(B) Go to the information desk. **방법 답변**
(C) Every two weeks. **How often 답변**

28. 제가 어떻게 월 주차권을 구할 수 있을까 요?
(A) 공원 근처에요.
(B) 안내 데스크로 가세요.
(C) 2주마다요.

---

29. Why did you update these software programs?
(A) The old fashioned version. **What 의문문 답변**
(B) There was a need to improve security. **이유**
(C) The maintenance team did. **Who 의문문 답변**

29. 당신은 왜 이 소프트웨어 프로그램을 업데 이트 했나요?
(A) 구 버전이요.
(B) 보안을 개선할 필요가 있었어요.
(C) 관리팀이 했어요.

---

30. The delivery truck is ready to leave.
(A) Someone should let the manager know. **다음 행동 제시**
(B) It takes about two days. **How long 답변**
(C) I was satisfied with this delivery service.
동일 어휘 x/How 의문문 답변

30. 배송 트럭이 떠날 준비가 되었어요.
(A) 누군가 관리자에게 알려야 해요.
(B) 그건 이틀 정도 걸려요.
(C) 저는 이 배송 서비스에 만족했어요.

---

31. Have you checked the reviews for that moving service center?
(A) They were fine, but let's look at others.
but을 이용한 답변
(B) She's going to move soon. **주어 오류/연상 어휘 x**
(C) The Web-site has many features. **연상 어휘 x**

31. 그 이사 서비스 센터에 대한 평가를 확인 하셨나요?
(A) 좋긴 하지만 다른 것을 봅시다.
(B) 그녀는 곧 이사할거에요.
(C) 그 웹사이트는 많은 기능이 있어요.

07 Where 의문문은 장소로 대답한다.

[질문 분석] Where's the accounting department?

'회계부가 어디에 있는지' 묻는 where 의문문이다. where 의문문은 장소 부사나 〈전치사+명사〉의 장소로 답한다.

[보기 분석]

(A) Within business hours. ❷ 다른 의문사에 대한 답변

영업시간 이내라는 시간 답변은 when에 대한 응답이다.

(B) A savings account. ❹ 유사 발음 오류

질문의 accounting에서 account로 유사 발음을 이용한 오답이다. 혼동을 주기 위한 유사 의미나 유사 발음을 주의하자.

(C) On the fifteenth floor. ▶정답

'회계부가 어디에 있는지' 묻는 질문에 '15층이요'라고 장소로 답하는 정답이다.

08 When 의문문은 구체적인 시점 부사가 기본 정답이다.

[질문 분석] When was this equipment installed here?

'언제 설치됐는지'를 묻는 과거 시제 질문으로 When was ~ installed가 키워드이다.

[보기 분석]

(A) A few years ago. ▶정답

'몇 년 전에요'라는 시점을 나타내는 응답으로 정답이다.

(B) For a more efficient process. ❷ 다른 의문사에 대한 답변

이유에 대한 답변으로 why에 대한 응답이다.

(C) In our factory. ❹ 연상 어휘 오류

질문의 equipment를 factory로 연상한 어휘 오류로 Where 의문문에 대한 응답이다.

09 Why 의문문은 이유나 변명을 언급한다.

[질문 분석] Why isn't Melissa coming here?

Why isn't ~ coming이 키워드로 'Melissa 씨가 오지 않는 이유'를 묻는 why 의문문이다.

[보기 분석]

(A) In the Portland branch. ❷ 다른 의문사에 대한 답변

장소에 대한 응답으로 where 의문문에 대한 답변이다.

(B) Because she has a meeting with a client. ▶정답

Melissa 씨가 오지 않는 이유로 '그녀가 고객과 미팅이 있다'는 이유를 설명하는 정답이다.

(C) No, I don't think so. ❶ Yes/No 오류

의문사로 시작하면 Yes/No 답변은 오답이다. 의문사는 '언제, 어디서, 누가, 무엇을, 어떻게, 왜, 어떤'이라는 육하원칙의 질문을 하므로, 이에 맞는 구체적인 대상으로 답변해야 한다.

10 [Which] 〈The ~ one〉이 최다 빈출 정답이다.

[질문 분석] Which service will you use to ship this package?

Which service will you use가 키워드인 선택 의문문이다. 〈Which + 명사〉는 동종명사나 해당 명사를 구체적으로 설명하는 것이 정답이다.

[보기 분석]

(A) Wrap this box. ❹ 연상 어휘 오류

질문의 package에서 연상할 수 있는 Wrap, box를 이용한 오답이다.

(B) The fastest one. ▶정답

'어떤 서비스를 이용할 건지' 묻는 질문에 '가장 빠른 것 (서비스)'이라고 답하는 정답이다.

(C) About two days. ❷ 다른 의문사에 대한 답변

'약 2일이요'라는 답변은 기간, 소요시간을 묻는 How long ~?에 대한 응답이다. 질문의 ship에서 연상할 수 있는 two days를 이용한 오답이다.

11 [How] 고득점 유형 – 간접적인 대답

[질문 분석] How late do you work today?

How late do you work가 키워드로 '오늘 얼마나 늦게까지 일할 건지'를 묻는 How 의문문이다.

[보기 분석]

(A) I'm in charge of the morning shift. ▶정답

'오늘 얼마나 늦게까지 일한 건지'를 묻는 질문에 '저는 오전 근무 담당이에요' (오전에 일해요) 라고 시간을 간접적으로 응답하는 정답이다. How 질문에 대한 답으로 반문 표현, '아직 모른다' 형의 답변, 간접적으로 돌려 말하는 답변 등이 가능하므로 주의하자. How late는 '얼마나 늦게'의 시간을 묻고 있는 How 의문문이므로 시간으로 답해야 한다는 것을 알아두자.

(B) I was late for the meeting. ❹ 동일 어휘 오류

질문의 late를 반복 사용한 오답이다.

(C) The weather is fine. ❹ 연상 어휘 오류

질문의 today에 대한 연상 어휘로 weather is fine를 언급한 오답이다.

12 [Do/be/조동사] Yes/No로 대답한다.

[질문 분석] Can I talk to you before the meeting starts?
Can I talk with you가 키워드로 '이야기 할 수 있는지' 묻는 조동사 의문문이다. 조동사 의문문은 사실 확인이나 상대방의
의견을 묻는 것으로, 상대의 질문에 대해 긍정의 Yes 또는 부정의 No로 먼저 대답하고, 그 뒤에 자신이 하고 싶은 말을 한다.

[보기 분석]
(A) Nice talking with you. ❹ 동일 어휘 오류
질문의 talk, you를 반복 이용한 오답이다.

(B) Okay, but only 10 minutes. ▶정답
'이야기 할 수 있는지' 묻는 질문에 긍정의 Okay로 대답한 뒤 '그렇지만 (이야기할 시간이) 10분밖에 없다'고 부가 설명하는
정답이다.

(C) There'll be a grand opening on Wednesday. ❹ 연상 어휘 오류
질문의 starts에서 연상할 수 있는 opening을 이용한 오답이다.

13 [Do/be/조동사] Yes/No가 없는 대답

[질문 분석] Have the new pamphlets arrived yet?
Have/pamphlets arrived가 키워드로 '팸플릿이 도착했는지' 묻는 조동사 의문문이다. 조동사 의문문에서 Yes/No가
없는 경우에는 1. 다음 행동을 제시하거나, 2. 간접적으로 상황을 설명해 준다.

[보기 분석]
(A) In a plantation. ❷ 다른 의문사에 대한 답변
장소에 대한 응답으로 Where 의문문에 대한 답변이다.

(B) Thirty-five dollars. ❷ 다른 의문사에 대한 답변
얼마인지 묻는 How much ~?에 대한 답변이다.

(C) I haven't seen them. ▶정답
'팸플릿이 도착했는지' 묻는 질문에 '그것들을 보지 못했다'고 간접적으로 상황을 설명하는 정답이다.

14 [or] 고득점 유형 – 선택 의문문에 간접적으로 대답한다.

[질문 분석] Can you tell Jessi about the expansion of our office or should I?
Can you tell/or should I 가 키워드인 선택 의문문이다. 〈문장 or 문장?〉의 단골 질문은 '당신이 할래요 or 제가 할까요?'
이다.

[보기 분석]
(A) Yes, they told all the employees. ❸ 주어 오류
선택 의문문은 Yes/No의 답변을 할 수 없지만, 〈문장 or 문장〉은 Yes/No로 답변이 가능하다. Yes로 답하고 있지만, 응답
의 he/she/they는 질문에서 특정한 사람이 언급되어야 답할 수 있음을 주의하자.

(B) Well, it certainly wasn't my idea. ▶정답
'사무실 확장에 대해서 Jessi 씨에게 말해 주실 수 있나요 아니면 제가 얘기할까요'라는 질문에 '그건 제 생각이 아니었어요'
라고 사무실 확장에 대해서 말해 줄 수 없다(No)고 간접적으로 대답하는 정답이다.

(C) I want the larger bowl. ❹ 연상 어휘 오류
질문의 expansion에서 larger를 연상한 어휘 오류이다.

15 [Do/be/조동사] Yes/No로 대답한다.

[질문 분석] Didn't Mr. Nunez say he wanted to relocate to the Ontario branch?
Didn't Mr. Nunez say가 키워드로 사실을 확인하고 있는 조동사 의문문이다.

[보기 분석]

(A) Yes, he did. ▶정답
'Nunez 씨가 말하지 않았냐'고 묻는 질문에 긍정의 Yes로 대답하는 정답이다.

(B) Next Thursday. ❷ 다른 의문사에 대한 답변
시간에 대한 답변으로 When 의문문에 대한 응답이다.

(C) It was located on Main Street. ❹ 유사 발음 오류
질문의 relocate의 유사 발음 located를 이용한 오답으로 Where 의문문에 대한 응답이다.

16 [who] 고득점 유형 – '아직 결정 나지 않았다, 모른다'

[질문 분석] Whose turn is it to clean the employee lounge?
'누구 차례인지'를 묻는 질문으로 Whose turn is it to clean이 키워드이다. Who 의문문에 대한 응답으로 '들은 바가 없다, 결정된 바 없다, 모른다' 응답이 가능하므로 주의하자.

[보기 분석]

(A) Turn right at the corner. ❹ 동일 어휘 반복
질문의 turn을 반복 이용한 오답으로 방법의 How 의문문에 대한 응답이다.

(B) It's on the fifth floor. ❷ 다른 의문사에 대한 답변
장소에 대한 답변으로 Where 의문문에 대한 응답이다.

(C) I did it last time. ▶정답
'청소가 누구 차례인지' 묻는 질문에 '저는 지난번에 했어요'(모른다)라고 간접적으로 답하는 정답이다.

17 [How] 고득점 유형 - 간접적인 대답

[질문 분석] How much does the facial care service cost?
How much가 키워드로 '얼마인지' 묻는 How 의문문이다.

[보기 분석]
(A) Hold on, please. Let me get my manager. ▸정답
'서비스가 얼마인지' 묻는 질문에 '관리자를 데려오겠다'고 간접적으로 답하는 정답이다. How 질문에 대한 답으로 반문 표현, '아직 모른다' 형의 답변, 간접적으로 돌려 말하는 답변이 가능하므로 주의하자.

(B) With a moisturizing cream. ❹ 연상 어휘 오류
질문의 facial care에 대한 연상 어휘로 a moisturizing cream을 언급한 오답이다.

(C) We are facing a financial crisis. ❹ 유사 발음 오류
질문의 facial을 facing으로 유사 발음을 이용한 오답이다. 혼동을 주기 위한 유사 의미나 유사 발음을 주의하자.

18 [or] or가 들리는 순간 or 앞뒤 단어에 집중한다.

[질문 분석] Should we use plain tiles in the bathroom again or use quarry tiles?
use plain tiles or use quarry tiles가 키워드인 선택 의문문이다.

[보기 분석]
(A) I prefer plain ones. ▸정답
plain tiles(민무늬 타일)과 quarry tiles(석재 타일) 중에 어떤 것을 사용해야 하는지 묻는 질문에 plain ones(민무늬 타일)이라고 답하는 정답이다.

(B) Thanks, I like it. ❷ 다른 의문사에 대한 답변
'감사합니다, 좋아요'라는 긍정적인 답변으로 권유/제안 의문문에 대한 응답이다.

(C) At the home improvement store. ❷ 다른 의문사에 대한 답변
장소에 대한 답변으로 Where 의문문에 대한 응답이다. 질문의 tiles, bathroom의 연상 어휘 home improvement를 이용한 오답이다.

19 [Do/be/조동사] Yes/No가 없는 대답

[질문 분석] Isn't Ms. Morgan's presentation this afternoon?
Isn't Ms. Morgan's presentation이 키워드인 사실을 확인하는 조동사 의문문이다. 조동사 의문문에서는 Yes/No가 없는 경우에는 1. 다음 행동을 제시하거나, 2. 간접적으로 상황을 설명해 준다.

[보기 분석]
(A) She had a last-minute schedule change. ▸정답
'오늘 오후에 Morgan 씨의 발표가 있지 않냐'는 질문에 '그녀는 마지막에 일정에 변경이 생겼어요' (그래서 발표를 하지 못해요)라고 No를 간접적으로 답하는 정답이다.

(B) Yes, it was very informative. ❺ 시제오류
긍정의 Yes로 답하고 있지만 '오늘 오후에 발표가 있지 않냐'는 미래 질문에 '그것은 매우 유익했어요'라고 과거로 답하고 있으므로 오답이다.

(C) Fifty chairs, please. ❷ 다른 의문사에 대한 답변
수에 대한 답변으로 How many ~?에 대한 응답이다.

20 [평서문] 미래 상황

[질문 분석] Here are twelve copies of the marketing report.

Here are twelve copies가 키워드인 평서문이다. 평서문에서는 미래 상황으로 응답할 수 있음에 유의하자.

[보기 분석]

(A) The copier in Office 302. ❷ 다른 의문사에 대한 답변

명사의 답변은 What 의문문에 대한 응답임을 유의하자. 질문의 copies의 유사 발음으로 copier를 이용한 오답이다.

(B) I heard Yu jin's coming too. ▶정답

'여기 보고서 12부가 있다'는 평서문에 '유진 씨도 온다고 들었다'는 미래 상황으로 답하며 추가 부수가 필요하다고 간접적으로 답하는 정답이다.

(C) The sales trend. ❷ 다른 의문사에 대한 답변

명사의 답변은 What 의문문에 대한 응답임을 유의하자. 질문의 marketing report의 연상 어휘 sales trend를 이용한 오답이다.

21 [When] 구체적인 시점 부사가 기본 정답이다.

[질문 분석] When will the new dairy product be launched?

When will/be launched가 키워드인 when 의문문이다.

[보기 분석]

(A) Sometime in November. ▶정답

'유제품 출시가 언제인지' 묻는 질문에 '11월 중에요'라고 답하는 정답이다. when은 시간을 유도하는 의문사로 〈시점 부사(구)〉로 답한다.

(B) It is very delicious. ❹ 연상 어휘 오류

질문의 dairy product의 연상 어휘 delicious를 이용한 오답이다.

(C) Our lunch break is at 1 P.M. ❷ 다른 의문사에 대한 답변

시간(at 1 P.M.)으로 답하고 있지만, 점심시간이 언제인지 묻는 질문에 대한 답변이므로 오답이다. What time ~?에 대한 응답이다.

22 [Do/be/조동사] Yes/No로 대답한다.

[질문 분석] Have you learned how to use this program?
Have you learned가 키워드인 사실 확인을 하는 조동사 의문문이다.

[보기 분석]
(A) To upgrade this program ❷ 다른 의문사에 대한 답변
이 프로그램을 업그레이드하기 위해서라는 이유/목적의 응답으로 Why 질문에 대한 응답이 된다.

(B) Yes, in the training workshop. ▶정답
'프로그램 사용 방법을 배웠는지' 묻는 질문에 긍정의 Yes로 대답한 뒤 '교육 워크숍에서요'라고 부가 설명하는 정답이다.

(C) Turn off your computer. ❹ 연상 어휘 오류
질문의 program의 연상 어휘 computer를 이용한 오답이다.

23 Let's는 평서문의 권유/제안 질문 유형이다.

[질문 분석] Let's take Mr. Gonzales to the cafe on Garners Lane.
Let's take Mr. Gonzales to the café가 키워드인 평서문의 권유, 제안문이다.

[보기 분석]
(A) He is an inspector. ❷ 다른 의문사에 대한 답변
질문의 Mr. Gonzales를 이용한 오답으로 Who 의문문에 대한 응답이다.

(B) It's quite crowded in there. ▶정답
'Gonzales 씨를 카페에 데려 갑시다'라는 제안에 '그곳은 상당히 붐벼요'라는 간접적인 거절의 답변이다. No라고 말하거나 직접적인 거절을 하기 힘든 경우 간접적인 상황으로 답할 수 있음을 유의하자.

(C) Take another train. ❹ 동일 어휘 반복
질문의 take를 반복 이용한 오답이다.

24 제3자를 언급한 우회적 답변

[질문 분석] I can't find the office supplies order form.
I can't find/order form이 키워드인 평서문이다.

[보기 분석]
(A) Selina can help you. ▶정답
'주문서를 찾을 수 없다'는 평서문에 'Selina 씨가 당신을 도와 드릴 수 있어요'라고 제3자(Selina)를 언급하며 해결책을 제시하는 정답이다.

(B) In alphabetical order. ❹ 동일 어휘 반복
질문의 order를 반복 이용한 오답으로 How 의문문에 대한 응답이다.

(C) The findings are promising. ❹ 유사 발음 오류
질문의 find의 유사 발음 어휘 findings를 이용한 오답이다.

25 [평서문] 다음 행동 제시

[질문 분석] I have an interview with Professor Sung.
I have an interview가 키워드인 평서문이다.

[보기 분석]
(A) Go to the third floor. ▶정답
'Sung 교수님과 인터뷰가 있어요'라는 평서문에 '3층으로 가세요'라고 다음 행동을 제시하는 정답이다.

(B) She was a good presenter. ❹ 연상 어휘 오류
질문의 interview의 연상 어휘 presenter를 이용한 오답으로, 의견을 묻는 How 의문문에 대한 응답이다.

(C) With an application form. ❹ 연상 어휘 오류
질문의 interview의 연상 어휘 an application form을 이용한 오답이다.

26 [평서문] 다음 행동 제시 – '내가 ~ 해 주겠다'

[질문 분석] The printer in our office seems to be out of order.
The printer/out of order가 키워드인 평서문이다.

[보기 분석]
(A) Sorry, I couldn't make it. ❷ 다른 의문사에 대한 답변
거절의 표현으로 권유/제안의문문에 대한 응답이다.

(B) The glass is broken. ❹ 연상 어휘 오류
질문의 out of order의 연상 어휘 broken을 이용한 오답이다.

(C) I'll call the technician right away. ▶정답
'프린터가 고장 난 것 같아요'라는 평서문에 '제가 기술자에게 전화할게요'라고 다음 행동을 제시하는 정답이다. 다음 행동을 제시하는 표현에는 Let's ~, You should ~, I will ~ 등이 있다는 것을 알아두자.

27 [Do/be/조동사] Yes/No로 대답한다.

[질문 분석] Henry, didn't you apply for the IT manager position?
didn't you apply for가 키워드인 사실 확인을 하는 조동사 의문문이다.

[보기 분석]
(A) For faster processing. ❷ 다른 의문사에 대한 답변
이유에 대한 답변으로 Why 의문문에 대한 응답이다.

(B) No, the position was already filled. ▶정답
'지원하지 않았는지' 묻는 지문에 부정의 No(아니오)로 답한 뒤 '그 자리는 이미 찼어요'라고 부가 설명하고 있는 정답이다.

(C) Within the deadline. ❷ 다른 의문사에 대한 답변
시간에 대한 답변으로 When 의문문에 대한 응답이다. within은 '~이내에'의 기한을 나타내는 전치사로서 When 의문문의 응답이 될 수 있음을 알아두자.

28 〈How+do/조동사〉는 방법이나 수단으로 답한다.

[질문 분석] How can I obtain a monthly parking permit?
How can I obtain 이 키워드인 〈How+조동사〉의문문이다.

[보기 분석]
(A) Near the park. ❷ 다른 의문사에 대한 답변
장소에 대한 답변으로 Where 의문문에 대한 응답이다.

(B) Go to the information desk. ▶정답
'어떻게 주차권을 구할 수 있는지'에 대한 질문에 '안내 데스크로 가세요'라고 방법으로 답하는 정답이다. How do/can/should 등으로 시작하는 방법을 묻는 질문에 대한 답은 주로 명령문, by ~ing, '누구에게 물어봐라, 누가 알려줄 것이다, 무엇을 확인해 봐라' 등이 답이 된다는 점을 알아두자.

(C) Every two weeks. ❷ 다른 의문사에 대한 답변
'2주마다요'라는 답변으로 How often ~?에 대한 응답이다.

29 [Why] 이유나 변명을 언급한다.

[질문 분석] Why did you update these software programs?
Why did you update가 키워드인 이유를 묻는 Why 의문문이다.

[보기 분석]
(A) The old fashioned version. ❷ 다른 의문사에 대한 답변
명사를 이용한 답변은 What 의문문에 대한 응답이다.

(B) There was a need to improve security. ▶정답
'소프트웨어를 왜 업데이트했는지' 묻는 질문에 '보안을 개선할 필요가 있었다'고 이유를 설명하는 정답이다.

(C) The maintenance team did. ❷ 다른 의문사에 대한 답변
'관리팀이 했다'는 답변으로 Who 의문문에 대한 응답이다.

30 [평서문] 다음 행동 제시

[질문 분석] **The delivery truck is ready to leave.**
truck was ready가 키워드인 평서문이다.

[보기 분석]
(A) Someone should let the manager know. ▶정답
'트럭이 떠날 준비가 되었습니다.'라는 평서문에 '누군가 관리자에게 알려야 해요'라고 다음 행동을 제시하는 정답이다.

(B) It takes about two days. ❷ 다른 의문사에 대한 답변
시간에 대한 답변으로 How long ~?에 대한 응답이다.

(C) I was satisfied with this delivery service. ❹ 동일 어휘 오류
질문의 delivery를 반복 이용한 오답으로, I was satisfied는 의견을 나타내는 답변이므로 의견을 묻는 How was ~?에 대한 응답으로 적절하다.

31 [Do/be/조동사] 조동사 의문문에 대한 답인 but

[질문 분석] **Have you checked the reviews for that moving service center?**
Have you checked the reviews가 키워드인 사실을 확인하는 조동사 의문문이다.

[보기 분석]
(A) They were fine, but let's look at others. ▶정답
'그 이사 서비스 센터에 대한 평가를 확인했냐'는 질문에 평가를 확인했다는 긍정의 They were fine으로 대답한 뒤 '하지만, 다른 것을 보자'라고 부가 설명하는 정답이다. but은 조동사 의문문에 대한 답으로 주로 등장하며, 사실을 확인해주기 위한 yes/no 뒤에서 추가 설명을 할 때 쓰인다.

(B) She's going to move soon. ❸ 주어 오류
응답의 he/she는 질문에서 특정한 사람이 언급되어야 답할 수 있음을 주의하자. 질문의 moving에서 연상할 수 있는 move를 이용한 오답이다.

(C) The Web site has many features. ❹ 연상 어휘 오류
질문의 reviews의 연상 어휘 Web site를 이용한 오답이다.

Questions 32-34 refer to the following conversation.

M Good Afternoon, **Thank you for calling** Canonbury **Dental Care**. 〔32〕
How may I help you?

W Hello, My name is Beth Knight. I'm calling to confirm my 2 o'clock
appointment with Dr. Kelly.

M Wait a minute, please. I'm afraid I can't find your name on our list.

W I phoned yesterday morning and made the appointment.

M We are very sorry. **There was a problem** with our **reservation system**
〔33〕 this morning. So your name might have disappeared from the list, but
if you give us a moment, I can arrange your appointment again.

W Sure, take your time.

M Well, it's done, Ms. Knight. Just come by our desk and let us know
〔34〕 your arrival, and **please take** some **samples** of the new dental care
items.

〔33-C〕

---

32. Where does the man most likely work?
(A) At a hotel
(B) At a grocery store
(C) At a dental clinic
(D) At a travel agency

남자 / 직업 / 상
ㄴ 남자대사 Thank you for calling ~

33. Why does the man apologize?
(A) Some items are sold out.
(B) A system was not working properly.
(C) Dr. Kelly is not in her office.
(D) A bill has not been paid yet.

남자 / 사과이유
ㄴ sorry 등의 표현에 집중하자.

34. What does the man advise the woman to take?
(A) Beverages
(B) A pamphlet
(C) Sample products
(D) A form of identification

남자 / 요청
ㄴ 남자대사 / Please ~

남 안녕하세요, Canonbury 치아 관리에 전화 주셔서 감
사합니다. 무엇을 도와드릴까요?

여 안녕하세요, 저는 Beth Knight입니다. Kelly 박사님과
의 2시 예약을 확인하려고 전화 했습니다.

남 잠시만 기다려주세요. 저희 목록에서 당신의 이름을 찾
을 수 없습니다.

여 어제 아침에 전화해서 예약했는데요.

남 정말 죄송합니다. 오늘 아침에 저희 예약 시스템에 문제
가 있었습니다. 그래서 당신의 이름이 목록에서 없어졌
을 수도 있습니다. 잠시 기다려 주시면 다시 예약해 드리
겠습니다.

여 그래요, 천천히 하세요.

남 저, 끝났습니다. Knight 씨. 도착하시면 저희 접수처로
오셔서 새 치아 보호 상품의 샘플을 받아가세요.

32. 남자는 어디에서 일할 것 같은가?
(A) 호텔에서
(B) 식료품점에서
(C) 치과에서
(D) 여행사에서

33. 남자가 사과하는 이유는 무엇인가?
(A) 일부 품목이 품절되었다.
(B) 시스템이 제대로 작동하지 않았다.
(C) Kelly 박사가 사무실에 없다.
(D) 청구서가 아직 지불되지 않았다.

34. 남자가 여자에게 권한 것은 무엇인가?
(A) 음료
(B) 팸플릿
(C) 샘플 제품
(D) 신분증

32 직업은 대화의 전반부에 답이 들린다.

STEP 1　주로 전반부에 특정 직업과 명사를 언급한다.

남자의 직업을 묻는 문제로, 남자의 첫 대사 "Thank you for calling Canonbury Dental Care."에서 남자가 치아 관리 업종에서 일하고 있음을 알 수 있으므로 정답은 (C)이다.

33 문제점과 걱정은 본인의 입으로 직접 얘기한다.

STEP 1　주요 빈출 문제점으로 늦음(late), 지연(delayed), 바쁨(busy), 부족(lack), 고장 (out of order) 등의 내용이 있다는 것을 알아두자.

남자가 사과하는 이유를 묻고 있는 문제이다. 남자의 대사 "We are very sorry. There was a problem with our reservation system"를 통해 예약 시스템에 문제가 있었음을 알 수 있으므로 정답은 (B)이다.

STEP 2　함정 유형 및 오답 패턴

(A) Some items are sold out.
(B) A system was not working properly.　▶정답
(C) Dr. Kelly is not in her office.　▶위치와 상관없는 **Dr. Kelly**를 이용한 오답이다.
(D) A bill has not been paid yet.

34 제안, 요구 사항이나 미래 일정은 후반부에 답이 있다.

STEP 1　제안, 요청, 요구하는 문제의 경우에는 정답과 관련된 내용이 대화의 후반부에 등장한다. 요청과 제안 빈출 응답 표현으로 "Please + 동사원형: ～해 주세요 / You should ～. ～해야만 합니다"를 알아두자.

남자가 여자에게 권한 것이 무엇인지 묻는 문제로 남자의 마지막 대사 please take some samples of the new dental care items에서 정답의 근거를 찾을 수 있다. 남자가 여자에게 새로운 치아 보호 상품의 샘플을 받아가라고 언급하고 있으므로 정답은 (C)이다.

어휘　**appointment** 약속　**disappear** 사라지다, 없어지다　**moment** 잠깐, 잠시　**arrange** 정리하다, 배열하다
apologize 사과하다　**sold out** 매진된, 품절의　**properly** 제대로, 적절히　**bill** 청구서, 계산서
advise 조언하다, 권하다　**identification** 신분 증명

Questions 35-37 refer to the following conversation with three speakers.

W1 Carol, have you checked the notice on **the timetable board**? `35`

W2 The **train** won't reach Southgate today.

W1 Oh, that's not good news. Then, how about we go to Wood Green `36` Station since it seems to be the nearest one to the convention center. **We shouldn't be late** for **the seminar**.

W2 You're right. Why don't we ask the salesperson at the window?

W1 Excuse me, since there is no train going to Southgate, could you tell us how to get there? We have a seminar to attend at the convention center in Southgate by 11 o'clock.

M We have arranged a bus service to Southgate from Wood Green `37` Station, **but I suggest taking a cab** instead if you're worried about time.

`37–C`

`35–D`
`36–A`

---

35. Where are the speakers?
(A) At a supermarket
(B) At a bus terminal
(C) At a train station
(D) At a convention center

장소 / 상
ㄴ 지문의 상단부, 장소 관련
어휘 "the timetable board,
train"

36. What are the women worried about?
(A) Missing a presentation
(B) Losing important documents
(C) Having additional travel costs
(D) Not being on time for an event

여자들 / 걱정 / 중
ㄴ 여자대사, We shouldn't be
late ~

37. What does the man recommend the women do?
(A) Book a bus ticket
(B) Use a cab
(C) Purchase a timetable
(D) Depart early

3. 남자 / 제안 / 하
ㄴ 남자대사, I suggest ~

여 1 Carol 씨, 일정표 게시판에 공지를 확인하셨나요?
여 2 기차가 오늘 Southgate에 가지 않을 거에요.
여 1 오, 좋지 않은 소식이네요. 그러면 Wood Green 역이 컨벤션 센터에 가장 가까운 것 같은데 그 역으로 가는 게 어때요? 세미나에 늦으면 안 돼요.
여 2 맞아요. 창구 판매원에게 물어 보는 게 어때요?
여 1 실례합니다. Southgate로 가는 기차가 없는데, 그곳으로 갈 수 있는 방법을 알려주실 수 있나요? Southgate에 있는 컨벤션 센터에서 11시까지 참석해야 할 세미나가 있어요.
남 저희는 Wood Green 역에서 Southgate로 가는 버스 서비스를 제공해요. 그렇지만 시간이 염려된다면 택시를 타시는 것을 추천해 드려요.

35. 화자들은 어디에 있는가?
(A) 슈퍼마켓에
(B) 버스 터미널에
(C) 기차역에
(D) 컨벤션 센터에

36. 여자들은 무엇에 대해서 걱정하는가?
(A) 발표를 놓치는 것
(B) 중요한 문서를 분실하는 것
(C) 추가 여행비용이 초래되는 것
(D) 행사에 제시간에 가지 못하는 것

37. 남자가 여자들에게 추천하는 것은 무엇인가?
(A) 버스표 예약하기
(B) 택시 이용하기
(C) 일정표 구매하기
(D) 일찍 출발하기

35 장소 문제는 첫 2줄에서 답이 나온다.

STEP 1   장소의 경우 그 장소에서만 쓸 수 있는 단어만 듣고, 보기를 볼 때도 역시 각각의 장소 관련 어휘나 상황 등을 연상해 본다.

지문의 상단부 "have you checked the notice on the timetable board?"에서 일정표 게시판의 공지를 확인했냐는 질문에 "The train won't reach Southgate today."라는 기차가 오늘 Southgate에 가지 않을 거라는 응답을 통해 화자들이 기차역에 있다는 것을 알 수 있으므로 정답은 (C)이다.

STEP 2   함정 유형 및 오답 패턴

(A) At a supermarket
(B) At a bus terminal
(C) At a train station ▸정답
(D) At a convention center ▸ 답의 위치와 관계없는 단어의 반복이다.

36 문제점과 걱정은 본인의 입으로 직접 얘기한다.

STEP 1   주요 빈출 문제점으로 늦음(late), 지연(delayed), 바쁨(busy), 부족(lack), 고장 (out of order) 등이 있다는 것을 알아두자.

여자들이 걱정하는 것이 무엇인지 묻는 문제로, 지문 중반부의 여자의 대사 "We shouldn't be late for the seminar."를 통해 세미나에 늦으면 안 된다는 걱정을 하는 것을 알 수 있으므로 정답은 (D)이다.

– 대화에서 들리는 단어는 구체적이지만 답은 항상 포괄적인 단어로 paraphrasing 된다.
the seminar 〈 an event

STEP 2   함정 유형 및 오답 패턴

(A) Missing a presentation ▸ seminar에서 연상된 오답이다.
(B) Losing important documents
(C) Having additional travel costs
(D) Not being on time for an event ▸정답

37 제안, 요구 사항이나 미래 일정은 후반부에 답이 있다.

STEP 1   후반부에서 정답의 근거를 찾자. **However, but** 뒤에 결정적인 정답의 단서가 나온다는 것을 알아두자.

남자가 여자들에게 제안한 것을 묻는 문제로 남자의 마지막 대사 "but I suggest taking a cab"에서 택시 타는 것을 추천한다고 언급하고 있으므로 정답은 (B)이다.

STEP 2   함정 유형 및 오답 패턴

(A) Book a bus ticket
(B) Use a cab ▸정답
(C) Purchase a timetable ▸ 위치와 상관없는 timetable를 이용한 오답이다.
(D) Depart early

어휘   notice 통지, 알림 reach ~에 닿다, 도착하다 How about ~? ~하는 게 어때? salesperson 판매원 attend 참석하다 suggest 추천하다 instead 대신에 additional 추가의 on time 시간을 어기지 않고, 정각에 recommend 추천하다 purchase 구입하다 depart 떠나다, 출발하다

Questions 38-40 refer to the following conversation.

W Hi, Rafael. **Are you seeking** people **from work to organize a**
38 **basketball team**? Are there still openings?

M Yes, one more person is needed. Would you like to join us?

W Not me. I've never played basketball before. One of **my colleagues,**
<u>Marious Keller</u>, wants to. **He** has been **working** as an accountant
39 **since yesterday**, so you probably didn't have a chance to meet him
yet. He said he played basketball in college.

M Great, he might be the one I was looking for. **Let's have lunch** with
40 him **at noon**. You can introduce me to him, and we can tell him
about the team I'm organizing in person.

38–D

40–C

38. What are the speakers mainly talking about?
(A) A company's sports club
(B) An annual business event
(C) A business meeting schedule
(D) An ~~international~~ basketball game

주제 / 상
ㄴ 대화의 앞부분

39. Who is Marious Keller?
(A) A job applicant
(B) A new coworker
(C) An important client
(D) An event organizer

키워드 Marious Keller
ㄴ 키워드 앞뒤 문장의 정답의 단
서가 있다.

40. What will the speakers probably do at noon?
(A) Schedule a test
(B) Talk about a policy
(C) Leave for ~~a sports match~~
(D) Meet up for a meal

키워드 at noon
ㄴ 키워드보다 앞서 답이 나오는
경우를 주의하자.

여 안녕하세요, Rafael 씨. 직장에서 농구 팀을 꾸리려고
사람을 찾고 있나요? 아직 자리가 있나요?

남 네, 한 명이 더 필요해요. 같이 참여하시겠어요?

여 전 아니에요. 저는 농구를 해본 적이 없어요. 제 동료 중
한 명인 Marious Keller 씨가 참여하길 원해요. 어제
부터 회계사로 일하고 있어서 아마 아직 만날 기회가 없
었을 거예요. 대학에서 농구를 했다고 하더라고요.

남 좋아요, 제가 찾던 사람일지도 몰라요. 그분과 함께 점
심 먹을까요? 당신은 저를 그분께 소개시켜 줄 수 있
고, 저희는 제가 준비하고 있는 팀에 대해서 그에게 직
접 알려 줄 수 있으니까요.

38. 화자들은 주로 무엇에 대해 이야기 하고 있는가?
(A) 회사 스포츠 동호회
(B) 연례 기업 행사
(C) 업무 회의 일정
(D) 국제 농구 경기

39. Marious Keller는 누구인가?
(A) 취업 지원자
(B) 새로운 동료
(C) 중요한 고객
(D) 행사 주최자

40. 화자들은 정오에 무엇을 할 것 같은가?
(A) 테스트 일정 잡기
(B) 정책에 대해 이야기하기
(C) 스포츠 경기를 보러 떠나기
(D) 식사를 위해 만나기

38 주제나 목적을 묻는 문제는 처음 2줄에 답이 있다.

STEP 1 대화의 주제를 묻는 문제는 보통 첫 문장을 들으면 해결할 수 있다. 대화를 처음부터 끝까지 다 듣고 나서 답을 고르기보다 우선 보기의 내용을 파악한 다음 대화의 앞부분을 들으면서 답을 결정해야 한다.

지문의 상단부에서 여자의 "Are you seeking people from work to organize a basketball team?라는 질문을 통해 회사 스포츠 동호회에 대한 이야기를 나누고 있음을 알 수 있다. 따라서 정답은 (A)이다.

STEP 2 함정 유형 및 오답 패턴

(A) **A company's sports club** ▸정답
(B) An annual business event
(C) A business meeting schedule
(D) An international basketball game ▸**basketball**의 언급은 있지만, 국제 농구 경기에 대해 이야기 나누고 있는 것이 아니므로 오답이다.

39 키워드 문제는 키워드 기준 앞뒤 문장에 답이 위치한다. ▶ **Marious Keller**

STEP 1 문제의 키워드가 누구의 대사에 나오는지 확인하고 문제에 나오는 키워드를 대화에서 잡아야 답을 골라낼 수 있다.

질문의 키워드인 Marious Keller를 확인하자. 지문 중반부의 여자의 대사 "One of my colleagues, Marious Keller, ~. He has been working as an accountant since yesterday."를 통해 Marious Keller 씨가 새로 온 동료인 것을 알 수 있으므로 정답은 (B)이다.

40 키워드 문제는 키워드 기준 앞뒤 문장에 답이 위치한다. ▶ **at noon**

STEP 1 특정 키워드에 대해 묻는 문제는 반드시 대화 중에 나오는 키워드 앞뒤에서 답이 들린다. 일반적으로는 키워드 뒤에 답이 들리지만 최근에는 키워드보다 앞서 답이 나오는 경우가 있다.

문제의 키워드 at noon를 확인하자. 지문의 후반부 "Let's have lunch with him at noon."에서 정오에 그와 함께 점심을 먹자는 언급을 하고 있다. 따라서 정답은 (D)이다. 키워드보다 앞서 답의 근거가 나온 경우이므로 주의하자.

– 대화에서 들리는 단어는 구체적이지만 답은 항상 포괄적인 단어로 paraphrasing 된다.
Let's have lunch 〈 Meet up for a meal

STEP 2 함정 유형 및 오답 패턴

(A) Schedule a test
(B) Talk about a policy
(C) Leave for a sports match ▸위치와 상관없는 **basketball**을 이용한 오답이다.
(D) **Meet up for a meal** ▸정답

어휘 **organize** 준비하다, 조직하다 **opening** 빈자리, 공석 **colleague** 동료 **accountant** 회계원, 회계사 **probably** 아마 **in person** 직접 **annual** 연례의, 매년의 **international** 국제적인 **policy** 정책, 방침

Questions 41-43 refer to the following conversation.

M Hello, I'm calling to inquire about a computer I purchased from your shop two weeks ago. The computer didn't have any problem until this morning when I spilt coffee on it. **Could you repair** it if I bring it **41** to your shop? `41-C`

W Certainly, just bring your computer to the customer service desk at the rear of the shop when you arrive. We are open until 7:30 P.M. every day.

M **How much do you think the repair will cost? I'm concerned** it **42** will be expensive although I do have a warranty.

W Hmm, most repairs are covered if you have a full-service warranty. **43** **Just be sure to present** your **warranty** when you request the service.

41. What is the man inquiring about?
(A) An open position
(B) A repair service
(C) A ~~shipping~~ service
(D) Opening hours

남자 / 문의 / 상
└. 남자대사. Could you ~?

42. What does the man say he is concerned about?
(A) The repair fee
(B) A schedule change
(C) The availability of a worker
(D) A missing document

남자 / 걱정 / 중
└. 남자대사. I'm very concerned ~

43. What does the woman ask the man to bring?
(A) A form of identification
(B) A discount coupon
(C) A warranty agreement
(D) An order invoice

여자 / 요청 / 하
└. 후반부 여자 대사.
"~하세요" 표현

남 안녕하세요. 제가 2주 전에 귀하 상점에서 구매한 컴퓨터에 대해서 문의하려고 전화했어요. 제가 오늘 아침 커피를 쏟을 때까지는 아무 문제가 없었어요. 제가 상점으로 컴퓨터를 가져가면 고쳐주실 수 있나요?

여 물론이죠. 도착하시면 가게 뒤쪽의 고객 서비스 데스크로 컴퓨터를 가져오시면 되세요. 저희는 매일 오후 7시 30분까지 영업해요.

남 수리비가 얼마나 들까요? 제가 품질 보증서를 가지고 있지만 비용이 많이 들 것 같아서 걱정이 됩니다.

여 음, 풀 서비스 보증서를 갖고 계시면 대부분의 수리가 보증됩니다. 서비스를 요청하실 때 품질 보증서를 보여주세요.

41. 남자는 무엇에 관해서 묻고 있는가?
(A) 공석
(B) 수리 서비스
(C) 배송 서비스
(D) 영업시간

42. 남자는 그가 무엇을 걱정한다고 말하는가?
(A) 수리비
(B) 일정 변경
(C) 근무자의 근무 가능 여부
(D) 없어진 서류

43. 여자가 남자에게 가져오라고 요청한 것은 무엇인가?
(A) 신분증
(B) 할인 쿠폰
(C) 보증서
(D) 주문 송장

41 문제의 순서와 대화의 순서는 일치한다.

STEP 1 답은 순서대로 대화상에 배치되기 때문에 전체 대화 내용을 다 듣고 답을 선택하기보다는 문제의 위치에 따라 해당 보기에 집중하여 듣는다.

남자가 묻고 있는 것이 무엇인지 묻는 문제로, 첫 번째 문제에 해당하기 때문에 지문의 상단부에 집중하며 보기 중 관련 단어가 들리는지 집중하자. 남자의 대사 "Could you repair it if I bring it to your shop?"에서 남자는 수리 서비스에 대해 묻고 있다는 것을 알 수 있다. 따라서 정답은 (B)이다.

STEP 2 함정 유형 및 오답 패턴

(A) An open position
(B) A repair service ▶정답
(C) A shipping service ▶service를 문의하는 것은 맞지만 배송서비스를 문의하는 것이 아니므로 오답이다.
(D) Opening hours

42 문제점과 걱정은 본인의 입으로 직접 얘기한다.

STEP 1 남자의 문제는 남자가 언급한다.

남자가 걱정하는 것이 무엇인지 묻는 문제로 남자의 대사에서 정답의 근거를 확인하자. 중반부 남자의 대사 "How much do you think the repair will cost? I'm concerned it will be expensive"를 통해 남자가 수리비용을 걱정하고 있다는 것을 알 수 있다. 따라서 정답은 (A)이다.

43 요청과 제안 문제의 힌트는 대화 후반부에 You로 언급된다.

STEP 1 요청과 제안 문제는 '~을 하세요'라고 권유, 제안하는 표현을 잡아야 한다. 빈출 응답 표현 **You should/must/can/need to/had better ~** 을 알아두자.

여자가 남자에게 가져오라고 요청한 것이 무엇인지 묻는 문제이다. 후반부 여자의 대사에서 권유, 제안하는 표현을 통해 답의 근거를 파악하자. 지문 후반부의 여자의 대사 "Just be sure to present your warranty when you request the service."를 통해 남자에게 품질 보증서를 가져오라고 하는 것임을 알 수 있으므로 정답은 (C)이다.

어휘 **inquire about** ~에 관하여 묻다 **spill** 쏟다 **repair** 수리하다 **rear** 뒤쪽 **warranty** 품질 보증서
full-service 포괄적인, 풀 서비스 제공의 **present** 제시하다, 보여주다 **request** 요청하다, 신청하다
availability 가능성

Questions 44-46 refer to the following conversation.

> **W** Hi, Mario. I'm searching for a new apartment and thinking about the Liverpool Complex on Charing Cross. Is that the area you're living in? **46–A**
>
> **M** Exactly! Since it's near our office, **its location is pretty good to** **44** commute every day, and there are many local attractions nearby, as well. **45–A** **44–D** **46–D**
>
> **W** Yeah, that's why I'm planning to move there. Actually, I already visited an apartment, but it was too large for me. So **I left my name** **45** **on a waiting list** for a smaller one.
>
> **M** Excellent. Oh, I will have dinner with some of my neighbors on **46** Friday. If you have time, **you should** come and meet them. **44–C** **46–C** **45–D**

44. What does the man like about the Liverpool Complex?
(A) Its reasonable rental fee
(B) Its convenient location
(C) Its quiet ~~neighbors~~
(D) Its nearby ~~parking facility~~

남자 / Liverpool Complex / 상
ㄴ, 고유명사 → 3인칭 대명사로 표현

45. What does the woman mention she has done?
(A) Purchased a new car to ~~commute~~
(B) Contacted a moving firm
(C) Wrote her name on a waiting list
(D) ~~Met~~ some neighbors already

여자 / 한일 / 중
ㄴ, 여자대사, 과거표현 "I left"

46. What does the man encourage the woman to do?
(A) Look around more ~~apartments~~
(B) Meet local people at dinner
(C) Bring some ~~food~~
(D) Explore some local ~~attractions~~

남자 / 요청 / 하
ㄴ, 남자대사, you should ~

여 안녕하세요. Marion 씨. 제가 새로운 아파트를 찾고 있는데 Charing Corss에 있는 Liverpool 복합 건물을 생각하고 있어요. 당신이 살고 있는 곳이죠?

남 맞아요! 저희 사무실 근처에 있어서 매일 통근하기 매우 좋아요. 그리고 인근에 지역 명소도 많이 있어요.

여 네, 그게 제가 그 곳으로 이사 가려는 이유에요. 사실, 이미 아파트 한 곳을 방문했는데 거기는 너무 컸어요. 그래서 더 작은 아파트 대기자 명단에 이름을 올려두었어요.

남 좋아요. 오, 금요일에 이웃들과 저녁식사를 할 텐데 시간 되시면 오셔서 함께 만나셔도 좋아요.

44. 남자가 Liverpool 복합 건물에 대해 어떤 특별한 점을 말하는가?
(A) 합리적인 대여료
(B) 편리한 장소
(C) 조용한 이웃들
(D) 인근의 주차 시설

45. 여자가 했다고 언급한 것은 무엇인가?
(A) 통근하기 위해 새 차를 구입했다.
(B) 이삿짐 회사와 연락했다.
(C) 대기자 명단에 그녀의 이름을 적었다.
(D) 이미 몇몇 이웃을 만났다.

46. 남자가 여자에게 권한 것은 무엇인가?
(A) 더 많은 아파트 둘러보기
(B) 저녁식사에서 지역 사람들 만나기
(C) 음식 가져오기
(D) 몇몇 지역 명소 답사하기

44 문제에 제시된 사람 및 회사 이름은 3인칭 대명사로 표현된다.

STEP 1 제3자의 고유명사나 일반명사로 묻는 문제가 나올 경우에는 고유명사나 일반명사가 대화의 처음에 언급된 후, 3인칭 대명사(he/she/they/it)로 반복해서 언급된다.

문제의 키워드 Liverpool Complex를 여자의 첫 대사에서 언급하고 있고, 남자의 대사 "its location is pretty good to commute"에서 3인칭 대명사 "its"로 Liverpool Complex를 반복해서 언급하고 있다. 남자가 그것의 위치가 통근하기 매우 좋다고 언급하고 있으므로 정답은 (B)이다.

– 대사의 구체적인 단어는 보기의 포괄적인 단어로 paraphrasing된다.
its location is pretty good to commute 〈 its convenient location

STEP 2 함정 유형 및 오답 패턴
(A) Its reasonable rental fee
(B) Its convenient location ▶정답
(C) Its quiet neighbors ▶위치와 상관없는 **neighbors**를 이용한 오답이다.
(D) Its nearby parking facility ▶지문의 **nearby**를 이용한 오답으로, **parking facility**의 언급은 없다.

45 답의 위치를 예측하면서 보기에 집중하라.

STEP 1 답은 순서대로 대화상에 배치되기 때문에 전체 내용을 다 듣고 답을 선택하기보다는 문제의 위치에 따라 해당 보기에 집중하여 듣는다.

여자 본인이 언급하는 여자가 한 일을 묻고 있는 문제이다. 두 번째 문제이므로 대사 중반부, 여자의 대사에서 보기에 있는 단어나 관련 단어가 들리는지 집중하자. "I left my name on a waiting list"를 통해 여자가 대기자 명단에 이름을 남겼다는 것을 알 수 있으므로 정답은 (C)이다.

– 대사의 구체적인 단어는 보기의 포괄적인 단어로 paraphrasing된다.
I left my name on a waiting list 〈 Wrote her name on a waiting list

STEP 2 함정 유형 및 오답 패턴
(A) Purchased a new car to commute ▶위치와 상관없는 **commute**를 이용한 오답이다.
(B) Contacted a moving firm
(C) Wrote her name on a waiting list ▶정답
(D) Met some neighbors already ▶위치와 상관없는 **meet with them**을 이용한 오답이다.

46 요청과 제안 문제의 힌트는 대화 후반부에 You로 언급된다.

STEP 1 제안, 요구 사항이나 미래 일정은 후반부에 답이 있다. 직접적인 권유, 제안, 요구, 요청하는 표현과 평서문의 형태로 간접적으로 '~을 하겠다'고 제안하거나 '~을 하세요'라고 권유 또는 제안하는 표현을 잡아야 한다.

남자의 마지막 대사 "I will have dinner with some of my neighbors on Friday. ~ you should come and meet them."를 통해 남자가 여자에게 이웃들과 저녁식사를 함께 하자고 제안했음을 알 수 있으므로 정답은 (B)이다.

– 대사의 구체적인 단어는 보기의 포괄적인 단어로 paraphrasing된다.
neighbors 〈 local people

STEP 2 함정 유형 및 오답 패턴
(A) Look around more apartments ▶위치와 상관없는 **apartment**를 이용한 오답이다.
(B) Meet local people at dinner ▶정답
(C) Bring some food ▶**dinner**에서 **food**를 연상한 오답이다.
(D) Explore some local attractions ▶위치와 상관없는 **attractions**를 이용한 오답이다.

어휘 **nearby** 인근의, 인근에 **waiting list** 대기자 명단 **reasonable** 합리적인 **encourage** 권장하다, 격려하다

Questions 47-49 refer to the following conversation.

M Harry, I browsed **the web page you're making** for Kurtice Sports.
47 It's much better than the old one.
W Thank you for saying that. **But I'm pretty confused about what the**
48 **client wants exactly, as she keeps requesting changes.** She was
your client, wasn't she?
M I'll send you some work I've done previously for her. Hopefully, you
can refer to it to get some ideas.
W That'd be helpful. But, for next time, we'd better modify our
agreement with all the clients to prevent the same issue.
M Do you have any ideas?
W What about **charging an additional fee** for extra requests?
49

48-D

49-D

47. Who most likely are the speakers?
(A) Lawyers
(B) Web designers
(C) Building contractors
(D) Accountants

직업 / 상
└ our / your / this / here

48. Why does the woman say, "She was your client, wasn't she"?
(A) To decline a request
(B) To evaluate staff performance
(C) To ask for some input
(D) To get a client's ~~contact information~~

여 / 화자 의도 파악
└ 앞뒤 문맥 파악

49. How does the woman want to revise an agreement?
(A) By taking off a policy
(B) By adding an extra charge
(C) By scheduling more meetings with clients.
(D) ~~By limiting~~ the number of additional requests

여자 / 제안 / 하
└ "What about ~?"

남 Harry 씨, Kurtice Sports를 위해 당신이 만들고 있는 웹 페이지를 둘러보았어요. 예전 것보다 훨씬 낫네요.
여 그렇게 말해줘서 고마워요. 그런데 클라이언트가 계속해서 변경을 요구하기 때문에 정확히 원하는 게 뭔지 매우 혼란스러워요. 그녀는 당신의 고객이었죠?
남 그분과 이전에 했던 작업들을 보내드릴게요. 바라건대, 아이디어를 얻는데 참고가 되면 좋겠네요.
여 도움이 될 거에요. 그렇지만 다음에는 같은 문제가 발생하지 않도록 모든 고객들과의 계약을 수정하는 것이 좋겠어요.
남 좋은 생각 있나요?
여 추가 요청에 대해 추가 요금을 청구하는 건 어때요?

47. 화자들은 누구일 것 같은가?
(A) 변호사
(B) 웹 디자이너
(C) 건설업자
(D) 회계사

48. 여자는 왜 "그녀는 당신의 고객이었죠?"라고 말하는가?
(A) 요청을 거절하기 위해
(B) 직원 성과를 평가하기 위해
(C) 조언을 구하기 위해
(D) 고객 연락처를 얻기 위해

49. 여자는 계약을 어떻게 수정하길 원하는가?
(A) 정책을 중단함으로써
(B) 추가 요금을 추가함으로써
(C) 고객과 더 많은 회의 일정을 잡음으로써
(D) 추가 요청의 수를 제한함으로써

47 직업과 장소는 전반부의 this is ∼에서 힌트가 나온다.

STEP 1 첫 2줄에서 **our/your/this/here**의 표현과 함께 들리는 장소/직업 명사가 정답이 된다.

화자들의 직업을 묻는 문제이다. 남자의 첫 대사 "I browsed the web page you're making"에서 you are making 으로 정답의 근거를 찾을 수 있다. 당신이 웹페이지를 만들고 있다고 언급하고 있으므로 직업이 웹디자이너라는 것을 알 수 있다. 따라서 정답은 (B)이다.

48 " "의 화자 의도 파악문제는 해당 위치에서 연결어를 확보하자.

STEP 1 전체 문맥상 의미를 파악하는 문제이며 앞뒤 문맥을 파악하여 포괄적인 정답을 찾아야 한다.

여자는 고객이 계속해서 많은 변경을 요구하기 때문에 혼란스럽다.(I'm pretty confused ∼ as she keeps requesting changes)라는 말에 이어 "당신의 고객이었죠?"라고 묻고 있으므로 여자는 남자에게 조언을 구하고 싶다는 것을 알 수 있으므로 정답은 (C)이다.

STEP 2 함정 유형 및 오답 패턴

(A) To decline a request
(B) To evaluate staff performance
(C) To ask for some input ▶정답
(D) To get a client's contact information ▶client를 반복 이용한 오답으로, 고객의 연락처를 얻기 위해 주어진 문장을 말한 것이 아니므로 오답이다.

49 제안, 요구 사항이나 미래 일정은 후반부에 답이 있다.

STEP 1 지문의 후반부에서 직접적인 권유, 제안, 요구, 요청하는 표현과 평서문의 형태로 간접적으로 '∼을 하겠다'고 제안하거나 '∼을 하세요'라고 권유 또는 제안하는 표현을 잡아야 한다.

여자가 계약을 어떻게 수정하길 원하는지 묻는 문제로, 여자의 마지막 대사 "What about charging an additional fee for extra requests?"에서 추가 요금을 청구하는 게 어떠냐고 제안하고 있다. 따라서 정답은 (B)이다.

STEP 2 함정 유형 및 오답 패턴

(A) By taking off a policy
(B) By adding an extra charge ▶정답
(C) By scheduling more meetings with clients.
(D) By limiting the number of additional requests ▶extra requests의 언급은 있지만 수를 제한한다는 언급은 없으므로 오답이다.

어휘 **browse** 둘러보다 **confuse** 혼란시키다 **exactly** 정확히, 꼭, 틀림없이 **continuously** 계속해서, 끊임없이 **previously** 이전에 **hopefully** 바라건대 **refer to** ∼을 나타내다, ∼을 보다 **modify** 수정하다, 변경하다 **agreement** 계약 **prevent** 예방하다, 방지하다 **charge** 청구하다 **additional** 추가의 **decline** 거절하다

Questions 50-52 refer to the following conversation.

W Good afternoon, **we are from Epping Furnishing** to deliver the **50** shelves you purchased.

M Excellent! It's great to order from Epping's since a wide range of quality items are available.

W Well, **we are famous for carrying more items** in office furniture **51** **than** our competitors. Your shelves will be unloaded once you sign this delivery document.

M Okay, let me see... Well, **it seems like something's wrong** because **52** **we didn't order glass shelves**, but **metal ones**.

W Oh, let me check. Sorry about this. I will call our office and have the right ones delivered to you as soon as possible.

50-D

51-A

52-D

50. What kind of business does the woman work for?
(A) A building contractor
(B) A furniture retailer
(C) A household appliance manufacturer
(D) A shipping company

여자 / 직업 / 상
ㄴ. 여자대사, we are from ~

51. What does the woman say the business is famous for?
(A) Its competitive prices
(B) Its fast delivery
(C) Its various products
(D) Its high-quality items

여자 / business is famous for
ㄴ. 여자 대사, 사업체의 특징
"we are famous for~"

52. What is wrong with the man's order?
(A) The delivery was late.
(B) Some documents were misplaced.
(C) Different products were delivered.
(D) Some products are damaged.

남자 / 문제점 / 하
ㄴ. 후반부 남자의 말 중 문제점 표현에 집중하자.
"it seems like something wrong ~"

여 안녕하세요. 구매하신 선반들을 배달하기 위해 Epping Furnishing(가구)에서 왔습니다.

남 좋아요! 다양한 고급 상품을 구할 수 있기 때문에 Epping 사의 상품을 주문하게 되어 기쁩니다.

여 네, 저희는 저희의 경쟁업체보다 사무용 가구에 더 많은 상품을 취급하는 것으로 유명합니다. 이 배송 서류에 사인하시면 선반들을 내릴게요.

남 네, 어디 봅시다. 음, 뭔가 잘못된 것 같네요. 저희는 유리 선반이 아닌 금속 선반을 주문했어요.

여 오, 확인해 볼게요. 죄송합니다. 저희 사무실에 전화해서 가능한 한 빨리 맞는 것을 배송하도록 할게요.

50. 여자가 일하는 사업체는 무엇인가?
(A) 건설업체
(B) 가구 회사(가구 판매 회사)
(C) 가전제품 제조사
(D) 배송 회사

51. 여자는 사업체가 무엇으로 유명하다고 말하는가?
(A) 경쟁력 있는 가격
(B) 빠른 배송
(C) 다양한 제품
(D) 고품질 품목

52. 남자의 주문의 문제점은?
(A) 배송이 늦었다.
(B) 일부 서류를 찾을 수 없다.
(C) 다른 제품이 배송되었다.
(D) 일부 제품이 손상되었다.

50　직업과 장소는 전반부에서 힌트가 나온다.

STEP 1　여자의 첫 대사에서 **We are ~ from** 이하가 직업을 나타낸다.

여자의 첫 대사 "we are from Epping Furnishing to deliver the shelves you purchased."를 통해 여자가 가구점에서 일하고 있음을 알 수 있으므로 정답은 (B)이다.

STEP 2　함정 유형 및 오답 패턴

(A) A building contractor
(B) A furniture retailer ▸정답
(C) A household appliance manufacturer
(D) A shipping company ▸deliver에서 연상한 오답이다.

51　키워드 문제는 키워드 기준 앞뒤 문장에 답이 위치한다.

STEP 1　문제의 키워드가 누구의 대사에 나오는지를 확인하고 문제에 나오는 키워드를 대화에서 잡아야 답을 골라낼 수 있다.

여자가 언급한 사업체의 유명한 점을 묻는 문제이다. 키워드 famous for를 확인하자. 대화의 중반부 여자의 대사 "we are famous for carrying more items in office furniture than our competitors"에서 사무용 가구에 다른 경쟁업체들보다 더 많은 상품을 취급하는 것으로 유명하다고 언급하고 있으므로 정답은 (C)이다.

– 대사의 구체적인 단어는 보기의 포괄적인 단어로 paraphrasing된다.
carrying more items ~ than our competitors 〈 various products

STEP 2　함정 유형 및 오답 패턴

(A) Its competitive prices ▸competitors의 유사 발음을 이용한 오답이다.
(B) Its fast delivery
(C) Its various products ▸정답
(D) Its high-quality items

52　문제점과 걱정은 본인의 입으로 직접 얘기한다.

STEP 1　주요 빈출 문제점으로 늦음(**late**), 지연(**delayed**), 바쁨(**busy**), 부족(**lack**), 고장(**out of order**) 등이 있다는 것을 알아두자.

여자의 대사 "Your shelves will be unloaded once you sign this delivery document.(이 배송 서류에 사인하시면 선반들을 내릴게요.)"에 대한 남자의 응답 "it seems like something's wrong because we didn't order glass shelves, but metal ones."을 통해 잘못된 상품이 배송됐다는 것을 알 수 있으므로 정답은 (C)이다.

STEP 2　함정 유형 및 오답 패턴

(A) The delivery was late.
(B) Some documents were misplaced.
(C) Different products were delivered. ▸정답
(D) Some products are damaged. ▸products(glass shelves, metal ones)가 언급되어 있지만 손상되었다는 언급은 없다.

어휘　**shelf** 선반　**a wide range of** 다양한　**available** 구할 수 있는, 이용할 수 있는　**famous for** ~로 유명한 **carry** 취급하다　**competitor** 경쟁자　**unload** (짐을) 내리다　**as soon as possible** 되도록 빨리 **competitive** 경쟁력 있는　**high-quality** 고품질의, 고급의

Questions 53-55 refer to the following conversation.

M Well, this is our new office. The painting work on the walls hasn't been completed yet, but **it will be done for us to move in by**
53 **November 29**. How do you like it? | **53-D**

W It's much better than I expected. The conference room looks particularly great.

M Do you think so? We can have our daily meeting in the room.
54 Actually, **I like the room because of its large window**. | **54-A**

W Well, it looks good, hmm... but I think it would be better if it were smaller. People might feel chilly in winter.

M You're right. **I'll contact the property manager** to check if he can
55 install additional heaters that we can use during the cold season. | **55-B**

---

53. What are the speakers scheduled to do in November?
(A) Acquire another company
(B) Come back from holiday
(C) Relocate their business space
(D) Close a deal with a building contractor

November / 상
└ 지문의 상단부, 키워드
November 앞뒤 문장

54. What does the woman mean when she says, "I think it would be better if it were smaller"?
(A) A room will provide a refreshing view.
(B) She wants to have a meeting in a different room.
(C) She will wear heavy clothing.
(D) A room could be too cold in certain seasons.

여 / 화자 의도 파악
└ 앞뒤 문맥 파악

55. What does the man say he will do?
(A) Call off a meeting with a client
(B) Increase a budget
(C) Get in touch with a supervisor
(D) Revise an agreement

남 / 미래 할일 / 하
└ 후반부 남자대사 I'll ∼

남 네, 여기가 새 사무실입니다. 벽 페인트칠이 아직 끝나지 않았어요. 그렇지만 11월 29일까지 이사 할 수 있게 끝날 거예요. 어떠신가요?

여 제가 예상했던 것보다 훨씬 낫네요. 회의실이 특히 좋아 보여요.

남 그렇게 생각하세요? 저희는 그곳에서 매일 회의를 할 수 있어요. 사실, 저는 큰 창문 때문에 회의실이 좋아요.

여 네, 그건 좋아 보여요. 음... 그런데 좀 더 작았으면 좋았을 것 같아요. 겨울에 추울 수도 있어요.

남 맞아요. 추운 계절에 사용할 수 있는 난방기를 추가로 설치할 수 있는지 건물 관리자에게 확인해 볼게요.

53. 화자들이 11월에 하기로 예정되어 있는 것은 무엇인가?
(A) 다른 기업 인수하기
(B) 휴가에서 돌아오기
(C) 업무 공간 이전하기
(D) 건물 계약자와 거래 매듭짓기

54. 여자가 "좀 더 작았으면 좋았을 것 같아요."라고 말할 때 의미하는 것은 무엇인가?
(A) 방은 상쾌한 전망을 제공할 것이다.
(B) 그녀는 다른 방에서 회의를 하길 원한다.
(C) 그녀는 두꺼운 옷을 입을 것이다.
(D) 방은 특정 계절에 너무 추울 수도 있다.

55. 남자는 그가 무엇을 할 것이라고 말하는가?
(A) 고객과의 회의 취소하기
(B) 예산 증가시키기
(C) 관리자와 연락하기
(D) 계약 수정하기

53 키워드 문제는 키워드 앞뒤 문장에 답이 위치한다. ▶ November

STEP 1 특정 키워드에 대해 묻는 문제는 일반적으로 키워드 뒤에 답이 들리지만 최근에는 키워드보다 앞서 답이 나오는 경우가 있다.

화자들이 11월에 예정되어 있는 일을 묻는 문제이다. 키워드 November 앞뒤 문장에서 답을 찾자. 상단부 남자의 말 "this is our new office"에서 이곳이 새로운 사무실이라고 언급하고 있고, "it will be done for us to move in by November 29."에서 11월에 이사한다는 것을 알 수 있으므로 (C)가 정답이다.

– 대사의 구체적인 단어는 보기의 포괄적인 단어로 paraphrasing된다.
move in ⟨ relocate

STEP 2 함정 유형 및 오답 패턴

(A) Acquire another company
(B) Come back from holiday
(C) Relocate their business space ▶정답
(D) Close a deal with a building contractor ▶**completed**에서 **Close a deal**을 연상한 오답이다.

54 화자의 의도 파악 문제는 주어진 '문장'을 기준으로 위아래에서 연결어를 확보해야 한다.

STEP 1 화자의 의도 파악 문제는 앞사람의 말에 대해 답변/반응을 하는 것이 대부분으로, 앞사람의 대사에서 들리는 '특정단어'를 포함하거나 관련된 보기가 정답이 된다.

바로 앞 남자의 말인 "I like the room because of its large window."에서 큰 창문 때문에 그 방이 좋다"라고 말하는 데 대해 여자가 주어진 문장 (I think it would be better if it were smaller)을 언급한 뒤에 "People might feel chilly in winter.(사람들이 겨울에 추울 수 있다)"고 응답하고 있으므로 여자는 방이 계절에 따라 추울 수도 있어서 방이 좀 더 작았으면 좋았을 것이라고 말할 것임을 알 수 있다. 따라서 정답은 (D)이다.

STEP 2 함정 유형 및 오답 패턴

(A) A room will provide a refreshing view. ▶**window**를 통해 **view**를 연상할 수 있지만 오답이다.
(B) She wants to have a meeting in a different room.
(C) She will wear heavy clothing.
(D) A room could be too cold in certain seasons. ▶정답

55 미래 정보는 대화 후반부에 나오는 I'll ~이 정답이다.

STEP 1 대부분의 대화는 과거 → 미래의 순서로 진행되므로 미래 관련 문제는 대화의 후반부에 답이 나온다.

후반부 남자의 말 "I'll contact the property manager to check"에서 남자는 관리자에게 연락할 것임을 알 수 있다. 따라서 정답은 (C)이다.

– 대사의 구체적인 단어는 보기의 포괄적인 단어로 paraphrasing된다.
contact ⟨ Get in touch

STEP 2 함정 유형 및 오답 패턴

(A) Call off a meeting with a client
(B) Increase a budget ▶**additional**에서 **increase**를 연상한 오답이다.
(C) Get in touch with a supervisor ▶정답
(D) Revise an agreement

어휘 **move in** 이사를 들다 **chilly** 쌀쌀한, 추운 **property** 재산, 부동산, 건물 **install** 설치하다 **additional** 추가의 **acquire** 습득하다, 얻다 **relocate** 이전하다 **contractor** 계약자 **seasonally** 계절 따라, 계절적으로 **call off** 취소하다 **increase** 증가하다 **budget** 예산 **get in touch with** ~와 연락하다 **revise** 수정하다

Questions 56-58 refer to the following conversation.

W Hi, Brent. **Did you** have a chance to see the survey results we
56 received from companies across the nation?
M **Yes, I did.** I believe the result indicates a new direction for
57 advertising **our** firm's **new** laptops.
W Indeed. It shows using laptops for business is becoming increasingly
popular. We should consider office workers our target customers for
our **new ad**.
M I couldn't agree more. **Let's talk about** this **at our team meeting**
58 next week. Our coworkers will certainly come up with great ideas.

56–D
57–C

56. What does the man say he had a chance to do?
(A) Meet new coworkers
(B) Read the results of a survey
(C) Arrange a business meeting
(D) Review an new promotional plan

남 / 한일 / 상
ㄴ, 여자 대사에 대한 남자 대사의
응답

57. What kind of merchandise are the speakers talking about?
(A) An office wear
(B) A mobile device
(C) A desktop computer
(D) A travel package

키워드 merchandise
ㄴ, our firm's new laptops

58. What is scheduled to be held next week?
(A) An orientation meeting for new employees
(B) An inspection of a new factory
(C) A gathering for managers
(D) A meeting for a new advertisement

3. next week / 하
ㄴ, 키워드 next week 앞뒤 문
장, 대명사 this가 무엇인지 파악
하자

여 안녕하세요, Brent 씨. 회사에서 받은 국내 조사 결과를
볼 기회가 있었나요?
남 네, 봤어요. 그 결과는 우리 회사 신제품 노트북 컴퓨터
광고에 새로운 방향을 보여준다고 생각해요.
여 그렇고말고요. 업무용 노트북 컴퓨터 사용이 점점 더 증
가하고 있어요. 새 광고에 직장인을 목표 고객으로 생각
해야 해요.
남 전적으로 동의해요. 다음 주 저희 팀 회의에서 이 사안에
대한 이야기를 나눠요. 동료들이 분명히 좋은 방안을 생
각해 낼 거예요.

56. 남자가 무엇을 할 기회를 가졌다고 말하는가?
(A) 새로운 동료 만나기
(B) 조사 결과 읽기
(C) 업무 회의 준비하기
(D) 새 홍보 계획 검토하기

57. 화자들은 어떤 상품에 대해서 이야기 하는가?
(A) 사무복
(B) 모바일 기기
(C) 데스크톱 컴퓨터
(D) 여행 상품

58. 다음 주에 열릴 것으로 예정되어 있는 것은 무엇인가?
(A) 신입 사원을 위한 오리엔테이션
(B) 새 공장 점검
(C) 관리자 모임
(D) 새 광고를 위한 회의

56 답의 위치를 예측하면서 보기에 집중하자.

STEP 1 답은 순서대로 대화상에 배치되기 때문에 전체 대화 내용을 다 듣고 답을 선택하기 보다는 문제의 위치에 따라 해당 보기에 집중하여 듣는다.

남자가 한 일을 묻고 있는 문제이다. 첫 번째 문제에 해당하기 때문에 지문의 상단부에서 정답의 단서를 찾자. 여자의 첫 대사 "Did you have a chance to see the survey results"에 대한 남자의 응답 "Yes, I did"를 통해 남자는 조사 결과를 보았다는 것을 알 수 있으므로 정답은 (B)이다.

STEP 2 함정 유형 및 오답 패턴

(A) Meet new coworkers
(B) Read the results of a survey ▶ 정답
(C) Arrange a business meeting
(D) Review an new promotional plan ▶ 위치와 상관없는 **a new direction for advertising**을 이용한 오답이다.

57 키워드 문제는 키워드 기준 앞뒤 문장에 답이 위치한다.

STEP 1 문제의 키워드가 누구의 대사에 나오는지를 확인하고 문제에 나오는 키워드를 대화에서 잡아야 답을 골라낼 수 있다.

키워드 merchandise를 확인하자. 화자들의 대사에서 언급되는 제품을 파악하자. 남자의 대사 "our firm's new laptops"에서 노트북 컴퓨터에 대해 이야기하고 있음을 알 수 있으므로 정답은 (B)이다.

– 대사의 구체적인 단어는 보기의 포괄적인 단어로 paraphrasing된다.
laptops 〈 a mobile device

STEP 2 함정 유형 및 오답 패턴

(A) An office wear
(B) A mobile device ▶ 정답
(C) A desktop computer ▶ **computer(laptops)**는 언급되었지만 데스크톱 컴퓨터에 대해 이야기하는 것이 아니므로 오답이다.
(D) A travel package

58 〈미래 시간 키워드〉는 시간 부사와 함께 후반부에 나온다.

STEP 1 특정 시간이나 수치에 대한 문제는 보기의 숫자가 대화에 나오므로 반드시 키워드 근처에서 답을 찾아야 한다.

대화에서 키워드 next week를 확인하자. 후반부 남자의 말 "Let's talk about this at our team meeting next week."에서 다음 주 회의에서 이것에 대해 이야기하자는 언급이 있다. this는 앞 대사에서 언급한 new ad를 의미하므로 다음 주 새로운 광고 회의가 있을 것임을 알 수 있다. 따라서 정답은 (D)이다.

어휘 **receive** 받다 **across the nation** 전역에서 **indicate** 나타내다 **direction** 방향 **laptop** 노트북 컴퓨터 **indeed** 정말, 확실히 **increasingly** 점점 더 **popular** 인기 있는 **consider** ~을 ~로 여기다, 생각하다 **coworker** 동료 **certainly** 틀림없이, 분명히 **come up with** ~을 생각해내다, 제시하다 **promotional** 홍보의 **merchandise** 물품, 상품 **advertisement** 광고

Questions 59-61 refer to the following conversation.

M1 Thank you for visiting **Sergio Business Consulting**. My name is
`59` Matt and this is my colleague Calvin. You probably have some
questions about **our firm's legal services**. We can answer them
and take care of your company's legal issues.

W Well, we are in need of expertise in handling some legal matters we
are currently facing.

M2 Hmm... Are there any problems in your organization?

W Well, **in a few months, we are planning to merge with one of our**
`60` **competitors**, and it will make the business almost double which
means we will become the largest company in the market.

M2 **We can provide** specially designed **services** for company expansion.
`61` **Why don't we discuss some possible options** you might like right
now?

`60–D`
`59–A`
`61–D`

---

59. What service can Sergio Business Consulting do for the woman?
(A) Building expansion
(B) Web site design
(C) Legal advice
(D) Career development

Sergio Business
Consulting
└, "our firm"

60. What will the woman's company do in a few months?
(A) It will appoint a new president.
(B) It will sign a merger agreement.
(C) It will introduce a new line of products.
(D) It will open another branch office.

여자의 회사 / 미래 / in a few
months
└, 키워드 앞뒤 문장

61. What will the men most likely do next?
(A) Talk about available services
(B) Schedule a meeting with an expert
(C) Move to another meeting room
(D) Present a list of price options

남자들 / 미래 / 하
└, Why don't we ~?

남1 Sergio 비즈니스 컨설팅을 방문해 주셔서 감사합니다.
저는 Matt이고 이분은 제 동료 Calvin 씨입니다. 저희
회사 법률 서비스에 대해 궁금하실 텐데요. 이에 답해
드리고, 귀사의 법적 문제를 해결해 드릴 수 있습니다.

여 네, 저희는 현재 직면한 법적 문제를 다룰 수 있는 전문
지식이 필요합니다.

남2 음... 회사에 문제가 있나요?

여 네, 몇 달 후에, 경쟁업체 중 한 곳과 합병할 예정인데
그렇게 되면 규모가 거의 두 배가 되어서 업계에서 가
장 큰 규모의 회사가 됩니다.

남2 저희는 회사 확장을 위해 특별히 고안된 서비스를 제공
해 드릴 수 있습니다. 마음에 들어하실 만한 가능한 옵
션을 지금 논의해 보시는 게 어떨까요?

59. Sergio Business Consulting은 여자를 위해 어떤 서
비스를 제공할 수 있는가?
(A) 건물 확장 (B) 웹 사이트 디자인
(C) 법률 상담 (D) 경력개발

60. 여자의 회사는 몇 달 후에 무엇을 할 것인가?
(A) 새로운 회장을 임명할 것이다.
(B) 합병 계약서에 서명할 것이다.
(C) 신제품을 소개할 것이다.
(D) 다른 지점을 열 것이다.

61. 남자들은 앞으로 무엇을 할것 같은가?
(A) 이용가능한 서비스에 관해 이야기하기
(B) 전문가와 회의 일정 잡기
(C) 다른 회의실로 이동하기
(D) 가격 옵션 목록 보여주기

59 문제에 제시된 사람 및 회사 이름은 3인칭 대명사로 표현된다.

STEP 1 제3자의 고유명사나 일반명사로 묻는 문제가 나올 경우, 고유명사나 일반명사가 대화의 처음에 언급된 후 3인칭 대명사(he/she/they/it)로 반복해서 언급된다.

남자의 첫 대사 "Thank you for visiting Sergio Business Consulting."를 통해 남자가 Sergio Business Consulting 직원임을 알 수 있고, "our firm's legal services."에서 남자의 회사는 법률 서비스를 제공하는 회사라고 언급하고 있으므로 Sergio Business Consulting은 법률 서비스를 제공하는 회사임을 알 수 있다. 따라서 정답은 (C)이다.

STEP 2 함정 유형 및 오답 패턴

(A) Building expansion ▸ 위치와 상관없는 expansion을 이용한 오답이다.
(B) Web site design
(C) Legal advice ▸ 정답
(D) Career development

60 키워드 문제는 키워드 기준 앞뒤 문장에 답이 위치한다.

STEP 1 특정 시간이나 수치에 대한 문제는 보기의 숫자가 대화에 나오므로 반드시 키워드 근처에서 답을 찾아야 한다.

여자의 회사가 몇 달 후에 무엇을 할 것인지 묻는 문제이다. 여자의 대사에서 in a few months 앞뒤에서 정답의 단서를 찾자. 지문 중반부의 여자의 대사 "in a few months, we are planning to merge with one of our competitors,"에서 다른 회사와 합병할 것임을 알 수 있으므로 정답은 (B)이다.

– 대사의 구체적인 단어는 보기의 포괄적인 단어로 paraphrasing된다.
merge with ⟨ sign a merger agreement

STEP 2 함정 유형 및 오답 패턴

(A) It will appoint a new president.
(B) It will sign a merger agreement. ▸ 정답
(C) It will introduce a new line of products.
(D) It will open another branch office. ▸ **become the largest company**에서 연상시킨 오답이다.

61 3인 대화에서 미래의 일정이나 제안이 마지막 문제로 등장한다.

STEP 1 제안, 요구 사항이나 미래 일정은 후반부에 답이 있다.

대화에서 남자들은 같은 회사에서 근무하고 있음을 알 수 있으므로 마지막 남자의 말에서 앞으로 일어날 일을 예상할 수 있다. 남자 2의 마지막 대사 "We can provide specially designed services"에서 서비스를 제공할 수 있다고 언급한 뒤에, "Why don't we discuss some possible options ∼?"에서 가능한 옵션을 논의하는 것이 어떠냐고 제안하고 있으므로 정답은 (A)이다.

– 대사의 구체적인 단어는 보기의 포괄적인 단어로 paraphrasing된다.
discuss ⟨ talk about

STEP 2 함정 유형 및 오답 패턴

(A) Talk about available services ▸ 정답
(B) Schedule a meeting with an expert
(C) Move to another meeting room
(D) Present a list of price options ▸ **options**는 언급되어 있지만 가격 옵션을 보여준다는 것은 아니므로 오답이다.

어휘 legal service 법률 서비스 expertise 전문적 기술, 지식 handle 다루다, 처리하다 face (상황에) 직면하다 merge with ∼와 합병되다 competitor 경쟁자 appoint 임명하다

Questions 62-64 refer to the following conversation and coupon.

M   Thank you for visiting Dora Music. We hope you find what you are searching for.

W   Oh, thank you. **Can I purchase this <u>violin</u>? Is it handmade?** `62`

M   **Yes, it is.** There aren't many **violins made by hand** at such a price.

W   Oh, right. Can I use this coupon?

M   Sure, but you will be able to get a better deal on Monday. Customers will get a 30% discount on their purchase. `63-A`

W   That's good! **But I will be away next week, so I have no choice but to** `63` settle for the <u>15% discount</u>. By the way, <u>are there any lessons for</u> `64` customers here at the shop? It's been quite a long time **since** I played. `64-D`

M   Of course, we do offer lessons. Let me find the timetable for you.

Dora Music
Special Weekday's Discount!

30% Off Monday   or   20% Off Wednesday   or   15% Off Friday

‖‖‖‖‖‖‖‖‖‖‖‖
07 5265018292755

---

62. What is mentioned about the musical instrument?
(A) It comes in more than one design.   **(B) It was made by hand.**
(C) It can be delivered for free.   (D) It is an overpriced product.

키워드 a musical instrument, 특징 / 상
ㄴ 상단부에서 확인하자.

63. Look at the graphic. On which day is the woman trying to buy a product?
(A) ~~Monday~~   (B) Wednesday
(C) Friday   (D) Saturday

여자 / 구매날짜
ㄴ 시각 자료의 단서를 여자의 대사에서 찾자.

64. What information does the woman inquire about?
(A) Shipping services   (B) Opening hours
(C) Music classes   (D) Instrument ~~repairs~~

여자 / 문의 / 하
ㄴ 질문의 표현에 집중하자.

남   Dora Music에 방문해 주셔서 감사합니다. 찾으시는 것이 있길 바랍니다.

여   오, 감사합니다. 이 바이올린을 구입할 수 있을까요? 수제인가요?

남   맞습니다. 이 가격에 수제 바이올린은 많지 않습니다.

여   오, 그렇군요. 이 쿠폰을 사용할 수 있나요?

남   물론이에요. 그렇지만 월요일에 더 좋은 조건으로 사실 수 있습니다. 구매 시 30% 할인을 받으실 수 있어요.

여   그거 좋군요! 그렇지만 저는 다음 주에는 어딜 가서 15% 할인으로 만족할 수밖에 없어요. 그런데, 이 상점에 고객들을 위한 수업이 있나요? 바이올린을 연주한지 꽤 오래됐어요.

남   물론이죠. 저희는 수업을 제공하고 있습니다. 고객님에게 적절한 시간표를 알아볼게요.

Dora 음악
특별 평일 할인!

월요일 한정	수요일 한정	금요일 한정
30% 할인	20% 할인	15% 할인

62. 화자들이 악기에 대해서 언급한 것은 무엇인가?
(A) 하나 이상의 디자인이 제공된다.   (B) 수제로 만들어졌다.
(C) 무료로 배송될 수 있다.   (D) 값비싼 상품이다.

63. 시각 자료를 보시오. 여자가 제품을 구매하려는 날은 언제인가?
(A) 월요일   (B) 수요일
(C) 금요일   (D) 토요일

64. 여자는 어떤 정보를 문의하는가?
(A) 배송 서비스   (B) 영업시간
(C) 음악 수업   (D) 악기 수리

62 키워드 문제는 키워드 기준 앞뒤 문장에 답이 나온다. ▶musical instrument

STEP 1 문제의 musical instrument를 지문에서 파악하자.

여자의 대사 "Can I purchase this violin? Is it handmade?"에서 악기가 violin인 것을 알 수 있고, 바이올린이 수제인지 묻는 질문에 남자가 "Yes, it is"라고 응답하고 있으므로 바이올린이 수제라는 것을 알 수 있다. 따라서 정답은 (B)이다.

– 대사의 구체적인 단어는 보기의 포괄적인 단어로 paraphrasing된다.

handmade 〈 It was made by hand

63 However, But 뒤에 결정적인 정답의 단서가 나온다.

STEP 1 그러나(but/however), 사실은(actually/in fact), 유감스럽게도 (unfortunately), 죄송합니다만(I'm sorry but/I'm afraid~), 고맙지만(Thanks but~) 등의 역접 또는 반전을 의미하는 표현을 알아두자.

여자의 대사 "But I will be away next week, so I have no choice but to settle for the 15% discount."에서 정답의 단서를 찾을 수 있다. 15% 할인으로 만족할 수밖에 없다는 언급을 하고 있으며, 15%는 시각 자료에서 금요일 할인에 해당하므로 여자는 금요일에 상품을 구매할 것임을 알 수 있다. 따라서 정답은 (C)이다.

STEP 2 함정 유형 및 오답 패턴

(A) Monday ▶남자가 언급한 요일이다.
(B) Wednesday
(C) Friday ▶정답
(D) Saturday

64 〈여자의 문의〉는 여자의 대사 중에 질문으로 나온다.

STEP 1 여자의 대사에서 질문을 파악하자.

여자의 대사 "are there any lessons for customers here at the shop? It's been quite a long time since I played."에서 바이올린을 연주한 지 오래됐다는 언급과 함께 상점에서 고객들을 위한 수업이 있는지 묻고 있으므로 여자가 문의하는 것은 음악 수업인 것을 알 수 있다. 따라서 정답은 (C)이다.

STEP 2 함정 유형 및 오답 패턴

(A) Shipping services
(B) Opening hours
(C) Music classes ▶정답
(D) Instrument repairs ▶I played에서 instrument를 연상한 오류로, 악기 수리를 문의하고 있는 것이 아니므로 오답이다.

어휘 search for ~를 찾다 handmade 손으로 만든 have no choice but to ~할 수 밖에 없다
settle for ~으로 만족하다 last 마지막으로 timetable 시간표 appropriate 적절한

Questions 65-67 refer to the following conversation and fee chart.

M Sorry, ma'am. **We are closing in a few minutes.** Is there anything I
[65] can help you with?

W Well, is it possible to checkout these books? **I misplaced my library**
[66] **card. How much do I need to pay for a new one?**

M You can refer to the chart over there showing the details of our fees
including replacing membership cards.

W I see! Could you issue a new card to me then?

M **Sure. I just need some photo ID.**

Moorgate City Library

Late book return fee (per day)	£0.75
Late DVD return fee (per day)	£0.50
Late CD return fee (per day)	£0.90
Replacement card (each issue)	£2.00

---

65. What does the man say will happen soon?
(A) A membership policy will change.
(B) The facility will be closing.
(C) Some equipment will be delivered.
(D) New books will be arriving.

남자 / 미래 / 상
└, 문제의 순서=대화의 순서

66. Look at the graphic. How much will the woman have to pay?
(A) £0.75   (B) £0.50
(C) £0.90   **(D) £2.00**

시각 자료 / 중
└, 시각 자료에서 주어진 보기
외의 것을 확인하자.

67. What will the woman probably do next?
(A) Meet with the head librarian
(B) Look for more books to rent
(C) Present her photo identification
(D) Fill out an application form

여자 / 미래 할일 / 하
└, 남자대사 "~하세요"

남 죄송합니다. 손님. 저희는 몇 분 후에 문을 닫습니다. 도와
드릴 것이 있나요?
여 네, 이 책들을 대출할 수 있나요? 제가 도서관 카드를 잃어버
렸어요. 신규 카드를 발급하려면 얼마를 지불해야 합니까?
남 회원 카드 교체를 포함해서 요금 세부사항은 저쪽에 차트
를 참고하실 수 있어요.
여 알겠습니다! 그럼 카드를 새로 발급해 주실 수 있나요?
남 물론입니다. 사진이 있는 신분증이 필요합니다.

Moorgate 시립 도서관

책 연체료 (일일 기준)	0.75파운드
DVD 연체료 (일일 기준)	0.50파운드
CD 연체료 (일일 기준)	0.90파운드
카드 교체료 (매 발급 시)	2.00파운드

65. 남자는 곧 무슨 일이 일어난다고 말하는가?
(A) 회원 정책이 변경될 것이다.
(B) 시설이 문을 닫을 것이다.
(C) 일부 장비가 배송될 것이다.
(D) 새로운 책이 도착할 것이다.

66. 시각 자료를 보시오. 여자는 얼마를 지불해야 할 것인
가?
(A) 0.75파운드
(B) 0.50파운드
(C) 0.90파운드
(D) 2.00파운드

67. 여자는 다음에 무엇을 할 것 같은가?
(A) 사서 책임자 만나기
(B) 빌릴 책 더 찾기
(C) 그녀의 사진이 부착된 신분증 보여주기
(D) 신청서 작성하기

65 답의 위치를 예측하면서 보기에 집중하라.

STEP 1 답은 순서대로 대화상에 배치되기 때문에 전체 내용을 다 듣고 답을 선택하기보다는 문제의 위치에 따라 해당 보기에 집중하며 듣는다.

지문의 상단부에서 미래 표현에서 답의 근거를 찾자. 남자의 첫 대사 "We are closing in a few minutes"에서 곧 문을 닫는다고 언급하고 있으므로 정답은 (B)이다.

STEP 2 함정 유형 및 오답 패턴

(A) A membership policy will change.
(B) The facility will be closing. ▸정답
(C) Some equipment will be delivered.
(D) New books will be arriving. ▸위치와 상관없는 **books**를 이용한 오답이다.

66 대화에서 언급된 보기 (A) – (D)는 정답이 아니다.

STEP 1 보기가 금액이므로 시각 자료에서 그 외의 부분을 확인하면서 담화를 들어야 한다.

여자가 얼마를 지불해야 하는지 묻는 문제이다. 보기에는 금액이 언급되어 있으므로 시각 자료에서 금액을 제외한 그 외 정보를 파악하면서 대화에 집중하자. 여자의 대사 "I misplaced my library card. How much do I need to pay for a new one?"에서 도서관 카드를 잃어버렸고, 새로운 카드를 발급하기 위해 얼마를 지불해야 하는지 묻고 있다. 시각 자료에서 도서관 카드 발급은 2파운드인 것을 알 수 있다. 따라서 정답은 (D)이다.

67 Next ~ 문제는 대화가 끝난 다음 어떤 행동이나 행위를 할 것인지, 대화 직후에 일어날 미래 정보를 묻는 문제이다.

STEP 1 다음 행위(미래정보)를 묻는 문제(~next?)는 주로 당사자의 대사에서 정답을 알 수 있다. 그런데 고난이도의 문제들에서는 상대방의 제안이나 요청을 수락함으로써 그것을 하겠다는 의미(결과적으로 미래의 행위)가 되므로 상대가 제안하는 내용이나 요청하는 내용을 잘 들어야 한다.

여자가 다음에 할 일이 무엇일 것 같은지 묻는 문제이다. 카드를 새로 발급해 달라는 여자의 말 "Could you issue a new card to me then?"에 남자는 마지막 대사 "I just need some photo ID."에서 사진이 있는 신분증이 필요하다고 언급하고 있다. 따라서, 여자는 카드 발급을 위해 그녀의 신분증을 보여줄 것임을 유추할 수 있으므로, 정답은 (C)이다. 해당 문제의 경우 여자의 다음 행동이 남자의 대사에서 언급된 문제이므로 주의하자.

STEP 2 함정 유형 및 오답 패턴

(A) Meet with the head librarian
(B) Look for more books to rent ▸**books**는 언급되었지만 책을 찾겠다는 언급은 없다.
(C) Present her photo identification ▸정답
(D) Fill out an application form

어휘 misplace 잘못 두다, 둔 곳을 잊다 over there 저쪽에 details 세부사항 replace 대체하다 issue 발부하다 policy 정책 facility 시설, 기관 equipment 장비, 기기 librarian 사서 look for 찾다 present 제시하다, 보여주다 application form 신청서

Questions 68-70 refer to the following conversation and menu.

M Good evening, Louise. **How come you are here this evening? You**
68 normally work the morning shift.

W Well, usually I do. But Julio is on holiday for a couple of days. So I need to
take his place in the evenings while he is away. Has the shipment arrived yet? **68-D**

M It should be here soon. We got a message from the supplier that there will
69 be no strawberry this evening and probably for a few weeks. **We should**
revise our menu to let our customers know some products are unavailable.

W Sure! Meanwhile, **I'll contact other local suppliers** and check if they have **70-C**
extra strawberries for us to use for a few weeks. **70**

Liverpool Street Bistro Menu [Seasonal Drinks]

Juce 1	Juce 2	Juce 3	Juce 4
Tomato and Lemon	Pear and Tomato	Strawberry and Lime	Orange and Tomato

68. What is the reason the man is surprised?
(A) Tables are set earlier than scheduled.
(B) A coworker has been promoted.
(C) The woman is working in the evening.
(D) Food supplies have not arrived yet.

남자 / is surprised / 상
└. 문제의 순서=대화의 순서.
남자의 첫 대사에 집중하자.

69. Look at the graphic. Which item will speakers take off from
the menu?
(A) Juice 1 　　(B) Juice 2 　　**(C) Juice 3** 　　(D) Juice 4

시각 자료 / 중
└. 시각 자료에서 주어진 보기
외의 것을 확인하자.
"no strawberry"

70. What will the woman probably do next?
(A) Arrange a public event
(B) Get in touch with local vendors
(C) Check the shipment again
(D) Fill out a request form

여자 / 다음 행동 / 하
└. 여자 대사. I'll ~

Liverpool Street Bistro Menu [계절메뉴]

쥬스 1	쥬스 2	쥬스 3	쥬스 4
토마토와 레몬	배와 토마토	딸기와 라임	오렌지와 토마토

남 안녕하세요, Louise 씨. 이 저녁에 여기는 어쩐 일이예
요? 보통 아침조로 근무하잖아요.

여 네, 보통은 그렇죠. 그런데 Julio 씨가 며칠 휴가예요. 그
래서 그동안은 대신해야 해요. 수송품은 벌써 도착했나
요?

남 금방 올 거예요. 공급회사에서 오늘 밤 어쩌면 몇 주 동
안 딸기가 없을 거라는 메시지를 받았어요. 고객들에게
일부 상품 이용이 어렵다고 공지하도록 메뉴를 수정해야
해요.

여 물론이에요! 그동안은 제가 다른 지역 공급업체에 연락
해서 몇 주 동안 사용할 수 있는 딸기가 더 있는지 알아
볼게요.

68. 남자가 놀란 이유는 무엇인가?
(A) 예정보다 일찍 테이블이 모두 준비됐다.
(B) 동료가 승진했다.
(C) 여자가 저녁에 일하고 있다.
(D) 음식 공급품이 아직 도착하지 않았다.

69. 시각 자료를 보시오. 화자들은 메뉴에서 어떤 품목을 없
앨 것인가?
(A) 쥬스 1 　　　(B) 쥬스 2
(C) 쥬스 3 　　　(D) 쥬스 4

70. 여자는 다음에 무엇을 할 것 같은가?
(A) 공개 행사 준비하기
(B) 지역 판매회사와 연락하기
(C) 수송품 다시 확인하기
(D) 신청서 작성하기

68 답의 위치를 예측하면서 보기에 집중하자.

STEP 1 문제의 남자/여자/화자(Man/Woman/Speakers)를 확인하자.

남자가 놀란 이유를 묻고 있는 첫 번째 문제이다. 지문의 상단부 남자의 대사에서 정답의 근거를 찾자. 남자의 첫 대사 "Louise. How come you are here this evening? You normally work the morning shift."에서 보통 아침조로 근무하는 Louise 씨 보고 저녁에 왜 나왔냐고 묻고 있는 것을 통해, 여자(Louise 씨)가 저녁에 근무하고 있는 것에 놀랐다 는 것을 알 수 있으므로 정답은 (C)이다.

STEP 2 함정 유형 및 오답 패턴

(A) Tables are set earlier than scheduled.
(B) A coworker has been promoted.
(C) The woman is working in the evening. ▶정답
(D) Food supplies have not arrived yet. ▶정답 위치와 관계없는 **Has the shipment arrived yet?**을 이용한 오답
으로, 남자가 놀란 이유가 아니므로 오답이다.

69 대화에서 언급된 보기 (A) – (D)는 정답이 아니다.

STEP 1 보기가 주스 번호이므로 시각 자료에서 그 외의 부분을 확인하면서 담화를 들어야 한다.

화자들이 메뉴에서 없애야 하는 품목을 묻는 문제이다. 보기에 주스 번호가 언급되어 있으므로 시각 자료에서 주스 번호를 제외한 그 외 정보를 파악하면서 대화에 집중하자. 남자의 대사 "there will be no strawberry ~. We should revise our menu"를 통해 딸기가 없을 것이며 메뉴를 수정해야 한다고 언급하고 있다. 따라서 시각 자료에서 딸기를 재료로 사용 하는 주스 3을 메뉴에서 제거해야 있다는 것을 알 수 있으므로 정답은 (C)이다.

70 미래 정보는 대화 후반부에 나오는 I'll ~이 정답이다.

STEP 1 다음 행위(미래 정보)를 묻는 문제는 주로 당사자의 대사에서 정답을 알 수 있다.

여자가 다음에 할 일을 묻고 있는 문제이다. 후반부 여자의 대사에서 정답의 단서를 찾자. 여자의 마지막 대사 "I'll contact other local suppliers"에서 지역 공급업체에 연락해 보겠다고 언급하고 있으므로 정답은 (B)이다.

– 대사의 구체적인 단어는 보기의 포괄적인 단어로 paraphrasing된다.
contact ⟨ Get in touch, suppliers ⟨ vendors

STEP 2 함정 유형 및 오답 패턴

(A) Arrange a public event
(B) Get in touch with local vendors ▶정답
(C) Check the shipment again ▶**check**는 언급되어 있지만 수송품을 다시 확인하겠다는 언급은 없다.
(D) Fill out a request form

어휘 **normally** 보통은 **morning shift** 오전 근무 **shipment** 수송품 **supplier** 공급자, 공급 회사 **revise** 변경하다, 수정하다 **unavailable** 구할 수 없는, 이용할 수 없는 **meanwhile** 그동안에 **take off** 지우다 **arrange for** 준비하다 **get in touch with** ~와 연락하다 **vendor** 판매 회사

Questions 71-73 refer to the following telephone message.

Good morning, Ms. Harrison. This is Gail Hicks, manager of Stellar Printer. I'm calling about the business cards you ordered for your **[71]** new furniture store. We have created **several design options**, so **please pick one** as soon as possible to process the order. I was **[72]** told that **the grand** opening is scheduled for **January 14**, which is only 9 days left. If you can't determine which design to choose, **[73]** there are some **design examples** on our **Web site** for our clients to check. We advise you to see **what we've made for other** companies. Thank you.

71–C

72–C

73–A

71. Why is the speaker calling?
(A) To revise a building plan
(B) To push a client for payment
(C) To ~~purchase~~ some furniture
(D) To ask a client to choose a design

전화 / 목적 / 상
ㄴ. 상단부 요청 표현
"please ~"

72. According to the speaker, what will happen on January 14?
(A) A Web site will be redesigned.
(B) New equipment will be shipped.
(C) ~~A new product~~ will be launched.
(D) An opening ceremony will take place.

키워드 January 14
ㄴ. 키워드 앞뒤 내용 파악
"키워드 앞에 정답의 단서가
나오는 경우를 주의하자"

73. What information can the listener find on a Web site?
(A) A ~~directory~~ of local companies
(B) Previous work samples
(C) Price options
(D) An event schedule

find / 키워드 Web site / 하
ㄴ. 키워드 Web site 앞뒤 내용
파악

안녕하세요, Harrison 씨. Stellar 인쇄소의 관리자 Gail Hicks입니다. 고객님의 새로운 가구점을 위해 주문하신 명함으로 전화 드렸습니다. 디자인 선택 옵션을 만들었으므로, 가능한 한 주문을 빠르게 처리하기 위해 하나를 선택해주시기 바랍니다. 1월 14일에 개점할 예정이라고 들었는데, 이제 9일밖에 남지 않았습니다. 디자인을 결정할 수 없으시다면, 저희 웹사이트에 고객 분들이 확인하실 수 있는 몇몇 디자인 사례가 있습니다. 저희가 작업한 다른 회사 사례를 보시길 권합니다. 감사합니다.

71. 화자는 왜 전화하는가?
(A) 건물 계획을 변경하기 위해
(B) 고객에게 지불을 권하기 위해
(C) 가구를 구매하기 위해
(D) 고객에게 디자인 선택을 요청하기 위해

72. 화자에 따르면, 1월 14일에 무엇이 일어날 것인가?
(A) 웹사이트가 다시 디자인될 것이다.
(B) 새 장비가 배송될 것이다.
(C) 신제품이 출시될 것이다.
(D) 개업식이 열릴 것이다.

73. 청자는 웹사이트에서 어떤 정보를 찾을 수 있는가?
(A) 지역 회사들의 연락처
(B) 이전 작업 샘플
(C) 가격 옵션
(D) 행사 일정

71 목적을 묻는 문제는 지문의 상단부에서 답이 나온다.

STEP 1   전화의 목적을 묻고 있는 문제이다. 지문의 상단부에서 정답의 근거를 찾자.

"We have created several design options, so please pick one as soon as possible to process the order."에서 디자인 선택 옵션을 만들었다는 언급에 이어 하나를 선택해 달라고 요청하고 있으므로 정답은 (D)이다.

STEP 2   함정 유형 및 오답 패턴

(A) To revise a building plan
(B) To push a client for payment
(C) To purchase some furniture ▸위치와 상관없는 **furniture**를 반복 이용한 오답이다.
(D) To ask a client to choose a design ▸정답

72 키워드 문제는 키워드 기준 앞뒤 문장에 답이 나온다.

STEP 1   일반적으로는 키워드 뒤에 답이 들리지만 최근에는 키워드보다 앞서 답이 나오는 경우가 있으므로 주의하자.

문제의 키워드 January 14를 확인하자. 지문의 "the grand opening is scheduled for January 14"에서 1월 14일에 개업이 있을 것임을 언급하고 있다. 따라서 정답은 (D)이다. 해당 문제도 키워드 앞에 정답의 단서가 나오는 문제이므로 주의하자.

STEP 2   함정 유형 및 오답 패턴

(A) A Web site will be redesigned.
(B) New equipment will be shipped.
(C) A new product will be launched. ▸**opening**에서 연상할 수 있는 오답으로, 신제품이 출시되는 것이 아니므로 오답이다.
(D) An opening ceremony will take place. ▸정답

73 답의 위치를 예측하면서 보기에 집중하자.

STEP 1   답은 순서대로 대화상에 배치되기 때문에 지문의 하단부에서 키워드 Web site를 확인하자.

"design examples on our Web site for our clients to check. We advise you to see what we've made for other companies."에서 웹사이트에 디자인 사례가 있고, 다른 회사를 위해 만든 것을 보시길 권해드린다고 언급하고 있다. 따라서 웹사이트에서 이전 작업 샘플을 찾을 수 있다는 것을 알 수 있으므로 정답은 (B)이다.

– 담화 중에서 들리는 단어는 구체적이지만 답은 항상 포괄적인 단어로 paraphrasing이 된다.
we've made for other companies 〈 Previous work samples

STEP 2   함정 유형 및 오답 패턴

(A) A directory of local companies ▸**companies**를 반복 이용한 오답이다.
(B) Previous work samples ▸정답
(C) Price options
(D) An event schedule

어휘   **printer** 프린터, 인쇄소 **business card** 명함 **option** 선택, 옵션, 선택권 **pick** 고르다, 선택하다
as soon as possible 되도록 빨리 **determine** 결정하다 **check** 확인하다 **advise** 조언하다, 충고하다, 권고하다
revise 수정하다, 변경하다 **payment** 지불, 지급 **furniture** 가구 **redesign** 다시 디자인하다 **ship** 운송하다
launch 개시하다 **opening ceremony** 개업식 **take place** 일어나다, 개최되다

Questions 74-76 refer to the following excerpt from a meeting.

> 74 Hi, everyone. As announced, our financing director, **Melissa Hall**, **is planning to** retire at the end of this quarter. It will not be easy to find a replacement for Melissa, but we have to begin planning ahead to make the transition go well. The opening will be posted on multiple Web sites to search nationwide. **However**, we encourage
> 75 all our employees to think about applying for the position. As you know, **promoting talent from within is our company policy** as our current employees' familiarity with the firm is an invaluable asset.
> 76 Thus, **please** **express your interest to your manager** and inquire about how to apply.

`74-B`
`76-D`

`75-D`

74. What has Melissa Hall announced?
(A) Upcoming policy changes
(B) A ~~new~~ financing director
(C) A company's new Web site
(D) Her retirement from a firm

키워드 Melisssa Hall / 상
ㄴ. 지문의 상단부, 키워드
Melissas Hall 앞뒤 내용 파악

75. What aspect of the company's policy does the speaker highlight?
(A) Participating in a regular training session
(B) Accepting authorization for an early leave
(C) Providing current staff promotion opportunities
(D) ~~Recommending~~ qualified applicants

policy / highlight
ㄴ. 역접이나 반전을 의미하는
접속사나 부사 등을 파악 하자.
"however"

76. According to the speaker, what are listeners encouraged to do?
(A) Come up with an idea to improve hiring processes
(B) Adjust their holiday schedule
(C) Let managers know their interest
(D) ~~Arrange for~~ a retirement party

청자 / 권유 받은 것 / 하
ㄴ. "please ~"

여러분 안녕하세요. 발표된 대로, 저희 재무 이사이신 Melissa Hall 씨가 이번 분기 말에 은퇴하실 예정입니다. Melissa 씨의 후임자를 찾는 것은 쉽지 않을 것입니다. 그렇지만 저희는 전환이 잘 이루어질 수 있도록 미리 계획을 짜야 합니다. 해당 공석은 전국적으로 찾기 위해 여러 웹사이트에 게시될 것입니다. 그렇지만, 저희는 전 직원분들이 그 포지션 지원을 고려해 보시는 것을 권해드립니다. 아시다시피, 직원들이 회사에 대해 잘 아는 것은 귀중한 자산이기 때문에, 내부 인재를 승진시키는 것이 당사 정책입니다. 따라서 여러분의 관리자에게 관심을 표하시고 지원 방식을 문의하시기 바랍니다.

74. Melissa Hall은 무엇을 발표했는가?
(A) 다가오는 정책 변화
(B) 새로운 재무 이사
(C) 회사의 새로운 웹 사이트
(D) 그녀의 회사 은퇴

75. 화자는 회사 정책의 어떤 면을 강조하는가?
(A) 정기적인 교육 수업 참여
(B) 조퇴 허가 받아들이기
(C) 현 직원에게 승진 기회 제공하기
(D) 자격 있는 지원자 추천

76. 화자에 따르면, 청자들이 권유받고 있는 것은 무엇인가?
(A) 채용 진행을 개선하기 위한 방안 생각해 내기
(B) 휴가 일정 조율하기
(C) 관리자에게 관심 알리기
(D) 은퇴 파티 준비하기

74 키워드 문제는 키워드 기준 앞뒤 문장에 답이 나온다.

STEP 1 문제 중에 특정 키워드에 대해 묻는 문제는 반드시 담화 중에 해당 키워드 앞뒤에서 답이 들린다.

지문의 상단부에서 키워드 Melissa Hall를 파악하자. 지문의 상단부 "our financing director, Melissa Hall, is planning to retire"에서 재무 이사인 Melissa Hall 씨가 은퇴할 것임을 알 수 있으므로 정답은 (D)이다.

STEP 2 함정 유형 및 오답 패턴
(A) Upcoming policy changes
(B) A new financing director ▶새로운 재무 이사가 아니다.
(C) A company's new Web site
(D) Her retirement from a firm ▶정답

75 However, But 뒤에 결정적인 정답의 단서가 나온다.

STEP 1 주로 but이나 however, actually 등의 역접이나 반접을 의미하는 접속사나 부사 등이 나오면 내용상 중요한 기조를 이루게 되어 정답을 동반하는 경우가 많다. 그러므로 대화를 들을 때 반전이 있는지를 파악하는 것이 고득점의 팁이 될 수 있다.

화자가 강조한 회사 정책이 무엇인지 묻는 문제이다. 지문의 중반부에 "However, we encourage all our employees to think about applying for the position. As you know, promoting talent from within is our company policy"에서 직원들에게 공석에 지원할 것을 권장한다는 언급과 함께 내부 인재를 승진시키는 것이 회사의 정책이라고 언급하고 있으므로 화자가 강조한 회사 정책은 현 직원들에게 승진 기회를 제공하는 것임을 알 수 있다. 따라서 정답은 (C)이다.

STEP 2 함정 유형 및 오답 패턴
(A) Participating in a regular training session
(B) Accepting authorization for an early leave
(C) Providing current staff promotion opportunities ▶정답
(D) Recommending qualified applicants ▶applying for the position에서 applicants를 연상한 오답이다.

76 수동태 문제는 권유, 제안 표현을 들어야 한다.

STEP 1 수동태 문제 유형은 주로 청자에게 요청 혹은 제안하는 것이므로, 청자를 언급하는 You will ~의 표현, 명령문, 혹은 청유 의문문을 사용한다.

"please express your interest to your manager and inquire about how to apply."에서 관리자에게 관심을 알려주고 어떻게 지원하는지 물어보라고 언급하고 있으므로 화자가 청자에게 권유한 것은 (C)인 것을 알 수 있다.

STEP 2 함정 유형 및 오답 패턴
(A) Come up with an idea to improve hiring processes
(B) Adjust their holiday schedule
(C) Let managers know their interest ▶정답
(D) Arrange for a retirement party ▶위치와 상관없는 retire에서 a retirement party를 연상한 오류로, 은퇴 파티 준비를 권유받은 것이 아니므로 오답이다.

어휘 transition 이동, 변화 opening 빈자리, 공석 multiple 복합적인 encourage 권장하다
apply for ~에 지원하다 promote 승진시키다 invaluable 매우 유용한, 귀중한 asset 자산
inquire about ~에 관하여 묻다 retirement 은퇴 highlight 강조하다 authorization 허가 accept 받아들이다
qualified 자격 있는 applicant 지원자 come up with ~을 생각해내다 arrange for 준비하다

Questions 77-79 refer to the following introduction.

Good afternoon, everyone! Welcome to Graham Appliances. **You'll**
[77] explore every step of the manufacturing **process** for the QW-20
refrigerator **model** on our guided tour. **Before we start**, you should
[78] know that it's going to be three hours long, **so** while walking around
the plant, **we will make several stops to rest on benches.** Also,
our Computer Exhibition Hall is closed at the moment as it is being
[79] updated. **But you can use today's tour ticket to visit the hall**
without any additional fee in the future, so **keep it safe.**

`79-D`
`77-A`
`78-D`

77. Where most likely are the listeners?
(A) At an appliance ~~shop~~
(B) At a production facility
(C) At an exhibition hall
(D) At a public park

청자 / 장소 / 상
ㄴ 지문의 상단부 장소관련 표현

78. Why does the speaker say, "You should know that it's going
to be three hours long"?
(A) He is soliciting assistance from the visitors.
(B) He is trying to update a schedule.
(C) He is advising the visitors to rest when needed.
(D) He is explaining a current delay.

화자의 의도 / 중
ㄴ 앞뒤 문맥 파악

79. What does the speaker encourage the visitors to keep?
(A) Their information packet
(B) Their parking pass
(C) Their tour tickets
(D) Their ~~safety equipment~~

3. 화자 / 권고 / 하
ㄴ 후반부의 권유 / 제안 표현에
집중하자.

여러분 안녕하세요! Graham Appliances(가전제품)에 오신 것을 환영합니다. 여러분은 가이드와 함께 QW-20 냉장고 모델에 모든 제작과정을 둘러보실 겁니다. 시작하기 전에, 투어는 3시간 정도 소요될 것임을 알려드립니다. 그래서 공장을 둘러보시는 동안, 벤치에서 몇 차례 휴식 시간을 갖습니다. 또한, 저희 Computer Exhibition Hall(컴퓨터 전시회장)은 현재 보수중이기 때문에 폐쇄되어 있습니다. 그렇지만, 추후에 추가비용 없이 컴퓨터 전시회장 방문에 오늘의 투어 티켓을 사용하실 수 있습니다. 그러니 오늘의 투어 티켓을 잘 보관하세요.

77. 청자들은 어디에 있는 것 같은가?
(A) 가전제품 상점
(B) 생산 공장
(C) 전시회장
(D) 공원

78. 화자는 왜 "투어는 3시간 정도 소요될 것임을 알려드립니다."라고 말하는가?
(A) 그는 방문객들에게 도움을 요청한다.
(B) 그는 일정을 갱신하려고 한다.
(C) 그는 방문객들에게 필요할 때 쉴 것을 조언하고 있다.
(D) 그는 현재 지연되고 있는 이유를 설명하고 있다.

79. 화자에 따르면, 화자는 방문객들에게 무엇을 가지고 있으라고 권하는가?
(A) 그들의 자료 묶음
(B) 그들의 주차권
(C) 그들의 투어 티켓
(D) 그들의 안전 장비

77 직업과 장소는 전반부의 this is ~에서 힌트가 나온다.

STEP 1 장소의 경우 그 장소에서만 쓸 수 있는 단어를 들어야 한다.

지문의 상단부 "You'll explore every step of the manufacturing process for the QW-20 refrigerator model"에서 냉장고의 제작 과정을 둘러본다는 언급을 통해 청자들이 있는 장소가 생산 공장이라는 것을 유추할 수 있다. 따라서 정답은 (B)이다.

STEP 2 함정 유형 및 오답 패턴

(A) At an appliance shop ▶appliance(refrigerator)를 언급하고 있지만 가전제품 상점은 아니므로 오답이다.
(B) At a production facility ▶정답
(C) At an exhibition hall
(D) At a public park

78 " "의 화자의 의도 파악 문제는 해당 위치에서 연결어를 확보하자.

STEP 1 화자의 의도 파악 문제에서 주어진 문장은 주로 앞뒤 문맥을 연결하는 역할을 하므로, 주변 문맥을 파악하여 정확한 의미와 화자의 의도를 이해하도록 하자.

Before we start(시작하기 전에), "you should know that it's going to be three hours long"이라고 언급한 뒤 "so while walking around the plant, we will make several stops to rest on benches. (그래서 공장을 둘러보는 동안, 몇 번 휴식을 취할 것이다)라는 언급을 통해 방문객들에게 짧지 않은 시간 동안 진행될 것이라며 필요할 때 쉴 것을 조언하고 있음을 알 수 있으므로 정답은 (C)이다.

STEP 2 함정 유형 및 오답 패턴

(A) He is soliciting assistance from the visitors.
(B) He is trying to update a schedule.
(C) He is advising the visitor to rest when needed. ▶정답
(D) He is explaining a current delay. ▶hours long을 통해 시간의 지연을 연상할 수 있는 오답이다.

79 제안, 요구 사항이나 미래 일정은 후반부에 답이 있다.

STEP 1 화자(speaker)가 청자들(listeners)에게 제안, 요청, 요구하는 문제의 경우에는 정답과 관련된 내용이 대화의 후반부에 등장한다.

화자가 방문객들에게 가지고 있으라고 권유한 것이 무엇인지 묻는 문제이다. 지문의 후반부 "you can use today's tour ticket to visit the hall without any additional fee in the future, so keep it safe."에서 오늘의 투어 티켓을 가지고 있으면 해당 티켓으로 추가 비용 없이 추후에 전시회장을 방문할 수 있다고 언급하고 있으므로 화자가 가지고 있으라고 권유한 것은 투어 티켓임을 알 수 있다. 따라서 정답은 (C)이다.

STEP 2 함정 유형 및 오답 패턴

(A) Their information packet
(B) Their parking pass
(C) Their tour tickets ▶정답
(D) Their safety equipment ▶위치와 상관없는 manufacturing을 이용한 오답이다.

어휘 **appliances** 가전제품 **explore** 답사하다, 탐험하다 **manufacturing** 제작하는 **refrigerator** 냉장고 **plant** 공장 **at the moment** 바로 지금 **additional** 추가의 **solicit** 요청하다, 구하려고 하다 **assistance** 도움, 원조, 지원 **advise** 조언하다, 충고하다, 권고하다 **take care** 돌보다, 살펴보다 **excuse** 변명하다 **keep** 가지고 있다

Questions 80-82 refer to the following excerpt from a meeting.

> Well, before we start today's meeting, **let me remind you that** **July is the month for our** volunteer activities. I believe we're all pretty busy in our daily tasks, but I'm sure it's worth volunteering for a cause we care about even just during the hours our company recommend. If you are interested, my neighbor, **Howard Gray**, informed me there will be a charity event for the local orphanage. **He's in charge of organizing the event**, and he told me his team is in need of help for the food and drinks. **I'll post his name and contact information on the bulletin board.** Then, **anyone interested in helping can reach him directly.**
>
> 80 · 82-B · 81 · 81-D · 82 · 80-C 81-C

80. What is the purpose of the talk?
(A) To announce a new corporate policy
(B) To clarify a work deadline
(C) To ~~confirm~~ food and drink orders
(D) To encourage staff to do volunteer work

목적 / 상
ㄴ, 담화의 상단부

81. Who most likely is Howard Gray?
(A) The owner of a local business
(B) An event organizer
(C) A food ~~supplier~~
(D) The director of an ~~orphanage~~

키워드 / Howard Gray
ㄴ, 3인칭 대명사 반복 언급 주의

82. What should the listeners do if they want to take part in the event?
(A) Fill out a required form
(B) ~~Make a donation~~ to charity
(C) Speak to ~~their manager~~
(D) Consult the company bulletin board

미래 정보
ㄴ, 담화의 후반부

네, 오늘의 회의를 시작하기 전에, 7월은 자원봉사활동 월임을 알려드립니다. 일상 업무로 모두 매우 바쁘다고 생각되지만 회사가 권장하는 시간 동안이라도 관심을 가지는 것에 자발적으로 자원을 할 가치가 있다고 확신합니다. 관심 있으시면, 제 동료 Howard Gray 씨가 지역 고아원을 위한 자선 행사가 있을 거라고 알려 왔습니다. Gray 씨는 그 행사를 준비하고 있으며, 식음료 부분에서 도움이 필요하다고 했습니다. Gray 씨의 이름과 연락처를 게시판에 게시할 테니 도움에 관심 있으신 분은 직접 연락하시면 됩니다.

80. 담화의 목적은 무엇인가?
(A) 회사의 새로운 정책을 발표하기 위해
(B) 업무 마감일을 분명히 하기 위해
(C) 음식 및 음료 주문을 확인하기 위해
(D) 직원들에게 자원 봉사 활동을 권하기 위해

81. Howard Gray 씨는 누구일 것 같은가?
(A) 지역 사업체 소유자
(B) 행사 준비자
(C) 식품 공급자
(D) 고아원 원장

82. 청자들은 행사에 참가하길 원한다면 무엇을 해야 하는가?
(A) 필요한 양식 작성하기
(B) 자선 단체에 기부하기
(C) 그들의 관리자와 이야기하기
(D) 회사 게시판 참고하기

80 주제나 목적을 묻는 문제는 처음 2줄에 답이 있다.

STEP 1 대화의 주제를 묻는 문제는 보통 첫 문장을 들으면 해결할 수 있다. 대화를 처음부터 끝까지 다 듣고 나서 답을 고르기보다 우선 보기의 내용을 파악한 다음 대화의 앞부분을 들으면서 답을 결정해야 한다.

담화의 목적을 묻는 문제이다. 지문의 상단부에서 정답의 근거를 찾자. "let me remind you that July is the month for our volunteer activities"에서 7월은 우리의 자원 봉사 활동 달이라고 알리고 있으므로 직원에게 자원 봉사 활동을 권한다는 (D)가 정답이다.

STEP 2 함정 유형 및 오답 패턴

(A) To announce a corporate event
(B) To clarify a work deadline
(C) To confirm food and drink orders ▸위치와 상관없는 **food and drinks**를 반복 이용한 오답이다.
(D) To encourage staff to do volunteer work ▸정답

81 문제에 제시된 사람 및 회사 이름은 3인칭 대명사로 표현된다. ▶Howard Gray

STEP 1 고유명사나 일반명사가 대화의 처음에 언급된 후, 3인칭 대명사(he/she/they/it)로 반복해서 언급된다.

문제의 키워드 Howard Gray를 지문에서 파악하자. 지문의 "my neighbor, Howard Gray"에서 Howard Gray 씨를 언급하고 있고, 이어서 "He's in charge of organizing the event"에서 He로 Howard Gray 씨를 3인칭 대명사로 반복해서 언급하고 있다. 그는 행사를 조직하고 있다고 하므로 Howard Gray가 행사를 준비하는 사람임을 알 수 있으므로 정답은 (B)이다.

STEP 2 함정 유형 및 오답 패턴

(A) The owner of a local business
(B) An event organizer ▸정답
(C) A food supplier ▸식품 공급자가 아닌 행사 준비 담당자이다.
(D) The director of an orphanage ▸**orphanage**를 언급하고 있지만, 고아원 원장이 아닌, 고아원을 위한 자선 행사 담당자이므로 오답이다.

82 미래 정보는 대화 후반부에 나오는 I'll ~ 이 정답이다.

STEP 1 미래 정보는 담화 후반부에서 정답의 단서를 찾자.

행사에 참여하길 원하는 청자들이 무엇을 해야 하는지 묻는 문제이다. 지문의 후반부 "I'll post his name and contact information on the bulletin board. Then, anyone interested in helping can reach him directly."에서 화자가 게시판에 담당자의 연락처를 게시한다는 언급과 함께 관심 있는 사람은 그에게 직접 연락할 수 있다고 언급하고 있다. 따라서 행사에 참여하길 원하는 사람들은 회사 게시판을 참고할 것임을 알 수 있으므로 정답은 (D)이다.

STEP 2 함정 유형 및 오답 패턴

(A) Fill out a required form
(B) Make a donation to charity ▸**volunteer activities**에서 연상한 오답이다.
(C) Speak to their manager ▸**Howard Gray** 씨에게 연락하라고 했으므로 오답이다.
(D) Consult the company bulletin board ▸정답

어휘 volunteer activity 자원봉사활동 worth ~할 가치가 있는 recommend 추천하다, 권하다 charity event 자선 행사 orphanage 고아원 in charge of ~을 맡아서, 담당해서 in need of ~을 필요로 하고 contact information 연락처 post 게시하다 bulletin board 게시판

Questions 83-85 refer to the following talk.

---

83 **Thank you for attending today's** training **seminar on sales**
84 **techniques**. I'm here to help you make your sales presentations
more persuasive and effective. Undoubtedly, excellent presentations
can result in increases in your selling power. **First, ways** to minimize
nervousness and improve memorable content **will be discussed.**
Then, we'll talk about how to address questions from your clients.
During today's seminar, we will have hands-on activities. So **there**
85 **won't be a long break scheduled for lunch. However**, you can
use the vending machines located on each floor.

84-C
83-B

---

83. Who most likely are the participants in the event?
(A) Psychologists
(B) ~~Lab~~ technicians
(C) Sales people
(D) Electrical engineers

청자 / 누구 / 상
ㄴ. 상단의 you의 언급에 집중.

84. Why is the talk being given?
(A) To report an employee's ~~recent promotion~~
(B) To discuss ~~designs~~ for a new facility
(C) To explain ~~a change~~ in a training program
(D) To outline a training program

담화 / 목적
ㄴ. 상단에 집중하자.

85. What does the speaker imply when she says,
"You can use the vending machines located on each floor"?
(A) To recommend participants have a small social gathering
(B) To announce where the ~~vending machines~~ are located.
(C) To inform participants that the vending machines are not working
(D) To advise participants to purchase snacks

화자의 의도
ㄴ. 앞뒤 문맥 파악

영업 기술에 관한 오늘의 교육 세미나에 참석해 주셔서 감사
합니다. 저는 여러분이 제품소개를 더 설득력 있고 효율적으
로 하는 것을 돕기 위해 왔습니다. 의심할 여지없이, 훌륭한
발표는 판매력을 향상시킬 수 있습니다. 첫째로, 긴장을 최소
화하고 인상적인 내용을 개선할 수 있는 방법을 논의할 것입니
다. 그 다음에, 고객의 질문을 다루는 방법에 대해 이야기
할 것입니다. 오늘 세미나를 진행하는 동안 많은 실습 활동
을 할 예정입니다. 그래서 점심 휴식 시간이 길지는 않습니
다. 하지만, 각 층에 위치한 자동판매기를 이용하실 수 있습
니다.

83. 행사에 참가자는 누구일 것 같은가?
(A) 심리학자
(B) 실험실 연구원
(C) 판매원
(D) 전기 기술자

84. 담화는 왜 이뤄지고 있는가?
(A) 직원의 최근 승진을 발표하기 위해
(B) 새 시설을 위한 디자인을 논의하기 위해
(C) 교육 프로그램의 변화를 설명하기 위해
(D) 훈련 프로그램의 개요를 서술하기 위해

85. 화자가 "각 층에 위치한 자동판매기를 이용하실 수 있습니
다."라고 말할 때 의미하는 것은 무엇인가?
(A) 참가자들에게 작은 사교 모임을 갖는 것을 추천하기 위해
(B) 자동판매기가 있는 곳을 알리기 위해
(C) 참가자들에게 자동판매기가 작동하지 않는 이유를 알리
기 위해
(D) 참가자들에게 스낵 구매를 조언하기 위해

83 직업/장소는 첫 2줄의 대명사(I/You/We), 장소 부사(here/this+장소 명사)에서 나온다.

STEP 1 Welcome/Attention의 단어 뒤에서 직업이나 장소를 언급한다.

지문의 상단부 "Thank you for attending today's training seminar on sales techniques."에서 영업 기술에 관한 교육 세미나에 참석해 주셔서 감사하다는 언급을 통해 참석자들이 판매기술과 관련된 사람임을 알 수 있으므로 정답은 (C)이다.

STEP 2 함정 유형 및 오답 패턴

(A) Psychologists
(B) Lab technicians ▸techniques에서 technicians를 연상한 오답이다.
(C) Sales people ▸ 정답
(D) Electrical engineers

84 전체 지문의 목적을 묻는 문제는 전반부에 답이 등장한다.

STEP 1 주제나 목적을 묻는 문제의 정답은 대화의 시작 부분에서 등장한다.

담화의 목적을 묻는 문제이다. 첫 지문에서 영업 기술에 관한 교육 세미나에 참석해 주셔서 감사하다는 언급과 함께 지문의 중반부 "First, ways to minimize nervousness and improve memorable content will be discussed. Then, we'll talk about how to address questions from your clients."에서 세미나에서 할 것을 소개하고 있으므로 교육을 간단히 소개하기 위해 담화가 이루어 졌다는 (D)가 정답이다.

STEP 2 함정 유형 및 오답 패턴

(A) To report an employee's ~~recent promotion~~
(B) To discuss ~~designs~~ for a new facility
(C) To explain a ~~change~~ in a training program ▸a training program(training seminar)는 언급되었지만 교육 프로그램 변화를 설명하기 위한 것은 아니므로 오답이다.
(D) To outline a training program ▸정답

85 화자의 의도 파악 문제는 앞뒤 문맥과 연결하여 답을 찾아야 한다.

STEP 1 화자 의도 파악 문제는 주어진 문장의 앞뒤 문맥을 파악해야 한다.

점심 휴식 시간이 길지 않을 것이라는 언급에 이어 "you can use the vending machines located on each floor"라고 언급하고 있다. 따라서 (참가자들은 점심시간을 위한 긴 휴식 시간이 없으므로) 식품 구매를 위해 자동판매기를 사용하라는 것임을 알 수 있다. 따라서 정답은 (D)이다.

STEP 2 함정 유형 및 오답 패턴

(A) To recommend participants have a small social gathering
(B) To announce where the vending machines are located. ▸화자의 의도로 주어진 문장에 있는 동일한 단어가 있거나 주어진 문장과 같은 의미의 보기는 오히려 답이 될 확률이 적다.
(C) To inform participants that the vending machines are not working
(D) To advise participants to purchase snacks ▸정답

어휘 attend 참석하다 persuasive 설득력 있는 effective 효과적인 undoubtedly 분명히 minimize 최소화하다 nervousness 긴장, 초조 improve 나아지다, 개선하다 memorable 기억할 만한, 인상적인 content 내용 discuss 논의하다 vending machine 자동판매기 located ~에 위치한

Questions 86-88 refer to the following telephone message.

Hi, this is Grace calling from Gordon Food. The labels you printed
86 for **our** new **canned** food items have just arrived. **However, I**
87 **spotted a serious issue with the labels.** They don't show some
important ingredients contained in the food. How quickly can they
88 be reprinted? **I'd be really grateful if it can be done by the end**
of the week. We have a lot of orders to deliver on Monday. I will be
expecting your call soon. Thank you.

`86–B`
`86–D`

`88–D`

86. What industry does the speaker work in?
(A) Office appliances
(B) Printing business
(C) Food production
(D) Container manufacturing

화자 / 직업 / 상
∟, our / your / this / here

87. Why is the speaker leaving the message?
(A) To propose a new project
(B) To schedule a meeting with a client
(C) To make a hotel reservation
(D) To talk about problem with a new label

목적
∟, "however, but"에 집중

88. What does the speaker ask the listener to do?
(A) Lead a weekly meeting
(B) Come to a branch office quickly
(C) Fix an order as soon as possible
(D) ~~Deliver product samples~~ on Monday

화자 / 요청 / 하
∟, 하단부 요청표현

안녕하세요, Gordon Food의 Grace입니다. 귀하가 인쇄
한 신상품 통조림 상표가 방금 도착했습니다. 그런데 상표에
서 심각한 문제를 발견했습니다. 식품에 포함된 몇몇 중요한
성분이 표기되지 않았습니다. 빠른 시일내로 상표 재인쇄가
가능할까요? 이번 주까지 완료될 수 있다면 정말 감사하겠
습니다. 저희는 월요일에 배송 주문이 많이 있습니다. 곧 연
락 부탁드립니다. 감사합니다.

86. 화자는 어떤 기업에서 일하고 있는가?
(A) 사무용 기기
(B) 인쇄업
(C) 식품 제조
(D) 용기 제조업

87. 화자는 왜 메시지를 남기는가?
(A) 새 프로젝트를 제안하기 위해
(B) 고객과의 회의 일정을 잡기위해
(C) 호텔 예약을 위해
(D) 새 상표 문제에 대해 이야기하기 위해

88. 화자가 청자에게 요청한 것은 무엇인가?
(A) 주간 회의 주최
(B) 빨리 지점으로 오기
(C) 가능한 빨리 주문일정을 정하기
(D) 월요일에 제품 견본 배송하기

86 직업과 장소는 전반부의 this is ~에서 힌트가 나온다.

STEP 1 첫 2줄에서 our/your/this/here의 표현과 함께 들리는 장소/직업 명사가 정답이 된다.

지문의 상단부 "our new canned food items"를 통해 화자가 통조림 식품 제품을 취급하는 곳에서 일한다는 것을 알 수 있으므로 정답은 (C)이다.

STEP 2 함정 유형 및 오답 패턴

(A) Office appliances
(B) Printing business ▶청자 you의 회사이다.
(C) Food production ▶정답
(D) Container manufacturing ▶canned에서 연상한 오답으로 화자의 회사는 식품 제품을 취급하는 회사이다.

87 장소/직업 등의 같은 위치 문제가 연달아 출제되면 2:1 구조이다.

STEP 1 문제의 유형에 따라 지문의 순서에서 답이 1:1:1, 2:1, 1:2, 3:0의 구조로 언급된다. 일 반적인 형태는 1:1:1이지만, 목적, 직업 유형의 문제가 연이어 나오면 2:1 구조이므로 주의하자.

첫 번째 문제에서 직업을 묻고 있고 두 번째 문제에서 메시지 목적을 묻고 있으므로 두 문제 모두 지문의 상단부에서 정답의 근거가 나올 수 있다는 점을 주의하자. "However, I spotted a serious issue with the labels."에서 상표에 심각한 문제를 발견했다는 언급을 하고 있다. 상표는 앞에서 언급한 새로운 통조림 식품을 위한 상표를 의미하므로 메시지의 목적 은 새 상표의 문제에 대해 이야기하기 위해서라는 것을 알 수 있으므로 정답은 (D)이다.

88 제안, 요구 사항이나 미래 일정은 후반부에 답이 있다.

STEP 1 화자(speaker)가 청자들(listeners)에게 제안, 요청, 요구하는 문제의 경우에는 정 답과 관련된 내용이 대화의 후반부에 등장한다.

화자가 청자들에게 요청한 것이 무엇인지 묻는 문제이다. 지문의 후반부에서 정답의 근거를 찾자. 지문의 후반부 "How quickly can they be reprinted? I'd be really grateful if it can be done by the end of the week."에서 상표 가 얼마나 빨리 다시 인쇄될 수 있는지 알 수 있냐는 질문과 함께 이번 주까지 완료된다면 감사하겠다는 언급을 통해 가능한 빨리 주문이 완료되길 원한다는 것을 알 수 있으므로 정답은 (C)이다.

STEP 2 함정 유형 및 오답 패턴

(A) Lead a weekly meeting
(B) Come to a branch office quickly
(C) Fix an order as soon as possible ▶정답
(D) Deliver product samples on Monday ▶deliver on Monday를 반복 이용한 오답으로 화자가 청자에게 요청한 사 항이 아니므로 오답이다.

어휘 spot 발견하다, 찾다 serious 심각한 basically 기본적으로, 근본적으로 show 보여주다, 증명하다
ingredient 재료, 성분 no later than 늦어도 ~까지는 appliance 기기, 장치

Questions 89-91 refer to the following broadcast.

89 90 Thanks for listening to QRM Radio, Finsbury Town's most popular news source. As we all know, Finsbury Town is an appealing destination for people interested in a great dining experience. I normally report on new cafés and restaurants or delicious meals created by our local chefs. However, today, we will talk about music rather than food. **Guitarist Nathan Green** 91 **has confirmed that he and his team will hold a concert at the Finsbury Hall On July 14. Yes, that right,** I said Nathan Green. Tickets will be available at the Finsbury Hall this Saturday afternoon. Be advised that seats are expected to be sold out, so please come early.

`90-A`
`89-A` `89-B`
`91-A`

89. Who most likely are the listeners?
(A) Music reviewers
(B) Food critics
(C) Local residents
(D) Tour guides

청자 / 누구 / 상
└, 상단부 Thank you for listening to ~

90. According to the speaker, what is Finsbury Town most famous for?
(A) Its culinary ~~schools~~
(B) Its natural scenery
(C) Its dining establishments
(D) Its historical theaters

키워드 Finsbury Town/ famous for
└, 키워드 앞뒤 문장

91. Why does the speaker say, "I said Nathan Green"?
(A) ~~To clarify a performer's full name~~
(B) To check a person's attendance
(C) To indicate that a musician is famous
(D) To introduce a new radio host

화자 / 의도파악 / 하
└, 앞뒤 문맥 파악

Finsbury 도시의 가장 인기 있는 뉴스 공급원인 ORM 라디오를 청취해 주셔서 감사합니다. 저희 모두가 알다시피, Finsbury 도시는 근사한 식사 경험에 관심 있는 사람들에게 매력적인 곳입니다. 그리고 저는 보통 새로운 카페나 식당 또는 저희 지역 요리사가 만든 맛있는 음식에 대해 보도합니다. 그렇지만 오늘, 저희는 음식 대신에 음악에 대해 이야기 할 것입니다. 기타연주자인 Nathan Green 씨는 그와 그의 팀이 7월 14일 Finsbury Hall에서 콘서트를 열기로 확정했습니다. 네, 맞습니다. Nathan Green 씨라고 했습니다. 입장권은 Finsbury Hall에서 이번 주 토요일 오후에 구하실 수 있습니다. 좌석이 매진될 것으로 예상되니 일찍 오시기 바랍니다.

89. 청자들은 누구일 것 같은가?
(A) 음악 논평가
(B) 음식 비평가
(C) 지역 주민
(D) 여행 가이드

90. 화자에 따르면, Finsbury Town(도시)는 무엇으로 가장 유명한가?
(A) 요리학교
(B) 자연 풍경
(C) 식사 시설
(D) 역사적인 극장

91. 화자는 왜 "Nathan Green 씨라고 했습니다."라고 말하는가?
(A) 연주자의 이름을 분명히 하기 위해
(B) 개인의 참석을 확인하기 위해
(C) 음악가가 유명하다는 것을 나타내기 위해
(D) 새 라디오 진행자를 소개하기 위해

89 직업은 대화의 전반부에 답이 들린다.

STEP 1 Welcome/Attention의 단어 뒤에서 직업이나 장소를 언급한다.

청자가 누구인지 묻는 문제이다. 지문의 상단부에서 정답의 힌트를 찾자. 지문의 상단부 "Thanks for listening to QRM Radio, Finsbury Town's most popular news source"에서 Finsbury 도시의 가장 인기 있는 뉴스 공급원인 ORM 라디오를 청취해 주셔서 감사하다는 언급을 통해 청자는 Finsbury 도시의 거주자임을 유추할 수 있으므로 정답은 (C)이다.

STEP 2 함정 유형 및 오답 패턴

(A) Music reviewers ▸위치와 상관없는 music을 이용한 오답이다.
(B) Food critics ▸위치와 상관없는 food를 이용한 오답이다.
(C) Local residents ▸정답
(D) Tour guides

90 키워드 문제는 키워드 기준 앞뒤 문장에 답이 나온다.

STEP 1 키워드 Finsbury Town을 지문에서 확인하자.

지문의 "As we all know, Finsbury Town is an appealing destination for people interested in a great dining experience"에서 모두가 알다시피, Finsbury 도시는 근사한 식사 경험에 관심 있는 사람들에게 매력적인 곳이라는 언급을 통해 Finsbury 도시는 식당이 유명하다는 것을 알 수 있으므로 정답은 (C)이다.

STEP 2 함정 유형 및 오답 패턴

(A) Its culinary schools ▸dining에서 연상한 오답으로 요리학교에 대한 언급은 없다.
(B) Its natural scenery
(C) Its dining establishments ▸정답
(D) Its historical theaters

91 화자의 의도 파악 문제는 앞뒤 문맥과 연결하여 답을 찾아야 한다.

STEP 1 화자의도 파악 문제는 주어진 문장의 앞뒤 문맥을 파악해야 한다.

주어진 문장의 앞 문장 "Guitarist Nathan Green has confirmed that he and his team will hold a concert at the Finsbury Hall On July 14. Yes, that's right,"에서 기타연주자 Nathan Green 씨의 공연이 있을 것이라는 언급에 이어 "저는 Nathan Green 씨라고 했습니다"라며 기타연주자의 이름을 다시 언급하는 것을 통해 Nathan Green 씨가 유명하다는 것을 의미하고 있다는 것을 알 수 있으므로 정답은 (C)이다.

STEP 2 함정 유형 및 오답 패턴

(A) To clarify a performer's full name ▸화자의 의도로 주어진 문장에 있는 동일한 단어가 있거나 주어진 문장과 같은 의미의 보기는 오히려 답이 될 확률이 적다.
(B) To check a person's attendance
(C) To indicate that a musician is famous ▸정답
(D) To introduce a new radio host

어휘 appealing 매력적인, 흥미로운 destination 목적지 normally 보통, 보통 때는 confirm 확정하다 available 구할 수 있는 expect 예상하다 sold out 표가 매진된 early 일찍, 빨리 critic 비평가, 평론가 culinary 요리의 magnificent 훌륭한, 감명 깊은 dining 식사 establishment 기관, 시설 clarify 명확하게 하다 check 확인하다 attendance 참석, 출석 indicate 나타내다, 보여주다

Questions 92-94 refer to the following excerpt from a meeting.

Hello everyone, and welcome to the weekly staff meeting. Before **92** we start, **I'd like to apologize for putting off this week's** meeting to today. I had to attend a manager training session yesterday, so there was no choice. Luckily, we have gathered here today, and **93** here is an important update for us. After reviewing the results of our customer **survey**, I have found one constant complaint we have received. **Customers are unsatisfied about not being able to use their credit cards at our café.** As a lot of customers try to use their card instead of cash, we've decided to accept that payment option. **94** **Next week, there will be a training session** on how to use the new credit card processing device. It won't take long because it's not difficult to use.

`92-D`

`93-A`

92. What is the speaker sorry for?
(A) Failing to contact staff members
(B) Announcing some incorrect data
(C) Postponing an event
(D) Being late for a meeting

화자 / 사과 이유 / 상
ㄴ, 지문의 상단부
I'd like to apologize for

93. According to a survey, what are customers disappointed with?
(A) The limited menu options
(B) The operating hours
(C) The inconvenient location
(D) The payment options

키워드 customers / 불만족
ㄴ, 키워드 앞뒤에서 확인하자.

94. What will take place next week?
(A) A product launch
(B) A staff training session
(C) A tour of a new facility
(D) A promotional event

next week / 미래일정 / 하
ㄴ, 지문의 후반부

여러분 안녕하세요, 주간 직원회의에 오신 것을 환영합니다. 시작하기 전에, 이번 주 회의가 오늘로 연기된 점을 사과드립니다. 저는 어제 관리자 교육 참석으로 선택의 여지가 없었습니다. 다행히도 저희는 모두 오늘 여기에 모였습니다. 그리고 저희에게 중요한 최신정보가 있습니다. 고객 설문조사 결과를 검토한 후에, 저는 저희가 받은 거듭되는 불만 하나를 발견했습니다. 고객들은 저희 카페에서 신용카드를 사용하지 못하는 점에 불편함을 느꼈습니다. 많은 고객들이 현금 대신에 카드를 사용하려고 하기 때문에 저희는 그 결제 방법을 받아들이기로 결정했습니다. 다음 주, 새로운 신용 카드 처리 장치 사용 방법에 관한 교육 과정이 있을 것입니다. 사용하기 어렵지 않기 때문에 오래 걸리지는 않을 것입니다.

92. 화자는 무엇에 대해 미안하게 생각하는가?
(A) 직원들과의 연락 실패
(B) 잘못된 데이터 발표
(C) 행사 연기
(D) 회의에 늦은 것

93. 설문조사에 따르면, 고객은 무엇에 실망하고 있는가?
(A) 제한된 메뉴 선택
(B) 영업시간
(C) 불편한 위치
(D) 지불 방법

94. 다음 주에 무슨 일이 일어날 것인가?
(A) 제품 출시
(B) 직원 교육
(C) 새 시설 시찰
(D) 판촉 행사

92 답의 위치를 예측하면서 보기에 집중하라.

STEP 1 답은 순서대로 대화상에 배치되기 때문에 지문의 상단부에서 키워드 **sorry for**를 확인하자.

지문의 상단부 "I'd like to apologize for putting off this week's meeting"에서 회의가 미루어진 점에 대해 사과드린다고 언급하고 있으므로 정답은 (C)이다.

– 담화 중에서 들리는 단어는 구체적이지만 답은 항상 포괄적인 단어로 paraphrasing이 된다.
putting off 〈 Postponing, this week's meeting 〈 event

STEP 2 함정 유형 및 오답 패턴

보기의 내용이 정답 위치에서 2개 이상 들리는 경우 오류를 먼저 제거한다.
(A) Failing to contact staff members
(B) Announcing some incorrect data
(C) Postponing an event ▶정답
(D) Being late for a meeting ▶meeting을 반복 이용한 오답으로 회의에 늦어서 사과한 것이 아니므로 오답이다.

93 키워드 문제는 키워드 기준 앞뒤 문장에 답이 위치한다.

STEP 1 키워드 **customers disappointed**를 지문에서 확인하자.

지문의 "After reviewing the results of our customer survey, ~ Customers are unsatisfied about not being able to use their credit cards at our café."에서 고객들은 카페에서 그들의 신용카드를 사용할 수 없다는 점에 대해 불만족한다는 언급을 하고 있으므로 고객들이 실망한 것은 지불방법임을 알 수 있다.

– 담화 중에서 들리는 단어는 구체적이지만 답은 항상 포괄적인 단어로 paraphrasing이 된다.
credit cards 〈 payment options

STEP 2 함정 유형 및 오답 패턴

담화의 단어를 통해 연상되는 보기의 단어를 주의하자.
(A) The limited menu options ▶café에서 연상한 오답으로, 제한된 메뉴 선택이 고객의 불만족한 이유는 아니므로 오답이다.
(B) The operating hours
(C) The inconvenient location
(D) The payment options ▶정답

94 Let's, next, from now 등의 표현은 마지막 줄에 들리며 미래의 일정을 설명한다.

STEP 1 키워드 **next week**를 지문의 후반부에서 확인하자.

지문의 후반부 "Next week, there will be a training session on how to use the new credit card processing device."에서 다음 주 신용 카드 처리 장치 사용 방법에 관한 교육 과정이 있을 것이라고 언급하고 있다. 따라서 정답은 (B)이다.

어휘 **put off** 미루다, 연기하다 **attend** 참석하다 **all day** 하루 종일 **constant** 끊임없는, 거듭되는 **unsatisfied** 불만스러워 하는 **credit card** 신용 카드 **instead of** ~대신에 **accept** 받아들이다 **payment** 지불, 납입 **disappoint** 실망시키다 **limited** 제한된 **inconvenient** 불편한 **take place** 개최되다, 일어나다 **promotional** 홍보의, 판촉의

Questions 95-97 refer to the following telephone message and elevator directory.

95 Hi, Ms. Terry. **I'm calling to remind you of the meeting next week. We've already talked about many ideas on your renovation project.** But **I have some new concepts for the project <u>for your office building</u>**. Well, I'm worried that you won't be able to find our location as this is going to be your first visit. Once you get to the Chigwell Complex, **please stop**
96 **by the security office <u>to get a visitor badge</u>**. Then, you can use the elevator. The complex is very large, and each elevator is limited to certain
97 floors. Thus, **please take the <u>elevator</u> B. When it reaches its first stop, please get off**. After exiting the elevator, you will be able to find our office on the right.

96-A

96-D

Directory of Elevators *please refer to them before getting on		
E–A	....	Floors 2-6
E-B	....	Floors **7**-15
E–C	....	Floors 16-25
E–D	....	Floors 26-30

95. What will most likely be the topic of the meeting?
(A) A landscaping job   **(B) An office renovation**
(C) A recruitment process   (D) An acquisition plan

회의 / 주제 / 상
ㄴ 첫 2줄 집중

96. What should the listener do at the security office?
(A) Pick up ~~a parking ticket~~
(B) Get an ID badge
(C) Present an invitation for an event
(D) ~~Inquire about~~ the location of an office

청자 / should / 키워드 security office
ㄴ "Please ~"의 표현에 집중하자.

97. Look at the graphic. on which floor can the listeners find the speaker's business?
(A) 2   **(B) 7**   (C) 16   (D) 26

시각 자료 / speaker's business
ㄴ 보기는 대화에서 언급되지 않음을 주의하자.

안녕하세요. Terry 씨. 다음 주 회의에 대해 알려드리려고 전화 드립니다. 이미 귀하의 리노베이션 프로젝트에 대해 많은 논의가 있었습니다. 그런데 귀하의 사무실 빌딩에 몇 가지 새로운 컨셉이 떠올랐습니다. 처음 방문하시는 것이기 때문에 위치를 찾으실 수 없으실까봐 염려가 되는데요. Chigwell 복합 단지에 들어오면 방문객 배지를 받기 위해 경비실에 잠시 들러주시기 바랍니다. 그러면 엘리베이터를 사용하실 수 있습니다. 복합 단지가 매우 넓어 각 엘리베이터는 특정 층으로 제한되어 있습니다. 따라서, B 엘리베이터를 타신 후 첫 번째 층에서 내리시기 바랍니다. 엘리베이터에서 내리시면 우측에 저희 사무실을 찾으실 수 있으실 겁니다.

엘리베이터 안내책자 *타기 전에 참고하시기 바랍니다		
E–A	....	2-6층
E–B	....	7-15층
E–C	....	16-25층
E–D	....	26-30층

95. 회의의 주제는 무엇일 것 같은가?
(A) 조경 작업   (B) 사무실 개조
(C) 채용 절차   (D) 인수 계획

96. 청자는 경비실에서 무엇을 해야 하는가?
(A) 주차권 얻기   (B) 신분증 배지 얻기
(C) 행사 초대장 보여주기 (D) 사무실 위치 물어보기

97. 시각 자료를 보시오. 청자가 화자의 회사를 몇 층에서 찾을 수 있나?
(A) 2   (B) 7   (C) 16   (D) 26

95 주제는 첫 2줄 안에 나온다.

STEP 1 주제를 묻는 문제는 첫 2줄 안에서 답이 나온다.

회의의 주제를 묻는 문제이다. "I'm calling to remind you of the meeting next week. We've already talked about many ideas on your renovation project. But I have some new concepts for the project for your office building"에서 다음 주 회의가 있을 것임을 알 수 있고, 사무실 건물을 위한 리노베이션 프로젝트에 대한 새로운 생각이 있다고 언급하고 있으므로 회의의 주제는 사무실 개조인 것을 유추할 수 있다. 따라서 정답은 (B)이다.

96 요청과 제안은 상대방(you)에게 하는 것이므로 '~해라' 식의 표현이 답이 된다.

STEP 1 요청과 제안의 빈출 응답 표현으로 Please+동사원형(~해주세요), Let's ~/What about ~?/How about ~?(~합시다), You should/must/can/need to/had better ~(~해야만 합니다) 등이 있다는 것을 알아두자.

청자들이 security office에서 해야 하는 것이 무엇인지 묻는 문제이다. '~해라' 식의 표현을 찾자. 지문의 중반부 "please stop by the security office to get a visitor badge."에서 청자들은 방문객 배지를 받기 위해 경비실에 들어야 한다고 언급하고 있으므로 정답은 (B)이다.

– 담화에서 들리는 단어는 구체적이지만 답은 항상 포괄적인 단어로 paraphrasing이 된다.
an visitor badge 〈 an ID badge

STEP 2 함정 유형 및 오답 패턴

정답 위치에서 2개 이상의 키워드가 들리면 소거한 후 정답을 남긴다.
(A) Pick up a parking ticket ▶pick up(get)은 언급하고 있지만 주차권에 대한 언급은 없으므로 오답이다.
(B) Get an ID badge ▶정답
(C) Present an invitation for an event
(D) Inquire about the location of an office ▶위치와 상관없는 location of an office를 이용한 오답이다.

97 대화에서 언급된 보기(A–D)는 정답이 아니다.

STEP 1 시각 자료 문제는 보기가 대화에서 언급되지 않으므로 대화 중에 시각 자료에 매칭되는 내용을 찾아야 한다.

보기에서 건물 층을 나타내고 있으므로 건물의 층을 나타낼 수 있는 시각 자료의 힌트에 집중하며 듣는다. "please take elevator B. When it reaches its first stop, please get off. ~, you will be able to find our office on the right."에서 엘리베이터 B를 타서 첫 번째로 멈춘 곳에서 내리면 사무실을 찾을 수 있다고 언급하고 있으므로 시각 자료에서 엘리베이터 B의 첫 번째 층인 (B)가 정답이다.

어휘 remind 상기시키다 renovation 혁신, 수리 concept 개념, 생각 get into ~에 들어가다 complex 복합 건물, (건물) 단지 stop by (~에) 잠시 들르다 security office 경비실 visitor 방문객, 손님 limit 제한하다 certain 특정한 reach ~에 이르다, 도달하다 get off 내리다 exit 나가다 recruitment 채용 invitation 초대장 present 보여주다, 제시하다 inquire 묻다, 알아보다

Questions 98-100 refer to the following announcement and fruit display.

Good afternoon, Fairlop Supermarket customers. **To celebrate our 15th anniversary,** we are offering many quality products at discounted prices **starting** today. And this event will be getting better and better as there will be additional discounts for our customers **until it ends after a week.** For instance, at the moment, visit our fruit section. The shelves are filled with fresh fruit, grown on local farms-oranges, apples, pears, and peaches. **We've just lowered the price of the apples by another 10 percent** for an even better deal. So don't miss it and pick some for your dessert.

98 **99—A**

99 **98—A**

100

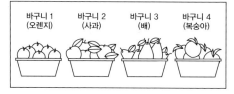

바구니 1 (오렌지)   바구니 2 (사과)   바구니 3 (배)   바구니 4 (복숭아)

98. Why is the business having the event?
(A) To sell seasonal fruit
(B) To promote new products
(C) To celebrate its anniversary
(D) To close the supermarket

행사 / 이유 / 상
ㄴ 상단의 "To + V ∼하기 위해"

99. How long will the event last?
(A) One day   (B) Two days
(C) One week   (D) Two weeks

event last
ㄴ "starting ∼, until ∼"

100. Look at the graphic. Which fruit basket contains products with an extra discount?
(A) Basket 1   **(B) Basket 2**
(C) Basket 3   (D) Basket 4

시각 자료 / extra discount
ㄴ 시각 자료에서 보기에 제시된 바구니 번호 외의 부분에 집중하자. "apples"

안녕하세요, Fairlop Supermarket(슈퍼마켓) 고객 여러분. 15주년을 기념하기 위해, 오늘부터 좋은 품질의 제품을 할인된 가격으로 다량 제공하고 있습니다. 또한 일주일 행사가 끝날 때까지 추가 할인이 있을 것이기 때문에 행사는 더 좋아질 것입니다. 예를 들어, 지금 과일 코너를 방문하세요. 지역 농장에서 자란 신선한 오렌지, 사과, 배 그리고 복숭아가 매대에 가득 차 있습니다. 방금 더 좋은 조건으로 사과 가격을 추가 10% 낮추었습니다. 그러니 놓치지 마시고 디저트에 쓸 만한 과일을 고르세요.

98. 회사는 왜 행사를 하는가?
(A) 계절 과일을 판매하기 위해
(B) 신제품을 홍보하기 위해
(C) 기념일을 축하하기 위해
(D) 슈퍼마켓을 닫기 위해

99. 행사는 얼마나 지속될 것인가?
(A) 하루 동안   (B) 이틀 동안
(C) 일주일 동안   (D) 이 주일 동안

100. 시각 자료를 보시오. 어떤 과일 바구니가 추가 할인 상품을 포함하고 있는가?
(A) 바구니 1   (B) 바구니 2
(C) 바구니 3   (D) 바구니 4

98 Why 문제는 대화에서 그대로 반복된 후 원인에 대한 답이 나온다.

STEP 1 Why 뒤의 키워드 having the event를 확인하자.

행사가 열리고 있는 이유를 묻는 문제로, 담화의 "To celebrate our 15th anniversary, we are offering many quality products at discounted prices starting today."를 통해 15주년을 기념하기 위해 행사가 진행된다는 것을 알 수 있으므로 정답은 (C)이다.

STEP 2 함정 유형 및 오답 패턴

오답으로 유인하는 단어를 주의하자.
(A) To sell seasonal fruit ▶fruit를 이용한 오답으로, 행사를 진행하는 이유는 15주년을 기념하기 위한 것이므로 오답이다.
(B) To promote new products
(C) To celebrate its anniversary ▶정답
(D) To close the supermarket

99 보기가 모두 날짜이거나 요일, 장소 등인 경우 난이도가 높아진다.

STEP 1 문제의 보기 4개가 모두 시간이나 장소일 때, 지문에서는 2개 이상의 시간이나 장소가 언급되므로 난이도가 높아진다.

질문의 키워드 event last에 대한 정답의 단서에 집중하자. 지문의 "starting today.", "until it ends after a week"를 통해 행사가 1주일 동안 지속될 것임을 알 수 있으므로 정답은 (C)이다.

STEP 2 함정 유형 및 오답 패턴

대화의 단어를 통해 연상되는 보기의 단어는 오답이다.
(A) One day ▶today에서 연상할 수 있는 오답으로 행사 지속 기간을 묻는 문제이므로 오답이다.
(B) Two days
(C) One week ▶정답
(D) Two weeks

100 시각 자료 문제에서 (A)-(D)의 보기는 절대 대화에서 들리지 않는다.

STEP 1 보기가 바구니 번호이므로 시각 자료에서 그 외의 부분을 확인하면서 담화를 들어야 한다.

지문의 "We've just lowered the price of the apples by another 10 percent"에서 사과를 추가 10% 할인했다고 언급하고 있으므로 추가 할인된 바구니는 (B) Basket 2인 것을 알 수 있다.

– 대사의 구체적인 단어는 보기의 포괄적인 단어로 paraphrasing된다.
lowered the price ~ by another 10 percent 〈 an extra discount

---

어휘 quality 고급의 discounted 할인된 better and better 더욱 더 좋게 additional 추가의
at the moment 바로 지금 be filled with ~로 가득차다 fresh 신선한 lower ~을 내리다, 낮추다 miss 놓치다
pick 고르다 seasonal 계절적인 promote 홍보하다

101   Mr. Chang / asked / (for team members) / to help / ———— / (with
         주어   동사   전치사구   to부정사구

the JR Manufacturing advertising campaign).
           전치사구

> **동사의 의미상의 주어와 목적어가 같으면 재귀대명사이다.**
> **to help + ———— + 전치사구**

STEP 1   빈칸은 to부정사 help의 목적어 자리이다.

(D) himself는 목적어 자리에 올 수 있지만, 이런 경우에는 주어와 목적어가 동일할 경우에 사용한다. 하지만, 빈칸이 속해 있는 to부정사구의 의미상 주어는 team members로 단수명사가 아닌 복수명사를 받고 도움을 주는 사람과 도움을 받는 사람이 불일치하기 때문에 오답이다. 따라서 빈칸은 동사 help의 목적어 자리로 목적격 대명사인 (C) him가 정답이다.

STEP 2

(A) he는 주격 대명사로 주어 자리에서 주어 역할을, (B) his는 소유격 대명사로 뒤에 수식을 받는 명사가 뒤에 위치해야 하므로 오답이다.

STEP 3   재귀대명사 vs. 목적격 대명사

```
* 의미상의 주어 = 목적어 → 재귀대명사
I made ———— famous. (I = 빈칸, 주어와 목적어가 일치) ⇨ I made myself famous.
* 의미상의 주어 ≠ 목적어 → 목적격 대명사
The book made ———— famous. (I ≠ 빈칸, 주어와 목적어가 불일치) ⇨ The book made me famous.
```

> 해석   Chang 씨는 부서 직원들에게 JR 제조사의 광고 캠페인을 담당하고 있는 그를 도와달라고 요청하였다.
> 어휘   ask for ~을 요청하다   Manufacturing 제조업   advertising 광고(업)
> 정답   (C)

---

102   Those / participating / (in the factory tour) / should wear / proper ————.
        주어   분사(those수식)   전치사구   동사   목적어

> **명사 자리에 명사 vs. 동명사는 90% 명사가 정답이다.**
> **Those ~ + should wear + proper + ————**

STEP 1   빈칸은 타동사 wear의 목적어 자리이다.

빈칸은 타동사 wear의 목적어 자리로, 형용사 proper의 수식을 받는 명사가 들어가야 한다. 그렇기 때문에 동사 형태인 (A) equip와 (C) equipped는 오답이다. (C) equipped는 과거분사형으로 볼 수 있지만, 수식을 받는 명사가 뒤에 위치해야 하므로 오답이다.

STEP 2   타동사의 동명사는 반드시 목적어를 취한다.

(B) equipping은 타동사의 동명사로 뒤에 목적어가 와야 하므로 정답이 될 수 없다. 그러므로 정답은 (D) equipment이다.

STEP 3   명사와 구분되는 동명사의 특징

동명사는 원래 동사에서 파생된 것이라 동사의 성질을 그대로 가지고 있어서 동작이나 행위를 말한다.
1. 명사처럼 관사를 받거나 형용사의 수식을 받을 수 없다.
2. 동명사는 동작이나 행위를 의미하기 때문에 불가산명사로 취급하여 단수동사를 받는다.
3. 타동사의 경우에 그 동명사는 반드시 목적어를 취한다.

> 해석   공장 견학에 참가하시는 분들은 적절한 복장을 착용하셔야만 합니다.
> 어휘   participate in ~에 참가하다, 참여하다   factory 공장   proper 적절한
> 정답   (D)

103 (Due to last night's storm), / neither the warehouse ——— the parking facilities /
전치사구　　　　　　　　　主어

are open / today.
동사　　시간부사구

상관접속사 neither 뒤에는 nor가 정답이다.
neither the warehouse + ——— + the parking facilities

STEP 1　빈칸은 주어에 해당하는 명사 the warehouse와 the parking facilities를 연결하는 등위접속사가 필요한 자리이다.
따라서 문두의 neither과 짝을 지어 두 개의 명사를 연결할 수 있는 (C) nor가 정답이다.

STEP 2.
(A) as는 부사절 접속사의 경우 2개의 완전한 문장을 연결하며, 전치사의 경우 앞의 명사와 뒤의 명사가 동격을 이루어야 하므로 오답이다.
(B) so는 등위접속사이지만, 절과 절을 연결하고, so 이하의 절에는 결과에 해당되는 내용이 와야 하므로 오답이다.
(D) but은 등위접속사이지만, not A but B 구조나 not only A but (also) B의 구조로 짝을 이루므로 오답이다.

STEP 3　상관접속사의 특징
① 단어와 단어, 구와 구, 절과 절을 연결할 수 있다.
▶ either A or B처럼 같이 다니는 짝을 묻는 문제가 주로 출제된다.
② either, neither, both 등은 부사, 형용사, 대명사 등의 기능을 하며, or, nor, and 등이 접속사다.
▶ 따라서 either, neither, both 등은 생략 가능하지만 or, nor, and는 반드시 있어야 한다.
③ either, neither, both 뒤에는 모든 품사가 나오는 것이 가능하다.
▶ 중요한 것은 or, nor, and 등의 앞뒤에 동일한 성분들이 배치되어야 한다는 점이다.

해석 지난밤의 폭풍우 때문에, 오늘 창고와 주차 공간 모두 개방하지 않는다.
어휘 due to ~ 때문에　storm 폭풍우　warehouse 창고　facility 시설
정답 (C)

---

104 Strict road safety rules / ——— / (in the center of the city.)
主어　　　　　　　동사　　　　　전치사구

타동사 뒤에 목적어가 없으면 대부분 동사는 수동태가 되어야 한다.
Strict road safety rules + ——— + 전치사구.

STEP 1　문장에 동사가 없으므로 빈칸에 동사가 들어가야 한다.
보기 중 본동사형태가 아닌 (C) to enforce는 오답이다.

STEP 2　주어와 동사의 수일치를 확인하고, 동사의 태를 확인하라.
타동사 enforce는 '집행/실행/실시하다'의 의미를 갖으며, 목적어에 주로 집행 혹은 시행하는 법률에 해당하는 명사가 온다. 하지만 빈칸 뒤에 목적어가 없으므로 동사는 수동태가 되어야 한다. 보기 중 수동태 동사인 (D) are enforced가 정답이다.

STEP 3　수동태
주어가 능동적으로 행위를 하는 능동태와 주어가 다른 것에 의해 해당 행위를 받거나 당하는 수동태이다.

능동태 문장 = 주어 + 동사 + 목적어
수동태 문장 = 목적어 + be p.p(동사ed) + (by 주어(행위자))

※ 자동사는 수동태로 바꾸어 쓸 수 없다. 왜냐하면 자동사는 목적어를 받지 않기 때문이다. 즉, 목적어를 받는 타동사만이 수동태 문장을 만들 수 있다.
※섣불리 동사의 시제부터 먼저 보지 않도록 한다.
시제를 결정할 수 있는 요소를 찾기 힘들 수도 있기 때문이다.
그렇기 때문에 항상 수→태→시제 순으로 순차적으로 확인해야 한다.

해석 엄격한 도로 안전 수칙이 도시 중심가에서 시행됩니다.
어휘 road safety rule 교통 안전수칙
정답 (D)

105 The application fee / is / ─────── refundable / (until July 10) / and / is /
　　　　　　주어　　　동사1　　　주격 보어1　　　　전치사구　　　접속사 동사2

50% refundable / (afterwards).
주격 보어2　　　　　부사

완전한 문장에 들어갈 수 있는 품사는 부사이다.
The application fee is + ─────── + refundable

STEP 1　빈칸은 동사 is와 형용사 refundable사이에서 형용사를 수식하는 부사 자리이다.

보기 중 부사는 (B) fully뿐이다.

STEP 2　형용사는 형용사를 수식할 수 없다.

명사를 수식하는 형용사는 명사 앞에 위치해야 하므로 (A) full, (C) fuller, (D) fullest는 정답이 될 수 없다.

STEP 3　부사 형태

1. 일반 형용사의 끝에 –ly를 붙이면 부사가 된다.

complete 완전한, 완벽한 → completely 완전히, 완벽하게　polite 공손한, 예의바른 → politely 정중하게

2. 명사, 형용사 앞에 '~에, ~로'라는 의미를 가진 a–가 붙어 부사가 되는 경우가 있다.

ahead 전방에　abroad 해외로　across 가로질러

3. 방향을 의미하는 –way(s), –ward(s), –wise가 붙는 부사

–way(s) 도로, 길: side 옆의 → sideways 옆쪽으로
–ward(s) 방향: after 뒤에 → afterwards 나중에, 그 뒤에　back 뒤쪽의 → backwards 뒤에　for 앞에 → forwards 앞으로, 전방에
–wise 방법, 방향: other 다른 → otherwise 그렇지 않으면　like ~와 같은 → likewise 똑같이

※ –ly 형태의 형용사: 〈명사 + –ly = 형용사〉

lovely 사랑스러운　friendly 친근한　costly 비싼　timely 시기적절한　weekly 매주의　monthly 매달의
yearly 해마다, 연간의
cf. 〈형용사 + –ly = 형용사〉 likely ~할 것 같은　lively 생기가 넘치는, 활발한

해석　신청료는 7월 10일까지 전액 환불이 가능하고 그날 이후에는 50%만 환불이 가능합니다.
어휘　**application** 지원, 신청　**fee** 요금　**refundable** 환불 가능한
정답　(B)

---

106 Jacob's Sandwich / ─────── / all of its branches / to display the price list /
　　　　　주어　　　　　　　　동사　　　　　　목적어　　　　　　　to부정사구

(at the cash register).
전치사구

요구/허락/가능 + 사람 목적어 + to부정사
주어 + ─────── + 목적어 + to display

STEP 1　목적어 + to부정사 목적보어를 동반하는 동사를 찾아라.

문장에 동사가 없기 때문에 빈칸에는 동사가 들어가야 하며, 목적어 + to부정사 목적보어를 동반하는 동사인 (C) requires
가 정답이다.

STEP 2

(A) spends는 타동사로 시간이나 돈 등에 해당하는 명사를 목적어로 받으며 〈spend sth on sth〉 혹은 〈spend time
(in) Ving〉의 구조로 출제된다.
(B) covers와 (D) records는 목적어를 받을 경우 3형식 동사로 목적격 보어를 받을 수 없기 때문에 오답이다.

STEP 3   목적격 보어로 **to**부정사가 오는 경우

allow A to do	~하도록 허락하다	motivate A to do	~하도록 동기 부여하다
expect A to do	~할 거라 기대하다	encourage A to do	~하도록 고무시키다
appoint A to do	~하도록 지명하다	convince A to do	~하도록 설득하다
cause A to do	~하도록 초래하다	persuade A to do	~하도록 설득하다
advise A to do	~하도록 조언하다	ask/require/request/urge A to do	~하도록 요청하다
remind A to do	~하도록 상기시키다	enable A to do	~하는 것을 가능케 하다
instruct/tell A to do	~하도록 지시하다	force A to do	~하도록 강요하다
lead A to do	~하도록 이끌다	permit A to do	~하도록 허락하다

> 해석 Jacob's Sandwich는 모든 지점에 계산대에서 가격 목록표가 보이도록 요청하였습니다.
> 어휘 **branch** 지사, 분점 **display** 진열하다, 내보이다 **price list** 가격표 **cash register** 계산대
> 정답 (C)

---

107   Software development / has led to / —————— demand / (for online courses).
　　　　　　　　주어　　　　　　　　동사　　　　　　　　　목적어　　　　　　전치사구

수량의 형용사는 수식을 받는 뒤에 나온 명사에 의해 결정된다.
has led to + —————— demand

STEP 1   빈칸은 주절의 동사 **has led to**의 목적어인 명사 **demand**를 수식하는 형용사 자리이다.

그러므로 보기 중 동사인 (B) add는 오답이다. 또한 (C) plus가 '~이상의'라는 의미로 쓰일 경우에는 1000$ plus(1000 달러 이상)과 같이 숫자 뒤에서 쓰이므로 정답이 될 수 없고 '이익, 장점이 되는'의 의미를 가질 경우 명사 앞에 위치할 수 있지만 high demand와 같이 demand는 양에 해당하는 형용사와 어울리므로 오답이다.

STEP 2

(A) many는 셀 수 있는 복수명사와 함께 쓴다. 하지만 demand는 단수명사이므로 오답이다. 또한, demand는 특정 상품이나 서비스에 대한 '수요'를 나타낼 경우 일반적으로 불가산 명사로, 받을 권리가 있는 것에 대한 강력한 '요구, 요청'의 경우 가산명사로 판단해야 한다. 그러므로 many(가산 명사 수식)와 much(불가산 명사 수식)의 비교급 형용사인 (D) more 가 정답이다.

STEP 3   불가산 명사와 함께 쓰는 형용사

much/a great deal of		a great deal of time 많은 시간
little(부정)/a little(긍정)/less	+ 셀 수 없는 단수명사	little time 거의 없는 시간/ a little time 약간의 시간
quite a little		quite a little time 꽤 많은 시간

> 해석 소프트웨어 개발로 온라인 강좌에 대한 수요가 많아졌습니다.
> 어휘 **development** 개발 **lead to** ~로 이어지다
> 정답 (D)

108 —————— / meet / the standards, you / will need to inspect / all the procedures / and /
　　　　　　동사1　　　　목적어　　　주어　　　동사2　　　　　　목적어2　　　접속사

revise / them.
동사3　목적어3

한 문장 내의 구조를 분석하고 필요 품사를 찾는다.
—————— + meet the standards, 완전한 문장.

STEP 1　빈칸은 뒤의 동사와 목적어를 받을 수 있는 품사가 들어가야 한다.

종속절의 문장에는 주어가 없이 동사가 바로 등장한다. 따라서 전치사구인 (D) For the purpose of는 명사를 받아야하므로 오답이다. 또한 완전한 문장을 연결해주는 접속부사 (A) For example은 오답이다. (C) To be sure 뒤에는 명사절 접속사 that과 함께 주어+동사를 포함한 완전한 문장을 동반하므로 오답이다.

STEP 2　문두의 to부정사는 완전한 문장을 수식하는 부사

보기 중 빈칸 뒤의 동사원형을 받을 수 있는 것은 준동사 (B) In order to(~하기 위하여)뿐이다.

STEP 3　〈~하기 위하여〉의 to부정사의 부사적 용법

in order to 동사원형 = so as to 동사원형 = ~하기 위하여

해석 기준을 충족시키기 위해서, 여러분들은 모든 절차를 점검하고 그것들을 수정해야 한다.
어휘 meet 충족시키다　standard 기준　inspect 검사하다　procedure 절차　revise 수정하다
정답 (B)

---

109 Although/ Sysco International, Inc., / had / many applicants / (for each open position),
　　　　접속사　　　　주어　　　　　　　동사1　　목적어　　　　　　전치사구

few / were / ——————.
주어2　동사2

be동사 뒤에 형용사 vs 명사는 주어와 동격인지를 확인하라.
few were + ——————.

STEP 1　접속사 + 1 = 동사의 개수

문장에 부사절 접속사 although와 본동사 had와 were가 있으므로 본동사 형태인 (A) qualify와 (C) qualifies는 오답이다.

STEP 2　be동사 뒤에 오는 빈칸은 주어의 상태를 설명하는 주격 보어 자리이다.

주격 보어 자리에 올 수 있는 품사는 형용사와 명사뿐이다. 명사가 답이 되는 경우에는 주어와 동격이 성립될 때인데, few (applicants for each open position) 은 (D) qualifications(자격)과 동격이 될 수 없으므로 주어를 수식하는 형용사 (B) qualified(자격을 갖춘)가 정답이다.

STEP 3　be동사 + 〈동사 vs. 형용사 vs. 부사〉 + (전치사구)

① 명사가 답인 경우 - I am a boy.
주격 보어에 명사가 오려면 주어와 동종의 명사가 등장해야 한다.
② 형용사가 답인 경우 - I am (busy, ~~busily~~) on Monday.
be동사 뒤에 오는 형용사 busy는 I = busy로 주어의 상태를 말하고 있다.
③ 부사가 답인 경우 - I am (currently, ~~current~~) in the room.
be동사 뒤에 오는 형용사는 주어의 상태를 보여 주어야 한다. 그런데 I = current(현재의, 통용되는)은 성립되지 않는다. 오히려 I는 방안에 있는 것이기 때문에 여기에서 주격 보어는 in the room이 되어야 한다. 따라서 그 사이에 등장하는 부수적인 수식은 부사가 한다.

해석 Sysco International 기업은 각 공석에 대한 많은 지원자들이 있었지만, 자격을 갖춘 사람들은 거의 없었다.
어휘 applicant 지원자　open position 공석
정답 (B)

110 One of the main agenda items / (for the 10th Tokyo Energy Conference) / is /
주어　　　　　　　　　　　　　　전치사구　　　　　동사
the strengthening of policies / ───── / renewable energy uses.
주격 보어　　　　　　　　　명사구

분사(-ing)형태의 전치사는 암기하라.
완전한 문장 + ───── + 명사

STEP 1　빈칸은 완전한 문장 뒤에서 명사와 함께 수식어구가 될 수 있는 전치사 자리이다.

뒤에 오는 명사를 받는 전치사의 쓰임을 갖고 있는 (D) concerning이 정답이다.

보기 중 완전한 문장과 완전한 문장을 연결하는 부사절 접속사 (A) whereas는 오답이다. 또한 문장과 문장을 연결하는 기능이 없는 접속부사인 (B) after all과 (C) moreover는 오답이다.

STEP 2　분사 전치사를 주의하라

1. following	~ 후에
2 including	~을 포함하여
3. excluding	~을 제외하고
4. notwithstanding	~에도 불구하고 * 부사로도 쓰이는 것에 주의하자.
5. regarding / concerning	~에 관하여
6. barring	어떤 일이 발생하지 않으면 (= unless something happens)
7. pending	~이 발생할 때까지, 기다리는 동안 * 형용사로는 '아직 결정되지 않은, 곧 발생할'
8. given / considering	~을 고려(감안)하여 * given은 가산명사로도 쓰이며, given that은 접속사이다. * considering (that)의 접속사로도 쓰임
9. beginning/starting	~부터 * 뒤에 날짜나 요일을 받는다.

▶ related to(~와 관련하여), based on(~을 근거/기초로), compared with/to(~와 비교하여), according to(~에 따르면), pertaining to+명사(~와 관계(관련) 있는)

해석 제10회 도쿄 에너지 학회의 주요 의제 항목 중 하나는 재생가능에너지 사용에 관한 정책 강화입니다.
어휘 **main** 주요한　**agenda** 안건, 의제　**conference** 학회　**strengthen** 강화하다　**renewable energy** 재생가능 에너지
정답 (D)

135

111 (Over the last five years), / Danker Finance / has built / a ─────── / (as

전치사구   주어   동사   목적어

one of the most reliable investment companies in the state).

전치사구

어휘문제는 문장에서 답 근거 단어를 찾아야 한다.
has built a ─────── as one of the most reliable investment companies ~.

STEP 1   문장의 빈칸은 목적어 자리로 명사 어휘를 묻는 문제이다.

빈칸은 타동사 has built의 목적어 자리로 명사가 들어가야 한다. 동사 build는 건물 등을 짓거나, 명성·경력 등을 '개발하다'의 의미를 갖고 있다.

STEP 2   전치사 as는 지위, 자격을 나타낸다.

전치사 as는 지위나 자격을 나타내며, 'Danker Finance 사가 신뢰할 수 있는 기업 중 하나로 ~을 쌓았다'라는 의미로 빈칸과 전치사의 목적어(one of the most reliable investment companies in the state)는 동격을 이룬다. 즉, 신뢰할 만한 기업이라는 '명성'을 쌓았다는 의미가 가장 적절하므로 정답은 (D) reputation이다.

(A) character가 동사 have와 함께 어울릴 경우 '성격, 인격'의 불가산 명사로 쓰여 '덕성을 기르다'라는 뜻을 지닌다. (B) privilege(특권, 특혜)는 전치사의 목적어와 동격을 이루지 못하므로 오답이다. 또한 (C) relationship은 전치사 as가 아닌 with, between 등과 함께 관계를 맺는 대상을 나타내야 하므로 오답이다.

> 해석 지난 5년 동안, Danker Finance사는 그 주에서 가장 신뢰할 만한 투자 기업 중 하나로 명성을 쌓아왔다.
> 어휘 **reliable** 신뢰할 수 있는   **investment** 투자   **state** 나라, 주
> 정답 (D)

---

112 Amgen Electronics / ─────── / its new line of products / (at a trade show in New York)

주어   동사   목적어   전치사구

next Monday.

시간부사구

시제를 선택할 때는 문장에서 시간 부사어/구/절을 확인하라.
Amgen Electronics ─────── its new line of products ~ next Monday.

STEP 1   빈칸은 본동사가 들어갈 자리이다.

보기 중 본동사 형태가 아닌 (A) being announced와 (D) announcing은 오답이다.

STEP 2   시간을 알 수 있는 시간 부사구나 구, 절을 확인하라.

문미에 next Monday를 통해 미래의 내용임을 알 수 있으므로 미래 시제인 (C) will announce가 정답이다. (B) announced는 단순 과거시제로, 과거의 특정 시점을 나타내는 last year과 같은 부사구와 함께 쓰인다.

STEP 3   미래시제

미래시제는 미래에 있을 일정한 절차나 방법을 설명할 때 사용한다.

> ① 미래시제와 함께 나오는 시간부사구: tomorrow(내일), next year(내년), over the next six months(다음 6개월 동안), soon(곧)
> ② 주절의 시제가 미래일 때 시간/조건 부사절에서는 현재(현재완료)가 미래(미래완료)를 대신한다.
> ③ 〈be going to+동사원형〉 또는 현재진행형이 미래시제 대용으로 쓰이기도 한다.

> 해석 Amgen Electronics는 다음 주 월요일 뉴욕에서 진행되는 무역 박람회에서 신규 상품군을 발표할 예정이다.
> 어휘 **trade show** 무역박람회
> 정답 (C)

113 Most companies / rely ─────── / customer reviews / and / surveys /
　　　　　주어　　　　　　동사　　　　　　　　　　목적어에　　　　접속사　목적어2
to improve their service quality.
　to부정사구

자동사와 함께 다니는 전치사는 암기하라.
Most of companies rely ─────── customer reviews

STEP 1　빈칸은 자동사 **rely** 뒤에서 명사구(목적어)를 받을 수 있는 전치사 자리이다.

rely는 전치사 on이나 upon을 받아서 '~에 의존하다, ~을 믿다'라는 의미로 (C)가 정답이 된다. 전치사 on/upon은 주제나 대상을 의미하는 전치사로 믿거나 의존하는 대상을 나타낸다.

STEP 2　**on/upon vs. onto/into**

(A) into는 '~안으로'로 방향이나 변화를 의미하는 전치사이기 때문에, 이동이나 움직임, 변화 등을 나타내는 동사와 함께 써야 한다.
(B) within은 장소나 시간, 한계 등의 범위를 나타내며, 주로 건물, 조직, 회사 또는 한계점을 의미하는 명사를 받는다.
(D) onto는 on의 개념을 갖고 있지만 방향의 개념을 가지므로 오답이다.

> 해석　대부분의 기업은 자사의 서비스 품질 향상을 위하여 고객 후기와 설문조사에 의존한다.
> 어휘　**review** 후기　**survey** 설문조사　**improve** 향상시키다　**quality** 품질
> 정답　(C)

---

114 All personal information / (on these forms) / has been ─────── / so that /
　　　　　주어　　　　　　　　　전치사구　　　　　　　동사1　　　　　　　접속사
we / can use / them / (for training purposes).
주어2　동사2　목적어　　　전치사구

어휘문제의 근거 중에 하나는 원인과 결과의 논리이다.
All personal information on these forms has been ─────── ~.

STEP 1　어휘 문제는 해석에 의존해서는 안 된다.

STEP 2　수동태는 능동태로 바꾸어 푼다.

능동태 문장으로 바꾸면 People have ____ all personal information on these forms로 목적어 all personal information(모든 개인정보)를 받을 수 있는 3형식 타동사의 p.p형을 골라야 한다.

STEP 3　원인/이유+ **so that** + 목적/결과(나중 발생)

(A) extended는 '(기간, 길이 등을) 더 길게 하다, 연장하다, 늘리다'의 의미로 목적어에는 기간 혹은 길이를 나타낼 수 있는 명사가, (B) resolved는 '해결하다, 결정하다'의 의미로 문제나 어려움에 해당하는 명사가 목적어로 나와야 하므로 해당 문장의 목적어인 all personal information를 받을 수 없으므로 오답이다.
(C) produced는 '생산하다, 제조하다'의 뜻으로 개인정보를 받을 수 있다. 하지만 부사절 접속사 so that(~하기 위해서) 뒤에는 결과에 해당되는 내용이 와야 하며, '교육용의 목적으로 사용하기 위해서 개인정보를 제작해왔다'라는 내용이 부적절하므로 오답이다. 따라서 정답은 (D) removed(제거하다)이다.

> 해석　이 서류의 모든 개인 정보가 제거되었기 때문에 우리는 훈련 목적으로 그것을 사용할 수 있습니다.
> 어휘　**personal information** 개인정보　**purpose** 목적
> 정답　(D)

115   A job fair / is / the best way / (for job seekers) / to meet (with ——— from all the
   주어   동사   주격 보어   전치사구   to부정사구

major companies).
전치사구

동사를 확인하면 사람 명사 vs. 사물명사를 구분할 수 있다.
for job seekers meet with ———

STEP 1   빈칸은 전치사 with의 목적어 자리로 명사가 들어가야 한다.

보기 중 본동사 형태인 (C) recruit는 오답이다.

STEP 2   for job seekers(to부정사의 의미상 주어) + to meet with 사람

동명사 형태인 (D) recruiting(인원 채용활동)은 행위를 나타내며, 타동사의 동명사 형태일 경우 목적어를 취해야 하므로 오답이다.

동사 meet이 자동사일 경우에는 '만나다'의 의미를 가지므로 [with + 사람 명사]를 동반하여 만나는 대상 즉, 사람명사가 나와야 하므로 정답은 (B) recruiters다.

하지만 명사인 (A) recruitments는 전치사의 목적어 자리인 빈칸에 들어갈 수 있지만, '신규 모집, 채용'의 의미를 갖고 있기 때문에, to부정사의 목적어 즉, 만나는 대상에 해당할 수 없다.

STEP 3   반드시 알아두어야 할 사람을 목적어로 취하는 동사들

educate(교육시키다), instruct(지시하다, 가르치다), teach(가르치다), invite(초대하다), appoint(임명하다)+사람 목적어

> 해석 채용 박람회는 구직자들이 모든 주요 기업의 인사 관리자들을 만날 수 있는 가장 좋은 방법이다.
> 어휘 **job fair** 채용 박람회   **job seeker** 구직자   **major** 주요한
> 정답 (B)

---

116   Jackal Travel Agency / (in the city center) / is / open / (every day),/ ——— / (on Sundays.)
   주어   전치사구   동사 주격 보어   시간부사구   시간부사구

except는 전체 중에서 일부를 제외하는 것이다.
every day, ——— on Sundays.

STEP 1   빈칸은 부사구 every day와 on Sundays를 연결할 수 있는 적절한 대상을 찾는 문제이다.

보기 중 명사를 받는 전치사 (A) with과 완전한 문장을 연결하는 역할을 갖고 있는 접속사 (D) when은 오답이다. 또한 부사인 (C) just는 구와 구를 연결하는 역할을 갖고 있지 않으므로 오답이다.

STEP 2   except는 전체 중 일부를 제외한다는 의미로 앞에 주로 all, every 등의 한정사와 함께 출제된다.

빈칸 앞뒤로 시간부사구 즉, 병렬의 관계를 이루고 있으므로 전치사인 (B) except가 정답이다.

STEP 3   시험에 출제되는 except의 출제 포인트

> ① 의미: 동일한 유형의 전체 중에서 일부를 제외시키는 것을 말한다.
> ② 위치: except는 문두 불가 vs. except for는 위치가 자유로움
> ③ 쓰임:
>   except+명사
>   except+to부정사+목적어
>   except+전치사(in/to/by/for)+명사,
>   except+접속사+주어+동사+목적어

> 해석 도심부에 위치한 Jackal 여행사는 일요일을 제외하고 매일 영업을 합니다.
> 어휘 **city center** 도심부
> 정답 (B)

117 All our staff members / are trained to listen / ———— / (to the customer's needs).
주어 　　　　　 동사 　　　　　　　　　 전치사구

부사는 자동사와 전치사 사이에 위치할 수 있다.
listen ———— to 명사

STEP 1　빈칸은 동사 listen과 전치사구 사이에서 동사를 수식하는 부사 자리이다.
보기 중 부사인 (D) attentively가 정답이다.

문장의 본동사는 are trained로 본동사 형태인 (A) attends와 (B) attend는 오답이다. 또한 동사 listen은 자동사로 목적어를 취할 수 없으므로 명사인 (C) attention도 오답이다.

STEP 2　15개의 부사 출제 패턴

① 〈주어+**부사**+동사〉
② 〈주어+동사+목적어+**부사**〉
③ 〈관사+**부사**+형용사+명사〉
④ 〈be+**부사**+형용사/부사〉
⑤ 〈**부사**, 완전한 문장(주어+동사+목적어)〉
⑥ 〈완전한 문장+**부사**〉
⑦ 〈be+**부사**+과거분사〉
⑧ 〈be+**부사**+현재분사〉
⑨ 〈have+**부사**+과거분사〉
⑩ 〈자동사+**부사**+전치사〉
⑪ 〈조동사+**부사**+본동사〉
⑫ 〈완전한 문장+as+**부사**+as〉
⑬ 〈완전한 문장+more+**부사**+than〉
⑭ 〈to+**부사**+동사원형〉
⑮ 〈전치사+**부사**+동명사〉

해석 저희의 전 직원들은 모두 고객의 요구에 경청하도록 훈련을 받았습니다.
어휘 staff member 직원
train 교육시키다
needs 요구사항
정답 (D)

118 Although / Daniel Melder / retired / two years ago, / he / ———— writes /
접속사 　 주어 　　 동사1 　 시간부사구 　 주어2 　 동사2
a business column / (in the local newspaper).
목적어 　　　　　　 전치사구

현재시제와 함께 출제되는 빈도부사
he ———— writes a business column

STEP 1　빈칸은 동사 writes를 수식하는 부사 자리이다.
주절의 동사는 현재시제로, Daniel Melder 씨가 은퇴한 이후로도 꾸준히 비즈니스 칼럼을 기고하고 있다는 반복적이고 일상적인 상태를 나타낸다. 따라서 빈칸에는 현재시제와 어울리는 부사가 들어가야 하기 때문에 어떤 상태가 변화 없이 계속 지속됨을 보여주는 부사인 (B) still이 정답이다.

(A) ever은 주로 부정문, 의문문, 조건문에서 쓰이고, 최상급, 비교급 강조 부사로 출제된다. (C) especially는 특정 상황을 강조할 때 사용하므로, 주기적이고 반복적인 상태를 나타내는 현재시제와는 어울릴 수 없다. 접속부사인 (D) anyway는 '어쨌든'의 의미를 갖으며, 주로 화제를 전환할 때 사용한다. 하지만 해당 문제의 경우 주절과 종속절 모두 동일한 인물 Daniel Melder 씨에 대한 내용을 설명하고 있으므로 오답이다.

STEP 2　현재시제와 함께 출제되는 빈도 부사
현재시제를 사용하는 경우는 ① 일상적, 주기적, 반복적인경우 ② 상식/진리의 내용 ③ 상태, 지속, 감정, 인지의 동사가 쓰일 때 ④ 규칙, 정책의 경우이다. 따라서 현재시제와 주로 짝을 이루며 답이 되는 부사는 반복이나 주기를 나타내는 빈도부사이다.

(1) 일정한 주기를 가진 빈도부사: hourly 한 시간마다　daily 일일, 하루　monthly 달마다　yearly/annually 해마다
(2) 횟수를 나타내는 빈도부사: once 한 번　twice 두 번　three times 세 번
(3) 반복을 의미하는 부사: regularly 정기적으로　always 항상　frequently/often 종종, 자주　sometimes 어쩌다　usually 대개, 보통

해석 Daniel Melder 씨는 은퇴한 이후로도 여전히 지역 신문에 비즈니스 칼럼을 기고하고 있습니다.
어휘 retire 은퇴하다　column 칼럼(정기 기고란)　local 지역의
정답 (B)

119 Hamilton Airline / issued / a ——————— / (to all its passengers) / informing them of flight
　　　　주어　　　　 동사　　　 목적어　　　　　　 전치사구　　　　　　　　 분사구문
delays.

STEP 1　타동사 issued의 목적어로 적절한지 확인하라.

빈칸은 목적어 자리로 명사가 들어가야 한다. 보기 모두 명사 형태이므로 의미와 구조상 적절한 어휘를 찾는 문제이다.
주어인 Hamilton 항공사가 '무엇'을 발행하는지를 따져보아야 한다. (A) bill(청구서), (B) label(상표)는 항공사에서 발행하
는 것이 아니므로 오답이다.

STEP 2　빈칸에 목적어(명사)를 수식하는 분사 informing

분사구문인 informing them of flight delays는 빈칸인 명사를 수식해주는 형용사 역할을 한다. 하지만 (C) manual(설
명서)은 flight delays(항공기 지연)을 알려주지 못하므로 오답이다. 그러므로 항공기 지연을 알려주는 (D) notice(공지문)
을 발행했다는 내용이 적절하므로 정답은 (D) notice이다.

> 해석 Hamilton 항공사는 모든 승객들에게 항공기 지연을 알리는 공지문을 발표했다.
> 어휘 issue 발표하다　passenger 승객　inform 알리다　flight delay 항공기 지연
> 정답 (D)

---

120 The board of directors / is discussing / plans / (for the renovation of Tucson National Park),
　　　　주어　　　　　　　　 동사1　　　　　 목적어　　　　　 전치사구
——————— / is scheduled to be open / (to the public) / this fall.
　　동사2　　　　　　　　　　　 전치사구　　　 시간부사구

STEP 1　한 문장 안에 동사가 2개이므로, 접속사나 관계사가 필요하다.

또한, 빈칸 뒤의 문장은 주어가 없는 불완전한 문장이므로 완전한 문장을 받는 관계부사인 (B) where과 (D) when은 오답이
다. 또한 (C) whose는 관계대명사 중 유일하게 완전한 문장을 받으므로 오답이다. 그러므로 불완전한 문장을 받을 수 있
는 관계대명사 (A) which가 정답이다.

STEP 2　관계대명사가 받는 불완전한 문장은 반드시 문장 성분 하나가 없어야 한다.

① 주어가 없는 불완전한 문장	명사(선행사) + 주격 관계대명사 + 주어 + 동사 + 목적어
② 목적어가 없는 불완전한 문장	명사(선행사) + 목적격 관계대명사 + 주어 + 동사 +목적어
③ 한정사/대명사가 아닌 주어와 완전한 문장	명사 + 소유격 관계대명사 + 주어 + 동사 + 목적어

> 해석 이사회는 이번 가을에 대중들에게 개방될 예정인 Tucson 국립공원의 공사에 관한 계획을 논의했다.
> 어휘 board of directors 이사회　renovation 공사　the public 대중
> 정답 (A)

121 (After seeing *Dark Night*,) / audiences / will find / the ——— scene /
　　　 전치사구　　　　　　主어　　　 동사　　　 목적어

one of the most impressive parts / (in the movie).
　　목적격보어　　　　　　　전치사구

(——— + 명사) 자리에 형용사 vs 분사(-ed)는 90%가 형용사이다.
the ——— scene

STEP 1　빈칸은 주절의 동사 **find**의 목적어 **scene**를 수식하는 형용사 자리이다.

보기 중에 동사형태를 가진 (B) lasts와 부사 (C) lastly는 명사를 수식할 수 없으므로 오답이다. 보기 중 형용사는 (A) last 뿐이다.

STEP 2　자동사는 과거분사 형태의 형용사를 쓸 수 없다.

동사 last는 자동사로 목적어를 취하지 않으며, 분사형태의 형용사로는 lasting(오래 지속되는) 뿐이다. 따라서 (D) lasted 는 오답이다.

주의) 동사 last는 일반적으로 for/until 등의 전치사나 부사를 동반하지만 기간을 의미하는 명사를 목적어로 받을 수 있다. 이와 유사한 쓰임을 가진 동사로 work도 함께 알아두자.

ex. last an hour (한 시간동안 지속된다), work 8 hours a day (하루에 8시간을 일한다.)

STEP 3　형용사의 기본 자리

① 부정관사/정관사(a/an/the)+형용사+명사	an active program 실행 중인 프로그램
② 소유격/지시 형용사+형용사+명사	its strategic growth 그것의 전략적인 증대
③ (부사/형용사)+형용사+명사	particularly small companies 특히 소규모 회사들
④ 타동사+형용사+명사	have technical problems 기술적인 문제가 있다
⑤ 동명사+형용사+명사	changing political conditions 정치적인 조건 변경
⑥ 전치사+형용사+명사	of professional ethics 직업윤리의

해석 Dark Night를 관람한 이후에, 관객들은 마지막 장면이 영화에서 가장 인상적인 장면임을 알게 될 것이다.
어휘 **audience** 관객　**impressive** 인상 깊은
정답 (A)

122 JuRi Bank / offers / the Easy ERP Program / to help you run your business more ———.
주어   동사   목적어   to부정사구

부사는 수식하는 대상을 통해 답의 근거를 찾아야 한다.
~ to help you run your business more ———.

STEP 1 빈칸은 동사구 run your business를 수식하는 부사 자리이다.

따라서 본동사 run의 운영방법 즉, '어떻게 경영할지'를 나타내는 부사가 들어가야 하므로 (D) efficiently(능률적으로, 효율적으로)가 정답이다.

STEP 2 부사는 그 성격과 수식하는 대상을 알아야 한다.

(A) extremely(극도로, 극심히)는 동사가 아닌, 형용사와 부사를 수식하기 때문에 오답이다. (B) broadly(대략)은 broadly speaking(대략 말하자면)과 같은 표현으로 주로 쓰이고, 동사 run을 수식할 수 없기 때문에 오답이다. (C) potentially는 주로 위험이나 심각성을 나타내는 dangerous, fatal, serious 등의 형용사나 부사를 수식한다.

STEP 3 동사 수식 부사 vs. 형용사 수식 부사

1. 동사를 수식하는 부사

특히 동작의 변화(증가, 감소) 관련 동사를 수식하는 부사는 주요 출제 포인트이다.

considerably, substantially, significantly, greatly 상당히   quickly, rapidly 빠르게
unexpectedly, surprisingly 뜻밖에, 놀랍게   slowly, steadily, gradually 느리게, 꾸준히, 점진적으로
sharply, dramatically, remarkably, noticeably 급격하게, 두드러지게

2. 형용사를 수식하는 부사

(1) 형용사로 끝나는 문장에서 형용사의 앞자리는 부사이다.

Arabesque Furnitures's first year has only been (~~moderate~~, moderately) successful.

(2) 〈 ——— + 형용사 + 명사〉에서 빈칸은 수식관계에 따라 형용사와 부사 둘 다 올 수 있다.
❶ 빈칸 뒤의 형용사가 명사의 상태를 나타내면 빈칸은 부사이다. a quite excellent speech
❷ 빈칸 뒤의 형용사가 명사의 종류를 나타내면 빈칸은 형용사이다. a great political speech
❸ 동종의 형용사는 and 대신 쉼표로 연결할 수 있다: 〈형용사, 형용사 + 명사〉 〈부사, 형용사 + 명사〉

해석 JuRi 은행은 당신이 더 효율적으로 기업을 운영할 수 있도록 도움을 드리고자 Easy ERP 프로그램을 제공합니다.
어휘 offer 제공하다   run 운영하다
정답 (D)

---

123 Your reservation / may be rescheduled / once / (without penalty), / ——— /
주어   동사1   부사   전치사구

notice / is given / (in writing) / at least two weeks in advance.
주어2   동사2   전치사구   부사구

동사의 수를 통해 필요한 접속사를 확인하라.
완전한 문장, ——— notice is given in writing at least two weeks in advance.

STEP 1 빈칸은 완전한 두 문장을 연결시킬 수 있는 부사절 접속사 자리이다.

보기 중 명사를 받는 전치사구인 (A) regardless of, (C) along with, (D) according to는 오답이다.

STEP 2 if의 시제와 if를 대신하는 접속사

완전한 문장을 받으며, 미래의 상황을 대신 할 수 있는 접속사인 (B) provided that가 정답이다. 또한, 시간부사구 at least two weeks in advance는 미래를 나타내며, 시간부사절에서는 현재시제가 대신함을 유의해야 한다.

STEP 3 if를 대신할 수 있는 접속사 vs. 전치사 vs. 접속부사

접속사	whether ~ or not(명사절 접속사로 쓰일 때) ~이든 아니든 in case (that) ~한 경우에 unless (= if not) ~이 아니라면 as/so long as ~의 조건으로, ~하는 한 or else 그렇지 않으면 (등위접속사) assuming that ~을 가정한다면 only if ~할 때에만 even if ~임에도 불구하고 providing/provided that ~라면 (가능할 것이다) given/considering that ~을 고려(감안)한다면 suppose/supposing that ~한다면(가능성)
전치사	given/considering ~을 고려(감안)한다면 but for ~이 없다면 without ~이 없다면 *Had it not been for N → If it had not been for N (~이 없었다면) 앞, 뒤 문장인 주절은 가정법 과거완료 주절의 공식을 따른다.
접속부사	otherwise 그렇지 않으면 if not ~이 아니라면 if so 그렇다면 if any 어떠한 것이라도 있다면 if ever 그런 적이 있다면 if only ~이면 좋을 텐데 접속부사 위치 = ① S+V. ———— S+V ② S+V+접속부사 ———— S+V ③ S+V 접속부사 S+V ————

해석 최소 2주 전에 예약확인서를 서면으로 제출하시면 수수료 없이 한번 재조정하실 수 있습니다.
어휘 reservation 예약   once 한번   penalty 수수료   notice 공지문   at least 최소한   in advance 미리
정답 (B)

---

124 We / (at Murphy Academy) / have / a special program / intended for ————— /
주어   전치사구   동사   목적어   분사구
interested in pursuing a marketing career.
분사구

[those who + 동사] vs. [those + 분사] vs. [only those + 전명구]
~ intended for ————— interested in pursuing a marketing career.

STEP 1   전치사 다음에는 명사가 와야 한다.

빈칸은 전치사 for의 목적어 자리이며, 분사 interested in pursuing a marketing career의 수식을 받는 명사가 들어가야 한다. 관계대명사인 (A) whom과 (D) which가 들어오기 위해서는 해당 접속사 뒤에 본동사가 따로 더 있어야 하므로 해당 문장에서는 오답이다.

STEP 2   either는 2개 중에 하나를 선택하는 것으로 형용사 혹은 대명사로 사용된다.

하지만, 'Murphy Academy는 마케팅 경력을 쌓는 ~를 위한 특별 프로그램이 있다'는 문장에서 선택의 의미를 갖는 either은 적절치 않다. 따라서 뒤에서 수식을 받아 구체적인 대상 즉, '~한 사람들'의 의미를 갖는 (C) those가 정답이다.

STEP 3   those의 다양한 출제 패턴

① those who+불완전한 문장(복수동사)	사람을 받는 관계대명사 who
② those+(who+be동사)+분사	관계대명사가 생략된 -ing/-ed 분사
③ those+전치사+명사+동사+목적어	[with+명사]의 전치사구 수식을 받는 those
④ 전치사+those who ~+동사+목적어	For, Except, With
⑤ 부사+those (전치사구/who ~)+동사+목적어	주로 only의 수식을 받는다.
⑥ those+복수명사 = those └ 지시 형용사	지시 형용사로 쓰여 뒤에 복수명사를 받는다. ex. those applicants who ~

해석 저희 Murphy Academy는 마케팅 경력을 쌓는 것에 관심 있는 사람들을 위한 특별 프로그램을 갖고 있습니다.
어휘 intend for ~를 위해 만들다   pursue 추구하다   career 경력
정답 (C)

125 This upgraded software / will ———— increase / the productivity / (of their product
주어　　　　　　　　　동사　　　　　　　　　　목적어　　　　　전치사구
design process).

시간부사는 동사의 시제를 확인하라.
This upgraded software will ———— increase ~.

STEP 1　빈칸은 조동사 will과 동사 increase 사이에 위치하므로 부사 자리이다.

조동사 will은 미래시제를 나타내므로, 미래시제와 어울리는 부사를 찾아야 한다. 따라서 정답은 (D) soon이다.
보기 중 (B) lately와 (C) recently는 '최근에, 얼마 전에'라는 의미의 시간부사로, 주로 과거나 현재 완료와 어울려 쓰이므로 오답이다. 또한 (A) very는 형용사나 부사만을 수식하므로 오답이다.

STEP 2　시제를 결정하는 빈출 부사

1. 과거시제와 잘 어울리는 부사
ago 전에　yesterday 어제　recently 최근에　originally 원래, 처음에는　initially 처음에, 시초에　formerly 이전에　previously 이전에　once 한때　before 이전에

2. 미래시제와 잘 어울리는 부사
soon/shortly 곧　immediately 즉시　tomorrow 내일　probably 아마도　next year 내년

3. 현재완료 시제와 잘 어울리는 부사
already 이미　still 아직, 여전히　yet 아직　ever 한번이라도　since ~ 이래로　lately/recently 최근에

해석　이 업그레이드된 소프트웨어는 제품 디자인 과정의 생산성을 곧 향상시킬 수 있을 것입니다.
어휘　**productivity** 생산성　**process** 과정
정답　(D)

---

126 Please note / that / the operation of electronic devices / is prohibited /
동사1　접속사　　　　　　　주어　　　　　　　동사2
———— the tour.
명사

for은 일정 기간 상태 지속 vs. during은 특정 기간 동안 행위 발생
~ is prohibited ———— the tour.

STEP 1　빈칸은 완전한 수동태 문장 뒤에서 명사를 목적어로 받을 수 있는 전치사 자리이다.

빈칸에는 기간명사인 the tour를 받을 수 있는 전치사가 들어가야 하므로 부사절 접속사인 (A) while은 오답이다. (D) along은 주로 장소 명사를 동반하므로 오답이다. (C) over은 기간명사를 받지만 전체 기간을 일컫는 것이 아니라 특정 기간 중 특정 한 시점을 일컫는다. 그렇기 때문에 견학이라는 the tour의 특정 전체 기간을 받을 수 있는 전치사는 (B) during이 정답이다.

STEP 2　〈~동안 : for vs. during〉

〈for+수사+단위 시간 명사〉:
전치사 for는 불특정한 기간 내의 동작/상황의 지속성을 보여준다. 이때는 how long(얼마 동안)의 의미로 수사와 함께 오는 것이 일반적이다.
The ticket is valid for only two weeks. 티켓은 2주간만 유효하다.
〈during+특정 기간 명사〉:
전치사 during은 특정 기간 내의 동작/상황의 발생을 보여준다. when(언제)의 개념으로 주로 뒤에 특정 기간을 내포하는 명사가 온다. 단, 〈수사+명사〉를 쓸 경우 반드시 정관사 the와 함께 쓴다.
During my stay in London, I met Mr. Timothy. 런던에 머무르는 동안 난 Timothy 씨를 만났다.

해석 전자 기기의 사용은 견학하는 동안 금지됩니다.
어휘 note 주목하다, 주의하다   operation 작동, 사용   electronic device 전자 기기   prohibit 금지하다
정답 (B)

---

127 (Due to inclement weather), / the trains / (from Leeds) / will arrive / an hour ───────
　　　　　　전치사구　　　　　　주어　　　　전치사구　　　　동사
　　than usual.
　　부사구

비교급과 최상급은 구조 분석과 품사가 먼저이다.
~ will arrive an hour ─────── than usual.

STEP 1　than 앞에는 비교급의 형태가 위치한다.

보기 중 비교급은 (D) later뿐이다. 주절의 동사인 arrive는 자동사로 목적어를 취할 수 없기 때문에 명사인 (A) lateness 는 오답이다. 또한 형용사의 수식을 받는 대상인 명사 또한 없으므로 (C) late도 오답이다.

STEP 2　비교급의 수식을 받는 형용사 vs 부사 선택방법

• 우열 비교 〈more+형용사/부사+than+비교 대상〉

문장에 〈than+비교 대상〉이 있는데 앞에 비교급이 없다면 빈칸은 비교급 자리다. 이때 문장이 완전하면 빈칸에는 부사가, 불완전하면 형용사가 들어간다.

해석 악천후 때문에, Leeds발 열차는 평상시보다 1시간 늦게 도착할 예정이다.
어휘 due to ~ 때문에   inclement weather 악천후
정답 (D)

128 (Despite the economic downturn), / investment / (on property) / has maintained /
전치사구   주어   전치사구   동사

———— growth / (over the years).
목적어   전치사구

어휘문제는 문장에서 답 근거 단어를 찾아야 한다.
has maintained ———— growth over the years.

STEP 1 빈칸은 동사 has maintained의 목적어인 growth를 수식하는 형용사 자리이다.
보기 모두 형용사이므로 의미와 구조상 적절한 어휘를 고르는 문제이다.

STEP 2 답을 결정하는 것은 동사의 시제는 현재완료 시제이다.
현재완료 시제는 어떤 일이 과거에서 현재까지 영향을 줄 때 사용하며, '수년 동안 ~한 성장을 유지해왔다'라는 의미를 가져
야 하므로 멈춤이나 변화 없이 계속 나아지는 상태를 나타내는 형용사 (D) steady가 정답이다.
(A) correct는 실수나 오류가 없다는 의미로, 목적어 growth를 수식하기에는 부적절하다. (B) final은 '최종의, 마지막의'라
는 의미로 연속된 순서나 단계의 최종 단계 또는 과정 끝에 얻어진 최종 결과를 나타낸다. (C) seasoned는 '양념이 된'이라
는 의미로, 사람명사 앞에 위치하면 '경험이 많은 사람'을 뜻하기도 한다.

해석 경기침체에도 불구하고, 부동산 투자는 지난 몇 년 동안 꾸준한 성장을 유지하고 있다.
어휘 **despite** ~임에도 불구하고 **economic downturn** 경기침체 **investment** 투자 **property** 부동산
maintain 유지하다 **growth** 성장
정답 (D)

---

129 You / are advised to consult / (with your supervisor) / when / ———— / the document.
주어   동사   전치사구   접속사   목적어

부사절의 접속사 뒤에 주어가 없을 때는 분사구문이다.
when ———— the document

STEP 1 부사절의 접속사는 뒤에 〈주어 + 동사 ~〉의 완전한 문장을 받는다.
본동사 형태인 (C) revise, (D) revises는 주어가 없는 상태에서 접속사 뒤에 바로 올 수 없으므로 오답이다.

STEP 2 부사절의 접속사 뒤에 주어가 없을 때 오는 동사의 형태는 분사다.
따라서 (A) revising과 (B) revised는 정답이 가능하다.

STEP 3 빈칸 뒤에 명사는 목적어
일반 타동사의 분사 형태는 목적어가 있으면 -ing가, 목적어가 없으면 p.p가 정답이 된다. 따라서 정답은 (A) revising이다.

STEP 4 분사의 생성 원리
종속절   주절
┌ ③ V+ing
| 부사절 접속사 + 주어 + 동사 | …… | 주어 + 동사 |
└ ① 접속사 생략 └ ② 동일 주어 생략

① 접속사를 생략한다.
② 접속사 뒤의 주어가 주절의 주어와 같으면 생략한다.
③ 첫 번째 동사에 -ing를 붙여 분사를 만든다.
※ 이때 첫 번째 동사가 be동사인 경우는 being이 되어 생략된다.
※ 접속사는 일반적인 경우에는 주어와 함께 생략되지만 의미를 살려야 하는 경우에는 그대로 유지시킨다.

해석 문서를 수정할 때에 당신의 상사와 상담하시기를 권해드립니다.
어휘 advise 조언하다, 충고하다   consult with ~와 상의하다   document 서류
정답 (A)

---

130   There / will be / a meeting / (at the end of this week) / to decide on /
　　　　　동사　　주어　　　　　　전치사구　　　　　　to부정사구
(————— to promote our new vacuum cleaner).
　　　　동사의 목적어

> **의문사 + to부정사**
> ~ **to decide on** ————— **to promote our new vacuum cleaner.**

STEP 1   빈칸은 동사의 목적어 자리로, 뒤에 오는 to부정사와 함께 명사의 역할을 해야 한다.

따라서 본동사 형태인 (A) try는 오답이다. 또한 (C) after는 부사절 접속사로 to부정사가 아닌 Ving를 받으므로 오답이다. 게다가 등위접속사인 (B) so는 문장과 문장을 연결하므로 오답이다.

STEP 2   의문사 + to부정사는 명사의 역할을 한다.

빈칸 뒤에 타동사(promote) + 목적어(our new vacuum cleaner) 구성으로 완전한 구 형태가 나왔으므로 (D) how가 정답이다.

해석 진공청소기 신제품 홍보 방법을 결정하는 회의가 이번 주 말에 있을 예정입니다.
어휘 decided on ~으로 결정하다, 정하다   promote 홍보하다   vacuum cleaner 진공청소기
정답 (D)

Questions 131-134 refer to the following e-mail.

	E-MAIL
TO	David Miller 〈dmiller@consult4u.com〉
FROM	Sandra Olson 〈solson@ksofficesupplies.com〉
DATE	15 June
SUBJECT	employee benefit program

Hello David,

I was very pleased to meet you in Perth. After your presentation, we talked about the customer incentive program you started last year. You mentioned that the program ------- a contest based on customer feedback, with prizes for the
131.
employees receiving the most positive responses. I was surprised to hear that the program improved ------- and morale a lot. It sounds ------- the best way
132. **133.**
to show how much employees contribute to the company. -------. Would you be
134.
available to meet and **talk with me about how you prepared for the program and the details**?

I look forward to hearing from you.

Sincerely,

Sandra

---

131. **(A) involved**
(B) involving
(C) will involve
(D) to involve

동사 시제
ㄴ, 종속절의 시제로 주절의 시제를 파악한다.

132. (A) budgets
(B) necessity
(C) productivity
(D) priority

명사 어휘
ㄴ, 동사 improved(개선시키다)와 어울리는 명사를 찾아야 한다.

133. (A) of
(B) as if
(C) instead of
(D) like

전치사 어휘
ㄴ, 지각동사 sounds와 어울리는 전치사를 찾아야 한다.

134. (A) I would like to ~~hire additional sales staff.~~
(B) I'm planning to do something similar at my company.
(C) I ~~was scheduled to~~ meet with our clients.
(D) I'm excited to work with ~~customer service representatives.~~

문맥 추가 문제
ㄴ, 빈칸 문장의 앞뒤 문장을 확인하자.

문제 131-134는 다음 이메일을 참조하세요.

수신	David Miller <dmiller@consult4u.com>
발신	Sandra Olson <solson@ksofficesupplies.com>
날짜	6월 15일
제목	직원 복지 혜택

안녕하세요, David 씨.

퍼스에서 당신을 만나게 되어 매우 기뻤습니다. 귀하의 발표가 끝난 뒤에, 귀하께서 작년부터 시작한 소비자 인센티브 프로그램에 관하여 이야기를 나누었습니다. 귀하는 해당 프로그램에는 소비자의 피드백에 근거하여 가장 긍정적인 반응을 받은 직원들에게 상을 수상하는 콘테스트가 포함되어 있다고 언급하였습니다. 저는 이 프로그램으로 생산성과 사기를 많이 진작할 수 있다는 이야기를 듣게 되어 놀랐습니다. 직원들이 회사에 얼마만큼 기여를 했는지를 보여주는 최고의 방법인 것 같습니다. 자사에서도 비슷한 일을 진행할 계획입니다. 프로그램과 그 외의 세부사항을 어떻게 준비했는지 만나서 저와 이야기를 나눌 수 있을까요?

귀하의 연락을 기다리겠습니다.

진심을 담아,

Sandra 올림.

> 어휘 presentation 발표 customer incentive program 소비자 인센티브 프로그램
> based on ~에 근거하여 employee 직원 positive긍정적인 improve 향상시키다 morale 사기, 의욕
> share 공유하다 contribute to ~에 기여하다 available 시간이 있는

동사 시제
131 주절과 종속절의 시제는 일치해야 한다.

STEP 1
빈칸은 종속절의 주어 뒤에 들어갈 본동사의 형태를 묻는 문제이다.

STEP 2
주절의 동사는 mentioned로 주절의 시제도 과거시제여야 한다. 따라서 정답은 (A) involved이다. (B) involving과 (D) to involve는 본동사 형태가 아니므로 오답이다. 또한, (C) will involve는 미래 시제로, 주절의 동사 mentioned와 함께 쓰지 못한다. 만약 미래시제를 쓰고 싶다면, 과거에서 의미하는 미래 would를 사용하여 would involve가 되었어야 한다.

명사 어휘
132 명사 어휘는 관련 동사를 파악하자.

STEP 1

빈칸은 본동사 improved의 목적어를 찾는 문제이다. 따라서 앞 문장을 통해 개선시킨 것이 무엇인지를 확인해야 한다.

STEP 2

앞 문장의 "가장 긍정적인 답변을 받은 직원들에게 상을 수상한다"라는 문장으로 프로그램 실행으로 얻을 수 있는 것이 무엇인지를 생각해 보아야 한다. 즉, 직원들의 morale(사기)와 같이 향상시킬 수 있는 것에 해당되는 명사인 (C) productivity(생산성)이 정답이다. (A) budget(예산)은 동사 improve가 아닌 increase와 함께 쓰인다. 또한 (B) necessity(필요성)과 (D) priority(우선사항)은 계획을 진행시키기 전 계획 실시에 대한 타당성을 이야기할 때 언급되는 단어로 해당 문장에서는 적절하지 않다.

전치사 어휘
133 전치사 뒤에는 명사가, 접속사 뒤에는 〈주어+동사〉가 와야 한다.

STEP 1

빈칸 뒤의 명사 the best way를 받을 수 있는 품사는 전치사로, 보기 중 부사절 접속사인 (B) as if(마치 ~인 것처럼)는 오답이다. 나머지 보기는 모두 전치사로 목적어와 어울리는 전치사를 찾아야 한다.

STEP 2

2형식 지각동사 sounds 뒤에 올 수 있는 전치사는 (D) like뿐이다. 일반적으로 2형식 지각동사 뒤에는 형용사가 위치하지만 전치사 like가 동반될 경우에는 뒤에 명사가 위치해야 '~인 것처럼 들리다'의 의미로 사용된다.

sound가 명사로 쓰일 경우에는 전치사 of를 동반할 수 있지만 여기서는 동사로 사용되었으므로 (A) of는 오답이다. 또한 (C) instead of는 '~대신에'라는 의미로 A instead of B의 구조로 앞뒤에 명사가 언급되어야 하므로 오답이다.

문맥 추가 문제
134 문맥 추가 문제는 빈칸 위아래에서 답을 결정하는 단어를 확보한다.

STEP 1

빈칸 앞에는 David 씨가 진행하고 있는 소비자 인센티브 프로그램을 칭찬하고 있지만 빈칸 뒷 문장에서는 "프로그램 및 관련 세부사항의 준비 방법에 문의를 하고자 만나서 이야기를 나눌 수 있는지"를 묻고 있다. 따라서 David 씨와의 만남의 목적을 설명하고 있는 (B)가 정답이다.

(A) 저는 영업 직원들을 추가로 채용하고 싶습니다.
(B) 자사에서도 비슷한 일을 진행할 계획입니다.
(C) 저는 자사의 고객님과 만나기로 약속이 되어있습니다.
(D) 고객 서비스 부서 직원들과 함께 일하게 되어 기쁩니다.

Questions 135-138 refer to the following information.

Your KN-3000 Office Copier is one of the essential tools in operating your business. --------, learning how to maintain and keep your copier working properly will make
135.
your business more efficient. Here, we provide special tips to keep your copier running smoothly. First, use its dedicated --------, especially KN-3000 toner cartridges.
136.
Second, you should be careful when loading paper. In order to prevent paper jams, just follow the instructions in the manual provided. Third, clean the optics (glass) every few weeks or month. --------. Finally, if you need to have your copier repaired, it's the
137.
best to seek the help of a -------- professional. Please remember these tips to keep
138.
the repairman away.

135. (A) In conclusion
(B) On the other hand
(C) Therefore
(D) Even so

136. **(A) supplies**
(B) employees
(C) power
(D) access

137. (A) ~~Turn off~~ the copier when it is ~~not in use~~.
(B) Use only a soft cloth and alcohol-free glass cleaner.
(C) When ~~clearing jams~~, be sure to remove all parts of the page that has ~~jammed~~.
(D) ~~Keeping the paper organized~~ will prevent paper from rippling.

138. (A) certify
(B) certifying
(C) certification
(D) certified

접속 부사 어휘
ㄴ. 문두의 접속 부사 어휘 문제는 빈칸 앞뒤의 문장을 적절히 연결하는 것을 확인해야 한다.

명사 어휘
ㄴ. 동사 use의 목적어 자리이며, KN-3000 toner cartridges의 명사가 나와야 한다.

문맥 추가 문제
ㄴ. 빈칸 문장의 앞뒤 문장을 확인하자.

형용사
ㄴ. 사람명사 professional를 수식하는 형용사가 정답이다

KN-3000 사무용 복사기는 사업 운영에 필수적인 도구입니다. 그러므로 복사기의 관리 및 유지 방법을 알고 계신 다면 업무를 효율적으로 진행하실 수 있을 것입니다. 여기, 어떠한 문제없이 복사기를 사용할 수 있는 특별 관리 방법을 알려드리겠습니다. 첫 번째로, 특히 KN-3000 토너 카트리지와 같은 자사의 전용 제품을 사용하십시오. 두 번째로, 용지를 넣을 때에 각별히 주의하셔야만 합니다. 용지 걸림을 예방하시려면 제공된 설명서의 지시사항을 따라 주십시오. 세 번째로, 몇 주마다 혹은 매달 유리판을 청소해 주십시오. 부드러운 천과 무알콜의 유리 세정제만을 사용하십시오. 마지막으로, 복사기를 수리해야 한다면, 공인 전문가들에게 도움을 요청하는 것이 가장 바람직합니다. 고장이 나는 상황을 미연에 방지하려면 이런 팁들을 명심하세요.

어휘 **copier** 복사기 **essential** 필수적인 **operate** 운영하다 **maintain** 유지하다
properly 제대로, 적절히 **efficient** 효율적인 **smoothly** 순조롭게, 매끄럽게 **dedicated** ~ 전용의
load paper 용지를 넣다 **paper jam** 용지 걸림 **instruction** 지시사항 **manual** 설명서
optics (glass) 광학유리 **professional** 전문가

접속부사 어휘
135 접속부사는 빈칸 앞뒤의 관계를 설명해야 답이 나온다.

STEP 1 빈칸 앞뒤에 완전한 문장이 위치해 있다.

따라서 빈칸에는 적절한 의미의 접속부사가 필요하다.

STEP 2 문두의 접속부사는 앞뒤 문장 관계를 정확히 파악해야 한다.

앞에서 언급된 내용으로 도출할 수 있는 논리적인 결과를 서술할 때 사용된다. 따라서 복사기가 필수적인 제품으로(원인) 관리 및 유지 방법을 알고 있으면 업무를 효율적으로 진행할 수 있다는(결과를 연결할 수 있는 (C) therefore가 정답이다. (B) on the other hand(반면에는 앞에서 언급한 내용에 대한 다른 견해나 내용을 말할 때 쓴다. (D) even so(그렇기는 하지만)는 앞에서 언급한 내용과 상반된 내용을 언급할 때 쓴다. (A) in conclusion(결론적으로)은 말하고자 하는 내용이 끝이 날 때, 즉 문장 끝 결론 부분에서만 사용하므로 오답이다.

명사 어휘
136 명사 어휘는 관련 동사를 파악하자.

STEP 1 빈칸은 동사 use의 목적어 자리에 위치하는 적절한 명사 어휘를 찾는 문제이다.

빈칸 뒤에서 especially ~ toner cartridges를 통해 KN-3000 토너 카트리지, 즉, 사용해야 하는 전용 "제품"을 예시로 언급하였다. 예시된 물건을 통칭할 수 있는 명사로 (A) supplies가 정답이다. 동사 use의 목적어에는 사람명사가 올 수 없으므로 (B) employees(직원)은 오답이다. 또한 (D) access(접근권한)은 동사 have와 사용하므로 답이 될 수 없다.

문맥 추가 문제

137 문맥 추가 문제는 빈칸 앞뒤의 내용과 연결되는 보기의 키워드를 찾아야 한다.

STEP 1 문맥 추가 문제는 빈칸 앞뒤에서 정답을 결정하는 근거를 파악한다.

사무 복사기의 관리 방법 설명해주는 안내문으로써, 바로 앞 문장에서 세 번째 팁에서는 관리 방법으로 clean the optics (glass)라고 하며 청소를 해야 하는 곳인 유리판을 언급하고 있다. 따라서 빈칸 뒤에는 해당 장소에 대한 청소도구를 언급하고 있는 (B)가 정답이다.

(A) 복사기를 사용하지 않을 때는 전원을 꺼주십시오.
(B) 부드러운 천과 무알콜의 유리 세정제만을 사용하십시오.
(C) 걸림 문제를 해결할 때에는, 걸린 종이 부분을 모두 제거했는지 확인하십시오.
(D) 용지 정리는 물결 모양으로 인쇄되는 상황을 방지할 수 있습니다.

형용사

138 현재분사 vs. 과거분사

STEP 1 빈칸은 사람 명사 **professional**을 수식하는 형용사 자리이다.

빈칸 뒤 professional(전문가)는 명사로 빈칸에는 명사를 수식하는 형용사가 들어가야 한다. 보기 중 형용사로 볼 수 있는 것은 분사형태의 (B) certifying, (D) certified 두 개이다.

STEP 2 현재분사 형용사 vs. 과거분사 형용사

현재분사 형용사는 능동, 진행의 의미를 가지며, 과거분사 형용사는 수동/완료의 의미를 가진다. 도움을 주는 사람이 전문적으로 훈련을 받은 사람이라는 의미로 과거완료형 분사인 (D) certificated (공인 받은)가 정답이다. (A) certify는 본동사로 형태로, 해당 문장에 이미 동사 is가 위치해 있으므로 오답이다. 또한 (C) certification(증명)은 명사 앞에 위치하여 뒤의 명사와 복합명사를 이룰 수 있지만, 이때 앞에 위치한 명사는 뒤의 종류나 특징을 나타내주어야 한다.

Questions 139-142 refer to the following press release.

The Dream For Children (DFC), a charity organization based in LA, California, has received a grant from the Federal Government. DFC was awarded the grant for a proposal submitted two months ago. Jason Moore, Director of DFC, announced that the fund will be used **to renovate its Child Care Center**. -------. Additionally, the grant
139.
will pay for **purchasing books** for its library. After these -------, the rest of the funds
140.
will be used for supporting children with serious care needs ------- health, education
141.
and others. Mr. Moore said that a new internal committee ------- the project from
142.
start to finish.

139. (A) Education for children is one of the common ~~child welfare~~.
(B) Mr. Moore has some ~~experience in the construction industry~~.
(C) This includes replacing old facilities for the handicapped.
(D) Their child support ~~case information~~ is available ~~on demand~~.

문맥 추가 문제
ㄴ, 빈칸 문장의 앞뒤 문장을 확인하자.

140. (A) progressions
(B) improvements
(C) promotions
(D) revisions

명사 어휘
ㄴ, 지시 형용사 these가 가리키는 것을 찾아야 한다.

141. (A) which
(B) while
(C) such as
(D) in order

연결어구
ㄴ, 빈칸 뒤의 명사를 받을 수 있는 품사는 전치사

142. (A) overseeing
(B) will oversee
(C) was overseeing
(D) to oversee

동사 시제
ㄴ, 시제 일치 예외

문제 139-142는 다음 언론 보도를 참조하시오.

캘리포니아, LA에 본사를 둔 자선 단체 Dream For Children(DFC)는 연방 정부로부터 보조금을 지원받았습니다. DFC사는 2달 전에 제출한 제안서로 보조금을 지급받았습니다. DFC사의 임원인 Jason Moore 씨는 이 자금이 보육시설 개조에 사용될 예정임을 발표하였습니다. 이 공사에는 장애아들을 위한 노후 시설 교체도 포함되어 있습니다. 추가적으로 해당 보조금은 도서관의 도서 구매에도 사용될 예정입니다. 이렇게 개선된 후에, 나머지 자금은 건강, 교육 등의 분야와 같이 많은 관심이 필요한 아이들을 지원하는데 사용될 예정입니다. Moore 씨는 새로운 내부 위원회가 처음부터 끝까지 해당 프로젝트를 관리할 예정이라고 말하였습니다.

> 어휘 charity organization 자선단체 based ~에 본사를 둔 receive a grant 보조금을 받다 federal government 연방 정부 award for ~에 대해 수여하다 proposal 제안서 director 임원 renovate 개조하다, 보수하다 child care center 보육원, 유치원 additionally 게다가 rest 나머지 support 지원하다 internal 내부의 committee 위원회

문맥 추가 문제

139 빈칸 앞뒤의 내용과 연결되는 보기의 키워드를 찾아야 한다.

STEP 1 빈칸에는 보조금(grant)에 관한 내용이 들어가야 한다.

DFC사의 보조금 사용 계획을 언급하는 기사로, 빈칸 앞에는 "연방 정부로부터 받은 보조금(fund)을 육아 보육 시설 보수(renovate its Child Care Center)에 사용할 계획임"을 언급하고 있다. 빈칸 뒤의 부사 additionally로 앞에서 언급된 내용과 별개로 추가적으로 자금(grant)이 도서 구매에 사용될 예정이라는 내용을 서술하고 있다. 따라서 빈칸에는 앞에서 언급한 이 자금(This)의 용도를 부연설명을 하고 있는 (C)가 정답이다.

(A) 유아 교육은 일반적인 유아 복지 중 하나입니다.
(B) Moore 씨는 건설업에서의 경력을 갖고 있습니다.
(C) 이 공사에는 장애아들을 위한 노후 시설 교체도 포함되어 있습니다.
(D) 자녀 양육 관련 정보는 요청 시에 이용이 가능합니다.

육아 복지를 언급하는 (A)와 Moore 씨의 경력을 언급하고 있는 (B)는 오답이다. 또한 (D)는 보육 관련 내용은 문장 뒤에서 언급되나 자료 요청에 관한 내용은 자금 사용 계획과는 관련이 없으므로 오답이다.

명사 어휘

140 지문 중에 구체적인 단어들을 모아 동의어나 포괄적인 정답을 찾는다.

STEP 1 빈칸 앞의 지시 형용사 these로, 앞에서 해당 형용사가 가리키는 것이 무엇인지를 확인해야 한다

these는 자금 사용처의 구체적인 내용인 to renovate Child Care Center과 purchasing books을 가리킨다. 따라서 두 개의 단어를 포괄적으로 paraphrasing할 수 있는 (B) improvements(개선사항)이 정답이다. (A) progressions(진행상황)은 자금의 사용 과정을 언급해야 하므로 오답이다. (C) promotions(홍보)와 (D) revisions(수정)은 앞에서 관련 내용이 언급되지 않았으므로 오답이다.

141 명사를 받을 수 있는 품사는 전치사이다.

STEP 1 전치사는 뒤에 명사가, 접속사 뒤에는 완전한 문장이 위치한다.

빈칸 뒤의 명사구를 받을 수 있는 품사는 전치사뿐이다. 따라서 2개의 문장을 연결하는 관계대명사 (A) which와 부사절 접속사 (B) while(반면에)은 오답이다. 또한 (D) in order(~하기 위해) 뒤에는 to부정사가 오거나 접속사 that 뒤에 완전한 문장이 나와야 하므로 오답이다.

STEP 2 [전체 명사 such as 구체적인 명사]

빈칸 앞의 serious care needs(많은 관심이 필요한 곳)의 구체적인 내용으로 health, education and others를 나열하고 있으므로 예시를 소개할 때 사용하는 전치사 (C) such as(~와 같은)가 정답이다.

142 동사 자리는 수⇨태⇨시제를 생각하자.

STEP 1 빈칸은 종속절의 주어 a new internal committee의 뒤에 들어갈 본동사의 형태를 묻는 문제이다.

STEP 2 주절과 종속절의 시제는 일치한다.

해당 문장의 주절은 Mr. Moore said이고 종속절은 that절 이하가 되므로 that절 이하의 시제는 주절과 일치하여 과거가되는 것이 일반적이지만, 주절의 내용이 종속절의 내용에 영향을 미치지 않는 경우에는 시제를 일치하지 않을 수 있음을 유의해야 한다. 즉, 주절의 시점은 과거이지만, 자선단체에서 보조금을 받아 이 돈을 사용할 곳들의 미래의 일을 나열하고 있으므로, a new internal committee가 이 프로젝트를 관리할 것이라는 것이 내용이 되어야 하므로 미래가 됨을 알 수 있다. 따라서 미래시제인 (B) will oversee가 정답이 된다.

Hamilton Resort
Reservation & Cancellation Policies

Before you book your room, please read our reservation and cancellation policies. They will help you ------- your time at our resort.If you make a reservation at the regular price, it may be cancelled for any reason. ------- .

143. / **144.**

For standard reservations, notice of cancellation is required 3 days or more prior to scheduled arrival. In this case, a full ------- will be made. If cancellations are made within 3 days, you will be charged a fifty dollar cancellation fee. No-shows and early departures ------- fulfillments of stay and are not entitled to a refund.

145. / **146.**

If you need further assistance with a reservation or cancellation, please call our customer center at (555) 515-8457.

143. (A) change
(B) win
(C) plan
(D) expand

타동사 어휘
ㄴ your time를 목적어로 받는 적절한 타동사 어휘가 정답이다.

144. (A) There is a ~~maximum~~ of two guests per room.
(B) Hamilton ~~Rewards points~~ can not be used for special packages.
(C) ~~Special requests~~ will be honored depending on hotel capacity.
(D) Booking online at discounted prices need full payment and may not be cancelled.

문맥 추가 문제
ㄴ 빈칸 문장의 앞뒤 문장을 확인하자.

145. (A) receipt
(B) explanation
(C) benefit
(D) refund

명사 어휘
ㄴ 형용사 full의 수식을 받는 적절한 명사 어휘를 찾자.

146. (A) in consideration
(B) are considered
(C) used to consider
(D) very considerate

동사 태 / 시제
ㄴ 태와 시제의 문제이다.

Hamilton 리조트
예약 및 환불 정책

객실을 예약하기 전에, 자사의 예약 및 환불 정책의 숙지를 부탁드립니다. 해당 정보는 저희 리조트에서 머무시는 일정 계획에 도움을 줄 것입니다. 정가에 예약을 하신다면, 어떤 이유로든 취소가 가능합니다. 온라인으로 할인된 가격에 예약을 하시는 경우 전액을 지불해야 하며 환불이 불가능할 수 있습니다.

일반예약의 경우 도착 예정일보다 최소 3일 전에 취소 통지를 주셔야 합니다. 해당 경우에는 전액 환불이 가능합니다. 만약 3일 이내로 취소를 하신다면, 50달러의 취소 위약금이 청구될 예정입니다. 노쇼 혹은 조기 체크아웃은 숙박을 한 것으로 간주되며 환불이 불가능합니다.

예약 혹은 취소에 추가의 도움이 필요하시다면, 고객 센터 (555) 515-8457로 연락 주십시오.

어휘 **reservation** 예약 **cancellation** 취소 **policy** 정책 **regular** 보통의, 평상시의 **standard** 일반적인 **require** 요구하다 **prior to** ~에 앞서 **within** ~이내에 **fee** 수수료, 위약금 **no-show** 노쇼(나타나지 않음) **early departure** 조기 체크아웃 **be entitled to** ~할 자격이 있다 **assistance** 도움 **customer center** 고객 센터

동사 어휘
143 **타동사 어휘는 목적어를 확인하자.**

STEP 1 빈칸은 동사 **help**의 목적격 보어자리이다.

따라서 빈칸 뒤의 your time(시간, 일정)을 목적어로 받을 수 있는 적절한 의미의 타동사 어휘를 찾는 문제이다.

STEP 2 주어 **They**가 나타내는 대상을 파악하자.

주어 They는 앞에서 언급된 reservation and cancellation polices(예약 및 취소 정책)으로 앞 문장인 "리조트의 예약 및 취소 정책 숙지"의 이유가 뒷 문장에 해당한다. 따라서 일정을 짜는 데 도움을 줄 수 있다는 내용이 가장 적절하므로 정답은 (C) plan이다.

STEP 3 오답 분석

해당 지문은 예약을 하기 전에 알아야 하는 내용을 서술한 것으로, (A) change(변경하다)와 (D) expand(확대하다, 연장하다)는 사용이 불가능하다. 또한 (B) win(수상하다)은 목적어에 주로 상 혹은 대회를 나타내는 명사가 와야 한다.

144 빈칸 앞뒤의 내용과 연결되는 보기의 키워드를 찾아야 한다.

STEP 1 빈칸에는 객실 예약과 관련된 내용이 언급되어야 한다.

리조트의 예약 및 취소 정책을 안내하는 내용으로, 빈칸 앞에는 "정가 예약시에는 어떤 이유든 취소가 가능하다"라는 취소 관련 내용을 언급하고 있다. 따라서 바로 뒷 문장에도 취소와 관련된 내용이 언급되어야 하므로 (D)가 정답이다.

(A) 각 객실마다 최대 2명이 인원이 들어가실 수 있습니다.
(B) Hamilton 보상 포인트는 특별 패키지에는 사용이 불가능합니다.
(C) 호텔 상황에 따라서 특별 요청이 가능할 수 있습니다.
(D) 할인된 가격에 온라인으로 예약을 하시는 경우 전액을 지불해야 하며 환불이 불가능할 수 있습니다.

지문은 객실 예약 전에 알아야 하는 정책을 서술하고 있다. 따라서 객실을 예약할 때 등장하는 정보인 (A)와 (B)는 답이 될 수 없다.

명사 어휘

145 앞의 내용상과 논리적으로 연결될 수 있는 명사 어휘를 찾아야 한다.

STEP 1 빈칸은 주어 자리로 명사가 위치해야 한다.

따라서 형용사 full의 수식을 받는 적절한 명사 어휘를 묻는 문제이다. 해당 문장의 In this case는 앞문장인 예정된 날짜보다 최소 3일전에 취소를 통보해야 하는 내용을 가리키며 이로써 발생할 수 있는 미래의 일을 서술해야 한다. 따라서 빈칸에는 형용사 full과 어울릴 수 있는 (D) refund(환불)이 가장 적절하다.
아직 예약 전이므로 (A) receipt(영수증)은 언급될 수 없다.

동사 형태

146 동사자리는 수⇨태⇨시제를 생각하자.

STEP 1 빈칸은 주어 뒤에 들어갈 본동사의 형태를 묻는 문제이다.

해당 글은 리조트의 정책 즉, 문서화되어 있는 정해진 규칙으로 현재시제를 사용하여 표현해야 한다. 따라서 정답은 (B) are considered이다.
(A) in consideration(~을 고려하여)는 부사, (D) very considerate(아주 사려 깊은)는 부사의 수식을 받는 형용사로, 본동사 자리에는 들어갈 수 없다. 또한 used to 동사원형은 '과거에 ~했으나 현재 ~하지 않다'라는 뜻을 가지고 있으므로 현재 정책을 서술하고 있는 해당 지문에서는 사용이 불가능하다.

Questions 147-148 refer to the following form.

Reimbursement Claim

NAME (IN BLOCK CAPITALS) BONITA FREDA
DATE 21 JULY
DEPARTMENT TECH SUPPORT

TOTAL	DETAILS OF EXPENSE
£834.00	147-C Include all meals and travel costs for the new software program **training course our team held** at the Kensington Convention Center **in Barons** for 3 days **last week.** 147 training course → event

Claim for reimbursement for the above amount.
148

Signature *Bonita Freda*

---

147. What did Ms. Freda's team do in Barons in July?
(A) Hosted an event
(B) Closed a deal with a client
(C) Designed a software program
(D) Transferred to another branch office

키워드 in Barons in July
ㄴ, 키워드 앞뒤에서 정답의 근거를 찾자.

148. What does Ms. Freda request?
(A) Details of employee benefits
(B) Information on a training course
(C) Registration fee for a business event
(D) Compensation for business-related expense

Freda씨의 요구사항
ㄴ, 지문의 후반부 명령문 표현에 집중

문제 147-148은 다음 양식을 참조하세요.

환급 요청

성명 (대문자로 작성) BONITA FREDA
날짜 7월 21일
부서 기술 지원팀

총액	경비 세부사항
834.00파운드	저희 부서가 지난 주 3일 동안 Barons에 위치한 Kensington 컨벤션 센터에서 진행했던 신규 소프트웨어 프로그램 관련 연수회에서 지출한 식사비와 출장비 모두 포함

위의 금액을 환급 요청합니다.

서명 *Bonita Freda*

어휘 reimbursement claim 환급 요청   block capitals 대문자   department 부서   tech support 기술 지원팀
total 합계, 총액   detail 세부사항   expense 비용   travel cost 여행비용   training course 연수교육   above 위의

---

147. 7월에 Barons에서 Freda 씨의 부서는 무엇을 했는가?

(A) 행사 진행
(B) 고객과의 거래 체결
(C) 소프트웨어 프로그램 제작
(D) 다른 지점으로 전근

STEP 1   답은 항상 **keyword** 옆에 있다.

질문의 키워드인 in Barons in July와 관련된 내용을 지문에서 찾아 대조하는 문제이다. 지문의 환급 요청서 작성 날짜인 "Date 21 July"와 "the new software program training course our team held at the Kensington Convention Center in Barons for 3 days last week"에서 Freda 씨가 속한 부서는 지난 주, 즉 7월 21일 전 주에 Barons에서 신규 소프트웨어 프로그램 관련 연수회를 진행하였음이 언급되어 있다. 따라서 7월 Barons에서 Freada 씨의 부서가 한 일은 (A)이다.

STEP 2   오답함정

(C) 지문의 the new software program training course our team held at the Kensington Convention Center in Barons에서 소프트웨어 프로그램은 언급되었지만, Freda 씨의 부서가 7월에 소프트웨어 프로그램의 제작여부는 언급되지 않았으므로 오답이다.

148. Freda 씨는 무엇을 요청하고 있는가?

(A) 직원 복지혜택 관련 세부사항
(B) 연수회 관련 정보
(C) 기업 행사 참가비
(D) 업무 관련 지출비용 보상

STEP 1　요구사항은 답이 지문의 하단부에 있다.

해당 본문은 환급 요청서로, 지문의 후반부의 명령문에서 요청하는 구체적인 사항이 언급됨을 알 수 있다. 주로 please 의 명령문/you should/we want you~/if you want의 표현들을 알아야 정답을 파악할 수 있다. 지문의 "Claim for reimbursement for the above amount."에서 위의 금액 즉, 청구하는 금액이 무엇인지를 파악해야 한다. 따라서 앞 문장인 "Include all meals and travel costs for the new software program training course"에서 청구 금액 에는 연수회 관련 식비와 출장비용이 포함되어 있음을 알 수 있다. 그러므로 작성자인 Freda 씨는 연수회에서 지출한 경비 환급을 요청하고 있으므로 정답은 (D)이다.

STEP 2　오답함정

(B) 지문의 Include all meals and travel costs for the new software program training course에서 training course는 언급되었지만, 이는 Freda 씨가 요청한 내용이 아니라, 비용 관련 세부사항이므로 오답이다.
(C) 지문의 training course는 business event로 paraphrasing될 수 있지만, Freda 씨는 registration fee(참가비) 가 아니라, all meals and travel costs(식사 및 출장 비용)의 환급을 요청하고 있으므로 오답이다.

Questions 149-150 refer to the following advertisement.

Brand New Item!
Light Travel around the World!

This item is much lighter than any other **suitcases** on the market at around 1.5 kilograms. Katelyn Tanisha, accomplished aircraft designer, used aluminum which is known as one of the lightest materials existing today to create this suitcase. Extra structure and **strength** is provided by reinforced plastic, so it can hold users' heaviest clothes ~~150 extra strength → sturdy~~ iously designed interior and three exterior pockets make the bag more convenient and useful to any type of travelers. Various colors are available!

149. What kind of product is being advertised?
(A) A closet
(B) An aircraft
(C) A line of clothes
(D) A piece of luggage

광고제품 / 상
└ 첫 2줄에 집중한다.

150. What is suggested about the product?
(A) It is affordable.
(B) It can be folded.
(C) It tends to be sturdy.
(D) It provides a large pocket.

키워드 the product
└ 지문에서 보기 중 일치하지 않는 것을 소거한다.

신상품!
전 세계를 가볍게 여행하세요!

해당 제품은 대략 1.5킬로그램으로 현재 시장에 출시되어 있는 어느 다른 여행가방보다 훨씬 더 가볍습니다. 뛰어난 항공기 설계사인, Katelyn Tanisha 씨는 본 여행 가방 제작을 위하여 현존하는 가장 가벼운 재질 중 하나로 알려져 있는 알루미늄을 사용했습니다. 강화 플라스틱으로 규격보다 큰 구조물과 견고성을 갖게 되어 사용자들의 무거운 의류와 심지어 일부 도서들도 지탱할 수 있습니다. 넓게 제작된 내부와 3개의 외부 주머니로 모든 여행자들은 가방을 더 편리하고 유용하게 사용할 수 있을 것입니다. 컬러 또한 다양합니다!

> 어휘 brand new 완전 새 것인 light 가벼운 on the market 시장에 나와 있는 accomplished 기량이 뛰어난
> aircraft 항공기 be known as ~로 알려져 있다 existing 기존의, 현재 사용되는 extra 규격보다 큰
> structure 구조물 strength 내구력, 견고성 reinforce 강화하다, 보강하다 hold 견디다, 지탱하다
> spaciously 넓게, 거대하게 interior 내부의 exterior 외부의 various 다양한 특징을 지닌

---

149. 광고하고 있는 제품은 무엇인가?
(A) 옷장
(B) 항공기
(C) 의류 상품
(D) 여행 가방

STEP 1   광고되는 제품에 대한 정보는 처음 두 줄에 90%답이 있다.
광고하고 있는 제품이 무엇인지를 묻는 문제이다. 지문의 "This item is much lighter than any other suitcases on the market at around 1.5 kilograms."에서 현 시장에 출시되어 있는 여행가방 중 가장 가볍다는 특징을 언급하고 있다. 따라서 광고하고 있는 제품은 (D)이다. 지문의 구체적인 어휘 suitcases는 포괄적인 어휘 luggage로 paraphrasing 되었다.

STEP 2   오답함정
(B) aircraft는 본문에서 언급되었지만, 이는 광고상품이 아니라, Katelyn Tanisha 씨의 구체적인 직업을 나타내므로 오답이다.
(C) it can hold users' heaviest clothes에서 clothes는 언급되었으나, 여행가방의 특징으로 무거운 옷을 지탱할 수 있다는 내용이므로 오답이다.

---

150. 제품에 관하여 언급된 것은 무엇인가?
(A) 가격이 적당하다.
(B) 접이식이다.
(C) 물건이 튼튼하다.
(D) 큰 포켓을 갖추고 있다.

STEP1   '사실'인 것을 찾는 문제는 보기의 **keyword**를 먼저 정리한 후 본문을 검색한다.
보기의 키워드를 먼저 (A) affordable, (B) folded, (C) sturdy, (D) large pocket으로 정리한다. 지문의 "Extra structure and strength is provided by reinforced plastic."에서 강화 플라스틱 사용으로 제품이 더 견고해졌다는 제품의 특징을 언급하고 있으므로 여행 가방이 튼튼하다는 (C)가 정답이다.

Questions 151-152 refer to the following e-mail.

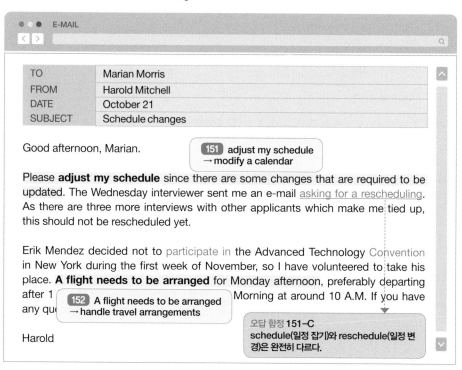

E-MAIL

TO	Marian Morris
FROM	Harold Mitchell
DATE	October 21
SUBJECT	Schedule changes

Good afternoon, Marian.

151 adjust my schedule → modify a calendar

Please **adjust my schedule** since there are some changes that are required to be updated. The Wednesday interviewer sent me an e-mail asking for a rescheduling. As there are three more interviews with other applicants which make me tied up, this should not be rescheduled yet.

Erik Mendez decided not to participate in the Advanced Technology Convention in New York during the first week of November, so I have volunteered to take his place. **A flight needs to be arranged** for Monday afternoon, preferably departing after 1

152 A flight needs to be arranged → handle travel arrangements

Morning at around 10 A.M. If you have any qu

Harold

오답 함정 151-C
schedule(일정 잡기)와 reschedule(일정 변경)은 완전히 다르다.

151. What is the purpose of the e-mail ?
(A) To arrange a convention
(B) To apply for a job
(C) To schedule an interview
(D) To modify a calendar

목적 / 상
ㄴ 주제나 목적은 상단부에서 확인

152. What did Mr. Mitchell ask Ms. Morris to do?
(A) Take part in a convention
(B) Postpone an interview
(C) Handle travel arrangements
(D) Send an e-mail to Mr. Mendez

Mitchell 씨(발신자)의 요구사항
ㄴ must / should / have to /need 표현에 집중

문제 151-152는 다음 이메일을 참조하세요.

수신	Marian Morris
발신	Harold Mitchell
날짜	10월 21일
제목	일정 변경

안녕하세요, Marian 씨.

업데이트되어야 하는 몇몇 변경사항이 있으므로 제 일정을 조정해주십시오. 수요일 면접자가 일정 변경을 요청하는 이메일을 보냈습니다. 다른 지원자와의 3개가 넘는 인터뷰 일정으로 바쁘기 때문에, 일정은 아직 변경되어서는 안됩니다.

Erik Mendez 씨는 11월 첫째 주 동안 뉴욕에서 진행되는 Advanced Technology 학회에 참가하지 않기로 결정하였기 때문에 제가 자진하여 그를 대신하게 되었습니다. 월요일 오후 편, 가급적 오후 1시 이후에 출발하여 목요일 오전 대략 10쯤에 돌아오는 항공편을 준비해주십시오. 문의사항이 있으시다면, 저에게 알려주세요.

Herold 올림

어휘 **adjust** 조정하다 **require** 요구하다 **update** 갱신하다, 가장 최근의 정보를 덧붙이다 **ask for** ~을 요청하다
applicant 지원자 **tie up** ~를 꽁꽁 묶다, 바쁘게 하다 **participate in** ~에 참가하다
volunteer to VR 자진해서 ~하다 **take one's place** 대신하다 **preferably** 가능한 한 **depart** 출발하다

---

151. 이메일의 목적은 무엇인가?

(A) 학회를 준비하기 위하여
(B) 직무에 지원하기 위하여
(C) 인터뷰 일정을 잡기 위하여
(D) 일정을 수정하기 위하여

STEP 1   목적은 처음 두 줄에 90%답이 있다.

이메일의 목적을 묻는 문제로, 목적은 본문의 상단부에서 언급된다. 지문의 "Please adjust my schedule since there are some changes that are required to be updated."에서 변경사항이 있기 때문에 Harold 씨는 일정 변경을 요청하고 있다. 따라서 정답은 (D)이다. 지문의 adjust my schedule은 보기의 modify a calendar로 paraphrasing되었다.

STEP 2   오답함정

(A) 지문의 The Wednesday interviewer sent me an e-mail asking for a rescheduling.에서 수요일 면접자가 일정 변경을 요청하는 이메일을 보냈다고 언급되어 있다. 즉, 이메일 발신자인 Harold 씨는 학회가 아니라 일정 조정을 처리해달라고 요청하고 있으므로 오답이다.
(C) 지문의 The Wednesday interviewer sent me an e-mail asking for a rescheduling.에서 인터뷰 날짜를 정하는 것이 아니라, 수요일 면접자가 일정 변경을 요청하는 것이므로 오답이다.

152. Mitchell 씨가 Morris 씨에게 요청한 것은 무엇인가?

(A) 학회 참가하기
(B) 인터뷰 연기하기
(C) 출장 준비하기
(D) Mendez 씨에게 이메일 발송하기

STEP 1   주로 보낸사람의 요구사항은 답이 지문의 하단부에 있다.

요구사항은 주로 지문 후반부에 must/should/have to/need 등으로 등장한다. 지문의 "A flight needs to be arranged for Monday afternoon"에서 Harold 씨는 월요일 오후에 출발하는 항공편을 마련해달라고 요청하고 있으므로 정답은 (C)이다.

STEP 2   오답함정

(A) 지문의 Erik Mendez decided not to participate in the Advanced Technology Convention에서 take part in a convention은 언급되었지만, 이는 Mendez 씨가 Harold 씨에게 불참가 의사를 밝히는 내용이므로 오답이다.
(B) 지문의 Please adjust my schedule ~ asking for a rescheduling.에서 인터뷰 연기가 아니라 수요일 면접자의 일정을 재조정해달라고 요청하고 있으므로 오답이다.
(D) 지문의 Erik Mendez decided not to participate in the Advanced Technology Convention에서 Mendez 씨는 언급되었지만, 이는 Mitchell 씨가 Morris 씨에게 이메일을 보내달라는 요청한 내용에 해당하지 않으므로 오답이다.

Questions 153-154 refer to the following online chat discussion.

	Fellow Talk	
Agnes Matthews	1:10 P.M.	Good afternoon, Mr. Meyer. What can I do for you?
Derek Meyer	1:11 P.M.	Hi, I received a text message confirming that our order for Gospel office supplies has arrived, but there seems no package delivered to my office.
Agnes Matthews	1:12 P.M.	That's weird. Do you have the order request number?
Derek Meyer	1:13 P.M.	Yeah, it's Q23R4E.
Agnes Matthews	1:13 P.M.	OK. Th̶̶ [153] loyal customer → ordered from Gospel before business with us. I see that **Pimlico** is our loyal customer. According to the order system, it seems that the text message was sent out mistakenly. The order was shipped out just last night and should arrive on Wednesday.
Derek Meyer	<u>1:15 P.M.</u>	[154] I got it. Anyway, I didn't expect it would arrive today. Thanks for the help.

오답 함정 **153-B**
제품이 출고되었으며 수요일에 도착 예정임을 언급하였다.
따라서 해당 회사는 포장 회사가 아니라, 배달전문회사!

---

153. What is suggested about Pimlico?
(A) It ~~will hire~~ Mr. Matthews.
(B) It is a packaging firm.
(C) It has ordered from Gospel before.
(D) It ~~regularly updates~~ its order system.

154. At 1:15 P.M., what does Mr. Meyer most likely mean when he writes, "I got it"?
(A) He should have replied to an e-mail.
(B) He learned that his order has been processed.
(C) He has located his package.
(D) He understood the reason his package did not arrive.

키워드 Pimlico
└ 키워드 앞뒤에서 정답의 근거를 찾자.

화자 의도 파악 문제
└ 해당 위치의 위아래 문맥을 파악하자.

문제 153-154는 다음 온라인 대화 메시지를 참조하세요.

직원과의 대화		
Agnes Matthews	오후 1:10	안녕하세요, Meyer 씨. 무엇을 도와드릴까요?
Derek Meyer	오후 1:11	안녕하세요, 제가 주문한 Gospel 사무용품이 막 도착했다는 문자를 받았지만, 사무실에 도착한 물건은 없는 것 같습니다.
Agnes Matthews	오후 1:12	이상하네요. 주문 요청번호를 알고 계시나요?
Derek Meyer	오후 1:13	네, Q23R4E입니다.
Agnes Matthews	오후 1:13	알겠습니다. 저희와 계속해서 거래를 해주셔서 감사합니다. 기록에 따르면, Pimlico사는 저희의 단골고객으로 나와 있습니다. 주문 시스템에 따르면, 문자 메시지는 실수로 보내진 것 같습니다. 주문하신 물건은 어젯밤에 막 출고되었고, 수요일에 도착할 예정입니다.
Derek Meyer	오후 1:15	알겠습니다. 어쨌든, 오늘 도착하리라고는 예상하지 못했네요. 도움을 주셔서 감사합니다.

어휘 fellow 동료 confirm 확인해 주다 deliver 배달하다 weird 기이한 order request 주문요청 continue 계속하다 loyal customer 단골고객 mistakenly 잘못하여, 실수로 ship out ~을 발송하다

153. Pimlico에 관하여 언급된 것은 무엇인가?
(A) 그곳은 Matthews를 채용할 예정이다.
(B) 그곳은 포장 전문 회사이다.
(C) 그곳은 이전에 Gospel에서 주문을 한 적이 있다.
(D) 그곳은 주기적으로 주문 시스템을 업데이트 한다.

STEP 1 답은 항상 keyword 옆에 있다.
키워드인 Pimlico를 지문에서 찾아 대조하는 문제이다. 지문의 "I see that Pimlico is our loyal customer."에서 Pimlico사는 물건을 주문한 Gospel 사의 단골고객임이 언급되어 있다. 즉, 이전에 제품을 많이 주문했다는 내용과 동일하므로 정답은 (C)이다.

STEP 2 오답함정
(A) 지문 중 Matthews 씨는 언급되었지만, 그는 Meyer 씨의 문제를 해결해주는 사람으로 그의 채용(hire) 여부는 언급되지 않았으므로 오답이다.
(B) 지문의 The order was shipped out just last night and should arrive on Wednesday.에서 제품이 수요일에 도착할 예정임을 언급하였다. 따라서 해당 회사는 포장 전문 회사가 아니라 배달회사이므로 오답이다.
(D) According to the order system, it seems that the text message was sent out mistakenly.에서 order system은 언급되었지만, regularly updates에 대한 내용은 알 수 없으므로 오답이다.

154. 오후 1시 15분에 Meyer 씨가 "I got it"라고 적었을 때 의미하는 것은 무엇인가?
(A) 그는 이메일에 답장을 했었어야 했다.
(B) 그는 그의 주문이 처리되고 있음을 확인했다.
(C) 그는 물건 위치를 확인했다.
(D) 그가 주문한 물건이 도착하지 않은 이유를 이해했다.

STEP 1 온라인 채팅 '의도' 문제는 위아래 연결어가 있거나 전체적인 상황을 포괄적으로 묘사하는 것이 답이다.
앞의 Matthews 씨의 대사인 "According to the order system, ~ and should arrive on Wednesday."에서 문자가 잘못 발송된 이유를 설명하고, 제품의 배달 일정을 언급하고 있다. 즉, Meyer 씨는 제품이 늦게 배송되는 이유를 이해했다는 의미에 I got it.(알겠다, 이해했다)이라는 표현을 사용하였다. 따라서 정답은 (D)이다.

Questions 155-157 refer to the following e-mail.

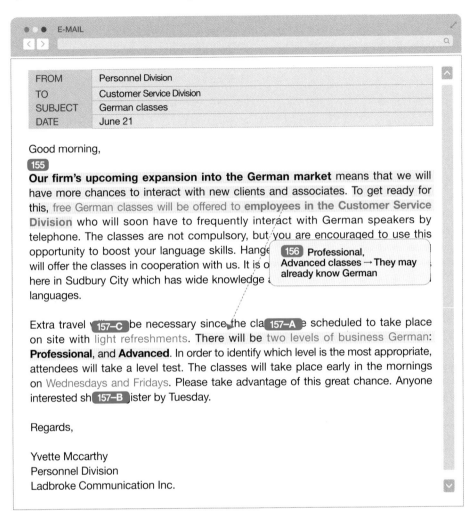

FROM | Personnel Division
TO | Customer Service Division
SUBJECT | German classes
DATE | June 21

Good morning,

155

Our firm's upcoming expansion into the German market means that we will have more chances to interact with new clients and associates. To get ready for this, free German classes will be offered to **employees in the Customer Service Division** who will soon have to frequently interact with German speakers by telephone. The classes are not compulsory, but you are encouraged to use this opportunity to boost your language skills. Hange **156** Professional, Advanced classes → They may already know German will offer the classes in cooperation with us. It is o here in Sudbury City which has wide knowledge languages.

Extra travel w **157-C** be necessary since the cla **157-A** e scheduled to take place on site with light refreshments. There will be two levels of business German: **Professional**, and **Advanced**. In order to identify which level is the most appropriate, attendees will take a level test. The classes will take place early in the mornings on Wednesdays and Fridays. Please take advantage of this great chance. Anyone interested sh **157-B** ister by Tuesday.

Regards,

Yvette Mccarthy
Personnel Division
Ladbroke Communication Inc.

---

155. Why is the organization providing foreign language classes?
(A) Many employees have requested language training.
(B) Its main office is relocating to Germany.
(C) German clients are visiting its headquarters.
(D) It is opening a new branch in another country.

외국어 강좌 제공 이유/상
└. 지문의 상단부에서 확인하자.

156. What is indicated about some staff members in the Customer Service Division?
(A) They may already know some German.
(B) They have to travel abroad frequently.
(C) They recently hired additional employees.
(D) They need to go to Hanger International Language School to attend classes.

키워드 staff members
in the Customer Service
Division
└. 지문에서 키워드 검색 후
보기와 일치하는 것을 찾자.

157. What is NOT indicated about the classes?
(A) They will consist of two different levels.
(B) They will be held only two days a week.
(C) A light meal will be offered with them.
(D) Employees have to pay to attend them.

Not / classes의 특징
└ Not Question은 보기의
키워드를 정리한 후 본문과 비교
하여 언급된 보기를 소거하자.

문제 155-157은 다음 이메일을 참조하세요.

발신	인사과
수신	고객 서비스 부서
제목	독일어 수업
날짜	6월 21일

안녕하세요,

곧 있을 독일 시장 진출은 신규 고객 혹은 파트너와 교류할 수 있는 기회가 많다는 것을 의미합니다. 이러한 일을 대비하고자, 유선으로 독일어 사용자들과 자주 대화를 해야만 하는 고객서비스 부서 직원들에게 무료 독일어 수업을 제공해드립니다. 수업참여는 필수는 아니지만, 언어 구사력을 증진시킬 수 있는 기회를 잡으시기를 권해드립니다. Hanger 국제 언어 학교는 저희와 협력하여 수업을 제공할 예정입니다. 이곳은 Sudbury시 최고의 언어 기관 중 한 곳이며 비즈니스 중심 언어 교수법에 많은 지식을 갖고 있습니다.

수업은 이곳에서 가벼운 다과와 함께 진행될 것이기 때문에 추가 이동은 하지 않으셔도 됩니다. 비즈니스 독일어 수업은 2단계인 전문반과 고급반으로 구성될 예정입니다. 어떤 단계가 가장 적합한지 확인하시려면, 참석자분들은 레벨 테스트를 진행하셔야 합니다. 수업은 매주 수요일과 금요일 이른 아침에 진행될 예정입니다. 좋은 기회를 잘 이용하시기 바랍니다. 관심 있는 분들은 화요일까지 신청해 주십시오.

안부를 전하며,

Yvette Mccarthy 올림
인사과
Ladbroke Communication

어휘 **upcoming** 다가오는 **expansion** 확대, 확장 **interact with** ~와 상호작용 하다, 교류하다 **client** 고객 **associate** 동료, 비즈니스 파트너 **frequent** 빈번한 **compulsory** 강제적인 **boost** 북돋우다 **in cooperation with** ~와 협력하여 **institute** 기관, 협회 **business-oriented** 비즈니스 중심의 **necessary** 필연적인, 불가피한 **on site** 현지의, 현장의 **refreshment** 다과, 가벼운 식사 **professional** 전문적인 **advanced** 고급의, 상급의 **identify** 확인하다 **appropriate** 적절한 **take advantage of** ~을 이용하다

---

155. 해당 기업이 외국어 강좌를 제공하는 이유는 무엇인가?
(A) 많은 직원들이 언어교육을 요청했다.
(B) 본사는 독일로 이전할 예정이다.
(C) 독일 고객이 본사를 방문할 예정이다.
(D) 다른 나라에 새로운 지점을 개업할 예정이다.

STEP 1 목적은 처음 두 줄에 90% 답이 있다.

이메일이 작성된 목적을 묻는 문제이다. 지문의 "Our firm's upcoming expansion into the German market means ~ free German classes will be offered to employees in the Customer Service Division"에서 독일 시장으로의 진출로, 새로운 고객(독일인 고객)과의 교류가 많은 고객 서비스 부서에는 무료로 독일어 수업을 제공한다고 언급되어 있다. 따라서 기업에서 외국어 강좌를 제공하는 이유는 (D)이다.

STEP 2　오답함정

(A) 직원들의 요청에 의한 것이 아니라 시장 확장을 준비하면서 직원들에게 제안하는 것이므로 오답이다.

(B) Our firm's upcoming expansion into the German market에서 독일로 본사 이전이 아닌 독일 시장으로의 기업 진출이 외국어 강좌 제공 이유이므로 오답이다.

(C) 지문 중 Our firm's upcoming expansion ~ interact with new clients and associates.에서 German clients는 new clients로 paraphrasing되었지만, 본사 방문에 관한 언급은 없으므로 오답이다.

---

156. 고객 서비스 부서의 일부 직원들에 관하여 언급된 것은 무엇인가?

(A) 그들은 독일어를 이미 알고 있을 수 있다.
(B) 그들은 자주 해외로 출장을 가야 한다.
(C) 그들은 최근에 직원들을 추가로 채용하였다.
(D) 그들은 수업을 들으러 Hanger 국제 언어 학교에 방문해야 한다.

STEP1　'사실'인 것을 찾는 문제는 보기의 **keyword**를 먼저 정리한 후 본문을 검색한다.

문제의 키워드인 staff members in the Customer Service Division과 관련된 내용을 지문에서 찾아야 한다. 지문의 "There will be two levels of business German: Professional, and Advanced."에서 무료로 제공되는 독일어 강좌는 전문반과 상급반 두 개만 존재한다고 언급되어 있다. 즉, 강좌가 제공되는 고객서비스부서 직원들은 어느 정도 독일어를 구사할 수 있음을 추론할 수 있으므로 정답은 (A)이다.

STEP 2　오답함정

(B) 지문의 employees in the Customer Service Division who will soon have to have frequent interaction with German speakers by telephone.에서 고객 서비스 부서 직원의 담당 업무는 해외 출장이 아닌 유선으로 독일어 사용자와의 대화이므로 오답이다.

(D) 지문의 Extra travel will not be necessary since the classes are scheduled to take place on site에서 수업은 Hanger 국제 언어 학교가 아닌 현장인 Ladbroke Communication 기업에서 진행된다고 언급되어 있으므로 오답이다.

---

157. 수업에 관하여 언급되지 않은 것은 무엇인가?

(A) 그것은 두 개의 다른 단계로 구성될 예정이다.
(B) 그것은 일주일에 두 번만 진행될 예정이다.
(C) 가벼운 식사가 참석자들에게 제공될 예정이다.
(D) 직원들은 수업 참석을 위해서 수강료를 지불해야 한다.

STEP 1　**Not Question**은 소거법을 이용한다.

언급되지 않는 것을 묻는 문제로 지문의 언급된 것을 보기와 대조해 소거한 후 정답을 남긴다.

(A) There will be two levels of business German: Professional, and Advanced.에서 전문반과 상급반 두 개 단계로 수업이 구성되어 있다고 언급하고 있다.

(B) The classes will take place in the early mornings on Wednesday and Fridays.에서 수요일과 금요일 이른 아침에 수업이 진행됨이 언급되어 있다.

(C) classes are scheduled to take place on site with light refreshments.에서 수업은 가벼운 다과와 함께 현장에서 진행된 것이라고 언급되어 있다.

지문의 "free German classes will be offered to employees in the Customer Service Division"에서 수업은 무료로 제공된다는 것이 언급되어 있다. 따라서 정답은 (D)이다.

Questions 158-160 refer to the following leaflet.

Alperton Building Contractor

158

Alperton Building Contractor has acknowledged expert teams in not only construction but also architectural design. Robyn Mclaughlin, an architect, founded the company 35 years ago after relocating to Hillingdon Town to learn more about construction while she worked for a local construction fi **160-B**

When Ms. Mclaughlin opened her own business, she mainly concentrated on renovating old houses including small one-bedroom apartments and studios.

159 son took over control of his mother's → family-owned organization

ness grew **160-A** tarted to build residential go, when Robyn's youngest son took over control of his mother's company, Alperton Building Contractor was awarded many contracts for commercial projects, such as office complexes and shopping centers, and expanded its business into nearby towns including Victoria City and Devon Town.

160-D

Although costs of building supplies significantly increased due to the intense competition, the firm has established a reputation for its high-quality service and competitive prices.

158

Alperton Building Contractor might be the answer **if you are looking for a reliable building company**. For further details, visit its Web site at www.alpertonbuildingcontractor.net.

오답 함정 159-A
지문 중 residential buildings가 언급되었으나, 현재가 아닌 과거에 중점을 두었던 장소로 오답!

---

158. Where would the leaflet most likely be found?
(A) In a local newspaper
(B) At a job expo
(C) In a financial report
(D) At a construction school

전단지가 실릴 장소
ㄴ. 첫2줄, 마지막 2줄로
전체맥락 파악

159. What is suggested about Alperton Building Contractor?
(A) It specializes in only residential buildings.
(B) Its acquisition of another firm has been approved.
(C) It is a family-owned organization.
(D) Its main office is in Victoria City.

키워드 Alperton Building Contractor
ㄴ. 문제와 보기의 키워드를 정리한 후 본문을 검색하자.

160. What is NOT stated as a change the firm has experienced?
(A) Its leadership change
(B) The locations it operates
(C) The pricing policy it announced
(D) Its expansion into a new market

Not / change
ㄴ. Not Question은 보기의 키워드를 정리한 후 본문과 비교하여 언급된 보기를 소거하자.

문제 158-160은 다음 전단지를 참고하세요.

Alperton 건설업체

Alperton 건설업체는 건설공사뿐만 아니라 건축 디자인을 담당하고 있는 인정받는 전문가팀을 갖추고 있습니다. 건축가인 Robyn Mclaughlin 씨는 지역 건설사에서 근무를 하면서 건축에 관하여 더 많은 것을 배우고자 35년 전에 Hillingdon 마을로 이사를 오고 난 후 회사를 설립했습니다.

Mclaughlin 씨가 자기 소유의 사업을 시작했을 때, 그녀는 주로 침실이 1개인 작은 아파트와 스튜디오를 포함하여 오래된 주택 개조에 집중하였습니다. 하지만, 몇 년 후에 그녀의 사업은 성장하였고, 주거단지와 아파트를 짓기 시작하였습니다. 11년 전에 Robyn 씨의 막내아들이 그녀의 기업을 인수하였을 때에는, Alperton 건설업체는 사무 단지와 쇼핑몰 센터 등과 같은 상업 프로젝트 부문에서 많은 계약을 따냈고, Victoria시와 Devon 마을을 포함한 근처 마을로 사업을 확장하였습니다.

극심한 경쟁으로 건축 자재 비용이 상당히 많이 증가했음에도 불구하고 해당 회사는 고품질 서비스와 경쟁력 있는 가격 제공으로 평판을 쌓아왔습니다.

믿을 만한 건설 회사를 찾고 계신다면 정답은 Alperton 건설업체입니다. 더 자세한 사항을 확인하시려면, 웹사이트 www.alpertonbuildingcontractor.net를 방문해 주세요.

어휘 **building contractor** 건설 업체 **acknowledge** 인정하다 **architectural** 건축학의 **found(–founded–founded)** 설립하다 **relocate** 이동하다 **firm** 회사 **concentrate on** ~에 집중하다 **renovate** 개조하다, 보수하다 **residential complex** 주거단지 **take over control of** 경영권을 인수하다 **award a contract** 계약을 맺다 **commercial** 상업의 **expand** 확대하다 **significantly** 상당히, 크게 **due to** ~때문에 **intense** 치열한, 극심한 **competition** 경쟁 **establish** 설립하다 **reputation** 평판, 명성 **competitive** 경쟁력 있는 **reliable** 믿을 수 있는

---

158. 전단지를 볼 수 있는 장소는 어디일 것 같은가?

(A) 지역 신문
(B) 채용 박람회
(C) 재무 보고서
(D) 건설 학교

STEP 1   전체적인 맥락을 파악해야 하는 문제는 절대로 전체 내용을 읽지 않는다.

해당 전단지를 볼 수 있는 장소를 묻는 문제로 지문의 전체적인 맥락을 파악해야 한다. 따라서 첫 2줄에서 전체적인 상황 설명을, 마지막 2줄에서 요구사항이 무엇인지를 파악하여 정답을 골라야 한다. 지문의 첫 2줄인 "Alperton Building Contractor has acknowledged expert teams ~ to learn more about construction while she worked for a local construction firm."에서 Alperton 건설업체의 설립과정과 현재 특징을 언급하고 있다. 마지막 2줄인 "Alperton Building Contractor might be the answer if you are looking for a reliable building company."에서 건축과 관련된 일을 믿고 맡길 수 있는 회사가 Alperton 건설업체임을 강조하고 있다. 즉, 해당 전단지는 광고 글로 전 연령대의 사람들이 많이 보는 장소인 (A)에 실리는 것이 가장 적절하다.

159. Alperton 건설업체에 관하여 언급된 것은 무엇인가?

(A) 그곳은 거주 건물만을 전문적으로 한다.
(B) 다른 회사의 인수는 승인되었다.
(C) 가족 소유의 기업이다.
(D) 본사는 Victoria시에 위치해 있다.

STEP 1 '사실'인 것을 찾는 문제는 보기의 **keyword**를 먼저 정리한 후 본문을 검색한다.

보기의 키워드를 먼저 (A) specializes in only residential buildings (B) acquisition, approved (C) family-owned (D) main office, Victoria City로 정리한다. 문제의 키워드인 Alperton Building Contractor과 관련된 내용을 지문에서 찾아야 한다. 지문의 "Robyn's youngest son took over control of his mother's company"에서 설립자인 Robyn 씨의 막내아들이 엄마의 회사를 인수받았다고 언급이 되어 있다. 즉, Alperton 건설업체는 가족이 대대로 운영을 하고 있으므로 정답은 (C)이다.

STEP 2 오답함정

(A) 지문의 she started to build residential complexes and apartments.에서 과거 주거단지와 아파트를 중심으로 건설 일을 맡았다고 하였다. 하지만 보기는 현재시제이므로 오답이다.
(D) expanded its business into nearby towns including Victoria City and Devon Town.에서 근처 마을인 Victoria City는 언급되었지만 본사가 그 장소에 위치한 것이 아니라 그곳으로의 사업 확장을 언급하고 있으므로 오답이다.

---

160. 기업이 겪고 있는 변화로 언급되지 않은 것은 무엇인가?

(A) 경영진 변화
(B) 운영 지점
(C) 발표된 가격 정책
(D) 신규 시장으로의 확대

STEP 1 **Not Question**은 소거법을 이용한다.

언급되지 않는 것을 묻는 문제로 지문의 언급된 것을 보기와 대조해 소거한 후 정답을 남긴다.
(A) Robyn's youngest son took over control of his mother's company에서 경영권이 설립자인 Robyn 씨에서 막내아들에게로 인수되었음이 언급되었다.
(B), (D) Robyn Mclaughlin, an architect, founded the company 35 years ago after relocating to Hillingdon Town과 expanded its business into nearby towns including Victoria City and Devon Town.에서 35년 전 설립당시에는 Hillingdon 마을에서 회사를 설립했으며 현재 근처 마을로 사업을 확장했다는 것이 언급되어 있다.
지문은 Alperton 건설업체가 믿을 수 있는 회사임을 광고하는 전단지이지만 pricing policy(가격결정방침)에 관한 언급은 없으므로 (C)가 정답이다.

Support for Art Initiative

161 is hosing a fund-raiser
→ take part in a fund raising event

Inviti... Museum is **hosting a fund-raiser** to sponsor its **Support for Art Initiative**, which is to set up funds to buy art supplies for local school students. We are seeking

162 set up funds ~ students
→ donate art supplies to local students

Visit the museum in August any time you are convenient (the opening hours are seven days a week from 10 A.M. to 4:30 P.M.). You will be given a ne 163–D mugs which are available in various sizes for you to pick from.

Choose your mug at the entrance next to the ticket office and paint any picture you want.

Be creative as much 163–B are able to! And don't forget to leave your sign on it. Bring it back to us by 29 September, along with your contact information.

163–A
These **painted mugs** will be offered for sale during the entire month of October. All the proceeds from the sale will go to the Support for Art Initiat 164 The **contact information of the artists** who participated in the event will be listed on the **museum's online bulletin board**.

For further details, contact the Selma Modern Gallery at 321-9393-1121 or check its Web site at www.selmamoderngallery.co/fundraise.

---

161. What will be the readers of the article encouraged to do?
(A) To contribute funds to an event
(B) To plan a tour for local artists
(C) To take part in a fundraising event
(D) To volunteer to start an art course

목적 / 상
ㄴ 지문의 상단부에서
확인하자.

162. What is the main goal of the Support for Art Initiative?
(A) To organize a variety of art events
(B) To train new artists
(C) To interact with the local community
(D) To donate art supplies to local students

키워드 Support for Art Initiative
ㄴ 지문에서 키워드 검색 후
보기와 일치하는 것을 찾자.

163. What is NOT indicated about the painted mugs?
(A) They will be for sale in October.
(B) They must have the painter signatures.
(C) They will be selected for an award.
(D) They are offered in different sizes.

Not / painted mugs 특징
ㄴ Not Question은 보기의
키워드를 정리한 후 본문과
비교하여 언급된 보기를
소거하자.

164. Where will museum visitors be likely to check the artists' contact information?
(A) At the entrance
(B) In the ticket office
(C) On its Web-site
(D) In the local newspapers

키워드 artists' contact information
ㄴ 키워드 앞뒤에서 정답의
근거를 찾자.

문제 161-164는 다음 기사를 참조하세요.

Support for Art Initiative (예술 계획 지원)

예술가분들 모두를 초대합니다! Selma 현대 박물관은 지역 학생들이 미술용품들을 구매할 수 있도록 자금 마련을 위해 설립된 Support for Art Initiative를 후원하는 기금모금행사를 진행할 예정입니다. 여러분의 도움을 부탁드립니다!

8월 중 편하신 시간에 언제든 박물관에 방문해 주십시오.(영업시간은 주 7일 오전 10시부터 오후 4시 30분까지입니다.) 당신은 다양한 크기로 제공되는 새로운 무지 머그잔을 받으실 수 있습니다.

매표소 옆 입구에서 머그잔을 고르시고, 원하시는 도안을 그리십시오.

최대한 창의적으로 생각해보십시오! 그리고 그 위에 당신의 서명을 꼭 남겨 두십시오. 9월 29일까지 귀하의 연락처와 함께 저희에게 그 머그잔을 다시 가져와 주십시오.

그림이 그려진 머그잔들은 10월 한 달 내내 판매될 예정입니다. 판매에서 발생한 수익 전액은 Support for Art Initiative에서 사용될 예정입니다. 행사에 참여했던 예술가들의 연락처는 박물관 온라인 게시판에 게시될 것입니다.

더 자세한 사항은, 321-9393-1121로 Selma 현대 박물관에 연락주시거나 웹사이트 www. selmamoderngallery.co/fundraise를 방문해 주십시오.

어휘 **support** 지지, 지원 **initiative** 계획, 주도권 **fund-raiser** 기금모금 행사 **sponsor** 후원하다 **art supplies** 미술 용품 **seek** 찾다, 추구하다 **convenient** 편리한 **opening hours** 영업시간 **plain** 꾸미지 않는, 있는 그대로의 **available** 구할 수 있는 **various** 여러 가지의 **pick from** ~에서 고르다 **entrance** 입구 **ticket office** 매표소 **creative** 창의적인 **along with** ~와 함께 **entire** 전체의 **proceeds** 돈, 수익금 **list** 리스트에 언급되다 **bulletin board** 게시판

---

161. 기사의 독자들은 무엇을 하도록 요청받았는가?

(A) 행사에 기금 기부하기
(B) 지역 예술가들을 위한 여행 계획하기
(C) 기금 모금행사에 참가하기
(D) 미술 수업 시작에 지원하기

STEP 1   답은 순서대로 배치된다.

첫 번째 문제의 답은 90% 이상 지문의 상단부에 있다. 따라서 기사의 독자들에게 격려하고 있는 것이 무엇인지를 묻는 문제의 정답은 지문의 상단부에서 확인하자. 지문의 "The Selma Modern Museum is hosting a fund-raiser to sponsor its Support for Art Initiative"에서 Selma 현대 박물관은 자금 마련을 위한 행사를 진행할 예정임이 언급되어 있다. 즉, 해당 기사를 읽고 있는 독자들에게 행사 참여를 간접적으로 요청하고 있으므로 정답은 (C)이다.

STEP 2   오답함정

(A) 지문의 The Selma Modern Museum is hosting a fund-raiser to sponsor its Support for Art Initiative에서 기금 기부(contribute funds)가 아니라 자금 모금 행사를 진행할 예정임이 언급되어 있다. 따라서 행사 참여를 요청하고 있으므로 오답이다.
(B) 지문에서 artists는 언급되었지만, plan a tour에 관한 언급은 없으므로 오답이다.

162. Support for Art Initiative 행사의 주요 목적은 무엇인가?

(A) 다양한 예술 행사 기획
(B) 신입 예술가 교육
(C) 지역 공동체와 교류
(D) 지역 학생들에게 미술 용품 기부

STEP 1   답은 항상 **keyword** 옆에 있다.

문제의 키워드인 Support for Art Initiative를 확인하자. 지문의 "The Selma Modern Museum is hosting a fund-raiser to sponsor its Support for Art Initiative, which is to set up funds to buy art supplies for local school students."에서 지역 학교 학생들에게 미술 용품을 구매할 자금을 준비하고자 행사를 진행한다고 언급되어 있다. 즉, 행사의 주요 목적은 (D)이다.

---

163. 그림이 그려진 머그잔에 관하여 언급되지 않은 것은 무엇인가?

(A) 10월에 판매될 예정이다.
(B) 그림을 그린 사람의 서명이 있어야 한다.
(C) 상 후보로 선정될 예정이다.
(D) 다양한 크기로 제공된다.

STEP 1   **Not Question**은 소거법을 이용한다.

언급되지 않는 것을 묻는 문제로 지문의 언급된 것을 보기와 대조해 소거한 후 정답을 남긴다.

(A) These painted mugs will be offered for sale during the entire month of October.에서 10월 달 내내 그림이 그려진 머그컵이 판매된다고 언급되었다.

(B) And don't forget to leave your sign on it.에서 머그컵에 본인의 서명을 그려달라고 요청하였다.

(D) You will be given a new, plain mugs which are available in various sizes에서 다양한 크기의 머그컵이 제공된다고 언급되어 있다.

지문 중 selected와 award에 관한 언급은 없으므로 정답은 (C)이다.

---

164. 박물관 방문객들은 예술가들의 연락처를 어디에서 확인할 수 있는가?

(A) 입구
(B) 매표소
(C) 웹사이트
(D) 지역 신문

STEP 1   답은 항상 **keyword** 옆에 있다.

문제의 키워드인 the artists' contact information을 확인하자. 지문의 "The contact information of the artists ~ will be listed on the museum's online bulletin board."에서 행사에 참여하는 예술가의 연락처는 박물관 온라인 게시판에 게시될 예정이라고 언급되어 있다. 즉, 예술가들의 연락처를 확인할 수 있는 곳은 (C)이다.

STEP 2   오답함정

(A) Choose your mug at the entrance에서 머그컵이 비치되어 있는 장소이므로 오답이다.
(B) Choose your mug at the entrance next to the ticket office에서 입구의 구체적인 장소 언급을 위하여 매표소를 언급했다. 따라서 해당 장소에서는 예술가들의 연락처를 확인할 수 없기 때문에 오답이다.

Questions 165-167 refer to the following notice.

Janitorial Services

165

오답 함정 **165-A**
공지문의 대상이 리조트 손님일 경우에는, 문두에 환영하는 내용이 와야 한다!

The janitorial services division of Ruislip Holiday Inn has about 40 employees who are **in charge of** **handling** all the public space and **cleaning** in our facility including the guest rooms and the staff and management offices.

- In order to accommodate our guests, guests rooms are cleaned according to the occupancy schedule. More information on **timing for guest rooms** is available **in the employee handbook**.
- Clean public areas, such as function halls, r[...]   spaces for customers on a daily basis.

  166 employee handbook
  → employee manual

- When public areas require prompt attention, janitorial workers will be available on request.   **167**
- **Every other Tuesday**, offices need to be cleaned including **emptying trash cans** and vacuuming floors.
- Personal work spaces are required to be cleaned and arranged neatly. Every plant in the offices should be taken care of by each staff member.

---

165. Who is the notice most likely intended for?
(A) Guests at a resort
(B) Employees at a hotel
(C) Agents at a tourist bureau
(D) Workers of a cleaning–supplies firm

독자 / 상
└, 첫 2줄에서 목적을 파악한다.

166. How can readers learn about the scheduling of guest room cleaning?
(A) By contacting the hotel's back office
(B) By referring to a calendar in the staff office
(C) By checking information in an employee manual
(D) By consulting with the manager of janitorial services

키워드 scheduling of guest room cleaning
└, 키워드 앞뒤에서 정답의 근거를 찾자.

167. According to the notice, how often are the wastebaskets in the offices emptied?
(A) Each day
(B) Twice a week
(C) Every two weeks
(D) Every other month

키워드 wastebasket, emptied
└, 정답은 keyword 근처에 위치한다.

TEST 1 해설

179

문제 165-167은 다음 공지문을 참조하세요.

청소관리 업무

Ruislip Holiday 숙박업소의 시설 관리를 담당하고 있는 부서는 공공 장소 관리 및 자사의 객실, 직원사무실과 관리소의 청소 업무를 담당하고 있는 대략 40명의 직원들로 구성되어 있습니다.

- 손님을 수용하기 위하여, 사용 일정표에 맞추어 객실을 청소해야 합니다. 객실 청소 시간에 관한 자세한 정보는 직원 안내서에서 확인하실 수 있습니다.
- 손님들을 위한 연회장, 화장실, 휴게실과 기타 공간과 같은 공공장소는 매일 청소되어야 합니다.
- 공공장소에 즉각적인 관리가 필요하시다면, 요청하는 즉시 관리인들이 처리해드릴 것입니다.
- 격주 화요일에, 사무실은 쓰레기통 비우기와 바닥 청소를 포함하여 청소되어야 합니다.
- 개인 업무 공간은 깔끔하게 청소 및 정돈되어야만 합니다. 사무실의 모든 식물들은 각 직원들이 책임지셔야만 합니다.

어휘 **janitorial** 관리인의, 잡역부의 **division** 부서, 부문 **in charge of** ~을 맡아서 **handle** 다루다 **accommodate** 공간을 제공하다 **occupancy** 사용 **handbook** 안내서 **restroom** 화장실 **on a daily basis** 매일 **prompt** 즉각적인 **on request** 신청하는대로 **every other** 하나 걸러 **neatly** 깔끔하게

---

165. 공지문의 대상은 누구일 것 같은가?

(A) 리조트 손님 **(B) 호텔 직원**
(C) 관광국 대리인 (D) 청소용품 회사 직원

STEP 1   지문의 대상은 지문의 첫 부분에 주로 위치한다.

해당 공지문의 독자가 누구인지를 묻는 문제로 지문의 상단부에서 정답을 파악하자. 지문의 "The janitorial services division of Ruislip Holiday Inn has about 40 employees ~ and management offices."에서 Ruislip Holiday 숙박업체 관리부서의 직원이 담당하고 있는 업무를 설명하고 있다. 따라서 담당하고 있는 업무에 관한 구체적인 내용이 나올 것이므로 정답은 (B)이다.

---

166. 독자들은 객실 청소 일정을 어떻게 알 수 있는가?

(A) 호텔 사무 부서에 연락을 함으로써
(B) 직원 사무실의 일정표를 참조함으로써
(C) 직원 매뉴얼에서 정보를 확인함으로써
(D) 관리 업무 책임자와 이야기함으로써

STEP 1   답은 항상 keyword옆에 있다.

문제의 키워드인 scheduling of guest room cleaning을 확인하자. 지문의 "guests rooms are cleaned according the occupancy schedule. More information on timing for guest rooms is avaliable in the employee handbook."에서 손님방 청소 일정 관련 정보는 직원 안내서에서 확인이 가능하다고 언급되어 있다. 따라서 해당 공지문을 읽는 독자인 관리부서 직원들은 객실 청소 관련 일정 확인 방법은 (C)이다.

---

167. 공지문에서, 사무실의 쓰레기통은 얼마나 자주 비워지는가?

(A) 매일   (B) 일주일에 두 번
(C) 2주마다   (D) 2달마다

STEP 1   기간, 요일, 숫자 등은 keyword 옆에 있는 것이 답이다.

본문에서 문제의 키워드인 wastebasket와 emptied 근처에서 정확한 정보를 찾아내야 한다. 지문의 "Every other Tuesday, offices need to be cleaned including emptying trash cans"에서 격주 화요일마다 쓰레기통을 비운다고 언급이 되어 있으므로 정답은 (C)이다.

Questions 168-171 refer to the following e-mail.

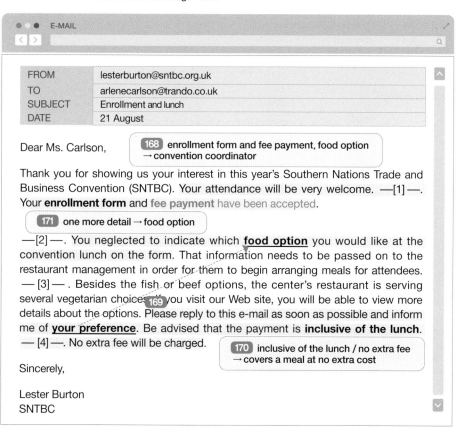

● ● ● E-MAIL

FROM	lesterburton@sntbc.org.uk
TO	arlenecarlson@trando.co.uk
SUBJECT	Enrollment and lunch
DATE	21 August

Dear Ms. Carlson,

> **168** enrollment form and fee payment, food option → convention coordinator

Thank you for showing us your interest in this year's Southern Nations Trade and Business Convention (SNTBC). Your attendance will be very welcome. —[1]—. Your **enrollment form** and fee payment have been accepted.

> **171** one more detail → food option

—[2]—. You neglected to indicate which **food option** you would like at the convention lunch on the form. That information needs to be passed on to the restaurant management in order for them to begin arranging meals for attendees. — [3] — . Besides the fish or beef options, the center's restaurant is serving several vegetarian choices. **169** you visit our Web site, you will be able to view more details about the options. Please reply to this e-mail as soon as possible and inform me of **your preference**. Be advised that the payment is **inclusive of the lunch**. — [4] —. No extra fee will be charged.

> **170** inclusive of the lunch / no extra fee → covers a meal at no extra cost

Sincerely,

Lester Burton
SNTBC

---

168. Who most likely is Mr. Burton?
(A) A professional cook
(B) A center receptionist
(C) A convention coordinator
(D) A restaurant representative

Mr. Burton (발신자) / 직업
└, 이메일에 언급되는 직업관련 표현을 확인하자.

169. What is Ms. Carlson instructed to do?
(A) Make a full payment
(B) Confirm her meal preference
(C) Send ~~an application form~~
(D) Book a table in advance

Ms. Carlson / 요청받은 사항
└, Please ~표현에 집중

170. What is suggested about Ms. Carlson's payment for this year's event?
(A) It covers a meal at no extra cost.
(B) It can be refunded upon request.
(C) It is going to be raised soon.
(D) It has to be paid in full before the event.

키워드 Ms. Carlson's payment
└, 지문에서 키워드 검색 후 보기와 일치하는 것을 찾자.

171. In which of the positions marked [1], [2], [3], and [4] does the following sentence best belong?
"Yet one more detail is required to complete the enrollment process."
(A) [1]   **(B) [2]**   (C) [3]   (D) [4]

문맥 추가 문제
└, 주어진 문장의 One more detail이 무엇인지 파악하자.

문제 168-171은 다음 이메일을 참조하세요.

발신	lesterburton@sntbc.org.uk
수신	arlenecarlson@trando.co.uk
제목	등록 및 점심
날짜	8월 21일

Carlson 씨에게

올해의 남부 국가 무역 및 비즈니스 대회(SNTBC)에 관심을 보여주셔서 감사드립니다. 당신의 참석을 매우 환영합니다. — [1] —. 당신의 신청서와 요금 납부는 처리되었습니다.

— [2] —. 당신은 신청서에 점심으로 어떤 식사를 드실지 표시하지 않았습니다. 해당 정보는 참석자에게 제공되는 식사를 준비할 수 있는 식당으로 전달되어야 합니다. — [3] —. 생선과 소고기 식사 이외에 센터의 식당은 채식주의자들을 위한 몇몇 식사를 제공합니다. 저희 웹사이트에 방문하시면, 선택하실 수 있는 메뉴에 대한 세부사항을 확인하실 수 있습니다. 가능한 한 빨리 이 이메일에 답장해 주시기 바라며 선호하시는 음식을 알려주시기 바랍니다. 비용에는 점심식사가 포함되었다는 점을 숙지하시기 바랍니다. — [4] —. 추가 비용은 발생하지 않습니다.

진심으로,

Lester Burton
SNTBC

어휘 **attendance** 출석, 참석 **convey** 전달하다 **attendee** 참석자 **besides** ~외에 **reply to** ~에 답하다 **as soon as possible** 되도록 빨리 **preference** 선호(도) **payment** 지불, 납입 **inclusive** ~이 포함된 **require** 필요하다, 요구하다 **instruct** 지시하다 **refund** 환불하다 **complete** 완료하다, 작성하다

---

168. Burton 씨는 누구일 것 같은가?

(A) 전문적인 요리사
(B) 센터 접수원
(C) 컨벤션 책임자
(D) 식당 직원

STEP 1   사람 이름은 항상 중요한 keyword이다.

특정 사람의 직업이나 관련 정보를 묻는 경우에는 먼저 본문에 등장하는 인물들을 정리해 두어야 한다. 또한 본문 중 구체적인 정보를 포괄적으로 설명한 정답을 찾아야 한다. 지문의 "Your attendance will be very welcome ~ indicate which food option you would like at the convention lunch on the form."에서 이메일 발신자인 Burton 씨는 대회 참가와 관련된 신청서 및 요금을 처리하며, 대회 점심 메뉴 선택을 요청하고 있다. 즉, Burton 씨는 행사와 관련된 사항들을 관리하고 있으므로 정답은 (C)이다.

169. Carlson 씨가 지시 받은 것은 무엇인가?

(A) 전액 납부하기
(B) 본인이 선호하는 식사 확정하기
(C) 신청서 보내기
(D) 미리 테이블 예약하기

STEP 1　요구사항은 답이 지문의 하단부에 있다.

요구사항은 주로 Please ~/You should, need, have to ~의 표현들을 잡아야 답이 나온다. 지문의 "You neglected to indicate which food option you would like at the convention lunch on the form."와 "Please reply to this e-mail as soon as possible and inform me of your preference."에서 발신자인 Burton 씨는 preference 즉, Carlson 씨가 신청서에서 명시하지 않은 점심 식사 메뉴를 이메일로 알려 달라고 요청하고 있다. 즉, 수신자인 Carlson 씨가 해야 하는 일은 (B)이다.

STEP 2　오답함정

(C) 지문의 Please reply to this e-mail에서 신청서가 아닌 이메일에 답장을 요청하고 있으므로 오답이다.

170. 올해의 행사와 관련하여 Carlson 씨의 결제 내역에 대하여 언급된 것은 무엇인가?

(A) 추가 비용 없이 식사를 포함하고 있다.
(B) 요청 시에 환불을 받을 수 있다.
(C) 가격이 곧 오를 것이다.
(D) 행사 전에 전액 지불해야 한다.

STEP 1　'사실'인 것을 찾는 문제는 보기의 **keyword**를 먼저 정리한 후 본문을 검색한다.

보기를 (A) at no extra cost (B) refunded upon request (C) raised soon (D) paid in full, before the event 로 정리한다. 지문의 하단부인 "Be advised that the payment is inclusive of the lunch. No extra fee will be charged."에서 해당 비용에는 점심 식사가 포함되어 있어 추가 비용이 요구되지 않는다고 언급되어 있다. 즉, 행사에서 식사는 무료로 제공되므로 정답은 (A)이다.

STEP 2　오답함정

(B), (C), (D) 보기 모두 언급되지 않는 내용이므로 오답이다.

171. [1], [2], [3] 그리고 [4]로 표시된 자리 중에서 다음 문장이 들어가기에 가장 알맞은 위치는 어디인가?

"하지만, 등록절차를 완료하려면 한 가지 추가 정보가 필요합니다."

(A) [1]
(B) [2]
(C) [3]
(D) [4]

STEP 1　'문맥' 추가 문제는 위치와 연결어가 관건이다.

문장이 들어가기 위해서는 해당 위치 위아래로 연결어가 확보되는 것이 관건이다. 비즈니스 문서는 한 가지 정보를 한 번에 같이 언급하므로 문단별로 주제어를 확보하고 관련 주제에 맞는 위치에 문장을 추가한다.
주어진 문장은 접속부사 yet으로 시작하므로, 앞의 내용과 반대되는 내용이 언급될 것임을 알 수 있으며 기준 문장 중 "one more detail"이 핵심이다. [2] 앞 문장인 "Your enrollment form and fee payment have been accepted."에서 Carlson 씨의 학회 참가 신청서와 요금 지불이 정상적으로 처리되었음이 언급되어 있다. 또한, one more detail은 [2] 뒷 문장의 You neglected to indicate which food option you would like at the convention lunch on the form.에서 서류에서 기입하지 않은 food option에 해당되므로 정답은 (B)이다.

Questions 172-175 refer to the following article.

ALDGATE (23 October)—The Lucille Bistro, a local eatery serving pizza, pasta and wine, is growing rapidly. — [1] —. "Our bistro welcomes various customers, **but** <u>more and more diners</u> with their family members <u>keep visiting us</u> nowadays," said Mr. Jeremy Warren. "This can be attributed to **the newly built residential complexes close to us**," he added.

> **172** newly built residential complexes close to us → located near many new residences

ecent have contribute **174-D** growth in our business. He insisted that the <u>daily specials</u> are offered at affordable prices, **175** **many customers** with their families can be seen at dinnertime. — [2] —. **Soon**, the bistro will introduce its brunch service as well as <u>a wide range of new menu offerings</u>. — [3] —. **173**

Mr. Warren said that various appealing menu items are planned and prepared based on seasonal ingredients and what the regional farms offer, which makes loyal custo **174-C** ome back again and again. "We <u>started our business fifteen year ago</u> and are thinking about <u>providing breakfast services on weekends</u>," he added. — [4] —. **174-B**

Please come to the Lucille Bistro at 33 Aldgate East Avenue for your dining out with family or friends. The place will serve brunch on weekends from 11:30 A.M. to 3:00 P.M.

> 오답 함정 **172-B**
> 사업 급성장의 원인으로, 저렴한 가격에 식사 제공을 언급하지 않았다.

172. According to the article, what is the main reason the Lucille Bistro has experienced a surge in business?
(A) It has recently renewed its interior.
(B) It has provided meals at low prices.
(C) It has established a good reputation.
(D) It is located near many new residences.

사업 급성장 이유/상
└ 역접 접속사 but 뒤에 정답이 있다!

173. What does Mr. Warren intend to do soon?
(A) Secure more funding
(B) Provide additional menu items
(C) Open another branch
(D) Recruit extra staff members

키워드 soon
└ 키워드 앞뒤에서 정답의 근거를 찾자.

174. What is NOT indicated about the Lucille Bistro?
(A) It used to be run by two owners.
(B) It may soon serve breakfast during the weekends.
(C) It has been operating for fifteen years.
(D) It offers different menu items on a daily basis.

Not / Lucille Bistro
└ Not question은 소거법을 이용하자.

175. In which of the positions marked [1], [2], [3], and [4] does the following sentence best belong?
"Most of them visit more than twice a week."
(A) [1]   **(B) [2]**
(C) [3]   (D) [4]

문맥 추가 문제
└ 지시 대명사에 집중

문제 172-175는 다음 기사를 참조하세요.

ALDGATE(10월 23일) – 피자, 파스타와 와인을 제공하는 지역 음식업체인 Lucille 식당은 급속히 성장하고 있습니다. — [1] —. "저희 식당은 다양한 고객님들을 환영하지만 최근 가족들과 방문하시는 손님들이 계속해서 증가하고 있습니다."라고 Jeremy Warren 씨가 말했습니다. "이것은 저희 가게와 가까운 곳에 거주공간이 새롭게 지어진 때문인 것 같습니다."라고 덧붙였다.

Warren씨는 최근 지역 개발이 레스토랑 성장에 영향을 미친 것 같다고 이야기했습니다. 그는 일일 특별 요리를 적절한 가격에 제공하게 되면 더 많은 고객들이 가족과 함께 저녁 식사를 하러 올 수 있을 것이라 이야기했습니다. — [2] —. 그 식당은 다양한 신 메뉴뿐만 아니라 브런치 서비스도 곧 출시할 예정입니다. — [3] —.

Warren 씨는 제철 재료와 지역 농장에서 판매하는 재료를 토대로 여러 매력적인 요리 메뉴를 준비할 계획이라고 이야기했으며 이것으로 단골 고객들이 계속 방문할 수 있게 할 것이라고 말했습니다. "저희는 15년 전에 사업을 시작했고 주말에 브런치 서비스를 제공하는 것에 대해 계속해서 생각 중에 있습니다."라고 그가 덧붙였다. — [4] —.

Aldgate East 33가에 위치한 Lucille 식당을 방문하셔서 가족 혹은 친구들과 저녁식사를 하십시오. 주말 오전 11시 30분부터 오후 3시까지 브런치를 제공할 예정입니다.

어휘 **local** 지역의, 현지의 **eatery** 음식점, 식당 **serve** 제공하다 **rapidly** 빨리, 급속히 **nowadays** 요즘에는 **attribute to** ~의 덕분으로 돌리다 **residential complex** 주거단지 **close** 가까운 **recent** 최근의 **contribute to** ~에 기여하다 **insist** 요구하다, 주장하다 **affordable** 가격이 알맞은 **a wide range of** 광범위한, 다양한 **appealing** 매력적인, 흥미로운 **seasonal** 계절에 따라 다른, 제철의 **ingredient** 재료, 성분 **regional** 지역의 **loyal customer** 단골 고객 **dine out** 외식하다

---

172. 기사에 따르면, Lucille 식당이 급격하게 성장하고 있는 주요 이유는 무엇인가?
(A) 최근에 인테리어를 교체했다.
(B) 낮은 가격에 식사를 제공한다.
(C) 좋은 평판을 쌓아왔다.
(D) 근처에 많은 신규 거주공간이 위치해 있다.

STEP 1 답은 항상 keyword 옆에 있다.
문제의 키워드인 surge in business(사업에서의 성공)는 지문의 more and more ~ nowadays에 해당 하며 이에 대한 이유는 해당 키워드 앞 혹은 뒤에 위치한다. 따라서 지문의 "but more and more diners with their family members keep visiting us nowadays."과 바로 뒷 문장인 "This can be attributed to the newly built residential complexes close to us"에서 사업이 번창하고 있는 이유는 Lucille 음식점과 가까운 곳에 주거단지가 새롭게 건설되었기 때문이라는 원인이 언급되었으므로 정답은 (D)이다.

STEP 2 오답함정
(B) 지문 중 He insisted that the daily specials are offered at affordable prices에서 Lucille 식당은 저렴한 가격에 일일 특별요리를 제공한다고 이야기 하였다. 하지만, 이것은 사업이 급격하게 성장하고 있는 이유에 해당하지 않으므로 오답이다.

173. Warren 씨는 곧 무엇을 할 예정인가?

(A) 추가 자금 확보
(B) 음식 메뉴 추가
(C) 다른 지점 개업
(D) 추가 직원 채용

STEP 1 답은 항상 keyword 옆에 있다.

문제의 키워드인 soon과 관련된 내용을 지문에서 찾아 대조하는 문제이다. 지문의 "Soon, the bistro will introduce its brunch service as well as a wide range of new menu offerings."에서 조만간 브런치 서비스와 다양한 신 메뉴를 출시할 예정이라고 언급되어 있다. 따라서 정답은 (B)이다.

STEP 2 오답함정

(A), (C), (D)보기 모두 언급되지 않는 내용이므로 오답이다.

---

174. Lucille 식당에 관하여 언급되지 않은 것은 무엇인가?

(A) 2명의 대표가 운영을 하였다.
(B) 주말에 곧 아침 식사를 제공할 것이다.
(C) 15년 동안 영업을 하고 있다.
(D) 매일 다른 음식을 제공한다.

STEP 1 Not Question은 소거법을 이용한다.

언급되지 않는 것을 묻는 문제로 지문의 언급된 것을 보기와 대조해 소거한 후 정답을 남긴다.
(B) are thinking about providing breakfast services on weekends.에서 주말에 아침 서비스를 제공할 예정이라고 언급하였다.
(C) We started our business fifteen year ago에서 15년 전에 사업을 시작하였다고 언급하였다.
(D) He insisted that the daily specials are offered에서 일일 특별요리가 제공된다고 언급하였다.
지문 중 owners(경영자)에 관한 언급은 없으므로 (A)가 정답이다.

---

175. [1], [2], [3] 그리고 [4]로 표시된 자리 중에서 다음 문장이 들어가기에 가장 알맞은 위치는 어디인가?

"그들 대다수는 일주일에 두 번 이상 방문합니다."

(A) [1]
(B) [2]
(C) [3]
(D) [4]

STEP 1 '문맥' 추가 문제는 지시 형용사, 지시 대명사, 부사들이 답을 연결한다.

지시 형용사/지시 대명사는 빈칸 위아래에서 해당 지시 형용사나 대명사가 지칭하는 것을 찾아 연결해야 한다. 기준 문장의 them을 받을 수 있는 복수명사를 앞 문장에서 찾아야 한다.
[2]번 앞문장인 "many customers with their families can be seen at dinnertime."에서 식사시간에 가족 구성원으로 구성된 고객들을 많이 볼 수 있다고 언급하였다. 즉, them은 many customers으로 뒷 문장에서는 해당 고객들의 방문 특징을 언급하고 있다. 따라서 주어진 문장이 들어갈 가장 적절한 위치는 [2]이다.

STEP 2 오답함정

[3] 앞에서 them을 받을 수 있는 복수명사 a wide range of new menu offerings가 언급되었지만, 이는 기준 문장의 동사 visit의 주체가 될 수 없으므로 오답이다.

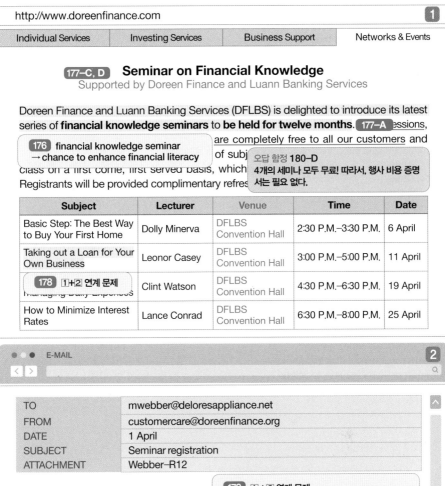

http://www.doreenfinance.com

| Individual Services | Investing Services | Business Support | Networks & Events |

177-C, D **Seminar on Financial Knowledge**
Supported by Doreen Finance and Luann Banking Services

Doreen Finance and Luann Banking Services (DFLBS) is delighted to introduce its latest series of **financial knowledge seminars** to **be held for twelve months.** **177-A** essions, are completely free to all our customers and

176 financial knowledge seminar
→ chance to enhance financial literacy

of subj **오답 함정 180-D**
4개의 세미나 모두 무료! 따라서, 행사 비용 증명서는 필요 없다.

class on a first come, first served basis, which
Registrants will be provided complimentary refres

Subject	Lecturer	Venue	Time	Date
Basic Step: The Best Way to Buy Your First Home	Dolly Minerva	DFLBS Convention Hall	2:30 P.M.–3:30 P.M.	6 April
Taking out a Loan for Your Own Business	Leonor Casey	DFLBS Convention Hall	3:00 P.M.–5:00 P.M.	11 April
178 [1]+[2] 연계 문제 Managing Daily Expenses	Clint Watson	DFLBS Convention Hall	4:30 P.M.–6:30 P.M.	19 April
How to Minimize Interest Rates	Lance Conrad	DFLBS Convention Hall	6:30 P.M.–8:00 P.M.	25 April

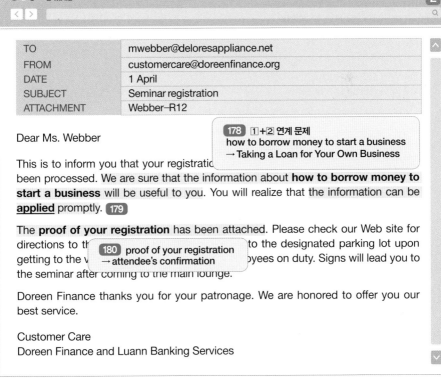

● ● ● E-MAIL

TO	mwebber@deloresappliance.net
FROM	customercare@doreenfinance.org
DATE	1 April
SUBJECT	Seminar registration
ATTACHMENT	Webber–R12

Dear Ms. Webber

178 [1]+[2] 연계 문제
how to borrow money to start a business
→ Taking a Loan for Your Own Business

This is to inform you that your registratic
been processed. We are sure that the information about **how to borrow money to start a business** will be useful to you. You will realize that the information can be **applied** promptly. **179**

The **proof of your registration** has been attached. Please check our Web site for directions to th

180 proof of your registration
→ attendee's confirmation

to the designated parking lot upon
getting to the v byees on duty. Signs will lead you to
the seminar after coming to the main lounge.

Doreen Finance thanks you for your patronage. We are honored to offer you our best service.

Customer Care
Doreen Finance and Luann Banking Services

176. According to the Web page, what is planning to be offered?
(A) Information about ~~real estate trends~~
(B) Knowledge about ~~business law~~
(C) A software system for accounting work
(D) Chances to enhance financial literacy

웹페이지 : 지문 ①

웹페이지 : 지문 ①
└, 구체적인 단서를 모아
포괄적인 정답을 찾자.

177. What is NOT suggested about the seminars?
(A) They will be held every month.
(B) They are held at different venues.
(C) They are arranged for patrons of DFLBS.
(D) They are sponsored by DFLBS.

Not /seminars
└, Not question은 소거법을
이용하자.

178. Who will lead the seminar Ms. Webber intend to attend?
(A) Ms. Minerva
(B) Ms. Casey
(C) Mr. Watson
(D) Mr. Conrad

②의 받는 사람 : You

Ms. Webber : 지문 ②
└, 세미나 목록 : 지문 ①
└, 또 다른 키워드 how to
borrow money에 집중한다.

179. In the e-mail, the word "applied" in paragraph 1, line 4, is closest in meaning to
(A) hired
(B) borrowed
(C) filled
(D) employed

동의어 찾기 문제
└, 단어를 기준으로 앞뒤
문장을 확인하자.

180. What document has been attached to the e-mail?
(A) An attendee's confirmation
(B) A list of lecturers leading the seminars
(C) Directions to the seminar location.
(D) Proof of payment for the event

키워드 attached to the
e-mail
└, 정답을 키워드 앞뒤에서
파악한다.

---

http://www.doreenfinance.com   **1**

개인 서비스	투자 서비스	기업 지원	네트워크&행사

재무지식 관련 세미나
Doreen 재정 및 Luann 금융 서비스사의 후원

Doreen Finance and Luann Banking Services (DFLBS)사는 12개월 동안 진행될 예정인 최신 재무지식 세미나를 소개하게 되어 기쁩니다. 정평 있는 경영 전문가들이 진행하는 해당 강연들은 모든 고객들에게 무료이며 다양한 주제와 관련된 효과적인 가이드라인을 제시해드립니다. 선착순의 방식으로 각 수업을 신청하실 수 있고, 가장 먼저 방문하신 25명으로 제한합니다. 참석자분들에게는 교실에서 무료로 다과가 제공될 예정입니다.

주제	강연자	장소	시간	날짜
기본 단계 : 첫 번째 집을 장만하는 최고의 방법	Dolly Minerva	DFLBS 회의장	오후 2:30 – 오후 3:30	4월 6일
개인 사업자 대출 받기	Leonor Casey	DFLBS 회의장	오후 3:00 – 오후 5:00	4월 11일
일일 비용 관리에 관한 신규 시스템	Clint Watson	DFLBS 회의장	오후 4:30 – 오후 6:30	4월 19일
이자율 감축 방법	Lance Conrad	DFLBS 회의장	오후 6:30 – 오후 8:00	4월 25일

2

수신	mwebber@deloresappliance.net
발신	customercare@doreenfinance.org
날짜	4월 1일
제목	세미나 등록
첨부파일	Webber-R12

안녕하세요, Webber 씨.

이 편지는 당신에게 재무지식 세미나 신청이 처리되었음을 알려드리고자 발송되었습니다. 저희는 사업 시작을 위한 자금 대출에 관한 지식이 귀하에게 도움이 될 것이라고 확신합니다. 그 정보는 바로 활용가능함을 확인하게 될 것입니다.

신청 등록증을 첨부하였습니다. 해당 장소까지 오시는 방법을 확인하시려면 웹사이트를 방문해주십시오. 해당 장소에 오시면 지정된 주차공간으로 저희 직원을 통해 안내받게 되실 것입니다. 메인라운지에 오신 후에는 표지판을 따라서 세미나실에 가실 수 있을 것입니다.

Doreen Finance는 귀하의 후원에 항상 감사드립니다. 귀하에게 최고의 서비스를 제공하게 되어 영광입니다.

고객서비스
Doreen Finance and Luann Banking Services (DFLBS)

어휘 financial knowledge 재무지식 delighted 아주 기뻐하는 latest 최신의 a series of 일련의
session 기간, 수업 acknowledged 정평 있는 expert 전문가 completely 완전히, 전적으로 effective 효과적인
guidance 지도, 안내 a wide range of 광범위한, 다양한 subject 주제, 대상 first come, first served 선착순의
registrant 등록자 complimentary 무료의 refreshment 다과, 가벼운 식사 take a loan 대출을 받다
daily 매일 일어나는 expense 비용 minimize 최소화하다 interest rate 금리, 이율 inform 알리다, 통지하다
process 처리하다 promptly 지체 없이, 정확히 제시간에 proof 증거, 증명 attach 첨부하다 direction 방향
direct ~로 향하다 designated 지정된 venue 장소 on duty 근무 중인 honored 명예로운

176. 웹페이지에 의하면, 무엇이 제공될 예정인가?

(A) 부동산 추세 관련 정보
(B) 상법 지식
(C) 회계업무에 대한 소프트웨어 시스템
(D) 경제 분야에 대한 지식을 향상시킬 수 있는 기회

STEP 1 본문 중에 구체적인 단서들을 모아서 포괄적인 답을 찾는다.

웹페이지에서, 제공되는 것이 무엇인지를 묻는 문제이다. 웹페이지는 첫 번째 문서에 해당하므로 정답은 첫 번째 지문에 위치한다. 지문의 "Doreen Finance and Luann Banking Services (DFLBS) is delighted to introduce its latest series of financial knowledge seminars to be held for twelve months."에서 재무 지식과 관련된 세미나가 12개월 동안 진행될 예정이라고 언급하고 있다. 즉, 해당 세미나를 통하여 재무지식을 학습할 수 있으므로 정답은 (D) 이다. 지문의 구체적인 어휘 financial knowledge seminars는 financial literacy로 paraphrasing되었다.

STEP 2 오답함정

지문의 Doreen Finance and Luann Banking Services (DFLBS) is delighted to introduce its latest series of financial knowledge seminars에서 (A)의 real estate trends와 (B) business law에 대한 지식이 아닌 재무 지식에 대한 세미나가 진행된다고 언급되어 있으므로 오답이다.

---

177. 세미나에 관하여 언급되지 않은 것은 무엇인가?

(A) 그것들은 매달 진행될 예정이다.
(B) 그것들은 다른 장소에서 진행된다.
(C) 그것들은 DFLBS의 후원으로 준비된다.
(D) 그것들은 DFLBS의 후원을 받는다.

STEP 1 Not Question은 소거법을 이용한다.

문제의 키워드는 seminars로, 해당 키워드에 대한 자세한 정보는 첫 번째 지문에서 언급된다. 따라서 첫 번째 지문에서 언급된 것을 보기와 대조해 소거한 후 정답을 남긴다.

(A) its a latest series of financial Knowledge seminars to be held for twelve months.와 첫 번째 지문에서 제시된 표의 날짜를 통하여, 12개월 동안 진행 예정인 가장 첫 번째 세미나가 4월에 열린다는 것이 언급되어 있다. 즉, 매달 마다 세미나가 진행됨을 알 수 있다.

(C), (D) Supported by Doreen Finance and Luann Banking Services에서 DFLBS의 후원을 받는다는 것이 언급되어 있다.

첫 번째 표의 4개의 강좌 모두 동일한 장소인 DFLBS 회의장에서 진행됨이 언급되어 있으므로 정답은 (B)이다.

---

178. Webber 씨가 참석할 세미나는 누가 진행하는가?

(A) Minerva 씨
(B) Casey 씨
(C) Watson 씨
(D) Conrad 씨

STEP 1 두 문서를 동시에 이용하는 연계 문제 유형 - 해당 위치에서 검색하면 답이 없고 그 위치에 또 다른 키워드를 남기므로 다른 문서에서 키워드를 찾아야 한다.

문제의 키워드인 Webber 씨는 이메일의 수신자로, 참석하려 하는 수업이 무엇인지는 두 번째 문서에서 파악해야 한다. 두 번째 지문의 "We are sure that the information about how to borrow money to start a business will be useful to you."에서 Webber 씨는 사업 시작과 관련하여 대출관련 강좌를 신청했음을 확인할 수 있다. 따라서 첫 번째 지문에서 해당 강좌가 무엇이며, 강연자가 누구인지를 확인해야 한다. 첫 번째 지문 중 해당 강좌는 "Taking out a Loan for Your Own Business"로, 진행자는 Leonor Casey 씨로 정답은 (B)이다.

179. 이메일에서, 첫 번째 단락 네 번째 줄의 "applied"와 의미가 가장 가까운 것은?

(A) 채용했다
(B) 대여했다
(C) 채웠다.
(D) 사용했다

STEP 1 동의어 찾기 문제는 진짜 동의어를 찾는 것이 아니다.

동의어 찾기 문제에서 보기의 대부분은 실제 동의어들이다. 단순히 같은 뜻을 찾는 것이 아니라 본문의 문맥에 어울리는 단어로 교체하는 것이 핵심이다. 해당 문장인 "You will realize that the information can be applied promptly."에서 강의로 학습한 정보가 즉시 '사용'할 수 있다는 사실을 알게 된다는 의미이다. 따라서 보기 중 '쓰다, 이용하다'의 의미의 (D)가 정답이다.

---

180. 이메일에 첨부된 서류는 무엇인가?

(A) 참석자 확정서
(B) 세미나를 진행하는 강연자 목록
(C) 세미나 장소까지의 가는 방법
(D) 행사 지불 증명서

STEP 1 답은 항상 keyword 옆에 있다.

문제의 키워드는 attached to the e-mail로, 특정인이 첨부한 파일이 무엇인지는 두 번째 지문인 이메일에서 정답을 확인할 수 있다. 지문의 "The proof of your registration has been attached."에서 참가 신청 증명서를 첨부하였다고 언급하였다. 보기 중 (D)는 정답이 될 수 있을 것 같지만, 첫 번째 지문의 "These sessions, led by acknowledged financial experts, are completely free"에서 진행되는 세미나 강좌는 무료임이 언급되어 있으므로, 행사 지불 증명서는 정답이 될 수 없다. 따라서 참가 확정을 증빙하는 문서인 (A)가 정답이다.

STEP 2 오답함정

(B) 첫 번째 지문의 표에서 세미나를 진행하는 발표자의 이름은 명시되었지만, 이는 이메일에 첨부된 것이 아니라 웹페이지에 게시되어 있으므로 오답이다.
(C) 2번째 지문의 Please check our Web site for directions to the location.에서 세미나장까지 오는 방법은 웹사이트에 게시되어 있음을 언급하였으므로 오답이다.

Questions 181-185 refer to the following information and e-mail.

Sherman Janitorial Service (SJS)

1

www.shermanjanitorialservice.co.org

181-A

Wherever you are located, SJS can take care of your organization's janitorial jobs! We have **branches** in all the major cities. Call us right away to checkout what services are available for you. We can help you **get rid of the anxiety** of dealing with the mess!

182

Extensive Care

Call us to let our experienced workers take care of your business's daily operation needs for cleaning floors, disposing of waste, and cleaning and sanitizing toilets. On your request, our workers can carry out their duties only in the early morning and late evening to avoid disrupting your business operation

183 On request, early morning and late evening → schedule is flexible

Regular Maintenance and Cleaning

If you don't need our help every day, not to worry! Our services are available on a biweekly, weekly, bimonthly or monthly basis. And even upon demand, we can provide our service for you. On top of the cleaning service, our workers are set to solve minor maintenance issues to prevent serious problems. Let us handle jobs such as painting walls and changing light bulbs.

Massive Cleaning Service

Unexpectedly, serious messes can occur sometimes. So, our on-call workers are prepared to help you with cleaning up our patrons' facilities in such cases as a **flood caused by a rainstorm** or a **burst pipe**. In order to avoid damage from mold, the waterlogged areas will be drie

184 2+1 연계 문제
water damage & pipe system
→ flood caused by a rainstorm & burst pipe

Having Window Washed

Cleaning exterior windows as well as interior windows can be done in a cost-effective and safe way. In order to have this job done properly, one of our team leaders will visit to estimate the job through thorough evaluation before starting it.

181-C

It is guaranteed that we don't receive any payment until our **customers** are **fully satisfied** with our services. Just visit or contact one of your nearest SJS's branches to learn more about our reasonably priced services boasting the most **eco-friendly** and safest products and methods. (E-mail: priceestimate@shermanjanitorialservice.co.org, Phone: 210-3393-2294) **181-B**

To: priceestimate@shermanjanitorialservice.co.org
From: fphillips@eleanorfinance.co.uk
Subject: Service
Date: 11 April

To whom it may concern,

I am cu [184 2+1 연계 문제] inancial company located in the center of Richmond. There was a serious issue with **the water pipe system** in our building which caused **severe water damage** in our office. To clean and fix the area damaged by water, we are interested in using your service. Please contact me at 323-349-5928.

[185]
One of our neighbors, Ellen Owens at **Hownslow Institution** highly recommended **your company's service.** She praised your quality and safe service a lot.

Frances Phillips
Greenford Financial Service

---

181. What is NOT indicated about Sherman Janitorial Service?
(A) It has more than one branch.
(B) It is concerned about environmental issues.
(C) It has a customer guarantee policy.
(D) It provides services for private home owners.

Not / Sherman Janitorial Service
ㄴ Not question은 소거법을 이용하자.

182. In the information, the word "anxiety" in paragraph 1, line 3, is closest in meaning to
(A) tension
(B) fever
(C) stress
(D) aspiration

동의어 찾기 문제
ㄴ 단어를 기준으로 앞뒤 문장을 확인하자. : 지문 [1]

183. What is mentioned about a feature of Extensive Care?
(A) Its equipment is relatively safe.
(B) It offers plumbing services for free.
(C) Its service schedule is flexible.
(D) It involves an on-site evaluation.

[2의 보내는 사람 : I'의 직장]

사실인 것을 찾는 문제는 문제와 보기의 키워드를 먼저 정리한 후 본문을 검색한다.
ㄴ 문제의 키워드 : Extensive Care → 지문 [1]

184. What service will Greenford Financial Service most likely use?
(A) Extensive Care
(B) Regular Maintenance and Cleaning
(C) Massive Cleaning service
(D) Having Window Washed

Greenford Financial Service : → 지문 [1]
ㄴ 구체적인 서비스 명 : 지문 [2]

185. What is indicated about Hownslow Institution?
(A) It used to employ Mr. Phillips as a financial manager.
(B) It formed partnership with Greenford Financial Service.
(C) It has hired Sherman Janitorial Service before.
(D) It will be relocated to another city.

사실인 것을 찾는 문제는 문제와 보기의 키워드를 먼저 정리한 후 본문을 검색한다.
ㄴ 문제의 키워드 : Hownslow Institution → 지문 [2]

Sherman 청소 서비스 (SJS)

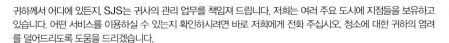

www.shermanjanitorialservice.co.org

귀하께서 어디에 있든지, SJS는 귀사의 관리 업무를 책임져 드립니다. 저희는 여러 주요 도시에 지점들을 보유하고 있습니다. 어떤 서비스를 이용하실 수 있는지 확인하시려면 바로 저희에게 전화 주십시오. 청소에 대한 귀하의 염려를 덜어드리도록 도움을 드리겠습니다.

광범위한 혜택
일일 처리 업무인 바닥 청소, 쓰레기 처리, 화장실 청소 및 살균을 자사의 경력자 직원들이 해결할 수 있도록 전화 주십시오. 업무 시간과 활동에 방해하지 않도록 고객님께서 요청하신다면, 자사 직원들은 이른 아침 혹은 저녁 늦게 업무를 진행할 수 있습니다.

주기적인 관리와 청소
만약 저희의 도움이 매일 필요하시지 않다면, 걱정 마십시오! 저희 서비스는 주2회, 주간, 월2회, 월간 단위로 이용하실 수 있습니다. 또한 수요에 맞추어, 서비스를 제공해드릴 수 있습니다. 청소 서비스 이외에도 저희 직원들은 심각한 문제를 방지하고자 사소한 부분까지도 유지 관리에 신경을 쓰고 있습니다. 벽면의 페인트칠과 전구 교체와 같은 업무를 처리해드릴 수 있습니다.

대규모 청소 서비스
예기치 못하게, 심각하게 지저분한 상황이 때때로 발생할 수 있습니다. 이에 대해 자사의 대기 직원들은 폭풍우로 야기된 홍수 또는 수도관 파열과 같은 경우에도 고객님의 시설 청소에 도움을 드릴 준비가 되어 있습니다. 곰팡이로 인한 피해를 방지하고자, 침수 지역은 건조된 후에 소독될 예정입니다.

창문 청소
외부 및 내부 창문 청소는 비용 효율적이며 안전한 방법으로 진행됩니다. 이 일을 제대로 끝마치기 위해서, 작업 시작 전에 저희 팀 매니저들 중 한 명이 철저한 평가를 통해 작업의 견적을 내기 위해 방문할 것입니다.

고객님들이 저희 서비스에 전적으로 만족하시기 전까지 어떠한 비용도 받지 않음을 약속드립니다. 가장 합리적인 가격으로 가장 친환경적이며 안전한 제품과 방식에 관한 더 자세한 정보를 확인하시려면 근처 SJS 지점에 방문하시거나 연락 주십시오. (E-mail: priceestimate@shermanjanitorialservice.co.org, 연락처: 210-3393-2294)

수신	priceestimate@shermanjanitorialservice.co.org
발신	fphillips@eleanorfinance.co.uk
제목	서비스
날짜	4월 11일

관계자분들에게,

저는 현재 Richmond 중심에 위치해 있는 금융회사에서 근무하고 있습니다. 저희 사무실이 겪은 심각한 누수로 건물 배관 시스템에 심각한 문제가 생겼습니다. 침수 피해를 입은 구역을 청소하고 수리하고자 귀하의 회사에서 제공하는 서비스를 이용하고 싶습니다. 323-349-5928로 연락 주십시오.

저희와 이웃인 Hownslow 기관에서 근무하는 Ellen Owens 씨는 귀사의 서비스를 추천했습니다. 그녀는 귀사의 품질과 안전한 서비스를 매우 칭찬하였습니다.

Frances Phillips 올림
Greenfold 금융 서비스

어휘 janitorial 관리인의, 잡역부의 nearly 거의 major 주요한 branch 지점 right away 즉각, 곧바로 get rid of ~을 제거하다 anxiety 불안, 염려 deal with ~을 처리하다 mess 엉망인 상태 experienced 경험이 있는, 능숙한 daily 매일 일어나는, 나날의 operation 기업, 사업 needs 요구 dispose of ~을 처리하다 sanitize 위생처리하다, 살균하다 carry out 수행하다 duty 의무, 직무 disrupt 방해하다 biweekly 격주로 bimonthly 두달에 한번씩, 한 달에 두 번씩 basis 기준 on top of ~외에 minor 작은, 가벼운 issue 문제 prevent 막다, 방지하다 unexpectedly 뜻밖에, 예상 외로 serious 심각한, 진지한 occur 일어나다, 발생하다 on-call 대기 중인 patron 고객 flood 홍수 rainstorm 폭풍우 burst pipe 수도관 파열 waterlogged 물에 잠긴 dry up 바싹 마르다 fumigate 훈증 소독하다 cost-effective 비용 대비 효율이 높은 properly 제대로, 적절히 estimate 평가하다, 견적하다 thorough 철저한 evaluation 평가 guarantee 보장하다 reasonably 상당히, 꽤 boast 뽐내다, 자랑하다 eco-friendly 친환경적인 highly 크게, 대단히

---

181. Sherman Janitorial Service에 관하여 언급되지 않은 것은 무엇인가?

(A) 지점이 두 개 이상이다.
(B) 환경 문제를 염려하고 있다.
(C) 고객 보장 정책을 보유하고 있다.
(D) 개인주택소유자들에게 서비스를 제공한다.

STEP 1 Not Question은 소거법을 이용한다.

언급되지 않는 것을 묻는 문제로 지문의 언급된 것을 보기와 대조해 소거한 후 정답을 남긴다. 문제의 키워드인 Sherman Janitorial Service에 관한 자세한 정보는 첫 번째 문서에서 언급되므로, 첫 번째 문서에 정답이 있다.
(A) We have branches in all the major cities.에서 주요 도시에서 여러 지점을 운영하고 있음이 언급되었다.
(B) boasting the most eco-friendly and safest products and methods에서 가장 친환경적인 제품과 방식으로 진행됨이 언급되어 있으므로, SJS 기업은 환경에 신경을 쓰고 있다는 점을 확인할 수 있다.
(C) It is guaranteed that we don't receive any payment until our customers are fully satisfied with our services.에서 고객이 서비스에 만족할 때까지 요금을 받지 않음을 언급하였다.

지문의 Wherever you are located, SJS can take care of your organization's janitorial jobs!에서 기업에게 관리 서비스를 제공한다고 언급되어 있으므로 개인 주택 소유주에게 서비스를 제공한다는 (D)는 언급되지 않았으므로 정답이다.

---

182. 안내문에서, 첫 번째 단락 세 번째 줄의 "anxiety"와 의미가 가장 가까운 것은?

(A) 긴장
(B) 열
(C) 압박감
(D) 열망

STEP 1 동의어는 문맥상 대체할 수 있는 단어를 찾는 것이다.

보기에서 일차원적으로 같은 의미의 단어를 찾는 것이 아니라 그 단어의 다양한 의미 중에서 본문의 상황에 맞는 의미를 선택해야 한다. 해당 문장인 "We can help you get rid of the anxiety of dealing with the mess!"에서 관리 업무를 제공하는 회사에서 기업에서 겪는 '불안감'을 해소해 드릴 수 있다는 의미로 사용되었으므로 '불안, 염려'의 의미를 갖은 (C) 가 정답이다.

---

183. 광범위한 혜택의 특징으로 언급된 것은 무엇인가?

(A) 사용하고 있는 장비는 비교적 안전하다.
(B) 무료로 배관 서비스를 제공한다.
(C) 서비스 일정은 유동적이다.
(D) 현장 평가를 포함한다.

STEP 1 답은 항상 keyword 옆에 있다.

문제의 키워드인 Extensive Care를 지문에서 찾아 대조하는 문제이다. 해당 키워드는 첫 번째 지문에서 언급되므로 첫 번째 지문에 정답이 있다. 지문의 "On your request, our workers can carry out their duties only in the early morning and late evening"에서 기업의 요청이 있는 경우에는 업무를 이른 오전 혹은 저녁에 수행할 수 있다고 언급되어 있다. 따라서 관리 업무를 수행하는 시간이 유동적임을 파악할 수 있으므로 정답은 (C)이다.

STEP 2 오답함정

(A) 지문의 SJS's branches to learn more about our reasonably priced services boasting the most eco-friendly and safest products에서 해당 기업은 안전한 장비를 사용하고 있음을 알 수 있으나, 이것은 Extensive Care가 아니라 서비스에 대한 전체적인 특징이므로 오답이다.

(B) 첫 번째 지문은 서비스에 대한 광고문으로, 지문의 SJS's branches to learn more about our reasonably priced services에서 지점은 합리적인 가격에 서비스를 제공하고 있다고 언급하였다. 즉, 무료가 아닌 유료로 서비스를 제공하고 있으므로 오답이다.

(D) 지문의 one of our team leaders will visit to estimate the job through thorough evaluation에서 직접 SJS 지점을 방문하여 평가가 진행된다고 언급되어 있다. 하지만 Extensive Care가 아닌 Having Window Washed 의 특징으로 언급되었으므로 오답이다.

---

184. Greenford 금융 회사는 어떤 서비스를 이용할 것 같은가?

(A) 광범위한 혜택
(B) 주기적인 관리와 청소
(C) 대규모 청소 서비스
(D) 창문 청소

STEP 1 두 문서를 동시에 이용하는 연계 문제 유형 – 해당 위치를 검색하면 답이 없고 그 위치에 또 다른 키워드를 남기므로 다른 문서에서 키워드를 찾아야 한다.

문제의 키워드인 Greenford Financial Service는 두 번째 지문에서 언급되므로 두 번째 지문을 확인해야 한다. 지문의 "There was a serious issue with the water pipe system ~ we are interested in using your service."에서 배수관에 문제가 생겨 관리 업무 서비스를 사용하려고 언급하고 있다. 해당 기업이 이용하고자 하는 서비스의 구체적인 이름이 무엇인지는 첫 번째 지문에서 파악해야 한다. 첫 번째 지문의 "So, our on-call workers are prepared to help you with cleaning up our patrons' facilities in such cases as a flood caused by a rainstorm or a burst pipe."에서 자연 재해로 인한 문제 혹은 수도관 파열과 같은 서비스를 담당하는 것은 Massive Cleaning Service로 정답은 (C)이다.

---

185. Hownslow 기관에 관하여 언급된 것은 무엇인가?

(A) 재무 관리사로 Phillips를 채용했다.
(B) Greenford 금융 서비스와 협력했었다.
(C) 이전에 Sherman Janitorial Service를 이용해본 적이 있다.
(D) 다른 도시로 이전할 예정이다.

STEP 1 답은 항상 keyword 옆에 있다.

키워드인 Hownslow Institution를 지문에서 찾아 대조하는 문제이다. 해당 키워드는 두 번째 지문에서 언급되므로 두 번째 지문에 정답이 있다. 지문의 "One of our neighbors, Ellen Owens at Hownslow Institution highly recommended your company's service. She praised your quality and safe service a lot."에서 Hownslow 기관에서 근무하고 있는 Ellen Owens 씨는 SJS 기업의 품질과 안전한 서비스를 적극적으로 추천하였다고 언급하였다. 즉, 해당 문장에서 Ellen Ownes 씨는 SJS 기업의 서비스를 이용했다는 사실이 간접적으로 포함되어 있으므로 정답은 (C)이다.

STEP 2 오답함정

(A) Mr. Phillips는 두 번째 지문에서 언급되었으나, 지문의 I am currently working for a financial company에서 그는 현재 Hownslow 기관이 아니라 Greenfold 금융 회사에서 근무하고 있으므로 과거 채용 여부는 알 수 없다.

(B) Hownslow와 협력을 맺은 것이 아니라 Greenfold 금융회사와 이웃(neighborhood)이므로 오답이다.

Questions 186-190 refer to the following e-mails and article.

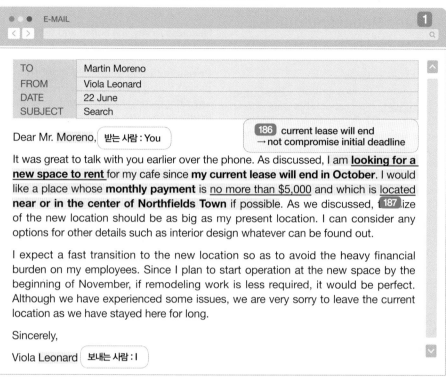

E-MAIL 1

TO	Martin Moreno
FROM	Viola Leonard
DATE	22 June
SUBJECT	Search

Dear Mr. Moreno, 받는 사람 : You

186 current lease will end
→ not compromise initial deadline

It was great to talk with you earlier over the phone. As discussed, I am **looking for a new space to rent** for my cafe since **my current lease will end in October.** I would like a place whose **monthly payment** is no more than $5,000 and which is located **near or in the center of Northfields Town** if possible. As we discussed, 187 ize of the new location should be as big as my present location. I can consider any options for other details such as interior design whatever can be found out.

I expect a fast transition to the new location so as to avoid the heavy financial burden on my employees. Since I plan to start operation at the new space by the beginning of November, if remodeling work is less required, it would be perfect. Although we have experienced some issues, we are very sorry to leave the current location as we have stayed here for long.

Sincerely,

Viola Leonard 보내는 사람 : I

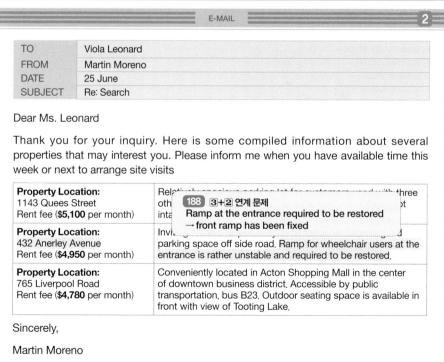

E-MAIL 2

TO	Viola Leonard
FROM	Martin Moreno
DATE	25 June
SUBJECT	Re: Search

Dear Ms. Leonard

Thank you for your inquiry. Here is some compiled information about several properties that may interest you. Please inform me when you have available time this week or next to arrange site visits

Property Location:	
1143 Quees Street Rent fee (**$5,100** per month)	Rel... oth... int... three ...t 188 ③+② 연계 문제 Ramp at the entrance required to be restored → front ramp has been fixed
Property Location: 432 Anerley Avenue Rent fee (**$4,950** per month)	Invi... parking space off side road. Ramp for wheelchair users at the entrance is rather unstable and required to be restored.
Property Location: 765 Liverpool Road Rent fee (**$4,780** per month)	Conveniently located in Acton Shopping Mall in the center of downtown business district. Accessible by public transportation, bus B23. Outdoor seating space is available in front with view of Tooting Lake.

Sincerely,

Martin Moreno

Green Pheasant found a New Nest.

By Maurice Jones
Hounslow (2 November) – The Green Pheasant, the respectable cafe, which served on 31 Putney Road for 12 years, has relocated to a new place at **432 Anerley Avenue**. Yesterday, it had the

> **188** **3**+**2** 연계 문제
> : 432 Anerley Avenue

es at the Green Pheasant are freshly made by the owner of the business every early morning, which made the cafe popular. I personally suggest trying the Season Apply Pastry whose flavors are unspeakably delicious.

Needless to say, the coffee and tea smell and taste excellent.

Please note that you might **189** d to be patient during busy hours as the **seating space** is rather **smaller than** that of the previous one. But, your long wait will be certainly rewarded with great service as well as with splendid food and beverage, which have allowed the place to **operate** for more than a decade. **190**

With convenient parking, the new location is within walking distance from the downtown business district. Wheelchair users are welcome to visit the place. Opening hours are seven days a week 9 A.M – 6 P.M.

---

186. What is suggested about Ms. Leonard? 　**1**의 보내는 사람 : I
(A) She is experiencing financial difficulties.
(B) She did plan to buy new dining chairs and tables.
(C) She employed a new cook.
(D) She did not compromise her initial deadline.

키워드 Ms. Leonard
ㄴ 보기의 키워드를 정리한 후 본문에서 검색하자.

187. What is most likely Mr. Moreno's occupation?
(A) A property developer　**1**의 받는 사람 : You
(B) A financial expert
(C) A local realtor
(D) A cafe assistant

Mr. Moreno 직업
ㄴ 지문 **2** : 받는 사람 You

188. What is true about the Green Pheasant's new location?
(A) Its front ramp has been fixed.
(B) It closes on the first day of every month.
(C) It will hire more staff for busy hours.
(D) Its parking lot will be temporarily unavailable.

Green Pheasant : 지문 **3**
ㄴ new location 관련
추가 정보 : 지문 **2**

189. According to the article, how does the new cafe differ from the previous one?
(A) It is closer to famous local attractions.
(B) It serves a smaller number of customers at once.
(C) It does not include cakes on its menu anymore.
(D) It is open for longer hours seven days a week.

이전 장소와의 차이점
ㄴ 지문 **3**에서 비교급 표현에 집중하자.

190. In the article, the word "operate" in paragraph 3, line 7, is closest in meaning to
(A) run
(B) control
(C) activate
(D) manipulate

동의어 찾기 문제
ㄴ 단어를 기준으로 앞뒤 문장을 확인하자. : 지문 **3**

문제 186-190은 다음 이메일과 언론 보도자료를 참조하세요.

1

수신	Martin Moreno
발신	Viola Leonard
날짜	6월 22일
제목	조사

Moreno 씨에게,

이전에 유선으로 말씀나눌 수 있어 좋았습니다. 논의했던 대로, 10월에 현재 임대 계약 기간이 끝나기 때문에 카페로 임대할 수 있는 새로운 공간을 찾고 있습니다. 저는 월세가 5000달러 이하이며 가능하면 Northfields 타운 중심지 혹은 그 주변 지역을 원합니다. 우리가 논의한 바와 같이, 새로운 공간도 현재 있는 곳만큼의 면적은 되면 좋겠습니다. 저는 인테리어 디자인과 같은 다른 세부사항에 대해서는 어떠한 옵션도 고려할 수 있습니다.

저의 직원들이 겪게 될 큰 재정적인 부담을 막고자 새로운 장소로 빠르게 이전하기를 바랍니다. 저는 11월 초에 새로운 공간에서 영업을 시작할 예정인지라, 리모델링 작업이 많지 않으면 좋겠습니다. 비록 몇몇 문제는 있었지만, 지금의 자리에서 오랫동안 영업을 했기 때문에 이곳을 떠나게 되어 매우 아쉽습니다.

진심을 담아,

Viola Leonard 올림

2

수신	Viola Leonard
발신	Martin Moreno
날짜	6월 25일
제목	답장 - 조사

Leonard 씨에게

문의해주셔서 감사합니다. 당신이 관심을 가질 만한 몇몇 건물 관련 수집 자료를 여기에 첨부하였습니다. 방문 일정을 잡고자 하오니 이번 주나 다음 주에 시간이 있으시다면 저에게 알려주세요.

건물 위치 : 1143 Quees가 임대료 (매달 5100달러)	3개의 다른 상점과 함께 이용하는 꽤나 넓은 고객 전용 주차 공간 보유. 이전 세입자의 카페 배치 구성 그대로 유지. 좌석 공간은 비교적 좁음.
건물 위치 : 432 Anerley가 임대료 (매달 4950달러)	Sloane Hill 공원 인근의 매력적인 곳에 위치. 도로 반대편에 주차 공간 배정. 휠체어 사용자들을 위한 입구 경사로는 다소 불안하며 수리 요망.
건물 위치 : 765 Liverpool가 임대료 (매달 4780달러)	시내 상업지구 중심의 Acton 쇼핑몰의 편리한 장소에 위치. 대중교통 버스 B23으로 접근 가능. 야외 좌석 공간은 Tooting 호수 바로 앞에 위치.

진심을 담아,

Martin Moreno 올림

Green Pheasant의 새로운 보금자리

Maurice Jones 작성

Hounslow(11월 2일) – 12년 동안 Putney 31가에서 영업을 했던 평이 좋은 카페인 Green Pheasant는 Anerley 432가의 새로운 장소로 이전하였습니다. 어제 개업을 하였습니다.

매일 이른 아침에 Green Pheasant 사장님이 갓구운 케이크와 페이스트리로 카페가 유명해졌습니다. 개인적으로 말할 수 없을 정도로 맛있는 Season Apply Pastry를 드셔보기를 권해드립니다. 말할 필요도 없이, 커피와 차의 맛과 향이 훌륭합니다.

좌석 공간이 이전 가게보다 협소하기 때문에 바쁜 시간대에는 기다릴 수도 있습니다. 하지만, 오랜 기다림은 훌륭한 서비스와 맛있는 음료와 음식으로 분명히 보상받게 되며 이로써 10년 넘게 가게를 운영할 수 있었습니다.

새로운 가게는 편리한 주차와 함께, 시내 상업지역에서 걸어갈 수 있는 장소에 위치해 있습니다. 휠체어 사용자도 자유롭게 방문하실 수 있습니다. 영업시간은 주 7일 오전 9시부터 오후 6시입니다.

어휘 rent 임대하다 since ~이기 때문에 current 현재의 lease 임대 계약 monthly payment 월불 present 현재의 option 선택, 옵션 interior 인테리어, 내부장식 find out 발견하다, 생각해 내다 expect 예상하다, 기대하다 transition 이행, 과도 so as to VR ~하기 위하여 financial 재정적인 burden 부담, 짐 employee 직원 inquiry 연구, 탐구 compile 수집하다 property 재산, 소유물 arrange 마련하다 according to ~에 따라서 relatively 비교적 spacious 널찍한 configuration 배열, 배치 tenant 세입자 intact (하나도 손상되지 않고) 온전한, 전혀 다치지 않은 fairly 상당히, 꽤 inviting 매력적인 in proximity to ~에 근접하여 assign 배정하다 off side 반대측의 ramp for wheelchair 휠체어 경사로 unstable 불안정한 restore 되찾게 하다, 회복하게 하다 downtown 시내에 business district 상업지구 accessible 접근이 가능한 outdoor 야외의 respectable 존경할 만한 serve 제공하다, 차려내다 relocate 이전하다 grand opening 개장, 개점 personally 개인적인 의견을 말하면 unspeakably 말할 수 없을 정도로 needless to say 말할 필요도 없이 note 주목하다, 주의하다 patient 참을성 있는, 인내심 있는 previous 이전의 certainly 틀림없이, 분명히 reward 보상하다 splendid 정말 좋은 decade 10년 within ~이내에 distance 거리

---

186. Leonard 씨에 관하여 언급된 것은 무엇인가?

(A) 그녀는 경제적 어려움을 겪고 있다.

(B) 그녀는 새로운 식탁과 의자를 구매할 계획이었다.

(C) 그녀는 새로운 주방장을 채용했었다.

(D) 그녀는 기존 마감일을 타협하지 못했다.

STEP 1　문제 중에 키워드가 있으면 해당 지문에서 검색된 키워드 위주로 정보를 연결한다.

문제의 키워드는 Ms. Leonard로, 첫 번째 지문인 이메일의 발신자로 I에 해당된다. 따라서 그의 이름이 언급된 첫 번째 지문을 검색하여 paraphrasing 여부나 한 단어 오류 등에 주의해서 답을 선택해야 한다. 지문의 "I am looking for a new space to rent for my cafe since my current lease will end in October."에서 임대 계약이 끝나간다는 사실이 언급되어 있다. 따라서 임대 계약을 연장하지 못했다는 것을 알 수 있기 때문에 정답은 (D)이다.

STEP 2　오답함정

(A) 지문의 I would like a place whose monthly payment is no more than $5000에서 희망하는 구체적인 월세를 명시했으나, 이것으로 경제적 어려움을 겪고 있는지는 판단할 수 없기 때문에 오답이다.

(B)의 buy new dining chairs and tables는 본문의 remodeling으로 paraphrasing할 수 있으나, 구매 계획에 대해서는 언급되지 않았으므로 오답이다.

(C) 지문 중 new cook에 관한 언급 또한 없으므로 오답이다.

187. Moreno 씨의 직업은 무엇일 것 같은가?

(A) 부동산 개발업자
(B) 금융 전문가
(C) 지역 부동산업자
(D) 카페 조수

STEP 1   I/You/제 3자를 확인하고 각각의 직업을 파악하라.

Mr. Moreno는 이메일 수신자로, You에 해당한다. 따라서 이메일 발신자인 Leonard 씨(I)가 요청하는 사항으로 그의 직업을 파악할 수 있다. 첫 번째 지문의 "I am looking for a new space to rent for my cafe ∼ is located near or in the center of Northfields Town if possible."에서 카페로 임대할 새로운 공간에 대한 구체적인 조건들을 명시하였다. 즉, Moreno 씨에게 해당 조건에 적합한 부지를 요청하고 있으므로 부동산업자임을 알 수 있다. 따라서 정답은 (C)이다.

---

188. Green Pheasant의 새로운 장소에 관하여 사실인 것은 무엇인가?

(A) 앞쪽 경사로는 수리되었다.
(B) 매달 1일에 휴업한다.
(C) 바쁜 시간대에 직원들을 추가로 채용할 예정이다.
(D) 주차장은 일시적으로 이용이 불가능할 것이다.

STEP 1   표나 그래프 등 시각 자료는 다른 문서와 연결하여 답을 찾는 문제가 주로 출제된다.

표에 있는 관련 정보들을 다른 지문들에서 모아서 정답을 찾아야 한다. 문제의 키워드인 Green Pheasant는 세 번째 지문에서 등장하므로, 세 번째 지문에서 정답을 파악해야 한다. 지문의 "has relocated to a new place at 432 Anerley Avenue."에서 432 Anerley가에 위치한 부지로 이전했음을 언급하였다. 따라서 해당 공간에 대한 특징은 부동산 중개업자인 Leonard가 보내는 이메일 즉, 두 번째 지문에서 정답을 찾아야 한다. 지문의 "Ramp for wheelchair users at the entrance is rather unstable and required to be restored."에서 입구에 위치한 경사로는 불안정하여 수리가 필요하다고 언급되어 있다. 따라서 정답은 (A)이다.

STEP 2   오답함정

(B) 세 번째 지문의 Opening hours are seven days a week 9 A.M - 6 P.M.에서 쉬는 날 없이 주 7일 영업을 한다고 언급되었으므로 오답이다.
(C) 세 번째 지문에서 busy hours는 언급되었지만, 직원 채용에 관한 내용은 언급되지 않았으므로 오답이다.
(D) 지문에서 parking은 등장하지만, temporarily unavailable에 대한 언급이 없으므로 오답이다.

---

189. 기사에 따르면, 새로운 카페는 이전 가게와 무엇이 다른가?

(A) 인기 있는 지역 명소와 더 가깝다.
(B) 한 번에 적은 인원의 고객들을 대접한다.
(C) 더 이상 메뉴에 케이크를 취급하지 않는다.
(D) 주 7일로 더 오랜 시간동안 영업한다.

STEP 1   마지막 문제의 답은 주로 세 번째 문서에 등장한다.

단일 지문문제와 마찬가지로 다중 지문의 문제들도 답은 순서대로 등장한다. 이전 카페와의 차이점이 무엇인지를 묻는 문제로 세 번째 지문의 "the seating space is rather smaller than that of the previous one."에서 좌석 공간이 더 협소해졌음을 언급하였다. 따라서 한 번에 적은 인원을 대접할 수 있으므로 정답은 (B)이다.

STEP 2   오답함정

(A) 가게의 특징을 언급한 두 번째 지문의 Inviting location in proximity to Sloane Hill Park.에서 관광지와 인접해 있음이 언급되었지만, 이전 장소보다 더 가까운지는 알 수 없으므로 오답이다.
(C) 세 번째 지문의 All cakes and pastries ∼ every early morning.에서 매일 빵을 굽는다고 언급되었다. 따라서 메뉴에 케이크를 취급하지 않는다는 것은 오답이다.
(D) 세 번째 지문의 Opening hours are seven days a week 9 A.M - 6 P.M.에서 주 7일 일정 시간 동안 영업을 한다고 언급되어 있다. 하지만 이전 장소와 비교하여 더 오랜 시간동안 운영을 한다는 사실은 알 수 없기 때문에 오답이다.

190. 기사에서, 세 번째 단락 일곱 번째 줄의 "operate"와 의미가 가장 가까운 것은?

(A) 운영하다
(B) 통제하다
(C) 활성화하다
(D) 조종하다

STEP 1   동의어는 문맥상 대체할 수 있는 단어를 찾는 것이다.

보기에서 일차원적으로 같은 의미의 단어를 찾는 것이 아니라 그 단어의 다양한 의미 중에서 본문의 상황에 맞는 의미를 선택해야 한다. 해당 문장인 "have allowed the place to operate for more than a decade."에서 가게를 10년 이상 동안 '운영'할 수 있게 되었다는 내용으로 operate는 '영업하다, 운영하다'의 의미로 사용되었다. 따라서 동일한 의미를 갖은 (A) run이 정답이다.

Questions 191-195 refer to the following advertisement, instructions, and e-mail.

Magazine Exploring the Globe: March Spring Special Issue

EXPERIENCE THIS SEASON'S BEST MOBILE APPLICATIONS for Travelers

> **191** arrange the photos
> → keep photos in their mobile phone

<u>Photo J-Travel CR2</u> is an intriguing new approach to **arrange the photos** taken during your travels. It can be an excellent choice for those who travel frequently as its user-friendly and unique interface makes sharing and organizing photographs a lot less hassle.

> **192** use device's located features
> → access features in subscriber's mobile phone

Photo J-travel CR2 can **use the mobile device's located features** to upload and automatically label digital photos not only with the date but also the location as users take them with their mobile device. This app establishes the history of the user's travels by arranging each photo in a virtual album for a specific trip. Then, the user readily accesses the album to add their own stories and details to each photo. Labels and stickers can be applied to photos by using special packages which can be selected by users. World famous spots like Time Square, the Eiffel Tower, and the Colosseum **195** **1**+**3** 연계 문제 of the sticker packages. Users can back up all photo albums to 1.5 GB of storage r and be charged for backup, security, and storage functions. With only **1.5 GB of** storage provided, a basic **Beginner Level plan** starts at £9 per month. Other level plans are available at higher rates, but offers larger storage capacity.

Thanks for your purchase of the Photo J-Travel CR2 mobile app! 2

In order to help you get started, here are the instructions to follow. You can make you own photo albums in the virtual workroom after completing your personal profile. Please keep in mind that subscriptions are available as a gift. If you would like to give Photo J-Travel CR2 to your acquaintances or friends, check our Web site at www.photojtravelcr2app.net/giftspurchase. Have happy and exciting travels with it.

Personal Information	Preferred Plan level
Name: Alfonso Steele **E-mail:** asteele@starspacemall.com **Phone number:** 443-2231-8867 **How often do you travel?** 7+ times a year **Do you ever travel abroad?** Yes **Frequented locations:** Rome, New York, Seoul, Tokyo	Beginner: £9/month ( ) Enjoyer: £13/month ( ) **Hobbyist:** £17/month (✓) Professional: £20/month ( )

193 **2**+**3** 연계 문제
또 다른 키워드 Hobbyist

TO	asteele@starspacemall.com
FROM	subcaroberservice@photojtravelcr2app.net
DATE	20 April
SUBJECT	Customer Notice

Dear Photo J-Travel CR2 subscriber,

Please be advised that there have been some changes to subscription plans. Rates for one of the monthly plans are going to increase sometime this quarter. Through these **194-C** ry changes to our s **194-B** more features for users will be added such as **six more languages** and **enhanced photo filter options**. Also, **Hobbyist** and Professional **subscribers** will soon be allowed to use **additional special packages** like **photo book sets** (**193** 2+3 연계 문제)stcards. The rates **194-A** ffective June 1 and are as below:

Type of Plan	Storage Capacity	Monthly Price
Beginner	3GB	£9
195 1+3 연계 문제 1.5 GB of storage → 3GB	5GB	£13
	10GB	£17
	28GB	£22

Existing subscribers to Hobbist and Professional will be sent one complimentary printed photo book. If you have any question, please feel free to get in touch with us at subcaroberservice@photojtravelcr2app.net

191. According to the advertisement, what does the Photo J-Travel CR2 enable subscribers to do?
(A) Create their itineraries
(B) Design their own applications
(C) Keep photos in their mobile phones
(D) Buy brand-new cameras at a low rate

192. What is indicated about the Photo J-Travel CR2?
(A) It can access features in a subscriber's mobile phone.
(B) It has been the most popular app among young users.
(C) It tends to be more expensive than other mobile applications.
(D) It can be applied to only particular types of mobile devices.

193. Why is Mr. Steele qualified to receive a photo book?
(A) He traveled to more than one international destination.
(B) He purchased a Photo J-Travel CR2 gift subscription for an acquaintance.
(C) He won the first place in a photo contest.
(D) He subscribes to Photo J-Travel CR2's Hobbyist plan.

키워드 Photo J-Travel CR2
└, 지문 1

사실인 것을 찾는 문제는 문제와 보기의 키워드를 먼저 정리한 후 본문을 검색한다.
└, 문제의 키워드는 Photo J-Travel CR2 : 지문 1

Mr. Steele : 지문 2
└, 포토 북 자격 요건 : 지문 3

194. What is NOT stated in the e-mail as a reason for the change in rate?
(A) To provide more special packages
(B) To add photograph filter choices
(C) To increase the number of language options
(D) To make the app accessible in more nations

키워드 : reason for the change in the rate
ㄴ. 가격 변화 원인은 3번째 지문에서 언급

195. What particular change will be made to the Beginner Level plan?
(A) Security features will be enhanced.
(B) The storage capacity is being improved.
(C) Subscribers' payments can be made only on a monthly basis.
(D) The number of photo albums a subscriber can arrange will be decreased.

키워드 Beginner Level Plan : 지문 1, 3

문제 191–195는 다음 광고문, 지시문과 이메일을 참고하세요.

세계 탐험 잡지 : 3월 봄 특별호

이번 시즌의 여행자들을 위한 최고의 모바일 앱을 체험해보세요

Photo J-Travel CR2는 여행 기간 동안 촬영한 사진들을 정리할 수 있는 흥미로우면서도 새로운 방법입니다. 사용자 친화적이면서도 독특한 인터페이스로 사진 공유와 정리가 덜 번거롭기 때문에 자주 여행을 다니는 사람들에게는 최고의 선택일 수 있습니다.

사용자들은 그들의 휴대용장비로 사진을 촬영하기 때문에, Photo J-Travel CR2는 날짜뿐만 아니라 위치와 함께 디지털 사진을 자동으로 업로드하고 라벨링을 할 수 있는 휴대용 장비에 설치되어 있는 기능을 이용할 수 있습니다. 이 앱은 각 사진을 특정 여행의 가상 앨범에 정리함으로써 사용자의 여행과정을 기록할 수 있습니다. 그 이후에, 사용자들은 각 사진에 본인의 이야기와 세부사항을 추가하기 위하여 앨범에 쉽게 접근할 수 있습니다. 라벨과 스티커는 사용자들이 선택할 수 있는 특별 패키지를 사용하여 사진에 적용시킬 수 있습니다. 타임 스퀘어, 에펠탑과 콜로세움과 같은 세계적으로 유명한 장소들은 스티커 패키지 중 하나에 포함되어 있습니다. 사용자들은 앱에서 메인 서버에 사진 앨범을 백업할 수 있고 백업, 보안과 저장 기능은 유료로 이용하셔야 합니다. 기본 Beginner 요금제에는 1.5 GB의 저장 공간만이 제공되며, 매달 9파운드를 지불하셔야 합니다. 다른 요금제는 더 비싼 가격에 이용이 가능하며 더 많은 저장 공간을 제공합니다.

Photo J-Travel CR2 모바일 앱을 구매해주셔서 감사합니다! 2

보다 쉽게 시작할 수 있도록, 지키셔야 하는 지시사항은 다음과 같습니다. 당신은 개인 프로필을 작성한 후에 가상 공간에 개인 사진 앨범을 만드실 수 있습니다. 구독을 선물하실 수 있습니다. Photo J-Travel CR2를 지인 혹은 친구들에게 선물하실 생각이 있으시다면 웹사이트 www.photojtravelcr2app.net/giftspurchase를 확인해 주십시오. 저희 앱으로 행복하고 좋은 여행 되시기 바랍니다.

개인정보	선호 요금제
이름: Alfonso Steele 이메일: asteele@starspacemall.com 전화번호: 443-2231-8867 얼마나 자주 여행을 다니시나요?: 일 년에 7회 이상 해외여행을 가보셨나요?: 네 자주 방문 하는 장소: 로마, 뉴욕, 서울, 도쿄	Beginner: 9 파운드/월 (　) Enjoyer: 13 파운드/월 (　) Hobbyist: 17 파운드/월 (✓) Professional: 20 파운드/월 (　)

수신	asteele@starspacemall.com
발신	subcariberservice@photojtravelcr2app.net
날짜	4월 20일
제목	고객 공지문

Photo J-Travel CR2 이용자분들에게,

요금제에 일부 변경사항이 있음을 알려드립니다. 월간 요금제 중 하나가 이번 분기 중으로 인상될 예정입니다. 서비스에 필요한 조처에 따라 사용자들에게 6개 언어 추가와 포토 필터 개선 옵션과 같은 더 많은 기능이 추가될 예정입니다. 또한, Hobbyist와 Professional 사용자들은 곧 포토 북 세트와 인쇄된 사진엽서와 같은 추가 특별 패키지를 사용하실 수 있을 것입니다. 해당 요금은 6월 1일자로 실시되며, 아래에 명시되어 있습니다.

요금제 종류	저장공간	매달 요금
Beginner	3GB	9 파운드
Enjoyer	5GB	13 파운드
Hobbyist	10GB	17 파운드
Professional	28GB	22 파운드

기존 Hobbist와 Professional 이용자분들은 무료 인쇄된 포토 북을 받으실 예정입니다. 질문이 있으시다면, subcariberservice@photojtravelcr2app.net으로 자유롭게 연락 주십시오.

어휘 **explore** 탐험하다, 탐구하다 **issue** 호 **intriguing** 아주 흥미로운 **arrange** 마련하다, 정리하다 **user-friendly** 사용자 친화적인 **hassle** 귀찮은 일 **locate** 두다, 설치하다 **label** ~을 붙이다, 적다 **establish** 설립하다 **virtual** 가상의 **specific** 특정한, 구체적인 **readily** 손쉽게, 선뜻 **spot** 장소 **security** 보안, 경비 **storage** 저장, 보관 **function** 기능 **capacity** 용량 **instruction** 설명, 지시 **complete** 완료하다 **personal** 개인적인 **subscription** 구독료 **intend to VR** ~할 작정이다, ~하려고 생각하다 **acquaintance** 지인 **rate** 요금 **quarter** 분기 **effective** 시행되는, 발효되는 **complimentary** 무료의

---

191. 광고문에 따르면, Photo J-Travel CR2로 이용자들은 무엇을 할 수 있는가?

(A) 여행 일정 제작
(B) 본인만의 앱 디자인
(C) 핸드폰에 사진 보관
(D) 낮은 가격에 신형 카메라 구입

STEP1 '사실'인 것을 찾는 문제는 보기의 **keyword**를 먼저 정리한 후 본문을 검색한다.

문제의 키워드인 Photo J-Travel CR2과 관련된 내용을 지문에서 찾아야 한다. 첫 번째 문제이므로 첫 번째 지문에서 정답을 파악해야 한다. 지문의 "Photo J-Travel CR2 is an intriguing new approach to arrange the photos taken during your travels."에서 해당 모바일 앱은 여행자들이 찍은 사진들을 정리할 수 있다고 언급되었다. 따라서 Photo J-Travel CR2 앱으로 이용자들이 할 수 있는 것은 (C)이다.

STEP 2 오답함정

(A) 지문 중 itineraries에 관한 언급은 없으므로 오답이다.
(B) 지문의 "EXPERIENCE THIS SEASON'S BEST MOBILE APPLICATIONS for Travelers"에서 앱은 이미 제작되어 판매되고 있는 것이므로 오답이다.

192. Photo J-Travel CR2에 관하여 언급된 것은 무엇인가?
(A) 이용자의 핸드폰의 기능에 접근할 수 있다.
(B) 젊은 사용자들에게 가장 인기 있는 앱이다.
(C) 다른 모바일보다 더 비싸다.
(D) 특정 휴대폰에서만 이용이 가능하다.

STEP 1　문제 중에 키워드가 있으면 해당 지문에서 검색된 키워드 위주로 정보를 연결한다.

문제의 키워드인 Photo J-Travel CR2를 중심으로 지문을 검색하고 paraphrasing 여부나 한 단어 오류 등에 주의해서 답을 선택해야 한다. 첫 번째 지문의 "Photo J-travel CR2 can use the mobile device's located features to upload and automatically label digital photos"에서 Photo J-Travel CR2 앱으로 사용자의 핸드폰에 설치되어 있어 있는 기능들을 사용할 수 있다고 언급되어 있다. 따라서 해당 앱은 사용자의 기기에 접근할 수 있으므로 정답은 (A)이다.

STEP 2　오답함정

(B) 첫 번째 지문의 "EXPERIENCE THIS SEASON'S BEST MOBILE APPLICATIONS for Travelers"에서 젊은 층의 사용자가 아닌 여행자들에게 인기가 있다고 언급되어 있으므로 오답이다.
(C) 제품 가격을 비교하는 내용은 언급되지 않았으므로 오답이다.
(D) 지문에서 mobile devices는 언급되었지만, only particular types에 관한 언급은 없으므로 오답이다.

---

193. Steele 씨가 포토 북을 받기에 적합한 이유는 무엇인가?
(A) 그는 국제적인 목적지 한 곳 이상을 방문했었다.
(B) 그는 지인을 위한 선물로 Photo J-Travel CR2 구독권을 구입하였다.
(C) 그는 사진 대회에서 1등을 수상했다.
(D) 그는 Photo J-Travel CR2의 Hobbyist 요금제를 사용하고 있다.

STEP 1　표나 그래프 등 시각 자료는 다른 문서와 연결하여 답을 찾는 문제가 주로 출제된다.

표에 있는 관련 정보들을 다른 지문들에서 모아서 답을 찾아야 한다. 먼저 지문의 키워드인 Mr. Steele 씨는 두 번째 지문에서 언급된다. 그에 대한 구체적인 정보는 작성한 프로필에서 확인해야 하며 그는 Hobbyist 요금제를 선택하였다. 또한 세 번째 지문의 "Hobbyist and Professional subscribers will soon be allowed to use additional special packages like photo book sets"에서 Hobbyist와 Professional 요금제 사용자들은 포토 북 세트를 받을 예정이라고 언급되어 있다. 따라서 그가 포토 북을 받는 이유는 (D)이다.

STEP 2　오답함정

(A) 두 번째 지문의 Steele 씨가 작성한 프로파일에서 사실임을 알 수 있지만, 이는 Steele 씨가 포토북을 받은 이유와는 관련이 없으므로 오답이다.
(B) 두 번째 지문의 Please keep in mind that subscriptions are available as a gift.에서 Steele 씨는 앱을 선물 받았음이 언급되어 있으므로 오답이다.

---

194. 이메일에서 가격 변경의 이유로 언급되지 않은 것은 무엇인가?
(A) 더 특별한 패키지를 제공하기 위하여
(B) 사진 필터를 추가하기 위하여
(C) 언어 수를 늘리려고
(D) 더 많은 국가에서 앱에 접근을 가능하게 하기 위하여

STEP 1　Not Question은 소거법을 이용한다.

이메일에서 가격에 변화가 생긴 이유를 묻는 문제로, 본문의 키워드 부분을 보기와 대조하여 맞는 내용과 오류 내용을 꼼꼼하게 대조해야 한다. 가격 변화 관련 정보는 세 번째 지문에서 나타나므로 세 번째 지문에서 정답을 파악하자. 지문의 "Through these necessary changes to our services, ~ Hobbyist and Professional subscribers will soon be allowed to use additional special packages"에서, 요금 변화로, 6개 언어 추가(C), 다양한 사진 필터 제공(B), 특정 요금제 사용자들에게는 특별 패키지(A)를 제공한다고 언급되어 있다. 따라서 정답은 (D)이다.

195. Beginner 요금제에는 어떤 특별한 변화가 생길 것인가?

(A) 보안 기능이 개선될 예정이다.
(B) 저장 공간이 증가될 것이다.
(C) 이용자들은 한 달에 한번 요금을 지불해야한다.
(D) 사용자가 이용할 수 있는 사진 앨범의 수는 감소할 것이다.

STEP 1 표나 그래프 등 시각 자료는 다른 문서와 연결하여 답을 찾는 문제가 주로 출제된다.

표에 있는 관련 정보들을 다른 지문들에서 모아서 답을 찾아야 한다. 먼저 지문의 키워드인 Beginner Level Plan은 첫 번째 지문과 세 번째 지문에서 언급된다. 첫 번째 지문의 "With only 1.5 GB of storage provided, a basic Beginner Level plan starts at £9 per month"에서 해당 요금제는 매달 9파운드를 지불해야 하며, 저장 공간이 1.5GB임이 언급되어 있다. 하지만 세 번째 지문의 표에서 요금제의 저장 공간은 3GB로 변경되었다. 따라서 Beginner Level 요금제에서 변경된 것은 (B)이다.

STEP 2 오답함정

(A) 첫 번째 지문의 Users can back up all photo albums to the app's main server and be charged for backup, security and storage functions에서 보안 기능(security functions)이 언급되었지만, 이는 앱의 전체적인 특징이므로 오답이다.
(C) 두 번째 지문에 해당 요금제 비용은 매달 납부해야 함이 언급되어 있지만, Beginner Level이 아닌 전체 요금제에 해당되는 내용이므로 오답이다.

Questions 196-200 refer to the following notice, Web page, and receipt.

British Specialists Association ①

The British Specialists Association is honored to present the professional of the year award. Over fifteen years, writer **Herbert Kennedy** has been a pioneer of eduction in history and literacy for people of all ages. Please come to congratulate Mr. Kennedy on Friday, 21 November, at 6 P.M. in the Banquet Hall at the Edgar Hotel in Camden Town. Following the award ceremony, **entertainment by the Hackney Rock Band** as well as a full-course dinner

> 199 ②+① 연계 문제
> entertainment by Rock band → musical performance

The various pieces Mr. Kennedy created have contributed to our understanding of the era in which we stay. His first book, Sailing Vessels, involves a interesting story on how finding a new sea route helped bring changes and expand our world throughout the 1700s, and describes the milestones that influenced the world economy of the age. The Boys of the River, his another book, is a fiction that shows young countrymen's changes in life during the period of eighteenth-century industrial revolution and the subsequent events. Lastly, Diverse Images of London (in **collaboration with** well-known photographer **Pearl Larson**) **follows** the city from its past to the present with pictures and words. 196 197

To reserve a seat for the ceremony, check our Web site at www.bsa.com.uk. Please be advised that a group of rooms at the Edgar Hotel in Camden has been set aside for attendees at a discounted price. Check www.edgarhotelcamden.com.uk/bsassociation for further details.

---

http://www.doreenfinance.com ②

Featured Event: Award Presentation by British Specialists Association

> 198 at a discounted price from 20 November to 22 November
> → for a limited period

Plea[...] Rooms are available for attendees at a **discounted price from 20 November to 22 November**; entertainment as well as a meal at the award event are included in the price. For information about prices and room availability, plea[...]

> 199 ②+① 연계 문제

[...]321, exten[sion 23.]

> 200 ②+③ 연계 문제

By downloading the mobile app we recently introduced, **300 Edgar Hotel Rewards credits** can be given when making a reservation. You can check in and out of our hotel more conveniently by using the app. This special offer lasts only until the end of November. New or reward program members are only eligible for this offer.

Edgar Hotel in Camden
Proof of Payment

Guest: Mamie Joseph   **Date:** 23 November
Permanent Address: 534 Bethnal Avenue, Homerton 2RQ1 34R

Room number: 431
Check-in: 21 November   **Checkout:** 22 November

Rewards program code: 54122 TRC **Rewards credits:** 300 (Speical points)
Discounted price: £95 per night (British Specialists A⬚ 〔**200** **2+3 연계 문제**〕
Total: £104.50
Bank card: XXXX-XXXX-XXXX-3321

We are happy to serve you!
Enjoy your stay with us!

---

196. What is mentioned as being part of Mr. Kennedy's works?
(A) Pearl Larson's photographs
(B) A ~~summary~~ of the history of Britain
(C) Information on the ~~shipbuilding industry~~
(D) Changes in the appearance of a ~~river~~

키워드 Mr. Kenney
ㄴ 키워드 앞뒤에서 정답을
찾자.
ㄴ 지문 ①

197. In the notice, the word "follows" in paragraph 2, line 8, is closest in meaning to
(A) obeys
(B) reads
(C) traces
(D) keeps

동의어 찾기 문제
ㄴ 단어를 기준으로 앞뒤
문장을 확인하자.: 지문 ①

198. What is suggested about a discounted room price?
(A) It is good for a limited period.
(B) It is offered ~~on a regular basis.~~
(C) It is provided ~~only~~ to reward program members.
(D) It can be applied for the event attendees' ~~family members.~~

키워드 discounted room
price
ㄴ 포괄적인 정답을 찾아야
한다.
ㄴ 지문 ②

199. What is included in the price of a room reserved for the event?
(A) Breakfast every morning
(B) A photo session with a writer
(C) A musical performance
(D) Tickets to a local photo gallery

객실 가격 포함 요소
지문 ②에서 객실 예약시
포함된 항목 확인 후, 지문
①에서 세부내용을 확인한다.
ㄴ 지문 ①, ②

200. What is indicated about Ms. Joseph?
(A) She ~~failed to~~ use her credit card when booking a room.
(B) Her original plan was to stay a few more days after the event.
(C) She may have the hotel's mobile app in one of her mobile devices.
(D) Her membership will expire at the end of November.

Ms. Joseph : 지문 ③
객실 예약 관련 구체적인 정보 :
지문 ①
ㄴ 또 다른 키워드 Rewards
Credits

문제 196-200은 다음 공지문, 웹페이지와 영수증을 참조하세요.

영국 전문가 협회 1

영국 전문가 협회는 올해의 전문가상을 수상합니다. 15년 넘게, 작가 Herbert Kennedy 씨는 전 세대를 대상으로 하는 역사와 리터러시 평생교육의 개척자이었습니다. 11월 21일 금요일 오후 6시에 Camden 마을에 위치한 Edgar 호텔의 연회장으로 오셔서 Kennedy 씨를 축하해 주십시오. 시상식 후에, Hackney 락밴드가 진행하는 공연뿐만 아니라 풀코스 저녁 만찬이 제공될 예정입니다.

Kennedy 씨가 창작한 다양한 작품들은 우리가 살고 있는 현 시대의 이해에 많은 기여를 했습니다. 그가 처음 쓴 책인 Sailing Vessels는 1700년대에 새로운 해로의 발견으로 어떠한 변화가 야기되었고 세계가 확장되었는지에 대한 재미있는 이야기를 포함하고 있으며, 세계 경제에 영향을 주었던 획기적인 사건을 언급하고 있습니다. 그의 또 다른 작품인 Boys of the River은 18세기 산업혁명과 이후의 사건들을 통해 젊은 시골청년들이 겪은 인생의 변화를 보여주는 소설입니다. 마지막으로 Diverse images of the London(유명 사진작가인 Pearl Larson과 함께 작업한)는 사진과 글을 통해 과거부터 현재까지의 도시의 모습을 보여줍니다.

시상식 좌석을 예약하시려면, 웹사이트 www.bsa.com.uk를 확인해주십시오. Camden에 위치한 Edgar호텔의 방 일부는 할인된 가격에 참석하는 분들을 위하여 확보해 놓았습니다. 더 자세한 내용을 보시려면 www.edgarhotelcamden.com.uk/bsassociation를 확인해 주십시오.

---

http://www.doreenfinance.com 2

특집 행사: 영국 전문가 협회에서 진행하는 시상식

11월 21일에 진행되는 시상식을 위하여 객실을 예약하십시오. 참석자 분들은 11월 20일부터 22일까지 할인된 가격에 객실을 이용하실 수 있습니다. 시상식에서의 접대뿐만 아니라 식사는 해당 가격에 포함되어 있습니다. 가격과 객실 이용 여부에 관한 정보는 (44) 4321 3321 (내선번호 23)으로 연락 주십시오.

저희가 새롭게 출시한 모바일 앱을 다운로드하시면, 예약 시에 300 Edgar 호텔 적립금을 제공해 드립니다. 앱을 사용하여 더 편리하게 호텔 체크인 혹은 체크아웃하실 수 있습니다. 이러한 특별 할인은 11월 말까지 제공됩니다. 신규 혹은 보상 프로그램 회원만이 해당 할인가를 받으실 수 있습니다.

Camden에 위치한 Edgar 호텔 3
지불 증명서

손님: Mamie Joseph   **날짜 :** 11월 23일
본적: 534 Bethnal가, Homerton 2RQ1 34R

객실 번호: 431
체크인: 11월 21일   **체크아웃:** 11월 22일

보상 프로그램 번호: 54122 TRC **보상 적립금:** 300 (특별 포인트)
할인 가격: 95 파운드 1박당 (영국 전문가 협회) + 세금
총액: 104.50 파운드
카드번호: XXXX-XXXX-XXXX-3321

귀하를 모시게 되어 기쁩니다!
머무시는 동안 즐거운 시간 보내세요!

어휘 feature 특별히 포함하다, 특징으로 삼다   award presentation 시상식   attendee 참석자
entertainment 오락, 여흥, 접대   availability 이용 가능성   extension 내선, 구내전화
conveniently 편리하게, 알맞게   last 계속되다   be eligible for 자격이 있다   professional 전문적인
pioneer 개척자, 선구자   life-long 평생 동안의   literacy 리터러시, 글을 읽고 쓸 줄 아는 능력   congratulate 축하하다
contribute to ~에 기여하다   era 시대   sea route 해로   expand 확대하다   throughout ~동안에 죽, 내내
milestone 중요한 사건   influence 영향을 주다   countryman 시골 남자, 동포   industrial revolution 산업혁명
subsequent 그 다음의, 차후의   lastly 마지막으로   past 지난   current 현재의   ceremony 의식
set aside 챙겨두다   attendee 참석자

---

196. Kennedy 씨의 작품 특징으로 언급된 것은 무엇인가?

(A) Pearl Larson 씨의 사진
(B) 영국 역사 요약
(C) 조선업 관련 정보
(D) 강의 모습 변화

STEP 1   문제 중에 키워드가 있으면 해당 지문에서 검색된 키워드 위주로 정보를 연결한다.

문제의 키워드인 Mr. Kennedy를 중심으로 지문을 검색하고 paraphrasing 여부나 한 단어 오류 등에 주의해서 답을 선택한다. 해당 키워드는 첫 번째 지문에서 언급되므로 첫 번째 지문에 정답이 있다. 지문의 "Diverse Images of London (in collaboration with well-known photographer Pearl Larson)"에서 그의 작품인 Diverse Images of the London은 유명 사진작가 Pearl Larson 씨와 함께 작업했음이 언급되어 있다. 따라서 정답은 (A)이다.

STEP 2   오답함정

(B) 지문의 Sailing Vessels, involves ~ expand our world throughout the 1700s, and describes milestones that influenced the world economy of the age.은 영국 전 역사를 다루는 것이 아니라 특정 시기 1700년대의 세계 경제에 영향을 주었던 획기적인 사건만을 언급하므로 오답이다.

(C) Sailing Vessels, involves a interesting story on how finding a new sea route helped bring changes 에서 Sailing Vessels 작품은 조선업이 아니라, 새로운 항로 발견이 어떤 영향을 미쳤는지에 대한 내용을 담은 것으로 오답이다.

(D) 지문의 Diverse Images of London follows the city from its past to the present에서 강의 모습이 아닌 도시의 과거부터 현재까지의 모습을 보여준다고 언급되어 있으므로 오답이이다.

---

197. 공지문에서, 두 번째 단락 여덟 번째 줄의 "follows"와 의미가 가장 가까운 것은?

(A) 복종하다
(B) 읽다
(C) 따라가다
(D) 유지하다

STEP 1   동의어 찾기 문제는 진짜 동의어를 찾는 것이 아니다.

동의어 찾기 문제에서 보기의 대부분은 실제 동의어들이다. 단순히 같은 뜻을 찾는 것이 아니라 본문의 문맥에 어울리는 단어로 교체하는 것이 핵심이다. 해당 문장인 "Diverse Images of London follows the city from its past to the present with pictures and words."에서 해당 작품은 과거부터 현재의 모습을 '따라가다, 계속 다루다'라는 의미를 갖는다. 따라서 해당 의미와 동일한 의미를 갖은 (C)가 정답이다.

---

198. 할인된 객실가격에 관하여 언급된 것은 무엇인가?

(A) 한정된 기간 동안 유효하다.
(B) 주기적으로 제공된다.
(C) 보상 프로그램 회원에게만 제공된다.
(D) 행사 참석자의 가족 구성원들에게도 적용될 수 있다.

STEP 1　문제 중에 키워드가 있으면 해당 지문에서 검색된 키워드 위주로 정보를 연결한다.

문제의 키워드인 discounted room price를 중심으로 지문을 검색하고 paraphrasing 여부나 한 단어 오류 등에 주의해서 답을 선택한다. 객실 예약 혹은 가격에 관한 자세한 정보는 두 번째 지문에서 주로 언급되므로 두 번째 지문에서 정답을 파악해야 한다. 지문의 "Rooms are available for attendees at a discounted price from 20 November to 22 November;"에서 참석자들은 11월 20일부터 22일까지 할인된 가격에 객실을 이용할 수 있다고 언급되었다. 따라서 특정 기간 동안 할인이 유효하므로 정답은 (A)이다.

STEP 2　오답함정

(B) 두 번째 지문의 Rooms are available for attendees at a discounted price from 20 November to 22 November에서 정기적으로가 아닌 11월 20일부터 22일 특정 기간 동안에만 할인이 제공되므로 오답이다.

(C) 지문의 New or reward program members are only eligible for this offer.에서 보상 프로그램 회원뿐만 아니라 신규 회원에게도 제공된다고 언급되어 있으므로 오답이다.

(D) Rooms are available for attendees at a discounted price from 20 November to 22 November에서 참석자를 비롯하여 가족 구성원에게 적용된다는 내용은 언급되지 않았으므로 오답이다.

---

199. 행사기간동안 예약된 객실 가격에 포함된 것은 무엇인가?

(A) 매일의 아침식사
(B) 작가와의 사진촬영시간
(C) 음악 공연
(D) 지역 사진 갤러리의 입장권

STEP 1　문제가 주는 힌트나 지문 내에 답에 영향을 주는 모든 요소들을 이용한다.

예약 객실 가격에 포함되어 있는 내용이 무엇인지를 묻는 문제이다. 먼저 행사 기간 동안 객실 예약과 관련된 내용을 언급하고 있는 두 번째 지문에서 정답을 파악하자. 지문의 "entertainment as well as a meal at the award event is included in the price."에서 식사비용과 접대비용이 포함되어 있다고 언급되었다. entertainment가 언급하는 구체적인 내용을 파악하려면, 행사의 구체적인 내용을 언급하고 있는 첫 번째 지문에 정답이 있다. 지문의 "Following the award ceremony, entertainment by the Hackney Rock Band as well as full course dinner will be provided."에서 해당 시상식에서, Hackney 락밴드가 공연을 한다고 언급되어 있으므로 정답은 (C)이다. 지문의 entertainment by the Hackney Rock Band는 보기 (C)의 musical performance로 paraphrasing되었다.

---

200. Joseph 씨에 관하여 언급된 것은 무엇인가?

(A) 그녀가 방을 예약할 때 신용카드의 이용이 불가능했다.
(B) 그녀의 원래 계획은 행사 후에 며칠 더 머무르는 것이었다.
(C) 그녀의 핸드폰에 호텔 모바일 앱이 설치되어 있을 것이다.
(D) 그녀의 회원권은 11월 말에 만료가 될 것이다.

STEP 1　특정인과 관련한 사실 확인 문제는 해당 지문과 연계 지문을 동시에 봐야 한다.

세 지문 중 하나의 지문에만 언급되는 사람과 관련한 사실 확인 문제는 보기의 키워드를 통해 위치를 확인해야 한다. 이때 해당 지문뿐만 아니라 연계 지문의 내용이 보기의 키워드로 등장하므로 주의하자. 문제의 키워드인 Ms. Joseph는 세 번째 지문에서 등장한다. 세 번째 지문은 객실 요금 납부 증명서로, 객실 예약 관련 내용을 언급하고 있는 두 번째 지문과 연계하여 문제를 풀어야 한다. 두 번째 지문의 "By downloading the mobile app we recently introduced, 300 Edgar Hotel Rewards credits can be given when making a reservation."과 세 번째 지문의 "Rewards credits: 300 (Speical points)"에서 300 포인트를 받은 것으로 Joseph 씨가 앱을 다운로드하여 예약을 했음을 알 수 있다. 따라서 정답은 (C)이다.

STEP 2　오답함정

(A) 세 번째 지문의 구매 수단은 Bank card 즉, 카드를 이용했음을 알 수 있으므로 예약 시에 신용카드 사용이 불가능했다는 내용은 오답이다.

TEST 2

LISTENING TEST

In the Listening test, you will be asked to demonstrate how well you understand spoken English. The entire Listening test will last approximately 45 minutes. There are four parts, and directions are given for each part. You must mark your answers on the separate answer sheet. Do not write your answers in your test book.

PART 1

Directions: For each question in this part, you will hear four statements about a picture in your test book. When you hear the statements, you must select the one statement that best describes what you see in the picture. Then find the number of the question on your answer sheet and mark your answer. The statements will not be printed in your test book and will be spoken only one time.

Statement (B), "They're having a meeting," is the best description of the picture, so you should select answer (B) and mark it on your answer sheet.

1.

2.

GO ON TO THE NEXT PAGE

3.

4.

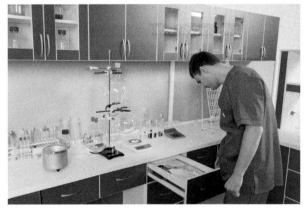

5.

6.

GO ON TO THE NEXT PAGE

PART 2

Directions: You will hear a question or statement and three responses spoken in English. They will not be printed in your test book and will be spoken only one time. Select the best response to the question or statement and mark the letter (A), (B), or (C) on your answer sheet.

7. Mark your answer on your answer sheet.

8. Mark your answer on your answer sheet.

9. Mark your answer on your answer sheet.

10. Mark your answer on your answer sheet.

11. Mark your answer on your answer sheet.

12. Mark your answer on your answer sheet.

13. Mark your answer on your answer sheet.

14. Mark your answer on your answer sheet.

15. Mark your answer on your answer sheet.

16. Mark your answer on your answer sheet.

17. Mark your answer on your answer sheet.

18. Mark your answer on your answer sheet.

19. Mark your answer on your answer sheet.

20. Mark your answer on your answer sheet.

21. Mark your answer on your answer sheet.

22. Mark your answer on your answer sheet.

23. Mark your answer on your answer sheet.

24. Mark your answer on your answer sheet.

25. Mark your answer on your answer sheet.

26. Mark your answer on your answer sheet.

27. Mark your answer on your answer sheet.

28. Mark your answer on your answer sheet.

29. Mark your answer on your answer sheet.

30. Mark your answer on your answer sheet.

31. Mark your answer on your answer sheet.

PART 3

Directions: You will hear some conversations between two or more people. You will be asked to answer three questions about what the speakers say in each conversation. Select the best response to each question and mark the letter (A), (B), (C), or (D) on your answer sheet. The conversations will not be printed in your test book and will be spoken only one time.

32. Where does the woman work?
(A) At a conference center
(B) At an elementary school
(C) At an exhibition facility
(D) At a gift shop in a gallery

33. What does the woman inquire about?
(A) The price of admission
(B) The total number of visitors
(C) The exact location of a school
(D) The estimated duration of a tour

34. What will the woman get ready?
(A) A request form
(B) A tour guide
(C) Visitor badges
(D) Information packets

35. Why is the woman making the call?
(A) To book a conference room
(B) To schedule a delivery
(C) To arrange a meeting
(D) To put in an order

36. What does the woman indicate is required?
(A) An identification card
(B) A recipient's signature
(C) A home address
(D) An insurance certificate

37. What will the man most likely do after 4 P.M. today?
(A) Leave for a business trip
(B) Visit a branch office
(C) Attend a meeting with other managers
(D) Go to an appointment

GO ON TO THE NEXT PAGE

38. Where most likely are the speakers?
(A) At a fitness facility
(B) At a sports arena
(C) At a university library
(D) At a public park

39. Why is the woman required to show her student ID card?
(A) To register for an event
(B) To verify her current address
(C) To get a discount
(D) To sign up for a class

40. What will the woman most likely do next?
(A) Make a card payment
(B) Give a guided tour
(C) Fill out some forms
(D) Consult another staff member

---

41. Why is the woman calling?
(A) To set up a schedule for paintwork
(B) To verify a delivery date
(C) To arrange a meeting
(D) To solicit customer feedback

42. What caused a delay?
(A) A manufacturer went out of business.
(B) A machine was not working well.
(C) An item was temporarily out of stock.
(D) Some supplies were delivered to a wrong address.

43. What does the woman say she will do?
(A) Send a trial version of a product
(B) Talk with her colleagues
(C) Give an immediate refund
(D) Transfer a call to a different department

---

44. Where is the conversation taking place?
(A) At an airport terminal
(B) At a hat factory
(C) At a shoe store
(D) At an athletic goods shop

45. Why has the woman come back to the business?
(A) To exchange a product
(B) To locate a lost item
(C) To repair some furniture
(D) To pay for her purchase

46. What does Jake want to know?
(A) The location of a store
(B) An exact price
(C) An expiration date
(D) The name of a manufacturer

---

47. What are the speakers talking about?
(A) A new staff member
(B) A new packaging
(C) A market trend
(D) A consumer survey

48. What does the woman say about the company volleyball team?
(A) They meet every Friday to practice.
(B) They will play against another team.
(C) They will go on holiday soon.
(D) They are looking for a new player.

49. Why does the man say, "Derrick can cover some of your shift on Friday"?
(A) To remind the woman of an important deadline
(B) To introduce a new competent coworker
(C) To give the woman permission to come late
(D) To ask for more assistance from other divisions

---

50. Why did the man need to see the woman?
(A) To talk about her new job
(B) To follow up on her interview
(C) To discuss her job application
(D) To inform her of her upcoming transfer

51. What does the woman say she had difficulty with?
(A) Obtaining approval for business trips
(B) Handing in an article in time
(C) Locating sources of information
(D) Accessing a database

52. What does the man recommend the woman do?
(A) Meet with a system operator
(B) Consult a database
(C) Attend a training seminar
(D) Look through an employee handbook

53. What will take place on June 12 at the business?
(A) A grand opening
(B) A musical performance
(C) A cooking demonstration
(D) A book discussion

54. What does the woman thank the man for?
(A) Designing a flyer
(B) Adjusting a schedule
(C) Setting up tables
(D) Handling customer complaints

55. What does the woman say she will do?
(A) Get in touch with a printer
(B) Change a menu item
(C) Look through a budget
(D) File application forms

56. What has the man done recently?
(A) Had a water purifier installed
(B) Printed his business cards
(C) Went to a trade fair
(D) Organized a facility tour

57. What does the woman suggest the man do?
(A) Look for a new phone
(B) Submit a business report
(C) Try a phone application
(D) Arrange meetings with clients

58. What does the woman say about the high-level version of a product?
(A) It seems much more user-friendly.
(B) It costs a lot more than other versions.
(C) It allows users to store more data.
(D) It includes a free warranty.

GO ON TO THE NEXT PAGE

59. Who most likely is the woman?
(A) A school teacher
(B) An eye doctor
(C) A shop assistant
(D) A pharmacist

60. Why does the man say, "I use my computer for long hours while working"?
(A) To explain a mistake
(B) To request permission to transfer
(C) To indicate his profession
(D) To describe the cause of symptoms

61. What does the woman suggest the man do?
(A) Reserve his next exam
(B) Look for a different job
(C) Take regular breaks while working
(D) Pick up an information packet

Brent City Center Business Courses
Class 1 : Tuesdays at 7 A.M. Class 2 : Wednesdays at 9 A.M. Class 3 : Fridays at 7 P.M. Class 4 : Saturdays at 1 P.M.

62. What was announced at the department meeting?
(A) A company acquisition
(B) An office renovation project
(C) A promotional event
(D) A staff member's retirement

63. What is the man not sure about doing?
(A) Attending a business class
(B) Relocating to another city
(C) Applying for a position
(D) Quitting his current job

64. Look at the graphic. Which class will the man most likely sign up for?
(A) Class 1
(B) Class 2
(C) Class 3
(D) Class 4

Resent Dining
Daily Specials Menu Items

Monday .... Salmon steak
Tuesday .... Jacket potato
Wednesday .... Beef steak
Thursday .... Roast chicken
Friday .... Club Sandwich

	http://cltrainstation.net		
	Choose Your Train Car		
Type	Carriage No.	Available/ Sold Out	Select
Quiet	1	Available	○
Quiet	2	Available	○
Quiet	3	Available	○
Standard	4	Available	○
Standard	5	Sold Out	○

65. Look at the graphic. What day is the woman visiting the business?
(A) Monday
(B) Tuesday
(C) Wednesday
(D) Thursday

66. What does the woman inquire about?
(A) Seating capacity
(B) Catering services
(C) Discount rates
(D) Menu selections

67. Why is the man sorry?
(A) Tables are fully booked.
(B) Some menu items are not prepared.
(C) A manager is not available
(D) A coupon is invalid.

68. Why is the man unhappy with the Chancery Lane train station?
(A) Its location is not convenient.
(B) It is currently under-staffed.
(C) It is undergoing renovation.
(D) Its Web site is out of service.

69. Look at the graphic. Which car are the speakers most likely going to take?
(A) Carriage 2
(B) Carriage 3
(C) Carriage 4
(D) Carriage 5

70. What does the man ask about?
(A) The exact departure time
(B) The final destination
(C) The location of a new office
(D) The payment method

GO ON TO THE NEXT PAGE

PART 4

Directions: You will hear some talks given by a single speaker. You will be asked to answer three questions about what the speaker says in each talk. Select the best response to each question and mark the letter (A), (B), (C), or (D) on your answer sheet. The talks will not be printed in your test book and will be spoken only one time.

71. Who most likely is the speaker addressing?
(A) Community staff members
(B) Coding students
(C) Government officials
(D) Computer engineers

72. What does the speaker say about himself?
(A) He learned coding in the university.
(B) He runs his own company.
(C) He is an experienced instructor.
(D) He has many classes today.

73. What will the listeners do next?
(A) Receive materials
(B) Print some documents
(C) Buy a book
(D) Complete a form

74. What problem does the speaker mention?
(A) A product development is behind schedule.
(B) A report is not accurate.
(C) Sales are decreasing.
(D) A budget has been cut.

75. What does the speaker want to do?
(A) Provide feedback
(B) Review some figures
(C) Conduct a survey
(D) Demonstrate a new product

76. What is Mr. Johnson asked to do?
(A) Take some notes
(B) Bring a piece of equipment
(C) Have a presentation ready
(D) Make copies of some handouts

77. Who most likely is the message for?
(A) A professional musician
(B) A service representative
(C) A loyal customer
(D) A producer

78. What does the speaker say about her colleagues?
(A) They've visited the place before.
(B) Some of them are musicians.
(C) They work in different departments.
(D) They are interested in an event.

79. What does the speaker ask the listener to do?
(A) Provide free tickets
(B) Write some review
(C) Check seat availability
(D) Send an invitation

80. What is the news report mainly about?
(A) Increased unemployment
(B) Workers seeking jobs abroad
(C) The costs of manufacturing
(D) The need for some workers

81. What does the speaker say has changed?
(A) Job opportunities have doubled.
(B) The number of institutes has increased.
(C) Some companies have merged.
(D) Companies offer more financial support.

82. What does the speaker imply when he says, "We're receiving many more résumés than last year"?
(A) He is busy with reviewing résumés.
(B) An advertisement has been successful.
(C) A problem has been solved.
(D) More employee benefits have been offered.

83. Who most likely is the message for?
(A) A recruitment agency
(B) A new employee
(C) A customer
(D) A manager

84. According to the speaker, what will the listener do next Monday?
(A) Attend a workshop
(B) Start a new job
(C) Submit an application
(D) Receive an award

85. What does the speaker imply when she says, "I'd like you to complete the information by this Thursday"?
(A) She thinks the listener is the right person for a job.
(B) She wants a task to be done quickly.
(C) A technician will assist the listener.
(D) A contract will be renewed next week.

86. Who is Mary Donnelly?
(A) A news reporter
(B) A store manager
(C) A company executive
(D) A city official

87. According to the speaker, what will be constructed?
(A) A press center
(B) A new headquarters
(C) A shopping mall
(D) An employment center

88. What does the speaker say will happen at the end of the year?
(A) The number of customers will increase.
(B) The price of a service will be lowered.
(C) Many investors will be contacted.
(D) A number of jobs will be created.

GO ON TO THE NEXT PAGE

➡

89. What has the speaker been asked to do?
(A) Modify an agenda
(B) Plan a workshop
(C) Give a presentation
(D) Review a recent merger

90. What does the speaker imply when she says, "some of the details won't be open to the public for a while"?
(A) She is disappointed with the listener.
(B) She cannot mention certain things.
(C) She needs more time for a conference.
(D) She wants to know about details.

91. According to the speaker, what information will be available in her e-mail?
(A) A conference program
(B) A week's schedule
(C) Contact information
(D) Examples of previous work

92. What is the purpose of the talk?
(A) To outline a cooking process
(B) To welcome an instructor
(C) To explain a class plan
(D) To announce a schedule change

93. What does the speaker say will happen after lunch?
(A) An instructor will answer some questions.
(B) Participants will get hands-on experience.
(C) A video will be screened.
(D) A tour will be given.

94. What will the speaker probably do next?
(A) Provide a sheet
(B) Distribute cooking utensils
(C) Start a lecture
(D) Give a demonstration

Magic Thema Park

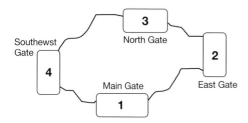

Reimburse Form	
Expense	Cost
Accommodation	$320.0
Express Train	$200.0
Meals	$145.5
Taxi	$943.5

95. What does the speaker expect?
(A) There will be many more vendors.
(B) A construction project will be delayed.
(C) More profit will occur.
(D) A variety of stores will be located.

96. Look at the graphic. At which gate does the speaker want to install the logo?
(A) Main Gate
(B) East Gate
(C) North Gate
(D) Southwest Gate

97. Who does the speaker say the sign is intended for?
(A) Daily commuters
(B) Investors
(C) Foreigners
(D) Park visitors

98. What did the listener do last week?
(A) Updated a software program
(B) Visited a museum
(C) Went on vacation
(D) Attended an international event

99. Look at the graphic. Which amount needs to be revised?
(A) $320.0
(B) $200.0
(C) $145.5
(D) $943.5

100. Why is the listener asked to visit a Web site?
(A) To update some figures
(B) To report a quarterly budget
(C) To download a form
(D) To enter a promotional code

This is the end of the Listening test. Turn to Part 5 in your test book.

READING TEST

In the Reading test, you will read a variety of texts and answer several different types of reading comprehension questions. The entire Reading test will last 75 minutes. There are three parts, and directions are given for each part. You are encouraged to answer as many questions as possible within the time allowed.

You must mark your answers on the separate answer sheet. Do not write your answers in your test book.

PART 5

Directions: A word or phrase is missing in each of the sentences below. Four answer choices are given below each sentence. Select the best answer to complete the sentence. Then mark the letter (A), (B), (C), or (D) on your answer sheet.

101. City Subway passengers can purchase a one-way ticket --------- a day pass from the vending machine.
(A) but
(B) if
(C) so
(D) or

102. Orange Motors --------- customers a free car wash on weekdays.
(A) offer
(B) offers
(C) will be offered
(D) was offered

103. The director of Fannie Communications rides --------- bike to work every day even if it rains.
(A) he
(B) his
(C) him
(D) himself

104. Blue Airlines reminds you that the maximum --------- for carry-on luggage is 7 kilograms.
(A) weighing
(B) weigh
(C) weighed
(D) weight

105. The historic Tucson Stone Bridge was built almost 150 years ---------.
(A) ago
(B) still
(C) enough
(D) away

106. Of all these used cars in the garage, the blue SUV has the most --------- engine.
(A) efficient
(B) efficiency
(C) efficiencies
(D) efficiently

107. Please note that each of the features will be described in detail --------- in the following section.
(A) separating
(B) separately
(C) separation
(D) separates

108. The number of residents in the city who --------- air purifiers with auto detecting technology is increasing.
(A) reply
(B) use
(C) show
(D) catch

109. When you make a ---------, you should consider two or more brands on the market.
(A) comparison
(B) comparable
(C) comparative
(D) compared

110. Please make sure the portable handle is --------- attached to the upper side of the frame.
(A) security
(B) securely
(C) securing
(D) secure

111. Our computer network system will not be --------- until further notice.
(A) loyal
(B) frequent
(C) beneficial
(D) available

112. Proceeds from the last week's charitable racing event --------- the agency's expectations.
(A) to surpass
(B) surpassed
(C) having surpassed
(D) surpassing

113. --------- part-timer at Western Food factory will be given the temporary ID badge to wear at all time while on duty.
(A) For
(B) Just
(C) Every
(D) Other

114. Jetblue Services, Inc., has been known as one of the most --------- companies in Western Australia.
(A) innovative
(B) innovated
(C) innovator
(D) innovate

115. --------- at the International Trade Show in New York was 10 percent lower than last year's.
(A) Attendant
(B) Attendees
(C) Attending
(D) Attendance

116. --------- our revenue from the Englewood branch has decreased, the Milwaukee branch's has remained the same.
(A) Rather than
(B) Although
(C) Depending on
(D) Before

GO ON TO THE NEXT PAGE

117. Simon Holdings, Inc. has benefited --------- the recent merger of Harris Financial.
(A) when
(B) apart
(C) it
(D) from

118. After reviewing all the proposals, Ms. Jenkins will select the most promising one ---------.
(A) she
(B) her
(C) hers
(D) herself

119. All the software in our office is provided --------- licensed agencies.
(A) to
(B) as
(C) by
(D) in

120. Employees who are --------- in volunteering to help prepare for the year-end party should contact Mr. Melder in Human Resources.
(A) interest
(B) interests
(C) interesting
(D) interested

121. Before you make inquiries, please be sure to check the FAQ page to see whether your questions have been answered ---------.
(A) early
(B) then
(C) already
(D) still

122. Three local vendors were contacted for our new branches in New York, and --------- offered their special rates.
(A) any
(B) all
(C) anything
(D) everything

123. Brian Roberts has decided to work in the --------- industry for the rest of his life.
(A) fashionably
(B) fashioned
(C) fashioning
(D) fashion

124. --------- the government contract will be one of the most beneficial achievements especially for a start-up company.
(A) Has won
(B) Wins
(C) Won
(D) Winning

125. This year's company picnic was postponed and will be held next Friday ---------.
(A) already
(B) seldom
(C) instead
(D) alike

126. Mrs. Cohen has to finish the data analysis before she --------- for the board meeting.
(A) will leave
(B) leaves
(C) leaving
(D) left

127. The real estate market in Western Australia is expected to grow by 20 percent --------- ten years.
(A) within
(B) about
(C) following
(D) toward

128. The committee requests --------- customer's personal information be released with written consent.
(A) that
(B) or
(C) which
(D) if

129. Jeffrey Davis was honored with the employee of the year award --------- his proposal to reduce unnecessary costs.
(A) for
(B) about
(C) since
(D) when

130. --------- of local foods for the Chefs' Choice Awards will be accepted until Thursday July 30.
(A) Supporters
(B) Venues
(C) Nominations
(D) Subscriptions

GO ON TO THE NEXT PAGE

PART 6

Directions: Read the texts that follow. A word, phrase, or sentence is missing in parts of each text. Four answer choices for each question are given below the text. Select the best answer to complete the text. Then mark the letter (A), (B), (C), or (D) on your answer sheet.

Questions 131-134 refer to the following announcement.

La Glace Bookstore, one of the biggest booksellers in Copenhagen announced that the next Talk with Today's Author will be on Thursday, October 14, at 7:00 P.M. with Misuki Makoto. Ms. Makoto, -------- works have received many positive reviews from
131.
a lot of critics and readers, will be publishing a new book, *The Life of Molly Chen*, on October 24. Besides reading an excerpt from this -------- book, Ms. Makoto will
132.
be interviewed by a notable reviewer Mondiago Suarez about her life and career.
--------.
133.
Due to the limited space, only 50 people can attend the event. -------- can be reserved
134.
by signing up in advance, at no cost, at www.laglacebookstore.com.

131. (A) her
(B) who
(C) whose
(D) its

132. (A) upcoming
(B) best-selling
(C) initial
(D) fictional

133. (A) A launch date has not been publicized.
(B) She plans to study drawing at the private institution.
(C) The book will be available at a discount.
(D) She will also have some time to answer questions from the audience.

134. (A) copies
(B) times
(C) tickets
(D) prices

Questions 135-138 refer to the following e-mail.

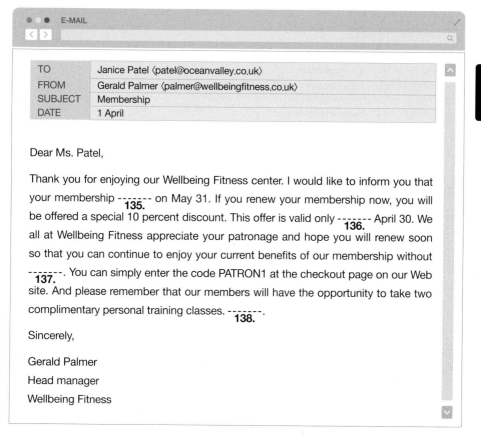

TO: Janice Patel ⟨patel@oceanvalley.co.uk⟩
FROM: Gerald Palmer ⟨palmer@wellbeingfitness.co.uk⟩
SUBJECT: Membership
DATE: 1 April

Dear Ms. Patel,

Thank you for enjoying our Wellbeing Fitness center. I would like to inform you that your membership ------- on May 31. If you renew your membership now, you will be offered a special 10 percent discount. This offer is valid only ------- April 30. We all at Wellbeing Fitness appreciate your patronage and hope you will renew soon so that you can continue to enjoy your current benefits of our membership without -------. You can simply enter the code PATRON1 at the checkout page on our Web site. And please remember that our members will have the opportunity to take two complimentary personal training classes. -------.

135.

136.

137.

138.

Sincerely,

Gerald Palmer
Head manager
Wellbeing Fitness

135. (A) has expired
(B) must have expired
(C) would have been expired
(D) will expire

136. (A) until
(B) by
(C) within
(D) against

137. (A) interrupt
(B) interruptive
(C) interruption
(D) interrupted

138. (A) Our membership rates have slightly increased this year.
(B) We will have our new line of sporting equipment released on May 15.
(C) To schedule a class, you can consult our staff at the front desk.
(D) Thank you for renewing your membership again.

GO ON TO THE NEXT PAGE

Questions 139-142 refer to the following e-mail.

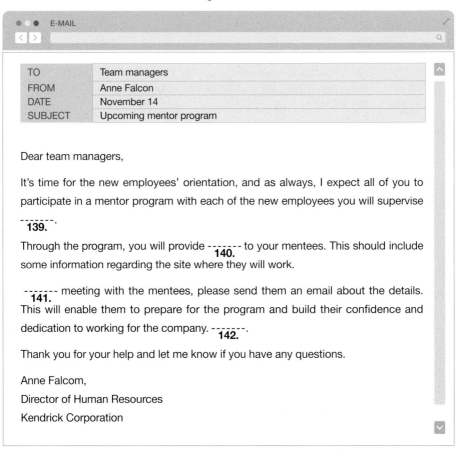

TO	Team managers
FROM	Anne Falcon
DATE	November 14
SUBJECT	Upcoming mentor program

Dear team managers,

It's time for the new employees' orientation, and as always, I expect all of you to participate in a mentor program with each of the new employees you will supervise ------- **139.**.

Through the program, you will provide ------- **140.** to your mentees. This should include some information regarding the site where they will work.

------- **141.** meeting with the mentees, please send them an email about the details. This will enable them to prepare for the program and build their confidence and dedication to working for the company. ------- **142.**.

Thank you for your help and let me know if you have any questions.

Anne Falcom,
Director of Human Resources
Kendrick Corporation

---

139. (A) direct
(B) directly
(C) direction
(D) directed

140. (A) advice
(B) access
(C) development
(D) software

141. (A) While
(B) Unless
(C) Prior to
(D) In case of

142. (A) The training session started last week.
(B) Additionally, it will help you train them more efficiently.
(C) As you know, this area is restricted to senior staff members.
(D) Unfortunately, filling a new position is taking longer than expected.

Questions 143-146 refer to the following e-mail.

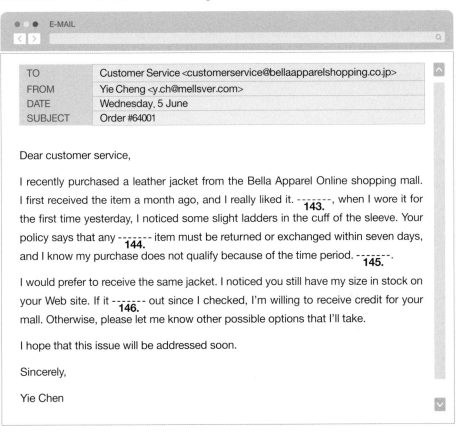

E-MAIL

TO	Customer Service <customerservice@bellaapparelshopping.co.jp>
FROM	Yie Cheng <y.ch@mellsver.com>
DATE	Wednesday, 5 June
SUBJECT	Order #64001

Dear customer service,

I recently purchased a leather jacket from the Bella Apparel Online shopping mall. I first received the item a month ago, and I really liked it. -------, when I wore it for **143.** the first time yesterday, I noticed some slight ladders in the cuff of the sleeve. Your policy says that any ------- item must be returned or exchanged within seven days, **144.** and I know my purchase does not qualify because of the time period. -------. **145.**

I would prefer to receive the same jacket. I noticed you still have my size in stock on your Web site. If it ------- out since I checked, I'm willing to receive credit for your **146.** mall. Otherwise, please let me know other possible options that I'll take.

I hope that this issue will be addressed soon.

Sincerely,

Yie Chen

---

143. (A) Also
(B) Therefore
(C) However
(D) Still

144. (A) defective
(B) mistaken
(C) ill-fitting
(D) messy

145. (A) This policy has been extended to at least 30 days.
(B) Nevertheless, I am asking you to kindly make an exception.
(C) Please add a discount coupon to my account for future shopping.
(D) I received the merchandise from you a week after I ordered it.

146. (A) be selling
(B) having been sold
(C) will sell
(D) has sold

GO ON TO THE NEXT PAGE

PART 7

Directions: In this part you will read a selection of texts, such as magazine and newspaper articles, e-mails, and instant messages. Each text or set of texts is followed by several questions. Select the best answer for each question and mark the letter (A), (B), (C), or (D) on your answer sheet.

Questions 147-148 refer to the following document.

Product: RX300 Electric Versatile Blender
Price: £90
Address: Haggerston, WR21 C9

Brief Description of Product
Purchased online 3 years ago. Cost £150. Has a 5 year limited warranty.
Power cord sometimes not working properly and need to be replaced by purchaser.
Except for that, in excellent condition. (Afraid, providing no pictures).

Price: £90 fixed, non-negotiable.

Contact to reserve, or first come first served

Respond to: Phone or send a text message to me at (032) 8847-1129

147. What is NOT suggested about the blender?
(A) Its price is final.
(B) It needs a new part.
(C) It has a user guide.
(D) Its warranty is still valid.

148. According to the advertisement, what can the seller do for a purchaser?
(A) Buy a new warranty
(B) Ship the product to a purchaser
(C) Forward images upon request
(D) Put the product aside for a potential purchaser

Questions 149-151 refer to the following information.

ALISON APPLIANCES GLOBE
Edward Terry
Head of Personnel Division

Mr. Terry, a distinguished leader with an unprecedented record of making unique improvement, supervises global human power for Alison Appliance Globe. He has taken over some important positions within our personnel division since joining our organization 12 years ago.

In his prior responsibilities as a senior personnel manager, Mr. Terry had Alison's staff-training program overhauled, resulting in considerable growth in employee productivity. In addition, he designed Alison's first extensive survey of job satisfaction among staff members.

Mr. Terry is famous as a sought-after presenter on employee fair treatment and benefit plans. He is currently teaching at Stratford College as well, where he won the Abraham Award for his study on trends in hiring practices. Mr. Terry, who also speaks Portuguese as well, worked in the lodging industry in Brazil for seven years before working for Alison.

---

149. What is the main reason the information has been written?
(A) To introduce the winner of a prize
(B) To profile a staff member
(C) To report a worker's research results
(D) To highlight an employee's qualifications for a position

150. What is NOT suggested as one of Mr. Terry's strengths?
(A) He is a popular public speaker.
(B) He is fluent in more than one language.
(C) He hires highly experienced workers.
(D) He drives positive changes to an organization.

151. What is indicated about Mr. Terry?
(A) He used to work in a different industry.
(B) He majored in an area at a college related to his career.
(C) He has served as a senior personnel manager for seven years.
(D) He started his career at Alison when studying at a college.

GO ON TO THE NEXT PAGE

Questions 152-154 refer to the following information.

The city of Woolwich needs to look for a new senior accountant to assume Ms. Teresa Stewart's position since she has announced her intention to retire. Ms. Stewart will hand over her responsibilities on November 3 after serving as a senior accountant for eleven years. —— [1] ——

The city manager receives reports directly from the city senior accountant who takes care of the financial affairs of the city. —— [2] —— The position involves complex tasks that require the capability of designing and implementing a wide range of systems and policies to help the city accomplish its financial goals and to keep track of all city financial data.

—— [3] —— The city manager Shaun Vaughn said "There are so many issues to address with the position." And he added "To be a successful candidate, substantial experience overseeing the finances of an organization or a firm is required."

Mr. Shaun indicated that the interview process for the position is expected to start in early October. —— [4] —— At the end of October, the new successor will be announced.

152. What is indicated about Ms. Stewart?
(A) Her supervisor is Mr. Vaughn.
(B) She intends to change the city's financial goals.
(C) Her retirement date has been put off.
(D) She relocated to Woolwich eleven years ago.

153. What did Mr. Vaughnh say about the essential requirement to be candidates?
(A) Flexibility of working hours
(B) The capability to comply with the present system
(C) A relevant educational background
(D) Considerable experience working on similar duties

154. In which of the positions marked 1,2,3 and 4 does the following sentence best belong?
"After October 5, we will not accept any application to consider."
(A) [1]
(B) [2]
(C) [3]
(D) [4]

Questions 155-156 refer to the following Web page.

---

http://www.dalston.com

To get our monthly posts!

Name : Juanita Castillo
E-mail : juanitacastillo@hoxton.net

Hand in

Dalston is committed to providing accountants in Seattle with help to avoid accounting related legal disputes. Every month, experienced legal experts in accounting law deliver the latest and most precise information about financial law, tax audits, and relevant regulations through comprehensive reports and articles posted on our Web site. Even if you are not a member, visit our web site regularly for new reports and articles or provide your name and e-mail address above so that we can forward our posts directly to your inbox.

---

155. Who is the Web page mainly intended for?
(A) Reporters
(B) Financial experts
(C) Web designers
(D) Attorneys

156. What is indicated about Ms. Castillo?
(A) Her certificate will be expire soon.
(B) She will register for Dalston membership.
(C) Her name will be posted in a Web directory.
(D) She will be sent information by e-mail.

GO ON TO THE NEXT PAGE

Questions 157-159 refer to the following information on a Web Page.

www.townrichmond.us/inf

Main	Local Authority	Public Transportation and Roads	Parks and Attractions	Information for visitors	Posts

Transit Richmond is devoted to keeping all roads and bridges throughout the town in good condition. The task involves road surface repaving including pothole and guard rail repair with street cleaning. Due to special event in the town like street festivals and parades or repair and repaving work, some roads may be closed temporally.

Present Projects and Alerts

• Autumn Saturday Drive: Motor vehicles will not be able to access South Lake Road from Kennington Bridge to Imperial Wharf from 11 A.M. to 5 P.M. every Saturday from 9 September to 1 October. This portion of South Lake Road will be limited only to bicyclists during this time.

• Because of the recent rainstorm, the repaving of Stamford Drive, which was supposed to be conducted from 29 August to 30 August, has been rescheduled for 5 September (to 6 or 7 September if necessary). No traffic will be allowed on the drive. Motorists are required to make a detour by following the signs.

Further roadwork details are available by clicking our Posts tab, but please be advised that work schedules are variable. For the latest information, contact our office at 874-8382-4857. And soon we will send text messages containing traffic notices to your cell phone. Call us for more details about this service.

157. What is the main purpose for the information?
(A) To publicize some tourist attractions
(B) To report details about certain town services
(C) To promote transportation options in a town
(D) To launch a new town department

158. Why will part of South Lake Road be closed to motor vehicles for certain periods?
(A) To avoid severe weather
(B) To hold a seasonal parade.
(C) To allow people to ride bicycles.
(D) To conduct road repair work

159. According to the Web page, how can people get updated roadwork details?
(A) By applying for a text message service
(B) By receiving a phone call
(C) By clicking on the Posts tab
(D) By visiting an office in person

Questions 160-163 refer to the following electronic message board.

Heidi Austin 10:05 A.M
Hi, all teammates, the new uniforms have arrived. Tell us how you like it if you've received yours.

Janice Bailey 10:10 A.M
It's so great that we don't need to wear the scarves any more. They were very distracting when providing service to the passengers. They were always a nuisance and never looked nice by the time we left the airport.

Martha Baker 10:21 A.M
Great, yet the silver tops look almost light gray. Light gray fabric is easy to get stained and wrinkled. We experienced a similar issue with those a few months ago. Can anyone recall?

Antoinette Baldwin 10:52 A.M
The trendy collars and the gold buttons on the sleeves look gorgeous. I want to know who chose those!

Kelli Ball 11:16 A.M
The color is not too bad. And it seems that wrinkles will no longer appear on our new uniforms.

Morris Banks 11: 31 A.M
I think it's great we now have two options, long sleeves and short sleeves. It doesn't matter during the flight since the temperature is not very variable, but it's not constant on the ground.

---

160. What most likely do the people writing on the message board do for a living?
(A) Design clothes
(B) Sell flight tickets
(C) Work as aircrews
(D) Repair airplanes

161. At 10:21, what does Ms. Baker most likely mean when she writes, "Can anyone recall?"
(A) She is not going to wear the new uniform.
(B) She agrees that the scarves were not good.
(C) She loves the light gray color.
(D) She thinks the color will cause a problem.

162. What opinion does Ms. Baldwin express about the new uniforms?
(A) Their designs are attractive.
(B) They have expensive buttons.
(C) Their color is not functional.
(D) They should not have been chosen.

163. What feedback does Mr. Banks provide about the new uniforms?
(A) He finds them too warm.
(B) He is glad that they come with options.
(C) He believes they are uncomfortable.
(D) He is happy not to need the scarves any more.

GO ON TO THE NEXT PAGE

Questions 164-167 refer to the following information.

Design Your Shop Promotion

In order to increase sales and attract attention to your current business, running promotions may be such a effective approach. However, to be successful, you need to plan them thoroughly. The following are some essential questions that business owners should consider prior to a promotion being planned.

How long should the promotion last? Although running promotions for a little while may seem exciting, you are reluctant to miss customers who are unfortunately tied up with their work during the period or are otherwise visiting other places.

What type of incentive will sales representatives receive? Rewarding the best performers is important since sales representatives' role is vital in the shop to make your promotion effective and successful.

What services and products should be involved? When you apply promotions to goods that are purchased by customers regularly, their effectiveness rises highly.

What means of publicity should be used? Recent research indicates that what people watch or hear is more forgettable than what people read. Keep this in mind, when choosing to use radio, magazines, or television to publicize your promotional events.

164. For whom is the information most likely intended?
(A) Employees willing to be promoted to higher positions
(B) Consumers waiting for promotional events
(C) People starting their own businesses
(D) Entrepreneurs thinking about special offers for customers

165. The word "attract" in paragraph 1, line 1, is closest in meaning to
(A) touch
(B) draw
(C) cause
(D) select

166. According to the information, what are customers less likely to do during the time that they are busy working?
(A) Come to a shop
(B) Apply for membership
(C) Correct their personal information
(D) Make an inquiry about a product

167. According to the information, what is an advantage of using magazines for publicity?
(A) It can contain much information in a page.
(B) It is more likely remembered than using other ways.
(C) It can be exposed to a wide range of people.
(D) It is much more affordable than using other ways.

GO ON TO THE NEXT PAGE

Questions 168-171 refer to the following online chat discussion.

Pauline Woods 2:35 P.M.
Hi, there! Could you give me some tips as travel enthusiasts. I'll be going on holiday to Richmond for a few days, visiting Putney Fall, Brixton Beach and Lambeth Town.

Brooke Yang 2:36 P.M.
Some friends of mine have been to Richmond several times and said the scenery they saw was magnificent.

Pauline Woods 2:37 P.M.
Yeah, that's exactly what I heard. I'm checking public transportation which is expected to be well organized, but I'm not sure whether I should rent a vehicle or use the bus. Is there any recommendation?

Kim Wolfe 2:37 P.M.
In order to save some money, I took the bus when I was there. Bus stops are well arranged and buses stop almost every two blocks.

Pauline Woods 2:38 P.M.
Kim, you mean it provides reliable service, right?

Brooke Yang 2:38 P.M.
Renting a car can be very helpful in case you want to make a last-minute itinerary change.

Kim Wolfe 2:40 P.M.
They come every fifteen minutes during the day. The service is as regular as clockwork.

Kathy Ward 2:41 P.M.
Well, if you and your companies are over four, renting a car can be much cheaper than using public transportation.

Pauline Woods 2:41 P.M.
I see. Then we'd better go with renting a car. Thanks for the tip, Kathy. Richmond's transit officials should share some ideas on fares with their peers here.

Kathy Ward 2:42 P.M.
Right at the airport, you can find many agencies running their offices. And there are a range of pamphlets available from the kiosks around the terminal, which can also offer you discount coupons you can't get anywhere else.

Pauline Woods 2:43P.M.
Thank you all for the valuable tips.

168. Who was Mr. Woods most likely chatting with?
(A) Those who work for a travel agency
(B) Those who take a trip frequently
(C) Those who will join his trip
(D) Those who reside in Richmond

169. Why has Mr. Woods chosen to rent a car?
(A) Because he wants to avoid waiting for buses.
(B) Because he is going to travel with more than four people.
(C) Because public transportation will not be available.
(D) Because there is no bus service to a inviting place.

170. At 2:41 P.M., what does Mr. Woods most likely mean when he writes, "Richmond's transit officials should share some ideas on fares with their peers here"?
(A) The bus stops in the city are not appropriately marked.
(B) The bus routes in the city do not have beautiful scenery.
(C) The bus fee in the city is not moderate.
(D) The bus service in the city is reliable.

171. What does Ms. Ward suggest about the airport?
(A) Shuttle buses are available to each terminal at the airport.
(B) Tourists can get certain coupons only at the airport.
(C) Bus service is not provided at the airport.
(D) Car rental service is only available at the airport.

GO ON TO THE NEXT PAGE

Shoenboi Inc. Achieved High Goal

New York (7 May)—Shoenboi Inc. has accomplished its aim of recycling more than 70 percent of the water spent at its New York manufacturing facilities. One of the nation's leading producers of household cleaning supplies and goods, Shoenboi Inc. set its challenging goal four years ago, as it joined the International Water Preservation Campaign.

According to the conditions of the campaign, Shoenboi collaborated with community and research leaders throughout all of its facilities to take off hazard substances from the water used for the manufacturing process of its cleaning liquid.

At the New York location itself, up to 60 billion liters of water has thus far been supplemented.

"It made us more than just happy," said Shoenboi owner Edward Thomson. "We were aware that the goal was rather challenging, but we were convinced that we could make it. It is very important for our company to take care of our delicate environment."

On top of its recent water-reusing effort, Shoenboi is going to release a new line of eco-friendly cleaning powder next quarter in order to keep its solid reputation as one of the most environmentally friendly companies in the nation.

Those interested in learning more about Shoenboi Inc.'s cooperation with the International Water Preservation Campaign and its new line of goods can visit our Web site at www.Shoenboi.inc.newyork.us/eco-conscious.

The New York-based Shoenboi Inc. runs 31 plants in 14 nations, working with up to 210,000 employees.

172. What is the purpose of the article?
(A) To introduce Shoenboi Inc.'s technique for recycling water
(B) To publicize Shoenboi Inc.'s new line of cleaning liquid
(C) To report on Shoenboi Inc.'s environmental protection activity
(D) To announce the opening of Shoenboi Inc.'s new plant in New York

173. What does Shoenboi Inc. manufacture?
(A) Environmental analysis reports
(B) Water-purification systems
(C) Various kinds of industrial chemicals
(D) Cleaning goods for domestic use

174. The word "conditions" in paragraph 2, line 1, is the closest in meaning to
(A) status
(B) disease
(C) terms
(D) environment

175. What is suggested about the International Water Preservation Campaign?
(A) Its headquarters is located in the New York area.
(B) It involves working along with environmental researchers.
(C) It has replenished 60 billion liters of water thus far.
(D) It was founded four years ago.

GO ON TO THE NEXT PAGE

Fred Knife Manufacturer (FKM)

Fred Knife Manufacturer (FKM) started making knives for kitchen use more than a century ago. Not only home cooks but also professional chefs around the world prefer our high quality knives since the knives are designed to cut a wide range of foods easily.

Maintaining and Sharpening
- By using warm water and a gentle detergent, FKM's knives should be cleaned by hand.
- In order to prevent the handles from being discolored and the blades from becoming dull, a dishwasher should not be used when you clean your knives.

It is essential to keep your knives' sharpness for its optimal performance. Depending on the kind of cutting board used most frequently with your knives, ideal sharpening timing can vary. Sharpening knives every other year would be enough if a wooden cutting board is used. Sharpening the knives once a month if a plastic cutting board is used, and sharpening knives multiple times a month would be necessary if a glass or ceramic cutting board is used. A free sharpening service is offered even though for return shipping, a small fee is required. Please be advised that you should clean your knives and wrap their blades carefully using thick paper before sending them. Put the knives into a box after filling it with any type of packing material such as newspaper and then send the box to the following address:

Fred Knife Manufacturer (FKM)

32 Hounslow Avenue

Seattle, WA 98119

Please enclose a money order or cheque for the return shipping fee. The shipping fee is $5.00 for up to four knives or $8.00 for five or more knives. In the package, please include your name, mailing address and e-mail. In addition, tell us if the knife owner is left-handed. Your knives will be sent back after about two weeks.

We hope our knives and services make you fully satisfied.

E-MAIL

TO	FKM Inc. Customer Service ⟨custserv@fkminc.net.us⟩
FROM	Brian White ⟨b.white@greenmail.net.us⟩
DATE	23 May
SUBJECT	Information requested

To whom it may concern:

My kitchen knives were sent for sharpening service more than a couple of weeks ago, but they have not been returned to me yet. Please tell me when I can expect to receive them back. The package containing six knives and a money order for $5 was shipped to your Haunslow Avenue address on 7 May.

Thank you,

Brian White

176. What is indicated about FKM's knives?
(A) People can buy them only through the Internet.
(B) Only left-handed people can use them.
(C) Restaurant cooks use them.
(D) They can be used for more than a century.

177. According to the flyer, what can cause damage to FKM's knives?
(A) Sharpening them inappropriately
(B) Washing them using a dishwasher
(C) Keeping them in a cupboard
(D) Using them improperly

178. What is suggested about cutting boards?
(A) They should be purchased from FKM Inc.
(B) They need to be replaced every other year.
(C) They need to be cleaned thoroughly after each use.
(D) They have an impact on the frequency of knife sharpening.

179. Why did Mr. White send the e-mail?
(A) To acknowledge that his order has arrived
(B) To inquire about the status of his items
(C) To complain about damage to a product
(D) To ask for some information about some items

180. What did Mr. White neglect to do?
(A) Hand in some personal information
(B) Send his package to the right address
(C) Enclose the correct amount of money
(D) Indicate how often he sharpens the knives

GO ON TO THE NEXT PAGE

Questions 181-185 refer to the following office information and e-mail.

DATA SECURITY
To all employees
11 November

At Milton Financial Service, arranging and keeping customer data is the most important aspect of our responsibility as you are already aware of. In order for us to do our daily job easily through automating and simplifying the overall work process, a new tool, Alvin Q2000, has been purchased for storage and retrieval data processes.

On top of taking care of the processes, Alvin Q2000 boasts an automatic function that deletes out-of-date and duplicate data. Searching and obtaining classified corporate information for our clients is a large part of our job, and as you are aware of, this tends to be rather time-consuming. Alvin Q2000 will allow us to spend less time on these jobs. We can use it easily and securely from not only the office terminal computers but also our own laptops while we are away from the office.

All employee will notice that Alvin Q2000 is not difficult to use and easy to download and set up. It will be accessible on November 23. Feel free to contact Miriam Rios (ext. 2113 or miriamrios@miltofinancialservice.net) should you have any further information and questions.

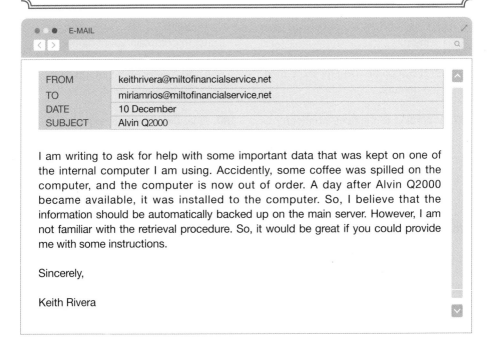

● ● ●   E-MAIL

FROM	keithrivera@miltofinancialservice.net
TO	miriamrios@miltofinancialservice.net
DATE	10 December
SUBJECT	Alvin Q2000

I am writing to ask for help with some important data that was kept on one of the internal computer I am using. Accidently, some coffee was spilled on the computer, and the computer is now out of order. A day after Alvin Q2000 became available, it was installed to the computer. So, I believe that the information should be automatically backed up on the main server. However, I am not familiar with the retrieval procedure. So, it would be great if you could provide me with some instructions.

Sincerely,

Keith Rivera

181. What is the main purpose of the information?
(A) To announce a new training manual
(B) To notify office workers of a new log-in procedure
(C) To inform staff members of a new software system implementation.
(D) To report some problems with the company's current computers.

182. In the office information, the word "classified", in paragraph 2, line 2, is the closest in meaning to
(A) sorted
(B) confident
(C) sensitive
(D) linked

183. What is mentioned as an advantage of "Alvin Q2000"?
(A) It can provide a better communication terminal.
(B) It can keep records of employee working hours.
(C) It can enhance the efficiency of some work.
(D) It can help office workers reduce errors in their daily tasks.

184. According to the e-mail, what has caused Mr. Rivera's problem?
(A) His computer was damaged by mistake.
(B) The power system in his office is out of order.
(C) His log-in password is not valid any longer.
(D) Some of his data is not backed up properly.

185. When was "Alvin Q2000" most likely installed on Mr. Rivera's computer?
(A) On November 11
(B) On November 23
(C) On November 24
(D) On December 10

GO ON TO THE NEXT PAGE

Questions 186-190 refer to the following e-mails and form.

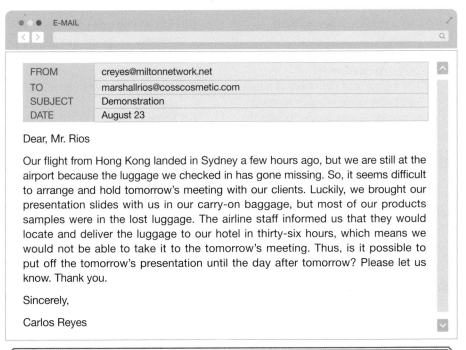

E-MAIL

FROM	creyes@miltonnetwork.net
TO	marshallrios@cosscosmetic.com
SUBJECT	Demonstration
DATE	August 23

Dear, Mr. Rios

Our flight from Hong Kong landed in Sydney a few hours ago, but we are still at the airport because the luggage we checked in has gone missing. So, it seems difficult to arrange and hold tomorrow's meeting with our clients. Luckily, we brought our presentation slides with us in our carry-on baggage, but most of our products samples were in the lost luggage. The airline staff informed us that they would locate and deliver the luggage to our hotel in thirty-six hours, which means we would not be able to take it to the tomorrow's meeting. Thus, is it possible to put off the tomorrow's presentation until the day after tomorrow? Please let us know. Thank you.

Sincerely,

Carlos Reyes

Lost and Found
(Property Irregularity Report)

We sincerely apologize for mishandling your baggage which caused the inconveniences. The information you fill in will be used to locate your properties as soon as possible. Please give us a detailed description of the luggage you lost and a list of the items in it to make the process faster.

Name of Passenger : Carlos Reyes
E-mail address : creyes@miltonnetwork.net
Report No. : QR39001

Temporary address : Birdsville Business Hotel, Watford 34, Sydney
Permanent address : 5643 Chancery, London, RC21 St.21, UK

Type of Bag : Large wheeled suitcase
Color : Gray
Brand (Manufacturer) : Tucker Bag

Please fill out the list of the items in the luggage

Quantity	Description
40	Emery Boards, Lipsticks, Blusher, Eye Shadow, etc.
11	Portable Projector, Microphone, Video Camera, Cables, etc.
7	Shorts, Shirts, Suits, Shoes, etc.
5	Files, Posters, Travel guide books, etc.

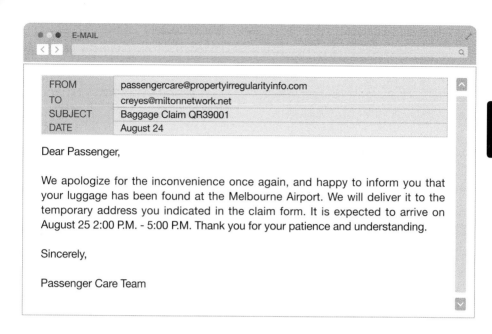

186. What does Mr. Reyes suggest about the presentation slides?
(A) They are required to be added.
(B) They are also missing.
(C) They have no problem to use.
(D) They will be forwarded by e-mail.

187. What does Mr. Reyes ask Mr. Rios to do?
(A) Postpone a presentation
(B) Pick him up from the airport
(C) Take him to the client meeting by car
(D) Ship product samples as soon as possible

188. What does Mr. Reyes intend to present?
(A) Household appliances
(B) Cosmetic goods
(C) Publications
(D) Apparel

189. In the form, the word "locate" in paragraph 1, line 2, is closest in meaning to
(A) tie
(B) deliver
(C) trace
(D) initiate

190. Where will the lost luggage most likely be delivered?
(A) To Melbourne
(B) To Sydney
(C) To Hong Kong
(D) To London

GO ON TO THE NEXT PAGE

Questions 191-195 refer to the following Web page, e-mail, and notice.

www.santoniohotel.com

| Events | Information | Services & Amenities | Booking |

There are many advantages to booking a room directly with Santonio Hotel rather than through a travel agency. Speak directly with one of our dedicated representatives who are familiar with every aspect of our hotel operations and can give clearer answers to your inquiries than a travel agent. Moreover, you can more easily manage your room reservations, by indicating your room preferences, or scheduling an early check-in or late checkout.

In addition, we are now celebrating 20 years of operation. So, you may win one free night by entering a raffle when you book a room with us for any length of stay during the month of September. To make a reservation, please click the Booking tab or contact us at +21 877 2099 3345.

● ● ● E-MAIL

FROM	booking@santoniohotel.com
TO	christinecampbell@burnsnet.us
DATE	19 August
SUBJECT	Confirming a Reservation

Dear Ms. Campbell,

Thanks for calling to reserve a room at Santonio Hotel.
The following are your reservation details.
Santonio Hotel, 23 Pacific Beach St., San Diego

Reservation Number (confirmation)	RC99832-1
Room Type	Double
Check-in date	Friday, 4 September
Checkout date	Saturday, 5 September
Room Rate (Including tax)	$215.50 per night
Additional fee(s)	Parking: $6.00 each day

For check-in process, a credit card and valid photo ID will be required. When you checkout, you will be asked to make a full payment. Should you have any questions or concerns, or should you need any particular assistance including ticket reservation to an event, recommendations for local attractions in San Diego, please feel free to contact us in advance.

Thank you for using our service.

Sincerely,

Santonio Hotel
Booking Departmen

Dear Guest,

Thank you for staying with us. Please keep in mind the following

• Unfortunately, Sun Valley Bistro, one of our on-premise facilities, will be closed from 4 September through 5 September. Please come to our reception desk and ask for alternative options near the hotel.

• Due to the scheduled refurbishing project, our parking lot will not be available starting Sunday, 6 September. We have already arranged another location for parking at the Town Center for our guests at the normal price of $6.00 per day.

Sorry for the inconvenience you may experience and thank you for your understanding.

The management of Santonio Hotel

191. What is suggested about Santonio Hotel?
(A) It can fulfill special requests from guests.
(B) It will update its reservation system in September.
(C) It has been in business for less than 20 years.
(D) It is opening a new hotel near its current location.

192. What is Ms. Campbell going to do on September 4?
(A) Pay her hotel bill
(B) Rent a vehicle
(C) Show her identification
(D) Present the e-mail she was sent

193. What is suggested about Santonio Hotel?
(A) It is fully reserved for September.
(B) It offers a special rate to frequent travelers.
(C) It has entered Ms. Campbell in a raffle.
(D) It received Ms. Campbell's booking through the Internet.

194. What information can guests ask for at the front desk?
(A) When special events are held
(B) What local attractions are
(C) How to book a rental car
(D) Where nearby restaurants are

195. What is suggested about Ms. Campbell?
(A) She qualifies for a free room upgrade.
(B) She will schedule a tour of San Diego.
(C) She will be able to visit the hotel's restaurant.
(D) She does not need to worry about the parking area.

GO ON TO THE NEXT PAGE

Cut down your moving expenses with Vaughn Movers!

Vaughn Movers has been in business for over fifteen years. We boast many experienced yet courteous workers who are detail-oriented and handle your possessions efficiently with the greatest care. Fully equipped to complete the job, we can provide moving services locally or even throughout the nation!

Below are the standard prices, which all require a three-hour minimum:
2 workers: £90
3 workers: £125
4 workers: £150
5 workers: £175

Extra charges can occur when special requirements are needed. You can get a price estimate by filling out a service request form in detail at www.vaughnremoval.net/price_estimate. Promotional prices are available in this autumn; you can receive a 15% discount on your order when booking the move on a weekday.

Vaughn Movers
Service Request From

Request date: Thursday, September 12
Customer Name: Monty Lionel
E-mail address: m_lionel23@greennature.com

Telephone Number: 221-2432-5543
Moving From: 311 Edgware Road, Hendon, TW2 R211
Moving To: 256 High Barnet Avenue, Finchley, RC3 T33
Move Date: September 21
Stuff to be moved:
12 stone tabletops : nine of them are 5.5 feet long by 3.9 feet wide, and three of them are 11 feet long by 3.9 feet wide.

Comments
The tabletops need to be moved from the manufacturer to a cafe we will open. Since the bigger ones tend to be quite heavy, at least three movers will be required for the job. I will get price quotes from other moving companies in the local area. The job should be done on September 21, but earlier is fine if I can get the special discount mentioned in the advertisement.

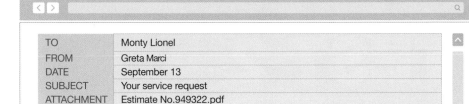

E-MAIL

TO	Monty Lionel
FROM	Greta Marci
DATE	September 13
SUBJECT	Your service request
ATTACHMENT	Estimate No.949322.pdf

We are happy to provide an estimate based on your service request on September 12. As local furniture suppliers often use our service, we believe that three workers will be insufficient, particularly for the larger tabletops. Attached is an price quote involving a team of five experienced workers and a moving truck equipped with covers and ramp (gas inclusive). Please be advised that assembly is not included in the price quote. In addition, it seems like the delivery can be done four days earlier than you originally requested, and you can thus get the special discount. Please contact us at 221-4432-2232 for any further information about the quote, and then your moving date and details can be finalized.

Sincerely,

Greta Marci
Vaughn Movers

196. In the advertisement, the word "handle" in paragraph 1, line 2, is closest in meaning to
(A) fix
(B) deal
(C) treat
(D) trade

197. What does Mr. Lionel indicate about his move?
(A) It will be delayed for some reason.
(B) It will need a fully equipped vehicle.
(C) It will require a long-distance trip.
(D) It will include items that weigh a lot.

198. If Mr. Lionel decides to hire Vaughn Movers, what hourly rate he will most likely pay?
(A) £90
(B) £125
(C) £150
(D) £175

199. What is suggested about Mr. Lionel?
(A) He has more than one business.
(B) He regularly goes on business trips.
(C) He has visited many furniture suppliers for his business.
(D) He wants his move done on a weekday.

200. According to Ms. Marci, what will her firm be able to do?
(A) Provide assembling services for a small fee
(B) Complete the job sooner than ordered
(C) Offer a further reduction in the price
(D) Give directions to some local businesses

GO ON TO THE NEXT PAGE

TEST 2

해설

정답 **TEST 2**

01. (A)	41. (D)	81. (B)	121. (C)	161. (D)
02. (B)	42. (C)	82. (C)	122. (B)	162. (A)
03. (D)	43. (C)	83. (B)	123. (D)	163. (B)
04. (C)	44. (C)	84. (B)	124. (D)	164. (D)
05. (B)	45. (B)	85. (B)	125. (C)	165. (B)
06. (D)	46. (D)	86. (C)	126. (B)	166. (A)
07. (A)	47. (B)	87. (C)	127. (A)	167. (B)
08. (B)	48. (B)	88. (D)	128. (A)	168. (B)
09. (A)	49. (C)	89. (C)	129. (A)	169. (B)
10. (C)	50. (A)	90. (B)	130. (C)	170. (C)
11. (A)	51. (C)	91. (B)	131. (C)	171. (B)
12. (A)	52. (B)	92. (C)	132. (A)	172. (C)
13. (C)	53. (B)	93. (B)	133. (D)	173. (D)
14. (A)	54. (A)	94. (A)	134. (C)	174. (C)
15. (B)	55. (C)	95. (C)	135. (D)	175. (B)
16. (C)	56. (C)	96. (B)	136. (A)	176. (C)
17. (B)	57. (C)	97. (A)	137. (C)	177. (B)
18. (A)	58. (C)	98. (D)	138. (C)	178. (D)
19. (C)	59. (B)	99. (C)	139. (B)	179. (B)
20. (A)	60. (D)	100. (C)	140. (A)	180. (C)
21. (B)	61. (C)	101. (D)	141. (C)	181. (C)
22. (A)	62. (D)	102. (B)	142. (B)	182. (C)
23. (B)	63. (C)	103. (B)	143. (C)	183. (C)
24. (A)	64. (C)	104. (D)	144. (A)	184. (A)
25. (A)	65. (C)	105. (A)	145. (B)	185. (C)
26. (B)	66. (B)	106. (A)	146. (D)	186. (C)
27. (A)	67. (D)	107. (B)	147. (C)	187. (A)
28. (A)	68. (B)	108. (B)	148. (D)	188. (B)
29. (A)	69. (C)	109. (A)	149. (B)	189. (C)
30. (A)	70. (D)	110. (B)	150. (C)	190. (B)
31. (C)	71. (B)	111. (D)	151. (A)	191. (A)
32. (C)	72. (C)	112. (B)	152. (A)	192. (C)
33. (B)	73. (A)	113. (C)	153. (D)	193. (C)
34. (C)	74. (C)	114. (A)	154. (D)	194. (D)
35. (B)	75. (B)	115. (D)	155. (B)	195. (B)
36. (B)	76. (D)	116. (B)	156. (D)	196. (C)
37. (C)	77. (B)	117. (D)	157. (B)	197. (D)
38. (A)	78. (D)	118. (D)	158. (C)	198. (A)
39. (C)	79. (C)	119. (C)	159. (A)	199. (D)
40. (C)	80. (D)	120. (D)	160. (C)	200. (B)

1

(A) A woman is holding a bag with merchandise.
(B) A woman is browsing through a store.
(C) A woman is stocking some produce on the shelves.
(D) A woman is purchasing some fruits.

[해석]
(A) 여자는 물건이 들어있는 가방을 들고 있다.
(B) 여자는 가게를 살펴보고 있다.
(C) 여자는 선반을 농산물로 채우고 있다.
(D) 여자는 과일을 구매하고 있다.

어휘   hold 잡다   merchandise 상품   browse through ~을 여기저기 훑어보다   stock 채우다, 갖추다
produce 농산물   shelf 선반

01 1인 사진은 사람의 동작과 외관에 집중한다.

Part 1의 1~2번 문제, 특히 1번은 주로 1인 사진이 출제된다. 1인 사진은 시선 처리를 주로 사진 중심부에 집중해 눈에 띄는 동작과 상태를 미리 파악해야 한다.

STEP 1   사진 분석

❶ 1인 중심
❷ 물건이 담겨 있는 장바구니를 들고 있다.
❸ 전자기기(탭)를 사용하고 있다.

STEP 2   사진에 보이지 않는 단어가 들리면 바로 소거한다.

(A) **A woman is holding a bag with merchandise.** ▶정답
(B) A woman is browsing through a store.
  ▶ 가게가 아닌, 무언가를 보고 있다.
(C) A woman is stocking some produce on the shelves.
  ▶ 여자는 선반을 채우고 있지 않다.
(D) A woman is purchasing some fruits.
  ▶ 과일을 구매하고 있지 않다.

STEP 3   1인 사진의 Point

사진 유형	정답 유형
사람의 상반신이 나왔을 경우	① 구체적인 동작 묘사 ② 주변의 장소나 상황에 맞는 행위 묘사 ③ 외모, 외형과 관련된 상태 묘사 ④ 주변(장소)의 상황이나 사물 묘사
사람의 전신이 나왔을 경우	① 상황에 맞는 행위 묘사 ② 구체적인 동작 묘사 ③ 외모, 외형과 관련된 상태 묘사 ④ 주변(장소)의 상황이나 사물 묘사

2

(A) People are crossing a bridge.
(B) There are some skyscrapers in the background.
(C) Some bicycles are being parked.
(D) A row of lampposts is being installed.

[해석]
(A) 사람들이 다리를 건너고 있다.
(B) 뒤쪽에 고층건물이 있다.
(C) 몇몇 자전거들이 주차되고 있다.
(D) 가로등이 한 줄로 설치되고 있다.

어휘 **cross** 건너다 **bridge** 다리 **skyscraper** 고층건물 **background** 뒤(쪽), 배경 **a row of** 일련의
lamppost 가로등

02 사람이 있더라도 배경이 부각되는 경우 사물의 상태를 위주로 듣는다.

사람이 있는 사진이라고 하더라도 들리는 주어가 무엇이냐에 따라 동사의 형태와 시제가 달라질 수 있으므로 주의해야 한다.

STEP 1 사진 분석

❶ 사람과 주변 배경
❷ 두 사람은 강을 따라 자전거를 타고 있다.
❸ 뒷 배경에 고층건물들이 위치해 있다.
❹ 강 위에 다리가 설치되어 있다.

STEP 2 사진에 보이지 않는 단어가 들리면 바로 소거한다.

(A) People ~~are crossing~~ a bridge.
▶ 강을 따라 자전거를 타고 있다.
(B) There are some skyscrapers in the background. ▶ 정답
(C) Some bicycles ~~are being parked~~.
▶ 사람들이 자전거를 타고 있다.
(D) A row of lampposts ~~is being installed~~.
▶ 가로등은 설치되어 있다.

STEP 3 사람과 사물이 혼합되어 있는 사진의 POINT

1. 사람의 비중과 배경의 비중을 판단한다.
2. 사진 속 장소와 주변 사물의 위치 및 상태를 확인한다.
3. 사진에서 부각되는 사물의 특징과 관련 단어들을 암기해 두어야 한다.
4. 사람의 동작과 무관한 동사를 사용한 오답에 주의한다.
5. 사진에 없는 사물을 언급한 오답에 주의한다.

3

(A) Some clothing is being folded.
(B) People are examining some dresses.
(C) Floor is being swept off.
(D) Some racks have been placed in a store.

[해석]
(A) 옷들을 접고 있다.
(B) 사람들이 몇몇 드레스를 살펴보고 있다.
(C) 바닥의 먼지가 제거되고 있다.
(D) 선반들이 가게 안에 놓여 있다.

어휘   fold 접다   examine 조사하다   sweep off 쓸어내다   rack 선반   place 설치하다

03 사람이 없는 사진에서 2가지 오답을 기억하라.

▶ 사물 사진의 소거 포인트 1: 사람 명사가 들리면 오답이다.
▶ 사물 사진의 소거 포인트 2: be being p.p.는 오답이다.

STEP 1 사진분석

❶ 사람이 없는 사물 위주 사진
❷ 옷이 진열되어 있다.

STEP 2 사진에 보이지 않는 단어가 들리면 바로 소거한다.

(A) Some clothing is being folded.
▶ 옷을 접고 있는 사람이 없다.
(B) People are examining some dresses.
▶ 옷을 살펴보고 있는 사람은 없다.
(C) Floor is being swept off.
▶ 바닥은 청소되지 않고 있다.
(D) Some racks have been placed in a store. ▶정답

STEP 3 사람이 없는데 수동태 진행형 being이 들리면 오답!

수동태 진행형은 사물주어로 시작하여 그와 관련된 사람의 동작이나 행위를 묘사한다. 따라서 사람이 없는 사진에서 보기에 being이 들렸다면 바로 정답에서 제외해야 한다.

The lamps are turned on. 등이 켜져 있다.
The lamps are being turned on. (누군가가) 등을 켜고 있다.

4

(A) A man is holding laboratory equipment.
(B) A man is using a calculator.
(C) A drawer has been opened.
(D) Some ingredients are boiling on a burner.

[해석]
(A) 남자가 실험도구를 들고 있다.
(B) 남자가 계산기를 사용하고 있다.
(C) 서랍이 열려져 있다.
(D) 일부 재료가 버너에서 끓여지고 있다.

어휘   **hold** 잡다   **laboratory** 실험실   **equipment** 장비   **calculator** 계산기   **ingredient** 재료   **boil** 끓이다
burner 버너, 화덕

---

04 사람이 등장해도 반드시 사람을 묘사한 것이 정답은 아니다.

가끔 사진에서 제일 먼저 알아볼 수 있는 행위를 묘사한 것이 정답이 되기도 하지만, 생각하지 못한 내용의 묘사가 정답으로 출제되어 당황해 할 수 있다.

STEP 1　사진 분석

❶ 사람과 주변 배경
❷ 주변에 실험도구가 놓여 있다.
❸ 남자는 열려진 서랍을 들여다보고 있다.

STEP 2　사진에 보이지 않는 단어가 들리면 바로 소거한다.

(A) A man is holding laboratory equipment.
▸ 남자는 실험도구를 잡고 있지 않다.
(B) A man is using a calculator.
▸ 남자는 계산기를 사용하고 있지 않다.
(C) A drawer has been opened. ▸정답
(D) Some ingredients are boiling on a burner.
▸ 끓고 있는 재료가 없다.

STEP 3　사람이 등장했다고 주변 사물을 놓치지 마라.

Part 1에서 가장 어려울 수 있는 문제 유형 중 하나이다. 사진을 볼 때 눈에 먼저 들어오는 특징적인 부분만 확인하고 있다가 전혀 예상치 못한 주변 사물들의 위치나 상태를 묘사하는 보기가 나오기 때문이다. 사람이 나온 사진이라도 주변 시설이나 사물의 상태까지 꼼꼼하게 파악해야 한다.

A vehicle is making tracks on the ground.
* 중장비를 운전하는 사람이 나오는 사진에서 땅에 있는 바퀴자국을 정답으로 묘사한 문제이다.

There is a table by some benches.
* 공원 테이블에서 사람이 식사를 하고 있는 장면이더라도 테이블과 주변의 사물을 정답으로 묘사한다.

The back of the truck is open.
* 트럭 뒤에서 작업하는 사람이 있는 사진임에도 트럭의 뒷문이 열려 있는 모습을 묘사한 보기를 정답으로 제시한다.

5

(A) Flowers are being planted on the ground.
(B) A street has been lined with lampposts.
(C) People are posing for a group photograph.
(D) People are walking along the river.

[해석]
(A) 꽃을 땅에 심고 있다.
(B) 거리에 가로등이 줄지어 있다.
(C) 사람들이 단체 사진을 위한 포즈를 취하고 있다.
(D) 사람들이 강을 따라서 걷고 있다.

어휘 **plant** 식물 **lamppost** 가로등 **line** ~을 따라 늘어서다 **along** ~을 따라 **pose for** ~를 위해 포즈를 취하다 **group photograph** 단체 사진

05 사물의 위치는 마지막 〈전치사+명사〉를 통해 파악하자.

▶ 사람이 없는 사물 위주의 사진은 명사들의 위치나 주변 배경에 대해 묘사한다.
▶ 장소 묘사를 위한 위치는 〈전치사 + 명사〉의 전명구로 나타내는데, Part 1에서의 전명구는 문장의 맨 끝에 위치하므로 보기에서 들리는 명사가 맞는 것이라고 해도 끝까지 내용을 들어야만 정답 여부를 파악할 수 있다.

STEP 1   사진 분석

❶ 사람과 주변 배경
❷ 사람들이 공원을 걷고 있다.
❸ 길을 따라 가로등과 나무가 설치되어 있다.

STEP 2   사진에 보이지 않는 단어가 들리면 바로 소거한다.

(A) Flowers are being planted on the ground.
  ▶ 꽃을 심고 있는 사람이 보이지 않는다.
(B) A street has been lined with lampposts. ▶정답
(C) People are posing for a group photograph.
  ▶ 단체 사진을 찍기 위해 포즈를 취하고 있는 사람은 없다.
(D) People are walking along the river.
  ▶ 강이 아닌 길을 따라서 산책을 하고 있다.

STEP 3   장소 위치 출제 Point

1. 위치를 나타내는 사물 사진은 '~에 있다'가 기본 표현으로, 현재 시제 혹은 현재완료로 나타낸다. '~에 위치해 있다'는 의미의 표현은 다음 표현을 암기하면 쉽게 들을 수 있다.
❶ be placed
❷ be left
❸ be arranged
❹ be set up
❺ be situated
❻ be put
❼ be hung
❽ There is/are

2. 자동사의 경우, 진행형으로 상태를 표현하므로 유의하자.
❶ be lying 놓여 있다
❷ be hanging 걸려 있다

6

(A) People are admiring flowers.
(B) Workers are working on the bench.
(C) Some of the trees are being trimmed.
(D) There are benches on both sides of the pot.

[해석]
(A) 사람들이 꽃을 감탄하며 보고 있다.
(B) 직원들이 벤치에서 작업 중이다.
(C) 나무들 중 몇몇의 가지를 치고 있는 중이다.
(D) 도자기 양옆에 벤치들이 있다.

어휘   admire 감탄하다   trim 다듬다, 손질하다   pot 도자기

06 사람이 없는 사진에서 2가지를 기억하라.

▶ 사물 사진의 소거 포인트 1: 사람 명사가 들리면 오답이다.
▶ 사물 사진의 소거 포인트 2: be being p.p.는 오답이다.

STEP 1 사진분석

❶ 사람이 없는 사물 위주 사진
❷ 도자기 양옆에 의자가
❸ 뒤쪽에 식물이 위치해 있다.

STEP 2 사진에 보이지 않는 단어가 들리면 바로 소거한다.

(A) People are admiring flowers.
 ▸ 식물을 감탄하고 있는 사람은 없다.
(B) Workers are working on the bench.
 ▸ 사진에서 사람은 찾아볼 수 없다.
(C) Some of the trees are being trimmed.
 ▸ 식물을 손질하고 있는 사람은 없다.
(D) There are benches on both sides of the pot. ▸ 정답

STEP 3 사물 사진의 소거 POINT

1. 가장 부각되는 사물의 위치나 상태, 주변의 사물, 배경을 확인하라.

❶ 가장 부각되는 사물의 위치 및 상태를 확인한다.
❷ 주변 사물을 확인한다.
❸ 장소 및 배경을 확인한다.
❹ 사람이 없는 사진에 사람 명사가 나오면 오답이니 바로 소거한다.
❺ 사진에 없는 사물을 언급한 오답에 주의한다.

2. be being p.p.는 오답이다.

– 〈사물 주어 + be being p.p.〉는 '사람이 사물을 가지고 동작을 진행하고 있다'의 의미로 이해해야 하므로, 사람이 없는 사진에서는 오답이다.
– [예외] display(진열하다)의 경우 상태의 지속을 나타내어 사람이 없더라도 진행형 수동태를 쓸 수 있다. ex. Some items are being displayed. 물건이 진열되고 있다.

07. Where is the closest train station?
(A) It's next to Mountian Lakes Park. **장소 답변**
(B) I'd prefer ~~the faster one.~~ **선택 의문문 답변**
(C) At a ~~training~~ workshop. **유사 발음 x**

7. 가장 가까운 기차역은 어디에 있습니까?
(A) 그것은 Mountian Lakes Park 옆에 있습니다.
(B) 저는 더 빠른 것을 선호합니다.
(C) 연수회에서요.

---

08. Are you satisfied with your new computer?
(A) ~~It~~ comes in many colors. **주어 오류**
(B) Yes, and it has a larger capacity. **긍정의 답변**
(C) No, I don't think ~~he~~ liked it. **주어 오류**

8. 당신은 신형 컴퓨터가 마음에 드시나요?
(A) 그것은 다양한 색상으로 나옵니다.
(B) 네, 그리고 성능이 더 좋습니다.
(C) 아니요, 저는 그가 그것을 좋아할 거라고 생각하지 않습니다.

---

09. Who's in charge of maintaining the ventilation system?
(A) Kevin does all the maintenance. **사람 이름 답변**
(B) ~~After~~ it has been fixed. **When 의문문 답변/연상 어휘 x**
(C) Did you charge the batteries yet? **동일 어휘 x**

9. 누가 환기 시설 관리를 담당하고 있나요?
(A) Kevin 씨가 모든 것을 관리하고 있습니다.
(B) 그것이 수리된 이후에요.
(C) 배터리를 충전했나요?

---

10. When will you go on a vacation?
(A) I have assigned the work to ~~him.~~ **주어 오류**
(B) The seat was ~~vacant.~~ **유사 발음 x**
(C) As soon as Marc returns. **시간 부사절 답변**

10. 당신은 언제 휴가를 가시나요?
(A) 제가 그에게 업무를 배정하였습니다.
(B) 좌석은 비어있었습니다.
(C) Marc 씨가 돌아오자마자요.

---

11. What program will Mr. Hills participate in this afternoon?
(A) He's going to take a class on advertising strategies. **프로그램명으로 대답**
(B) That works for ~~me~~ well. **주어 오류**
(C) It ~~was~~ very helpful. **시제 오류/How 의문문 답변**

11. Hills 씨는 오늘 오후에 어떤 프로그램에 참가할 예정인가요?
(A) 그는 광고 전략 관련 수업을 들을 예정입니다.
(B) 그것은 저에게 매우 효과가 있습니다.
(C) 그것은 매우 도움이 되었습니다.

---

12. Didn't Rosa's Flower shop offer a 10% discount to patrons?
(A) Yes, you're right. **긍정의 답변**
(B) Sure, ~~go ahead.~~ **권유/제안 답변**
(C) I like ~~shopping~~ in the store. **What 의문문 답변**

12. Rosa's Flower 가게는 고객들에게 10퍼센트 할인을 해 주지 않았나요?
(A) 네, 맞습니다.
(B) 물론이죠. 먼저 하세요.
(C) 저는 가게에서 쇼핑하는 것을 좋아합니다.

---

13. Why are you working alone in this maintenance department?
(A) ~~It~~ is maintained well. **유사 발음 x / How 의문문 답변**
(B) ~~No,~~ I prefer to do it in the morning. **Yes/No 오류**
(C) Everyone except me is on outside duty. **이유 설명**

13. 왜 이 관리부서에서 혼자서 근무하고 있나요?
(A) 그것은 잘 관리되고 있습니다.
(B) 아니요, 저는 오전에 그것을 하는 것을 선호합니다.
(C) 저를 제외하고 모두가 외근 중입니다.

14. Is this show's intermission 10 minutes or 20 minutes?
(A) It's usually 20 minutes long. 둘 중 하나를 선택한 답변
(B) I need some refreshments. **What 의문문 답변**
(C) Let's take a ~~break~~. 유사어휘 x

14. 이 쇼의 휴식시간은 10분인가요, 20분인가요?
(A) 보통 20분입니다.
(B) 저는 다과가 필요합니다.
(C) 잠시 쉽시다.

15. How often should our restaurant be inspected?
(A) The inspection will be ~~in an hour~~. **When 의문문 답변**
(B) Every six months. 구체적인 횟수 답변
(C) ~~From page 14~~. **Where 의문문 답변**

15. 저희 식당이 얼마나 자주 점검되어야만 하나요?
(A) 감독은 1시간 후에 있을 예정입니다.
(B) 매 6개월마다요.
(C) 14쪽부터입니다.

16. The claims department handles customer complaints, right?
(A) It departs ~~at 7 P.M.~~ **When 의문문 답변**
(B) ~~That's okay~~, I already asked that. 권유/제안 답변
(C) Yes, it does. 긍정의 답변

16. 손해사건부는 고객들의 불만사항을 처리하지요, 그렇죠?
(A) 그것은 오후 7시에 출발합니다.
(B) 괜찮습니다. 제가 이미 그것을 물어봤습니다.
(C) 네, 그렇습니다.

17. Isn't it too loud inside the employee lounge?
(A) ~~Coffee~~ and other ~~beverages~~. 연상 어휘 x
(B) I'll go turn off the music. 다음 행동 제시
(C) To the speakers. **Who 의문문 답변**

17. 직원 휴게실 안이 너무 시끄럽지 않나요?
(A) 커피와 다른 음료요.
(B) 제가 음악을 끄러 가겠습니다.
(C) 화자에게요.

18. Would you like to attend the grand opening of the art museum tonight?
(A) Sure, that sounds interesting. 긍정의 답변
(B) For tonight's ~~performance~~. 연상 어휘 x
(C) I'd ~~like~~ one, too. 동일 어휘 x

18. 오늘밤 미술관 개막식에 참석하실래요?
(A) 물론이죠, 재미있을 것 같습니다.
(B) 오늘밤 공연이요.
(C) 저도 역시 하나를 하고 싶습니다.

19. You reviewed the survey results, didn't you?
(A) ~~She~~ has gotten some. 주어 오류
(B) We conducted it ~~on Thursday~~. **When 의문문 답변**
(C) Isn't that for this Friday's presentation? 변명 답변

19. 당신은 설문 결과를 검토하셨죠, 그렇지 않나요?
(A) 그녀는 몇 개를 갖고 있습니다.
(B) 우리는 목요일에 그것을 실시하였습니다.
(C) 그것은 이번 주 금요일 발표에서 사용하지 않나요?

20. Would you like me to place these cakes in the showcase?
(A) Sure, if I finish decorating them. 긍정의 답변
(B) ~~In a larger place~~. **Where 의문문 답변**
(C) The show will begin ~~soon~~. **When 의문문 답변**

20. 이 케이크들을 진열장에 놓을까요?
(A) 물론이죠, 제가 그것들을 장식하는 것을 마무리 하고요.
(B) 더 큰 장소에요.
(C) 쇼가 곧 시작할 것입니다.

21. Where's the July issue of this business magazine?
(A) The business is ~~promising~~. **How 의문문 답변**
(B) Did you receive it already? **"모른다"의 간접적 답변**
(C) ~~To the headquarters~~. **Where 의문문 답변**

21. 이 경제 잡지 7월호는 어디에 있나요?
(A) 그 기업은 전도유망합니다.
(B) 당신은 그것을 벌써 받았나요?
(C) 본사로요.

22. What brand of staplers do you use?
(A) Kendra should know. **"모른다"의 간접적 답변**
(B) It was somewhat ~~useful~~. **유사 발음 x**
(C) The ~~store~~ is closed. **연상 어휘 x**

22. 당신은 어떤 브랜드의 스테이플러를 사용하시나요?
(A) Kendra 씨가 알고 있을 것입니다.
(B) 그것은 어느 정도는 유용했습니다.
(C) 그 가게는 폐업하였습니다.

23. Should I use a company car or mine?
(A) I have a ~~used~~ one. **유사 발음 x/What 의문문 답변**
(B) I thought you didn't have a driver's license. **간접적 답변**
(C) ~~I'd~~ better go with Mr. Hwang.
주어 오류/ who 의문문 답변

23. 제가 회사차를 이용해야 할까요? 아니면 제 것을 이용해야 할까요?
(A) 저는 중고차를 갖고 있습니다.
(B) 저는 당신이 운전 면허증을 갖고 있지 않다고 생각했어요.
(C) 저는 Hwang 씨와 함께 가는 것이 나을 것 같습니다.

24. You're planning to relocate to the headquarters in London, right?
(A) I'd prefer staying where I am now. **변명 설명**
(B) ~~Within the last quarter~~. **When 의문문 답변**
(C) ~~The head~~ of R&D. **who 의문문 답변**

24. 당신은 런던 본사로 이전할 계획이죠, 맞나요?
(A) 저는 제가 지금 있는 곳이 더 좋습니다.
(B) 지난 분기 이내에요.
(C) 연구 개발 부서의 책임자요.

25. How did the meeting with the designers go?
(A) Sandra is the one who went. **"모른다"의 간접적 답변**
(B) The ~~design~~ was excellent. **연상 어휘 x**
(C) Go down the hall. **How 의문문 답변**

25. 디자이너들과의 회의는 어땠나요?
(A) Sandra 씨가 갔던 사람입니다.
(B) 그 디자인은 훌륭했습니다.
(C) 복도를 따라서 가세요.

26. I'm very excited to relocate my office to New York.
(A) ~~It was~~ so spacious. **시제 오류**
(B) I'm glad about your success. **긍정의 답변**
(C) ~~I'm sorry, but~~ I was on vacation. **Why 의문문 답변**

26. 뉴욕으로 제 사무실을 옮기게 되어 매우 기쁩니다.
(A) 그곳은 매우 넓었습니다.
(B) 당신이 성공하여 매우 기쁩니다.
(C) 죄송하지만, 저는 휴가 중이었습니다.

27. Why haven't you completed the project?
(A) We need more data. 이유 설명
(B) A ~~complete~~ schedule. 동일 어휘 x
(C) The ~~projector~~ is not working. 유사 발음 x

27. 왜 프로젝트를 끝내지 못하였나요?
(A) 저희는 더 많은 자료가 필요합니다.
(B) 전체 일정이요.
(C) 그 프로젝터는 작동하지 않습니다.

---

28. Can you help me examine the budget report?
(A) I have a meeting soon. 간접적 답변
(B) No, I ~~haven't prepared~~ it. 시제 오류
(C) In a marketing ~~report~~. 동일 어휘 x/Where 의문문 답변

28. 예산 보고서를 검토하는데 도움을 주실 수 있나요?
(A) 저는 곧 회의가 있습니다.
(B) 아니요, 저는 그것을 준비하지 않았습니다.
(C) 마케팅 보고서예요.

---

29. Did this restaurant hire a new chef?
(A) I don't think so. 부정의 답변
(B) ~~It~~ was higher than expected. 주어 오류
(C) At a ~~reasonable~~ price. 연상 어휘 x

29. 이 식당은 주방장을 새로 채용하였습니까?
(A) 그렇지 않은 것 같은데요.
(B) 그것은 예상했던 것보다 더 높습니다.
(C) 적당한 가격에요.

---

30. The train for Birmingham has been delayed.
(A) We should check what happened. 다음 행동 제시
(B) At a ~~training~~ workshop. 유사 발음 x/Where 의문문 답변
(C) I have been waiting for you ~~since 2 P.M.~~
how long 의문문 답변

30. 버밍햄행 기차가 ~~연착되었습니다.~~
(A) 무슨 일인지 확인해 봐야겠네요.
(B) 연수회에서요.
(C) 저는 오후 2시부터 당신을 기다리고 있었습니다.

---

31. Shouldn't we revise the employee benefit packages?
(A) ~~At the packing department.~~ Where 의문문 답변
(B) ~~To increase~~ more profits. Why 의문문 답변
(C) Let's conduct an employee survey first. 다음 행동 제시

31. 직원 복리후생제도에 대해 수정해야만 하지 않나요?
(A) 포장부서에서요.
(B) 더 많은 수익을 위해서요.
(C) 직원 설문을 먼저 실시합시다.

07 Where 의문문은 장소로 대답한다.

[질문 분석] Where is the closest train station?
가장 가까운 기차역을 묻는 where의문문으로, 일반적으로 장소부사나 〈전치사+명사〉의 장소로 답한다.

[보기 분석]

(A) It's next to Mountian Lakes Park. ▸정답
질문의 대명사 It은 the closest train station(가장 가까운 기차역)을 나타내며, 전치사구 〈next to+명사〉를 이용하여 구체적인 장소로 대답한 정답이다.

(B) I'd prefer the faster one. ❷ 다른 의문사에 대한 답변
부정대명사 [the+형용사+one(s)]은 선택 의문문의 답변이다. 즉, Which train do you prefer more?에 대한 답변이다.

(C) At a training workshop. ❹ 유사 발음 오류
질문의 train과 발음이 유사한 training을 이용한 어휘 오류로 오답이다.

08 조동사 의문문은 Yes/No로 대답한다.

[질문 분석] Are you satisfied with your new computer?
'신형 컴퓨터에 만족하는지'를 묻는 조동사 의문문으로, Are you satisfied with, new computer가 키워드이다. 조동사 의문문은 상대방의 질문에 대해서 긍정이면 Yes로, 부정이면 No로 먼저 대답하고, 그 이후에 자신이 하고 싶은 말을 한다.

[보기 분석]
(A) It comes in many colors. ❸ 주어 오류
질문의 주어가 you면, 일반적으로 답변의 주어는 I이다.

(B) Yes, and it has a larger capacity. ▸정답
먼저 상대방의 질문에 신형 컴퓨터에 만족을 한다는 긍정의 Yes로 대답한 이후에 성능이 더 크다는 컴퓨터(it)의 추가 특징을 설명하고 있으므로 정답이다.

(C) No, I don't think he liked it. ❸ 주어 오류
답변의 대명사 it은 new computer를 받을 수 있지만, he를 받을 수 있는 구체적인 명사가 질문에 언급되지 않았으므로 오답이다.

09 [Who] 사람 이름이나 직위로 대답한다.

[질문 분석] Who's in charge of maintaining the ventilation system?
책임자를 묻는 Who 의문문으로 키워드는 Who's in charge이다.

[보기 분석]
(A) Kevin does all the maintenance. ▸정답
'책임자가 누구인지'를 묻는 질문에 특정 사람 이름인 Kevin을 언급하고 있으므로 정답이다.

(B) After it has been fixed. ❷ 다른 의문사에 대한 답변
after를 이용하여 구체적인 시점을 나타내므로 When 질문의 답변이다. 또한 maintaining에서 fix를 연상한 오답이다.

(C) Did you charge the batteries yet? ❹ 동일 어휘 오류
반문하는 표현은 정답이 될 확률이 높지만, 질문의 charge를 반복사용한 오답이다.

10 [When] 시간 부사절로 시작하면 정답이다.

[질문 분석] When will you go on a vacation?
'언제 휴가를 갈 예정인가?'의 미래 시점을 묻는 When 의문문이다.

[보기 분석]
(A) I have assigned the work to him. ❸ 주어 오류
제3자 him을 받을 수 있는 구체적인 명사가 질문에서 언급되지 않았으므로 오답이다.

(B) The seat was vacant. ❹ 유사 발음 오류
질문의 vacation과 vacant의 유사 발음을 이용한 오답이다.

(C) As soon as Marc returns. ▶정답
시간 부사절 접속사 as soon as(~하자마자)을 이용하여 휴가를 가는 시점을 나타냈으므로 정답이다.

11 [What] What 뒤에 나오는 명사가 답을 결정한다.

[질문 분석] What program will Mr. Hills participate in this afternoon?
키워드는 what program/ Mr. Hills participate로, 'Hills 씨가 참가하는 프로그램이 무엇인지'를 묻는 질문이다.

[보기 분석]
(A) He's going to take a class on advertising strategies. ▶정답
주어인 He는 Mr. Hill를 지칭하며, 참가할 class를 언급하고 있으므로 정답이다.

(B) That works for me well. ❸ 주어 오류
주어인 that이 받을 수 있는 대상이 없으며, Hills 씨가 미래에 참가할 프로그램을 묻는 질문이기 때문에 대명사 me가 아니라 him으로 대답을 해야 한다.

(C) It was very helpful. ❺ 시제 오류
미래시제의 질문에 대해 과거시제로 답변한 오류이다. 의견을 묻는 How was the program?의 질문에 대한 답변이다.

12 [부정/부가 의문문] 긍정이면 Yes, 부정이면 No로 답한다.

[질문 분석] Didn't Rosa's Flower shop offer a 10% discount to patrons?
'고객들에게 10% 할인을 제공하는지'를 묻는 부정 의문문으로, 해당 유형은 질문의 Not을 제외하고 내용 자체에 집중해야 한다.

[보기 분석]

(A) Yes, you're right. ▸정답
'할인을 제공하느냐'는 질문에 '그렇다, 당신의 말이 맞다'라고 동의하는 답변이므로 정답이다.

(B) Sure, go ahead. ❷ 다른 의문사에 대한 답변
'go ahead(그렇게 하세요, 어서 드세요)'는 권유/제안의 대표적인 답변으로 오답이다.

(C) I like shopping in the store. ❷ 다른 의문사에 대한 답변
I가 좋아하는 것이 무엇인지를 답하는 것으로, What do you like ~?에 대한 답변이다.

13 [Why] 이유나 변명을 언급한다.

[질문 분석] Why are you working alone in this maintenance department?
'왜 혼자서 근무를 하고 있느냐'의 이유를 묻는 질문으로 Why/ you/working alone이 키워드이다.

[보기 분석]

(A) It is maintained well. ❹ 유사 발음 오류
질문의 maintenance와 발음이 유사한 maintained를 이용한 오답이다. 또한 부사 well을 이용하여 '관리가 잘 이루어지고 있다'는 상태를 나타내고 있으므로 How is ~?의 질문에 대한 답변이다.

(B) No, I prefer to do it in the morning. ❶ Yes/No 오류
의문사를 이용한 의문문은 구체적 정보로 답변을 해야 하므로 긍정/부정을 나타내는 Yes/No로 답변이 불가능하다.

(C) Everyone except me is on outside duty. ▸정답
이유를 나타내는 전치사와 접속사를 사용하지는 않았지만, 질문에 대한 상황 설명 즉, '나를 제외한 모두가 외근 중이다'라는 이유를 설명하고 있으므로 정답이다.

14 선택 의문문 - or가 들리는 순간 or의 앞뒤 단어에 집중한다.

[질문 분석] Is this show's intermission 10 minutes or 20 minutes?
선택 의문문은 Which 대신 문장 중간에서 or를 사용하기도 하므로 앞부분보다는 or를 기준으로 앞뒤 단어에 집중해야 한다. 즉, or 앞뒤 단어인 10 minutes과 20 minutes가 키워드인 선택 의문문이다.

[보기 분석]

(A) It's usually 20 minutes long. ▸정답
or 앞뒤 모두 '시간과 시간'으로 답변 또한 시간으로 대답해야 한다. 따라서 20 minutes를 사용한 정답이다.

(B) I need some refreshments. ❷ 다른 의문사에 대한 답변
What do you need ~?에 대한 응답이다. 질문의 show에서 refreshments를 연상한 오답이다.

(C) Let's take a break. ❹ 유사어휘 오류
질문의 intermission과 유사 어휘인 break를 이용한 오답이다.

15 〈How+형용사/부사〉는 숫자나 수량형용사로 답한다.

[질문 분석] How often should our restaurant be inspected?
문제의 키워드는 How often / restaurant be inspected로, '얼마나 자주' 식당을 점검할건지를 묻는 질문이다.

[보기 분석]
(A) The inspection will be in an hour. ❷ 다른 의문사에 대한 답변
특정 시점 부사구 in an hour은 When에 대한 응답이며 질문의 inspected의 유사 발음인 inspection을 이용한 오답이다.

(B) Every six months. ▶정답
빈도를 묻는 How often 질문에 구체적인 횟수를 나타내는 every(~마다)를 사용해 답변하였으므로 정답이다.

(C) From page 14. ❷ 다른 의문사에 대한 답변
특정 시작점 page 14를 언급한 답변으로 Where 의문문에 대한 답변이다.

16 [부정/부가 의문문] 최근 부가 의문문은 right으로 끝난다.

[질문 분석] The claims department handles customer complaints, right?
'손해사건부는 고객들의 불만사항을 처리합니다.'라는 부가 의문문이다.

[보기 분석]
(A) It departs at 7 P.M. ❷ 다른 의문사에 대한 답변
답변의 it을 받을 수 있는 구체적인 명사가 질문에서 언급되지 않았으며, 구체적인 시점을 언급하고 있으므로 When 의문문에 대한 답변이다.

(B) That's okay, I already asked that. ❷ 다른 의문사에 대한 답변
That's okay는 권유나 제안에 대해 '좋다'라는 승낙의 대답으로 평서문 답변으로 사용할 수 없다.

(C) Yes, it does. ▶정답
묻는 사실에 긍정의 Yes로, '맞다'고 답변하고 있으므로 정답이다.

17 [부정 의문문] Yes/No가 없는 경우, 부가 설명을 하는 답변이 정답이다.

[질문 분석] Isn't it too loud inside the employee lounge?
직원 휴게실이 시끄럽지 않는지를 묻는 부정 의문문은, 주로 Yes/No로 답변한다. 하지만 Yes/No가 없는 경우에는 질문에 대한 다음 행동 제시 혹은 관련 부가 설명을 하는 답변 등이 정답이 된다.

[보기 분석]
(A) Coffee and other beverages. ❹ 연상 어휘 오류
질문의 employee lounge의 연상 어휘 coffee와 beverage를 이용한 오답이다.

(B) I'll go turn off the music. ▶정답
'휴게실에 가서 음악 소리를 끄겠다'는 다음 행동을 제시하고 있으므로 정답이다. 즉, 해당 답변에는 시끄럽다는 긍정의 내용이 포함되어 있으므로 따로 Yes를 언급하지 않았다.

(C) To the speakers. ❷ 다른 의문사에 대한 답변
Who should I talk to ~?에 대한 답변이다.

18 권유/제안 질문은 주로 승낙, 거절, That's a good idea로 답변한다.

[질문 분석] Would you like to attend the grand opening of the art museum tonight?
문제의 키워드는 would you like to attend로 '개막식에 참석하실래요?'의 권유/제안 질문이다.

[보기 분석]
(A) Sure, that sounds interesting. ▶정답
Sure로 승낙을 하고, 재미있을 것 같다고 의견을 제시하고 있으므로 정답이다.

(B) For tonight's performance. ❹ 연상 어휘 오류
grand opening에서 performance를 연상한 오답이다. 또한 질문의 tonight를 반복 사용한 오답이다.

(C) I'd like one, too. ❹ 동일 어휘 오류
질문의 like를 반복 사용한 오답이다.

19 [부정/부가 의문문] Yes/No 없는 정답은 변명이 나온다.

[질문 분석] You reviewed the survey results, didn't you?
'설문조사 결과를 검토하셨나요?'의 질문으로 확인을 구하는 부가 의문문 질문이다.

[보기 분석]
(A) She has gotten some. ❸ 주어 오류
질문의 주어는 you로, 3인칭 대명사 she의 응답은 오답이다. Has Ms. Kim ~?에 대한 응답이다.

(B) We conducted it on Thursday. ❷ 다른 의문사에 대한 답변
특정 시간을 나타내는 on Thursday가 언급되었으므로, When 의문문에 대한 답변이이다. 또한 survey에서 conduct를 연상한 어휘 오류로 오답이다.

(C) Isn't that for this Friday's presentation? ▶정답
'금요일 발표에 사용하지 않나요?'라는 의미로, 아직 끝내지 못했다는 No를 대신하는 변명을 하고 있다. 일반적으로 No를 대신하는 답변에는 '변경/몰랐다/변명/아직 끝내지 못했다'는 내용이 나온다.

20 권유 제안 질문에는 주로 수락/거절의 표현으로 대답한다.

[질문 분석] Would you like me to place these cakes in the showcase?

문제의 키워드는 Would you like me to place로, '이 케이크를 진열장에 놓을까요'의 권유/제안 의문문이다.

[보기 분석]

(A) Sure, if I finish decorating them. ▸정답

먼저 긍정적인 의사를 밝힌 다음에, '내가 그것들을 장식한 이후에'라는 구체적인 조건을 언급하였으므로 정답이다.

(B) In a larger place. ❷ 다른 의문사에 대한 답변

특정 장소를 이용한 해당 답변은 Where 의문문과 잘 어울린다.

(C) The show will begin soon. ❷ 다른 의문사에 대한 답변

시간부사인 soon을 언급하였으므로, When 의문문의 답변이다. 또한 질문의 showcase에서 show를 반복 사용한 오답이다.

21 [고득점 유형] No를 대신하거나 간접적인 거절을 위한 상황 설명

[질문 분석] Where's the July issue of this business magazine?

7월호 잡지가 있는 장소를 묻는 질문으로, 문제의 키워드는 Where/July issue이다.

[보기 분석]

(A) The business is promising. ❷ 다른 의문사에 대한 답변

형용사를 이용하여 기업에 대한 의견을 나타내고 있으므로 How 의문문에 대한 답변이다.

(B) Did you receive it already? ▸정답

Where 의문문은 일반적으로 장소로 대답하지만, '아직 받지 못했다/모르겠다/~에게 물어봐라' 등의 표현이 최근 출제되고 있다. 즉, 일의 완료 여부를 나타내는 부사 already를 통하여, '나는 잡지를 받지 못했다'는 간접적인 상황을 설명하고 있으므로 정답이다.

(C) To the headquarters. ❷ 다른 의문사에 대한 답변

특정 장소로 대답을 하고 있으므로 Where 의문문에 대한 답변이며 business에서 headquarters를 연상한 어휘 오류로 오답이다.

22 [What] 고득점 유형 - 간접적인 상황 설명과 회피성 정답을 주의하라

[질문 분석] What brand of staplers do you use?

문제의 키워드는 What brand of staplers / you use로 '당신이 사용하고 있는 스테이플러의 특정 브랜드가 무엇인지'를 묻는 질문이다.

[보기 분석]

(A) Kendra should know. ▶정답

구체적인 브랜드 이름을 가르쳐 주는 것이 아니라, '(나는 모르기 때문에) Kendra에게 물어봐'라고 간접적으로 답변하고 있으므로 정답이다.

(B) It was somewhat useful. ❹ 유사 발음 오류

질문의 use와 발음이 유사한 useful을 이용한 오답이다.

(C) The store is closed. ❹ 연상 어휘 오류

stapler에서 store를 연상한 오답이다. 가게의 상태를 나타내는 답변은 How에 대한 응답이다.

23 [or] 고득점 유형 - 질문의 단어를 paraphrasing하거나 간접적으로 대답한다.

[질문 분석] Should I use a company car or mine?

선택 의문문은 질문의 앞부분 보다는 or를 기준으로 앞뒤 단어에 집중하여 답을 선택한다. use a company or mine이 키워드이다.

[보기 분석]

(A) I have a used one. ❹ 유사 발음 오류

질문의 use와 발음이 유사한 used를 사용한 오답이다. 또한 이는 What do you have ~?의 질문에 대한 응답이다.

(B) I thought you didn't have a driver's license. ▶정답

문제의 키워드 중 특정한 하나를 선택하는 것이 아니라, 운전면허가 없는 줄 알았다며 간접적으로 상황을 설명하고 있으므로 정답이다.

(C) I'd better go with Mr. Hwang. ❸ 주어 오류

질문의 주어는 I로, You로 답변하는 것이 일반적이다. 또한, 해당 특정 사람을 언급하고 있으므로 Who 의문문에 대한 답변이다.

24 [부가 의문문] right으로 끝나는 문장은 부가 의문문으로 사실 여부를 확인해 주어야 한다.

[질문 분석] You're planning to relocate to the headquarters in London, right?

런던으로의 이전 계획이 사실인지를 묻는 질문으로 You're planning / relocate 가 키워드이다.

[보기 분석]

(A) I'd prefer staying where I am now. ▶정답

부가 의문문에서 yes/no를 생략한 정답으로 변명이 나온다. "런던 본사로 옮길 것인가"에 대한 질문에 "지금 있는 곳이 더 좋다"로 "아니오"의 no를 생략한 변명의 정답이다.

(B) Within the last quarter. ❷ 다른 의문사에 대한 답변

전치사 within 뒤에 시간 명사를 취했으므로, 이는 의문문 when에 대한 답변이다. 또한 질문의 headquarters에서 quarter를 반복 사용한 오답이다.

(C) The head of R&D. ❷ 다른 의문사에 대한 답변

특정사람으로 대답하는 것은 who 의문문의 답변으로 오답이다.

25 [How 고득점 유형] How 질문에 대한 정답으로 반문, 아직 모른다, 간접적인 대답이 출제된다.

[질문 분석] How did the meeting with the designers go?

'디자이너들과의 회의가 어땠는지'를 묻는 질문으로 How did the meeting ~ go?가 키워드이다.

[보기 분석]

(A) Sandra is the one who went. ▶ 정답

How do ~ go?는 상태의 진행 상황을 묻는 질문으로, 상태를 설명할 수 있는 형용사 대신 '(나는 모르기 때문에) 회의에 간 Sandra에게 물어봐'의 대답은 '모르겠다'의 빈출표현으로 정답이다.

(B) The design was excellent. ❹ 연상 어휘 오류

질문의 designers에서 design을 연상한 오답이다. 또한, 형용사를 이용해 상태를 답변하는 것은 How 의문문에 대한 답변이다.

(C) Go down the hall. ❷ 다른 의문사에 대한 답변

가는 방법을 묻는 해당 답변은 How should I go there?에 대한 답변이다.

26 [평서문] 동의의 구체적인 이유와 추가 설명

[질문 분석] I'm very excited to relocate my office to New York.

I'm very excited/relocate가 키워드인 평서문으로, 동의의 이유, 의견, 추가 설명을 하는 답변이 정답이 된다.

[보기 분석]

(A) It was so spacious. ❺ 시제 오류

질문의 의도와 맞지 않는 시제는 오답이다. 질문의 시제는 현재이므로 과거로 응답하지 않는다. How was ~?의 응답이다.

(B) I'm glad about your success. ▶ 정답

질문의 I의 성공에 대하여 동의를 표하며 축하를 표현하고 있는 정답이다.

(C) I'm sorry, but I was on vacation. ❷ 다른 의문사에 대한 답변

직접적으로 대답을 하기 보다는 완곡하게 이유를 설명하므로 Why 의문문에 대한 답변이다.

27 [Why] 이유나 변명을 언급한다.

[질문 분석] Why haven't you completed the project?
프로젝트를 완성하지 못한 이유를 묻는 질문으로 Why/completed the project가 키워드이다.

[보기 분석]

(A) We need more data. ▸정답
'자료가 더 필요하다'는 프로젝트를 완성하지 못한 이유를 설명하고 있으므로 정답이다.

(B) A complete schedule. ❹ 동일 어휘 오류
질문의 complete를 반복 사용한 오답이다. 명사를 이용한 답변은 what에 대한 응답이다.

(C) The projector is not working. ❹ 유사 발음 오류
project와 발음이 유사한 projector를 이용한 오답이다.

28 [조동사 의문문] Yes /No가 없는 경우 – 다음 행동 제시 혹은 간접적으로 상황 설명

[질문 분석] Can you help me examine the budget report?
'도와줄 수 있는지'를 묻는 질문으로 Can you help me가 키워드이다.

[보기 분석]

(A) I have a meeting soon. ▸정답
No를 생략하고, 회의가 있기 때문에 도와줄 수 없다고 간접적으로 거절하고 있는 답변으로 정답이다.

(B) No, I haven't prepared it. ❸ 주어 오류
준비를 해야 할 사람은 I가 아닌 you이므로 오답이다.

(C) In a marketing report. ❹ 동일 어휘 반복
질문의 report를 반복한 사용한 오류로 특정 장소를 나타낼 때 사용하는 in은 Where의 답변이다.

29 [조동사 의문문] Yes /No가 없는 경우 – 다음 행동 제시 혹은 간접적으로 상황 설명

[질문 분석] Did this restaurant hire a new chef?
'새로운 주방장을 채용했는지'를 묻는 질문으로 restaurant/hire/new chef가 키워드이다.

[보기 분석]

(A) I don't think so. ▸정답
반대의 표현인 I don't think so를 이용하여, 상대방의 질문에 부정을 하고 있으므로 정답이다.

(B) It was higher than expected. ❸ 주어 오류
질문에 대명사 it을 받을 수 있는 명사는 존재하지 않는다. 또한 이는 의견를 묻는 How 의문문의 답변이다.

(C) At a reasonable price. ❹ 연상 어휘 오류
restaurant에서 연상할 수 있는 reasonable를 이용한 오답이다.

30 [평서문] 다음 행동 제시

[질문 분석] The train for Birmingham has been delayed.
'기차가 연착되었다'라는 사실을 언급하고 있는 평서문의 질문으로 다음 행동 제시에는 Let's ~. You should ~. I will ~ 등의 표현이 있다.

[보기 분석]

(A) We should check what happened. ▶정답
'연착이 발생한 이유를 확인해보자'라는 다음 행동을 제시하고 있으므로 정답이다.

(B) At a training workshop. ❹ 유사 발음 오류
질문의 train과 발음이 유사한 training을 이용한 오답이며, 특정 장소를 언급하고 있으므로 Where 의문사에 대한 답변이다.

(C) I have been waiting for you since 2 P.M. ❷ 다른 의문사에 대한 답변
특정 시점 since 2 P.M.을 언급하고 있으므로, How long have you been waiting ~?의 질문에 대한 답변이다.

31 [Do/be/조동사] – 조동사 선택 의문문/권유/부탁

[질문 분석] Shouldn't we revise the employee benefit packages?
'직원 복리후생제도를 수정해야 하지 않느냐'는 확인의 질문으로 문제의 키워드는 Shouldn't we revise이다.

[보기 분석]

(A) At the packing department. ❷ 다른 의문사에 대한 답변
전치사 at과 함께 특정 부서명을 언급하고 있으므로 Where 의문문에 대한 답변이다.

(B) To increase more profits. ❷ 다른 의문사에 대한 답변
to부정사는 목적을 나타내므로 주로 Why 의문문에 대한 답변이다. 또한 문제의 benefit과 유사 어휘인 profit를 이용한 오답이다.

(C) Let's conduct an employee survey first. ▶정답
직원 복지 혜택을 수정하기 전에, 추가적으로 해야 하는 다음 행동을 제시하고 있으므로 정답이다.

Questions 32-34 refer to the following conversation.

W Hello, this is Sherry calling **from the Kingsbury History** Gallery. I've
32 just checked your request to visit our gallery with your students on
     Friday. Before we make an arrangement for your visit, is it possible
33 to confirm **the final number of people coming** from your school?
M Certainly, it'll be **32 people including me.** I can fax you a list of
     names today.
W Thank you, that'd be helpful. Then, we will be able to **prepare ID**
34 **badges** for everyone in your group.

`32-D` `34-A`
`32-B`
`33-C`

---

32. Where does the woman work?
(A) At a conference center
(B) At an elementary school
(C) At an exhibition facility
(D) At a gift shop in a gallery

여 / 근무지 / 상
ㄴ This is ~ 표현에 집중

33. What does the woman inquire about?
(A) The price of admission
(B) The total number of visitors
(C) The exact location of a school
(D) The estimated duration of a tour

여 / 문의사항
ㄴ 여자의 질문표현에 집중하자.

34. What will the woman get ready?
(A) A request form
(B) A tour guide
(C) Visitor badges
(D) Information packets

여 / 미래 / 하
ㄴ 미래 표현에 집중

여 안녕하세요. 저는 Kingsbury 역사 갤러리에서 근무하고
    있는 Sherry입니다. 귀하께서 금요일에 학생들과 함께
    저희 갤러리를 방문하고 싶다는 요청서를 막 확인하였습
    니다. 귀하의 견학을 준비하기 전에, 학교에서 방문을 오
    는 최종 인원수를 확인할 수 있을까요?
남 물론이지요. 저를 포함해서 32명입니다. 제가 오늘 중으
    로 명단을 팩스로 보내드리겠습니다.
여 고맙습니다. 그렇게 하는 것이 좋을 것 같습니다. 그러면
    저희는 귀하 그룹 전원에 대해 출입증을 준비하겠습니다.

32. 여자가 근무하고 있는 곳은 어디인가?
(A) 회의장
(B) 초등학교
(C) 전시 시설
(D) 갤러리의 기념품점

33. 여자가 무엇에 관하여 묻고 있는가?
(A) 입장료 가격
(B) 방문객의 총 인원수
(C) 학교의 정확한 위치
(D) 예상 견학 시간

34. 여자는 무엇을 준비할 것인가?
(A) 요청서
(B) 견학 가이드
(C) 방문객 배지
(D) 자료집

32 직업과 장소는 전반부에서 힌트가 나온다.

STEP 1 첫 2줄에서 **our/your/this/here**의 표현과 함께 들리는 장소/직업 명사가 정답이 된다.

여자의 근무지를 묻는 질문으로, 여자의 대사인 "this is Sherry calling from the Kingsbury History Gallery."에서 여자가 갤러리에서 근무하고 있음을 언급하였다. 따라서 여자의 근무지는 (C) At an exhibition facility이다.

STEP 2 함정유형 및 오답패턴

(A) At a conference center
(B) At an elementary school ▸대화의 **"you would like to ~ with your students"**에서 남자의 직업이 선생님임을 추측할 수 있다.
(C) At an exhibition facility ▸정답
(D) At a ~~gift shop~~ in a gallery ▸**gallery**는 언급되었지만, **gift shop**에 대한 언급이 없으므로 오답이다.

33 문의 사항은 본인이 직접 묻는다.

STEP 1 첫 번째 화자가 문의 사항 즉, 질문을 던지면, 두 번째 화자가 그에 대하여 답변을 한다.

여자가 문의한 내용이 무엇인지를 묻는 문제로, 여자의 질문에 집중해야 한다. 여자의 대사인 "is it possible to confirm the final number of people coming from your school?"과 그 다음 남자의 대사인 "Certainly, it'll be 32 people including me."에서 여자는 갤러리를 방문하는 총 인원수를 확인하려 했으며, 남자는 본인을 포함하여 총 32명이라고 대답하였다. 즉, 여자가 문의한 내용은 (B) The total number of visitors이다.

STEP 2 함정유형 및 오답패턴

(A) The price of ~~admission~~ ▸가격을 묻고 있는 것이 아니므로 오답이다.
(B) The total number of visitors ▸정답
(C) The ~~exact location~~ of a school ▸**school**은 언급되었지만, 여자가 문의한 사항은 학교의 정확한 위치가 아닌 방문객의 인원수로 오답이다.
(D) The estimated duration of a tour

34 미래 정보는 대화 후반부에 나오는 I'll(We'll) ~이 정답이다.

STEP 1 다음 행위(미래 정보)를 묻는 문제는 주로 당사자의 대사에서 정답을 알 수 있다.

여자의 미래는 여자의 대사에서 등장하며, 지문의 "we will be able to prepare ID badges for everyone in your group."에서 여자를 비롯하여 갤러리 직원들은 단체 관광객들을 위한 출입증을 준비하겠다고 언급하였다. 그러므로 여자가 준비할 것은 (C) Visitor badges이다.

STEP 2 함정유형 및 오답패턴

(A) A request form ▸지문 전반부에서 남자가 과거에 갤러리에 제출했음을 확인할 수 있으므로 오답이다.
(B) A tour guide
(C) Visitor badges ▸정답
(D) Information packets

어휘 **request** 요청, 신청 **make an arrangement** ~의 결말을 짓다 **confirm** 확인하다 **the number of** ~의 수 **certainly** 틀림없이 **including** ~을 포함하여 **fax** 팩스로 보내다 **helpful** 도움이 되는 **prepare** 준비하다 **ID badge** 출입증

Questions 35-37 refer to the following conversation.

M Jake Fischer speaking.

W Hello, Mr. Fischer. I'm calling from CRM Airline about your missing
35 luggage. It has been located and can be delivered to you at your
convenience.

M Oh, thank you. That's great. I'm at work at the moment. But, you can
36 deliver it to my house and just leave it on the porch if it's possible.

W Sorry, we can't do that because **someone needs to sign for it**.

M Unfortunately, I won't be able to leave work right now and have to
37 attend a managerial meeting later today. Is it possible to send it
to my office by 4 P.M.? I will wait in the lobby to sign for it **before
attending the meeting**.

36—C

37—A

35—C

---

35. Why is the woman making the call?
(A) To book a conference room
(B) To schedule a delivery
(C) To arrange a meeting
(D) To put in an order

여 / 전화 목적 / 상
└, 첫 2줄 집중

36. What does the woman indicate is required?
(A) An identification card
(B) A recipient's signature
(C) A home address
(D) An insurance certificate

여 / 요구사항
└, need to 표현 집중

37. What will the man most likely do after 4 P.M. today?
(A) Leave for a business trip
(B) Visit a branch office
(C) Attend a meeting with other managers
(D) Go to an appointment

키워드 4 P.M. / 하
└, 키워드 앞뒤 문장 집중

남 저는 Jake Fisher입니다.

여 안녕하세요, Fisher 씨. CRM 항공사에서 귀하의 분실
수화물 때문에 연락드렸습니다. 수화물을 찾아 편하신
시간에 배달할 예정입니다.

남 오, 감사합니다. 정말 다행입니다. 지금 근무 중인데 집
으로 배달해 주시면 되고요, 가능하면 현관 앞에 놓아주
세요.

여 죄송하지만, 수령 서명을 해야 해서 그렇게 해드릴 수 없
습니다.

남 안타깝게도, 지금 퇴근을 할 수가 없고 오늘 늦게는 경영
회의에 참석해야 합니다. 오후 4시까지 그것을 제 사무
실로 보내주실 수 있나요? 회의에 참석하기 전에 서명을
할 수 있도록 로비에서 기다리겠습니다.

35. 여자는 왜 전화를 걸고 있는가?
(A) 회의실을 예약하기 위해서
(B) 배장 일정을 잡기 위해서
(C) 회의를 준비하기 위해서
(D) 주문하기 위해서

36. 여자가 필요하다고 말한 것은 무엇인가?
(A) 신분증
(B) 수령인 서명
(C) 자택 주소
(D) 보험 증명서

37. 남자는 오늘 오후 4시 이후에 무엇을 할 예정인가?
(A) 출장
(B) 지점 방문
(C) 다른 매니저들과의 회의 참석
(D) 약속에 가기

35 주제나 목적을 묻는 문제는 처음 2줄에 답이 있다.

STEP 1 대화의 주제를 묻는 문제는 보통 첫 문장을 들으면 해결할 수 있다. 대화를 처음부터 끝까지 다 듣고 나서 답을 고르기보다 우선 보기의 내용을 파악한 다음 대화의 앞부분을 들으면서 답을 결정해야 한다.

여자가 전화를 건 목적을 묻는 문제로 여자의 대사에 정답이 있다. 여자의 대사인 "I'm calling from CRM Airline about your missing luggage. ~ delivered to you at your convenience."에서 남자가 분실한 수화물을 찾았으며 해당 물건을 배달할 예정임을 언급하였다. 따라서 전화의 목적은 (B) To schedule a delivery이다.

STEP 2 함정유형 및 오답패턴

(A) To book a conference room
(B) To schedule a delivery ▶ 정답
(C) To arrange a meeting ▶ 위치와 상관없는 meeting을 이용한 오답으로, 여자가 전화한 목적으로 회의를 준비하기 위해서는 아니므로 오답이다.
(D) To put in an order

36 However, I'm sorry but 등 뒤에 결정적인 정답의 단서가 나온다.

STEP 1 역접의 접속사 이외에도 **unfortunately, I'm sorry but, I'm afraid** 등의 표현 뒤에는 정답의 단서가 제시될 가능성이 높다.

여자가 언급하는 요구되는 것이 무엇인지를 묻는 문제로, 여자의 대사인 "Sorry, we can't do that because someone needs to sign for it."에서 물건을 수령했다는 서명을 받아야하기 때문에 남자의 자택으로 배송이 불가능하다고 언급하였다. 즉, 여자가 필요하다고 하는 것은 수령인의 서명이므로 (B) A recipient's signature이다.

STEP 2 함정유형 및 오답패턴

(A) An identification card ▶ sign에서 identification을 연상한 오답이다.
(B) A recipient's signature ▶ 정답
(C) A home ~~address~~ ▶ home은 지문에서 house로 언급되었지만, 여자가 요구한 것은 수령인의 서명이므로 오답이다.
(D) An insurance certificate

37 키워드 문제는 키워드 기준 앞뒤 문장에 답이 나온다. ▶ 4 P.M.

STEP 1 문제 중에 특정 키워드에 대해 묻는 문제는 반드시 담화 중의 해당 키워드 앞뒤에서 답이 들린다. 일반적으로는 키워드 뒤에 답이 들리지만 최근에는 키워드 앞에 미리 답이 나오는 경우가 있다.

문제의 키워드는 4 P.M.으로, 지문의 "have to attend a managerial meeting ~ I will wait in the lobby to sign for it before attending the meeting."에서 남자는 오늘 4시 이후에 경영 회의에 참가해야 할 예정임을 언급하였다. 따라서 오늘 오후 4시 이후에 남자의 일정은 (C)이다.

STEP 2 함정유형 및 오답패턴

(A) Leave ~~for a business trip~~ ▶ leave work에서 business trip을 연상한 오답이다.
(B) Visit a branch office
(C) Attend a meeting with other managers ▶ 정답
(D) Go to an appointment

어휘 missing luggage 분실수화물 locate ~의 정확한 위치를 찾아내다 deliver 배달하다
at your convenience 편한 시간에 at the moment 지금 porch 현관 sign for ~을 수령했다고 서명하다
unfortunately 불행하게도 right now 지금 곧 managerial meeting 경영회의 later 나중에 lobby 로비

Questions 38-40 refer to the following conversation with three speakers.

W　Good afternoon, I would like to **join** your **fitness club.** Can I get
38 some information about your center?
M1　Certainly. Our facility is open from 7 A.M. to 10 P.M. seven days a
week. On top of gym equipment, our members can use a swimming
pool in the basement and basketball courts on the second floor.
Moreover, we run various exercise classes for free.
W　Sounds good. Do you offer a student discount?
M1　Well, let me check. Wallace, is a discount program for students still
available?
M2　Yeah, sure. If you **present** your **student ID card,** you'll be **qualified**
39 **for a 30 percent discount.**
W　Excellent! Here is my student card. Can I sign up right now? Is there
40 any **paperwork I need to complete**?
M1　**Yes,** I'll bring that for you.

`39-A` `39-D`

`40-A`

38. Where most likely are the speakers?
(A) At a fitness facility
(B) At a sports arena
(C) At a university library
(D) At a public park

대화 장소 / 상
ㄴ 첫 2줄 집중

39. Why is the woman required to show her student ID card?
(A) To register for ~~an event~~
(B) To verify her current address
(C) To get a discount
(D) To sign up for ~~a class~~

여 / 키워드 student ID card
ㄴ 키워드 앞뒤에 집중하자.

40. What will the woman most likely do next?
(A) ~~Make a card payment~~
(B) Give a guided tour
(C) Fill out some forms
(D) Consult another staff member

여 / 미래 / 하
ㄴ 미래는 하단부에 제시된다.

여　안녕하세요, 저는 이 헬스장에 가입하고 싶습니다. 센터
와 관련된 정보를 얻을 수 있을까요?
남1　물론이죠. 저희 시설은 주 7일 오전 7시부터 오후 10시까
지 운영합니다. 운동기구 이외에도, 회원들은 지하에 위치
한 수영장과 2층의 농구장을 사용하실 수 있습니다. 게다
가 저희는 다양한 무료 운동 수업을 진행하고 있습니다.
여　좋은 것 같습니다. 학생 할인을 제공하고 있나요?
남1　음, 확인해보겠습니다. Wallace 씨, 학생 할인 프로그램
을 아직도 이용할 수 있나요?
남2　네, 물론이죠. 학생증을 보여주신다면, 30% 할인을 받으
실 수 있습니다.
여　정말 잘됐네요. 학생증입니다. 지금 바로 등록할 수 있을
까요? 제가 작성해야 할 서류가 있나요?
남1　네, 제가 가져다 드리겠습니다.

38. 화자들은 어디에 있을 것 같은가?
(A) 헬스장
(B) 운동 경기장
(C) 대학교 도서관
(D) 공원

39. 여자는 왜 그녀의 학생증을 보여주어야 하는가?
(A) 행사를 신청하기 위해서
(B) 그녀의 현주소를 확인하기 위해서
(C) 할인을 받기 위해서
(D) 수업을 신청하기 위해서

40. 여자는 다음에 무엇을 할 것 같은가?
(A) 카드로 결제하기
(B) 안내를 받으며 견학하기
(C) 몇몇 서류 작성하기
(D) 다른 직원과 상담하기

38 3인 대화 – 첫 번째 문제는 주로 3인의 직업 혹은 대화 주제/장소를 묻는다.

STEP 1 3인 대화의 장소 문제는 공통점에 해당하는 문제로, 처음 주고받는 대사의 직업 및 장소 명사를 통해 파악하면 된다.

대화가 이루어지고 있는 장소를 묻는 문제로, 지문의 "I would like to join your fitness club. Can I get some information about your center?"에서 여자가 말을 걸고 있는 you(남성)에게 헬스장 관련 정보를 요청하며 가입을 원한다고 언급하였다. 즉 화자들이 대화를 나누고 있는 장소는 헬스장이므로 정답은 (A) At a fitness facility이다.

STEP 2 함정유형 및 오답패턴

(A) At a fitness facility ▸정답
(B) At a sports arena ▸fitness에서 sports arena를 연상한 오답이다.
(C) At a university library
(D) At a public park

39 Why 문제는 대화에서 그대로 반복된 후 원인에 대한 답이 나온다.

STEP 1 Why 뒤의 키워드가 담화에서 들려야 그 뒤에 답이 나온다.

Why 뒤의 키워드 show her student ID card으로 여자가 신분증을 제시해야 하는 이유를 묻는 문제이다. 지문의 "If you present your student ID card, you'll be qualified for a 30 percent discount,"에서 학생증을 제시하면 학생 할인 프로그램 즉, 30퍼센트의 할인을 받을 수 있다고 언급되어 있다. 따라서 여자가 학생증을 제시한 이유는 (C) To get a discount이다.

STEP 2 함정유형 및 오답패턴

(A) To register for ~~an event~~ ▸register for는 지문의 join으로 언급되지만, 행사등록을 위한 것이 아니므로 오답이다.
(B) To verify her current address
(C) To get a discount ▸정답
(D) To sign up for ~~a class~~ ▸sign up for는 지문의 join으로 언급되지만, 신분증을 제시해야 하는 이유와는 상관이 없으므로 오답이다.

40 3인 대화 – 미래의 일정이나 제안이 마지막 문제로 등장한다.

STEP 1 I'll/Let's을 비롯하여 권유 혹은 제안하는 표현에 정답이 있다.

여자의 미래는 여자의 대사에서 등장한다. 여자의 대사인 "Is there any paperwork I need to complete?"과 남자의 대사인 "Yes, I'll bring that for you."에서 여자는 헬스장 가입을 위해서 서류를 작성해야 됨이 언급되어 있다. 즉, 여자가 해야 하는 것은 (C) Fill out some forms이다.

STEP 2 함정유형 및 오답패턴

(A) ~~Make a card payment~~ ▸card가 반복되지만, 언급된 card는 학생증이므로 오답이다.
(B) Give a guided tour
(C) Fill out some forms ▸정답
(D) Consult another staff member

어휘 **join** 가입하다 **fitness club** 헬스장 **facility** 시설 **on top of** ~외에 **equipment** 장비 **basement** 지하층 **second** 두 번째의 **floor** 층, 바닥 **moreover** 게다가 **run** 운영하다 **various** 다양한 **for free** 무료로 **offer** 제공하다 **present** 제시하다 **be qualified for** ~의 자격이 있다 **sign up** 가입하다 **right now** 지금 곧 **paperwork** 서류작업 **complete** 완료하다

Questions 41-43 refer to the following conversation.

W Hello, this is Molly calling from Surrey Building Service. Three weeks ago, we painted the exterior of your house. I'm calling to **41** **check if you're happy with our service**.   `41-A`

M Over all, it was Okay, although **the color** I wanted was **42** **provisionally unavailable**. Because of **that**, there was a short **delay**. But, the work was done as planned once the paint arrived.   `41-B` `42-D`

W It's good to hear that everything went well in the end. And, our records indicates that the paint you purchased was on sale for 20 percent off, right?

M Oh, I didn't know that, and I don't think that was reflected in the bill since we paid the full amount without any deduction.

W Is that so? I do apologize and will **issue a 20 percent refund right** **43** **away**.

---

41. Why is the woman calling?
(A) To ~~set up a schedule~~ for paintwork
(B) To verify a delivery date
(C) To arrange a meeting
(D) To solicit customer feedback

여 / 전화 목적 / 상
└, 첫 2줄 집중

42. What caused a delay?
(A) A manufacturer went ~~out of business~~.
(B) A machine was not working well.
(C) An item was temporarily out of stock.
(D) Some supplies were delivered ~~to a wrong address~~.

delay 원인
└, 이유의 전치사 / 접속사에
집중하자.

43. What does the woman say she will do?
(A) Send a trial version of a product
(B) Talk with her colleagues
(C) Give an immediate refund
(D) Transfer a call to a different department

여 / 미래 / 하
└, 미래 표현 집중

여 안녕하세요, Surrey 건축 설비소에서 근무하는 Molly입니다. 3주 전에, 귀하의 자택 외부에 페인트 작업을 하였는데요. 서비스에 만족하셨는지를 확인하고자 전화 드렸습니다.
남 제가 원하던 색상이 일시품절이었지만 전반적으로는 괜찮았습니다. 이것으로 약간의 지연이 생겼습니다만 페인트가 도착하자마자 작업은 계획했던 대로 진행되었습니다.
여 마침내 모든 것이 순조롭게 진행되었다는 이야기를 듣게 돼서 다행입니다. 그리고 저희의 기록에 따르면, 고객님께서 구매하셨던 페인트는 20% 할인 중이었습니다. 그렇죠?
남 오, 몰랐습니다. 할인 없이 전 금액을 지불했기 때문에 영수증에 그 내용이 반영되지 않은 것 같은데요.
여 그렇습니까? 사과 드리며 곧 20%의 환불 금액을 지급해 드리겠습니다.

41. 여자는 왜 전화를 걸었는가?
(A) 페인트칠 일정을 잡기 위해서
(B) 배달 일정을 확인하기 위해서
(C) 회의를 준비하기 위해서
(D) 고객의 피드백을 구하기 위해서

42. 지연은 왜 발생했는가?
(A) 제조사가 폐업을 하였다.
(B) 기계가 제대로 작동하지 않았다.
(C) 물건이 일시적으로 품절이 되었다.
(D) 일부 제품이 다른 주소로 배송되었다.

43. 여자가 하겠다고 말한 것은 무엇인가?
(A) 제품의 시험 버전 보내기
(B) 그녀의 동료와의 대화하기
(C) 즉시 환불해주기
(D) 다른 부서로 전화 돌리기

41 주제나 목적을 묻는 문제는 처음 2줄에 답이 있다.

STEP 1 대화의 주제를 묻는 문제는 대화를 처음부터 끝까지 다 듣고 나서 답을 고르기보다 우선 보기의 내용을 파악한 다음 대화의 앞부분을 들으면서 답을 결정해야 한다.

여자가 전화를 건 목적을 묻는 문제로, 여자의 대사에 정답이 있다. 여자의 대사인 "this is Molly calling from Surrey Building Service. ~ I'm calling to check if you're happy with our service."에서 여자가 근무하고 있는 회사 (Surrey 건축 설비소)에서 페인트를 칠한 서비스에 만족 여부를 확인하고자 전화를 걸었다고 언급하였다. 즉 전화를 건 목적은 해당 서비스에 대한 고객의 피드백을 알아보고자 하는 것이므로 정답은 (D)이다.

STEP 2 함정유형 및 오답패턴

(A) To ~~set up a schedule~~ for paintwork ▶지문의 we painted the exterior of your house는 paintwork로 paraphrasing될 수 있으나, 3주전에 진행한 일이므로 오답이다.
(B) To ~~verify~~ a delivery date ▶지문에서 delivery는 arrived로 언급되지만, verify에 관한 언급은 없으므로 오답이다.
(C) To arrange a meeting
(D) To solicit customer feedback ▶정답

42 변명을 할 때에는 과거와 출처에 대한 언급으로 시작한다.

STEP 1 이유나 원인을 묻는 문제들은 주로 결과를 문제의 키워드로 보여준다. 따라서 문제의 키워드가 들려야 정답을 파악할 수 있다.

문제의 키워드는 caused a delay로 지연이 발생한 원인을 묻는 문제이다. 지문의 "although the color I wanted was provisionally unavailable. Because of that, there was a short delay."에서 남자가 원하는 페인트 색상이 일시적으로 구매가 불가능했기 때문에, 지연이 발생했다고 언급되었다. 즉, 지연이 발생한 원인은 (C)이다. 본문의 provisionally unavailable는 보기의 temporarily out of stock으로 paraphrasing되었다.

STEP 2 함정유형 및 오답패턴

(A) A manufacturer went out of business ▶지문의 unavailable로 out of business를 연상한 오답이다.
(B) A machine was not working well.
(C) An item was temporarily out of stock. ▶정답
(D) Some supplies were delivered ~~to a wrong address.~~ ▶제품이 배달된 것은 사실이지만, wrong address에 관한 언급은 없으므로 오답이다.

43 미래 정보는 대화 후반부에 나오는 I'll ~이 정답이다.

STEP 1 다음 행위(미래 정보)를 묻는 문제는 주로 당사자의 대사에서 정답을 알 수 있다.

여자의 미래는 여자의 대사에서 등장하며, 여자의 대사인 "I do apologize and will issue a 20 percent refund right away."에서 여자가 구매한 페인트의 할인가, 즉 20% 할인을 받아야 하는 금액을 즉시 환불해준다고 언급하였다. 따라서 여자가 해야 할 일은 (C)이다. 지문의 issue a refund는 보기의 give a refund로 paraphrasing되었다.

STEP 2 함정유형 및 오답패턴

(A) Send a trial version of a product
(B) Talk with her colleagues
(C) Give an immediate refund ▶정답
(D) Transfer a call to a different department

어휘 **paint** 페인트를 칠하다 **exterior** 외부, 외면 **over all** 전반적으로 **provisionally** 일시적으로 **unavailable** 이용이 불가능한 **short delay** 약간의 지연 **as planned** 계획대로 **once** ~하자마자 **go well** 순조로이 진행되다 **on sale** 할인중인 **reflect** 반영하다 **bill** 영수증 **since** ~이기 때문에 **full amount** 전액 **deduction** 공제 **issue** 발행하다

Questions 44-46 refer to the following conversation with three speakers.

W Good evening, I **tried some of the shoes on** in your shop earlier **44** today, and I think **I left my hat** on the bench. **45** **46-A** **44-B**

M1 Well, hmm.... I just started my shift, so let me ask Jake. He has been working since early this morning.

W That'd be helpful. Thank you. I really don't want to lose that hat.

M1 My pleasure. Hi, Jake. This lady thinks she might have left her hat on one of our benches.

M2 Right! There was a hat handed in around noon. **46** Could you tell me **the brand of the hat** you're looking for?

W It's made by Pro-Sports.

M2 Okay, I think that's the one you left. Let me check and get it for you.

---

44. Where is the conversation taking place?
(A) At an airport terminal
(B) At a hat factory
(C) At a shoe store
(D) At an athletic goods shop

대화 장소 / 상
ㄴ 첫 2줄 집중

45. Why has the woman come back to the business?
(A) To exchange a product
(B) To locate a lost item
(C) To repair some furniture
(D) To pay for her purchase

여 / 가게로 돌아온 이유
ㄴ 여자의 대사에 집중

46. What does Jake want to know?
(A) The location of a store
(B) An exact price
(C) An expiration date
(D) The name of a manufacturer

Jake / 알기를 원하는 것 / 하
ㄴ Jake의 대사에 집중

여 안녕하세요, 오늘 오전에 이 가게에서 신발을 좀 신어봤는데요, 의자 위에 제 모자를 놓고 간 것 같습니다.

남1 글쎄요.. 제가 지금 막 근무를 시작했기 때문에, Jake에게 물어 보겠습니다. 오늘 아침 일찍부터 여기서 근무를 하고 있었거든 요.

여 도움이 될 것 같습니다. 고맙습니다. 정말로 그 모자를 잃어버리 고 싶지 않아서요.

남1 도움이 될 수 있어 기쁩니다. 안녕하세요, Jake 씨. 이 여성분이 모자를 의자에 놓고 간 것 같다고 하시는데요.

남2 맞아요! 오늘 정오쯤에 모자를 하나 받았습니다. 찾고 있는 모자 의 브랜드를 말씀해 주시겠습니까?

여 Pro-Sports입니다.

남2 맞습니다. 놓고 가신 게 맞는 것 같네요. 확인하고 가져다 드리 겠습니다.

44. 대화는 어디에서 이루어지고 있는가?
(A) 공항 터미널
(B) 모자 공장
(C) 신발 가게
(D) 운동 용품 가게

45. 여자가 그 가게로 되돌아온 이유는 무엇인가?
(A) 제품을 교환하기 위해서
(B) 분실물을 찾기 위해서
(C) 가구를 수리하기 위해서
(D) 물건 값을 지불하기 위해서

46. Jake는 무엇을 알고 싶어 하는가?
(A) 가게 위치
(B) 정확한 가격
(C) 유통 기한
(D) 제조사의 이름

44 〈장소〉 문제는 첫 2줄에서 답이 나온다.

STEP 1 3인 대화의 장소 문제는 공통점에 해당하는 문제로, 처음 주고받는 대사의 직업 및 장소 명사를 통해 파악하면 된다.

대화가 진행되는 장소를 묻는 질문으로, 지문의 첫 대사인 "I tried some of the shoes on in your shop earlier today, and I think I left my hat on the bench."에서 여자는 남자의 가게에서 오전에 신발을 신어보고 놓고 간 물건이 있어 다시 돌아왔음을 언급하였다. 즉, 현재 대화가 이루어지고 있는 곳은 (C) At a shoe store이다.

STEP 2 함정유형 및 오답패턴

(A) At an airport terminal
(B) At a hat ~~factory~~ ▸ 지문에서 **hat**은 언급되었지만, 공장의 언급은 없으므로 오답이다.
(C) At a shoe store ▸ 정답
(D) At an athletic goods shop

45 본인의 얘기는 본인이 한다.

STEP 1 여자에 대한 문제는 여자의 대사에서 주로 답이 나온다.

여자가 그 가게(신발가게)로 돌아온 이유를 묻는 문제이다. 지문의 "and I think I left my hat on the bench."에서 여자는 해당 가게에 모자를 두고 간 것 같다고 언급하였다. 즉 가게에 돌아온 이유는 분실물인 모자를 찾기 위함이므로 정답은 (B)이다.

STEP 2 함정유형 및 오답패턴

(A) To ~~exchange~~ a product ▸ 지문의 **shoes**를 **product**로 언급하지만, **exchange**(교환)하는 것이 아니므로 오답이다.
(B) To locate a lost item ▸ 정답
(C) To repair some furniture
(D) To ~~pay for~~ her purchase

46 문제에 제시된 사람 및 회사 이름은 3인칭 대명사로 표현된다.

STEP 1 제 3자를 언급하는 경우

그 사람의 이름이 언급된 후에 정답이 나온다. 그러므로 문제에 언급된 이름이 나오길 기다렸다가 보기와 일치하는 단어가 들리면 바로 답을 선택해야 한다.

Jake는 남자2에 해당하며, 그의 대사인 "Could you tell me the brand of the hat you're looking for?"에서 여자에게 찾고 있는 모자의 브랜드가 무엇인지를 말해달라고 요청하고 있다. 즉 Jake가 알기를 원하는 것은 (D) A name of a manufacturer이다.

STEP 2 함정유형 및 오답패턴

(A) The location of a store ▸ 지문의 전반부에 **store**과 동일한 의미인 **shop**이 언급되지만, 이는 정답의 위치가 아니므로 오답이다.
(B) An exact price
(C) An expiration date
(D) The name of a manufacturer ▸ 정답

어휘 **try on** 착용하다 **bench** 의자 **shift** 교대근무 **since** ~이후로 **helpful** 도움이 되는, 유용한 **hand in** 인계하다 **noon** 정오 **look for** 찾다

Questions 47-49 refer to the following conversation.

M I believe our customers will like **the new container design** for
47 our handsoap. Yeah, **it** took a much longer time to design it than
expected, but **its** shape seems really impressive.
W I can't agree with you more. In addition, isn't it great we used
recycled materials responding to the consumer trend in the market?
M Exactly, I'm so happy that we finally made it.
W Yeah, so am I. Oh! by the way, can I ask you a favour? I'm in the
48 **company volleyball team** and we **have a match against a team**
from another company on Friday morning. Can I come to work late
in the afternoon on that day?
M Well, **Derrick-can-cover some of your shift on Friday** although
49 there is much more work we need to do.

48-A

47. What are the speakers talking about?
(A) A new staff member
(B) A new packaging
(C) A market trend
(D) A consumer survey

주제 / 상
ㄴ 첫 2줄 집중

48. What does the woman say about the company volleyball team?
(A) They ~~meet~~ every Friday ~~to practice~~.
(B) They will play against another team.
(C) They will go on holiday soon.
(D) They are looking for a new player.

여자 대사 / 키워드 volleyball
team
ㄴ 키워드 앞뒤 문장 집중

49. Why does the man say,
"Derrick can cover some of your shift on Friday"?
(A) To remind the woman of an important deadline
(B) To ~~introduce~~ a ~~new~~ competent ~~coworker~~
(C) To give the woman permission to come late
(D) To ask for more assistance from other divisions

화자 의도 파악 / 하
ㄴ 해당 위치 앞뒤 문맥 파악

남 저희 고객님들은 손비누의 신규 용기 디자인을 좋아할
것 같습니다. 디자인하는데 예상했던 것보다 시간은 훨
씬 걸렸지만, 디자인이 아주 인상적입니다.
여 전적으로 동의합니다. 게다가 시장에서 고객들이 원하는
트렌드에 맞추어 재활용 소재를 사용한다는 게 대단하지
않나요?
남 맞습니다. 마침내 성공하게 되어 매우 기쁩니다.
여 예, 저도 그렇습니다. 그건 그렇고, 부탁을 하나 해도 될
까요? 저는 회사 배구 팀에 있는데 금요일 오전에 다른
회사 팀과 시합이 있어서요. 그날 오후 근무를 할 수 있
을까요?
남 음, 우리가 해야 할 일이 많지만, 금요일 업무 일부를
Derrick이 대신할 수 있을 것 같습니다.

47. 화자들은 무엇에 대하여 이야기를 하고 있는가?
(A) 신입 직원
(B) 새로운 포장용기
(C) 시장 추세
(D) 고객 설문조사

48. 여자가 회사 배구팀에 관하여 언급한 것은 무엇인가?
(A) 그들은 연습을 위하여 매주 금요일에 만난다.
(B) 그들은 다른 팀과 경기를 할 예정이다.
(C) 그들은 곧 휴가를 갈 예정이다.
(D) 그들은 새로운 선수를 찾고 있다.

49. 남자가 "Derrick can cover some of your shift on
Friday"이라고 말한 의도는 무엇인가?
(A) 여자에게 중요한 마감일을 상기시키기 위해서
(B) 새로운 유능한 동료를 소개하기 위해서
(C) 여자에게 늦게 오는 것을 허락하기 위해서
(D) 다른 부서의 도움을 요청하기 위해서

47 주제나 목적을 묻는 문제는 처음 2줄에 답이 있다.

STEP 1 대화의 주제를 묻는 문제는 대화를 처음부터 끝까지 다 듣고 나서 답을 고르기보다 우선 보기의 내용을 파악한 다음 대화의 앞부분을 들으면서 답을 결정해야 한다.

남자의 첫 대사인 "I believe our customers will like the new container design for our handsoap ~ but its shape seems really impressive."에서 화자들이 제작한 신규 포장용기 디자인에 대하여 이야기를 하고 있으므로 이후에도 동일한 주제인 포장용기 디자인과 관련된 이야기가 언급될 것임을 알 수 있다. 따라서 정답은 (B) A new packaging 이다.

48 키워드 문제는 키워드 기준 앞뒤 문장에 답이 나온다. ▶ company volleyball team

STEP 1

문제 중에 특정 키워드에 대해 묻는 문제는 반드시 담화 중의 해당 키워드 앞뒤에서 답이 들린다. 일반적으로는 키워드 뒤에 답이 들리지만 최근에는 키워드 앞에 미리 답이 나오는 경우가 있다.

문제의 키워드는 volleyball team으로, 지문의 "I'm in the company volleyball team and we have a match against a team from another company on Friday morning."에서 여자가 속한 회사 배구팀은 금요일 오전에 다른 회사와 경기가 있다고 언급되어 있다. 즉 여자가 회사 배구팀에 관하여 언급한 것은 (B) 이다.

STEP 2   함정유형 및 오답패턴

(A) They ~~meet~~ every Friday ~~to practice~~. ▶지문에 **Friday**가 언급되었지만, 이는 경기가 진행되는 날짜로 오답이다.
(B) They will play against another team. ▶정답
(C) They will go on holiday soon. ▶**Friday**와 유사 발음인 **holiday**는 오답이다.
(D) They are looking for a new player.

49 " "의 화자 의도 파악 문제는 해당 위치에서 연결어를 확보하자.

STEP 1

문맥 문제는 앞 사람의 말에 대해 답변/반응을 하는 것이 대부분이므로, 앞 사람의 대사에서 들리는 '특정 단어'를 포함하거나 관련된 보기가 정답이 된다. 특히 해당 위치의 연결어가 있다면 긍정/부정의 의미로 정답을 구분해야 한다.

앞 문장인 "Can I come to work late in the afternoon on that day?"에서 배구팀 경기가 진행되는 금요일에만 오후 늦게 근무가 가능한지를 묻고 있고 뒷문장인 "although there is much more work we need to do."에서 역접의 접속사 although로 해야 할 업무가 많지만, 기준문장으로 여자의 일부 업무를 Derrick이 대신해줄 수 있겠다는 남자의 의도를 파악할 수 있으므로 정답은 (C)이다.

STEP 2   함정유형 및 오답패턴

(A) To remind the woman of an important deadline ▶**Friday**에서 **deadline**을 연상한 오답이다.
(B) To ~~introduce~~ a ~~new~~ competent ~~coworker~~ ▶신입직원을 소개하는 것은 아니다.
(C) To give the woman permission to come late ▶정답
(D) To ask for more assistance from other divisions

어휘   container 용기 handsoap 손비누   shape 외형, 모습   impressive 인상 깊은
I can't agree with you more 전적으로 동의하다   material 재료   respond to ~에 응답하다   make it 성공하다
volleyball 배구   match 시합   cover 대신하다   shift 교대근무

Questions 50-52 refer to the following conversation.

M Thank you for taking the time to meet me today, Cathy. It is important
50 **for me to check in with every new reporter** at our newspaper once they join our organization. How do you like working here?

W I'm enjoying it very much. I just handed in my first story for publication. Actually, your feedback is really helpful for me. **I had**
51 **difficulty searching for people** to get various opinions **to cite** through interviews.

M Indeed, finding valuable sources you can represent is not easy. **Have**
52 **you** ever accessed the **company's** database? You will be able to locate the right people to get in touch with by using a list of names of experts in various fields in the system.

51-D

---

50. Why did the man need to see the woman?
(A) To talk about her new job
(B) To follow up on her interview
(C) To discuss her job application
(D) To inform her of her upcoming transfer

남 / 여자를 만난 이유 / 상
└ 첫 2줄 집중

51. What does the woman say she had difficulty with?
(A) Obtaining approval for business trips
(B) Handing in an article in time
(C) Locating sources of information
(D) Accessing a database

여 / 문제점
└ 여자의 대사에 정답이 있다

52. What does the man recommend the woman do?
(A) Meet with a system operator
(B) Consult a database
(C) Attend a training seminar
(D) Look through an employee handbook

남 / 추천 / 하
└ 남자의 권유 / 제안 표현에 집중

남 오늘 만남에 시간을 내주셔서 감사합니다. Cathy 씨. 일 단 우리 신문사에 들어오면 모든 신입 기자와 이야기를 나눠보는 것이 제겐 중요합니다. 여기서 근무하는 것은 어떤가요?

여 매우 재미있습니다. 게재될 첫 기사를 막 제출하였습니다. 사실상 주신 피드백은 많은 도움이 되었습니다. 인터 뷰를 통해 인용할 수 있는 다양한 사람들의 의견을 수집 하는데 어려움을 겪고 있습니다.

남 실제로, 기사에 쓸 만한 좋은 정보원을 찾는 일은 쉽지 않습니다. 회사의 데이터베이스에 접속해 보셨나요? 해 당 시스템에 나와 있는 다양한 분야의 전문가들의 인명 목록을 사용해서 연락하기에 적절한 사람들을 찾을 수 있을 것입니다.

50. 남자는 왜 여자를 만나려 했는가?
(A) 그녀의 새로운 업무에 관하여 이야기를 나누기 위해서
(B) 인터뷰를 마무리 짓기 위해서
(C) 입사 지원서에 관하여 논의하기 위해서
(D) 그녀에게 곧 있을 전근을 알리기 위해서

51. 여자는 무엇에서 어려움을 겪고 있다고 말하였는가?
(A) 출장 승인 받기
(B) 제시간에 기사 제출하기
(C) 정보원 찾기
(D) 데이터베이스에 접근하기

52. 남자는 여자에게 무엇을 하기를 추천하고 있는가?
(A) 운영 책임자와 만나기
(B) 데이터베이스 참고하기
(C) 연수회 참석하기
(D) 직원 안내서 살펴보기

50 주제나 목적을 묻는 문제는 처음 2줄에 답이 있다.

STEP 1 대화의 주제를 묻는 문제는 대화를 처음부터 끝까지 다 듣고 나서 답을 고르기보다 우선 보기의 내용을 파악한 다음 대화의 앞부분을 들으면서 답을 결정해야 한다.

남자가 여자를 만나는 이유를 묻는 문제로, 지문의 "Thank you for taking the time to meet me today, Cathy. It is important for me to check in with every new reporter at our newspaper once they join our organization."에서 남자는 신입 리포터들(여자)이 회사에 입사한 이후에 어떻게 지내는지 이야기를 나눈다고 언급되어 있다. 즉, 남자가 여자를 만나는 이유는 업무를 비롯한 근황에 대해서 이야기를 나누기 위함이므로 정답은 (A)이다.

STEP 2 함정유형 및 오답패턴

(A) **To talk about her new job** ▶정답
(B) To follow up on her interview ▶meet에서 interview를 연상한 오답이다.
(C) To discuss her job application ▶join organization에서 job application를 연상한 오답이다.
(D) To inform her of her upcoming transfer

51 문제점과 걱정은 본인의 입으로 직접 얘기한다.

STEP 1 **concern, worry, problem** 등의 문제점을 묻는 문제에서는 대화의 도입부에서 화자가 직접 문제점을 언급하거나, 첫 번째 화자가 질문을 던지면 두 번째 화자가 그에 대한 응답으로 문제점을 언급한다.

여자가 어려움을 겪고 있는 것이 무엇인지를 묻는 문제로, 여자의 대사에 정답이 있다. 여자의 대사인 "I had difficulty in searching for people to get various opinions to cite through interviews."에서 인용할 수 있는 다양한 의견을 얻을 수 있는 사람을 찾는데 어려움을 겪고 있다고 언급하였다. 즉, 여자가 찾고 있는 사람은 기사 작성을 위한 정보 출처로 정답은 (C) Locating sources of information이다.

STEP 2 함정유형 및 오답패턴

(A) Obtaining approval for business trips
(B) Handing in ~~an article~~ in time ▶publication에서 article를 연상한 오답이다.
(C) **Locating sources of information** ▶정답
(D) Accessing a database ▶이는 후반부에서 언급되므로 오답이다.

52 상대방의 문제에는 해결책을 제시한다.

STEP 1 요청과 제안은 상대방(you)에게 하는 것이므로 '~해라' 식의 표현이 정답이 된다.

여자는 기사의 출처를 찾는데 어려움을 겪고 있음을 남자에게 이야기했다. 이 사실을 듣고 남자의 대사인 "Have you ever accessed the company's database?"에서 회사의 데이터베이스 시스템을 이용해 봤는지를 물으며 해당 자료의 장점에 대해서 언급하고 있다. 즉, 남자가 여자에게 추천해주고 싶어 하는 것은 (B) Consult a database이다.

어휘 check 살피다 newspaper 신문사 once ~하자마자 organization 기관 hand in 제출하다 publication 출판, 발행 have difficulty in ~에 어려움을 겪다 search for ~를 찾다 various 다양한 opinion 의견 cite 인용하다 indeed 실제로 represent 나타내다 access 접근하다, 접속하다 locate ~의 정확한 위치를 찾아내다 get in touch with ~와 연락을 취하다

Questions 53-55 refer to the following conversation.

> **W** Can you believe it, Chad? I was finally able to invite **A Cappella**
> 53 **Dixon to perform** at our restaurant on June 12.
> **M** That's great news! I'll **put the group** in **the musician** list **on the**
> **flyer**. 54
> **W** Oh, right. Thank you for handling **that**. But I just wonder if the flyer
> should be in color or in black and white.
> **M** Well, black and white printing would be cheaper compared to color.
> But color would definitely look better.
> **W** Hmm... I should **check if** we are able to **afford color printing with**
> 55 **our current budget**.

54-B

54-D

53. What will take place on June 12 at the business?
(A) A grand opening
(B) A musical performance
(C) A cooking demonstration
(D) A book discussion

키워드 June 12 / 상
└, 키워드 앞뒤 문장에 집중

54. What does the woman thank the man for?
(A) Designing a flyer
(B) ~~Adjusting~~ a schedule
(C) Setting up tables
(D) Handling ~~customer complaints~~

여 / 감사 이유
└, 대명사를 파악하자.

55. What does the woman say she will do?
(A) Get in touch with a printer
(B) Change a menu item
(C) Look through a budget
(D) File application forms

여 / 미래 / 하
└, 조건절 표현 집중

여 믿겨지나요, Chad 씨? A Cappella Dixon을 6월 12
일에 우리 레스토랑에서 공연하도록 초대했답니다.
남 정말 좋은 소식이네요. 해당 그룹을 전단지의 음악가 목
록에 넣겠습니다.
여 오, 맞네요. 그렇게 해주시니 감사합니다. 그런데 그 전
단지를 컬러 혹은 흑백 중 어느 것으로 해야 할지 고민입
니다.
남 글쎄요, 흑백 인쇄가 컬러 인쇄보다 더 저렴할 것 같네
요. 하지만 컬러가 분명히 더 좋아보일 겁니다.
여 음.. 현재 예산으로 컬러 인쇄를 할 여유가 되는지 확인
해 봐야겠네요.

53. 6월 12일에 그 가게에서는 무엇이 일어날 예정인가?
(A) 개막식
(B) 음악회 공연
(C) 요리 설명회
(D) 독서 토론회

54. 여자는 남자에게 무엇에 관하여 감사를 하고 있는가?
(A) 전단지 디자인
(B) 일정 조정
(C) 테이블 준비
(D) 고객 불만사항 처리

55. 여자는 무엇을 할 예정이라고 이야기를 하였는가?
(A) 인쇄업자와 연락하기
(B) 메뉴아이템 변경하기
(C) 예산 검토하기
(D) 신청서 보관하기

53 답은 대화 중에 힌트가 언급되는 순서대로 배치되고, 위치는 불변이다.

STEP 1

답은 순서대로 대화상에 배치되기 때문에 전체 대화 내용을 다 듣고 답을 선택하기보다는 문제의 위치에 따라 해당 보기에 집중하여 듣는다. 보기에 있는 단어나 관련 단어가 들리는 지에 최대한 집중한다.

문제의 키워드는 June 12으로, 지문의 "I was finally able to invite A Cappella Dixon to perform at our restaurant on June 12."과 "I'll put the group in the musician list on the flyer."를 통하여 6월 12일에 A Cappella Dixon라는 음악가가 식당에서 공연할 예정임이 언급되었다. 따라서 정답은 (B) A musical performance이다.

54 남자/여자/화자(man/woman/speakers)를 확인하라.

STEP 1   문제에 여자가 언급되면 여자의 대사에 답이 나온다.

여자가 남자에게 감사해 하는 이유를 묻는 문제로 여자의 대사에 정답이 있다. 지문의 "I'll put the group in the musician list on the flyer."과 "Thank you for handling that."을 통해 여자의 대사의 that은 앞 문장 전체로, 전단지에 뮤지션을 추가해야 하는 일을 남자가 처리해줄 예정임을 알 수 있다. 따라서 남자는 전단지를 디자인해야 하므로 정답은 (A) Designing a flyer이다.

STEP 2   함정유형 및 오답패턴

(A) Designing a flyer ▸정답
(B) ~~Adjusting~~ a schedule ▸지문의 June 12이 schedule로 바뀌었지만, 공연이 진행될 날짜는 확정되었으므로 오답이다.
(C) Setting up tables
(D) Handling ~~customer complaints~~ ▸handling은 지문에서 언급되었지만, 고객 불만사항 처리가 아닌 전단지 디자인의 일을 처리해야 하므로 오답이다.

55 미래 정보는 대화 후반부에 나오는 I'll ~이 정답이다.

STEP 1   다음 행위(미래 정보)를 묻는 문제는 주로 당사자의 대사에서 정답을 알 수 있다.

여자의 미래는 여자의 대사에서 등장하며, 지문의 "I should check if we are able to afford color printing with our current budget."를 통해 컬러 프린트가 가능한지 현재 예산을 살펴보겠다고 언급하였다. 즉, 여자가 할 일은 (C) Look through a budget이다. 지문의 check ~ with our current budget은 보기의 look through a budget으로 paraphrasing되었다.

STEP 2   함정유형 및 오답패턴

(A) Get in touch with a ~~printer~~ ▸printing에서 printer를 연상한 오답이다.
(B) Changing a menu item
(C) Look through a budget ▸정답
(D) File application forms

어휘   perform 공연하다   musician 음악가   flyer 전단지   handle 처리하다   wonder 궁금하다
compared to ~와 비교하여   afford ~할 여유가 되다   current 현재의   budget 예산

Questions 56-58 refer to the following conversation.

W Lewis, how was the **trade fair**? Have you received many orders for our
56 water purifiers?

M It was good, and we met many new clients at the fair. I've got a lot of
business cards, and I need to organize them, which will take me a lot of
time.

W There is a **useful app** you can use to sort them. **You should download it**
57 to your phone. It's called "Locate The Info." If you take a photo of each card
by using the app, all the text will be automatically transformed into digital
format. It will definitely be helpful for you to find the information you need.

M That's what I should have. How much is it?

W You can use a free version, but there is a **high-level version** you can
58 purchase. **It can store a much larger number of cards** than the free
one. I'm using the high-level one.

56. What has the man done recently?
(A) Had a water purifier installed
(B) Printed his business cards
(C) Went to a trade fair
(D) Organized a facility tour

남 / 과거 / 상
└, 과거시제에 집중하자.

57. What does the woman suggest the man do?
(A) Look for a new phone
(B) Submit a business report
(C) Try a phone application
(D) Arrange meetings with clients

여 / 제안
└, 권유제안 표현에 집중

58. What does the woman say about the high-level version of
a product?
(A) It seems much more user-friendly.
(B) It costs a lot more than other versions.
(C) It allows users to store more data.
(D) It includes a free warranty.

키워드 high-level version /
하
└, 키워드 앞뒤 문장에 집중

여 Lewis 씨. 무역 박람회는 어떠셨나요? 정수 장치 주문
은 많이 받으셨나요?

남 좋았습니다. 그리고 박람회에서 많은 신규 고객들을 만났
습니다. 명함을 많이 받았고, 정리를 해야 하는데, 시간이
많이 걸릴 것 같아요.

여 그것들을 분류할 때 사용할 수 있는 유용한 앱이 있습니
다. 폰에 다운받으셔야 하는데요. "Locate The Info"예
요. 이 앱을 사용해서 명함을 촬영하면, 모든 문자가 자동
으로 디지털 포맷으로 변환됩니다. 필요한 정보를 찾는
데 분명히 도움이 될 거예요.

남 저한테 꼭 필요한 거네요. 얼마인가요?

여 무료버전을 사용하실 수 있지만, 고급 버전을 구매할 수
도 있습니다. 고급버전이 무료버전보다 훨씬 더 많은 명
함을 저장할 수 있습니다. 저는 고급 버전을 사용하고 있
어요.

56. 남자는 최근에 무엇을 하였는가?
(A) 정수 장치 설치   (B) 명함 인쇄
(C) 무역 박람회 참가   (D) 시설 견학 준비

57. 여자는 남자에게 무엇을 제안하였는가?
(A) 새로운 전화기 찾기
(B) 업무 보고서 제출하기
(C) 핸드폰 앱 사용하기
(D) 고객과의 회의 준비하기

58. 여자가 고급 버전의 제품에 대하여 언급한 것은 무엇인가?
(A) 훨씬 더 사용자 친화적인 것처럼 보인다.
(B) 다른 버전보다 훨씬 비싸다.
(C) 사용자가 더 많은 자료를 저장할 수 있다.
(D) 무료 보증 서비스를 포함하고 있다.

56 과거에 관한 질문은 상단에, 미래는 하단에 위치한다.

STEP 1 대화의 흐름은 〈과거 → 미래〉 순이므로 과거를 묻는 첫 번째 질문은 대화의 첫 2줄을 확인하자.

남자가 최근에 한 일이 무엇인지를 묻는 문제로, 최근에 발생한 일을 중심으로 대화가 진행될 것임을 알 수 있다. 따라서 여자의 대사인 "Lewis, how was the trade fair? Have you received many orders for our water purifiers?"에서 남자인 Lewis 씨는 무역박람회에 참가했음을 확인할 수 있다. 따라서 남자가 최근에 한 일은 (C) Went to a trade fair이다.

STEP 2 함정유형 및 오답패턴

(A) Had a water purifier ~~installed~~ ▶지문에서 **water purifier**은 언급되었지만, **install**에 관한 설명은 언급되지 않았으므로 오답이다.
(B) ~~Printed~~ his business cards ▶**business cards**가 언급되었지만, 인쇄가 아닌 명함을 받은 것으로 오답이다.
(C) Went to a trade fair ▶정답
(D) Organized a facility tour

57 요청과 제안 문제의 힌트는 대화에서 You로 언급된다.

STEP 1 간접적으로 '~을 하겠다'고 제안하거나 '~을 하세요'라고 권유 또는 제안하는 표현에 집중해야 한다.

여자가 남자에게 제안하는 것이 무엇인지를 묻는 문제로, 지문의 "There is a useful app you can use to sort them. You should download it to your phone."에서 남자에게 명함을 분류할 수 있는 유용한 앱을 다운받아 사용하기를 권하고 있다. 따라서 남자에게 제안하고 있는 것은 (C) Try a phone application이다.

STEP 2 함정유형 및 오답패턴

(A) ~~Look for~~ a new phone ▶지문에서 **phone**은 언급되었지만, **look for**에 대한 언급은 없으므로 오답이다.
(B) ~~Submit~~ a business ~~report~~ ▶**business**는 언급되었지만, 남자가 무역 박람회에서 받은 것은 명함이므로 오답이다.
(C) Try a phone application ▶정답
(D) ~~Arrange meetings~~ with clients ▶**clients**는 언급되었지만, 이미 무역박람회에서 만나고 온 것으로 오답이다.

58 키워드 문제는 키워드 기준 앞뒤 문장에 답이 나온다. ▶ high-level version

STEP 1

문제 중에 특정 키워드에 대해 묻는 문제는 반드시 담화 중의 해당 키워드 앞뒤에서 답이 들린다. 일반적으로는 키워드 뒤에 답이 들리지만 최근에는 키워드 앞에 미리 답이 나오는 경우가 있다.

지문의 키워드는 high-level version으로, 지문의 "but there is a high-level version you can purchase. It can store a much larger number of cards than the free one."에서 무료버전보다 고급 버전은 더 많은 명함을 저장할 수 있다고 언급되었다. 따라서 정답은 (C)이다.

STEP 2 함정유형 및 오답패턴

(A) It seems much more user-friendly. ▶**helpful**에서 **user-friendly**를 연상한 오답이다.
(B) It costs a lot ~~more than other versions.~~ ▶언급된 앱은 무료 버전과 고급 버전으로, 가격을 비교할 기타 다른 앱이 언급되지 않았으므로 오답이다.
(C) It allows users to store more data. ▶정답
(D) It includes ~~free warranty.~~ ▶고급 버전의 앱이 포함하는 것이 무료 보증 서비스가 아니라 더 많은 명함 저장이므로 오답이다.

어휘　trade fair 무역 박람회　receive an order 주문을 받다　water purifier 정수장치　business card 명함
organize 정리하다　useful 유용한　sort 분류하다, 정리하다　automatically 자동으로　text 문자, 글자
transform 변환하다　purchase 구매하다　store 저장하다　a large number of 다수의

Questions 59-61 refer to the following conversation.

59

W Well, Mr. Dawson, you're saying that you often **feel dizzy and have**
60 **difficulty focusing your eyes** when you try to watch something,
right?

M Yes, I use my computer for long hours while working.

W Hmm... when you do any kind of work which can be stressful for
your eyes, you **should rest your eyes** at least every 30 minutes,
61 simply closing your eyes and massaging them for a short while.

M Should I wear a pair of glasses?

W That's not necessary right now. But if the dizziness does not stop
before the next eye exam, we might need to consider glasses.

`60-A` `60-C`

`61-A`

59. Who most likely is the woman?
(A) A school teacher
(B) An eye doctor
(C) A shop assistant
(D) A pharmacist

여 / 직업 / 상
└, 첫 2줄에 집중

60. Why does the man say,
"I use my computer for long hours while working"?
(A) To explain a mistake
(B) To request permission to transfer
(C) To indicate his profession
(D) To describe the cause of symptoms

화자의도 파악
└, 해당 위치 앞뒤 문맥 파악

61. What does the woman suggest the man do?
(A) Reserve his next exam
(B) Look for a different job
(C) Take regular breaks while working
(D) Pick up an information packet

여 / 제안 / 하
└, 권유제안 표현에 집중

여 Dawson 씨, 무언가를 보려고 할 때 초점이 맞지 않고
종종 어지러움을 느끼신다고 말씀하셨어요, 맞으시죠?

남 네, 근무 중에 컴퓨터를 오래 사용합니다.

여 음.. 눈에 스트레스를 줄 수 있는 업무를 하실 때에는, 최
소 30분마다 눈을 감고 잠시 동안 눈을 마사지 하는 것과
같이 눈에 휴식을 취하셔야 합니다.

남 안경을 써야 할까요?

여 지금 당장은 그러실 필요가 없습니다. 하지만 어지럼증
이 다음 시력 검사 전에도 멈추지 않는다면, 안경을 고려
할 필요가 있을 겁니다.

59. 여자는 누구일 것 같은가?
(A) 학교 선생님
(B) 안과 의사
(C) 점원
(D) 약사

60. 남자가 "I use my computer for long hours while
working"이라고 말한 의도는 무엇인가?
(A) 실수를 설명하기 위해서
(B) 이전 허가를 요청하기 위해서
(C) 그의 직업을 설명하기 위해서
(D) 증상의 원인을 설명하기 위해서

61. 여자는 남자에게 무엇을 하기를 제안하였는가?
(A) 다음 검사 예약하기
(B) 다른 일자리 찾기
(C) 근무 중에 주기적으로 휴식 취하기
(D) 자료집 가져가기

59 직업과 장소는 전반부에서 힌트가 나온다.

STEP 1 첫 2줄에서 **our/your/this/here**의 표현과 함께 들리는 장소/직업 명사가 정답이 된다.

여자의 직업을 묻는 질문으로, 여자의 대사인 "you're saying that you often feel dizzy and have difficulty focusing your eyes when you try to watch something, right?"에서 남자의 시력과 관련하여 겪고 있는 문제점들을 진료를 하고 있음을 확인할 수 있다. 따라서 여자의 직업은 안과 의사로 정답은 (B) An eye doctor이다.

STEP 2 함정유형 및 오답패턴

(A) A school teacher
(B) An eye doctor ▶정답
(C) A shop assistant
(D) A pharmacist ▶**feel dizzy**로 남자가 겪고 있는 증상을 설명하고 있지만, 이후에 약을 처방하는 것이 아니라 진찰을 하기 때문에 오답이다.

60 " "의 화자 의도 파악 문제는 포괄적으로 설명한 보기가 정답이다.

STEP 1 화자의 의도파악 문제의 표현은 주로 앞뒤 문맥을 연결하는 역할을 하므로, 주변 문맥을 파악하여 포괄적인 정답을 찾아야 한다.

앞 문장인 "you're saying that ~ when you try to watch something, right?"에서 여자는 남자가 시력과 관련하여 겪고 있는 문제점을 확인하고 있다. 그러자 남자는 "I use my computer for long hours while working."이라고 언급하였다. 즉, 남자가 '근무 중에 컴퓨터를 많이 사용한다'고 말한 이유는 해당 증상에 대한 원인을 이야기하기 위함으로 정답은 (D)이다.

STEP 2 함정유형 및 오답패턴

(A) To explain a ~~mistake~~ ▶실수가 아닌 증상의 원인을 언급하므로 오답이다.
(B) To request permission to transfer
(C) To indicate ~~his profession~~ ▶남자의 직업이 아닌 증상의 원인을 언급하기 위함이므로 오답이다.
(D) To describe the cause of symptoms ▶정답

61 요청과 제안 문제의 힌트는 대화 후반부에 You로 언급된다.

STEP 1 요청과 제안은 상대방(**you**)에게 하는 것이므로 권유 혹은 제안하는 표현이 정답이 된다.

여자의 대사인 "you should rest your eyes at least every 30 minutes, simply closing your eyes and massaging them for a short while."에서 여자는 근무 중에 잠시라도 눈에 휴식을 취하기를 제안하고 있다. 따라서 여자가 남자에게 제안하는 것은 (C) Take regular breaks while working이다.

STEP 2 함정유형 및 오답패턴

(A) ~~Reserve~~ his next exam ▶지문에 **next exam**은 언급되었지만, **reserve**에 관한 언급은 없으므로 오답이다.
(B) Look for a different job
(C) Take regular breaks while working ▶정답
(D) Pick up an information packet

어휘 **dizzy** 어지러운 **ready** 준비시키다 **while** ~하는 동안 **stressful** 스트레스가 많은 **rest** 휴식을 취하다
at least 최소한 **for a short while** 잠깐 동안 **necessary** 필수적인 **dizziness** 어지러움 **eye exam** 시력검사

Questions 62-64 refer to the following conversation and brochure.

> **W** Did you hear that our **branch manager, Ms. Ellis, is planning to retire** in a few
> **62** months? **It** was announced at the department meeting. Someone will be hired
> from within our branch to assume her position.
> **M** Yes, I heard. I'm guessing everyone will be interested in being promoted to the
> position like me. **But I'm not quite sure about applying** because I don't think
> **63** my background in business management is as strong as the hiring committee
> wants.
> **W** Hmm... There are business courses offered by the city. I think you should **63-A**
> consider attending one of them.
> **M** That sounds awesome if my schedule allows me. **I need to be at work from 9**
> **64** **A.M. to 6 P.M. every day.** So I can only attend if they have a late evening class.
> **W** Well, you should be able to find one that fits your schedule since there are
> classes at several different times.

Brent City Center Business Courses
Class 1 : Tuesdays at 7 A.M.
Class 2 : Wednesdays at 9 A.M.
Class 3 : Fridays at 7 P.M.
Class 4 : Saturdays at 1 P.M.

62. What was announced at the department meeting?
(A) A company acquisition
(B) An office renovation project
(C) A promotional event
(D) A staff member's retirement

63. What is the man not sure about doing?
(A) Attending a business class
(B) Relocating to another city
(C) Applying for a position
(D) Quitting his current job

64. Look at the graphic. Which class will the man most likely sign up for?
(A) Class 1
(B) Class 2
(C) Class 3
(D) Class 4

키워드 department meeting
/ 상
ㄴ. 키워드 앞뒤 문장에 집중

남 / not sure
ㄴ. 역접의 접속사에 집중

3. 시각자료 / 남 / class
ㄴ. 남자의 스케줄을 파악하자.

여 저희 지점 책임자인 Ellis 씨가 몇 달 후에 은퇴할 예정이라는 소식을 들으셨나요?
부서 회의에서 발표되었는데 그녀의 직책을 맡을 사람을 우리 지점 내에서 채용될
예정입니다.
남 네, 저도 들었습니다. 저를 비롯해서 모두 그 직책으로 승진하는 것에 관심이 있는 것
같습니다. 하지만 저는 고용 위원회에서 바라는 것만큼 경영관리 분야에 대한 경력이
많지 않기 때문에, 지원을 해야 하는지에 대해 잘 모르겠습니다.
여 음.. 시에서 제공하는 경영 수업이 있습니다. 그 수업을 들어보시는 게 좋을 것 같아요.
남 일정이 맞는다면 괜찮을 것 같습니다. 제가 매일 오전 9시부터 오후 6시까지 근무를
해야 해서 야간 강좌가 있으면 참석할 수 있을 것 같습니다.
여 다양한 시간대에 여러 강좌를 제공하고 있으니, 스케줄에 맞는 수업을 찾아보는 것
이 좋을 것 같습니다.

Brent 도심 경영 수업
강좌 1 : 화요일 오전 7시
강좌 2 : 수요일 오전 9시
강좌 3 : 금요일 오후 7시
강좌 4 : 토요일 오후 1시

62. 부서 회의에서 무엇이 발표
되었는가?
(A) 기업 인수
(B) 사무실 보수 프로젝트
(C) 홍보 행사
(D) 직원 은퇴

63. 남자는 무엇에 관하여 확신이
없는가?
(A) 경영 수업 참석
(B) 다른 도시로의 전근
(C) 직책 지원
(D) 사직

64. 시각자료를 보시오. 남자는
어떤 수업을 신청할 것 같은가?
(A) 강좌 1 (B) 강좌 2
(C) 강좌 3 (D) 강좌 4

62 키워드 문제는 키워드 기준 앞뒤 문장에 답이 나온다. ▶ department meeting

STEP 1 문제 중에 특정 키워드에 대해 묻는 문제는 반드시 담화 중의 해당 키워드 앞뒤에서 답이 들린다. 일반적으로는 키워드 뒤에 답이 들리지만 최근에는 키워드 앞에 미리 답이 나오는 경우가 있다.

문제의 키워드는 department meeting으로, 지문의 "our branch manager, Ms. Ellis, is planning to retire in a few months? It was announced at the department meeting"에서 부서 회의에서 지점장인 Ellis 씨가 몇 달 이후에 은퇴 예정이라는 소식이 발표되었음을 언급하였다. 따라서 정답은 (D) A staff member's retirement이다. 지문의 Ms. Ellis는 보기의 staff member으로 paraphrasing되었다.

STEP 2 함정유형 및 오답패턴

(A) A company acquisition ▶ meeting에서 acquisition을 연상한 오답이다.
(B) An office renovation project ▶ company에서 office를 연상한 오답이다.
(C) A promotional event
(D) A staff member's retirement ▶ 정답

63 However, But 뒤에 결정적인 정답의 단서가 나온다.

STEP 1 주로 but이나 however, actually 등의 역접이나 반전을 의미하는 접속사나 부사 뒤에는 정답을 동반하는 경우가 많다.

남자가 자신이 없는 것이 무엇인지를 묻는 문제로, 남자의 대사에 정답이 있다. 지문의 "But I'm not quite sure about applying ～ committee wants."에서 남자는 경영 관리 부문의 경력이 부족하므로 은퇴 예정인 Ellis 씨의 직위에 지원하는 일에 확신이 없다. 따라서 남자가 확신 없어 하는 것은 (C) Applying for a position이다.

STEP 2 함정유형 및 오답패턴

(A) Attending a business class ▶ 해당보기는 남자의 자신감 회복을 위해서 여자가 제안한 일이므로 오답이다.
(B) Relocating to another city
(C) Applying for a position ▶ 정답
(D) Quitting his current job

64 대화에서 언급된 보기 (A)-(D)는 정답이 아니다.

STEP 1 시각자료 문제는 보기가 대화에서 언급되지 않는다.

남자가 참석할 수업이 무엇인지를 묻는 문제로, 지문의 "That sounds awesome ～ if they have a late evening class."에서 남자의 근무는 주 7일 오전 9시부터 근무하기 때문에, 야간 수업을 선호한다고 이야기하였다. 따라서 남자가 수강할 수 있는 수업은 금요일 오후 7시로 정답은 (C) Class 3이다.

어휘 branch manager 지점장 retire 은퇴하다 announce 발표하다 department meeting 부서회의
assume 맡다 position 자리, 직위 promote 승진하다 quite 꽤 apply 지원하다 background 경력
business management 경영 관리 hiring committee 고용 위원회 offer 제공하다 fit 맞다
since ～이기 때문에

Questions 65-67 refer to the following conversation and menu.

M How was your **beef steak**? The daily special you ordered comes with
65 dessert. Are you ready for your dessert?

W The steak was excellent, thank you, but I'll skip the dessert. And can I **ask if**
66 **you take catering orders**?

M Of course, we do. I'll get you our brochure about the service. And would you like anything else?

W That's all I need. Please give me the check. Oh, can I use this 30 percent-off coupon?   **66-C**

M Oh, sorry. I'm afraid, **that coupon can not be used for our daily specials.**
67 It's only for regular menu items.   **67-B**

Resent Dining
Daily Specials Menu Items

Monday .... Salmon steak
Tuesday .... Jacket potato
Wednesday .... Beef steak
Thursday .... Roast chicken
Friday .... Club Sandwich

---

65. Look at the graphic. What day is the woman visiting the business?
(A) Monday   (B) Tuesday
(C) Wednesday   (D) Thursday

시각자료 / 여 / 방문 요일 / 상
└, 여자가 먹은 음식에 집중

66. What does the woman inquire about?
(A) Seating capacity **(B) Catering services**
(C) Discount rates   (D) Menu selections

여 / 문의 사항
└, 여자의 질문표현에 집중하자.

67. Why is the man sorry?
(A) Tables are fully booked.
(B) Some menu items are not prepared.
(C) A manager is not available.
(D) A coupon is invalid.

남 / 사과 이유 / 하
└, I'm sorry, I'm afraid
표현에 집중

남 소고기 스테이크는 어떠셨나요? 주문하신 일일 특선요리에는 디저트도 함께 제공됩니다. 디저트를 드실 준비가 되셨나요?

여 스테이크는 매우 맛있었습니다. 감사하지만 디저트는 사양하겠습니다. 그리고 출장 연회 서비스를 하는지 알 수 있을까요?

남 물론이죠. 서비스를 하고 있습니다. 해당 서비스와 관련하여 소책자를 갖다 드리겠습니다. 더 필요하신 것이 있으신가요?

여 그러면 됩니다. 영수증을 주세요. 오, 30퍼센트 할인권을 사용할 수 있을까요?

남 오, 죄송하지만, 해당 쿠폰은 일일 특선요리가 아닌 일반 메뉴에만 적용됩니다.

Resent Dining 일일 특선 요리 메뉴

월요일 .... 연어 스테이크
화요일 .... 통감자 구이
수요일 .... 소고기 스테이크
목요일 .... 구운 닭고기
금요일 .... 클럽 샌드위치

65. 시각자료를 보시오. 여자는 무슨 요일에 업체를 방문하고 있는가?
(A) 월요일   (B) 화요일
(C) 수요일   (D) 목요일

66. 여자는 무엇에 대하여 문의를 하고 있는가?
(A) 좌석수   (B) 출장연회 서비스
(C) 할인율   (D) 메뉴 선택

67. 남자는 왜 미안하다고 하는가?
(A) 테이블이 모두 예약되어 있다.
(B) 일부 메뉴는 준비가 되어 있지 않다.
(C) 관리자는 시간적 여유가 없다.
(D) 쿠폰이 사용 불가능하다.

65 대화에서 언급된 보기 (A) – (D)는 정답이 아니다.

STEP 1 시각자료 문제는 보기가 대화에서 언급되지 않는다.

여자가 가게를 방문한 요일을 묻는 문제로, 남자의 대사인 "How was your beef steak? The daily special you ordered comes with dessert."에서 오늘 여자에게 제공된 일일 특선 요리는 소고기 스테이크임이 언급되었다. 따라서 여자가 해당 가게를 방문한 요일은 수요일로 정답은 (C) Wednesday이다.

66 문의사항은 본인이 직접 묻는다.

STEP 1 첫 번째 화자가 문의사항 즉, 질문을 던지면, 두 번째 화자가 그에 대하여 답변을 한다.

여자가 문의한 내용이 무엇인지를 묻는 문제로, 여자의 대사에 집중해야 한다. 여자의 대사인 "can I ask if you take catering orders?"과 그 다음 남자의 대사인 "Of course, we do. I'll get you our brochure about the service." 에서 여자는 남자에게 출장 연회 서비스를 제공하는지를 물어봤고, 남자는 여자의 말에 동의하며, 해당 서비스와 관련된 책 자를 가져다준다고 언급하였다. 따라서 여자가 언급한 내용은 (B) Catering services이다.

STEP 2 함정유형 및 오답패턴 정답 위치에서 2개 이상의 키워드가 들리면 들리지 않는 오류를 포함한 하나를 소거한 후 정답을 남긴다.

(A) Seating capacity
(B) Catering services ▸정답
(C) Discount rates ▸지문에서 할인율은 **30 percent-off coupon**에서 확인할 수 있으므로 오답이다.
(D) Menu selections

67 However, But 뒤에 결정적인 정답의 단서가 나온다.

STEP 1 역접의 접속사를 비롯하여, **I'm sorry, I'm afraid** 뒤에도 정답의 단서가 제시될 가능성이 높다.

남자가 사과를 하는 이유를 묻는 문제이다. 남자의 대사인 "sorry. I'm afraid, that coupon can not be used for our daily specials. It's only for regular menu items."에서 여자가 사용하려는 할인권은 일일 특선 요리가 아닌 일반 메뉴에만 사용이 가능하다고 사과를 하고 있다. 따라서 정답은 (D)이다.

STEP 2 함정유형 및 오답패턴

(A) Tables are fully booked.
(B) Some menu items ~~are not prepared.~~ ▸menu items는 언급되었지만, **not prepared**에 관한 언급은 없으므로 오답이다.
(C) A manager is not available
(D) A coupon is invalid. ▸정답

어휘　**beef** 소고기　**daily spacial** 일일 특선요리　**order** 주문하다　**be ready for** ~할 준비가 되다
dessert 디저트　**skip** 생략하다　**catering service** 출장연회 서비스　**brochure** 소책자　**check** 영수증
regular 일반적인

Questions 68-70 refer to the following conversation and chart.

M I'm really looking forward to our business trip on Wednesday, but I don't like the 68 Chancery Lane train station. I think they should **hire more workers for better service.** I'm so happy we can use the online ticket service instead. `70-A` `68-D`

W It's easier to purchase tickets online. Okay, we now have to pick which carriage to take. Why don't we go in the second quiet carriage?

M Well, I'll need to make several phone calls on the way. **I shouldn't do that in a** 69 **quiet carriage.**

W Right. Well, there are only **a few seats left in a standard carriage**. We can take that.

M Do you think we should **pay for this with the company card?** 70

W Well, I'd rather pay with my card, and later I'll get reimbursed.

http://cltrainstation.net			
Choose Your Train Car			
Type	Carriage No.	Available/Sold Out	Select
Quiet	1	Available	○
Quiet	2	Available	○
Quiet	3	Available	○
Standard	4	Available	○
Standard	5	Sold Out	○

68. Why is the man unhappy with the Chancery Lane train station?
(A) Its location is not convenient.   **(B) It is currently under-staffed.**
(C) It is undergoing renovation.   (D) Its Web site is out of service.

69. Look at the graphic. Which car are the speakers most likely going to take?
(A) Carriage 2   (B) Carriage 3   **(C) Carriage 4**   (D) Carriage 5

70. What does the man ask about?
(A) The exact departure time   (B) The final destination
(C) The location of a new office   **(D) The payment method**

남 / 키워드 Chancery Lane / unhappy / 상
└ 남자의 첫번째 대사에 집중하자.

시각자료 / 화자들이 탈 객실 번호
└ 기차 종류 혹은 매진여부를 확인해야 한다.

남 / 문의 / 하
└ 남자의 질문 표현에 집중하자.

---

http://cltrainstation.net			
객실을 선택하십시오.			
유형	객차 번호	이용 가능/매진	선택
조용	1	이용 가능	○
조용	2	이용 가능	○
조용	3	이용 가능	○
일반	4	이용 가능	○
일반	5	매진	○

남 수요일 출장이 매우 기대되지만, Chancery Lane이 마음에 들진 않아요. 제 생각에 그곳이 더 나은 서비스를 제공하려면 더 많은 직원들을 채용해야 한다고 생각합니다. 대신에 온라인 티켓 서비스를 사용하게 되어 매우 기쁩니다.

여 온라인 티켓 구매가 훨씬 쉽습니다. 우리는 지금 어느 칸에 타고 갈지를 선택해야 합니다. 조용한 두 번째 칸으로 타고 가는 것은 어때요?

남 글쎄요, 저는 가는 길에 전화를 해야 해서 조용한 칸에서는 일을 볼 수가 없습니다.

여 맞아요, 그럼 일반 칸에는 좌석이 몇 개 남아있습니다. 그 곳을 탈 수 있어요.

남 회사 카드로 이 경비를 지불할 수 있을까요?

여 글쎄요, 제 카드로 먼저 지불을 하고 이후에 환불을 받을 예정입니다.

68. 남자가 Chancery Lane 기차역을 좋아하지 않는 이유는 무엇인가?
(A) 그곳의 위치는 불편하다.
(B) 현재 직원이 부족하다.
(C) 수리 중이다.
(D) 그곳의 웹사이트는 사용이 불가능하다.

69. 시각자료를 보시오. 화자들은 어떤 칸을 이용할 것 같은가?
(A) 객차 2   (B) 객차 3   (C) 객차 4   (D) 객차 5

70. 남자는 무엇을 알기를 원하는가?
(A) 정확한 출발 시간   (B) 최종 목적지
(C) 새로운 사무실 위치   (D) 결제 방법

68 Why 문제는 대화에서 그대로 반복된 후 원인에 대한 답이 나온다.

STEP 1 Why 뒤의 키워드가 담화에서 들려야 그 뒤에 답이 나온다.

Why 뒤의 키워드 unhappy with the Chancery Lane train station으로, 남자가 Chancery Lane 기차역을 좋아하지 않는 이유를 묻는 문제로, 남자의 대사에 정답이 있다. 남자의 대사인 "but I don't like the Chancery Lane train station. I think they should hire more workers for better service."에서 해당 기차역은 직원이 부족하여 좋은 서비스를 제공하지 않음이 언급되어 있다. 따라서 정답은 직원이 부족하다는 (B)이다.

STEP 2 함정유형 및 오답패턴

(A) Its location is not convenient.
(B) It is currently under-staffed. ▶정답
(C) It is undergoing renovation.
(D) Its ~~Web site~~ is out of service. ▶지문에서 **service**를 언급했지만, 이는 웹사이트 서비스가 아닌 기차역 현장의 서비스를 말하고 있으므로 오답이다.

69 대화에서 언급된 보기 (A) – (D)는 정답이 아니다.

STEP 1 시각자료 문제는 보기가 대화에서 언급되지 않는다.

화자들이 탈 기차 칸을 묻는 문제로, 남자의 말 "I'll need to make several phone calls on the way. I shouldn't do that in a quiet carriage."과 이에 대한 여자의 말에서 "there are only a few seats left in a standard carriage. We can take that."으로 남자는 기차를 타고 가는 도중에 전화를 해야 하기 때문에 여자는 조용한 칸 대신 일반 칸을 타고 가자고 제안하였다. 따라서 구매 가능한 일반 객차는 (C) Carriage 4이다.

70 요청과 제안 문제의 힌트는 대화 후반부에 You로 언급된다.

STEP 1 요청과 제안은 상대방(you)에게 하는 것이므로 권유 혹은 제안하는 표현이 정답이 된다.

남자의 마지막 대사인 "Do you think we should pay for this with the company card?"에서 남자는 여자에게 해당 기차 비용을 회사 경비로 처리할 수 있는지를 묻고 있다. 따라서 남자가 원하는 것은 결제 방법이므로 정답은 (D)이다.

STEP 2 함정유형 및 오답패턴

(A) The exact ~~departure time~~ ▶전반부에 출발지가 Chancery Lane 기차역임을 확인할 수 있지만, 출발 시간은 언급되지 않았으므로 오답이다.
(B) The ~~final destination~~ ▶목적지가 아니라 출발지인 Chancery Lane 기차역이 언급되었다.
(C) The location of a new office
(D) The payment method ▶정답

어휘 **look forward to -ing** ~을 기대하다 **business trip** 출장 **hire** 채용하다 **pick** 선택하다 **carriage** 객차 **quiet** 조용한 **make a phone call** 전화를 걸다 **on the way** 도중에 **get reimbursed** 환급을 받다

Questions 71-73 refer to the following talk.

Good morning, everyone and welcome to the intermediate coding **71** class at the Omaha Community Center. I'm your instructor, **Jeffrey** **72** **Thaw. I've been working** at this center for 5 years since **I got the licence** from the Federal Eduction Bureau. Before we start today, I'll briefly explain what you need for this class. Please always bring your own textbook with you. But since it's your first day, for those **73** who do not have a textbook **I'll distribute some** prints.

72-A

73-C 73-B

71. Who most likely is the speaker addressing?
(A) Community staff members
(B) Coding students
(C) Government officials
(D) Computer engineers

청자 / 직업 / 상
ㄴ 첫 2줄 인사 표현에 집중

72. What does the speaker say about himself?
(A) He learned coding in the university.
(B) He runs his own company.
(C) He is an experienced instructor.
(D) He has many classes today.

키워드 himself
ㄴ 키워드 앞뒤 문장에 집중
ㄴ 화자는 대화에서 대명사 I로 표현

73. What will the listeners do next?
(A) Receive materials
(B) Print some documents
(C) Buy a book
(D) Complete a form

청자 / 미래 / 하
ㄴ 화자의 미래 표현에 집중

안녕하세요, 여러분. Omaha 주민 센터에서 진행되는 중급 코딩 수업에 오신 것을 환영합니다. 저는 여러분을 가르치게 된 Jeffery Thaw입니다. 저는 연방 교육청에서 해당 자격증을 취득한 이후로 이곳 센터에서 5년 동안 근무하고 있습니다. 오늘 수업을 시작하기 전에, 이 수업에서 필요한 것이 무엇인지를 간략하게 설명해드리겠습니다. 항상 본인의 교과서를 가져와 주십시오. 하지만, 오늘은 첫 수업이므로 교과서를 챙겨 오시지 않은 분들께 유인물을 나눠드리겠습니다.

71. 화자가 말을 하고 있는 사람은 누구일 것 같은가?
(A) 주민 센터 직원
(B) 코딩수업을 듣는 학생들
(C) 공무원
(D) 컴퓨터 기술자

72. 화자가 본인 자신에 관하여 언급한 것은 무엇인가?
(A) 그는 대학교에서 코딩을 배웠다.
(B) 그는 본인 소유의 기업을 운영하고 있다.
(C) 그는 경험이 많은 선생님이다.
(D) 그는 오늘 여러 수업을 진행해야 한다.

73. 청자들은 다음에 무엇을 할 예정인가?
(A) 자료 받기
(B) 문서 인쇄하기
(C) 도서 구매
(D) 서류 작성

71 직업/장소는 첫 2줄의 대명사(I/You/We), 장소 부사(here/this + 장소명사)에서 나온다. ▶ 청자의 직업

STEP 1 **Welcome/Attention**의 단어 뒤에서 직업이나 장소가 언급된다. 또한 본인이 직접 자신이 일하는 회사에 대해서 언급하기보다는 상대방의 대사를 통해 어떤 종류의 업종에서 일하는지를 알아내야 하는 경우에 난이도가 높다.

화자가 이야기를 나누고 있는 사람, 즉 청자가 누구인지를 묻는 문제로, 지문의 "welcome to the intermediate coding class at the Omaha Community Center."에서 화자는 중급 코딩 수업에 오신 사람들에게 환영인사를 전하고 있다. 즉, 청자들은 코딩 수업을 듣는 학생으로 정답은 (B) Coding students이다.

72 문제에 제시된 사람 및 회사 이름은 대명사로 표현된다.

STEP 1 고유명사나 일반명사가 대화의 처음에 언급된 후 대명사(he/she/they/it)로 반복해서 언급된다.

문제의 himself는 화자 자신으로, Jeffery Thaw라는 이름이 언급된 이후에 대명사 I로 표현된다. 지문의 "I'm your instructor, Jeffrey Thaw. I've been working at this center for 5 years since I got the licence from the Federal Eduction Bureau."에서 화자는 코딩 관련 자격증을 취득한 이후로 5년 동안 코딩 수업을 가르쳤다는 사실이 언급되어 있다. 따라서 그는 경험이 많은 선생님임을 알 수 있으므로 정답은 (C)이다.

STEP 2 함정유형 및 오답패턴

(A) He ~~learned~~ coding ~~in the university~~. ▶지문에서 **coding**은 언급되었지만, 그가 대학교에서 코딩을 학습했는지에 대해서는 알 수 없으므로 오답이다.
(B) He runs his own company.
(C) He is an experienced instructor. ▶정답
(D) He ~~has many classes~~ today. ▶**instructor**에서 **has classes**를 연상하였지만, 오늘 진행하는 수업의 개수는 알 수 없으므로 오답이다.

73 미래 정보는 후반부에 나오는 I'll ~이 정답이다.

STEP 1 청자의 다음 행위(미래 정보)를 묻는 문제는 화자의 미래 표현에 정답이 있다.

청자들의 미래 일정을 묻는 문제로, 지문의 "But since it's your first day, for those who do not have a text book I'll distribute some prints for today."에서 유인물을 나눠줄 것이라고 언급되어 있다. 따라서 청자인 학생들은 선생님이 나누어 주는 자료를 받을 것이므로 정답은 (A) Receive materials이다.
주로 But이나 However, Actually 등의 역접이나 반전을 의미하는 접속사나 부사가 나오면 그 뒤에 정답을 동반하는 경우가 많다.

STEP 2 함정유형 및 오답패턴

(A) Receive materials ▶정답
(B) ~~Print~~ some documents ▶지문의 **prints**는 명사이므로 동음이의어의 반복 오답이다.
(C) ~~Buy~~ a book ▶지문의 **book**을 반복했지만, 구매여부는 알 수 없으므로 오답이다.
(D) Complete a form

어휘 **intermediate** 중급의 **community center** 주민센터 **instructor** 강사, 교사 **license** 면허증, 자격증 **federal** 연방 정부의 **bureau** 부서, 국 **briefly** 간단히 **explain** 설명하다 **own** 자신의 **textbook** 교과서 **distribute** 나누어주다

Questions 74-76 refer to the following excerpt from a meeting.

This is the last thing on our agenda today. As you see on the last page of our sales report, **our sales** of women's accessories **74 decreased by thirteen percent** compared to last quarter. We need to get back on track in the next quarter. So I'd like to **discuss** the **75 detailed sales figures and** some of the **factors that caused this.** I have some printouts of our recent customer survey results, but it looks like we need more copies. **Mr. Johnson, can you make a 76 few more copies** for me?

74-B **74-A**

75-C

74. What problem does the speaker mention?
(A) A product development is behind schedule.
(B) A report is not accurate.
(C) Sales are decreasing.
(D) A budget has been cut.

화자 / 문제점 / 상
ㄴ. 과거 시제 표현에 집중

75. What does the speaker want to do?
(A) Provide feedback
(B) Review some figures
(C) Conduct a survey
(D) Demonstrate a new product

화자 / 원하는 것
ㄴ. 미래 표현에 집중

76. What is Mr. Johnson asked to do?
(A) Take some notes
(B) Bring a piece of equipment
(C) Have a presentation ready
(D) Make copies of some handouts

키워드 Mr. Johnson / 미래 / 하
ㄴ. 권유제안 표현에 집중

이것이 오늘 마지막 안건입니다. 저희의 매출 보고서의 마지막 페이지에서 볼 수 있듯이, 여성 액세서리의 판매량은 지난 분기와 비교하여 13퍼센트 감소하였습니다. 다음 분기에는 정상으로 되돌아가야 합니다. 이에 따라 저는 이러한 사태를 초래한 매출 관련 수치와 여러 요인들을 자세하게 논의하고 싶습니다. 제가 최근 고객들의 설문조사 결과 유인물을 갖고 있는데 몇 부 더 필요해 보입니다. Johnson 씨, 이것을 몇 부 더 복사해주실 수 있나요?

74. 화자가 언급한 문제점은 무엇인가?
(A) 제품 개발이 예정보다 늦어지고 있다.
(B) 보고서는 정확하지 않다.
(C) 매출은 감소하고 있다.
(D) 예산은 삭감되었다.

75. 화자는 무엇을 하기를 원하는가?
(A) 피드백 제공
(B) 몇몇 수치 검토
(C) 설문조사 실시
(D) 신상품 시연

76. Johnson 씨에게 무엇을 하기를 요청하였는가?
(A) 필기하기
(B) 다른 장비 가져오기
(C) 발표 준비하기
(D) 유인물 복사하기

74 문제점을 먼저 언급하면 그 뒤에 해결책이 따라온다.

STEP 1 문제점은 주로 과거시제로 언급되며, 요청이나 제안이 뒤에 따라온다.

문제점은 첫 2줄에서 과거시제로 언급된다. 지문의 "our sales of women's accessories decreased by thirteen percent compared to last quarter."에서 여성 액세서리의 판매량이 지난분기와 비교하여 감소했다는 문제점을 제기 하였으므로 정답은 (C) Sales are decreasing이다.

STEP 2 함정유형 및 오답패턴

(A) A product development is behind schedule.
▶ accessories에서 product로 paraphrasing했지만, 제품은 이미 출시되었으므로 오답이다.
(B) A report is not accurate.
▶ 지문에서 report는 언급되었지만, 내용이 부정확하다는 not accurate에 관한 언급은 없으므로 오답이다.
(C) Sales are decreasing. ▶정답
(D) A budget has been cut.

75 Meeting 지문은 판매량의 하락(down, decreased)과 같은 문제점 언급 후, 요청하는 내용이 나온다.

STEP 1 문제의 해결을 위해 청자들에게 요청을 하며, 요청 답변은 Please ~/If you ~/ I'd like to ~로 시작한다.

지문의 "So I'd like to discuss the detailed sales figures and some of the factors that caused this."에서 문제 해결을 위해 화자가 해야 할 일은 (B) Review some figures이다.
지문의 구체적인 discuss the detailed sales figures and some of the factors는 포괄적인 review some figures로 paraphrasing되었다.

STEP 2 함정유형 및 오답패턴

(A) Provide feedback ▶ customer survey results에서 feedback를 연상한 오답이다.
(B) Review some figures ▶정답
(C) Conduct a survey ▶ I have some ~ survey results에서 설문조사는 과거에 실시되었음을 확인할 수 있으므로 오답이다.
(D) Demonstrate a new product

76 수동태 문제는 권유, 제안 등의 표현을 들어야 한다.

STEP 1 수동태 문제 유형은 주로 청자에게 요청이나 제안을 하는 것으로, 지문에서 청자를 언급하는 You will ~ 의 표현이나 명령문 등을 사용한다.

Johnson 씨에게 요청한 것이 무엇인지를 묻는 문제로, 대화의 "Mr. Johnson, can you make a few more copies for me?"이므로 정답은 (D) Make copies of some handouts이다.

STEP 2 함정유형 및 오답패턴

(A) Take some notes ▶ copies에서 notes를 연상한 오답이다.
(B) Bring a piece of equipment
(C) Have a presentation ready ▶ agenda에서 presentation을 연상한 오답이다.
(D) Make copies of some handouts ▶정답

어휘   agenda 안건   decrease 감소하다   compared to ~와 비교하여   quarter 분기
get back on track 정상으로 돌아오다   discuss 논의하다   detailed 상세한   figures 수치   factor 요인
printout 인쇄물   customer 고객, 소비자   survey 설문조사   copy 복사본   make a copy 복사하다

Questions 77-79 refer to the following telephone message.

Hello, this is Erica Burn. **I'm calling about the concert that your**
77 **art center is hosting** this Saturday. I bought a ticket last week
and I'm really excited to see the orchestra. However, some of my
78 **colleagues** are **huge fans of that orchestra** and I was wondering if
I could buy more tickets for the event. Hmm... I know it's one of the
most popular concerts. But **if you have any seats available**, please
79 contact me at 212-5684. Thanks.

77-C

78-B

78-A 79-A

79-D

77. Who most likely is the message for?
(A) A professional musician
(B) A service representative
(C) A loyal customer
(D) A producer

청자 / 상
└. 상단의 you관련 표현에
집중하자.

78. What does the speaker say about her colleagues?
(A) They've visited the place before.
(B) Some of them are musicians.
(C) They work in different departments.
(D) They are interested in an event.

키워드 his colleagues
└. 키워드 앞뒤 문장에 집중

79. What does the speaker ask the listener to do?
(A) Provide free tickets
(B) Write some review
(C) Check seat availability
(D) Send an invitation

3. 화자 / 요청 / 하
└. 요청 / 권유 표현에 집중하자

안녕하세요, 저는 Erica Burn이라고 합니다. 이번 주 토요
일에 아트센터에서 진행되는 콘서트 관련하여 연락드렸습니
다. 저는 지난주에 입장권을 구매했고, 그 오케스트라를 관람
할 수 있어 매우 기쁩니다. 그런데 제 동료 중 몇 명이 그 오
케스트라의 열렬한 팬이라 그 공연의 입장권을 더 구매할 수
있는지를 여쭙고 싶습니다. 음... 그 공연이 굉장히 인기 있는
공연인 줄은 잘 알고 있지만 만약 구매 가능한 좌석이 있다
면, 저에게 212-5684로 연락 주십시오. 감사합니다.

77. 이 메시지는 누구를 위한 것일 것 같은가?
(A) 음악가
(B) 서비스 상담원
(C) 단골 고객
(D) 제작자

78. 화자가 그의 동료에 관하여 언급한 것은 무엇인가?
(A) 그들은 이전에 그 장소를 방문한 적이 있다.
(B) 그들 중 일부는 음악가이다.
(C) 그들은 다른 부서에서 근무한다.
(D) 그들은 행사에 관심이 있다.

79. 화자는 청자들에게 무엇을 하기를 요청하였는가?
(A) 무료입장권 제공
(B) 일부 후기 작성
(C) 좌석 구매가능성 확인
(D) 초대장 발송

77 전화 메시지는 화자와 청자를 구별하는 특별한 표현이 있다.

STEP 1 **This is + 화자/ I'm calling to(about) + 주제나 목적이 나온다.**

전화 메시지의 대상자 즉, 청자가 누구인지를 묻는 문제이다. 지문의 "this is Erica Burn. I'm calling about the concert that your art center is hosting this Saturday."에서 화자인 Erica Burn씨는 청자가 근무하고 있는 아트센터에서 진행되는 콘서트와 관련하여 전화를 걸었다고 언급하였다. 즉, 청자는 화자의 전화로 문의한 내용을 해결해주어야 하는 직원이므로 고객 센터 상담원임을 추측할 수 있다. 따라서 정답은 (B) A service representative이다.

STEP 2 **함정유형 및 오답패턴**

(A) A professional ~~musician~~ ▶art에서 연상한 오답이다.
(B) A service representative ▶정답
(C) A loyal customer ▶화자의 직업으로 예상할 수 있다.
(D) A producer

78 키워드 문제는 키워드 기준 앞뒤 문장에 정답이 나온다. ▶ her colleagues

STEP 1 문제 중에 특정 키워드에 대해 묻는 문제는 반드시 담화 중의 해당 키워드 앞뒤에서 답이 들린다. 일반적으로는 키워드 뒤에 답이 들리지만 최근에는 키워드 앞에 미리 답이 나오는 경우가 있다.

문제의 키워드인 "her colleagues"이지만, 지문 속 화자는 I로 표현되기 때문에 my colleagues로 언급된다는 것을 알고 문제를 풀어야 한다. 지문의 "However, some of my colleagues are huge fans of that orchestra"에서 동료들 또한 해당 오케스트라에 관심이 있는 것이므로 정답은 (D)이다.
주로 But이나 However, Actually 등의 역접이나 반전을 의미하는 접속사나 부사가 나오면 그 뒤에 정답을 동반하는 경우가 많다.

STEP 2 **함정유형 및 오답패턴**

(A) They~~'ve visited~~ the place ~~before.~~ ▶티켓을 구매할 수 있다면, 토요일에 방문하겠다는 미래일정을 언급하고 있으므로 오답이다.
(B) Some of them are ~~musicians.~~ ▶동료들은 musicians가 아닌 huge fans이므로 오답이다.
(C) They work in different departments.
(D) They are interested in an event. ▶정답

79 요청/제안 문제는 하단에 위치하며 please가 대세이다.

STEP 1 **If you ~, please ~.(~한다면, ~하세요)의 제안 표현을 자주 사용하므로 알아 두자.**

화자가 청자에게 요청한 것이 무엇인지를 묻는 문제로, 지문의 "If you have any seats available, please contact me at 212-5684."에서 오케스트라의 좌석을 구매할 수 있다면 화자에게 연락을 달라고 부탁하고 있다. 즉, 청자는 남은 좌석이 있는지를 확인해야 하므로 정답은 (C) Check seat availability이다. 지문의 have any seats available은 포괄적인 check seat availability로 paraphrasing이 된다.

STEP 2 **함정유형 및 오답패턴**

(A) Provide ~~free~~ tickets ▶I could buy some tickets를 통해 입장권은 무료가 아닌 유료임을 확인할 수 있다.
(B) Write some review
(C) Check seat availability ▶정답
(D) Send an ~~invitation~~ ▶초대장이 아니라 연락을 달라고 요청하였으므로 오답이다.

어휘 host 진행하다 actually 사실상 colleague 동료 huge fan 열렬한 팬 wonder 궁금하다
popular 인기 있는 available 구매가 가능한 contact 연락하다

Questions 80-82 refer to the following news report.

Thank you for listening to Channel 101 Local News. This is Michael J. Long with the local updates. A year ago, **we discussed** that local **manufacturing companies** had been **in trouble due to a lack of workforce**, and it brought serious problems to the local economy. However, over the past year we've seen some **changes** in the manufacturing industry. **The number of technical institutes** has since doubled, **as have the technical courses offered along with them**. **Those who completed the courses** this year **started to be employed**. A human resources manager says that **we're receiving many more résumés than last year**.

80–C

81–A

80. What is the news report mainly about?
(A) Increased unemployment
(B) Workers seeking jobs abroad
(C) The costs of manufacturing
(D) The need for some workers

뉴스 보도 / 주제 / 상
ㄴ 첫 2줄 과거 시제에 집중

81. What does the speaker say has changed?
(A) Job opportunities have doubled.
(B) The number of institutes has increased.
(C) Some companies have merged.
(D) Companies offer more financial support.

변경 사항
ㄴ 역접 접속사에 집중

82. What does the speaker imply when he says, "We're receiving many more résumés than last year"?
(A) He is busy with reviewing résumés.
(B) An advertisement has been successful.
(C) A problem has been solved.
(D) More employee benefits have been offered.

화자 의도 파악 / 하
ㄴ 해당 위치 앞뒤 문맥 파악

101번 지역 뉴스를 들어주셔서 감사합니다. 저는 Michael J. Long으로 지역 최신 정보를 알려드리겠습니다. 일 년 전에 저희는 국내 제조업체들이 노동력 부족으로 곤경에 처했으며 이로써 지역 경제에 심각한 문제를 가져왔다는 소식을 논의하였습니다. 하지만 지난 1년 동안 제조업에서 여러 변화를 확인하였습니다. 기술대학의 수가 그 이후로 2배 증가하였고 그와 함께 제공된 기술 강의도 증가하였습니다. 올해부터는 그 과정을 이수한 사람들이 채용되기 시작했습니다. 한 인사 담당자에 따르면 작년보다 더 많은 이력서를 받고 있다고 하였습니다.

80. 뉴스 보도는 무엇에 관한 것인가?
(A) 실업률 증가
(B) 해외 취업 희망자
(C) 제조비용
(D) 근무자의 필요

81. 화자는 무엇이 바뀌었다고 말하였는가?
(A) 취업기회는 2배 증가되었다.
(B) 교육기관의 수가 증가하였다.
(C) 일부 회사가 합병하였다.
(D) 회사는 더 많은 재정적 지원을 했었다.

82. 화자가 "저희는 작년보다 더 많은 이력서를 받고 있습니다"라고 말한 의도는 무엇인가?
(A) 그는 이력서 검토로 바쁘다.
(B) 광고는 성공적이었다.
(C) 문제는 해결되었다.
(D) 더 많은 복지 혜택이 제공되고 있다.

80 첫 2줄 안에 주제/목적이 나온다.

STEP 1 주제를 나타내는 전형적인 표현은 I'd like to 외에 〈명령문〉이나 〈과거 시제의 문제 제기를 통한 이유〉으로 제시된다.

보도되고 있는 뉴스의 주제를 묻는 문제로, 첫 2줄의 과거시제에 집중해야 한다. 지문의 "we discussed that local manufacturing ~ serious problems to the local economy."에서 뉴스 진행자인 화자는 지역 제조업체들의 노동력 부족으로 지역 경제에 심각한 영향을 미쳤다고 언급하였다. 이어서 이러한 노동력 부족을 해결하기 위해서 직원 채용과 같은 해결책을 제시할 것임을 추측할 수 있다. 따라서 정답은 (D) The need for some workers이다.

STEP 2 함정유형 및 오답패턴

(A) Increased unemployment ▸lack of workforce에서 unemployment를 연상한 오답이다.
(B) Workers seeking jobs abroad ▸workforce에서 workers를 연상한 오답이다.
(C) ~~The costs~~ of manufacturing ▸지문에서 manufacturing은 언급되었지만, 비용이 아니라 노동력 부족이라는 문제점을 제기했으므로 오답이다.
(D) The need for some workers ▸정답

81 문제점을 먼저 언급하면 그 뒤에 해결책이 따라 나온다.

STEP 1 문제점은 주로 과거시제로 언급되며, 이를 해결하기 위한 요청이나 제안이 뒤에 따라온다.

전반부에서 노동력 부족으로 지역 제조업체들이 어려움을 겪었다는 문제점이 언급되었으며 이어서 해결책으로 변경된 것에 해당하는 내용이 언급될 것임을 추측할 수 있다. 지문의 "However, over the past year we've seen some changes in the manufacturing industry. The number of technical institutes has since doubled, as have the technical courses offered along with them."에서 이러한 노동력 부족을 해결하고자 기술 대학의 수와 해당 기관의 강좌 수를 2배로 증가했다고 언급되었다. 따라서 정답은 (B)이다. 지문의 구체적인 어휘 doubled는 포괄적인 어휘 increased로 paraphrasing되었다.

STEP 2 함정유형 및 오답패턴

(A) ~~Job opportunities~~ have doubled. ▸2배 증가한 것은 취업 기회가 아닌 기술 대학과 강좌이므로 오답이다.
(B) The number of institutes has increased. ▸정답
(C) Some companies have merged.
(D) Companies offer ~~more financial support~~. ▸해결책이 언급되었지만, 회사의 금융 재정적 원조 여부는 확인할 수 없으므로 오답이다.

82 " "의 화자의 의도파악 문제는 포괄적으로 설명한 보기가 정답이다.

STEP 1 화자의 의도 파악 문제의 표현은 주로 앞뒤 문맥을 연결하는 역할을 하므로, 주변 문맥을 파악해야만 포괄적인 정답을 찾아야 한다.

앞 문장인 "However, over the past year we've seen some changes ~ the courses this year started to be employed."에서 문제에 대한 해결책으로 기술대학과 강좌의 수를 증가시켰으며, 해당 과정을 수료한 사람들이 채용되기 시작되었다고 언급되었다. 바로 인사 담당자의 말인 "we're receiving many more résumés than last year."으로 뉴스에서 언급하고 있는 2가지 방안으로 노동력 부족의 문제점이 해결되었다는 내용을 파악할 수 있다. 따라서 정답은 (C)이다.

STEP 2 함정유형 및 오답패턴

(A) He is busy with reviewing résumés. ▸receiving many more résumés에서 연상한 오답이다.
(B) An advertisement has been successful.
(C) A problem has been solved. ▸정답
(D) More employee benefits have been offered. ▸résumés에서 employee benefits를 연상한 오답이다.

Questions 83-85 refer to the following telephone message.

Hello, Mr. Park. This is Willy calling from Herald Business Consulting
83 Group. **I was** checking the application files **for new employees,**
but I just **found** some personal information missing on the
materials you sent me last week. I believe next Monday is your
84 first day here. So I'd like you to complete the information by this
85 Thursday. You can simply follow the instructions in the e-mail I sent
you this morning. If you have any questions, please call me back at
254-8946 or send me an e-mail. Thanks. Have good day.

83–D

84–C   85–D

85–A

83. Who most likely is the message for?
(A) A recruitment agency
(B) A new employee
(C) A customer
(D) A manager

청자 / 상
ㄴ. 첫 2줄에 집중

84. According to the speaker, what will the listener do next Monday?
(A) Attend a workshop
(B) Start a new job
(C) Submit an application
(D) Receive an award

키워드 next Monday
ㄴ. 키워드 앞뒤 문장 집중

85. What does the speaker imply when she says,
'I'd like you to complete the information by this Thursday'?
(A) She thinks the listener is the right person for a job.
(B) She wants a task to be done quickly.
(C) A technician will assist the listener.
(D) A contract will be renewed next week.

화자 의도 파악
ㄴ. 해당 위치 앞뒤 문맥 파악

안녕하세요, Park씨. 저는 Herald 경영 자문 회사의 Willy
입니다. 신입 사원들의 모든 지원서 파일을 확인하고 있는데
지난주에 보내주셨던 자료 중 개인 정보일부가 누락되었다
는 것을 막 알게 되었습니다. 다음 주 월요일이 첫 출근일이
라고 알고 있습니다. 이번 주 목요일까지 모든 자료를 준비
해 주시면 감사하겠습니다. 오늘 오전에 제가 보낸 이메일의
지시사항을 간단히 따라주시면 됩니다. 문의사항이 있다면
254-8946으로 연락주시거나 이메일을 보내주십시오. 감
사합니다. 좋은 하루 되세요.

83. 메시지는 누구를 대상으로 하고 있는가?
(A) 취업 소개소
(B) 신입직원
(C) 소비자
(D) 관리자

84. 화자의 말에 따르면, 청자는 다음 주 월요일에 무엇을 할
예정인가?
(A) 워크숍 참석하기
(B) 새로운 일 시작하기
(C) 지원서 제출하기
(D) 수상하기

85. 화자가 "I'd like you to complete the information by
this Thursday"라고 말한 의도는 무엇인가?
(A) 그녀는 청자가 그 업무에 적합한 사람이라고 생각한다.
(B) 그 업무를 빨리 처리하길 바란다.
(C) 기술자는 그 청자를 도와줄 예정이다.
(D) 계약은 다음 주에 갱신될 예정이다.

83 직업/장소는 첫 2줄의 대명사(I/You/We), 장소 부사(here/this + 장소명사)에서 나온다. ▶ 청자

STEP 1 화자의 직업은 I/We로, 청자의 직업은 You로 언급된다.

화자가 이야기를 나누고 있는 사람이 누구인지를, 즉 청자가 누구인지를 묻는 문제이다. 지문의 "This is Willy calling from Herald Business Consulting Group. ~ but I just found some personal information missing on the materials you sent me last week."에서 화자는 Herald 경영 자문회사에서 근무하며, 신입사원 지원서를 확인하고 있지만, 지난주에 청자가 보낸 개인 정보가 누락되어 있다고 언급하였다. 즉, 청자는 Herald 경영 자문회사에 개인정보를 제출한 신입사원임을 확인할 수 있으므로 정답은 (B) A new employee이다.

STEP 2 함정유형 및 오답패턴

(A) A recruitment agency
(B) A new employee ▶정답
(C) A customer
(D) A manager ▶화자는 인사 지원서를 확인하고 있으므로 관리자임을 추측할 수 있다.

84 키워드 문제는 키워드 기준 앞뒤 문장에 답이 나온다. ▶ next Monday

STEP 1 문제 중에 특정 키워드에 대해 묻는 문제는 반드시 지문 중의 해당 키워드 앞뒤에서 정답이 들린다. 일반적으로는 키워드 뒤에 답이 들리지만 최근에는 키워드 앞에 미리 답이 나오는 경우가 있다.

문제의 키워드는 next Monday로, 지문의 "I believe next Monday is your first day here"에서 다음 주 월요일은 청자의 첫 근무일임을 확인할 수 있다. 즉, 새롭게 업무를 배정받을 것이므로 정답은 (B) Start a new job이다. 지문의 구체적인 어휘 first day는 포괄적인 어휘 start a new job으로 paraphrasing되었다.

STEP 2 함정유형 및 오답패턴

(A) Attend a workshop
(B) Start a new job ▶정답
(C) Submit an application ▶과거에 화자가 이미 제출했으므로 오답이다.
(D) Receive an award

85 " "의 화자의 의도 파악 문제는 해당 위치에서 위아래의 연결어를 확보하자.

STEP 1 전체 문맥상 의미를 파악하는 문제로 앞뒤 문맥을 파악하여 포괄적인 정답을 찾아야 한다. 또한 정답 위치의 연결어가 있다면 긍정/부정의 의미로 정답을 구분해야 한다.

앞 문장인 "I believe next Monday is your first day here."에서 다음 주 월요일이 Park 씨의 출근 첫날임을 화자는 알고 있다고 언급하였고 다음 문장은 접속사 So로 시작되므로 앞 문장은 원인을, 뒷 문장은 결과를 가리킴을 알 수 있다. 다음 문장인 "I'd like you to complete the information by this Thursday."에서 화자는 출근하기 전 주인 이번 주 목요일까지 누락된 자료를 마무리짓고 싶어 한다는 화자의 의도를 파악할 수 있다. 따라서 화자가 빨리 그 업무를 끝내고 싶어하므로 정답은 (B)이다.

STEP 2 함정유형 및 오답패턴

(A) She thinks the listener is the ~~right person for a job~~. ▶Mr. Park 씨는 벌써 신입사원으로 근무일자가 정해졌으므로 오답이다.
(B) She wants a task to be done quickly. ▶정답
(C) A technician will assist the listener.
(D) ~~A contract will be renewed~~ next week. ▶다음 주에 계약서가 갱신되는 것이 아니라 Park 씨가 근무를 시작하므로 오답이다.

Questions 86-88 refer to the following speech.

Thank you everyone for attending today's press conference. I'm
86 **Mary Donnelly, director** of Cardinals Wholesale. And on behalf
of everyone here at Cardinals, I'm honored to announce that
87 next month we will begin **the construction of a new shopping
mall** in Cleveland. As a leader among the nation's wholesalers,
we at Cardinals pride ourselves on supplying a highly convenient
shopping complex to residents. The mall that we're building will
be the largest shopping mall in the nation. And we expect that **job**
88 **opportunities** in the area **will increase** by 20 percent at the **end of
the year.** I'm confident that it will bring new vitality to Cleveland.

`86-A`
`87-B`
`88-A`

86. Who is Mary Donnelly?
(A) A news reporter
(B) A store manager
(C) A company executive
(D) A city official

키워드 Mary Donnelly / 상
ㄴ 키워드 앞뒤 문장 집중

87. According to the speaker, what will be constructed?
(A) A press center
(B) A new headquarters
(C) A shopping mall
(D) An employment center

화자 / 건설 예정
ㄴ I'm honored ~ 뒤 발표
소식에 집중

88. What does the speaker say will happen at the end of the year?
(A) The number of ~~customers will increase~~.
(B) The price of a service will be lowered.
(C) Many investors will be contacted.
(D) A number of jobs will be created.

키워드 the end of the year
/ 하
ㄴ 키워드 앞뒤 문장 집중

오늘 기자회견에 참석해 주셔서 감사합니다. 저는
Cardinals 도매사의 이사인 Mary Donnelly입니다. 또한
이곳 Cardinals 사의 전 직원을 대표하여 다음 달에 저희가
Cleveland에 신규 쇼핑몰 공사를 시작한다는 소식을 발표
하게 되어 매우 영광입니다. 국내 도매업체의 리더로써, 저희
Cardinals사는 거주민들에게 매우 편리한 쇼핑 단지를 제
공하는 것에 자부심을 갖고 있습니다. 저희가 건설하려는 쇼
핑몰은 국내에서 가장 큰 쇼핑몰이 될 예정입니다. 또한 연
말에 해당 지역의 취업기회를 20퍼센트까지 증가시킬 거라
고 예상합니다. 이것으로 Cleveland에 새로운 활력을 불어
넣을 것이라 확신합니다.

86. Mary Donnelly는 누구인가?
(A) 신문 기자
(B) 매장 관리자
(C) 회사 임원
(D) 시 공무원

87. 화자의 말에 따르면, 무엇이 건설될 예정인가?
(A) 신문사 밀집 지역
(B) 신축 본사
(C) 쇼핑몰
(D) 고용센터

88. 화자는 연말에 무엇이 발생할 것이라고 이야기하였는가?
(A) 고객의 수가 증가할 것이다.
(B) 서비스의 가격을 낮출 것이다.
(C) 많은 투자자들이 연락될 것이다.
(D) 많은 일자리가 창출될 것이다.

86 키워드 문제는 키워드 기준 앞뒤 문장에 답이 나온다. ▶ Mary Donnelly

STEP 1 문제 중에 특정 키워드에 대해 묻는 문제는 반드시 지문 중의 해당 키워드 앞뒤에서 정답이 들린다. 일반적으로는 키워드 뒤에 답이 들리지만 최근에는 키워드 앞에 미리 답이 나오는 경우가 있다.

문제의 키워드는 Mary Donnelly 씨로, 그의 직업을 묻는 문제이다. 지문의 "I'm Mary Donnelly, director of Cardinals Wholesale."에서 Cardinals 도매사의 이사임을 언급하였다. 따라서 (C) A company executive이다. 지문의 director은 보기의 포괄적인 어휘 executive로 paraphrasing되었다.

STEP 2 함정유형 및 오답패턴

(A) A news reporter ▶현재 기자회견이 진행 되는 것으로, 청자 중 신문 기자가 있음을 추측할 수 있다.
(B) A store manager
(C) A company executive ▶정답
(D) A city official

87 I'm honored ~ 다음에 수상 소식이나 소개하는 내용이 나온다.

STEP 1 **Thanks for** ~뒤에는 직업과 장소의 답변이, **Before we begin** ~이후에는 지문의 목적이 나온다.

건설 예정인 것이 무엇인지를 묻는 문제로, 지문의 "I'm honored to announce that next month we will begin the construction of a new shopping mall in Cleveland."에서 화자는 다음달에 Cleveland에 쇼핑몰의 신축 공사를 진행한다는 소식을 발표하고 있다. 따라서 건설 예정인 것은 (C) A shopping mall이다.

STEP 2 함정유형 및 오답패턴

(A) A press center ▶complex에서 center을 연상한 오답이다.
(B) A new headquarters ▶new를 반복 사용한 오답이다.
(C) A shopping mall ▶정답
(D) An employment center ▶complex에서 center을 연상한 오답이다.

88 키워드 문제는 키워드 기준 앞뒤 문장에 답이 나온다. ▶ the end of the year

STEP 1 문제 중에 특정 키워드에 대해 묻는 문제는 반드시 지문 중의 해당 키워드 앞뒤에서 정답이 들린다. 일반적으로는 키워드 뒤에 답이 들리지만 최근에는 키워드 앞에 미리 답이 나오는 경우가 있다.

문제의 키워드는 end of the year로, 지문의 "we expect that job opportunities in the area will increase by 20 percent at the end of the year."에서 연말에 취업 기회를 20퍼센트까지 늘릴 계획임을 언급하였다. 즉, 연말에는 많은 일자리를 창출한다는 해당 기업의 목표를 알 수 있으므로 정답은 (D)이다. 지문의 job opportunities will increase는 보기의 포괄적인 어휘 a number of jobs will be created로 paraphrasing되었다.

STEP 2 함정유형 및 오답패턴

(A) The number of ~~customers~~ will increase. ▶고객의 수가 아닌 취업의 기회가 증가할 것이라고 언급되었으므로 오답이다.
(B) The price of a service will be lowered.
(C) Many investors will be interested. ▶increase와 유사 발음인 interested은 오답이다.
(D) A number of jobs will be created. ▶정답

어휘 press conference 기자 회견 director 이사 on behalf of ~을 대표하여 honored 명예로운 announce 발표하다 construction 건설, 공사 wholesaler 도매업체 vitality 활력

Questions 89-91 refer to the following telephone message.

Hello, Mr. Daniel. This is Irene Anderson. I received **your message** **about speaking at** next week's workshop for new employees. I have many topics for new employees in my presentation. Among those topics, I think **our recent merger will be the most interesting. But** you know, **some of the details won't be open to the public for a while**. Just call me back this afternoon and we can discuss other possible topics. Oh... regarding my schedule, I'm supposed to attend a conference next Monday. I will **email my schedule for the rest of the week**, so you can choose the date you want.

[89] [89-B]
[90] [89-D] [90-D]
[91] [91-C]

89. What has the speaker been asked to do?
(A) Modify an agenda
(B) ~~Plan~~ a workshop
(C) Give a presentation
(D) ~~Review~~ a recent merger

화자 / 요청받은 일/상
ㄴ. 첫 2줄 집중

90. What does the speaker imply when she says, "some of the details won't be open to the public for a while"?
(A) She is disappointed with the listener.
(B) She cannot mention certain things.
(C) She needs more time for a conference.
(D) She ~~wants to know about details~~.

화자 의도 파악
ㄴ. 해당 위치 앞뒤 문맥 파악

91. According to the speaker, what information will be available in her e-mail?
(A) A conference ~~program~~
(B) A week's schedule
(C) Contact information
(D) Examples of previous work

키워드 e-mail / 미래 / 하
ㄴ. 미래 표현에 집중

안녕하세요, Daniel 씨. 저는 Irene Anderson입니다. 신입 사원들을 위한 다음 주 워크숍에서 연설을 해달라는 당신의 메시지를 받았습니다. 제 발표에는 신입 사원들을 위한 다양한 주제들이 포함되어 있다고 생각합니다. 이러한 주제들 중 자사의 최근 기업 합병이 가장 흥미로울 것으로 생각됩니다. 하지만, 당신도 아시다시피, 일부 세부사항은 한동안 대중에게 공개되지 않을 예정입니다. 오늘 오후 연락주시고 다른 가능한 주제들에 대하여 이야기를 나눕시다. 오, 제가 다음 주 월요일에 학회에 참석합니다. 제가 이메일로 그 주의 남은 일정을 보내드릴 테니, 그 중에서 원하는 날짜를 선택해 주십시오.

89. 화자는 무엇을 하기를 요청받았는가?
(A) 안건 수정하기
(B) 워크숍 계획하기
(C) 발표하기
(D) 최근 합병 검토하기

90. 화자가 "some of the details won't be open to the public for a while"이라고 말한 의도는 무엇인가?
(A) 그녀는 청자에게 실망하였다.
(B) 그녀는 특정한 것을 언급할 수 없다.
(C) 그녀는 학회를 위한 시간이 더 필요하다.
(D) 그녀는 세부사항을 알고 싶어 한다.

91. 화자의 말에 따르면, 그녀의 이메일에서 확인할 수 있는 정보는 무엇인가?
(A) 학회 프로그램
(B) 한 주의 일정
(C) 연락처
(D) 이전 작업물의 예시

89 답은 대화 중에 힌트가 언급되는 순서대로 배치되고, 위치는 불변이다.

STEP 1 답은 순서대로 대화상에 배치되기 때문에 전체 대화 내용을 다 듣고 답을 선택하기 보다는 문제의 위치에 따라 해당 보기에 집중하여 듣는다.

청자가 요청받은 내용 즉, 과거정보를 묻는 문제로 첫 2줄의 과거시제에 집중하자. 지문의 "I received your message about speaking at next week's workshop for new employees."에서 신입사원들을 위한 연수회에서 발표진행을 요청하는 메시지를 받았다고 언급되었다. 즉 화자는 발표를 요청받았으므로 정답은 (C) Give a presentation이다. 지문의 speak at the workshops는 보기의 포괄적인 어휘 give a presentation으로 paraphrasing되었다.

STEP 2 함정유형 및 오답패턴

(A) Modify an agenda
(B) ~~Plan a workshop~~ ▶workshop은 언급되었지만, 화자에게 워크숍 계획이 아닌 발표를 요청했으므로 오답이다.
(C) Give a presentation ▶정답
(D) ~~Review~~ a recent merger ▶recent merger은 언급되었지만, review에 관한 언급은 없으므로 오답이다.

90 " "의 화자의 의도 파악 문제는 해당 위치에서 위아래의 연결어를 확인하자.

STEP 1 전체 문맥상 의미를 파악하는 문제로 앞뒤 문맥을 파악하여 포괄적인 정답을 찾아야 한다. 또한 정답 위치의 연결어가 있다면 긍정/부정의 의미로 정답을 구분해야 한다.

앞 문장인 "I have many topics for new employees in my presentation. Among those topics, I think our recent merger will be the most interesting."에서 발표요청을 받은 화자는 신입사원들을 위한 다양한 발표주제를 갖고 있지만, 대다수의 신입사원들은 자사의 합병에 많은 관심을 갖고 있을 것이라 추측하고 있다. 하지만 역접의 접속사 But을 기준으로 "some of the details won't be open to the public for a while."에서 합병과 관련된 세부사항은 공개가 불가능하다고 언급하였다. 즉 화자가 합병과 관련된 내용을 발표에서 언급할 수 없음을 표현하고 있으므로 정답은 (B)이다.

STEP 2 함정유형 및 오답패턴

(A) She is disappointed with the listener.
(B) She cannot mention certain things. ▶정답
(C) She needs more time for a conference. ▶for a while에서 time을 연상한 오답이다.
(D) She ~~wants to know about details.~~ ▶기준 문장의 details를 반복 사용한 오답이다.

91 미래 정보는 대화 후반부에 나오는 I'll이 정답이다.

STEP 1 미래의 정보를 묻는 Next 문제는 마지막 대사의 I will을 잡아라.

화자의 이메일에서 확인할 수 있는 정보를 묻는 문제로, 지문의 "I will e-mail my schedule for the rest of the week."에서 화자인 Irene 씨는 다음 주의 일정을 이메일로 알려준다고 언급되어 있다. 따라서 정답은 (B) A week's schedule이다.

STEP 2 함정유형 및 오답패턴

(A) A conference ~~program~~ ▶conference(회의)는 언급되나 program은 언급되지 않았으므로 오답이다.
(B) A week's schedule ▶정답
(C) Contact information
(D) Examples of previous work

어휘 employee 직원 topics 주제 presentation 발표 among ~중에 recent 최근의 merger 합병 detail 세부사항 for a while 잠시 discuss 논의하다 possible 가능한 regarding ~에 관하여 rest 나머지

Questions 92-94 refer to the following talk.

Good morning, everyone. My name is Andrew. I'm glad you could make it here for today's **professional pasta class**. Now, I'm going to **give you a brief overview of** today's plan. First, there will be a lecture about the history of pasta for an hour. And after a ten-minute break, you will learn about the nutritional values of food at the meeting room next door. **After lunch,** you will be given **the opportunity to make your own dishes in the kitchen**. Okay, before we start, **I'll pass around the attendance sheet**. Please make sure to sign your name on the sheet.

`92–B`
`92–A`
`92–D`

`94–C` `94–B`

92. What is the purpose of the talk?
(A) To outline a cooking process
(B) To welcome an instructor
(C) To explain a class plan
(D) To announce a schedule change

전화 목적 / 상
└, 첫 2줄 집중

93. What does the speaker say will happen after lunch?
(A) An instructor will answer some questions.
(B) Participants will get hands-on experience.
(C) A video will be screened.
(D) A tour will be given.

키워드 after lunch
└, 키워드 앞뒤 문장 집중

94. What will the speaker probably do next?
(A) Provide a sheet
(B) Distribute cooking utensils
(C) Start a lecture
(D) Give a demonstration

화자 / 미래 / 하
└, 미래 표현에 집중

안녕하세요, 여러분. 저는 Andrew입니다. 오늘 전문 파스타 수업에 참가해주셔서 감사합니다. 지금부터 오늘 계획에 대해서 간단하게 설명을 해드리겠습니다. 먼저 1시간 동안 파스타의 역사에 관한 강의가 진행될 예정입니다. 10분간 휴식을 취하신 후에, 여러분은 회의실의 옆 방에서 음식의 영양가에 대하여 배우시게 됩니다. 점심식사 이후에는 주방에서 직접 요리를 만들어 볼 수 있는 기회를 가지실 것입니다. 자, 그럼 시작하기 앞서, 출석부를 돌리겠습니다. 여러분들의 이름에 서명해 주십시오.

92. 대화의 목적은 무엇인가?
(A) 요리 과정을 약술하기 위해서
(B) 선생님을 환영하기 위해서
(C) 수업 계획을 설명하기 위해서
(D) 일정 변경을 발표하기 위해서

93. 화자는 점심 식사 후에 무엇이 일어날 예정이라고 말하였는가?
(A) 선생님은 몇몇 질문에 답변을 할 예정이다.
(B) 참가자들은 직접 실습을 할 것이다.
(C) 비디오를 시청할 예정이다.
(D) 견학을 할 예정이다.

94. 화자는 이후에 무엇을 할 것 같은가?
(A) 서류 제공
(B) 조리 도구 배부
(C) 강의 시작
(D) 제품 시연

92 첫 2줄 안에 주제/목적이 나온다.

STEP 1 **Hi, Hello, Good morning**의 간단한 인사말 뒤에 주제/목적이 제시된다.

지문의 "I'm glad you could make it here for today's professional pasta class. Now, I'm going to give you a brief overview of today's plan."에서 화자는 오늘 진행될 전문 파스타 수업의 계획을 간단하게 설명할 것이라 언급하였다. 따라서 수업 커리큘럼에 대한 소개가 이어질 것임을 알 수 있으므로 정답은 (C) To explain a class plan이다. 본문의 give you a brief overview는 포괄적인 어휘 explain으로 paraphrasing되었다.

STEP 2 함정유형 및 오답패턴

(A) To outline a cooking ~~process~~ ▶조리 과정이 아닌 요리 수업진행 과정을 설명할 것이므로 오답이다.
(B) To welcome ~~an instructor~~ ▶선생님이 아닌 청자들에게 환영인사를 전하는 것으로 오답이다.
(C) To explain a class plan ▶정답
(D) To announce a schedule ~~change~~ ▶schedule을 발표하는 것은 맞지만, 변경된 내용에 관한 언급은 없으므로 오답이다.

93 키워드 문제는 키워드 기준 앞뒤 문장에 답이 나온다. ▶ after lunch

STEP 1 문제 중에 특정 키워드에 대해 묻는 문제는 반드시 지문 중의 해당 키워드 앞뒤에서 정답이 들린다. 일반적으로는 키워드 뒤에 답이 들리지만 최근에는 키워드 앞에 미리 답이 나오는 경우가 있다.

문제의 키워드는 after lunch로, 지문의 "After lunch, you will be given the opportunity to make your own dishes in the kitchen."에서 점심식사를 한 뒤 청자들은 직접 주방에서 요리를 만들어 볼 수 있는 기회를 가진다고 언급되었다. 따라서 참가자들이 직접적인 체험을 경험할 수 있다는 (B)가 정답이다. 지문의 make your own dishes는 보기의 get hands-on experience으로 paraphrasing되었다.

94 미래 정보는 대화 후반부에 나오는 I'll이 정답이다.

STEP 1 미래의 정보를 묻는 **Next** 문제는 마지막 대사의 **I will**을 잡아라.

지문의 "before we start, I'll pass around the attendance sheet."에서 파스타 수업을 시작하기 전에 화자는 여러 사람이 볼 수 있도록 출석부를 돌리겠다고 언급하였다. 따라서 화자가 이후에 할 일은 (A) Provide a sheet이다.

STEP 2 함정유형 및 오답패턴

(A) Provide a sheet ▶정답
(B) Distribute cooking utensils
(C) Start a lecture ▶강좌는 출석부를 작성한 이후에 시작하므로 오답이다.
(D) Give a demonstration

어휘 **professional** 전문적인 **brief** 간단한 **overview** 개요 **lecture** 강의 **break** 휴식시간 **nutritional value** 영양가 **own** 자신의 **sign** 서명하다, 표시하다 **attendance sheet** 출석부

Questions 95-97 refer to the following talk and map.

Thank you for attending today's meeting. I'm pleased to report to the investors that the construction for the Magic Theme Park will be completed in a week. To be honest, we went slightly over the budget. But with the
95 most popular riding equipment installed at the park, we can **look forward to more profit**. Now, the last part of the construction will be the logo sign for the theme park. Originally, I thought it should be above the main gate.
96 But I've **decided to install** it **over Gate 2**. That way, it will be easily seen from the highway. I believe it will be a successful advertising medium for
97 potential **customers who drive to work every day**.

`95-B`
`97-D`

Magic Thema Park

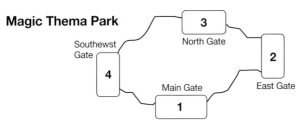

95. What does the speaker expect?
(A) There will be many more vendors.
(B) A construction project will be delayed.
(C) More profit will occur.
(D) A variety of stores will be located.

화자 / expect / 상
ㄴ 미래 표현에 집중

96. Look at the graphic. At which gate does the speaker want to install the logo?
(A) Main Gate　　　　　(B) East Gate
(C) North Gate　　　　(D) Southwest Gate

시각자료 / install the logo / gate
ㄴ Gate 번호에 집중

97. Who does the speaker say the sign is intended for?
(A) Daily commuters　　(B) Investors
(C) Foreigners　　　　(D) Park visitors

키워드 sign / 대상 / 하
ㄴ 사람을 나타내는 표현에 집중

Magic 놀이공원

오늘 회의에 참석해주셔서 감사합니다. Magic 놀이공원 공사가 일주일 후에 완공된다는 소식을 투자자들에게 전하게 되어 기쁩니다. 솔직히 저희는 약간 예산을 초과하였습니다. 하지만 공원에 가장 인기 있는 탑승 기구를 설치했기 때문에, 더 많은 이익을 창출할 것이라고 기대합니다. 이제 공사의 마지막 단계는 놀이공원의 로고 간판 설치입니다. 원래 저는 정문위에 설치되어야 한다고 생각했습니다. 하지만 2번 게이트 위에 설치하기로 결정을 내렸습니다. 이렇게 하면 간판이 고속도로에서 잘 보일 것입니다. 저는 이것으로 매일 차로 출퇴근을 하는 잠재 고객들에게 성공적인 광고 매체가 될 수 있을 것이라 생각합니다.

95. 화자는 무엇을 기대하고 있는가?
(A) 더 많은 행상인들이 있을 것이다.
(B) 공사는 지연될 예정이다.
(C) 더 많은 수익이 창출될 예정이다.
(D) 다양한 가게가 들어설 예정이다.

96. 시각자료를 보시오. 화자는 회사 로고를 어떤 문에 설치할 예정인가?
(A) 정문　　(B) 동문　　(C) 북문　　(D) 남서문

97. 화자의 말에 따르면, 그 간판이 의도로 한 대상은 누구인가?
(A) 일일 통근자　　　　(B) 투자자
(C) 외국인　　　　　　(D) 공원 방문객

95 But, However 뒤에 정답이 있다.

STEP 1 주로 **But**이나 **However, Actually** 등의 역접이나 반전을 의미하는 접속사나 부사 등이 나오면 그 뒤에 정답을 동반하는 경우가 많다.

화자가 기대하는 것이 무엇인지를 묻는 문제로, 지문의 "But with the most popular riding equipment installed at the park, we can look forward to more profit."에서 Magic 놀이공원에 인기 있는 놀이 기구를 설치하여, 더 많은 이익을 기대한다고 언급하였다. 즉 화자를 비롯하여 오늘 회의에 참석한 사람들이 기대하는 것은 (C) 이다.

STEP 2 함정유형 및 오답패턴

(A) There will be many more vendors.
(B) A construction project will be delayed. ▸**construction**은 언급되었지만, 일주일 후에 완공된다고 언급되었으므로 오답이다.
(C) More profit will occur. ▸정답
(D) A variety of stores will be located.

96 시각 자료 문제에서 (A)~(D)의 보기는 절대 대화에서 들리지 않는다.

STEP 1 시각 자료 문제는 문제와 표를 미리 읽고 어떤 단서가 제시될지 파악하고, 정답을 찾아야 한다.

회사 로고가 어디에 설치되는지를 묻는 문제로, 지문의 "Originally, I thought it should be above the main gate. But I've decided to install it over Gate 2."에서 본래 정문이 위치한 1번 게이트에 설치하려 했지만, 최종적으로는 2번 게이트에 설치하기로 결정을 내렸음이 언급되어있다. 따라서 2번 게이트가 위치한 동문 (B) East Gate가 정답이다.

97 들리는 단어는 구체적이나, 정답은 포괄적인 어휘를 사용한다.

STEP 1 지문에서 들리는 구체적인 단어는 보기에서 언급되는 것이 일반적이나, 구체적인 단어는 보기 상에서 포괄적이고 일반화된 단어로 **paraphrasing**됨을 유의하자.

간판 설치가 의도한 대상 즉, 누구를 목표로 간판을 설치했는지를 묻는 문제로, 지문의 "I believe it will be a successful advertising medium for potential customers who drive to work every day."에서 성공적인 광고 매체인 간판 설치는 매일 차를 타고 출퇴근을 하는 잠재 고객들을 대상으로 했음을 확인할 수 있다. 따라서 customers who drive to work는 직장인을 언급하므로 정답은 (A) Daily commuters이다.

STEP 2 함정유형 및 오답패턴

(A) Daily commuters ▸정답
(B) Investors ▸**investors**는 전반부에 언급되므로 오답이다.
(C) Foreigners
(D) Park visitors

어휘 attend 참석하다 investor 투자자 construction 공사, 건설 complete 완료하다, 끝마치다
to be honest 솔직히 말하자면 slightly 약간 look forward to ~하기를 기대하다 profit 수익, 이익
originally 원래, 본래 main gate 정문 install 설치하다 easily 쉽게 medium 매체, 수단 potential 잠재적인

Questions 98-100 refer to the following telephone message and expense sheet.

Hi, Mrs. Cohen, it's Merrisa from accounting. You sent me the travel **(98)** expense sheet for your **trip** to New York last week for the tenth World Software **Exhibition**. While I was checking your receipts I found that there might be a miscalculation. When I **added your meal costs**, **(99)** it came out to be **$1.5 more than the total amount** of the receipts you submitted. I need you to confirm the costs on your second day in Manhattan. And I have one more thing to remind you of. We've **(100)** just updated our **reimbursement request form**. You can **download it from our Web site** or ask your manager for it. All staff members should use the new form from next month.

98-A

100-A

Reimburse Form	
Expense	Cost
Accommodation	$320.0
Express Train	$200.0
Meals	**$145.5**
Taxi	$943.5

98. What did the listener do last week?
(A) Updated a software program
(B) Visited a museum
(C) Went on vacation
(D) Attended an international event

청자 / last week / 상
ㄴ. 키워드 앞뒤 문장에 집중하자.

99. Look at the graphic. Which amount needs to be revised?
(A) $320.0   (B) $200.0
(C) $145.5   (D) $943.5

시각 자료 / Which amount,
revised
ㄴ. 시각 자료의 보기에서
언급되지 않은 부분에 집중하자.

100. Why is the listener asked to visit a Web site?
(A) To update some figures   (B) To report a quarterly budget
(C) To download a form   (D) To enter a promotional code

이유 / visit / web site
ㄴ. 후반부의 please ~ / you
should ~의 말에 집중하자.

환급 요청서	
지출 항목	비용
숙박비	320.0 달러
급행열차	200.0 달러
식비	145.5 달러
택시	943.5 달러

안녕하세요. Cohen 씨. 저는 회계부서에서 근무하고 있는 Merrisa입니다. 지난주 뉴욕에서 진행된 제 10회 세계 소프트웨어 박람회로 출장을 다녀오신 경비 지출서를 보내셨는데요. 영수증을 확인하다 계산 착오를 발견하였습니다. 제가 식비를 다 더해보았을 때, 제출하신 영수증 총액보다 1.5달러가 더 나왔습니다. 맨해튼에서의 둘째 날의 비용을 확인하시기 바랍니다. 그리고 알려드릴 것이 한 가지 더 있습니다. 환급 요청서 양식을 막 업데이트하였습니다. 웹사이트에서 다운을 받으시거나 관리자분께 요청하시면 됩니다. 모든 전 직원들은 다음 달부터 새로운 양식을 사용하셔야 합니다.

98. 청자는 지난주에 무엇을 하였는가?
(A) 소프트웨어 프로그램을 업데이트하였다.
(B) 박물관을 방문하였다.
(C) 휴가 중이었다.
(D) 국제 행사에 참석하였다.

99. 시각자료를 보시오. 어떤 금액이 수정되어야 하는가?
(A) 320.0 달러   (B) 200.0 달러
(C) 145.5 달러   (D) 943.5 달러

100. 청자들은 왜 웹사이트를 방문해야 하는가?
(A) 일부 수치를 업데이트하기 위해서
(B) 분기별 예산을 발표하기 위해서
(C) 문서를 다운받기 위해서
(D) 쿠폰 번호를 입력하기 위해서

98 키워드 문제는 키워드 기준 앞뒤 문장에 답이 나온다. ▶ last week

STEP 1 문제 중에 특정 키워드에 대해 묻는 문제는 반드시 지문 중의 해당 키워드 앞뒤에서 정답이 들린다. 일반적으로는 키워드 뒤에 답이 들리지만 최근에는 키워드 앞에 미리 답이 나오는 경우가 있다.

문제의 키워드는 last week로, 지문의 "You sent me the travel expense sheet for your trip to New York last week for the tenth World Software Exhibition."에서 청자인 you는 지난주에 뉴욕에서 열리는 제 10회 세계 소프트웨어 전시회에 출장을 갔다 왔음이 언급되어 있다. 따라서 청자가 지난주에 한 일은 (D)이다. 지문의 tenth World Software Exhibition은 포괄적인 어휘 international event로 paraphrasing되었다.

STEP 2 함정유형 및 오답패턴

(A) U̶p̶d̶a̶t̶e̶d̶ a software p̶r̶o̶g̶r̶a̶m̶ ▶ 지문의 **software**를 반복 사용한 오답이다.
(B) Visited a m̶u̶s̶e̶u̶m̶ ▶ **trip**에서 **museum**을 연상한 오답이다.
(C) Went on v̶a̶c̶a̶t̶i̶o̶n̶ ▶ **trip**에서 **vacation**을 연상한 오답이다.
(D) Attended an international event ▶ 정답

99 계산서, brochure, coupon은 맞거나 틀린 정보를 찾아야 한다.

STEP 1 계산서, 전단지와 쿠폰의 문제는 ① 자료와 지문의 일치를 묻는 세부 유형과 ② 주의사항이 있어 잘못된 정보를 찾는 유형으로 출제된다. 잘못된 정보는 **but, unfortunately**와 같은 부정적인 연결어 혹은 부정적인 내용 뒤에 위치한다.

수정되어야 하는 금액이 무엇인지를 묻는 문제로, 지문의 "I found that there might be a miscalculation. When I added your meal costs, it came out to be $1.5 more than the total amount of the receipts you submitted."에서 화자는 식비에서 제출한 영수증의 총액보다 1.5 달러가 더 많이 계산된 실수를 발견했다고 언급하였다. 따라서 수정되어야 할 항목은 식비에 해당하는 (C) $145.5가 정답이다.

100 Why 관련 질문은 대화에서 그대로 반복된 후 원인에 대한 정답이 나온다.

STEP 1 Why 뒤의 키워드가 지문에서 들려야 그 뒤에 정답이 나온다.

문제의 키워드는 visit a Web site로, 웹사이트를 방문해야 하는 이유를 묻는 문제이다. 지문의 "We've just updated our reimbursement request form. So, you can download it from our Web site"에서 화자의 회사에서 환급 요청서를 업데이트했으며 이를 웹사이트에서 다운받아 사용하라고 언급하였다. 따라서 웹사이트를 방문해야 하는 이유는 (C) To download a form이다.

STEP 2 함정유형 및 오답패턴

(A) To update s̶o̶m̶e̶ ̶f̶i̶g̶u̶r̶e̶s̶ ▶ 업데이트를 한 것은 수치가 아닌 환급요청서이므로 오답이다.
(B) To report a quarterly budget
(C) To download a form ▶ 정답
(D) To enter a promotional code

어휘 accounting 회계 travel expense 출장비 exhibition 전시회 while ~하는 동안 receipt 영수증 miscalculation 계산 착오 add 합하다, 더하다 meal cost 식사비용 come out ~가 되다 total amount 총합계 submit 제출하다 confirm 확인해 주다 remind 다시 한 번 알려 주다 update 갱신하다 reimbursement request form 환급 요청서

101 City Subway passengers / can purchase / a one-way ticket / ——— a day pass /
주어 　　　　　 동사 　　　　　 목적어1 　　　　　 목적어2
(from the vending machine).
전치사구

앞뒤 문장에서 답을 결정하는 단어들을 확보한다.
purchase a one-way ticket + ——— + a day pass

STEP 1 　빈칸은 목적어 **a one-way ticket**과 **a day pass**를 연결해주는 등위 접속사 자리이다.

(C) so는 등위 접속사 임에도 예외적으로 2개의 완전한 문장을 연결하므로 오답이다. (B) if는 부사절 접속사로 완전한 문장과 완전한 문장을 연결하므로 오답이다.

STEP 2 　**but**과 **or**은 등위 접속사로 단어와 단어를 연결할 수 있다.

해당 문장에서 승객들이 자동판매기에서 구매를 할 수 있는 선택권으로, a one-way ticket(편도권)과 a day pass(일일권)을 언급하고 있다. 따라서 선택의 의미를 갖고 있는 (D) or이 정답이다. (A) but은 역접의 접속사로 앞뒤에 상반 되거나 대조되는 내용이 와야 하므로 해당 문장에서는 오답이다.

STEP 3 　단어, 구, 절을 대등하게 연결하는 등위 접속사의 특징과 앞뒤의 논리 관계

① PART 5에서는 등위 접속사가 문장 맨 앞에 답으로 오는 경우가 없다. (등위 접속사는 새로운 문단을 시작할 수 없다.)
② 등위 접속사 앞뒤 문장에서 동일하게 반복되는 부분을 생략할 수 있다.
③ and의 경우, 같은 문장 성분이 둘 이상 연결될 때는 콤마(,)로 연결하고 마지막 단어(구, 절) 앞에만 and를 쓴다.

순접 〈긍정+긍정〉	and → ① 대등적 서술 ② 첨가[addition] ③ 시간 순서 ④ 결과 so → 결과 서술: '그래서' [원인+so+결과/대책] 주의 ▶ so는 앞뒤에 완전한 문장만을 받는다.
역접 〈긍정+부정〉	but → 대조[contrast]: '그러나' yet → 대조[contrast]: '그러나, 하지만'
기타	or → ① 선택[choice] ② 대안적 서술: '바꿔 말하면, 혹은, 그렇지 않으면' nor → 부정적 서술 '그리고 ~이 아니다'

해석 City Subway 승객들은 자동판매기에서 편도권 혹은 일일권을 구매할 수 있다.
어휘 **passenger** 승객 **purchase** 구매하다 **one way** 편도 **vending machine** 자동판매기
정답 (D)

---

102 Orange Motors / ——— / customers / a free car wash / (on weekdays).
주어 　　　　　 간접목적어 　　　 직접목적어 　　　 부사구

동사 문제는 '동사와 접속사의 개수→수→태→시제' 순으로 따진다.
Orange Motors + ——— + customers a free car wash

STEP 1 　본동사 개수 = 접속사 개수+1

문장에 본동사가 없으므로 빈칸의 자리는 본동사의 자리가 된다.

STEP 2 　동사 문제는 수-〉 태-〉 시제 순으로 따진다.

문장의 주어가 Orange Motors의 고유명사이므로 단수취급을 하므로 동사원형인 (A) offer는 오답이다. 또한 빈칸 뒤 목적어에 해당하는 명사가 customers / a free car wash의 2개가 위치하므로 빈칸의 동사의 태는 능동태임을 알 수 있다. 보기 중 능동태에 해당하는 것은 (B) offers로 정답이다. 또한 기업명은 단수 취급한다.

STEP 3 반복되는 업무, 사실, 규칙, 보증 등은 현재 시제가 답이다.

전치사 on 뒤 특정 요일에 s가 붙어 있다면, '~마다'라는 뜻을 가지며 특정 행위가 주기적으로 반복됨을 나타낸다. 즉, 평일마다 규칙적으로 세차를 제공하는 것이기 때문에, 현재 시제를 사용해야 한다.

〈현재 시제가 답이 되는 경우〉
① 반복되는 업무나 업무와 관련된 규칙으로 과거에도, 현재에도 그리고 앞으로도 그럴 거라는 의미로 현재 시제를 쓴다.
② 교통이나 공연 시간표, 계약서나 보증서의 내용처럼 이미 정해진 사실을 말할 때는 미래의 일이라도 현재 시제를 쓴다.

> 해석 Orange Motors는 평일에 고객들에게 무료 세차를 제공한다.
> 어휘 customer 손님, 고객 free 무료의 weekday 평일
> 정답 (B)

---

103 The director of Fannie Communications / rides / ——— bike / to work (every day) /
주어　　　　　　　　　　　동사2　목적어　　to부정사구　시간부사구
even if / it / rains.
접속사 주어2 동사2

> 대명사의 위치에 따라 주격, 목적격, 소유격이 출제된다.
> **The director rides + ——— bike ~.**

STEP 1 빈칸은 명사 bike를 수식하는 형용사의 자리이다.

빈칸은 타동사 rides의 목적어 bike를 수식하는 형용사의 자리이다. 따라서 형용사의 역할을 할 수 있는 소유격 대명사인 (B) his가 정답이다.

STEP 2 오답 분석

(A) he는 주격 대명사로, 주어 자리에 위치해야 하므로 오답이다.
(C) him은 목적격 대명사로, 목적어 자리에 위치해야 하지만, ride는 3형식 동사로, 목적어를 1개만 취하므로 오답이다.
(D) himself는 빈칸에 위치할 수 있지만, 해당 경우에는 타는 대상과 태워주는 대상이 동일하기 때문에 논리적으로 문맥이 이상하다. 또한 ride는 3형식 동사이므로 목적어를 2개 취할 수 없기 때문에 오답이다.

STEP 3 대명사의 위치

① ——— +동사+목적어: 동사의 앞자리는 주어이므로 주격이 와야 한다.
② 주어+동사 + ——— 명사: 명사 앞에는 소유격이 와야 한다.
③ 주어+동사+목적어+ ———: 완전한 문장 뒤의 부사 자리는 재귀대명사가 온다.
④ 타동사/전치사+ ———: 타동사나 전치사의 목적어 자리에는 목적격이나 재귀대명사가 온다.
(s≠o 목적격 / s=o 재귀대명사)

> 해석 Fannie Communications사의 이사는 비가 와도 그의 자전거를 사용하여 출근합니다.
> 어휘 director 임원, 이사 even if ~에도 불구하고 rain 비가 오다
> 정답 (B)

104 Blue Airlines / reminds / you / that / the maximum ——————— / (for carry-on luggage) /
　　　　주어　　　동사　간접목적어　직접목적어(접속사)　주어2　　　　　　전치사구

is / 7 kilograms.
동사2　주격 보어

명사 vs. 동명사는 90% 명사가 정답이다.
the maximum ——————— for carry-on luggage is 7 kilograms.

STEP 1　빈칸은 형용사 **maximum**의 수식을 받는 명사 자리이다.

빈칸은 접속사 that절의 주어 자리로, 형용사 maximum의 수식을 받는 명사가 들어가야 한다. 따라서 보기 중 본동사 형태인 (B) weigh와 (C) weighed는 오답이다.

STEP 2　타동사의 동명사는 목적어(명사)를 동반해야 한다.

(A) weighing은 타동사 weigh(무게를 달다)의 동명사 형태로 목적어를 수반해야하기 때문에 오답이다. 따라서 정답은 (D) weight이다.

STEP 3　동명사가 명사보다 우선시 되는 4가지

① 뒤에 목적어를 수반한 경우
for ———————. : revision vs. ~~revising~~
for ——————— it. : ~~revision~~ vs. revising

② 명사와 동명사의 뜻이 다른 경우
process 과정 vs. processing 처리, plan 계획 vs. planning 기획
※ 이때 명사는 가산명사이며 동명사는 불가산명사이다.

③ 행위, 과정, 전략, 용어, 부서 등의 [동명사+명사] 복합명사의 경우
pricing 가격 책정　advertising 광고　marketing 마케팅　housing 주택 공급

④ 기존의 명사가 없어 동명사에서 명사를 가져다 쓰는 경우
surroundings 주변, 환경　beginning 시작　belongings 소유물　building 건물　painting 그림　meaning 의미

> 해석 Blue 항공사는 승객들에게 기내 반입 허용 수화물의 최대 무게가 7킬로그램임을 말씀드립니다.
> 어휘 remind 다시 한 번 알려주다　maximum 최대의　carry-on luggage 기내 휴대 수화물
> 정답 (D)

---

105 The historic Tucson Stone Bridge / was built / almost 150 years ———————.
　　　　　　　　주어　　　　　　　　　　동사

동사의 시제를 결정하는 시간부사
~ was built almost 150 years ———————.

STEP 1　빈칸은 문장 맨 뒤에 위치하므로 부사 자리이다.

문장의 시제는 과거시제로, 빈칸은 특정 시간 명사인 almost 150 years 뒤에 위치한다. 즉, 명사구와 빈칸이 결합하여 과거의 특정 시점을 나타내는 부사의 역할을 해야 하므로 정답은 (A) ago이다.

STEP 2　위치를 달리하는 부사를 유의하라.

(B) still(여전히)은 조동사와 be동사 뒤에, 일반동사 앞에 위치하므로 오답이다.
(C) enough(충분히)는 부사로 쓰일 경우에는 형용사와 부사 뒤, 혹은 동사 뒤 즉, 수식하는 대상 바로 뒤에 위치하므로 오답이다.
(D) away(떨어져)는 '시간이나 거리가 ~만큼 떨어져 있는가'를 나타내어 away from ~의 형태로 주로 사용됨을 주의하자.

STEP 3 빈출 시간 부사

1. 과거시제와 잘 어울리는 부사
ago 전에 yesterday 어제 recently 최근에 originally 원래, 처음에는 initially 처음에, 시초에 formerly 이전에 previously 이전에 once 한때 before 이전에

2. 미래시제와 잘 어울리는 부사
soon/shortly 곧 immediately 즉시 tomorrow 내일 probably 아마도 next year 내년

3. 현재완료 시제와 잘 어울리는 부사
already 이미 still 아직, 여전히 yet 아직 ever 한번이라도 since ~ 이래로 lately/recently 최근에

> 해석 역사적인 Tucson Stone 다리는 150년 전에 설립되었다.
> 어휘 **historic** 역사적으로 중요한
> 정답 (A)

---

106 (Of all these used cars in the garage), / the blue SUV / has / the most ————— engine.
전치사구   주어   동사   목적어

〈형용사+명사〉 명사 앞자리는 형용사가 답이다.
~ the most ————— engine.

STEP 1 빈칸은 the most 최상급을 나타낼 수 있는 형용사 자리이다.

빈칸 뒤 명사가 오고, 최상급을 나타내는 the most의 구문이 빈칸 앞에 위치하므로 빈칸의 자리는 형용사의 자리가 된다. 보기 중 형용사 형태인 (A) efficient가 정답이다.

STEP 2 오답 분석

명사인 (B) efficiency와 (C) efficiencies의 경우 명사 앞에 위치하여 복합명사의 형태가 가능하다고 볼 수 있지만, (C)와 같이 복수형은 〈명사+명사〉의 복합명사의 형태 중 앞에는 위치할 수 없음을 주의하자. (B)가 빈칸의 자리에 위치한다면 the most는 형용사인 many/much의 최상급이라고 생각할 수 있지만, 이때 유의해야 할 것은 many는 복수명사를, much는 불가산명사를 받는 형용사이므로 engine과 같은 단수가산명사는 받을 수 없다는 점이다. 따라서 (B) 역시도 오답이다.

STEP 3 [_____+명사]에서 주로 보기에 함께 제시되는 형태

형용사 vs. 명사	형용사가 답이 되는 경우는 명사의 성질, 특성 등을 보여줄 때이다. a beautiful girl 아름다운 소녀
분사 형용사 vs. 명사	분사 형용사가 답이 되는 경우는 뒤의 명사가 의미상의 목적어가 되는 경우이다. a broken window (← break a window) 깨진 유리창
동명사 vs. 명사	동명사가 답이 되는 경우는 뒤의 명사가 실제 주어로서 행위/과정/업종 등이 강조되는 경우이다. ex. an advertising agency 광고회사

〈예외적인 복합명사의 쓰임 [-ing형 명사+명사]〉
checking account 당좌 예금 계좌
consulting company 컨설팅 회사
dining room 식당
heating systems 난방 장치
housing loan 주택 자금 대출
evening shift 저녁 근무
mailing list 메일 주소록
hearing device 청각 보조기기

> 해석 차고에 주차되어 있는 모든 중고차 중에, 파란색 SUV 차량이 가장 효율성 높은 엔진을 장착하고 있다.
> 어휘 **of** ~(중)의 **used** 중고의 **garage** 차고
> 정답 (A)

107　Please note / that / each of the features / will be described / (in detail) / ─────── /
　　　　동사1　목적어(접속사 that절)　주어　　　　　동사2　　　　　전치사구
(in the following section).
　전치사구

> 부사는 명사를 제외한 모든 것을 수식한다.
> **~ will be described (in detail) ─────── (in the following section).**

STEP 1　빈칸은 완전한 문장과 전치사구 사이에 위치한 부사 자리이다.

빈칸은 완전한 문장 뒤에서, 동사 will be described의 서술방법을 설명해주는 부사 자리로 정답은 (B) separately(따로따로)이다.

STEP 2　오답 분석

접속사 that절의 동사 describe는 3형식 동사로 한 개의 목적어를 취한다. 따라서 수동태로 전환될 경우에는 목적어를 갖지 않기 때문에 명사 형태인 (A) separating과 (C) separation은 오답이다. 또한 that절의 동사가 있으므로 본동사 형태인 (D) separates는 오답이다.

STEP 3　부사의 수식 대상

(1) 동사를 꾸며 주는 부사 :
We will <u>promptly</u> answer your questions. 저희가 질문에 즉시 답변해 드리겠습니다.

(2) 형용사를 꾸며 주는 부사 :
Last day's match was <u>extremely</u> exciting. 마지막 날 시합은 상당히 흥미진진했다.

(3) 다른 부사(구/절)를 꾸며 주는 부사 :
She makes Italian food <u>very</u> well. 그녀는 이탈리아 음식을 참 잘 만든다.

(4) 문장 전체를 꾸며 주는 부사 :
<u>Luckily</u>, I won the ticket to go on a safari tour.
운 좋게도, 나는 사파리 투어를 할 수 있는 티켓을 얻었다.

(5) 수사 수식 부사 :
The airport is <u>approximately</u> twenty kilometers away from the hotel.
공항은 호텔에서 약 20킬로미터쯤 떨어져 있다.

> 해석　각 세부사항은 다음 칸에 상세히 별도로 설명해 주십시오.
> 어휘　**note** ~에 주목하다, 주의하다　**feature** 특징, 특색　**in detail** 상세하게　**describe** 설명하다　**following** 다음의
> 정답　(B)

108　The number of residents / (in the city) / who ─────── air purifiers /
　　　　주어　　　　　전치사구　　관계대명사절(residents 수식)
(with auto detecting technology) / is increasing.
　전치사구　　　　　　　　　　동사

> 문장 중의 답 근거 단어를 찾아 연결하여 답을 찾는다.
> **~ residents in the city who ─────── air purifiers ~**

STEP 1　문장에는 접속사/관계사가 1개로, 동사는 2개 있어야 한다.

해당 문장에는 문장을 연결하는 관계사 who가 존재하므로 2개의 동사가 필요하다. 따라서 빈칸은 동사 자리로 목적어 air purifiers(공기 청정기)를 받아야 하므로 자동사인 (A) reply(대답하다)는 오답이다.

STEP 2　오답 분석

(C) 타동사 show는 "보여주다, 제시하다"의 의미로, 주로 신분증이나 티켓 등의 목적어와 함께 어울림을 알아두자.

(D) catch는 주로 '(버스, 기차 등을 시간에 맞춰) 타다'는 의미로 사용되며 목적어에는 교통수단에 해당되는 명사가 나오므로 오답이다.
빈칸은 관계대명사 who절의 동사 자리로, 이 동사의 주어는 앞에 있는 선행사 residents(거주자)이다. 또한 빈칸 뒤 기계인 공기 청정기(air purifiers)를 목적어로 취하면서 주체인 사람 명사를 받는 동사는 (B) use로 공기 청정기를 사용하는 거주민으로 의미상 적절하다.

> 해석 자동 감지 기능을 갖춘 공기 청정기를 사용하는 도시 거주자의 수는 증가하고 있습니다.
> 어휘 the number of ~의 수   resident 거주자, 주민   air purifier 공기 정화기
> auto detecting technology 자동 감지 기술   increase 증가하다
> 정답 (B)

109 When / you / make / a ————, / you / should consider / two or more brands /
접속사 주어1 동사1   목적어1   주어2   동사2   목적어2
(on the market).
전치사구

관사, 소유격, 한정사 뒤에는 항상 명사가 정답이다.
you make a ———— ~.

STEP 1   빈칸은 동사 make의 목적어 자리이다.
부정관사 a와 함께 목적어 자리에 들어갈 수 있는 품사는 명사뿐이다. 따라서 보기 중 명사인 (A) comparison이 정답이다.

STEP 2   오답 분석
형용사 형태인 (B) comparable(비슷한)과 (C) comparative(비교를 통한)은 수식할 수 있는 명사가 위치하지 않으므로 오답이다. 또한 종속절 When절의 동사는 make로 본동사 형태인 (D) compared 또한 오답이다.

STEP 3   compare의 출제 포인트
- **comparison:** '비교'라는 행위를 의미하게 되면 불가산명사이지만 어떻게 다른지를 설명하고 있는 '문서나 서류'를 의미할 때는 가산명사로 쓰인다. 함께 쓸 수 있는 전치사로 of/between이 있다.
- **comparative vs. comparable:** comparative는 '다른 것과 비교적/상대적으로 ~하는'의 의미이고 comparable은 '비교할 수 있는, 비교할 만한'의 의미로 어휘 문제로도 종종 출제되었다.
- **compare:** 자/타동사로 모두 사용 가능하며, 자동사로 쓰일 때 주로 전치사 with/to를 받게 된다. 뿐만 아니라, Compared to/with 형태의 분사구문으로 종종 출제되기도 한다.

> 해석 비교를 할 때에는, 시장에서 두 개 이상의 브랜드를 생각해 보셔야만 합니다.
> 어휘 consider 생각하다   brand 상표, 브랜드
> 정답 (A)

110 Please make sure / the portable handle / is ──────── attached to /
        동사(접속사 that절 생략)   주어   동사구
        the upper side of the frame.
                    목적어

STEP 1 빈칸은 be동사와 과거 분사 사이에서 과거분사를 수식하는 부사 자리이다.
따라서 보기 중 부사인 (B) securely가 정답이다.

STEP 2 오답 분석
that절의 동사는 is로, 본동사 형태인 (D) secure는 오답이다. 또한 be동사와 과거분사 사이에는 명사가 들어갈 수 없으므로 명사인 (A) security와 (C) securing은 오답이다. (C) securing은 현재분사구문으로 사용될 수 있으나, 이때는 목적어를 취해야 하므로 오답이다.

STEP 3 15개의 부사 패턴

① 〈주어+**부사**+동사〉	⑨ 〈have+**부사**+과거분사〉
② 〈주어+동사+목적어+**부사**〉	⑩ 〈자동사+**부사**+전치사〉
③ 〈관사+**부사**+형용사+명사〉	⑪ 〈조동사+**부사**+본동사〉
④ 〈be+**부사**+형용사/부사〉	⑫ 〈완전한 문장+as+**부사**+as〉
⑤ 〈**부사**, 완전한 문장(주어+동사+목적어)〉	⑬ 〈완전한 문장+more+**부사**+than〉
⑥ 〈완전한 문장+**부사**〉	⑭ 〈to+**부사**+동사원형〉
⑦ 〈be+**부사**+과거분사〉	⑮ 〈전치사+**부사**+동명사〉
⑧ 〈be+**부사**+현재분사〉	

해석 휴대용 손잡이가 프레임 위쪽에 단단하게 고정이 되어있는지를 확인해 주십시오.
어휘 **make sure** ~을 확실히 하다 **portable** 휴대가 가능한 **attach** 붙이다 **frame** 틀, 액자
정답 (B)

---

111 Our computer network system / will not be / ──────── / (until further notice).
              주어   동사   주격 보어   전치사구

STEP 1 빈칸은 주격 보어 자리로, 형용사 혹은 명사가 들어가야 한다.
문장의 동사는 be동사로, 빈칸은 주격 보어 자리이고, 보기 모두 형용사이므로, 주어인 computer network system을 보충 설명하는 적절한 형용사 어휘를 찾아야 한다.

STEP 2 주격 보어는 주어의 상태를 설명한다.
(A) loyal(충성스러운)은 주로 사람의 특징 혹은 성격을 묘사할 때 사용되므로 오답이다.
(B) frequent는 '잦은, 빈번한'의 의미로 빈도나 횟수를 말하게 되는데, 주어인 system이 무엇에 대해서 빈도를 가지는지에 대한 설명이 없으므로 답이 될 수 없다.
(C) beneficial(도움이 되는)는 명사 수식이 아닌 〈be beneficial to 명사〉의 구조로 출제된다.
따라서 주어 "Our computer network system이 이용 가능할 것이다"의 (D) available(이용 가능한)이 정답이다.

해석 저희의 컴퓨터 네트워크 시스템은 추후 공지가 있을 때까지 사용이 불가능할 것입니다.
어휘 **until further notice** 다음 통지가 있을 때까지
정답 (D)

112 Proceeds / (from the last week's charitable racing event) / ——————— /
　　　주어　　　　　　전치사구
the agency's expectations.
　목적어

하나의 문장에는 반드시 동사가 하나 있어야 한다.
Proceeds ——————— the agency's expectations.

STEP 1　빈칸은 본동사가 들어갈 자리이다.
하나의 문장에는 반드시 동사가 1개 있어야 한다. 따라서 보기 중 동사의 과거시제인 (B) surpassed가 정답이다.

STEP 2　본동사와 준동사를 구분하라.
(A) to surpass는 준동사로, 동사의 역할을 하지 못하므로 오답이다.
(C) having surpassed와 (D) surpassing는 분사로, 명사를 수식하며 뒤에 수식을 받는 명사가 위치하긴 했지만, 문장에 본동사가 없기 때문에 오답이다.

STEP 3　준동사의 종류

1. 동명사	〈동사+ing〉
2. to부정사	〈to+동사원형〉
3. 분사	〈현재분사(동사+ing)〉, 〈과거분사(동사+ed)〉

※ 현재분사가 be동사와 함께 쓰이면 능동태 진행형, 과거분사가 be동사와 함께 쓰이면 수동태를 의미한다.

해석　지난주 자선 경주 행사에서 발생한 수익금은 행사 단체의 기대를 뛰어넘었다.
어휘　**proceeds** 돈, 수익금　**charitable** 자선의　**racing event** 경주 행사　**agency** (특정 서비스 제공) 단체
expectation 기대
정답　(B)

---

113 ——————— part-timer / (at Western Food factory) / will be given / the temporary ID badge
　　　주어　　　　　　전치사구　　　　　　동사　　　　　　목적어
/ to wear at all time / while on duty.
　to부정사구(badge수식)　　분사구문

수량의 형용사는 명사와 수일치를 확인한다.
——————— part-timer will be given ~.

STEP 1　빈칸은 명사를 수식하는 형용사 자리이다.
빈칸은 주어 part-timer를 수식하는 형용사 자리로 보기 중 전치사인 (A) For와 부사인 (B) Just는 오답이다.

STEP 2　가산 단수명사를 수식할 수 있는 수량형용사를 선택하라.
part-timer(아르바이트생)은 셀 수 있는 가산 명사이지만, 단수취급을 하고 있다. 따라서 가산 단수명사를 수식할 수 있는
수량형용사는 (C) Every뿐이다. (D) Other은 복수가산명사 혹은 불가산명사를 수식하는 형용사로 오답이다.

STEP 3　가산 단수명사와 함께 쓰이는 형용사

every / each	+	셀 수 있는 단수명사	every employee 모든 직원 / each employee 각각의 직원
one / another			one employee 한 명의 직원 / another employee 또 다른 직원

해석　Western Food 공장에서 근무하는 모든 아르바이트생들은 근무 중에 항상 착용해야 하는 임시 신분증을 배부받게 될 것입니다.
어휘　**part-timer** 아르바이트생　**temporary** 일시적인　**on duty** 근무 중인
정답　(C)

114 Jetblue Services, Inc. / has been known / (as one of the most ———— companies)
　　　　주어　　　　　　　　　　동사　　　　　　　전치사구

(in Western Australia).

〈형용사 vs. 분사〉 형용사가 우선한다.
one of the most ———— companies

STEP 1 　빈칸은 명사 companies를 수식하는 형용사 자리이다.

빈칸에는 최상급을 나타내는 부사 the most의 수식을 받으며, 명사 companies를 수식하는 형용사가 들어가야 한다. 따라서 빈칸은 (A) innovative가 정답이다. 형용사 자리에 형용사와 분사형태가 위치할 경우, 형용사가 우선한다는 사실에 근거하여 (B) innovated는 오답이다.

STEP 2 　명사를 수식하는 다른 품사를 확인하라.

주절의 동사는 has been known으로 본동사 형태인 (D) innovate는 오답이다. 또한, 명사 앞에 오는 명사는 뒤에 위치한 명사의 유형이나 종류를 서술하지만, innovator(혁신자)는 companies의 종류가 아니므로 오답이다.

STEP 3 　명사를 수식하는 품사를 선택하는 요령

① 형용사		→ 명사의 상태나 크기, 종류, 색깔 등을 의미하는 일반적인 형용사이다.
② 과거분사	+ 명사	→ 명사가 분사의 의미상 목적어가 되어 수동이나 완료를 의미한다.
③ 현재분사		→ 명사가 분사의 의미상 주어가 되며, 능동과 진행을 의미한다.
④ 명사		→ 복합명사로 명사의 유형이나 종류를 보여주며, 관사나 복수형을 쓸 수 없다.

해석 Jetblue Services 기업은 호주 서부에서 가장 혁신적인 기업 중 한 곳으로 알려져 있습니다.
어휘 **be known as** ~로 알려져 있다
정답 (A)

---

115 ———— / (at the International Trade Show in New York) / was / 10 percent lower than
　　　　주어　　　　　　　　　전치사구　　　　　　　　　　　　　동사　　　　주격 보어

last year's.

시험에 나오는 가산명사이자 불가산명사
———— was 10 percent lower than last year's.

STEP 1 　빈칸은 문장의 주어 자리로 명사가 들어가야 한다.

본동사는 was 단수 동사형태이므로, 빈칸에는 단수명사가 들어가야 한다. 따라서 복수 가산명사인 (B) Attendees는 오답이다. 또한 가산 명사인 (A) Attendant(종업원, 승무원)는 단수일 때, 명사 앞에 관사가 위치해야 하며, '(수와 양, 정도가) 낮은'의 의미를 가진 형용사 low의 수식을 받지 못하므로 오답이다. 또한 (B) Attending은 동사 '참가하다'의 전체 행위를 나타내며, 형용사 low의 수식을 받지 못한다.

STEP 2 　attendance는 가산/불가산 명사로 모두 사용이 가능하다.

attendance는 특정 모임 혹은 행사의 '참석·출석(자)'을 나타내면 가산명사로, '참석률, 출석률'은 불가산 명사로 봐야 한다. 또한, 동사는 단수 동사로 빈칸에는 불가산 명사인 (D) Attendance가 정답이다.

STEP 3 　한 단어가 가산/불가산 명사로 모두 쓰인다.

purchase u 구입/c 구매한 물건　　　**price** u/c 가격　　　**notice** u 통보/c 통지서
business u/c 사업, 일　　　**space** u 여지/c 구역　　　**schedule** u/c 일정
supply u 공급/c 공급품, 비품　　　**a fire/a snow/a rain** (사건의 단위) 화재/눈/비
knowledge u/c 지식, 학식 ex. a good knowledge of physics 물리학에 관한 상당한 지식
experience u 경험/c 경험한 일 ex. have a pleasant experience 즐거운 경험을 하게 되다
environment u 환경/c 특정 환경 ex. a work environment 근무 환경

116 ——————— / our revenue / (from the Englewood branch) / has decreased,

주어에   전치사구   동사1

/ the Milwaukee branch's / has remained / the same.

주어2   동사2   주격 보어

> 기대치의 반대를 의미하는 although
> ——————— our revenue from the Englewood branch has decreased, 완전한 문장

STEP 1 빈칸은 두 개의 완전한 문장을 연결할 수 있는 부사절 접속사 자리이다.

보기 중 전치사구인 (C) Depending on는 오답이다. 또한 (A) Rather than은 절과 절을 연결할 수 없으므로 오답이다.

STEP 2 주절의 내용과 상반되는 상황을 언급할 경우에는 양보 접속사 (B) Although가 정답이다.

(D) Before는 접속사로, 종속절보다 주절의 시제가 더 앞선 시제야만 한다. 하지만, 해당 문장에서는 주절의 시제와 종속절의 시제와 같으므로 오답이다.

STEP 3 although vs. but – 역접의 but과 구분하라

• 놀랍거나 기대치와 다른 내용+although+사실, 기대치
• 사실, 기대+but+사실과 다른 내용을 추가하거나 추측, 예상하는 내용
although의 경우 but과 유사한 의미로 쓰일 순 있지만 주로 주절에서 언급한 내용의 파급력이나 효과를 경감시키고자 할 때 쓴다.

You can use my adapter although I'm not sure it is compatible with yours.
제 어댑터를 쓰세요. 당신 것과 호환이 될지는 잘 모르겠지만요.

117 Simon Holdings, Inc. / has benefited / ——————— / the recent merger of Harris Financial.

주어   동사   명사구

> 전치사는 뒤에 명사를, 접속사는 뒤에 〈주어+동사〉를 동반한다.
> has benefited ——————— the recent merger of Harris Financial.

STEP 1 빈칸 뒤의 명사를 받을 수 있는 전치사 자리이다.

보기 중 (A) when은 부사절 시간 접속사로, 절과 절을 연결하며, (B) apart는 부사로, 뒤의 명사를 수식할 수 없으므로 오답이다. 또한 대명사 (C) it을 사용하게 되면 빈칸 뒤의 또 다른 명사인 the recent merger를 받을 수 없으므로 답이 될 수 없다. 따라서 빈칸 뒤의 명사를 받을 수 있는 전치사 (D) from이 정답이다. 〈benefit from(~로부터 이익을 얻다)〉의 구조로 출제된다.

118 (After reviewing all the proposals), / Ms. Jenkins / will select / the most promising one /
  전치사구   주어   동사   목적어
_____.

부사적 용법의 재귀대명사는 주어 뒤, 문장 끝에 위치한다.
Ms. Jenkins will select the most promising one ———.

STEP 1   문장이 완전할 때 쓸 수 있는 대명사는 부사의 역할을 하는 재귀대명사뿐이다.

빈칸의 자리는 완전한 문장 다음에 위치하는 것이므로 부사 자리이다. 보기 중 주격 대명사인 (A) she는 주어 자리에, 소유대명사인 (C) hers는 명사의 역할을 하기 때문에, 주어나 목적어 자리에 위치해야 하므로 오답이다. 또한 (B) her는 소유격 대명사의 경우에는 명사를 수식하는 형용사 자리에, 목적격 대명사라면 목적어 자리에 와야 하므로, 완전한 문장 끝에 위치할 수 없다.

STEP 2   재귀대명사가 완전한 문장에 쓰이면 '스스로, 직접'의 뜻을 갖는다.

Ms. Jenkins will select the most promising one은 그 자체가 완전한 문장이므로 주어 Ms. Jenkins의 행위를 강조할 수 있는 재귀대명사 (D) herself가 정답이다.

STEP 3   재귀대명사의 위치

① 문장의 동사를 강조하는 재귀대명사
  완전한 문장 + 재귀대명사

② 주어 강조 부사 기능
  주어 + 재귀대명사 + 동사 + 목적어

> 해석 모든 제안서를 검토한 후에, Jenkins 씨는 가장 유력한 제안서를 직접 선별할 예정이다.
> 어휘 **review** 검토하다 **proposal** 제안서 **select** 선별하다 **promising** 유망한, 조짐이 좋은
> 정답 (D)

---

119 All the software / (in our office) / is provided / ——————— / licensed agencies.
  주어   전치사구   동사   명사

뒤에 있는 명사가 전치사를 결정한다.
is provided ——— licensed agencies.

STEP 1   be p.p.의 수동태 다음에 또 다른 명사를 가져오는 경우 대부분 〈전치사 + 명사〉의 구조를 취함을 알아두자.

be provided의 수동태 다음에 명사 agencies를 받기 위해서는 전치사가 필요하다.

STEP 2   전치사를 선택할 때 뒤에 나오는 명사의 종류를 확인해야 한다.

빈칸 뒤의 licensed agencies는 provide 동사의 주체이다. 수동태 문장에서 행위의 주체를 나타낼 수 있는 것은 (C) by뿐이다.

STEP 3   오답 분석

(A) to는 이동 방향 혹은 행위의 대상에 해당하는 명사가 위치한다.
(B) as는 자격 혹은 지위를 나타낼 수 있는 명사가 와야 한다.
(D) in은 뒤에 시간 혹은 장소에 해당되는 명사가 주로 오므로 오답이다.

> 해석 라이선스 발행 기관은 자사의 모든 소프트웨어를 제공한다.
> 어휘 **licensed agency** 라이선스 발행 기관
> 정답 (C)

120 Employees / who / are / ——————— / (in volunteering to help prepare for the year-end party) /
주어 주격관계대명사 동사1   전치사구
should contact / Mr. Melder / (in Human Resources).
동사2   목적어   전치사구

> 감정동사 - 사람은 과거분사, 사물은 현재분사.
> **Employees who are ——————— in ~.**

STEP 1   빈칸은 be동사의 주격 보어 자리이다.

주격 관계대명사절의 빈칸은 주어 employees의 상태를 설명해주는 주격 보어 자리로 형용사나 명사가 들어가야 한다. 명사 형태인 (A) interest와 (B) interests는 주어와의 동격 관계를 나타내지만 '직원=관심'의 관계가 성립하지 않으므로 오답이다.

STEP 2   감정동사는 사람을 수식하면 과거분사, 사물을 수식하면 현재분사

감정동사 interest는 '~에게 관심이나 흥미를 갖게하다'라는 의미로, 사람(직원들)를 수식하는 주격 보어로 쓰이게 되면 과거분사 형태인 (D) interested가 정답이다.

STEP 3   위치별 감정동사의 분사형

1. 감정동사가 be동사 뒤의 주격 보어 자리에 올 때
명사(주어) + be동사 + 감정동사(분사)
ㄴ 사람   → 과거분사
ㄴ 사물   → 현재분사

2. 감정동사가 명사 앞에서 수식할 때
(관사/소유격) + 감정동사(분사) + 명사
          과거분사 ← 사람
          현재분사 ← 사물

3. 5형식 동사 + 목적어 + 감정동사의 분사 형용사
find, make, keep, consider 등 + 목적어 + 감정동사(분사)
                    사람 과거분사
                    사물 현재분사

해석 송별회 준비에 관심있으신 분들은 인사과의 Melder 씨에게 연락 주십시오.
어휘 **employee** 직원 **volunteer to VR** 자진해서 ~하다 **prepare for** ~를 준비하다 **year-end party** 송년회 **contact** 연락하다 **Human Resources** 인사과
정답 (D)

121 Before / you / make / inquiries, / please be sure to check / the FAQ page /
접속사　주어　동사1　목적어1　　　　동사2　　　　　　목적어2
to see / whether / your questions / have been answered —————.
to부정사　명사절접속사　　주어2　　　　동사3

빈칸 앞은 완전한 문장이므로, 빈칸에는 부사가 들어가야 한다.
your questions have been answered —————

STEP 1　부사 어휘는 어울리는 대상을 먼저 파악하자.

빈칸의 부사는 동사 have been answered을 수식하는 자리이므로 의미상 적절한 부사 어휘를 찾아야 한다.
"이미 답변이 된 귀하의 질문이 있는지를 살펴보시기 바랍니다"의 의미상 적절한 부사 어휘로서 가능한 것은 "이미, 벌써"의
already가 된다.
already는 ① 예상했던 것보다 너무 이르게 ② 이미 무언가가 행해져서 다시 할 필요가 없는 의 크게 2가지의 의미를 갖고
있음을 주의하자. 해당 문장의 already는 ②번에 해당하는 의미이다.
나머지 보기 중 표면적인 의미로서 already와 유사한 것이 (A) early인데, early는 '(예상보다, 계획한 것보다) 전에'의 의미
로 "일찍, 빨리"를 뜻하며 동작동사와 어울림을 알아두자. 따라서 이미 답변이 되어 있다는 상황에서는 부적절하다.
(B) then은 접속 부사로, 문장과 문장 사이에 위치해야 한다.
(D) still은 어떤 상태가 변함없이 계속 지속되고 있음을 보여주는 부사로, be동사와 조동사 뒤에, 일반 동사 앞에 위치해야 한다.
따라서 문장 내에서 자유롭게 위치할 수 있는 (C) already가 정답이다.

해석　문의를 하시기 전에, 귀하의 질문이 답변 되어있는지를 확인하려면 FAQ 페이지를 확인해 주시기 바랍니다.
어휘　make a inquiry 문의하다, 조사하다　be sure to 반드시 ~해라　whether ~인지 아닌지
정답　(C)

---

122 Three local vendors / were contacted / (for our new branches in New York,) / and /
주어　　　　　　동사1　　　　전치사구　　　　　　　접속사
————— / offered / their special rates.
동사2　목적어

수량의 형용사와 수사만이 반복 명사를 생략하고 명사를 대신할 수 있다.
————— **offered their special rates.**

STEP 1　빈칸은 접속사 and 절의 주어 자리이다.

접속사 and절의 주어 자리로 명사가 들어가야 한다.

STEP 2　각 보기의 품사와 수일치를 확인한다.

빈칸의 동사는 offered로 주어 자리에는 제공할 수 있는 주체가 등장해야 한다. 따라서 사물명사인 (C) anything과 (D)
everything은 오답이다.
(A) any는 대명사로 사용이 가능하지만, 긍정문이 아닌 부정문, 조건문, 의문문에서 등장하므로 오답으로 (B) all이 정답이
다. 여기서 all은 앞에서 언급한 three local vendors를 받는 부정대명사이다.

STEP3　some vs. any vs. all vs. each

대명사	품사	대신하는 명사	쓰임
some	대명사/형용사	복수명사, 불가산명사	긍정문
any	대명사/형용사	단/복수명사, 불가산명사	부정/조건/의문문 그리고 불특정한 미래
all	대명사/형용사/부사	복수명사, 불가산명사	all of the+명사, all the+명사, all+명사
each	대명사/형용사	단수명사	each + 단수명사 + 단수동사 each of + 특정 명사의 복수형 +단수동사

해석 3명의 현지 상인들은 뉴욕의 신규 지점 때문에 연락을 받았으며 모두 특별 할인가를 제공받았다.
어휘 local 지역의, 현지의 vendor 행상인, 노점상
정답 (B)

---

123 Brian Roberts / has decided / to work / (in the ———— industry for the rest of his life).
　　　　　주어　　　　동사　　　　목적어　　　　　　　　전치사구

복합명사일 때 앞의 명사는 형용사 역할을 하며 종류나 특징을 분류해 준다.
work in the ———— industry

STEP 1　빈칸은 명사 industry를 수식할 수 있는 자리이다.

기본적으로 명사 수식은 형용사로 부사인 (A) fashionably는 오답이다.
명사 앞 자리에는 형용사가 위치해야 하지만, 분사형용사를 제외한 V–ing/V–ed의 분사형태는 형용사로 바로 쓰기 어렵다.
이러한 경우 앞 명사가 뒷 명사를 수식하는 복합명사의 형태를 생각하자.

STEP 2　명사를 수식하는 다른 품사를 확인하라.

명사 앞에 명사가 위치하면, 앞의 명사는 뒤에 오는 명사의 상태, 성질을 서술한다. 따라서 fashion(패션)은 industry의 종류를 나타내므로 (D) fashion이 정답이다.

STEP 3　〈명사 + 명사〉 vs. 〈형용사 + 명사〉

명사 + 명사	• 앞의 명사가 구체적인 종류를 보여준다. 　market price 시장가　retail price 소매가　wholesale price 도매가
형용사 + 명사	• 형용사가 뒤에 오는 명사의 상태, 성질, 특징 등을 보여준다. 　a beautiful girl 아름다운 소녀 • 예외적으로 형용사가 뒤에 오는 명사의 종류를 보여주는 경우도 있다. 　medical issue 의학적 문제　political issue 정치적 문제 　economic issue 경제 문제　financial issue 재정 문제

해석 Brian Roberts 씨는 여생을 패션 산업에서 일하기로 결정했다.
어휘 industry 산업 rest 나머지
정답 (D)

124 ———— the government contract / will be / one of the most beneficial
주어   동사   주격 보어
achievements / especially / (for a start-up company).
부사   전치사구

명사를 대신하는 동명사.
———— **the government contract will be ~.**

STEP 1 본동사 개수 = 접속사 개수 + 1이다.
문장의 본동사는 will be 이고, 접속사가 따로 없으므로 빈칸의 자리는 본동사인 (A) has won, (B) wins는 위치할 수 없다.

STEP 2 본동사가 아닌 동사의 형태를 사용할 때 준동사를 사용한다.
빈칸 뒤에 한정사에 해당하는 관사 the 이하의 명사가 위치하고 있으므로 형용사의 역할을 할 수 있는 과거분사의 won은
구조상 위치할 수 없음을 주의하자. 따라서 정답은 the government contract를 자신의 목적어로 받아 동사 will be의
주어 역할을 하는 동명사의 (D) winning이 된다.

STEP 3 관사와 형용사의 위치
관사(a/an/the) + 형용사 + 명사

> 해석 정부와의 계약 체결은 특히 스타트업 기업에게 가장 유익한 성취 중에 하나일 것이다.
> 어휘 **government** 정부 **contract** 계약 **beneficial** 유익한, 이로운 **achievement** 달성, 성취 **especially** 특히
> 정답 (D)

---

125 This year's company picnic / was postponed / and / will be held / (next Friday) ————.
주어   동사   등위 접속사   동사2   시간부사구

부사는 명사를 제외한 모든 것을 수식한다.
will be held next Friday ————.

STEP 1 빈칸은 완전한 문장 뒤에 위치하므로 부사 자리이다.
보기 모두 부사가 가능하지만, 부정부사(빈도부사)인 (B) seldom은 be동사와 조동사 뒤에, 일반 동사 앞에 위치해야 하므
로 오답이다. 앞 문장에서 "올해의 회사 야유회가 연기되었으며, 이는 다음주 금요일이다"의 의미를 나타내므로 바뀐 시간을
언급할 수 있는 "대신에"의 (C) instead가 정답이다.

STEP 2
(A) already는 예상보다 더 일찍 일어난 일에 대해 언급하므로 미래시제와는 쓰일 수 없다.

> 해석 올해의 야유회는 연기되었으며 대신 다음 주 금요일에 진행될 예정입니다.
> 어휘 **company picnic** 회사 야유회 **postpone** 연기하다
> 정답 (C)

---

126 Mrs. Cohen / has to finish / the data analysis / before / she / ————
주어   동사1   목적어   접속사   주어2
/ (for the board meeting).
전치사구

시간 부사절의 미래는 현재가, 미래완료는 현재완료가 대신한다.
before she ———— for the board meeting.

STEP 1   문장에 접속사 **before**가 있으므로 본동사는 2개 있어야만 한다.
따라서 빈칸은 본동사 자리로, 보기 중 동사 역할을 하지 못하는 (C) leaving은 오답이다.

STEP 2   주절과 종속절의 관계 및 시제를 확인해야 한다.
before절의 '이사회 회의 참가'보다 주절의 '데이터 분석 마무리'가 우선적으로 이루어져야 한다. 하지만 주절의 시제는 미래시제이므로, before절 또한 미래시제를 사용해야 하지만, 시간 부사절에서는 미래시제를 대신하여 현재 시제를 사용하므로 (B) leaves가 정답이다. (D) left는 과거시제로, 주절의 시제에 대과거(과거완료)였다면 정답이 될 수 있다.

STEP 3   시간부사절의 미래는 현재가, 미래완료는 현재완료가 대신한다.

종속절	주절
시간/조건 부사절 접속사+ 동사(현재 시제) when/while/as/before/after... if/in case/unless...	**주어+동사(미래시제)+목적어~** 주절의 시제는 will이나, must/should 등의 미래의 일임을 알 수 있는 내용이 나온다.

해석 Cohen 씨는 이사회 회의를 참석하기 전에, 데이터 분석을 마무리지어야 합니다.
어휘 **analysis** 분석 **board meeting** 이사회 회의
정답 (B)

---

127   The real estate market / (in Western Australia) / is expected to grow/ (by 20 percent) /
주어   전치사구   동사   전치사구
———— / ten years.
명사

within vs. after vs. in + one hour
완전한 문장 + ———— ten years.

STEP 1   빈칸은 기간 명사 ten years를 받을 수 있는 전치사가 들어가야 한다.
(B) about은 주제나 대상을 나타낼 때 사용하며 (D) toward는 이동이나 방향을 나타내는 전치사로, 기간명사인 ten years를 받지 못하므로 오답이다.

STEP 2   기간명사를 받을 수 있는 전치사를 선택해야 한다.
(A) within은 뒤에 언급된 기간 동안 특정 동작이 발생하는 것을 의미하며 주로 현재 시제 혹은 미래시제와 사용한다. 따라서, 10년 이내에 부동산 시장이 성장할 것으로 예상된다는 내용이 되어야 하므로 정답이다.
(C) following은 "이후에"의 의미로서 기간이 아닌 시점명사를 주로 받는다.

STEP 3   **within**은 기간에만 쓰는 것이 아니다.

Skilled workers deal with a considerable amount of parts ———— strict time limits.
(A) past (B) toward (C) within (D) near

within은 기간뿐만 아니라 한계, 거리, 장소, 규칙 등의 명사를 받을 수 있다.
정답 (C)
숙련된 직원들은 엄격히 정해진 시간 내에 엄청나게 많은 양의 부품을 처리한다.

해석 호주 서부의 부동산 시장은 10년 이내로 20 퍼센트까지 성장할 것으로 예상됩니다.
어휘 **real estate market** 부동산 시장 **expect** 예상하다 **grow** 성장하다
정답 (A)

128 The committee / requests / ──────── / customer's personal information/ be released /
　　　주어1　　　　동사1　　　　　　　　　　　　　　　　　주어2　　　　　　　　　동사2
(with written consent).
전치사구

완전한 문장을 이끄는 that, whether, if, when, where, how, why
The committee requests ──────── customer's personal information be released ~.

STEP 1　빈칸은 동사 requests절의 목적어절을 이끄는 명사절 접속사 자리이다.

보기 중 등위 접속사인 (B) or은 앞뒤의 동일 품사 즉, 단어면 단어, 문장이면 문장을 연결하며, (D) if는 부사절 접속사로 명
사절을 이끌 수 없으므로 오답이다. 또한 관계대명사 (C) which는 불완전한 문장이 와야 하므로 오답이다.

STEP 2　주장/제안/명령/요구/충고 동사 + that + 주어 + (should) + 동사원형

동사가 requests이고, 명사절의 동사가 be released의 동사원형 형태이므로, 위의 명제를 생각할 수 있어야 한다. 따라
서 정답은 (A) that이다.

주장/제안/명령/요구/충고 동사 + that + 주어 + 동사원형
insist 주장하다　suggest 제안하다　require 요구하다　ask 요청하다　recommend 권고하다　propose 제안하다
demand 요구하다

해석 위원회는 서면 동의가 있을 경우에 고객의 개인정보가 공개되기를 요구한다.
어휘 committee 위원회　request 청하다　customer 손님, 고객　personal information 개인정보　release 공개하다,
발표하다　consent 동의 ,허락
정답 (A)

---

129 Jeffrey Davis / was honored / (with the employee of the year award) / ──────── /
　　　주어　　　　　동사　　　　　　전치사구
his proposal / to reduce unnecessary costs.
　명사　　to부정사구(proposal 수식)

전치사는 뒤에 명사를, 접속사는 뒤에 〈주어+동사〉를 동반한다.
완전한 문장 + ──────── his proposal

STEP 1　빈칸 뒤의 his proposal을 받을 수 있는 전치사 자리이다.

보기 중 2개의 완전한 문장을 연결하는 시간 부사절 접속사 (D) when과 시간관련 명사를 받는 (C) since는 오답이다.

STEP 2　be honored + for + 이유

주어가 올해의 직원으로 was honored, 즉 상을 받게 된 이유에 대한 언급을 해야 하므로 빈칸은 이유를 나타내는 (A) for
가 정답이 된다. (B) about은 주제나 주변의 장소를 언급할 때 사용한다.

STEP 3　전치사 vs. 접속사 자리

전치사 자리	접속사 자리
──────── +(관사/소유격)+명사	──────── +문장(주어+동사)
──────── +대명사	──────── +분사
──────── +동명사	──────── +전치사+명사
──────── +명사절 접속사+주어+동사	──────── +to부정사(명사절의 접속사)

해석 Jeffery Davis 씨는 불필요한 비용 절감에 대한 제안서로 올해의 직원상을 받는 명예를 누리게 되었습니다.
어휘 be honored with ~의 영광을 가지다   employee 직원   proposal 제안서   unnecessary 불필요한
정답 (A)

---

130 ——————— / (of local foods for the Chefs' Choice Awards) / will be accepted /
　　　　　주어　　　　　　　　　　전치사구　　　　　　　　　　　　　동사
(until Thursday July 30).
　전치사구

[명사+전치사] 짝 찾기
——————— of local foods for the Chefs' Choice Awards

STEP 1　빈칸은 주어 자리로 명사가 들어가야 한다.
주어는 동사와 어울리므로 will be accepted의 주어로 적절한 명사 어휘를 찾는 문제이다.

STEP 2　수동태의 동사로, 동사와 목적어의 관계임을 파악하자.
수동태 문장을 능동태로 바꿀 경우에 동사 will accept의 목적어가 빈칸이다. 하지만 (A) supporters(지지자)와 (B) venues(주최지, 장소)는 accept의 목적어가 될 수 없으므로 오답이다. 빈칸 뒤의 local foods(현지 식품)는 (D) subscriptions(구독료)와 어울릴 수 없으므로 오답이다. 따라서 전치사구 for the Chef's Choice Awards(시상식)과 어울릴 수 있는 명사는 (C) nominations(추천)로 정답이다.

해석 셰프 초이스 어워드 부문의 현지 식품 추천을 7월 30일 목요일까지 받을 예정입니다.
어휘 local 현지의, 지역의   accept 받아 주다
정답 (C)

Questions 131-134 refer to the following announcement.

La Glace Bookstore, one of the biggest booksellers in Copenhagen announced that the next Talk with Today's Author will be on Thursday, October 14, at 7:00 P.M. with Misuki Makoto. Ms. Makoto, -------- works have received many positive reviews from
131.
a lot of critics and readers, will be publishing **a new book**, *The Life of Molly Chen*, on October 24. Besides reading an excerpt from **this** ------- **book**, Ms. Makoto will
132.
be interviewed by a notable reviewer Mondiago Suarez about her life and career.

133.

Due to the limited space, only 50 people can attend the event. ------- can be reserved
134.
by signing up in advance, at no cost, at www.laglacebookstore.com.

---

131. (A) her
(B) who
(C) whose
(D) its

132. (A) upcoming
(B) best-selling
(C) initial
(D) fictional

133. (A) A launch date has not been publicized.
(B) She plans to study drawing at the private institution.
(C) The book will be available at a discount.
(D) She will also have some time to answer questions from the audience.

134 (A) copies
(B) times
(C) tickets
(D) prices

구조 분석
ㄴ 완전한 문장을 이끌며 앞의 선행사를 수식할 수 있는 관계대명사를 찾자.

형용사 어휘
ㄴ 빈칸 앞의 한정사가 무엇을 의미하는지 파악하자.

문맥 추가 문제
ㄴ 빈칸 앞뒤 문장을 확인하고 보기의 키워드를 찾자.
"also"

명사 어휘
ㄴ can be reserved(예약할 수 있다)와 어울리는 명사 어휘를 찾자.

문제 131-134는 다음 발표를 참고하시오.

Copenhagen에서 가장 큰 서점 중에 한 곳인 La Glace 서점은 Misuki Makoto 씨와 함께하는 '오늘의 작가와의 담화'가 10월 14일 목요일 오후 7시에 있을 것이라고 발표했습니다. 많은 비평가와 독자들에게 여러 긍정적인 평가를 받은 작품을 쓴 Makoto 씨는, 신간 The Life of Molly Chen을 10월 24일에 출간할 예정입니다. 출간될 책 중 일부 내용을 발췌해 읽는 것에 더불어, Makoto 씨는 유명한 평론가인 Mondiago Suarez 씨와 그녀의 삶과 경력에 관한 인터뷰를 가질 것입니다. 그녀는 또한 청중들과 질의응답 시간도 갖습니다.

한정된 공간 때문에, 50분만이 행사에 참가할 수 있습니다. 티켓은 www.laglacebookstore.com.에서 사전에 신청하셔서 예약하실 수 있으며 무료입니다.

> 어휘 announce 발표하다 author 작가 critic 비평가 reader 독자 publish 출판하다 besides ~외에 excerpt 발췌 부분 notable 유명한 reviewer 비평가, 평론가 limited 제한된 reserve 예약하다 sign up 등록하다, 신청하다 in advance 미리, 사전에 publicize 알리다 available 구할 수 있는

구조 분석

131 문장 내의 구조를 분석하고 필요 품사를 찾자 - 관계대명사 중 whose는 유일하게 완전한 문장을 받는다.

STEP 1   접속사 여부는 동사의 개수가 결정한다.

일반적으로 문장이란 하나의 주어와 하나의 동사로 구성되어 있으며 문장의 가장 기본 핵심은 동사이다. 기본 문장에서 동사가 추가되었다는 것은 추가 문장이 연결되었다는 것이다.

STEP 2   관계대명사 중 whose는 완전한 문장을 동반한다.

빈칸은 완전한 문장(주어 works + 동사 have received + 목적어 many positive reviews)을 이끌며 앞의 명사 Ms. Makoto를 수식해 주는 구조이다.

STEP 3   관계대명사 whose는 and+소유격(her/his/its 등)을 의미한다.

"Makoto 씨의 작품은 비평가와 독자들에게 긍정적인 평가를 받았다"를 의미하며 앞의 선행사 Ms. Makoto를 수식해 주는 소유격 관계대명사 (C) whose가 정답이다.

STEP 4   주격 관계대명사 Who 뒤에는 주어가 없는 불완전한 문장이 와야 한다.

형용사 어휘

132 형용사와 어울리는 명사를 파악하자.

STEP 1   빈칸 뒤 명사 book을 수식하는 적절한 형용사 어휘를 묻는 문제이다.

STEP 2   빈칸 앞 지시형용사 this가 가리키는 정확한 대상을 파악한다.

빈칸 앞 한정사 this가 의미하는 것이 무엇인지 앞 문장에서 찾자. 앞 문장에서 그녀의 신간이 출간될 예정이라고 언급하고 있으므로 this book은 앞에서 언급한 그녀의 신간을 의미한다는 것을 알 수 있다. 따라서 '다가오는, 곧 있을'을 의미하는 형용사 (A) upcoming이 정답이다.

133 문맥 추가 문제는 빈칸 앞뒤의 내용과 연결되는 보기의 키워드를 찾아야 한다.

STEP 1 　문맥을 추가하는 문장은 빈칸 앞뒤에서 정답 근거를 파악해야 한다.

바로 앞 문장에서 'Makoto 씨가 책의 내용을 읽고, 인터뷰도 할 것'이라는 행사일정에 대해 언급하고 있다. 따라서 부사 also를 이용하여 '그녀는 또한 청중들과 질의응답 시간도 갖습니다.'라고 행사 일정을 추가로 언급하는 (D)가 정답이다.

(A) 출간 날짜는 공개되지 않았다.
(B) 그녀는 사설기관에서 그림을 공부할 계획이다.
(C) 책은 할인된 가격으로 판매될 것이다.
(D) 그녀는 또한 청중들과 질의응답 시간도 갖습니다.

명사 어휘

134 명사 어휘는 관련 동사를 파악하자.

STEP 1 　영어 동사에는 2가지 태가 존재한다.

주어가 능동적으로 행위를 하는 능동태와 주어가 다른 것에 의해 해당 행위를 받거나 당하는 수동태이다.

STEP 2 　수동태는 동사와 목적어 관계이다.

빈칸은 수동태 can be reserved의 주어 자리에 위치하는 적절한 명사 어휘를 찾는 문제이다. 수동태 문장의 주어는 능동 태 문장의 목적어에 해당하므로 동사 reserve의 목적어 자리에 적절한 명사 어휘를 골라야 한다.

STEP 3 　동사 reserve는 사물명사를 취한다.

'앞 문장에서 한정된 공간 때문에 50명만이 행사에 참가 할 수 있다'며 행사에 대해 설명하고 있다. 따라서 "예약하다"의 동 사 reserve의 목적어로 적절한 명사 어휘는 (C) tickets가 적절하다. '티켓은 사전에 무료로 신청해서 예약할 수 있다'.

Questions 135-138 refer to the following e-mail.

TEST 2 해설

TO	Janice Patel ⟨patel@oceanvalley.co.uk⟩
FROM	Gerald Palmer ⟨palmer@wellbeingfitness.co.uk⟩
SUBJECT	Membership
DATE	1 April

Dear Ms. Patel,

Thank you for enjoying our Wellbeing Fitness center. I would like to inform you that
your membership ------- on May 31. If you renew your membership now, you will
135.
be offered a special 10 percent discount. This offer is valid only ------- April 30. We
136.
all at Wellbeing Fitness appreciate your patronage and hope you will renew soon
so that you can continue to enjoy your current benefits of our membership without
-------. You can simply enter the code PATRON1 at the checkout page on our Web
137.
site. And please remember that our members will have the opportunity to take two
complimentary personal training classes. -------.
138.

Sincerely,

Gerald Palmer
Head manager
Wellbeing Fitness

135. (A) has expired
(B) must have expired
(C) would have been expired
(D) will expire

136. **(A) until**
(B) by
(C) within
(D) against

137. (A) interrupt
(B) interruptive
(C) interruption
(D) interrupted

138. (A) Our membership rates have slightly increased this year.
(B) We will have our new line of sporting equipment released
on May 15.
**(C) To schedule a class, you can consult our staff at the
front desk.**
(D) Thank you for renewing your membership again.

동사 수/태/시제
ㄴ. 시제는 문장에서 주어진
시간에서 정답의 근거를 찾자.
"Date : 1 April, on May 31"

전치사 + 기준시점명사
ㄴ.일회성 동작, 완료는 by
vs . 지속, 상태 계속은
until이 답이다.

품사
ㄴ.〈전치사 + 명사〉

문맥 추가 문제
ㄴ.빈칸 문장의 앞뒤 문장을
확인하자.

수신	Janice Patel 〈patel@oceanvalley.co.uk〉
발신	Gerald Palmer 〈palmer@wellbeingfitness.co.uk〉
제목	회원권
날짜	4월 1일

Patel 씨에게

Wellbeing 피트니스 센터를 이용해 주셔서 감사합니다. 고객님의 회원권이 5월 31일 만료될 예정임을 알려드립니다. 고객님의 회원권을 지금 갱신하시면, 10% 특별 할인을 제공해 드립니다. 이 할인은 4월 30일까지만 유효합니다. Wellbeing 피트니스의 직원 모두 고객님의 후원에 감사드리며 고객님이 중단 없이 현재 회원권 혜택을 계속 이용하실 수 있도록 머지않아 갱신하시기를 바랍니다. 고객님은 간단히 저희 웹사이트 결제 페이지에 PATRON1 코드를 입력하실 수 있습니다. 그리고 회원 분들은 2회에 걸쳐 무료 개인지도 수업을 받으실 수 있다는 점을 기억해 주십시오. 수업일정을 잡기 위해서, 안내데스크에서 저희 직원과 상담할 수 있습니다.

진심으로,

Gerald Palmer
책임자
Wellbeing 피트니스

어휘 inform 알리다 expire 만료되다 renew 갱신하다 offer 제공하다 valid 유효한
appreciate 고마워하다, 환영하다 patronage 후원, 애용 continue 계속되다, 계속하다 interruption 중단
simply 간단히 checkout 계산대 opportunity 기회 complimentary 무료의 slightly 약간, 조금
increase 증가하다, 상승하다 equipment 장비, 용품 consult 상담하다 complete 완료하다, 작성하다

동사 수/태/시제

135 동사자리는 수⇨태⇨시제를 생각하자.

STEP 1   빈칸은 주어 **your membership** 뒤에 들어갈 동사의 형태를 묻는 문제이다.

STEP 2

이메일은 4월 1일에 작성되었으므로 '회원권이 5월 31일에 만료될 것'을 의미할 수 있는 미래시제가 와야 하므로 (D) will expire가 정답이다.

STEP 3

must have p.p는 '~했음에 틀림없다'는 의미로 과거 사실에 대한 강한 추측을 나타낸다.

전치사 어휘

136 지속, 상태 계속은 until이 답이다.

STEP 1 빈칸 뒤 **April** 30의 시점 명사를 받을 수 있는 적절한 전치사를 고르는 문제이다.

STEP 2

until은 '~까지'라는 의미로 be(있다), remain(남아 있다), like(좋아하다), stay(머물다)와 같은 상태 지속을 나타내는 동사와 어울린다. 앞에서 This offer is valid (유효하다)는 상태의 지속을 나타내므로 (A)until이 정답이다.

STEP 3

by는 arrive(도착하다), complete(완료하다), finish(끝내다)와 같은 일회성 동작 또는 완료의 의미를 가진 동사가 나와야 한다.

품사

137 품사 문제는 관련 문법을 적용해야 한다.

STEP 1 빈칸은 전치사 **without** 뒤에 있으므로 명사가 와야 하는 자리이다.

보기 중 명사는 '중단'을 의미하는 (C) interruption이 정답이다.

STEP 2

(A) interrupt는 '방해하다, 중단시키다'를 의미하는 동사이며, (B) interruptive는 '방해하는, 중단하는'을 의미하는 형용사, (D) interrupted는 interrupt의 과거, 과거분사 형태이다.

문맥 추가 문제

138 문맥 추가 문제는 빈칸 앞뒤의 내용과 연결되는 보기의 키워드를 찾아야 한다.

STEP 1 앞 문장에서 무료로 개인 지도 수업기회가 제공된다는 언급을 하고 있으므로 수업 일정을 잡기 위한 방법에 대해 언급하고 있는 **(C)**가 정답이다.

(A) 저희 회원권 요금은 올해 소폭 인상되었습니다.
(B) 저희는 5월 15일에 출시되는 새로운 스포츠 장비 라인을 갖출 것입니다.
(C) 수업일정을 잡기 위해서, 안내데스크에서 저희 직원과 상담할 수 있습니다.
(D) 회원 설문조사를 작성해 주셔서 감사합니다.

Questions 139-142 refer to the following e-mail.

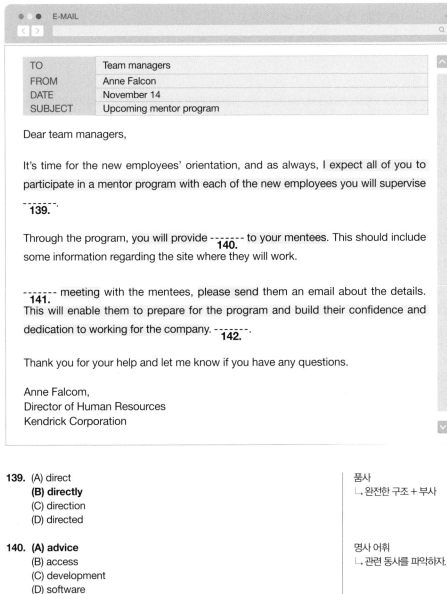

TO	Team managers
FROM	Anne Falcon
DATE	November 14
SUBJECT	Upcoming mentor program

Dear team managers,

It's time for the new employees' orientation, and as always, I expect all of you to participate in a mentor program with each of the new employees you will supervise ------- .
139.

Through the program, you will provide ------- to your mentees. This should include
140.
some information regarding the site where they will work.

------- meeting with the mentees, please send them an email about the details.
141.
This will enable them to prepare for the program and build their confidence and dedication to working for the company. ------- .
142.

Thank you for your help and let me know if you have any questions.

Anne Falcom,
Director of Human Resources
Kendrick Corporation

---

139. (A) direct
(B) directly
(C) direction
(D) directed

품사
ㄴ, 완전한 구조 + 부사

140. (A) advice
(B) access
(C) development
(D) software

명사 어휘
ㄴ, 관련 동사를 파악하자.

141. (A) While
(B) Unless
(C) Prior to
(D) In case of

품사
ㄴ, 〈전치사 + 명사〉 →
부사구

142. (A) The training session started last week.
(B) Additionally, it will help you train them more efficiently.
(C) As you know, this area is restricted to senior staff members.
(D) Unfortunately, filling a new position is taking longer than expected.

문맥 추가 문제
ㄴ, 연결어들을 확인하자
'접속 부사'

문제 139-142는 다음 이메일을 참조하시오.

수신	팀장들
발신	Anne Falcon
제목	11월 14일
날짜	다가오는 멘토 프로그램

팀장님들께

신입사원 오리엔테이션을 할 시간입니다. 늘 그렇듯이, 저는 여러분 모두가 여러분들이 직접 지도할 신입사원과 함께 멘토 프로그램에 참가하길 바랍니다.

이 프로그램을 통해서, 여러분들은 멘티들에게 조언을 줄 수 있습니다. 이것은 그들이 일할 직장에 관한 정보를 포함해야 합니다.

멘티와의 만남 전에, 그들에게 세부사항에 관한 이메일을 보내시기 바랍니다. 이것은 그들이 프로그램을 준비할 수 있게 하며 회사에 대한 자신감과 헌신을 쌓게 해줄 것입니다. 게다가, 그것은 여러분들이 더욱 효율적으로 그들을 교육하는데 도움을 줄 것입니다.

도움에 감사드리며 궁금한 점 있으시면 알려주시기 바랍니다.

Anne Falcom,
인사부장
Kendrick Corporation

어휘 **expect** 기대하다 **upcoming** 다가오는, 곧 있을 **supervise** 지도하다 **directly** 직접적으로
include 포함하다 **advice** 조언, 충고 **regarding** ~에 관하여 **adapt to** ~에 적응하다
policy 정책, 방침 **details** 세부사항 **enable** ~을 할 수 있게 하다 **prepare for** ~를 준비하다
confidence 신뢰, 자신감, 확신 **dedication** 전념, 헌신 **restrict** 제한하다 **unfortunately** 유감스럽게도

품사

139 품사 문제는 관련 문법을 적용해야 한다.

STEP 1   한 문장 내의 구조를 분석하고 필요한 품사를 파악한다.

빈칸 앞의 문장은 I (주어) expect (동사) all of you (목적어) to participate (목적보어) in a mentor program (전치사구) with each of the new employees (전치사구) you will supervise (목적격 관계대명사가 생략된 절→)선행사 employees) 구조로 완전한 문장이다.

STEP 2   부사는 문장 성분에 영향을 주지 않는다.

따라서 빈칸은 완전한 구조에 독립적으로 추가할 수 있는 부사 자리임을 알 수 있으므로 (B) directly가 정답이다.

STEP 3   관계대명사가 받는 불완전한 문장은 반드시 문장 성분 하나가 없어야 한다.

① 주어가 없는 불완전한 문장 : 명사(선행사) + 주격 관계대명사 + 주어 + 동사 + 목적어
② 목적어가 없는 불완전한 문장 : 명사(선행사) + 목적격 관계대명사 + 주어 + 동사 + 목적어
③ 한정사/대명사가 아닌 주어와 완전한 문장 : 명사 + 소유격 관계대명사 + 주어 + 동사 + 목적어

140 명사 어휘는 관련 동사를 파악하자.

STEP 1 동사 **provide**의 적절한 명사 어휘를 찾는 문제이다.

'프로그램을 통해 당신은 당신의 멘티들에게 '조언'을 줄 수 있을 것이다'라는 문맥으로 동사 provide와 함께 '조언을 주다'를 의미하는 명사 (A) advice가 정답이다.

STEP 2 오답 분석

(B) access는 '(장소로의) 입장, 접근'을 의미하고, (C) development는 '발달, 개발'을 의미하므로 문맥상 적절하지 않다.

품사
141 전치사는 뒤에 명사를, 접속사는 뒤에 〈주어+동사〉를 동반한다.

STEP 1 "_____ 명사, 완전한 문장" 구조로 빈칸은 명사를 이끌며 부사구 역할을 할 수 있는 전치사가 와야 한다.

따라서 '멘티와의 만남 전에 이메일을 보내세요'라는 문맥으로 '~에 앞서'를 의미하는 전치사 (C) prior to가 정답 이다.
(D) in case of는 '~하는 경우에'의 뜻으로 부정적인 상황에 대한 대비를 한다는 의미를 나타내는 전치사이므로 문맥상 적절하지 않다.

STEP 2 오답 분석

(A) while은 '~하는 동안, ~인 데 반하여'를 의미하는 접속사이며, (B) Unless는 '~하지 않는 한, ~한 경우 외에는'을 의미하는 접속사이므로 오답이다.

문맥 추가 문제
142 문맥 추가 문제는 연결어들을 확인해야 한다.

STEP 1 앞 문장에서 멘티들에게 회사 정책과 세부사항에 관해 이메일 보내라는 언급과 함께, 이메일을 보내는 것이 어떻게 도움이 되는지를 언급을 하고 있다.

따라서 '게다가'를 의미하는 추가의 접속부사 additionally와 함께 어떤 도움이 되는지 추가 언급하고 있는 (B)가 정답이다.

STEP 2 문맥 추가 문제에서 확인해야 하는 연결어들은 다음과 같다.

① 접속사, 접속부사, 전치사
② 지시대명사, 지시 형용사, 수량대명사, 인칭대명사

(A) 교육 과정은 지난주에 시작했습니다.
(B) 게다가, 그것은 여러분들이 더욱 효율적으로 그들을 교육하는데 도움을 줄 것입니다.
(C) 아시다시피, 이 구역은 고위 직원으로 제한되어 있습니다.
(D) 유감스럽게도, 올해 신규 관리자들을 고용하는 것은 예상보다 더 오래 걸릴 듯합니다.

Questions 143-146 refer to the following e-mail.

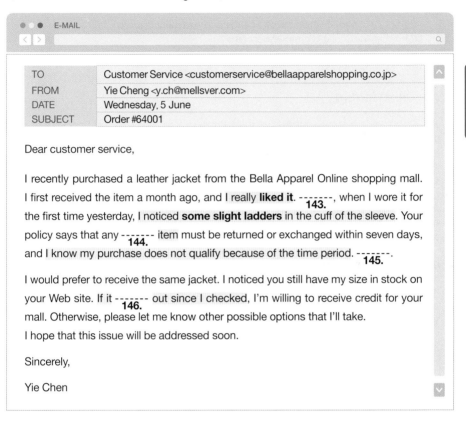

E-MAIL

TO	Customer Service <customerservice@bellaapparelshopping.co.jp>
FROM	Yie Cheng <y.ch@mellsver.com>
DATE	Wednesday, 5 June
SUBJECT	Order #64001

Dear customer service,

I recently purchased a leather jacket from the Bella Apparel Online shopping mall. I first received the item a month ago, and I really **liked it**. -------, when I wore it for
143.
the first time yesterday, I noticed **some slight ladders** in the cuff of the sleeve. Your policy says that any ------- item must be returned or exchanged within seven days,
144.
and I know my purchase does not qualify because of the time period. -------.
145.
I would prefer to receive the same jacket. I noticed you still have my size in stock on your Web site. If it ------- out since I checked, I'm willing to receive credit for your
146.
mall. Otherwise, please let me know other possible options that I'll take.
I hope that this issue will be addressed soon.

Sincerely,

Yie Chen

143. (A) Also
(B) Therefore
(C) However
(D) Still

접속 부사
ㄴ, 앞뒤 문맥을 파악하자

144. **(A) defective**
(B) mistaken
(C) ill-fitting
(D) messy

형용사 어휘
ㄴ, items를 수식하는 적절한
형용사 어휘를 찾자.

145. (A) This policy has been extended to at least 30 days.
(B) Nevertheless, I am asking you to kindly make an exception.
(C) Please add a discount coupon to my account for future shopping.
(D) I received the merchandise from you a week after I ordered it.

문맥 추가 문제
ㄴ, 빈칸 문장의 앞뒤 문장을
확인하자.

146. (A) be selling
(B) having been sold
(C) will sell
(D) has sold

동사 수/태/시제
ㄴ, 시제는 문장에서 주어진
시간에서 정답의 근거를 찾자.
"since + 과거시제"

문제 143-146은 다음 이메일을 참조하시오.

수신	고객 서비스 <customerservice@bellaapparelshopping.co.jp>
발신	Yie Cheng <y.ch@mellsver.com>
날짜	6월 5일 수요일
제목	주문 #64001

고객 서비스센터 담당자님께

저는 최근에 Bella 의류 온라인 쇼핑몰에서 가죽 재킷을 구매했습니다. 저는 우선 상품을 한 달 전에 받았고 무척 마음에 들었습니다. 그런데 제가 어제 처음으로 재킷을 입었을 때, 소매 손목 윗부분에 몇몇 올이 풀린 곳을 발견했습니다. 당신의 회사 정책은 결함이 있는 상품은 7일 이내에 반품 및 교환해야 한다고 적혀 있습니다. 그리고 저는 저의 구매가 해당 기간이 지나서 반품 및 교환이 안 된다는 것을 알고 있습니다. 하지만, 기꺼이 예외로 해주시길 부탁드립니다.

저는 동일한 재킷을 받길 원합니다. 당신의 웹 사이트에서 여전히 제 사이즈 재고가 있는 것을 확인했습니다. 만약 제가 확인한 이후로 품절되었다면, 기꺼이 귀하 쇼핑몰의 적립금으로 받겠습니다. 그렇지 않으면, 제가 취할 수 있는 다른 선택권을 알려주시기 바랍니다.

이 문제가 조속히 처리되길 바랍니다.

진심으로,

Yie Cheng

> 어휘 leather 가죽 apparel 의류 notice 알아차리다 slight 약간의, 경미한 ladder 올이 풀린 곳
> cuff 손목 윗부분 sleeve 소매 policy 정책, 방침 defective 결함이 있는 within (특정한 기간)이내에
> required 필요한, 필수인 prefer 선호하다 in stock 비축되어, 재고로 sold out 매진된, 품절의
> be willing to do 흔쾌히 ~하다 extend 연장하다 nevertheless 그럼에도 불구하고 add 추가하다
> merchandise 상품 ill-fitting (크기, 모양이) 안 맞는 messy 지저분한

접속 부사 어휘
143 연결어 문제는 앞뒤 문맥을 파악하자.

STEP 1   앞 문장에서 '정말 마음에 들었다'는 언급을 하고 있지만 빈칸 뒤에서는 '소매 윗부분에 몇몇 올이 풀린 곳을 발견했다'고 언급하고 있다.

두 문장이 대조를 이루고 있으므로 '그러나, 그렇지만'을 의미하는 대조의 접속 부사 (C) However가 정답이다.
접속부사 However는 앞뒤에서 주제가 전환되거나 앞뒤가 대조되는 구조에서 쓰인다는 것을 알아두자.

STEP 2   (B) Therefore는 '그러므로'를 의미하는 순접의 접속부사로 〈먼저 발생한 상황 + Therefore + 다음 상황〉의 형태로 쓰인다는 것을 알아두자.

형용사 어휘

144 형용사와 어울리는 명사를 파악하자.

STEP 1   빈칸은 명사 items를 수식하는 적절한 형용사 어휘를 묻는 문제이다.

앞 문장에서 '소매 손목 윗부분에 올이 풀린 가죽 재킷'에 대해 언급하고 있으므로 '결함이 있는'을 의미하는 (A) defective 가 정답이다.

STEP 2   오답 분석

(B) mistaken은 '(의견, 판단이) 잘못된'을 의미하므로 해당 문장에서 명사 items를 수식하는데 적절하지 않으므로 오답이다.

문맥 추가 문제

145 문맥 추가 문제는 빈칸 앞뒤의 내용과 연결되는 보기의 키워드를 찾아야 한다.

STEP 1   앞 문장에는 제품 환불/교환 정책을 설명하고 있다.

빈칸 앞에서 '결함이 있는 상품은 7일 이내에 반품 및 교환할 수 있다'는 언급과 함께 '저의 구매가 해당 기간이 지나서 반품 및 교환이 안 된다는 것을 알고 있습니다.'고 언급하고 있고, 빈칸 뒤에서는 '저는 같은 재킷을 받길 원한다'고 언급하고 있으므로 빈칸은 '그렇기는 하지만 예외로 해주시길 부탁한다'는 (B)가 문맥상 적절하다.

STEP 2   **Nevertheless**는 '그렇기는 하지만'을 의미하는 빈출 양보 접속부사이므로 알아 두자.

(A) 이 정책은 적어도 30일까지 연장 되었습니다.
(B) 그렇기는 하지만, 기꺼이 예외로 해주시길 부탁드립니다.
(C) 추후 쇼핑을 위해 있도록 제 계좌에 할인 쿠폰을 추가해 주시기 바랍니다.
(D) 주문하고 일주일 후에 상품을 받았습니다.

동사 수/태/시제

146 동사자리는 수⇨태⇨시제를 생각하자.

STEP 1   빈칸은 주어 it 뒤에 들어갈 적절한 동사 형태를 묻는 문제이다.

따라서 본동사의 형태가 아닌 (A) be selling과 (B) having been sold는 오답이다.

STEP 2   〈since + 과거시제〉의 시간 부사절이 있는 문장에서 주절은 〈현재완료〉이다.

if절 안의 부사절 since I checked가 'since + 과거시제'를 나타내고 있으므로 if절의 시제는 현재완료 형태인 (D) has sold가 정답이다.

Questions 147-148 refer to the following document.

Product: RX300 Electric Versatile Blender
Price: £90
Address: Haggerston, WR21 C9

Brief Description of Product   147–D
Purchased online 3 years ago. Cost £150. Has a 5 year limited warranty.
Power cord sometimes not working properly and need to be replaced by purchaser.
Except for that, in excellent condition. (Afraid, providing no pictures).   147–B

Price: £90 fixed, non-negotiable.   오답 함정 147
           147–A   (A) £90 fixed, non–negotiable → Its price is final.
Contact to reserve, or first come first se (B) Power cord ~ required to be replaced by
                                              purchaser. → It needs a new part
  148 reserve   (D) Purchased online 3 years ago. ~ Has a 5 year
   → Put the product aside   a text mess   limited warranty. → Its warranty is still available

---

147. What is NOT suggested about the blender?
(A) Its price is final.
(B) It needs a new part.
(C) It has a user guide.
(D) Its warranty is still valid.

Not / blender
ㄴ. Not question은 소거법을
이용하자.

148. According to the advertisement, what can the seller do for a purchaser?
(A) Buy a new warranty
(B) Ship the product to a purchaser
(C) Forward images upon request
(D) Put the product aside for a potential purchaser

seller / 제공
ㄴ. 본문 중에 구체적인
단서들을 찾자.
"Contact to reserve"

문제 147-148은 다음 문서를 참조하세요.

상품 : RX300 전자 다용도 믹서기
가격 : 90파운드
주소 : Haggerston, WR21 C9

상품의 간략한 설명
3년 전에 온라인에서 구입. 가격 150파운드. 5년의 보증 기간이 있음.
전선이 가끔 제대로 작동하지 않음. 구매자가 교체해야 함.
그 외에는 양호한 상태. (죄송하지만, 사진은 제공하지 않습니다)

가격 : 90파운드 고정. 협상 불가.

예약을 위해 연락하시거나 아니면 선착순입니다.

연락 : (032) 8847-1129로 전화하시거나 문자 메시지로 보내주세요.

어휘 versatile 다용도의 power cord 전선 sometimes 때때로, 가끔 properly 제대로, 적절히
require 필요하다 replace 바꾸다 purchaser 구입한 사람 excellent 훌륭한, 탁월한
available 유효한, 이용할 수 있는 forward 보내다, 전달하다 put aside for ~을 위해 따로 남겨두다
potential 잠재적인

---

147. 믹서기에 대해 언급되지 않은 것은?

(A) 최종 가격이다.   (B) 새로운 부품이 필요하다.
(C) 사용설명서가 있다.   (D) 품질 보증은 여전히 유효하다.

STEP 1　Not Question은 소거법을 이용한다.

언급되지 않는 것을 묻는 문제로 지문의 언급된 것을 보기와 대조해 소거한 후 정답을 남긴다.
(A) Price : £90 fixed, non-negotiable에서 가격은 90파운드이며 협상 불가능하다고 언급하고 있다. → Its price is final.
(B) Power cord ~ required to be replaced by purchaser.에서 전선을 구매자가 교체해야 한다고 언급하고 있다. -〉 It needs a new part
(D) Purchased online 3 years ago. ~ Has a 5 year limited warranty.에서 3년 전에 구매했고 5년의 보증 기간을 가지고 있다고 언급하고 있다. -〉 Its warranty is still valid.

---

148. 광고에 따르면, 판매자는 구매자를 위해 무엇을 할 수 있는가?

(A) 새로운 품질 보증서를 구매하기   (B) 구매자에게 상품 배송하기
(C) 요청에 따라 이미지 보내기   **(D) 잠재 구매자를 위해 상품을 따로 남겨 두기**

STEP 1　답은 항상 paraphrasing된다.

본문의 답에 해당하는 단어와 정답은 항상 유사 어휘로 전환하여 제시된다. paraphrasing될 때 동의어나 포괄적인 단어로 바뀐다는 점을 유의하자.
판매자가 구매자를 위해 할 수 있는 것을 묻는 문제이다. 보기를 먼저 (A) Buy (B) Ship (C) Forward (D) Put the product aside 로 정리하자. 지문의 Contact to reserve를 통해 예약할 수 있다는 것을 알 수 있으므로 정답은 (D)이다. 지문의 to reserve가 Put the product aside로 paraphrasing되었다.

Questions 149-151 refer to the following information.

ALISON APPLIANCES GLOBE

Edward Terry

~~Head of Personnel Division~~

> **149** Mr. Terry → a staff member

Mr. Terry, a distinguished leader with an unprecedented record of making unique improvement, **supervises global human power for Alison Appliance Globe**. He has taken over some important positions within our personnel division since joining our organization 12 years ago.

> **150–D**

In his prior responsibilities as a senior personnel manager, Mr. Terry had Alison's staff-training program overhauled, resulting in considerable growth in employee productivity. In addition, he designed Alison's first extensive survey of job satisfaction among staff members.

> **150–A**

Mr. Terry is famous as a sought-after presenter on employee fair treatment and benefit plans. He is currently teaching at Stratford College as well, where he won the Abraham Award for his study on trends in hiring pra**150–B** Mr. Terry, who also speaks Portuguese as well, **worked in the lodging industry in Brazil for seven years** before working for Alison.

> **151** the lodging industry → a different industry.

오답 함정 150
(A) a sought-after presenter. → a popular public speaker
(B) not only English but also Portuguese
　→ fluent in more than one language
(D) resulting in considerable growth in employee productivity.
　→ He drives positive changes to an organization

---

149. What is the main reason the information has been written?
(A) To ~~introduce~~ the winner of a prize
(B) To profile a staff member
(C) To report a worker's research ~~results~~
(D) To highlight an employee's ~~qualifications for a position~~

목적 / 상
ㄴ. 목적은 지문의 상단부를 확인하자.

150. What is NOT suggested as one of Mr. Terry's strengths?
(A) He is a popular public speaker.
(B) He is fluent in more than one language.
(C) He hires highly experienced workers.
(D) He drives positive changes to an organization.

Not / Terry씨의 강점
ㄴ. Not Question은 보기의 키워드를 정리한 후 본문과 비교하여 언급된 보기를 소거하자.

151. What is indicated about Mr. Terry?
(A) He used to work in a different industry.
(B) ~~He majored~~ in an area at a college related to his career.
(C) ~~He has served~~ as a senior personnel manager for seven years.
(D) He started his career at Alison ~~when studying at a college~~

Mr. Terry / 하
ㄴ. 마지막 문제는 지문의 하단부를 확인하자.

ALISON Appliance Globe (ALISON 가전제품 세계)
Edward Terry
인사부장

유일한 개선책을 마련하는 데 전례 없는 기록을 갖고 있는 성공한 지도자 Terry 씨는 Alison Appliance Globe
의 세계적인 인적 자원을 관리하고 있습니다. 12년 전에 저희 회사에 합류한 이후로 인사부에서 여러 중요한 직책
을 맡아오고 있습니다.

수석 인사 관리자로서 이전의 업무에서, Terry 씨는 Alison의 직원 교육 프로그램을 개편하여 직원 생산성에 많은
성장을 가져왔습니다. 또한 처음으로 Alison 직원의 대규모 직업만족도 설문조사를 고안했습니다.

Terry 씨는 직원의 공정한 대우와 직원 복지제도에 관해 인기 있는 발표자로 유명합니다. 그는 또한, Stratford 대
학에서 강의를 하고 있는데, 이곳은 고용 관행의 추세에 관한 연구로 Abraham Award를 수상한 곳이기도 합니
다. 포르투갈어도 구사하는 Terry 씨는 Alison에서 일하기 전에 브라질에 있는 숙박업계에서 7년간 일했습니다.

어휘 distinguished 유명한, 성공한 unprecedented 전례 없는 supervise 지도하다 take over 인수하다, 맡다
responsibility 책임, 책무 considerable 상당한 growth 성장 productivity 생산성 extensive 대규모의
famous for ~로 유명한 sought after 많은 사람들이 원하는, 수요가 많은 fair treatment 공정한 대우
currently 현재, 지금 lodging industry 숙박업계 profile 개요를 알려주다, ~의 인물 소개를 쓰다 highlight 강조하다
qualification 자격, 자격증 fluent 유창한, 능숙한 career 직업

---

149. 정보가 작성된 주된 이유는 무엇인가?

(A) 수상자를 소개하기 위해
(B) 직원을 소개하기 위해
(C) 직원 설문조사 결과를 발표하기 위해
(D) 직위에 대한 직원의 자격을 강조하기 위해

STEP 1　목적은 처음 두 줄에 90% 답이 있다.

정보가 작성된 주된 이유 즉, 목적을 묻고 있는 문제이다. 목적은 본문의 상단부를 확인하자. 지문의 상단부 Mr. Terry, ~ ,
supervises global human power for Alison Appliance Globe.에서 Alison Appliance Globe사의 인적 자원
을 관리하는 Terry를 소개하고 있으므로 정답은 (B)인 것을 알 수 있다.

STEP 2

(A) he won the Abraham award에서 Terry 씨가 상을 수상하였다고 언급하고 있지만, 그가 수상을 하였다는 것이 정
보가 작성된 주된 이유는 아니므로 오답이다.
(C) survey of job satisfaction가 언급되어 있지만 직원 설문 조사 결과(results)에 대한 언급은 없다. 지문에서 언급되
는 정답과 관계없는 단어를 주의하자.

150. Terry의 강점으로 언급되지 않은 것은 무엇인가?

(A) 그는 인기 있는 연설가이다.

(B) 그는 하나 이상의 언어에 능통하다.

(C) 그는 경력직을 고용한다.

(D) 그는 단체에 긍정적인 변화를 가져온다.

STEP 1 Not Question은 소거법을 이용한다.

언급되지 않는 것을 묻는 문제로 지문의 언급된 것을 보기와 대조해 소거한 후 정답을 남긴다.

(A) Mr. Terry is famous as a sought-after presenter에서 인기 있는 발표자로 유명하다고 언급하고 있다. -〉 a popular public speaker

(B) Mr. Terry, who also speaks Portuguese as well에서 포르투갈어도 구사한다고 언급하고 있다. -〉 fluent in more than one language

(D) Mr. Terry had Alison's staff-training program overhauled, resulting in considerable growth in employee productivity.에서 Terry 씨가 회사에 긍정적인 변화를 가져온 사실을 언급하고 있다. -〉 He drives positive changes to an organization

STEP 2

지문에서 언급되지 않은 (C)가 정답이다.

---

151. Terry 씨에 대해 언급된 것은 무엇인가?

(A) 그는 다른 업계에서 일했었다.

(B) 그는 그의 직업과 관련된 분야를 대학에서 전공했다.

(C) 그는 7년 동안 고위 인사 관리자로 일해 왔다.

(D) 그는 대학에서 공부할 때 Alison에서 직장 생활을 시작했다.

STEP 1 답은 순서대로 배치된다.

마지막 문제의 답은 하단부에 위치한다. Terry 씨에 대해 언급된 것을 묻는 문제이다. 사실인 것을 찾는 문제의 보기의 키워드를 먼저 정리한 후 본문 검색해야 한다. 답은 순서대로 배치되므로 지문의 하단부에서 정답의 단서를 찾자. 지문의 하단부 Mr. Terry, ~, worked in the lodging industry in Brazil for seven years before working for Alison.에서 Terry 씨는 Alison사에서 일하기 전에 브라질에 있는 숙박업계에서 일했다고 언급하고 있다. 현재 Alison사는 가전제품회사 이므로 정답은 (A)이다.

STEP 2

(B) He is currently teaching students at Stratford College에서 대학에서 학생들을 가르치고 있다는 언급밖에 없다. 그가 대학에서 직업과 관련된 분야를 전공했는지는 알 수 없다.

(C) In his prior responsibilities as a senior personnel manager에서 senior personnel manager로서 근무한 적인 있지만, 그것이 7년간인지는 언급이 없으므로 알 수 없다.

(D) 그가 대학에서 공부할 때 직장 생활 했다는 언급은 없다.

Questions 152-154 refer to the following information.

The city of Woolwich needs to look for a new **senior accountant** to assume **Ms. Teresa Stewart**'s position since she has announced her intention to retire. Ms. Stewart will hand over her responsibilities on November 3 after serving as a senior accountant for eleven years. — [1] —

152
The city manager receives reports directly from the **city senior accountant** who takes care of the financial affairs of the city. — [2] — The position involves complex tasks that require the capability of designing and implementing a wide range of systems and policies to help the city accomplish its financial goals and to keep track of all city financial data. **153** To be a successful candidate → essential requirement overseeing the finances → similar duties

— [3] — **The city manager Shaun Vaughn** said "There are so many issues to address with the position." And he added "**To be a successful candidate, substantial experience overseeing the finances of an organization or a firm is required.**"

154
Mr. Shaun indicated that the interview process for the position is expected to start in early October. — [4] — At the end of October, the new successor will be announced.

---

152. What is indicated about Ms. Stewart?
(A) **Her supervisor is Mr. Vaughn.**
(B) She intends to change the city's financial goals.
(C) Her retirement date has been put off.
(D) She relocated to Woolwich eleven years ago.

사실인 것을 찾는 문제 / Ms. Stewart
ㄴ, 문제와 보기의 키워드를 먼저 정리한 후 본문을 검색한다.

153. What did Mr. Vaughnh say about the essential requirement to be candidates?
(A) Flexibility of working hours
(B) The capability to comply with the present system
(C) A relevant educational background
(D) **Considerable experience working on similar duties**

키워드 the essential requirement
ㄴ, 지문에서 키워드 검색 후 보기와 일치하는 것을 찾자.

154. In which of the positions marked 1,2,3 and 4 does the following sentence best belong?
"**After October 5, we will not accept any application to consider.**"
(A) [1]
(B) [2]
(C) [3]
(D) **[4]**

문맥 추가 문제
ㄴ, 위아래 문맥을 연결해 주는 논리의 근거를 확보하자.

369

Woolwich시는 Teresa Stewart 씨가 퇴직 의사를 표했기 때문에, 그녀의 직책을 맡을 새로운 회계사를 찾아야 합니다. Stewart 씨는 회계사로 근무한 지 11년이 되는 11월 3일에 직무를 넘겨줄 것입니다. -[1]-

시정 담당자는 도시 재정 문제 관리를 담당하는 시 선임 회계사로부터 직접 보고를 받습니다. -[2]- 이 직위는 시의 재정 목표 달성을 돕고 모든 시 재정 자료를 추적하기 위해 광범위한 제도와 정책을 설계하고 실행할 능력을 요하는 복잡한 업무를 포함합니다.

-[3]- 시정 담당자 Shaun Vaughn 씨는 "그 직책에는 생각해야 할 많은 사안이 있습니다"라고 말했습니다. 그리고 그는 "성공적인 후보자가 되기 위해, 단체나 회사의 재정을 관리감독해 본 많은 경험이 요구됩니다." 라고 덧붙였습니다.

Shaun 씨는 그 직책에 대한 면접과정은 10월 초에 시작될 예정이라고 말했습니다. -[4]- 10월 말에, 새로운 후임자가 발표될 것입니다.

어휘 **look for** 찾다, 구하다 **accountant** 회계사 **position** (일)자리, 직위 **assume** 직책을 맡다 **announce** 발표하다, 알리다 **intention** 의사, 의도 **retire** 은퇴하다 **hand over** ~을 넘겨주다, 양도하다 **responsibility** 책임, 책무 **receive** 받다 **directly** 직접적으로 **accountable** 책임이 있는 **financial** 재정적인, 경제의 **affair** 문제, 일 **involve** 포함하다 **complex** 복잡한 **require** 필요하다 **capability** 능력 **implement** 실행하다 **accomplish** 성취하다, 달성하다 **keep track of** 추적하다 **candidate** 후보자, 지원자 **substantial** 상당한 **oversee** 감독하다 **finance** 재정 **indicate** 나타내다, 보여주다 **successor** 후임자 **address** 처리하다 **put off** 연기하다, 미루다 **relocate** 이동하다, 이전하다 **accept** 받아들이다 **application** 지원서

---

152. Stewart 씨에 대해 언급된 것은 무엇인가?

(A) 그녀의 상사는 Vaughn 씨이다.
(B) 그녀는 도시 재정 목표를 바꿀 계획이다.
(C) 그녀의 은퇴 날짜는 연기되었다.
(D) 그녀는 11년 전에 Woolwich로 이전했다.

STEP 1 '사실'인 것을 찾는 문제는 보기의 키워드를 먼저 정리한 후 본문을 검색한다.

보기의 키워드를 (A) Her supervisor (B) change ~ financial goals (C) Her retirement date (B) She relocated 로 정리한 후 본문을 검색하자.

지문의 The city manager receives reports directly from the city senior accountant에서 시정 담당자는 시 선임 회계사에게 직접 보고를 받는다는 것을 통해 시정 담당자가 시 선임 회계사의 상사임을 알 수 있고, the city manager Shaun Vaughn에서 시정 담당자가 Shaun Vaughn임을 언급하고 있으므로 시 선임 회계사인 Stewart 씨의 상사는 Vaughn 씨라는 (A)가 정답이다.

STEP 2

The city of Woolwich ~ her responsibilities on November 3 after serving as a senior accountant for eleven years.에서 11년 동안 회계사로 일한 후 11월 3일에 직무를 넘겨 줄 것이라고 언급하고 있지만, 그녀가 Woolwich시로 11년 전에 이전했는지는 알 수 없다.

153. Vaughnh 씨는 지원자의 필수조건은 무엇이라고 말했는가?

(A) 근무 시간의 유연성
(B) 현재 시스템을 준수하기 위한 능력
(C) 관련 있는 교육 배경
(D) 많은 유사 업무 경험

STEP 1   답은 항상 키워드 옆에 있다.

질문의 키워드 essential requirement to be candidates를 확인하자. 지문의 To be a successful candidate, substantial experience overseeing the finances of an organization or a firm is required에서 성공적인 후보자가 되기 위해 단체나 회사의 많은 재정 감독 경험이 요구된다고 언급하고 있으므로 정답은 (D)이다.

STEP 2   답은 항상 **paraphrasing**된다.

To be a successful candidate → essential requirement
overseeing the finances → similar duties

---

154. [1], [2], [3], [4]로 표시된 자리 중에서 다음 문장이 들어가기에 가장 알맞은 위치는 어디인가?
"10월 5일 이후에는 어떤 지원서도 받지 않을 것입니다."

(A) [1]
(B) [2]
(C) [3]
(D) [4]

STEP 1   문맥 추가 문제는 위아래 문맥을 연결해 주는 논리의 근거를 확보해야 한다.

주어진 문장 "After October 5, we will not accept any application to consider"은 신청서 마감기한에 대한 세부 사항이다. [4]의 앞 지문 the interview process for the position is expected to start in early October에서 인터뷰는 10월 초에 시작될 예정이라고 언급하고 있으므로 신청서 마감에 대한 세부 사항은 해당 문장 뒤에 위치하는 것이 적절하므로 정답은 [4]이다.

Questions 155-156 refer to the following Web page.

http://www.dalston.com

To get our monthly posts!

Name : Juanita Castillo
E-mail : juanitacastillo@hoxton.net

Hand in

155 accountants
→ financial experts

Dalston is committed to providing accountants in Seattle **with help** to avoid accounting related legal disputes. Every month, experienced legal experts in accounting law deliver the latest and most precise information about financial law, tax audits, and relevant regulations through comprehensive reports and articles posted on our Web site. Even if you are not a member, visit our web site regularly for new reports and articles or **provide your name and e-mail address above so that we can forward our posts directly to your inbox.**

156 we can forward our posts to your inbox directly → She will be sent information by e-mail.

오답 함정 155-D
오답을 유도하는 보기를 주의하자. Dalston사가 제공하는 서비스가 법률 관련 정보이다.

---

155. Who is the Web page mainly intended for?
(A) Reporters
(B) Financial experts
(C) Web designers
(D) Attorneys

156. What is indicated about Ms. Castillo?
(A) Her certificate will be expire soon.
(B) She will register for Dalston membership.
(C) Her name will be posted in a Web directory.
(D) She will be sent information by e-mail.

You / 직업
ㄴ 언급되는 직업관련 표현을 확인하자.

사실인 것을 찾는 문제
ㄴ 문제와 보기의 키워드를 먼저 정리한 후 본문을 검색한다.

문제 155-156은 다음 웹페이지를 참조하시오.

http://www.dalston.com

월간 소식물을 받아보시려면

이름 : Juanita Castillo
이메일 : juanitacastillo@hoxton.net

제출하기

Dalston사는 시애틀 지역의 회계사들에게 회계업무와 관련된 법정 분쟁을 피하기 위해 도움을 드리는데 전념하고 있습니다. 매달, 회계법에 있어 숙련된 법률 전문가들이 재정법, 세무감사 그리고 관련 규정에 관한 정확한 최신 정보를 저희 웹사이트에 게시되는 종합 보고서와 기사를 통해 전하고 있습니다. 저희 회원이 아니시더라도, 새로운 보고서와 기사를 보시려면 정기적으로 저희 웹사이트에 방문하시거나, 여러분의 메일 계정으로 곧장 저희 게재물을 전달할 수 있도록 이름과 이메일 주소를 위에 작성해 주세요.

어휘 **monthly** 매월의 **be committed to** ~에 전념하다 **avoid** 방지하다, 막다 **experienced** 능숙한, 경험이 풍부한 **precise** 정확한 **tax audit** 세무 감사 **regulation** 규정 **regularly** 정기적으로 **inbox** 받은 편지함 **directly** 곧장, 똑바로 **forward** 보내다, 전달하다 **financial** 재정적인 **attorney** 변호사 **certificate** 자격증

---

155. 웹페이지는 주로 누구를 위해 작성되었나?

(A) 기자
(B) 재정 전문가
(C) 웹 디자이너
(D) 변호사

STEP 1   I/You/제3자를 확인하고 각각의 직업을 파악하자.

편지/이메일을 보내거나 받는 사람과 관련된 문제의 경우 I와 You그리고 본문 중에 언급되는 제3자를 찾아서 직업과 관련 정보를 정리해야 한다. 주로 사람이나 회사 이름을 키워드로 하여 직위, 회사의 업종, 부서, 직업 등을 묻는다.

지문의 Dalston is committed to providing accountants in Seattle with help to avoid accounting related legal disputes에서 웹페이지를 작성한 Dalston사는 회계사를 돕는데 전념하고 있다고 언급하고 있으므로 You는 회계사라는 것을 알 수 있다. 따라서 정답은 (B)이다.

지문의 accountants 가 보기의 Financial experts로 paraphrasing되었다.

STEP 2

(D) Dalston사가 법률 정보를 제공하는 회사이다.

156. Castillo 씨에 대해 언급된 것은 무엇인가?

(A) 그녀의 자격증은 곧 만료될 것이다.
(B) 그녀는 Dalston 멤버십에 등록할 것이다.
(C) 그녀의 이름은 웹 디렉터리에 게시될 것이다.
(D) 그녀는 이메일로 정보를 받을 것이다.

STEP 1 사실인 것을 찾는 문제는 보기의 키워드를 먼저 정리한 후 본문을 검색한다.

질문의 키워드인 Castillo와 관련된 내용을 지문에서 찾아 보기와 대조하는 문제이다.
보기를 (A) Her certificate (B) She will register for (C) Her name will be posted (D) She will be sent ~ by e-mail 로 정리하자.
지문의 하단부 provide your name and e-mail address above so that we can forward our posts directly to your inbox에서 위에 이름과 이메일 주소를 제공하면 받은 편지함으로 곧장 게재물을을 받을 수 있다고 언급하고 있다.
지문의 상단부 Name: Juanita Castillo, E-mail: juanitacastillo@hoxton.net에서 Castillo 씨가 이름과 이메일주소를 제공할 것임을 알 수 있으므로 그녀는 이메일로 정보를 받을 것이라는 (D)가 정답이다.

STEP 2

(B) 그녀가 Dalston 멤버십을 등록할지는 알 수 없다.

Questions 157-159 refer to the following information on a Web Page.

http://www.townrichmond.us/inf

TEST 2 해설

Main	Local Authority	Public Transportation and Roads	Parks and Attractions	Information for visitors	Posts

Transit Richmond is devoted to keeping all roads and bridges throughout the town in good condition. The task involves **157** surface repaving including pothole and guard rail repair with street cleaning. **Due to special event** in the town like street festivals and parades or **repair** and repaving work, **some roads may be closed temporally**.

Present Projects and Alerts

> **158** only to bicyclists
> → To allow people to ride bicycles.

• Autumn Saturday Drive: **Motor vehicles will not be able to access South Lake Road** from Kennington Bridge to Imperial Wharf from 11 A.M. to 5 P.M. every Saturday from 9 September to 1 October. **This portion of South Lake Road** will be limited **only to bicyclists** during this time.

• Because of the recent rainstorm, the repaving of Stamford Drive, which was supposed to be conducted from 29 A[...] for 5 September (to 6 or 7 September[...] the drive. Motorists are required to ma[...]

> 오답 함정 **159-C**
> 도로공사에 대한 세부사항을 확인 할 수 는 있지만 작업 일정은 변동될 수 있다고 언급하고 있으므로 문제의 키워드인 최신정보를 확인 할 수 있는 방법은 아니다.

Further roadwork details are available by clicking our Posts tab, but please be advised that work schedules are variable. **For the latest information**, contact our office at 874-8382-4857. And soon we will send text messages containing traffic notices to your cell phone. Call us for

> **159** this service → we will send text message

---

157. What is the main purpose for the information?
(A) To publicize some tourist attractions
(B) To report details about certain town services
(C) To promote transportation options in a town
(D) To launch a new town department

목적 / 상
ㄴ, 지문의 상단부에서 확인하자.

158. Why will part of South Lake Road be closed to motor vehicles for certain periods?
(A) To avoid severe weather
(B) To hold a seasonal parade.
(C) To allow people to ride bicycles.
(D) To conduct road repair work

South Lake Road, closed
ㄴ, 지문에서 키워드 검색 후 보기와 일치하는 것을 찾자.

159. According to the Web page, how can people get updated roadwork details?
(A) By applying for a text message service
(B) By ~~receiving~~ a phone call
(C) By ~~clicking on the Posts tab~~
(D) By visiting an office in person

the updated roadwork details / 하
ㄴ, 지문의 하단부에서 키워드를 검색하자.
"the latest information"

문제 157-159는 다음 웹페이지의 정보를 참조하시오.

http://www.townrichmond.us/inf

메인	지방 자치 단체	대중교통과 도로	공원과 관광지	방문객을 위한 정보	게시물

Richmond시 교통과는 도시에 있는 모든 도로와 다리를 최적의 상태로 유지하고자 합니다. 작업은 도로 청소와 함께 함몰 구간을 포함한 도로 재포장과 난간 수리를 포함합니다. 거리 축제와 퍼레이드 같은 시내 특별 행사나 수리 및 재포장 작업 때문에 일부도로가 일시적으로 폐쇄될 수 있습니다.

현재 프로젝트 및 알림
- 가을 토요일 차량운행: 자동차는 9월 9일부터 10월 1일 동안 매주 토요일 오전 11시부터 오후 5시까지 Kennington 다리부터 Imperial Wharf까지의 South Lake 도로에 접근할 수 없습니다. South Lake 도로 내 해당 구간은 이 시간 동안에 오직 자전거 사용자에게로 한정됩니다.

- 최근 폭풍우 때문에, 8월 29일부터 8월 30일까지 진행되기로 예정되어 있던 Stamford Drive의 재포장은 9월 5일로 변경되었습니다. (필요할 경우 9월 6-7일까지). 차량 진입이 허용되지 않을 것입니다. 운전자는 다음 표지판을 따라 우회하셔야 합니다.

도로공사에 대한 추가 세부사항은 저희 게시물 탭을 클릭하시면 확인하실 수 있습니다. 그렇지만 작업 일정은 변동할 수 있다는 것을 숙지하시기 바랍니다. 최신 정보를 위해서는 저희 사무실 874-8382-4857로 연락주시기 바랍니다. 그러면 여러분의 휴대전화로 교통 정보를 포함한 문자 메시지를 보내드릴 것입니다. 이 서비스에 대한 더 자세한 정보를 원하시면 전화주세요.

어휘 attraction 관광지, 명소 transit 수송 be devoted to ~에 전념하다 throughout ~ 도처에, ~에 온통 pothole 움푹 패인 곳, 구덩이 temporally 일시적으로 present 현재의, 현 alert 경계 portion 부분 bicyclist 자전거 사용자 limit (가지거나 이용할 수 있는 양을) 한정하다, 제한하다 rainstorm 폭풍우, 호우 conduct 행동하다, 실시하다 variable 가변적인, 변경할 수 있는 publicize 알리다 tourist attraction 관광 명소

---

157. 정보의 주된 목적은 무엇인가?

(A) 관광명소를 홍보하기 위해
(B) 특정 도시 서비스에 대한 세부사항을 알리기 위해
(C) 도시 내의 교통수단을 홍보하기 위해
(D) 신도시 부서를 시작하기 위해

STEP 1   목적은 처음 두 줄에 90% 답이 있다.

정보가 작성된 목적을 묻는 문제이다. 목적은 본문의 상단부를 확인하자. 지문의 상단부 Due to special event in the town like street festivals and parades or repair and repaving work, some roads may be closed temporally. 에서 특별 행사나 수리 작업 때문에 일부도로가 일시적으로 폐쇄될 수 있다는 언급하고 있고 이어서 이에 대한 세부사항을 언급하고 있으므로 정답은 (B)이다.

158. South Lake 도로의 일부분이 특정 기간 동안 자동차가 금지되는 이유는 무엇인가?

(A) 심각한 기상상황을 피하기 위해
(B) 계절성 퍼레이드를 개최하기 위해
(C) 사람들이 자전거를 탈 수 있도록 하기 위해
(D) 도로 수리 작업을 진행하기 위해

STEP 1 답은 항상 키워드 옆에 있다.

문제의 키워드 South Lake Road를 지문에서 확인하자. Motor vehicles will not be able to access South Lake Road에서 South Lake 도로의 일부 도로를 특정 기간 동안 자동차로 이용할 수 없으며 This portion of South Lake Road will be limited only to bicyclists during this time.에서 South Lake 도로의 이 부분은 해당 기간 동안에 오직 자전거 사용자만 이용할 수 있다고 언급하고 있으므로 South Lake 도로의 일부분이 특정기간 동안 자동차가 금지된 이유는 사람들에게 자전거를 탈 수 있도록 하기 위해서라는 것을 알 수 있으므로 정답은 (C)이다.

---

159. 웹페이지에 따르면, 사람들은 어떻게 도로 공사 최신정보를 알 수 있는가?

(A) 문자 서비스를 신청해서
(B) 전화를 받아서
(C) 게시물 탭을 클릭해서
(D) 직접 사무실을 방문해서

STEP 1 추후 연락처/ 연락 방법/ 지원 방법 등은 지문의 하단부에 답이 있다.

문제의 키워드 the updated roadwork details를 지문의 하단부에서 확인하자. but please be advised that work schedules are variable.에서 작업 일정은 변동될 수 있다고 언급하고 있고, For the latest information, contact our office at 874-8382-4857. And soon we will send text messages containing traffic notices to your cell phone.에서 (도로공사의) 최신 정보를 위해 사무실로 연락하시면, 여러분의 휴대전화로 교통 정보를 포함한 문자 메시지를 보내드릴 것입니다. 라고 언급하고 있으므로 최신 도로 공사의 세부사항을 알기 위해서는 문자 서비스를 신청해야 한다는 것을 알 수 있다. 따라서 정답은 (A)이다.

STEP 2

(B) Contact our office at ~ 에서 사무실로 연락을 달라고 했으므로 오답이다.
(C) Further roadwork details are available by clicking our Posts tab, but please be advised that the work schedules are variable에서 도로공사에 대한 추가 세부사항은 게시물 탭을 클릭하면 확인하실 수 있지만 작업 일정은 변동될 수 있다는 것을 숙지하라고 언급하고 있으므로 최신 정보를 볼 수 있는 것은 아니므로 오답이다.

Questions 160-163 refer to the following electronic message board.

Heidi Austin 10:05 A.M
Hi, all teammates, the new uniforms have arrived. Tell us how you like it if you've received yours.

> **160** providing service to the passengers, during the flight → aircrews

Janice Bailey 10:10 A.M
It's so great that we don't need to wear the scarves any more. They were very distracting **when providing service to the passengers**. They were always a nuisance and never looked nice by the time we left the airport.

Martha Baker 10:21 A.M
Great, yet the silver tops look almost light gray. **Light gray fabric** is eas **161** get stained and wrinkled. We experienced **a similar issue with those** a few months ago. Can anyone recall?

Antoinette Baldwin 10:52 A.M
The trendy collars and the gold buttons on the sleeves look gorgeous. I want to know who chose those!

> **162** The trendy collars and the gold buttons on the sleeves → designs

Kelli Ball 11:16 A.M
The color is not too bad. And it seems that wrinkles will no longer appear on our new uniforms.

Morris Banks 11: 31 A.M **163**
I think it's great we now have **two options**, long sleeves and short sleeves. It doesn't matter **during the flight** since the temperature is not very variable, but it's not constant on the ground.

---

160. What most likely do the people writing on the message board do for a living?
(A) Design clothes
(B) Sell flight tickets
(C) Work as aircrews
(D) Repair airplanes

people / 직업
ㄴ 메시지에 언급되는 직업관련 표현을 확인하자.

161. At 10:21, what does Ms. Baker most likely mean when she writes, "Can anyone recall?"
(A) She is not going to wear the new uniform.
(B) She agrees that the scarves were not good.
(C) She loves the light gray color.
(D) She thinks the color will cause a problem.

화자의도 파악문제
ㄴ 해당 위치의 위아래 문맥을 파악하자.

162. What opinion does Ms. Baldwin express about the new uniforms?
(A) Their designs are attractive.
(B) They have expensive buttons.
(C) Their color is not functional.
(D) They should not have been chosen.

Ms. Baldwin / the new uniforms
ㄴ. 답은 항상 paraphrasing 된다는 점을 유의하자.

163. What feedback does Mr. Banks provide about the new uniforms?
(A) He finds them too warm.
(B) He is glad that they come with options.
(C) He believes they are uncomfortable.
(D) He is happy not to need the scarves any more.

Mr. Banks / the new uniforms
ㄴ. 지문에서 키워드 검색 후 보기와 일치하는 것을 찾자.

문제 160-163은 다음 전자 메시지 게시판을 참조하시오.

Heidi Austin [오전 10시 5분]
안녕하세요, 팀원 여러분, 새 유니폼이 도착했습니다. 받으신 분들은 어떤지 말씀해주세요.

Janice Bailey [오전 10시 10분]
저희가 더 이상 스카프를 하지 않아도 된다는 점이 좋아요. 승객들에게 서비스를 제공할 때 방해가 됐거든요. 공항을 떠날 때쯤이면 항상 성가시고 좋아보이지도 않았죠.

Martha Baker [오전 10시 21분]
좋아요, 그런데 은색 상의는 거의 밝은 회색으로 보여요. 밝은 회색 옷감은 쉽게 더러워지고 주름집니다. 몇 달 전에 이것과 유사한 문제를 경험했습니다. 기억나시는 분 있으세요?

Antoinette Baldwin [오전 10시 52분]
트렌디한 옷깃과 소매의 금색 단추는 아주 멋져 보입니다. 누가 선택했는지 알고 싶네요.

Kelli Ball [오전 11시 16분]
색상은 나쁘지 않습니다. 그리고 새 유니폼에는 더이상 주름이 생기지 않을 것 같아요.

Morris Banks [오전 11시 31분]
제 생각에 긴소매와 짧은 소매 두 가지 선택권을 갖게 된 것은 좋다고 봅니다. 비행 중에는 온도 변화가 심하지 않기 때문에 괜찮지만, 지상에서는 그렇지 않으니까요.

어휘 **distracting** 집중할 수 없는 **nuisance** 골칫거리 **strained** 팽팽한, 긴장한 **wrinkled** 주름이 있는 **similar** 비슷한, 유사한 **recall** 기억해내다 **sleeve** 소매 **gorgeous** 아주 멋진 **wrinkle** 주름 **no longer** 더 이상 ~이 아닌 **temperature** 온도 **constant** 일정한, 지속적인 **attractive** 매력적인 **productive** 생산적인 **be satisfied with** ~에 만족하다 **comfortable** 편안한

---

160. 메시지 게시판을 작성한 사람들의 직업은 무엇일 것 같은가?

(A) 옷 디자인   (B) 항공권 판매
(C) 항공기 승무원 업무   (D) 비행기 수리

STEP 1   업종을 묻는 문제는 구체적인 명목들이 답을 보여준다.

게시판을 작성한 사람들의 직업을 묻는 문제이다. 지문에서 업종과 관련된 구체적인 명목을 통해 직업을 유추할 수 있다. They were very distracting when providing service to the passengers.에서 승객에게 서비스를 제공한다는 언급을 하고 있고, 지문의 하단부 It doesn't matter during the flight(그건 비행동안에 상관없습니다)를 통해 항공기 승

TEST 2 해설

무원 직원인 것을 유추할 수 있으므로 정답은 (C)이다.

STEP 2

(A) 지문의 the silver tops look almost light gray. Light gray fabric is easy to get strained and wrinkled. 에서 옷 디자인에 대한 언급으로 연상할 수 있지만 메시지 게시판을 작성한 사람들의 직업을 묻고 있으므로 오답이다.
(B) 지문의 airport에서 연상할 수 있지만 항공권을 판매한다는 언급은 없으므로 오답이다.
(D) 지문의 airport에서 연상할 수 있지만 비행기를 수리한다는 언급은 없으므로 오답이다.

---

161. 10시 21분에 Baker 씨가 작성한 "기억나시는 분 있나요?"라고 작성한 것은 무엇을 의미할 것 같은가?
(A) 그녀는 새 유니폼을 입지 않을 것이다.
(B) 그녀는 스카프가 좋지 않았다는 것에 동의한다.
(C) 그녀는 밝은 회색 색상이 좋다.
(D) 그녀는 색상이 문제가 될 것이라고 생각한다.

STEP 1   온라인 채팅 '의도' 문제는 위아래 연결어가 있거나 전체적인 상황을 포괄적으로 묘사하는 것이 답이다.

바로 앞 문장 We experienced a similar issue with those a few months ago에서 "몇 달 전에 이것에 유사한 문제를 경험 했습니다"라고 언급하고 있다. a similar issue with those는 앞 문장 Light gray fabric를 의미하고 있으므로 Baker 씨는 색상이 문제를 야기할 것이라고 생각한다는 것을 알 수 있다. 따라서 정답은 (D)이다.

---

162. Baldwin 씨는 새 유니폼에 대해 어떤 의견을 표하는가?
(A) 디자인이 멋지다.
(B) 단추가 비싸다.
(C) 색상이 실용적이지 않다.
(D) 선택되어서는 안 된다.

STEP 1   사람 이름은 항상 중요한 키워드이다.

키워드 Baldwin 씨를 지문에서 찾자. Baldwin 씨가 작성한 The trendy collars and the gold buttons on the sleeves look gorgeous.(최신 유행하는 옷깃과 소매의 금색 단추는 아주 멋져 보입니다.)를 통해 Baldwin 씨는 유니폼의 디자인이 멋지다고 생각한다는 것을 알 수 있으므로 정답은 (A)이다.

STEP 2   답은 항상 **paraphrasing**된다.

The trendy collars and the gold buttons on the sleeves → designs
gorgeous → attractive

---

163. 새 유니폼에 대해 Banks 씨는 어떤 의견을 제시하는가?
(A) 매우 따뜻하다고 생각한다.   **(B) 선택권이 있어서 좋다.**
(C) 불편하다고 생각한다.   (D) 더 이상 스카프가 필요 없어서 기쁘다.

STEP 1   사람 이름은 항상 중요한 키워드이다.

키워드 Banks 씨를 지문에서 찾자. Banks 씨가 작성한 I think it's great we now have two options(두 가지 선택권을 가진 것이 좋다)는 언급을 통해 선택권이 있어서 좋다는 것을 알 수 있으므로 정답은 (B)이다.

STEP 2

(D) not to need the scarves any more.는 Janice Bailey의 의견이다. (It's so great that we don't need to wear the scarves any more.)

Questions 164-167 refer to the following information.

Design Your Shop Promotion

In order to increase sales and **attract** `165` attention to **your current business**, running promotions may be such a effective approach. However, to be

> `164` **your current business**
> → **Entrepreneurs**

an them re some essential questions that business owners should consider prior to a promotion being planned.

How long should the promotion last?

> `166` **~ tied up with their work**
> → **they are busy working**

s for a you are reluctant to **miss customers who are unfortunately tied up with their work** during the period or are otherwise visiting other places.

What type of incentive will sales

representatives receive? Rewarding the best performers is important since sales representatives' role is vital in the shop to make your promotion effective and successful.

What services and products should be involved? When you apply promotions to goods that are purchased by customers regularly, their effectiveness rises highly.

What means of publicity should be used? Recent research indicates that what people watch or hear is more forgettable than **what people read**. Keep this in

> `167` **what people read**
> → **magazines**

use radio, m publicize your promotional events.

---

164. For whom is the information most likely intended?
(A) Employees willing to be promoted to higher positions
(B) Consumers waiting for promotional events
(C) ~~People starting~~ their own businesses
(D) Entrepreneurs thinking about special offers for customers

You / 직업
ㄴ 본문에서 구체적인
단서를 찾자
"Promotion, current
business"

165. The word "attract" in paragraph 1, line 1, is closest in meaning to
(A) touch   **(B) draw**
(C) cause   (D) select

동의어 찾기 문제
ㄴ 단어를 기준으로 앞뒤
문장을 확인하자.

166. According to the information, what are customers less likely to do during the time that they are busy working?
(A) Come to a shop
(B) Apply for membership
(C) Correct their personal information
(D) Make an inquiry about a product

customers, they are busy
working
ㄴ paraphrasing된 표현을
찾자 "tied up with their
work"

167. According to the information, what is an advantage of using magazines for publicity?
(A) It can contain much information in a page.
(B) It is more likely remembered than using other ways.
(C) It can be exposed to a wide range of people.
(D) It is much more affordable than using other ways.

using magazines for
publicity
"magazines → What
means of publicity"
ㄴ 키워드 앞뒤에서 정답의
근거를 찾자.

문제 164-167은 다음 정보를 참조하시오.

> **당신의 상점 홍보를 디자인 하세요**
>
> 매출을 올리고 현재 사업에 이목을 끌기 위해서 판촉 활동을 하는 것은 효과적인 방법일 수 있습니다. 그러나 성공하기 위해서는 철저히 계획해야 합니다. 다음은 사업주가 홍보를 계획하기 전에 고려해야 할 필수적인 질문들입니다.
>
> 판촉 활동을 얼마나 오래 지속해야 할까요? 잠깐 동안 홍보를 하는 것은 흥미로울 수 있지만, 유감스럽게도 그 기간 동안 업무로 바쁘거나 다른 장소를 방문하고 있는 고객들을 놓치는 것을 원치 않을 겁니다.
>
> 판매 직원은 어떤 혜택을 받는 게 좋을까요? 판촉 활동을 효과적이고 성공적으로 만드는데 상점에서 판매 직원의 역할이 중요하기 때문에, 최고의 판매자를 보상하는 것은 중요합니다.
>
> 어떤 서비스와 제품이 포함되어야 할까요? 고객들이 정기적으로 구매하는 상품을 홍보할 때 매우 효과적입니다.
>
> 어떤 홍보 수단이 사용되어야 하나요? 최근 연구 조사에서는 사람들이 읽는 것보다, 보고 듣는 것이 더 잊기 쉽다고 보여줍니다. 판촉 행사를 알리기 위해 라디오, 잡지, 또는 텔레비전을 선택할 때 이 점을 명심하세요.

> 어휘 **thoroughly** 철저히 **essential** 필수적인 **for a little while** 잠깐 동안 **be reluctant to** ~을 주저하다, 망설이다 **tied up with** ~로 바쁜 **incentive** 혜택 **reward** 보상, 보상하다 **regularly** 정기적으로 **publicity** 홍보 **mean** 수단 **indicate** 나타내다, 가리키다 **forgettable** 잊기 쉬운 **publicize** 알리다, 홍보하다 **entrepreneur** 기업가, 사업가 **correct** 바로잡다, 정정하다 **be exposed to** ~에 노출되다 **affordable** (가격이) 알맞은

---

164. 정보는 누구를 위한 것 같은가?
(A) 더 높은 자리로 승진되려는 직원들
(B) 판촉 행사를 기다리는 소비자들
(C) 사업을 시작하려는 사람들
(D) 고객 특별 할인에 대해 생각하는 사업가

STEP 1 　본문 중에 구체적인 단서들을 모아서 포괄적인 답을 찾자.

정보가 누구를 위해 작성됐는지 묻는 문제이다. 지문의 상단부 Design Your Shop Promotion를 통해 상점 홍보를 디자인하라는 광고문인 것을 알 수 있고, In order to increase sales and attract attention to your current business, running promotions may be such a effective approach.에서 판촉 활동의 효과를 다시 한 번 언급하고 있다. 따라서 특별 할인에 대해 생각하는 사업가를 위해 작성되었다는 것을 알 수 있으므로 정답은 (D)이다.

STEP 2

(C) your current business에서 현재 사업을 하고 있는 사람들을 위해 작성된 것임을 알 수 있으므로 오답이다.

165. 첫 번째 문단 첫 번째 줄의 "attract"와 의미가 가장 가까운 것은?

(A) 접촉하다
(B) (사람의 마음을) 끌다
(C) 야기하다
(D) 선택하다

STEP 1   동의어는 문맥상 대체할 수 있는 단어를 찾는 것이다.

단순히 같은 뜻을 찾는 것이 아니라 본문의 문맥에 어울리는 단어로 교체하는 것이 핵심이다. 해당 문장 In order to increase sales and attract attention to your current business.에서 매출을 올리고 현재 사업에 '이목을 끌기 위해서'라는 문맥이므로 attract를 대체할 수 있는 단어로 '(사람의 마음을) 끌다'는 의미의 (B) draw가 적절하다.

---

166. 정보에 따르면, 고객들이 바쁘게 일하는 동안 할 가능성이 낮은 것은 무엇인가?

(A) 상점 방문하기
(B) 멤버십 신청하기
(C) 개인 정보 정정하기
(D) 제품에 대해 문의하기

STEP 1   답은 항상 키워드 옆에 있다.

질문의 키워드 customers, they are busy working과 관련된 내용을 본문에서 찾자. 지문의 you are reluctant to miss customers who are unfortunately tied up with their work에서 업무로 바쁜 고객들을 놓치는 것을 원치 않을 것이라는 언급을 통해 고객들은 일하는 동안 상점을 방문할 가능성이 낮다는 것을 알 수 있으므로 정답은 (A)이다.

---

167. 정보에 따르면, 홍보를 위한 잡지 사용의 이점은 무엇인가?

(A) 페이지에 많은 정보를 담을 수 있다.
(B) 다른 방식을 사용하는 것보다 기억될 가능성이 크다.
(C) 광범위한 사람들에게 노출될 수 있다.
(D) 다른 방식을 사용하는 것보다 훨씬 더 저렴하다.

STEP 1   답은 항상 **paraphrasing**된다.

질문의 키워드 using magazines for publicity와 관련된 내용을 본문에서 찾자. 지문의 What means of publicity에서 홍보 수단에 대한 언급이 있고, 이어서 Recent research indicates that what people watch or hear is more forgettable than what people read.에서 최근 연구 조사는 읽는 것보다 보고 듣는 것이 더 잊기 쉽다고 보여준다는 언급을 하고 있다. 즉, 읽는 것이 더 기억에 남는다고 언급하고 있다. 따라서 잡지는 다른 방식을 사용하는 것보다 기억될 가능성이 크다는 (B)가 정답이다. 지문의 what people read이 문제의 키워드 magazines로 paraphrasing된 것을 알 수 있다.

Questions 168-171 refer to the following online chat discussion.

● ● ● ○ ○   🔋

168 travel enthusiasts
→ take a trip frequently

Pauline Woods   2:35 P.M.
Hi, there! Could you give me some tips as **travel enthusiasts**. I'll be going on holiday to Richmond for a few days, visiting Putney Fall, Brixton Beach and Lambeth Town.

Brooke Yang   2:36 P.M.
Some friends of mine have been to Richmond several times and said the scenery they saw was magnificent.

Pauline Woods   2:37 P.M.
Yeah, that's exactly what I heard. I'm checking public transportation which is expected to be well organized, but I'm not sure whether I should rent a vehicle or use the bus. Is there any recommendation?

Kim Wolfe   2:37 P.M.
In order to save some money, I took the bus when I was there. Bus stops are well arranged and buses stop almost every two blocks.

Pauline Woods   2:38 P.M.
Kim, you mean it provides reliable service, right?

Brooke Yang   2:38 P.M.
Renting a car can be very helpful in case you want to make a last-minute itinerary change.

Kim Wolfe   2:40 P.M.
They come every fifteen minutes during the day. The service is as regular as clockwork.

Kathy Ward   2:41 P.M.   **169**
Well, **if you and your companies are over four, renting a car** can be much **cheaper** than using public transportation.

Pauline Woods   2:41 P.M.   **170**
I see. Then we'd better go with renting a car. Thanks for the tip, Kathy. Richmond's transit officials should share some ideas on fares with their peers here.

Kathy Ward   2:42 P.M.
Right at the **airport**, you can find many agencies running their offices. And there are a range of pamphlets available from the kiosks around the terminal, which can also offer you discount coupons **you can't get anywhere else**.

Pauline Woods   2:43P.M.
Thank you all for the valuable tips.

171 no one can acquire anywhere else → only at the airport

168. Who was Mr. Woods most likely chatting with?
(A) Those who work for a travel agency
(B) Those who take a trip frequently
(C) Those who will join his trip
(D) Those who reside in Richmond

You / 상
└, 지문의 상단부에서 언급된
정답의 단서를 찾자.

169. Why has Mr. Woods chosen to rent a car?
(A) Because he wants to avoid waiting for buses.
(B) Because he is going to travel with more than four people.
(C) Because public transportation will not be available.
(D) Because there is no bus service to a inviting place.

Mr. Woods/rent a car / 이유
└, 본문 중에 구체적인
단서를 찾자
"if you and your companies
are over four"

170. At 2:41 P.M., what does Mr. Woods most likely mean when he writes, "Richmond's transit officials should share some ideas on fares with their peers here"?
(A) The bus stops in the city are not appropriately marked.
(B) The bus routes in the city do not have beautiful scenery.
(C) The bus fee in the city is not moderate.
(D) The bus service in the city is reliable.

화자의도 파악문제
└, 해당 위치의 위아래 문맥을
파악하자.

171. What does Ms. Ward suggest about the airport?
(A) Shuttle buses are available to each terminal at the airport.
(B) Tourists can get certain coupons only at the airport.
(C) Bus service is not provided at the airport.
(D) Car rental service is ~~only~~ available at the airport.

Ward, airport
└, 지문에서 키워드 검색 후
보기와 일치하는 것을 찾자.

문제 168-171은 다음 온라인 대화 메시지를 참조하세요.

Pauline Woods [오후 2:35]
여러분, 안녕하세요! 여행 광팬으로 조언 좀 해주실래요? 저는 Putney 폭포, Brixton 해변과 Lambeth 마을을 방문하면서 Richmond에서 며칠 동안 휴가를 보낼 예정입니다.

Brooke Yang [오후 2:36]
제 친구 중에는 Richmond에 여러 번 방문해 본적이 있는데 풍경이 매우 아름다웠다고 말하더라고요.

Pauline Woods [오후 2:37]
맞아요, 저도 그렇게 들었어요. 저는 대중교통편이 제대로 정비되어 있는지 확인하고 있지만 렌트를 할지 버스를 이용할지 잘 모르겠습니다. 추천해주실 만한 것이 있나요?

Kim Wolfe [오후 2:37]
제가 그곳에 방문했을 때 돈을 절약하고자 버스를 탔습니다. 버스 정류장은 잘 마련되어 있고 버스는 거의 2블록마다 정차합니다.

Pauline Woods [오후 2:38]
Kim 씨, 믿을 만한 서비스를 제공했다는 거지요, 그렇죠?

Brooke Yang [오후 2:38]
막판에 여행 일정 변경을 원할 경우를 대비해서, 차를 렌트하는 것이 유용할 수 있어요.

Kim Wolfe [오후 2:40]
버스는 낮에 15분마다 옵니다. 버스 운행서비스는 시계처럼 매우 규칙적이에요.

Kathy Ward [오후 2:41]
글쎄요, 만약 당신과 일행이 4명 이상이라면, 차를 렌트하는 게 대중교통 이용보다 훨씬 저렴할 걸요.

Pauline Woods [오후 2:41]
그렇군요. 그러면 저희는 차를 렌트해 가는 게 좋겠네요. 조언 감사합니다. Kathy 씨.
Richmond 교통과 공무원들은 동료들과 요금에 대해 의견을 나누는게 좋을 것 같네요.

Kathy Ward [오후 2:42]
바로 공항에서, 운영 중인 여러 대행사를 찾으실 수 있습니다. 그리고 터미널 주변 안내소에서 다양한 팸플릿을 이용
하실 수 있으며, 또한 다른 곳에서는 구할 수 없는 할인 쿠폰도 제공합니다.

Pauline Woods [오후 2:43]
소중한 정보 감사합니다.

어휘 enthusiast 열광적인 팬   scenery 경치, 풍경   magnificent 참으로 아름다운
public transportation 대중 교통수단   organized 조직적인   vehicle 차량, 탈것   reliable 믿을 수 있는
last-minute 최후의 순간, 막판   itinerary 여행 일정표   as regular as clockwork 매우 규칙적인
company 단체, 함께 있는 사람들   transit 교통   official 공무원   peer 동료   agency 대행사, 회사
a range of 다양한   kiosk 키오스크(신문, 음료 등을 파는 매점이나 안내소)   acquire 습득하다, 얻다
valuable 소중한, 귀중한

---

168. Woods 씨는 누구와 이야기를 하고 있었던 것 같은가?
(A) 여행사에서 근무하는 직원
(B) 자주 여행을 가는 사람
(C) 그와 여행을 함께 갈 사람
(D) Richmond에서 거주하는 사람

STEP 1   본문 중에 구체적인 단서들을 모아서 포괄적인 답을 찾는다.

Woods 씨가 누구와 이야기를 했는지 묻는 문제이다. Woods 씨의 첫 메시지 Could you give me some tips as
travel enthusiasts에서 여행 팬으로써 조언 좀 해주실래요?라는 언급을 통해 Woods 씨는 여행을 자주 가는 사람들과
이야기하고 있음을 알 수 있으므로 정답은 (B)이다.

STEP 2

지문의 travel enthusiasts이 보기의 take a trip frequently로 paraphrasing되었다.

---

169. Woods 씨는 왜 차량을 대여하기로 결정을 내렸는가?
(A) 그는 버스를 기다리고 싶지 않기 때문에
(B) 그는 4명이 넘는 일행과 함께 여행을 가기 때문에
(C) 대중교통편을 이용할 수 없기 때문에
(D) 매력적인 장소까지 버스이용이 불가능하기 때문에

STEP 1   답은 항상 키워드 옆에 있다.

질문의 키워드 Woods, rent a car를 지문에서 확인하자.
Ward 씨의 메시지 "if you and your companies are over four, renting a car can be much cheaper than
using public transportation(일행이 4명 이상이라면, 차량 대여가 대중교통 이용보다 훨씬 저렴할 것입니다)에
Woods 씨는 Then we'd better go with renting a car.(그러면 저희는 차를 빌려서 가는 게 좋겠네요)라고 응답하고
있으므로 Woods 씨는 4명이 넘는 일행과 여행할 것임을 알 수 있다. 따라서 정답은 (B)이다.

170. 오후 2시 41분에, Woods 씨가 "Richmond 교통과 공무원들은 그들의 동료들과 요금에 대해 의견을 나누는게 좋을 것 같네요."라고 적었을 때 의미하는 것은 무엇인가?

(A) 도시의 버스정류장은 제대로 표시되어 있지 않다.
(B) 도시의 버스경로의 풍경은 아름답지 않다.
(C) 도시의 버스요금이 적당하지 않다.
(D) 도시의 버스 서비스는 믿을 수 있다.

STEP 1 온라인 채팅 '의도' 문제는 위아래 연결어가 있거나 전체적인 상황을 포괄적으로 묘사하는 것이 답이다.

앞 문장에서 Ward 씨의 if you and your companies are over four, renting a car can be much cheaper than using public transportation에서 4명 이상 이면 대중교통 이용보다 차량 대여가 훨씬 더 저렴할 것이라고 언급하고 있고, 이에 대해 Woods 씨가 Thanks for the tip(조언 감사합니다)라는 응답에 이어, Richmond's transit officials should share some ideas on fares with their peers here(Richmond 교통과 공무원들은 동료들과 요금에 관한 생각들을 공유해야 한다)라고 언급하고 있다. 따라서 Woods 씨는 교통요금이 적당하지 않다고 생각하기 때문에 교통과 공무원들이 요금에 대해 생각해야 한다고 언급했음을 알 수 있으므로 정답은 (C)이다.

171. Ward 씨가 공항에 대하여 언급한 것은 무엇인가?

(A) 셔틀 버스는 공항에 각 터미널에서 이용할 수 있다.
(B) 관광객들은 공항에서만 특정 쿠폰을 받을 수 있다.
(C) 버스 서비스는 공항에서 이용이 불가능하다.
(D) 차량 대여 서비스는 공항에서만 이용할 수 있다.

STEP 1 답은 항상 키워드 옆에 있다.

질문의 키워드 Ward, airport를 확인하자. 지문의 하단부의 Ward 씨의 메시지 "Right at the airport, ~ can also offer you discount coupons you can't get anywhere else."에서 공항 터미널 주변 안내소에서 다른 곳에서는 구할 수 없는 할인 쿠폰을 제공한다고 언급하고 있다. 따라서 정답은 (B)이다.
지문의 you can't get anywhere else가 보기의 only at the airport로 paraphrasing되었다.

STEP 2

(D) you can find many agencies running their offices에서 차량 대여 대행사를 찾을 수 있다고 언급하고 있지만 공항에서만 이용할 수 있는지는 알 수 없다.

Questions 172-175 refer to the following article.

Shoenboi Inc. Achieved High Goal

172

New York (7 May)**–Shoenboi Inc. has accomplished its aim of recycling**

173 household cleaning supplies /ter
→ cleaning goods for domestic use ing

facilities. One of the nation's leading **producers of household cleaning supplies** and goods, **Shoenboi Inc. set its challenging goal four years ago, as it joined the International Water Preservation Campaign**.

175　　　　　　　　174
According to the **conditions** of the **campaign**, Shoenboi collaborated with community and **research leaders** throughout all of its facilities to take off hazard substances from the water used for the manufacturing process of its cleaning liquid.

At the New York location itself, up to 60 billion liters of water has thus far been supplemented.

"It made us more than just happy," said Shoenboi owner Edward Thomson. "We were aware that the goal was rather challenging, but we were convinced that we could make it. It is very important for our company to take care of our delicate environment."

On top of its recent water-reusing effort, Shoenboi is going to release a new line of eco-friendly **cleaning powder** next quarter in order to keep its solid reputatio

오답 함정 172-B
한 단어 오류를 주의하자.

environmentally f
the nation.

Those interested in learning more about Shoenboi Inc.'s cooperation with the International Water Preservation Campaign and its new line of goods can visit our Web site at www.Shoenboi. inc.ne

오답 함정 175-A
뉴욕에 본사를 둔 곳은 Shoenboi 사이다.

The New York-based Shoenboi Inc. runs 31 plants in 14 nations, working with up to 210,000 employees.

---

172. What is the purpose of the article?
(A) To introduce Shoenboi Inc.'s technique for recycling water
(B) To publicize Shoenboi Inc.'s new line of cleaning liquid
(C) To report on Shoenboi Inc.'s environmental protection activity
(D) To announce the opening of Shoenboi Inc.'s new plant in New York

목적 / 상
ㄴ, 지문의 상단부에서 확인하자.

173. What does Shoenboi Inc. manufacture?
(A) Environmental analysis reports
(B) Water–purification systems
(C) Various kinds of industrial chemicals
(D) Cleaning goods for domestic use

Shoenboi Inc. / 업종
ㄴ, 구체적인 단서를 찾자.
"producers of household cleaning supplies"

174. The word "conditions" in paragraph 2, line 1, is the closest in meaning to
(A) status
(B) disease
(C) terms
(D) environment

동의어 찾기 문제
ㄴ, 단어를 기준으로 앞뒤 문장을 확인하자.

175. What is suggested about the International Water Preservation Campaign?

(A) Its headquarters is located in the New York area.

(B) It involves working along with environmental researchers.

(C) It has replenished 60 billion liters of water thus far.

(D) It was founded four years ago.

사실인 것을 찾는 문제
└ 문제와 보기의 키워드를
먼저 정리한 후 본문을
검색한다.

문제 172-175는 다음 기사를 참조하세요.

Shoenboi 기업의 최고 목표 달성

뉴욕(5월 7일) – Shoenboi사는 뉴욕 제조시설에서 소비된 물의 70퍼센트 이상을 재활용하고자 하는 목표를 달성했습니다. 가정용 청소 용품과 상품을 제조하는 국내 유망 기업 한곳인 Shoenboi사가 국제수질보존캠페인에 참가하면서, 4년 전에 달성하기 어려운 목표를 세웠습니다.

캠페인 조건에 따라, Shoenboi사는 해당 회사의 시설물 전체에서, 청소용 액체의 제조과정에서 사용되었던 물에서 위험 물질을 제거하고자 지역사회 및 연구원들과 협력했습니다.

뉴욕 지점에서만, 지금까지 600억 리터의 물을 보충했습니다.

"이것으로 저희는 매우 행복합니다."라고 Shoenboi

사의 대표인 Edward Thomson씨는 말하였습니다. "저희는 목표가 약간은 어렵다는 것을 알고 있었지만 해낼 수 있다고 믿었습니다. 저희 기업이 민감한 환경에 신경을 쓰는 일은, 매우 중요합니다."

최근 물 재사용의 노력 이외에도, Shoenboi사는 국내에서 가장 친환경적인 기업 중 하나로서의 입지를 공고히 하고자 다음 분기에 친환경적인 가루 세제를 출시할 예정입니다.

Shoenboi사와 국제수질보존캠페인과의 협력 및 신상품에 대하여 관심이 있으신 분들은 저희 웹사이트 www.Shoenboi.inc.newyork.us/eco-conscious.를 방문하세요.

뉴욕에 본사를 둔 Shoenboi사는 14개 국가에 31개의 공장을 운영하고 있으며, 최대 210,000명의 직원들이 근무하고 있습니다.

어휘 accomplish 완수하다, 성취하다 aim 목표 manufacturing facility 생산시설 leading 가장 중요한, 선두적인 household 가정 goods 상품 set a goal 목표를 세우다 challenging 도전적인 preservation 보존 condition 조건 collaborate 협력하다 community 지역사회 throughout ~동안 죽, 내내 take off 제거하다 hazard 위험 substance 물질 by itself 저절로, 홀로 up to ~까지, 최대의 billion 10억 thus far 지금까지는 supplement 보충하다, 추가하다 rather 꽤, 약간, 상당히 convinced 확신하는 make it 성공하다, 해내다 delicate 연약한 on top of ~외에 recent 최근의 effort 노력 in order to VR ~하기 위해 solid 단단한, 탄탄한, 확실한 reputation 평판, 명성 cooperation 협력 based ~에 기반을 둔, ~에 본사를 둔 run 운영하다 plant 공장 nation 국가, 국민

---

172. 기사의 목적은 무엇인가?

(A) Shoenboi 기업의 수력 재활용 기술 소개

(B) Shoenboi 기업의 신규 세척액 홍보

(C) Shoenboi 기업의 환경 보호 활동 설명

(D) Shoenboi 기업의 뉴욕 신규 공장의 채용 공고 발표

STEP 1   목적은 처음 두 줄에 90% 답이 있다.

기사의 목적을 묻고 있는 문제이다. 지문의 상단부에서 정답의 근거를 찾자. Shoenboi Inc. has accomplished its aim of recycling more than 70 percent of the water spent at its New York manufacturing facilities.에서 Shoenboi사는 뉴욕 제조시설에서 소비된 물의 70퍼센트 이상을 재활용하고자 하는 목표를 달성 했다는 언급에 이어 Shoenboi Inc. set its challenging goal four years ago, as it joined the International Water Preservation Campaign.에서 Shoenboi사는 국제 수질 보존 캠페인에 참가해서 4년 전에 도전적인 목표를 세웠다고 언급하고 있으므로 기사의 목적은 Shoenboi 기업의 환경 보호 활동을 설명하기 위해서라는 것을 알 수 있으므로 정답은 (C)이다.

STEP 2

(B) a new line of eco-friendly cleaning powder next quarter에서 다음 분기에 출시할 제품은 친환경적인 가루 세제라고 언급하고 있다.

---

173. Shoenboi 기업이 제조하고 있는 것은 무엇인가?

(A) 환경 분석 보고서
(B) 물 정화 시스템
(C) 다양한 종류의 산업 화학물질
(D) 가정용 청소 제품

STEP 1 업종을 묻는 문제는 구체적인 명목들이 답을 보여 준다.

Shoenboi 기업의 업종을 묻는 문제이다. 지문에서 업종의 구체적인 단서를 찾자. One of the nation's leading producers of household cleaning supplies and goods에서 가정용 청소용품과 상품을 제조하는 국내 유망 기업 한곳인 Shoenboi사라는 언급을 통해 Shoenboi사는 가정용 청소용품을 제조하는 회사임을 알 수 있으므로 정답은 (D) 이다.

STEP 2 답은 항상 **paraphrasing**된다.

지문의 household cleaning supplies가 보기의 cleaning goods for domestic use로 paraphrasing되었다.

---

174. 두 번째 단락 첫 번째 줄의 "conditions"와 의미가 가장 가까운 것은?

(A) 상황
(B) 질병
(C) 조건
(D) 환경

STEP 1 동의어는 문맥상 대체할 수 있는 단어를 찾는 것이다.

단순히 같은 뜻을 찾는 것이 아니라 본문의 문맥에 어울리는 단어로 교체하는 것이 핵심이다. 해당 문장 According to the conditions of the campaign, Shoenboi collaborated with community and research leaders에서 캠 페인 '조건'에 따라, Shoenboi사는 지역사회와 수석 연구원과 협력했다'라는 문맥이므로 '조건'을 의미하는 (C) terms가 정답이다.

---

175. 국제수력보존캠페인에 관하여 언급된 것은 무엇인가?

(A) 본사는 뉴욕지역에 위치해 있다.
(B) 환경 연구자들과 함께 일하는 것을 포함한다.
(C) 지금까지 600억 리터의 물을 보충해왔다.
(D) 4년 전에 설립되었다.

STEP 1 '사실'인 것을 찾는 문제는 보기의 키워드를 먼저 정리한 후 본문을 검색한다.

국제 수력 보존 캠페인에 대해 묻는 문제이다. 보기를 (A) Its headquarters (B) It involves working along with (C) It has replenished (D) It was founded로 정리한 후 본문을 검색하자. 지문의 According to the conditions of the campaign, Shoenboi has collaborated with community and research leaders에서 캠페인 조건에 따라, Shoenboi사는 청소용 액체의 제조과정에서 사용되었던 물에서 위험 물질을 제거하고자 연구원과 협력해 왔다고 언급하고 있다. 캠페인은 앞에서 언급한 국제 수력 보존 캠페인을 의미하므로 국제 수력 보존 캠페인은 환경 연구자들과 함께 일하는 것을 포함한다는 (B)가 정답이다.

STEP 2

(A) 지문의 The New York-based Shoenboi Inc.를 통해 뉴욕에 본사를 둔 곳은 Shoenboi사임을 알 수 있다.

Fred Knife Manufacturer (FKM)

Fred Knife Manufacturer (FKM) started making knives for kitchen use more than a century ago. Not only home cooks but also **professional chefs** around the world prefer **our high quality knives** since the knives are designed to cut a wide range of foods easily.

> **176** professional chefs
> → Restaurant cooks

Maintaining and Sharpening

• By using warm water and a gentle detergent, FKM's knives should be cleaned by hand.

> **177**

• **In order to prevent the handles from being discolored and the blades from becoming dull, a dishwasher should not be used** when you clean your knives.

> **178**

It is essential to keep your knives' sharpness for its optimal performance. **Depending on** the kind of **cutting board** used most frequently with your knives, **ideal sharpening timing can vary**. Sharpening knives every other year would be enough if a wooden cutting board is used. Sharpening the knives once a month if a plastic cutting board is used, and sharpening knives multiple times a month would be necessary if a glass or ceramic cutting board is used. A free sharpening service is offered even though for return shipping, a small fee is required. Please be advised that you should clean your knives and wrap their blades carefully using thick paper before sending them. Put the knives into a box after filling it with any type of packing material such as newspaper and then send the box to the following address:

Fred Knife Manufacturer (FKM)

32 Hounslow Avenue

Seattle, WA 98119

> **180** [1]+[2] 연계 문제
> [1] $8 for five or more knives
> [2] six knives, $5

Please enclose a money order or cheque for the return shipping fee. **The shipping fee is** $5.00 for up to four knives or **$8.00 for five or more knives**. In the package, please include your name, mailing address and e-mail. In addition, tell us if the knife owner is left-handed. Your knives will be sent back after about two weeks.

We hope our knives and services make you fully

> 오답 함정 176-B
> 오직 왼손잡이 사람들만이 칼을 사용할 수 있다는
> 언급은 없으므로 오답

TO	FKM Inc. Customer Service ⟨custserv@fkminc.net.us⟩
FROM	Brian White ⟨b.white@greenmail.net.us⟩
DATE	23 May
SUBJECT	Information requested

To whom it may concern:

My kitchen knives were sent for sharpening service more than a couple of weeks **179** ago, but they have not been returned to me yet. **Please tell me when I can expect to receive them back.** The package containing six knives and a money order for $5 was shipped to your Haunslow Avenue address on 7 May.

Thank you,

Brian White

> **180** **1+2 연계 문제**
> 1 $8 for five or more knives
> 2 six knives, $5

176. What is indicated about FKM's knives?
(A) People can buy them only through the Internet.
(B) Only left-handed people can use them.
(C) Restaurant cooks use them.
(D) They can be used for more than a century.

사실인 것을 찾는 문제는 문제와 보기의 키워드를 먼저 정리한 후 본문을 검색한다.
ㄴ 문제의 키워드는 FKM's knives이다. : 지문 1

177. According to the flyer, what can cause damage to FKM's knives?
(A) Sharpening them inappropriately
(B) Washing them using a dishwasher
(C) Keeping them in a cupboard
(D) Using thm improperly

cause damage to FKM's knives
ㄴ 문제와 보기의 키워드를 정리한 후 본문에서 검색하자.
: 지문 1

178. What is suggested about cutting boards?
(A) They should be purchased from FKM Inc.
(B) They need to be replaced every other year.
(C) They need to be cleaned thoroughly after each use.
(D) They have an impact on the frequency of knife sharpening.

cutting boards
ㄴ 문제와 보기의 키워드를 정리한 후 본문에서 검색하자.
: 지문 1

179. Why did Mr. White send the e-mail?
(A) To acknowledge that his order has arrived.
(B) To inquire about the status of his items
(C) To complain about damage to a product
(D) To ask for some information about some items

e-mail / 목적
ㄴ 지문 2 상단부

180. What did Mr. White neglect to do?
(A) Hand in some personal information
(B) Send his package to the right address
(C) Enclose the correct amount of money
(D) Indicate how often he sharpens the knives

Mr. White / neglect
ㄴ 연계 문제
지문에서 구체적인 단서를 파악하자.

문제 176-180은 다음 전단지와 이메일을 참조하세요.

Fred 칼 제조업체(FKM)

Fred 칼 제조업체(FKM)는 100여 년 전부터 주방용 칼을 제작하기 시작했습니다. 칼은 다양한 식재료들을 쉽게 자를 수 있도록 제작되었기 때문에, 가정 요리사뿐만 아니라 전 세계 전문 셰프들도 저희가 생산하는 고품질의 칼을 선호합니다.

관리와 연마

- 온수와 순한 세제를 이용하여, FKM의 칼을 손으로 세척하십시오.
- 손잡이 부분의 변색과 날이 무뎌지는 것을 방지하기위해, 식기 세척기로 칼을 세척하지 마십시오.

최적의 성능을 위하여, 칼날을 반드시 날카롭게 유지하셔야만 합니다. 칼을 자주 사용하는 도마의 종류에 따라서, 이상적인 연마 시기는 달라질 수 있습니다. 만약 목재 도마를 사용하고 계시다면 2년에 한번 칼을 연마하시는 것으로도 충분합니다. 플라스틱 도마를 사용하고 계시다면 한 달에 한번, 유리나 세라믹 도마를 이용하고 계시다면 한 달에 여러 번 칼을 갈아주십시오. 소정의 요금이 드는 반송 배송비를 지불하시면 무료로 칼을 연마해드립니다. 저희에게 칼을 보내기 전에 칼을 세척하여, 날을 두꺼운 종이로 주의해서 말아주시기를 당부드립니다. 신문지와 같은 포장 재료로 박스를 채운 후에 칼을 담아 그 박스를 아래의 주소로 보내 주십시오.

Fred 칼 제조업체(FKM)

32 Hounslow가

시애틀, WA 98119

반송 배송료로 쓰일 우편환이나 수표를 동봉해 주십시오. 배송료는 칼 4개까지는 5달러이며, 5개 이상이면 8달러입니다. 소포에 이름과 우편 주소 및 이메일을 포함해 주시기 바랍니다. 이외에도, 칼 소유주가 왼손잡이이신지를 알려 주십시오. 칼은 약 2주 후에 반송될 것입니다.

저희 제품과 서비스로 만족을 드릴 수 있기를 바랍니다.

수신	FKM 기업 고객 서비스 〈custserv@fkminc.net.us〉
발신	Brian White 〈b.white@greenmail.net.us〉
날짜	5월 23일
제목	정보 요청

담당자분께

저는 2주 훨씬 전에 연마 서비스를 받고자 주방용 칼을 보냈지만, 아직 저에게 배송되지 않았습니다. 제가 언제쯤 물건을 받을 수 있는지를 알려주십시오. 칼 6개와 5달러의 우편환을 포함한 소포는 5월 7일 Haunslow가의 주소로 발송되었습니다.

감사합니다.

Brian White 올림

어휘 manufacturer 제조업체 century 100년 cook 요리사 professional 전문적인 prefer ~을 좋아하다
a wide range of 광범위한, 다양한 easily 쉽게 sharpening 연마 gentle 온순한, 순한 detergent 세제
by hand 사람 손으로 discolor 변색시키다 blade 칼날 dull (칼날 끝이) 무딘 essential 필수적인
optimal 낙관적인 depending on ~에 따라 cutting board 도마 vary 달라지다, 다르다
every other year 한해 걸러 multiple 많은, 다수의 ceramic 도자기 return shipping 반품 배송
wrap 싸다, 포장하다 packing material 포장재료 below 아래의 enclose 두르다, 에워싸다, 동봉하다
money order 우편환 cheque 수표 a couple of 둘의

176. FKM의 칼에 대하여 언급된 것은 무엇인가?

(A) 인터넷으로만 구입할 수 있다.
(B) 왼손잡이 사람들만 사용할 수 있다.
(C) 식당 요리사들이 사용한다.
(D) 100년 넘게 사용할 수 있다.

STEP 1 　'사실'인 것을 찾는 문제는 보기의 키워드를 먼저 정리한 후 본문을 검색한다.

FKM사의 칼에 대해 묻는 문제이다. 보기를 (A) only through the internet (B) Only left-handed (C) Restaurant cooks use (D) They can be used for 로 정리한 후 본문을 검색하자. 첫 번째 지문의 professional chefs around the world prefer our high quality knives에서 전문 요리사도 우리의 칼을 선호한다는 언급을 하고 있으므로 정답은 (C)이다.
본문의 professional chefs 가 보기의 Restaurant cooks로 paraphrasing되었다.

STEP 2

(B) 지문 하단부 tell us if the knife owner is left-handed에서 왼손잡이 사용자에 대해 언급하고 있지만 오직 왼손잡이 사람들만이 칼을 사용할 수 있다는 언급은 없으므로 오답이다.
(D) 100년 넘게 사용할 수 있다는 언급은 없다.

---

177. 전단지에 따르면, 무엇이 FKM의 칼에 해를 끼칠 수 있는가?

(A) 부적절하게 연마하기
(B) 식기세척기를 사용하여 세척하기
(C) 찬장에 보관하기
(D) 부적절하게 사용하기

STEP 1 　답은 항상 키워드 옆에 있다.

질문의 키워드를 파악하고 어디서 나올 만한 내용인지 확인해야 한다. 질문의 키워드인 칼에 손상을 야기하는 것을 지문에서 찾자. 첫 번째 지문 In order to prevent the handles from being discolored and the blades from becoming dull, a dishwasher should not be used when you clean your knives. 에서 손상을 방지하기 위해 식기 세척기로 칼을 세척하지 말라는 언급을 하고 있으므로 정답은 (B)이다.

---

178. 도마에 관해 언급된 것은 무엇인가?

(A) FKM사에서 구입해야 한다.
(B) 2년마다 교체되어야 한다.
(C) 사용 후에 철저하게 세척되어야 한다.
(D) 칼의 연마 횟수에 영향을 줄 수 있다.

STEP 1 　답은 항상 키워드 옆에 있다.

문제의 키워드 cutting boards를 지문에서 확인하자. 첫 번째 지문 Depending on the kind of cutting board used most frequently with your knives, ideal sharpening timing can vary.에서 칼을 자주 사용하는 도마의 종류에 따라 연마 시기는 달라질 수 있다고 언급하고 있으므로 도마는 칼의 연마 횟수에 영향을 줄 수 있다는 (D)가 정답이다.

179. White 씨가 이메일을 보낸 이유는 무엇인가?

(A) 그가 주문한 물건이 도착했음을 알리기 위해서
(B) 물품 진행 상태에 관하여 문의하기 위해서
(C) 제품 손상에 관하여 항의하기 위해서
(D) 일부 상품에 대한 정보를 문의하기 위해서

STEP 1   목적은 처음 두 줄에 90% 답이 있다.

이메일을 보낸 이유는 이메일의 목적이고 목적은 본문의 상단부에서 확인하자. White 씨가 이메일을 작성한 이유를 묻고 있는 문제이다. White 씨가 작성한 이메일인 두 번째 지문 상단부 Please tell me when I can expect to receive them back에서 연마 서비스를 위해 보낸 물건을 언제 받을 수 있는지 문의하고 있음을 알 수 있으므로 정답은 (B)이다.

STEP 2

(A) but they have not been returned to me yet에서 아직 배송 받지 못했다고 언급하고 있다.
(D) 상품 정보를 묻고 있는 것이 아니므로 오답이다.

---

180. White 씨는 무엇을 하지 않았는가?

(A) 일부 개인 정보 제출
(B) 정확한 주소로 물건 배송
(C) 정확한 금액 동봉
(D) 칼 연마 횟수 표기

STEP 1   두 문서를 동시에 이용하는 연계 문제 유형 – 본문 중에 구체적인 단서들을 모아서 포괄적인 답을 찾는다.

White 씨가 하지 않은 것을 묻는 문제이다. 본문 중에서 구체적인 단서들을 모아서 답을 찾자. 두 번째 지문 The package containing six knives and a money order for $5 was shipped에서 칼 6개와 5달러의 송금수표를 포함한 소포를 보냈다고 언급하고 있다. 첫 번째 지문 Please enclose a money order or cheque for the return shipping fee. The shipping fee is $5.00 for up to four knives or $8.00 for five or more knives에서 반송 배송료로 쓰일 송금수표나 수표를 동봉해 달라는 언급과 함께 배송료는 5개 이상의 칼은 8달러라고 언급하고 있다. 따라서 White 씨는 8달러를 함께 동봉했어야 함을 알 수 있다. 따라서 정확한 금액을 동봉하지 않았다는 (C)가 정답이다.

Questions 181-185 refer to the following office information and e-mail.

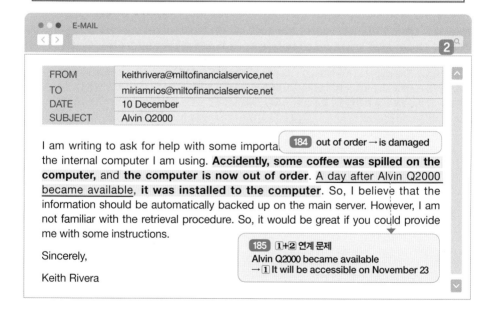

DATA SECURITY
To all employees
11 November

At Milton Financial Service, arranging and keeping customer data is the most important aspect of our respo [181] a new tool ~ for storage and retrieval data us to do our daily job easily through au processes → a new software system , **a new tool, Alvin Q2000, has been purchased for storage and retrieval data processes.**

On top of taking care of the processes, Alvin Q20[182] oasts an automatic function that deletes out-of-date and duplicate data. Searching and obtaining **classified** corporate information for our clients is a large part of our job, and as you are aware of, this tends to be rather time-consuming. **Alvin Q2000 will allow us to spend less time on these jobs.** We can use it easily and securely from not on [183] to spend less time ters but also our own laptops while we are away from the o → enhance the efficiency

All employee will notice that **Alvin Q2000 is not difficult to use and easy to download and set up. It will be accessible on** November 23. Feel free to contact Miriam Rios (ext. 2113 or miriamrios@miltofinancials [185] [1+2] 연계 문제 u have any further information and questions.

● ● ● E-MAIL

FROM keithrivera@miltofinancialservice.net
TO miriamrios@miltofinancialservice.net
DATE 10 December
SUBJECT Alvin Q2000

I am writing to ask for help with some importa [184] out of order → is damaged the internal computer I am using. **Accidently, some coffee was spilled on the computer,** and **the computer is now out of order.** A day after Alvin Q2000 became available, **it was installed to the computer.** So, I believe that the information should be automatically backed up on the main server. However, I am not familiar with the retrieval procedure. So, it would be great if you could provide me with some instructions.

Sincerely,

Keith Rivera

[185] [1+2] 연계 문제
Alvin Q2000 became available
→ [1] It will be accessible on November 23

---

181. What is the main purpose of the information?
(A) To announce a new training manual
(B) To notify office workers of a new log-in procedure
(C) To inform staff members of a new software system implementation
(D) To report some problems with the company's current computers

정보 / 목적 / 상
지문 [1]의 상단부에서
확인하자.

182. In the office information, the word "classified", in paragraph 2, line 2, is the closest in meaning to
(A) sorted (B) confident
(C) sensitive (D) linked

동의어 찾기 문제
ㄴ 단어를 기준으로 앞뒤 문장을 확인하자.
: 지문 1

183. What is mentioned as an advantage of "Alvin Q2000"?
(A) It can provide a better communication terminal.
(B) It can keep records of employee working hours.
(C) It can enhance the efficiency of some work.
(D) It can help office workers reduce errors in their daily tasks.

사실인 것을 찾는 문제는 문제와 보기의 키워드를 먼저 정리한 후 본문을 검색하자.
ㄴ a advantage of Alvin Q2000 : 지문 1

184. According to the e-mail, what has caused Mr. Rivera's problem?
(A) His computer was damaged by mistake.
(B) The power system in his office is out of order.
(C) His log-in password is not valid any longer.
(D) Some of his data is not backed up properly.

Mr. Rivera / 문제 / 원인
ㄴ 지문 2 / 상단부

185. When was "Alvin Q2000" most likely installed on Mr. Rivera's computer?
(A) On November 11 (B) On November 23
(C) On November 24 (D) On December 10

설치된 날짜
ㄴ 연계문제
본문 중에 구체적인 단서들을 모아서 답을 찾자.

문제 181-185는 다음 사무 정보와 이메일을 참조하시오.

데이터 보안
모든 직원 분들에게
11월 11일 **1**

아시다시피 Milton 금융 서비스에서 고객 데이터를 처리하고 보관하는 것은 우리의 책무 중 가장 중요한 것입니다. 전반적인 작업 절차 자동화와 간소화를 통해 일일업무를 수월하게 하기 위해, 저장 및 복구 데이터 과정을 위한 새로운 도구인 Alvin Q2000을 구입했습니다.

절차 관리뿐 아니라, Alvin Q2000은 오래되고 중복되는 데이터 자동 삭제 기능을 자랑합니다. 저희 주요 업무는 고객을 위해 기밀 기업 정보를 찾고 입수하는 것입니다. 그리고 여러분도 아시다시피, 이것은 시간 소모가 큰 경향이 있습니다. Alvin Q2000은 이러한 작업에 시간을 아껴줄 수 있습니다. 사무실 단말기 컴퓨터뿐 아니라 사무실에서 떠나 있는 동안 개인 노트북 컴퓨터로 쉽고 안전하게 사용할 수 있습니다.

모든 직원들은 Alvin Q2000이 사용하기 어렵지 않으며 다운로드하고 설치하기 쉽다는 것을 알게 될 것입니다. 이것은 11월 23일부터 이용가능합니다. 추가 정보나 질문 있으시면 언제든지 Miriam Rios (내선 2113 또는 miriamrios@miltofinancialservice.net)에게 연락주시기 바랍니다.

2

발신	keithrivera@miltofinancialservice.net
수신	miriamrios@miltofinancialservice.net
날짜	12월 10일
제목	Alvin Q2000

제가 사용하고 있는 내부 컴퓨터에 저장되어 있는 중요 데이터에 도움을 요청하고자 합니다. 실수로 커피를 컴퓨터에 쏟았는데, 컴퓨터가 지금 작동하지 않습니다. Alvin Q2000을 이용할 수 있게 된 다음날, 그것을 컴퓨터에 설치했습니다. 그래서 제 생각에는 정보가 메인서버에 자동으로 백업이 되었을 것 같습니다. 그런데 복구 절차를 잘 알지 못한 관계로 몇 가지 지침을 알려주시면 좋을 것 같습니다.
진심으로,
Keith Rivera

어휘 **aspect** 측면 **responsibility** 책임, 책무 **be aware of** ~을 알다 **easily** 용이하게, 수월하게
automate 자동화하다 **simplify** 간소화하다 **overall** 종합적인, 전체의 **process** 과정, 절차 **storage** 저장, 저장고
retrieval (정보의) 검색 **on top of** ~외에 **take care of** ~을 처리하다 **delete** 삭제하다 **duplicate** 중복의
classified 기밀의 **corporate** 기업의 **time-consuming** (많은) 시간이 걸리는 **securely** 안전하게
notice ~을 알아차리다 **internal** 내부의 **spill** 쏟다 **out of order** 고장 난 **be familiar with** ~에 익숙하다
instruction 설명, 지시 **notify** 알리다 **procedure** 절차, 방법 **current** 현재의, 지금의 **enhance** 향상시키다
efficiency 효율, 효율성 **install** 설치하다

---

181. 정보의 주된 목적은 무엇인가?

(A) 새로운 교육 매뉴얼을 알리기 위해
(B) 직원들에게 새로운 로그인 절차를 알리기 위해
(C) 직원들에게 새로운 소프트웨어 시스템 시행을 알리기 위해
(D) 현재 회사의 컴퓨터에 있는 문제를 알리기 위해

STEP 1 목적은 처음 2~3줄에 답이 있을 확률이 90%이며 하단부 요구 사항에 답이 있을
확률은 10%이다.

첫 번째 지문 첫 단락 a new tool, Alvin Q2000, has been purchased for storage and retrieval data
processes.에서 저장 및 복구 데이터 과정을 위한 새로운 도구인 Alvin 2000을 구입했다고 언급하고 있고, 지문 후반부
All employee will notice that Alvin Q2000 is not difficult to use and easy to download and set up. It
will be accessible on November 23. 에서 모든 직원들은 Alvin Q2000을 다운로드하고 설치하는 것이 쉽다는 것을
알게 될 것이다 라고 언급한 뒤, 그것은 11월 23일에 이용할 수 있다고 언급하고 있으므로, 정보가 작성된 이유는 직원들에
게 새로운 소프트웨어 시스템의 시행을 알리기 위함이라는 것을 알 수 있다. 따라서 정답은 (C)이다.

---

182. 사무실 정보에서, 두 번째 단락 두 번째 줄의 "classified"와 의미가 가장 가까운 것은?

(A) 잘 정리된
(B) 확신하는
(C) 기밀을 요하는
(D) 연관된

STEP 1 동의어는 문맥상 대체할 수 있는 단어를 찾는 것이다.

단순히 같은 뜻을 찾는 것이 아니라 본문의 문맥에 어울리는 단어로 교체하는 것이 핵심이다. 해당 문장 Searching and
obtaining classified corporate information for our clients is a large part of our job에서 저희 주요 업무는 '고
객을 위해 기밀 기업 정보를 찾고 입수하는 것입니다'라는 문맥이므로 '기밀'을 대체할 수 있는 '기밀을 요하는'을 의미하는
(C) sensitive 가 정답이다.

---

183. Alvin Q2000의 이점으로 언급된 것은 무엇인가?

(A) 더 나은 통신용 단말기를 제공할 수 있다.
(B) 직원 업무 시간을 정확히 기록할 수 있다.
(C) 일부 업무의 능률을 향상시킬 수 있다.
(D) 직원들이 일일 업무에서 오류를 줄이는데 도움을 줄 수 있다.

STEP 1 '사실'인 것을 찾는 문제는 보기의 키워드를 먼저 정리한 후 본문을 검색한다.

Alvin Q2000의 이점에 대해 묻는 문제이다. 보기를 (A) communication terminal (B) employee working hours
(C) the efficiency of some work (D) reduce errors로 정리한 후 본문을 검색하자. 첫 번째 지문의 Alvin Q2000
will allow us to spend less time on these jobs에서 Alvin Q2000은 우리가 시간을 덜 들이게 할 것이라고 언급
하고 있으므로 업무 능률을 향상 시킬 수 있다는 (C)가 정답이다.

---

184. 이메일에 따르면, Rivera 씨의 문제의 원인은 무엇인가?

(A) 그의 컴퓨터가 실수로 손상되었다.
(B) 그의 사무실의 전력 시스템이 고장 났다.
(C) 그의 로그인 비밀번호가 더 이상 유효하지 않다.
(D) 그의 데이터 일부가 제대로 백업되지 않았다.

STEP 1　문제점, 과거의 정보는 답이 앞에 있다.

Rivera 씨의 문제의 원인이 무엇인지 묻는 문제이다. 지문의 상단부에서 정답의 단서를 찾자. 두 번째 지문 상단부의 I'm writing to ask for help with some important data that was kept on one of the internal computer I am using.에서 사용 중인 내부 컴퓨터에 있는 중요 자료에 도움을 요청하고자 한다는 언급에 이어, Accidently, some coffee was spilled on the computer, and the computer is now out of order.에서 실수로 컴퓨터에 커피를 쏟았고, 지금 컴퓨터가 작동하지 않는다는 언급을 통해 Rivera 씨의 문제의 원인은 실수로 컴퓨터를 손상시킨 것이라는 것을 알 수 있으므로 정답은 (A)이다.

185. Alvin Q2000은 언제 Rivera 씨의 컴퓨터에 설치되었을 것 같은가?

(A) 11월 11일
(B) 11월 23일
(C) 11월 24일
(D) 12월 10일

STEP 1　두 문서를 동시에 이용하는 연계 문제 유형 - 가격/비용/날짜 등을 묻는 문제는 본문에서 모든 정보를 찾아서 순서대로 배열한 후에 최종 답을 찾는다.

Alvin Q2000이 언제 Rivera 씨의 컴퓨터에 설치되었을지 묻는 문제이다. 두 번째 지문 A day after Alvin Q2000 became available, it was installed to the computer에서 Alvin Q2000을 이용할 수 있게 된 다음날, 그것을 컴퓨터에 설치했다고 언급하고 있다. 첫 번째 지문 It will be accessible on November 23에서 11월 23일 Alvin Q2000을 이용할 수 있다고 언급하고 있으므로 하루 뒤인 11월 24일 설치했을 것임을 알 수 있으므로 정답은 (C)이다.

STEP 2

Alvin Q2000을 이용할 수 있게 되는 날이다. Alvin 2000을 이용할 수 있게 된 다음날 설치했다고 언급하고 있으므로 오답이다.

Questions 186–190 refer to the following e-mails and form.

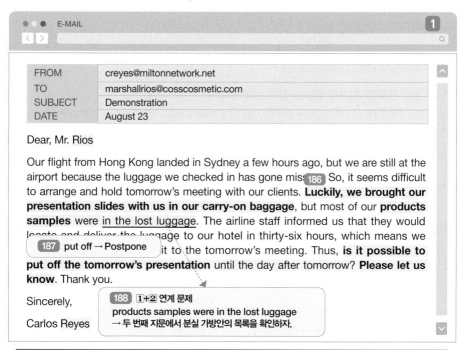

● ● ● E-MAIL   **1**

< >   🔍

FROM	creyes@miltonnetwork.net
TO	marshallrios@cosscosmetic.com
SUBJECT	Demonstration
DATE	August 23

Dear, Mr. Rios

Our flight from Hong Kong landed in Sydney a few hours ago, but we are still at the airport because the luggage we checked in has gone miss **186** So, it seems difficult to arrange and hold tomorrow's meeting with our clients. **Luckily, we brought our presentation slides with us in our carry-on baggage**, but most of our **products samples** were in the lost luggage. The airline staff informed us that they would l~~ocate and deliver the lug~~gage to our hotel in thirty-six hours, which means we

(**187** put off → Postpone) it to the tomorrow's meeting. Thus, **is it possible to put off the tomorrow's presentation** until the day after tomorrow? **Please let us know**. Thank you.

Sincerely,   (**188** 1+2 연계 문제

       products samples were in the lost luggage

Carlos Reyes   → 두 번째 지문에서 분실 가방안의 목록을 확인하자.)

Lost and Found   **2**
(Property Irregularity Report)

We sincerely apologize for mishandling your bagg **189** which caused the inconveniences. The information you fill in will be used to **locate** your properties as soon as possible. Please give us a detailed description of the luggage you lost and a list of the items in it to make the process faster.

Name of Passenger : Carlos Reyes
E-mail address : creyes@miltonnetwork.net
(**190** 2+3 연계 문제)
Temporary address : Birdsville Business Hotel, Watford 34, **Sydney**
Permanent address : 5643 Chancery, London, RC21 St.21, UK

Type of Bag : Large wheeled suitcase
Color : Gray
Brand (Manufacturer) : Tucker Bag

Please fill out the list of the items in the luggage

Quantity	Description
40	Emery Boards, Lipsticks, Blusher, Eye Shadow, etc. (**188** 1+2 연계 문제)
11	Portable Projector, Microphone, Video Camera, Cables, etc.
7	Shorts, Shirts, Suits, Shoes, etc.
5	Files, Posters, Travel guide books, etc.

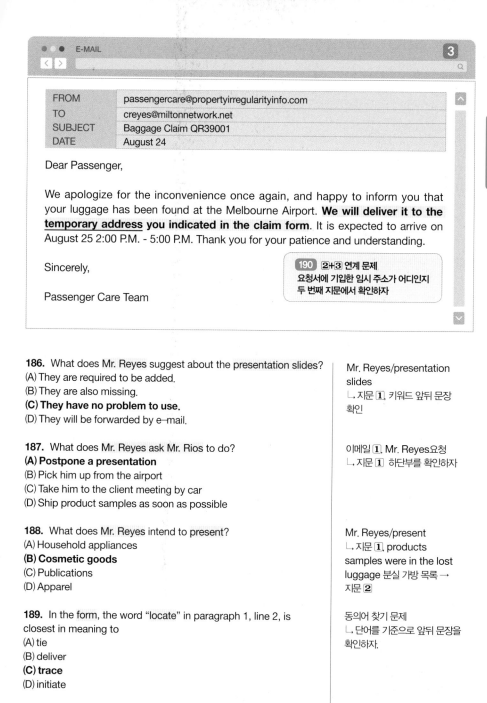

E-MAIL

FROM	passengercare@propertyirregularityinfo.com
TO	creyes@miltonnetwork.net
SUBJECT	Baggage Claim QR39001
DATE	August 24

Dear Passenger,

We apologize for the inconvenience once again, and happy to inform you that your luggage has been found at the Melbourne Airport. **We will deliver it to the temporary address you indicated in the claim form**. It is expected to arrive on August 25 2:00 P.M. - 5:00 P.M. Thank you for your patience and understanding.

Sincerely,

Passenger Care Team

> **190** 2+3 연계 문제
> 요청서에 기입한 임시 주소가 어디인지
> 두 번째 지문에서 확인하자

---

186. What does Mr. Reyes suggest about the presentation slides?
(A) They are required to be added.
(B) They are also missing.
(C) They have no problem to use.
(D) They will be forwarded by e-mail.

Mr. Reyes/presentation slides
ㄴ 지문 **1** 키워드 앞뒤 문장 확인

187. What does Mr. Reyes ask Mr. Rios to do?
(A) Postpone a presentation
(B) Pick him up from the airport
(C) Take him to the client meeting by car
(D) Ship product samples as soon as possible

이메일 **1** Mr. Reyes요청
ㄴ 지문 **1** 하단부를 확인하자

188. What does Mr. Reyes intend to present?
(A) Household appliances
(B) Cosmetic goods
(C) Publications
(D) Apparel

Mr. Reyes/present
ㄴ 지문 **1** products samples were in the lost luggage 분실 가방 목록 → 지문 **2**

189. In the form, the word "locate" in paragraph 1, line 2, is closest in meaning to
(A) tie
(B) deliver
(C) trace
(D) initiate

동의어 찾기 문제
ㄴ 단어를 기준으로 앞뒤 문장을 확인하자.

190. Where will the lost luggage most likely be delivered?
(A) To Melbourne
(B) To Sydney
(C) To Hong Kong
(D) To London

lost luggage / be delivered
ㄴ 지문 **3** temporary address → 지문 **2**

문제 186-190은 다음 이메일과 서식을 참고하시오.

발신	creyes@miltonnetwork.net
수신	marshallrios@cosscosmetic.com
제목	설명
날짜	8월 23일

Rios 씨에게

저희 항공편이 몇 시간 전에 홍콩에서 출발하여 시드니에 도착했는데, 저희가 부친 수화물을 분실해 저희는 여전히 공항에 있습니다. 그래서 저희 고객과 내일 회의를 하는 것이 어려울 것 같습니다. 다행히 프리젠테이션 슬라이드는 기내 휴대용 가방에 가져왔지만, 상품 샘플 대부분이 잃어버린 수화물에 있습니다. 항공사 직원은 36시간 이내에 수화물을 찾아서 저희 호텔로 배송해 준다고 했습니다. 이것은 저희가 내일 회의에 그것을 가지고 갈 수 없다는 것을 의미합니다. 따라서 내일 발표를 모레까지 연기하는 것이 가능할까요? 저희에게 알려주시기 바랍니다. 감사합니다.

진심으로,

Carlos Reyes

분실물 보관소

(사고 수화물 신고서)

귀하 수화물 관리에 불편을 끼쳐 진심으로 사과드립니다. 작성하신 정보는 고객님의 소유물을 신속하게 찾는데 쓰일 것입니다. 빠른 처리를 위해 고객님이 잃어버린 수화물과 안에 들어있는 목록을 상세히 알려 주시기 바랍니다.

승객이름 : Carlos Reyes
이메일 주소 : creyes@miltonnetwork.net
보고서 번호 : QR39001

임시 주소 : Birdsville Business Hotel, Watford 34, Sydney
본래 주소 : 5643 Chancery, London, RC21 St.21, UK

가방 종류 : 큰 바퀴가 달린 여행 가방
색상 : 회색
브랜드 (제조사) : Tucker Bag

수화물 안에 있는 목록을 작성해 주세요.

수량	설명
40	손톱 다듬는 줄, 립스틱, 블러셔, 아이섀도우 등
11	휴대용 프로젝터, 마이크, 비디오 카메라, 케이블 등
7	반바지, 셔츠, 정장, 신발 등
5	파일, 포스터, 여행 가이드 책 등

발신	passengercare@propertyirregularityinfo.com
수신	creyes@miltonnetwork.net
제목	수화물 찾기 QR39001
날짜	8월 24일

승객에게,

불편을 드린 점 다시 한 번 사과드립니다. 그리고 고객님의 수화물이 멜버른 공항에서 발견되었다는 점을 알려드리게 되어 기쁩니다. 고객님이 요청서에 기입하신 임시 주소로 배송해 드리고자 합니다. 그것은 8월 25일 오후 2시에서 5시 사이에 도착할 것으로 예상됩니다. 기다려주시고 양해해주셔서 감사드립니다.

진심으로

승객관리팀

어휘 check something in (비행기 등을 탈 때) ~을 부치다   go missing 행방 불명이 되다
arrange 마련하다, 주선하다   hold 열다, 개최하다   carry-on (기내) 휴대용 가방   locate ~의 정확한 위치를 찾아내다
put off 연기하다, 미루다   mishandle 잘못 처리하다, 잘못 관리하다   inconvenience 불편
fill something in (서식을) 작성하다   property 재산, 소유물   indicate 명시하다   postpone 연기하다, 미루다
intend to ~할 작정이다

---

186. Reyes 씨가 프리젠테이션 슬라이드에 대해 무엇이라고 하는가?

(A) 추가되어야 한다.
(B) 그것도 없어졌다.
(C) 사용에 문제없다.
(D) 이메일로 발송될 것이다.

STEP 1   답은 항상 키워드 옆에 있다.

문제의 키워드 Mr. Reyes, presentation slides를 확인하자. Reyes 씨가 작성한 첫 번째 지문에서 Luckily, we brought our presentation slides with us in our carry-on baggage를 통해 운 좋게도, 프리젠테이션 슬라이드는 기내용 가방에 가져왔다고 언급하고 있다. 따라서 프리젠테이션 슬라이드는 사용에 문제없다는 것을 알 수 있으므로 정답은 (C)이다.

---

187. Reyes 씨가 Rios 씨에게 요청한 것은 무엇인가?

(A) 발표 연기하기
(B) 그를 공항에서 데려오기
(C) 차로 고객 회의에 그를 데려다 주기
(D) 신속히 제품 샘플 배송하기

STEP 1   요구 사항은 지문의 하단부에 있다.

Reyes 씨가 Rios 씨에게 요청한 것이 무엇인지 묻는 문제이다. Reyes 씨가 작성한 이메일 하단부에서 정답의 단서를 찾자. 첫 번째 지문 하단부의 is it possible to put off the tomorrow's presentation until the day after tomorrow? Please let us know에서 내일 발표를 연기하는 것이 가능한지 알려달라고 요청하고 있음을 알 수 있다. 따라서 정답은 (A)이다.

188. Reyes 씨가 보여주려는 것은 무엇인가?

(A) 가전제품

(B) 화장품

(C) 출판물

(D) 의류

STEP 1 두 문서를 동시에 이용하는 연계 문제 유형 – 표나 그래프 등 시각 자료는 다른 문서와 연결하여 답을 찾는 문제가 주로 출제된다.

Reyes 씨가 보여주려는 것이 무엇인지 묻는 문제이다. Reyes 씨가 작성한 이메일인 첫 번째 지문 products samples were in the lost luggage에서 제품 샘플을 잃어버린 수화물에 있다고 언급하고 있다. 사고 수화물 신고서인 두 번째 지문에서 분실된 가방안의 목록을 확인하자. 목록 중 Emery Boards, Lipsticks, Blusher, Eye Shadow, etc.와 수량이 40인 것을 통해 제품 샘플은 화장품이라는 것을 알 수 있으므로 정답은 (B)이다.

---

189. 서식에서 첫 번째 단락 두 번째 줄의 "locate"와 의미가 가장 가까운 것은?

(A) 묶다

(B) 배달하다

(C) 찾아내다

(D) 시작하다

STEP 1 동의어는 문맥상 대체할 수 있는 단어를 찾는 것이다.

보기에서 일차원적으로 같은 의미의 단어를 찾는 것이 아니라 그 단어의 다양한 의미 중에서 본문의 상황에 맞는 의미를 선택해야 한다. 해당 문장 The information you fill in will be used to locate your properties as soon as possible.은 작성한 정보는 고객님의 소유물을 '찾는데' 쓰일 것이다 라는 문맥이므로 지문의 locate와 대체할 수 있는 것으로 보기 중 '찾아내다'를 의미하는 (C) trace가 정답이다.

---

190. 잃어버린 수화물은 어디로 배송될 것 같은가?

(A) 멜버른으로

(B) 시드니로

(C) 홍콩으로

(D) 런던으로

STEP 1 두 문서를 동시에 이용하는 연계 문제 유형 – 키워드 옆에 답이 없는 경우는 또 다른 키워드를 남긴다.

잃어버린 수화물이 어디로 배달될 것인지 묻는 문제이다. 마지막 문제의 답은 주로 세 번째 문서에 등장하므로 세 번째 지문에서 정답의 단서를 찾자. 세 번째 문서의 We will deliver it to the temporary address you indicated in the claim form에서 요청서에 기입한 임시 주소로 배송할 것이라고 언급되어 있다. 요청서에 기입한 임시 주소가 어디인지 두 번째 지문에서 확인하자. 두 번째 지문의 Temporary address : Birdsville Business Hotel, Watford 34, Sydney에서 임시 주소는 Sydney인 것을 알 수 있으므로 정답은 (B)이다.

Questions 191-195 refer to the following Web page, e-mail, and notice.

www.santoniohotel.com

| Events | Information | Services & Amenities | Booking |

There are many advantages to booking a room directly with Santonio Hotel rather than through a travel agency. [191 room preferences, early check-in, late checkout → special requests] ted representatives who are familiar with e... can give clearer answers to your inquiries than a travel agent. Moreover, you can more easily manage your room reservations, by indicating your **room preferences**, or scheduling an **early check-in** or **late checkout**.

In addition, we are now celebrating 20 years of operation. So, you may win one free night by entering **a raffle** when you book a room with us for any length of **stay during the month of September**. To make a reservation, ple... [193 1+2 연계 문제] tab or contact us at +21 877 2099 3345.

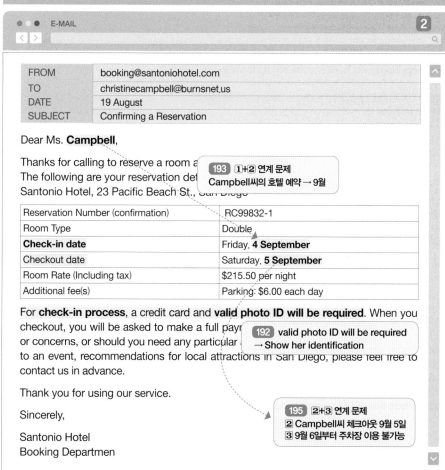

● ● ● E-MAIL

FROM	booking@santoniohotel.com
TO	christinecampbell@burnsnet.us
DATE	19 August
SUBJECT	Confirming a Reservation

Dear Ms. **Campbell**,

Thanks for calling to reserve a room a... [193 1+2 연계 문제 / Campbell씨의 호텔 예약 → 9월] The following are your reservation det... Santonio Hotel, 23 Pacific Beach St., San Diego

Reservation Number (confirmation)	RC99832-1
Room Type	Double
Check-in date	Friday, **4 September**
Checkout date	Saturday, **5 September**
Room Rate (Including tax)	$215.50 per night
Additional fee(s)	Parking: $6.00 each day

For **check-in process**, a credit card and **valid photo ID will be required**. When you checkout, you will be asked to make a full payr... [192 valid photo ID will be required → Show her identification] or concerns, or should you need any particular ... to an event, recommendations for local attractions in San Diego, please feel free to contact us in advance.

Thank you for using our service.

Sincerely,

[195 2+3 연계 문제 / 2 Campbell씨 체크아웃 9월 5일 / 3 9월 6일부터 주차장 이용 불가능]

Santonio Hotel
Booking Departmen

Dear Guest,

3

Thank you for staying with u~ Please keep in mind the following

194 Bistro → restaurants

- Unfortunately, Sun Valley **Bistro**, one of our on-premise facilities, will be closed from 4 September through 5 September. Please come to **our reception desk** and **ask for alternative options** near the hotel.

- Due to the scheduled refurbishing project, **our parking lot will not be available starting Sunday, 6 September.** We have already arranged another location for parking at the Town Center for our guests at the normal price of $6.00 per day.

Sorry for the inconvenience you may experience and thank you for your understanding.

195 **2**+**3** 연계 문제
2 Campbell씨 체크아웃 9월 5일
3 9월 6일부터 주차장 이용 불가능

The management of Santonio Hotel

---

191. What is suggested about Santonio Hotel?
(A) It can fulfill special requests from guests.
(B) It will update its reservation system in September.
(C) It has been in business for less than 20 years.
(D) It is opening a new hotel near its current location.

Santonio Hotel
ㄴ. 지문 **1**

192. What is Ms. Campbell going to do on September 4?
(A) Pay her hotel bill
(B) Rent a vehicle
(C) Show her identification
(D) Present the e-mail she was sent

Ms. Campbell, September 4
ㄴ. 지문 **2**

193. What is suggested about Santonio Hotel?
(A) It is fully reserved for September.
(B) It offers a special rate to frequent travelers.
(C) It has entered Ms. Campbell in a raffle.
(D) It received Ms. Campbell's booking through the Internet.

사실인 것을 찾는 문제는 문제와 보기의 키워드를 먼저 정리한 후 본문을 검색한다.
ㄴ. 문제의 키워드는 Santonio Hotel 이다. : 지문 **1**, **2**

194. What information can guests ask for at the front desk?
(A) When special events are held
(B) What local attractions are
(C) How to book a rental car
(D) Where nearby restaurants are

the front desk
ㄴ. 지문 **3**
"our reception desk"

195. What is suggested about Ms. Campbell?
(A) She qualifies for a free room upgrade.
(B) She will schedule a tour of San Diego.
(C) She will be able to visit the hotel's restaurant.
(D) She does not need to worry about the parking area.

사실인 것을 찾는 문제는 문제와 보기의 키워드를 먼저 정리한 후 본문을 검색한다.
ㄴ. 문제의 키워드는 Ms. Campbell 이다. : 지문 **2**, **3**

www.santoniohotel.com **1**

행사	정보	서비스 & 편의시설	예약

여행사를 거치지 않고 Santonio 호텔과 직접적으로 방을 예약하시면 많은 이점이 있습니다. 호텔 운영의 전반적인 사항을 잘 알고 여행사보다 고객님의 문의에 명확한 답변을 줄 수 있는 저희의 헌신적인 직원과 직접적으로 이야기 하세요. 게다가, 객실 선호사항을 알려주시거나 조기 체크인이나 늦은 체크아웃 일정을 잡는 것으로 고객님의 객실 예약을 더 쉽게 조정할 수 있습니다.

게다가, 현재 저희는 20주년을 기념하고 있습니다. 따라서 9월 한 달 동안 숙박을 위해 객실을 예약하실 때 추첨에 참여하셔서 1박 무료 숙박권을 받으실 수 있습니다. 예약을 위해서, 예약 탭을 클릭하시거나 +21 877 2099 3345로 연락주시기 바랍니다.

2

발신	booking@santoniohotel.com
수신	christinecampbell@burnsnet.us
날짜	8월 19일
제목	예약 확인

Campbell 씨에게

Santonio 호텔에 전화 예약해주셔서 감사드립니다.
다음은 고객님의 예약 세부사항입니다.
Santonio 호텔, 23 Pacific Beach St., San Diego

예약 번호 (확정)	RC99832-1
객실 종류	더블
체크인 날짜	9월 4일 금요일
체크아웃 날짜	9월 5일 토요일
숙박 요금 (세금 포함)	1박에 215달러 50센트
추가 요금	주차: 매일 6달러

체크인 절차를 위해서, 신용카드와 사진이 부착된 유효한 신분증이 필요합니다. 체크아웃 하실 때, 전액 지불 하시면 됩니다. 문의사항 있으시거나, 이벤트 표 예약과 San Diego 지역 명소 추천을 포함해서 특별한 도움 필요하시면, 사전에 언제든지 연락주시기 바랍니다.

서비스 이용에 감사드립니다.

진심으로,

Santonio 호텔
예약 부서

3

고객님께

투숙해 주셔서 감사합니다. 다음의 사항들을 명심해 주시기 바랍니다.

• 유감스럽게도, 저희 자체 시설 내 Sun Valley 식당이 9월 4일부터 9월 5일까지 영업을 하지 않습니다. 안내데스크에 오셔서 호텔 근처의 다른 옵션(식당)을 문의하시기 바랍니다.

• 예정된 재정비 사업으로, 저희 주차장은 9월 6일 일요일부터 이용하실 수 없습니다. 저희는 투숙객을 위해 하루 6달러의 정상가로 Town Center에 주차를 위한 다른 장소를 마련해 두었습니다.

불편을 드려 죄송하며 양해에 감사드립니다.

Santonio 호텔 경영진

어휘 operation 영업 be aware of ~을 알다 inquiry 질문, 문의 multiple 많은, 다양한 valid 유효한 recommendation 추천 payment 지불, 납입 keep in mind 명심하다 bistro 작은 식당 alternative 대체의 option 선택, 옵션 refurbish 재단장 하다 arrange 마련하다 location 장소 inconvenience 불편 identification 신분증 fully 완전히 special rate 특별 요금 raffle 복권식 판매 attraction 명소 qualify 자격을 얻다 schedule 일정을 잡다

191. Santonio 호텔에 관해 언급된 것은 무엇인가?

(A) 투숙객의 특별 요청을 이행할 수 있다.
(B) 9월에 예약 시스템을 업데이트 할 것이다.
(C) 20년 미만으로 영업해 왔다.
(D) 현재 위치 근처에 새로운 호텔을 열 것이다.

STEP 1   '사실'인 것을 찾는 문제는 보기의 키워드를 먼저 정리한 후 본문을 검색한다.

보기를 (A) special requests (B) reservation system (C) less than 20 years (D) opening a new hotel로 정리 한 후 본문을 검색하자. 첫 번째 지문 you can more easily manage your room reservations, by indicating your room preferences, or scheduling an early check-in or late checkout.에서 객실 선호 사항이나 조기 체크인, 늦은 체크아웃이 가능하다고 언급하고 있으므로 정답은 (A)이다.

STEP 2

(C) 첫 번째 지문의 In addition, we are now celebrating 20 years of operation.에서 20주년을 기념하고 있다고 언급하고 있다.

192. Campbell 씨는 9월 4일에 무엇을 할 것인가?

(A) 그녀의 호텔 숙박료 지불하기
(B) 차량 빌리기
(C) 그녀의 신분증 제시하기
(D) 그녀가 받은 이메일 보여주기

STEP 1   키워드 옆에 답이 없는 경우는 또 다른 키워드를 남긴다.

질문의 키워드 Ms. Campbell, September 4를 확인하자. 두 번째 지문을 통해 Campbell 씨가 9월 4일 호텔에 체크 인 한다는 것을 알 수 있다. For check-in process, a credit card and valid photo ID will be required에서 체크 인을 위해 사진이 부착된 신분증이 요구된다고 언급하고 있으므로, Campbell 씨는 9월 4일 체크인을 위해 신분증을 제시 할 것임을 알 수 있다. 따라서 정답은 (C)이다.

193. Santonio 호텔에 관해 언급된 것은 무엇인가?

(A) 9월에 예약이 꽉 찼다.
(B) 단골 고객에게 특별 요금을 제공한다.
(C) 추첨에 Campbell 씨를 참가시켰다.
(D) 인터넷을 통해 Campbell 씨의 예약을 받았다.

STEP 1   두 문서를 동시에 이용하는 연계 문제 유형 - 문제가 주는 힌트나 지문 내에 답에 영향을 주는 모든 요소들을 이용한다.

첫 번째 지문 you may win one free night by entering a raffle when you book a room with us for any length of stay during the month of September.에서 9월 숙박을 위해 방을 예약 할 때, 추첨에 참가해서 1박 무료 숙박권을 받을 수 있다고 언급하고 있으며, 두 번째 지문에서 Campbell 씨가 9월 4-5일 날짜로 호텔을 예약했음을 알 수 있으므로 Santonio 호텔은 추첨에 Cambell 씨를 참가시켰다는 것을 알 수 있으므로 정답은 (C)이다.

194. 투숙객이 안내데스크에서 물어볼 수 있는 정보는 무엇인가?

(A) 특별 행사가 언제 열리는지
(B) 지역 명소가 무엇인지
(C) 렌터카를 어떻게 예약하는지
(D) 근처 식당이 어디에 있는지

STEP 1 답은 항상 키워드옆에 있다.

세 번째 지문 Sun Valley Bistro ~ will be closed ~ Please come to our reception desk and ask for alternative options near the hotel에서 호텔 내의 식당이 일정 기간 동안 영업을 하지 않는다고 언급 한 뒤, 안내데스크에 와서 호텔 근처의 다른 식당을 문의하시길 바란다고 언급하고 있으므로 투숙객이 안내데스크에서 물어볼 수 있는 정보는 근처 식당인 것을 알 수 있다. 따라서 정답은 (D)이다.

---

195. Campbell 씨에 대해 언급된 것은 무엇인가?

(A) 그녀는 객실 업그레이드를 무료로 받을 자격이 있다.
(B) 그녀는 San Diego 여행 일정을 잡을 것이다.
(C) 그녀는 호텔 식당을 방문할 수 있을 것이다.
(D) 그녀는 주차구역에 대해 걱정할 필요가 없다.

STEP 1 두 문서를 동시에 이용하는 연계 문제 유형 – 특정인과 관련한 사실 확인 문제는 해당 지문과 연계 지문을 동시에 봐야 한다.

마지막 문제는 대부분 마지막 지문에 답이 있거나 마지막 지문에서 시작하여 다른 문서로 연계하여 해결한다. 세 번째 지문 our parking lot will not be available starting Sunday, 6 September.에서 주차장은 9월 6일부터 이용할 수 없다고 언급하고 있다. 두 번째 지문을 통해 Campbell 씨는 9월 5일 체크아웃 한다는 것을 알 수 있으므로 그녀는 호텔 내 주차장 이용에 문제가 없다는 것을 알 수 있다. 따라서 정답은 (D)이다.

STEP 2

(C) 세 번째 지문의 Unfortunately, Sun Valley Bistro, one of our on-premise facilities, will be closed from 4 September through 5 September.에서 호텔 내 식당은 9월 4일부터 5일까지 이용할 수 없다고 언급하고 있으므로 호텔 식당을 방문할 수 있다는 (C)는 오답이다.

1

Cut down your moving expenses with Vaughn Movers!

Vaughn Movers has been in business for over fifteen years. We **196**st many experienced yet courteous **workers** who are detail-oriented and **handle** your **possessions** efficiently with the greatest care. Fully equipped to complete the job, we can provide moving services locally or even throughout the nation!

Below are the standard prices, which all require a three-hour minimum:
2 workers: £90
3 workers: £125
4 workers: £150
5 workers: £175 **198** 1+3 연계 문제

Extra charges can occur when special requirements are needed. You can get a price estimate by filling out a servi~~ce request form in~~ detail at www.vaughnremoval.net/ price_estimate. Promotional **199** 1+2 연계 문제 this autumn; you can receive **a 15% discount** on your order **when booking the move on a weekday**.

2

Vaughn Movers
Service Request From

Request date: Thursday, September 12
Customer Name: Monty Lionel
E-mail address: m_lionel23@greennature.com

> **199** 1+2 연계 문제
> 광고에서 언급된 특별 할인에 대한
> 정보를 지문 1에서 찾자.

Telephone Number: 221-2432-5543
Moving From: 311 Edgware Road, Hendon, TW2 R211
Moving To: 256 High Barnet Avenue, Finchley, RC3 T33
Move Date: September 21
Stuff to be moved:
12 stone tabletops : nine of them are 5.5 feet long by 3.9 feet wide, and three of them are 11 feet long by 3.9 feet wide.

Comments **197**
The tabletops need to be moved from the manufacturer to a cafe we will open. **Since the bigger ones tend to be quite heavy, at least three movers will be required for the job**. I will get price quotes from other moving companies in the local area. The job should be done on September 21, **but earlier is fine if I can get the special discount mentioned in the advertisement**.

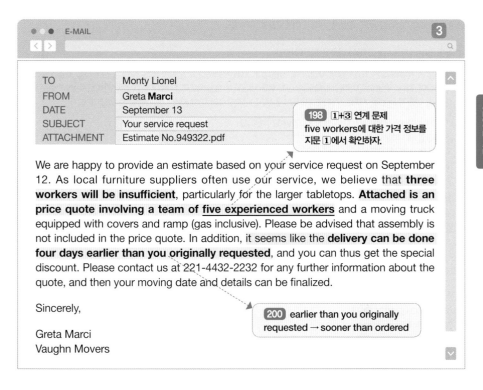

E-MAIL ③

TO	Monty Lionel
FROM	Greta **Marci**
DATE	September 13
SUBJECT	Your service request
ATTACHMENT	Estimate No.949322.pdf

198 ①+③ 연계 문제
five workers에 대한 가격 정보를
지문 ①에서 확인하자.

We are happy to provide an estimate based on your service request on September 12. As local furniture suppliers often use our service, we believe that **three workers will be insufficient**, particularly for the larger tabletops. **Attached is an price quote involving a team of five experienced workers** and a moving truck equipped with covers and ramp (gas inclusive). Please be advised that assembly is not included in the price quote. In addition, it seems like the **delivery can be done four days earlier than you originally requested**, and you can thus get the special discount. Please contact us at 221-4432-2232 for any further information about the quote, and then your moving date and details can be finalized.

Sincerely,

Greta Marci
Vaughn Movers

200 earlier than you originally requested → sooner than ordered

---

196. In the advertisement, the word "handle" in paragraph 1, line 2, is closest in meaning to
(A) fix
(B) deal
(C) treat
(D) trade

동의어 찾기 문제
ㄴ, 단어를 기준으로 앞뒤
문장을 확인하자. : 지문 ①

197. What does Mr. Lionel indicate about his move?
(A) It will be delayed for some reason.
(B) It will need a fully equipped vehicle.
(C) It will require a long–distance trip.
(D) It will include items that weight a lot.

Mr. Lionel / his move
ㄴ, 지문 ②

198. If Mr. Lionel decides to hire Vaughn Movers, what hourly rate he will most likely pay?
(A) £90
(B) £125
(C) £150
(D) £175

Mr. Lionel / will pay
ㄴ, 서비스 견적 → 지문 ③,
가격 정보 → 지문 ①

199. What is suggested about Mr. Lionel?
(A) He has more than one business.
(B) He regularly goes on business trips.
(C) He has visited many furniture suppliers for his business.
(D) He wants his move done on a weekday.

사실인 것을 찾는 문제는
문제와 보기의 키워드를 먼저
정리한 후 본문을 검색한다.
ㄴ, 문제의 키워드는
Mr. Lionel이다. : 지문 ①, ②

200. According to Ms. Marci, what will her firm be able to do?
(A) Provide assembling services for a small fee
(B) Complete the job sooner than ordered
(C) Offer a further reduction in the price
(D) Give directions to some local businesses

Ms. Marci / 미래정보
ㄴ, 지문 ③

문제 196-200은 다음 광고, 주문서 그리고 이메일을 참고하시오.

Vaughn Movers로 이사 비용을 절감하세요!

Vaughn Movers는 15년 넘게 사업을 해 왔습니다. 저희는 능숙하고 친절한 많은 직원이 있는 것을 자랑스럽게 생각하며 저희 직원들은 여러분의 물품을 꼼꼼하고 세심하게 효율적으로 다룹니다. 작업을 완료하기 위해 충분히 장비를 갖췄기 때문에, 저희는 가까운 거리뿐 아니라 전국적으로도 이사 서비스를 제공할 수 있습니다.

기준가는 아래와 같습니다. 모두 최소 3시간이 요구됩니다.
직원 2명: 90 파운드
직원 3명: 125 파운드
직원 4명: 150 파운드
직원 5명: 175 파운드

특별 요청 필요시 추가 요금이 발생할 수 있습니다. www.vaughnremoval.net/price_estimate에서 상세하게 서비스 요청서를 작성하셔서 가격 견적서를 받으실 수 있습니다. 이번 가을에 행사가로 이용하실 수 있습니다. 주중 이사를 예약하시면 주문에서 15% 할인 받으실 수 있습니다.

Vaughn Movers ②
서비스 요청서

요청 날짜: 9월 12일 목요일
고객 이름: Monty Lionel
이메일 주소: m_lionel23@greennature.com

전화 번호: 221-2432-5543
발신지: 311 Edgware Road, Hendon, TW2 R211
수신지: 256 High Barnet Avenue, Finchley, RC3 T33
이사 날짜: 9월 21일
이사할 물건:
석조 테이블 상판 12개 : 9개는 5.5피트(길이)X3.9피트(넓이)이고, 3개는 11피트(길이)X3.9피트(넓이) 입니다.

의견
제조사에서부터 저희가 개업할 카페로 테이블 상판을 배달해야 합니다. 큰 것은 상당히 무거운 경향이 있기 때문에 작업을 위해 적어도 3명의 직원이 필요할 것입니다. 저는 현지의 다른 이삿짐 회사에서 견적서를 받을 것입니다. 작업은 9월 21일에 이루어져야 합니다. 그렇지만 광고에 나와 있는 특별 할인을 받을 수 있다면 더 빨라도 좋습니다.

수신	Monty Lionel
발신	Greta Marci
날짜	9월 13일
제목	당신의 서비스 요청
첨부파일	견적서 No.949322.pdf

고객님의 9월 12일 서비스 요청서에 기반 한 견적서를 제공해드리게 되어 기쁩니다. 현지 가구 공급업체가 종종 저희 서비스를 이용하는 것으로 볼 때 특히 큰 테이블 상판에는 세 명의 직원은 부족할거라고 생각합니다. 첨부된 가격 견적서에는 5명의 숙련된 직원들 및 덮개와 경사계단(휘발유 포함)을 갖춘 이사 트럭이 포함되어 있습니다. 조립은 견적에 포함되어 있지 않다는 점 숙지하여 주시기 바랍니다. 게다가, 고객님이 원래 요청하신 날 보다 4일 일찍 배송할 수 있을 것으로 보이며, 따라서 고객님은 특별 할인을 받으실 수 있습니다. 견적서에 대한 더 많은 정보를 위해서 221-4432-2232로 연락주시기 바랍니다. 그러면 이사 날짜와 세부사항을 확정하실 수 있습니다.

진심으로,

Greta Marci
Vaughn Movers

어휘 **boast** 자랑스러운 무언가를 갖고 있다 **courteous** 공손한, 정중한 **possession** 소유물 **efficiently** 능률적으로
with the greatest care 세심하게 **handle** 다루다, 처리하다 **fully** 완전히, 충분히 **requirement** 필요, 필요조건
weekdays 평일에 **stuff** 물건 **tend to** (~하는) 경향이 있다 **price quote** 견적서
supplier 공급자, 공급 회사 **particularly** 특히 **ramp** 경사로, 램프 **inclusive** ~이 포함된 **assembly** 조립
include 포함하다 **qualify for** ~의 자격을 얻다 **vehicle** 차량, 운송 수단 **complete** 완료하다 **reduction** 감소, 삭감

---

196. 광고에서, 첫 번째 단락 두 번째 줄의 "handle"과 의미가 가장 가까운 것은?

(A) 고정시키다/수리하다
(B) 거래하다
(C) 취급하다
(D) 거래하다

STEP 1   동의어는 문맥상 대체할 수 있는 단어를 찾는 것이다.

단순히 같은 뜻을 찾는 것이 아니라 본문의 문맥에 어울리는 단어로 교체하는 것이 핵심이다. 해당 문장 workers who are detail-oriented and handle your possessions에서 여러분의 물건을 '처리'하는 직원을 의미하므로 '취급하다'는 의미의 (C) treat 가 정답이다.

197. Lionel 씨가 그의 이사에 대해 언급한 것은 무엇인가?

(A) 몇몇 이유로 지연될 것이다.
(B) 장비를 완전히 갖춘 차량이 필요할 것이다.
(C) 장거리 이동이 필요할 것이다.
(D) 무거운 물품을 포함할 것이다.

STEP 1   사람 이름은 항상 중요한 키워드이다.

질문의 키워드 Lionel 씨를 지문에서 확인하자. 두 번째 지문을 통해 이사를 요청한 고객인 것을 알 수 있으며, Since the bigger ones tend to be quite heavy, at least three movers will be required for the job에서 큰 것이 더욱 무거운 경향이 있기 때문에 적어도 3명의 직원이 작업을 위해 필요할 것이라는 언급을 통해 Lionel 씨가 무거운 짐을 이사 요청한다는 것을 알 수 있으므로 정답은 (D)이다.

---

198. Lionel 씨가 Vaughn Movers사를 고용하기로 결정한다면, 그는 얼마의 시간당 급료를 지급할 것 같은가?

(A) 90 파운드
(B) 125 파운드
(C) 150 파운드
(D) 175 파운드

STEP 1   두 문서를 동시에 이용하는 연계 문제 유형 – 해당 위치를 검색하면 답이 없고 그 위치에 또 다른 키워드를 남기므로 다른 문서에서 키워드를 찾아야 한다.

세 번째 지문 we believe that three workers will be insufficient에서 3명의 직원으로는 충분하지 않다는 언급에 이어 Attached is an price quote involving a team of five experienced workers에서 첨부된 가격 견적서는 5명의 직원을 포함하고 있다고 언급하고 있다. 첫 번째 지문의 Below are the standard prices, which all require a three-hour minimum에서 기준 가격이며 최소 3시간이 요구된다고 언급하고 있으므로 제시된 가격은 시간당 임금 가격인 것임을 알 수 있다. 5명의 직원은 시간당 175파운드의 요금을 지불해야 한다고 언급되어 있으므로 Lionel 씨가 Vaughn Removal사를 고용하기로 결정한다면 그는 시간당 급료로 175파운드를 지급할 것임을 알 수 있다. 따라서 정답은 (D)이다.

---

199. Lionel 씨에 대해 언급된 것은 무엇인가?

(A) 그는 사업체를 하나 이상 가지고 있다.
(B) 그는 정기적으로 출장을 간다.
(C) 그는 그의 사업체를 위해 많은 가구 공급업체를 방문했다.
(D) 그는 주중에 이사하길 원한다.

STEP 1   두 문서를 동시에 이용하는 연계 문제 유형 – 특정인과 관련한 사실 확인 문제는 해당 지문과 연계 지문을 동시에 봐야 한다.

Lionel 씨에 대해 묻는 문제이다. 보기를 (A) has, business (B) regularly, business trip (C) visited, furniture suppliers (D) move, weekday로 정리한 후 보기를 검색하자. 두 번째 지문 but earlier is fine if I can get the special discount mentioned in the advertisement.에서 광고에 나와 있는 특별 할인을 받을 수 있다면 더 빨라도 좋다고 언급하고 있다. 광고에서 언급된 특별 할인을 첫 번째 지문에서 찾자. 첫 번째 지문 하단부 you can receive a 15% discount on your order when booking the move on a weekday.에서 주중 이사를 예약하면 15% 할인을 받을 수 있다고 언급을 하고 있다. 따라서 그는 주중에 이사하길 원한다는 것을 알 수 있으므로 정답은 (D)이다.

200. Marci 씨에 따르면, 그녀의 회사가 할 수 있는 것은 무엇인가?

(A) 소액으로 조립 서비스 제공하기
(B) 주문보다 더 일찍 작업 완료하기
(C) 추가 가격 할인 제공하기
(D) 일부 현지 기업에게 지시하기

STEP 1 마지막 문제의 답은 주로 세 번째 문서에 등장한다.

단일 지문 문제와 마찬가지로 다중 지문의 문제들도 답은 순서대로 등장한다.
Marci 씨의 회사가 할 수 있는 것이 무엇인지 묻는 문제로 세 번째 지문에서 정답의 단서를 찾자. 세 번째 지문의 it seems like the delivery can be done four days earlier than you originally requested에서 요청한 것보다 배달을 4일 더 빨리 끝낼 수 있을 것으로 보인다고 언급하고 있다. 따라서 정답은 (B)이다.

TEST 3

LISTENING TEST

In the Listening test, you will be asked to demonstrate how well you understand spoken English. The entire Listening test will last approximately 45 minutes. There are four parts, and directions are given for each part. You must mark your answers on the separate answer sheet. Do not write your answers in your test book.

PART 1

Directions: For each question in this part, you will hear four statements about a picture in your test book. When you hear the statements, you must select the one statement that best describes what you see in the picture. Then find the number of the question on your answer sheet and mark your answer. The statements will not be printed in your test book and will be spoken only one time.

Statement (B), "They're having a meeting," is the best description of the picture, so you should select answer (B) and mark it on your answer sheet.

1.

2.

GO ON TO THE NEXT PAGE

TEST 3

3.

4.

5.

6.

GO ON TO THE NEXT PAGE

PART 2

Directions: You will hear a question or statement and three responses spoken in English. They will not be printed in your test book and will be spoken only one time. Select the best response to the question or statement and mark the letter (A), (B), or (C) on your answer sheet.

7. Mark your answer on your answer sheet.

8. Mark your answer on your answer sheet.

9. Mark your answer on your answer sheet.

10. Mark your answer on your answer sheet.

11. Mark your answer on your answer sheet.

12. Mark your answer on your answer sheet.

13. Mark your answer on your answer sheet.

14. Mark your answer on your answer sheet.

15. Mark your answer on your answer sheet.

16. Mark your answer on your answer sheet.

17. Mark your answer on your answer sheet.

18. Mark your answer on your answer sheet.

19. Mark your answer on your answer sheet.

20. Mark your answer on your answer sheet.

21. Mark your answer on your answer sheet.

22. Mark your answer on your answer sheet.

23. Mark your answer on your answer sheet.

24. Mark your answer on your answer sheet.

25. Mark your answer on your answer sheet.

26. Mark your answer on your answer sheet.

27. Mark your answer on your answer sheet.

28. Mark your answer on your answer sheet.

29. Mark your answer on your answer sheet.

30. Mark your answer on your answer sheet.

31. Mark your answer on your answer sheet.

PART 3

Directions: You will hear some conversations between two or more people. You will be asked to answer three questions about what the speakers say in each conversation. Select the best response to each question and mark the letter (A), (B), (C), or (D) on your answer sheet. The conversations will not be printed in your test book and will be spoken only one time.

32. What does the man ask the woman to do?
(A) Review a book
(B) Explain a route
(C) Deliver a speech
(D) Organize a reception

33. What does the woman inquire about?
(A) The time of an event
(B) The fee of an event
(C) The length of document
(D) The availability of parking

34. What will the man most likely do next?
(A) Contact his colleague
(B) Make a conference call
(C) Post a presentation
(D) Inspect a Web site

35. What is the woman concerned about?
(A) An arrival time
(B) A departing time
(C) A schedule change
(D) A platform number

36. According to the man, what has caused the problem?
(A) A canceled train
(B) A technical issue
(C) A lack of staff
(D) A renovation project

37. What will the woman most likely do next?
(A) Take a shuttle bus
(B) Sign a bus ticket
(C) Wait at the station
(D) Have some refreshments

GO ON TO THE NEXT PAGE

38. What does Monica want to do?
(A) Take a class at a fitness center.
(B) Attend a training workshop.
(C) Refer a person for employment.
(D) Hold a staff meeting.

39. Why does the man say, "Hays has been here a long time."?
(A) To explain a workshop Hays is organizing
(B) To suggest Hays is the right person to answer
(C) To recommend that Hays be promoted
(D) To express surprise about the service period Hays has

40. What does Hays offer to do?
(A) Send an e-mail
(B) Visit the HR department
(C) Review an application
(D) Provide some information

41. Why does the woman thank the man?
(A) He sponsored an organization.
(B) He purchased a product.
(C) He organized an event.
(D) He received an award.

42. Why is the woman calling?
(A) To explain an event
(B) To review his interview
(C) To get some feedback
(D) To wrap up an event

43. By when must the man provide his photo?
(A) By Tuesday
(B) By Wednesday
(C) By Thursday
(D) By Friday

44. What does the man mention about the book?
(A) It is known by international readers.
(B) It has various photos.
(C) It is easy to understand.
(D) It got poor reviews.

45. What does the man ask the woman to do?
(A) Pick up some orders
(B) Extend a deadline
(C) Consult a manual
(D) Provide a suggestion

46. What does the woman suggest about the bookstore?
(A) It has a wide selection of books.
(B) It has a sale going on.
(C) It is located near her office.
(D) It is going to be renovated.

47. Where most likely does the woman work?
(A) At an advertising agency
(B) At a factory
(C) At a service center
(D) At a law firm

48. What problem does the man mention?
(A) A system is out of order.
(B) Staff is not available.
(C) A review is not satisfactory.
(D) An office is not spacious.

49. What will the woman do next?
(A) Check her computer
(B) Leave for a business trip
(C) Attend a meeting
(D) Contact her coworker

50. What are the speakers discussing?
(A) A software program
(B) A company's logo
(C) A store credit
(D) A clothing order

51. According to the woman, what is suggested about #811?
(A) It has diverse patterns.
(B) It is not available anymore.
(C) It comes in many colors.
(D) It is limited to members.

52. What does Marco explain to the customer?
(A) There will be an extra charge.
(B) There is another option for shipping.
(C) The company logo is not printed.
(D) There will be an extra consultation.

53. Where does the man work?
(A) At a museum
(B) At a movie theater
(C) At an art gallery
(D) At a community center

54. What does the private program provide?
(A) A discount
(B) A guided tour
(C) Some refreshments
(D) A guide book

55. What will the man most likely do next?
(A) Complete a form
(B) Buy some gifts
(C) Request a fee
(D) Apply a discount

56. What type of business does the man own?
(A) A shoes store
(B) A restaurant
(C) A clothing shop
(D) A bakery

57. How did the man learn about the woman's agency?
(A) From a colleague
(B) From an advertisement
(C) From a Web site
(D) From a radio broadcast

58. What does the woman say about the focus group?
(A) It gave good reviews.
(B) It will consist of several age group.
(C) It will run for five months.
(D) It is intended for the specific season.

GO ON TO THE NEXT PAGE

59. What type of business does the woman work for?
(A) A real estate agency
(B) A consulting firm
(C) A manufacturing company
(D) A shoe store

60. Why does the man says, "It depends on the company's situation."?
(A) To express his apology
(B) To complain about his company
(C) To explain the terms of his contract
(D) To decline an invitation

61. What will the man most likely do next?
(A) Give directions to a company
(B) Provide his contact information
(C) Send an e-mail
(D) Contact his supervisor

Rosewood Hotel

Room	Capacity
Crystal Ballroom	300
Sapphire Room	200
Emerald Room	100
Onyx Room	80

62. What does the man want to do?
(A) Cancel a meeting
(B) Reserve a place
(C) Inquire about a price
(D) Change a reservation

63. Look at the graphic. Which room does the man choose?
(A) Crystal Ballroom
(B) Sapphire Room
(C) Emerald Room
(D) Onyx Room

64. What does the woman say is the man eligible to receive?
(A) A discount coupon
(B) A complimentary lunch
(C) Free Wi-Fi
(D) A mileage service

Cherryblossom Mini Dresser Parts List	
Item	Quantity
Handle	4
Flathead screw	8
Wheel	4
Rounded screw	12

Helmore Furniture Company Directory		
Name	Responsibility	Extension
Megan Kim	Marketing	124
Scott McField	Outsourcing	957
Natasha Grokova	Internal Events	325
Mika Kobayashi	Accounting	117

65. What was the woman trying to do?
(A) Order some clothing
(B) Assemble an item
(C) Obtain a manual
(D) Return a faulty product

66. Look at the graphic. What part is not included in the package?
(A) Handle
(B) Flathead Screws
(C) Wheel
(D) Rounded Screws

67. What will the man give the woman?
(A) A customer number
(B) A store receipt
(C) A service warranty
(D) A store location

68. What does the woman say happened to Sara?
(A) She had a car accident.
(B) She won an award.
(C) She called in sick.
(D) She went on a business trip.

69. What does the man suggest about Sara's work?
(A) It is almost the same as his.
(B) It is time consuming.
(C) It is complicated.
(D) It is important.

70. Look at the graphic. Who should the woman contact?
(A) Megan Kim
(B) Scott McField
(C) Natasha Grokova
(D) Mika Kobayashi

TEST 3

GO ON TO THE NEXT PAGE

PART 4

Directions: You will hear some talks given by a single speaker. You will be asked to answer three questions about what the speaker says in each talk. Select the best response to each question and mark the letter (A), (B), (C), or (D) on your answer sheet. The talks will not be printed in your test book and will be spoken only one time.

71. Why is the speaker calling?
(A) To acknowledge the support of the library
(B) To inform that a book can be borrowed
(C) To inquire about an event
(D) To accept a job offer

72. What can the listener ask for?
(A) A time table for some lessons
(B) An e-mail confirmation
(C) Additional time
(D) A discount coupon

73. What does the speaker remind the listener about?
(A) What is needed for extension
(B) What the hours of operation are
(C) Where the nearest store is
(D) Who the right person is

74. Where most likely does the speaker work?
(A) At a hotel
(B) At a cafeteria
(C) At a bus terminal
(D) At a grocery store

75. What is the speaker mainly discussing?
(A) Newly installed furniture
(B) A computer software feature
(C) A revised working shift
(D) A new vendor

76. What does the speaker imply when she says, "Mr. Melder from LP Soft is here for today"?
(A) Mr. Melder will give a demonstration.
(B) There are more guests than usual.
(C) Mr. Melder can resolve a problem.
(D) A new manager was hired.

77. Why are the listeners encouraged to visit a Web site?
(A) To get information about some food
(B) To participate in a news program
(C) To check weather conditions
(D) To learn more about a schedule

78. What makes the event different from previous events?
(A) Some famous cooks will be present.
(B) All events will be broadcasted live on the internet.
(C) The period of the event will be extended.
(D) There will be more activity programs.

79. Why does the speaker say, "Advance reservations are not accepted"?
(A) To explain the reason for a delay
(B) To notify of a policy change
(C) To suggest visiting another business
(D) To recommend arriving early

---

80. What has the speaker's company recently done?
(A) It has won a contract.
(B) It has hired a new advertising agency.
(C) It has participated in a contest.
(D) It has moved its headquarters.

81. What news does the speaker announce?
(A) A board meeting will be held.
(B) A press interview will be conducted.
(C) A celebration is being planned.
(D) A new policy will be implemented.

82. What does the speaker say will happen next week?
(A) A project schedule will be posted.
(B) The location for an event will be revealed.
(C) Working hours will be revised.
(D) The final design for an office layout will be decided.

---

83. Who most likely is the speaker?
(A) A sales representative
(B) A technician
(C) A restaurant manager
(D) A warehouse worker

84. What problem is the speaker addressing?
(A) A business is short-staffed.
(B) A product is unavailable.
(C) A shipment has been delayed.
(D) A part has been damaged.

85. What does the speaker offer to do?
(A) Contact another store
(B) Send some links
(C) Provide a coupon
(D) Check the inventory

---

86. What is the speaker mainly discussing?
(A) Employee benefits
(B) Free transportation
(C) A reservation policy
(D) Internet availability

87. What is Rosedale Hotel hoping to do?
(A) Run more shuttle services
(B) Add new menu items
(C) Attract more guests
(D) Improve old facilities

88. What are the listeners asked to do?
(A) Test some samples
(B) Complete a survey
(C) Review a report
(D) Sign up for a program

GO ON TO THE NEXT PAGE

89. Why is the speaker calling?
(A) To inquire about a shipping rate
(B) To schedule a meeting
(C) To make a complaint
(D) To request a document

90. What does the speaker say about a Web site?
(A) It blocks access to certain pages.
(B) It needs upgraded software.
(C) It gives misinformation.
(D) It is easy to navigate.

91. What is the listener asked to do?
(A) Ship additional items
(B) Send a catalogue
(C) Return a call
(D) Confirm an order number

92. What's the news report about?
(A) A new business
(B) A local sports event
(C) Public transportation
(D) Upcoming community events

93. What will the listeners now be able to do?
(A) Buy tickets in advance
(B) Register online
(C) Search some vehicles
(D) Review a document

94. Why does the speaker say, "It only takes a few minutes"?
(A) To emphasize a short distance
(B) To recommend a service
(C) To suggest waiting for a while
(D) To encourage listeners to join an event

2017 Family Run	
Apple Route	3 kilometers
Pear Route	5 kilometers
Melon Route	7 kilometers
Banana Route	10 kilometers

Market Share

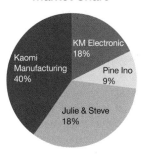

Kaomi Manufacturing 40%
KM Electronic 18%
Pine Ino 9%
Julie & Steve 18%

95. What has Jun's Fresh Market provided?
(A) Prizes
(B) Safety equipment
(C) T-shirts
(D) Refreshments

96. Look at the graphic. Which route is new to the event?
(A) Apple Route
(B) Pear Route
(C) Melon Route
(D) Banana Route

97. What are the listeners advised to do?
(A) Check the signs on the routes
(B) Get a map at a staff booth
(C) Follow the directions of the officials
(D) Sign up for the next event

98. According to the speaker, what was mentioned in the report?
(A) The company will launch a new product.
(B) Product sales exceeded expectations.
(C) A new rival company has appeared this year.
(D) The company is experiencing a financial crisis.

99. What does the speaker say is a problem?
(A) An important contract has been terminated.
(B) The production capacity is limited.
(C) Market competition has increased.
(D) A project was over budget.

100. Look at the graphic. Which company may be purchased?
(A) KM Electronic
(B) Pine Ino
(C) Julie & Steve
(D) Kaomi Manufacturing

This is the end of the Listening test. Turn to Part 5 in your test book.

READING TEST

In the Reading test, you will read a variety of texts and answer several different types of reading comprehension questions. The entire Reading test will last 75 minutes. There are three parts, and directions are given for each part. You are encouraged to answer as many questions as possible within the time allowed.

You must mark your answers on the separate answer sheet. Do not write your answers in your test book.

PART 5

Directions: A word or phrase is missing in each of the sentences below. Four answer choices are given below each sentence. Select the best answer to complete the sentence. Then mark the letter (A), (B), (C), or (D) on your answer sheet.

101. This week's column by Dennis K. Wagman has a -------- and insightful analysis of the market trend.
(A) wise
(B) wisest
(C) wisdom
(D) wisely

102. Mrs. Young had to review all the proposals from prospective suppliers before -------- met with them.
(A) her
(B) hers
(C) herself
(D) she

103. One of our clients requested a refund -------- the music player he received was damaged.
(A) why
(B) despite
(C) because
(D) concerning

104. It is -------- that we all be aware of changes that occur on the market.
(A) critical
(B) substantial
(C) eventful
(D) actual

105. Mr. Diaz has contacted several agencies to obtain the permits -------- for operating a facility.
(A) requires
(B) required
(C) requiring
(D) will require

106. With the AK-350 Scanners, users can -------- create electronic documents that are more than 1,000 pages long.
(A) easy
(B) ease
(C) easier
(D) easily

107. Because rain is --------- this Friday, the outdoor concert has been rescheduled for March 20.
(A) likes
(B) likely
(C) liking
(D) likeness

108. At the press conference, the president of KM Music stated that there is a slight --------- the company will merge with Lisa Media.
(A) possibility
(B) possibilities
(C) possibly
(D) possible

109. More information --------- our current job openings is available on our homepage.
(A) about
(B) across
(C) except
(D) upon

110. This equipment is to be --------- only when conducting health-related tests.
(A) uses
(B) used
(C) using
(D) usage

111. --------- is particularly special about our new portable printer is its compatibility with various devices.
(A) That
(B) Why
(C) What
(D) Which

112. It is estimated that our new batteries will last for --------- two months without needing to be charged.
(A) approximate
(B) approximates
(C) approximation
(D) approximately

113. Our main server deals with a high --------- of data daily, so we need to upgrade the system urgently.
(A) size
(B) point
(C) volume
(D) section

114. For reasons that are --------- uncertain, Mrs. Potter has suddenly left her job.
(A) much
(B) soon
(C) still
(D) far

115. With the latest software system, our service agents can --------- to customers' questions more rapidly.
(A) suggest
(B) inform
(C) respond
(D) handle

116. Our company --------- stipulate that fragile items should be individually packed in cartons in order to protect them from being damaged.
(A) beliefs
(B) subjects
(C) regulations
(D) expenditures

GO ON TO THE NEXT PAGE

117. Apollo Global Management, LLC
--------- a variety of financial
services tailored to the needs of
retired people.
(A) offer
(B) offers
(C) offering
(D) will be offered

118. The board of directors postponed
the product launch --------- all
inspections end next week.
(A) from
(B) despite
(C) about
(D) until

119. Leon's Paradise is an independent
--------- that is based on a real story.
(A) filmer
(B) films
(C) film
(D) filmed

120. In a recent experiment, all the air
bags in Aida's vehicles were proven
to be ---------.
(A) rely
(B) relying
(C) reliable
(D) reliably

121. We asked the appraiser to confirm
that this item is a --------- Pablo
Nelson painting.
(A) descriptive
(B) permanent
(C) genuine
(D) correct

122. Please contact us --------- the
availability of different models and
possibilities for discount.
(A) through
(B) regarding
(C) around
(D) without

123. Southwest Gas Corporation was
--------- sold for over two billion
dollars.
(A) reporter
(B) reports
(C) reportedly
(D) reporting

124. All the automatic doors in this
building will be out of service while
regular inspection work ---------
place.
(A) is taking
(B) has taken
(C) took
(D) taking

125. Cindy Foster is respected as a
resourceful leader with proven ability
--------- whatever challenges arise.
(A) meet
(B) meeting
(C) to be met
(D) to meet

126. Our customer service representatives
will allocate classes suited to you
--------- the registration form is
submitted.
(A) whereas
(B) only
(C) either
(D) once

127. Although most companies at the exhibition offered promotional flyers to visitors, -------- provided free samples like we did.
(A) few
(B) any
(C) everything
(D) neither

128. Our business plan for the next year includes a list of three -------- to be achieved for each quarter.
(A) objectives
(B) competitors
(C) finishes
(D) customers

129. Due to the introduction of new drugs, the stock price of Mollet Pharmaceuticals -------- by 20 percent by the end of this year.
(A) will have risen
(B) rising
(C) will be risen
(D) has been risen

130. Glory Dry Cleaning claims that it can process orders more -------- than neighboring stores.
(A) suddenly
(B) efficiently
(C) recently
(D) chiefly

GO ON TO THE NEXT PAGE

PART 6

Directions: Read the texts that follow. A word, phrase, or sentence is missing in parts of each text. Four answer choices for each question are given below the text. Select the best answer to complete the text. Then mark the letter (A), (B), (C), or (D) on your answer sheet.

Questions 131-134 refer to the following memo.

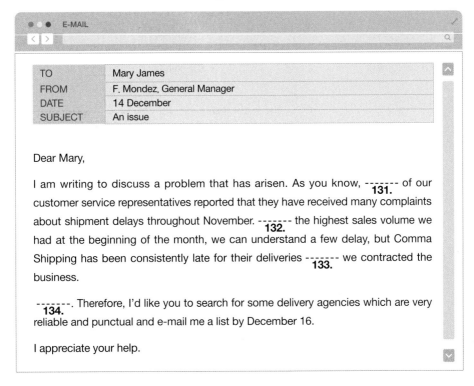

TO   Mary James
FROM   F. Mondez, General Manager
DATE   14 December
SUBJECT   An issue

Dear Mary,

I am writing to discuss a problem that has arisen. As you know, ------- of our **131.** customer service representatives reported that they have received many complaints about shipment delays throughout November. ------- the highest sales volume we **132.** had at the beginning of the month, we can understand a few delay, but Comma Shipping has been consistently late for their deliveries ------- we contracted the **133.** business.

-------. Therefore, I'd like you to search for some delivery agencies which are very **134.** reliable and punctual and e-mail me a list by December 16.

I appreciate your help.

131. (A) every
(B) most
(C) any
(D) much

132. (A) Give
(B) To give
(C) Given
(D) Giving

133. (A) while
(B) until
(C) before
(D) since

134. (A) Many of us were satisfied with Parashut Company.
(B) However, our sales have slightly decreased.
(C) At the next meeting, I'm going to suggest changing a shipping company.
(D) Without innovation, we cannot guarantee our company's leading position in the industry.

Questions 135-138 refer to the following notice.

Parson Communications Policy

Due to the increasing inquiries for usage of printers and copiers, the general department would like to announce following printer policy.

1. Color Printer

The color printer on the 5th floor is for the ------ use of advertising department **135.** employees. Advertising department staff members can print out 50 copies per week without a supervisor's approval. Documents ------ with the color printer must be for **136.** within Parsons Communications and for meetings and presentations with our clients.

2. Express Copier

The express copier is located on the 6th floor. It consumes a lot of energy, so it is used only for mass copying. To use it, employees must obtain their department printing pass. A printing pass ------ by the general department.
137.

3. Black and White Copiers

These are located on the 3rd floor next to the employee lounge. Every worker in Parson Communications can make and print out up to 50 pages per week.

NOTE

All printing and copying work is recorded with an employee's identification badge. If the staff wants to make additional copies, they must receive managerial authorization. Please remember all equipment may be used for business purposes only. ------.
138.

Thank you for your cooperation.

135. (A) customary
(B) peculiar
(C) subtle
(D) exclusive

136. (A) made
(B) making
(C) to make
(D) be made

137. (A) are issued
(B) issue
(C) will have issued
(D) will be issued

138. (A) No copies are allowed for any personal purposes.
(B) The second-floor copiers will be fixed.
(C) The laser color printers have been upgraded.
(D) The support team can maintain all printers and copiers.

GO ON TO THE NEXT PAGE

Olive Oil Sales on the Rise

The Chamber of Commerce in Spain announced that this year's national olive oil sales have reached 1,000,000 tons. This figure is 12 percent higher than the last year's number and sales have been increasing for three consecutive years. The Chamber attributes this growth as well as growth in the ------- years to several factors, **139.** ------- the availability of lower retail prices due to the significant rise in olive crops **140.** in the area. Contrary to the national demand for olive oils, the international market has seen a slight ------- for these past four years notwithstanding concentrated **141.** advertising efforts. -------. **142.**

139. (A) earlier
(B) current
(C) following
(D) further

140. (A) includes
(B) included
(C) including
(D) include

141. (A) drop
(B) value
(C) competition
(D) interruption

142. (A) Consequently, it is expected that a different international approach will be undertaken next year.
(B) However, another factor is the transitions from the current policy.
(C) Consumers who prefer Canola oil also enjoy the taste of olive oil.
(D) Therefore, the success of the advertisements was accepted by the Chamber.

Questions 143-146 refer to the following article.

Birmingham Gazette

Business Updates

(2 March)—Clean&Clear Sanitation, a sewage disposal company announced today that CEO Martin Sung will retire next July. Mr. Sung -------- Clean&Clear for over 25
143.
years. --------. As reported by a company press release, his expertise in the sewage
144.
treatment and his excellent managerial skills allowed him to obtain a management
position. --------, he took over the CEO position.
145.

"Thanks to Mr. Sung's leadership, Clean&Clear has leaped to the top position in the industry in a flash. We are now a large enough -------- the most prestigious clients."
146.
Marilyn Pearson, Clean&Clear's vice president of affairs, said. Ms. Pearson has accepted Mr. Sung's replacement.

---

143. (A) has operated
(B) will operate
(C) is operating
(D) had been operating

144. (A) Several firms operate sanitation
facilities in U.S.
(B) The business is popular with residents
and officials alike.
(C) He started his career in operations at
the firm's Oxford branch.
(D) He is a partner of the company and
also vice president.

145. (A) In other words
(B) Before long
(C) However
(D) On the contrary

146. (A) be attracting
(B) in attraction to
(C) attracted
(D) to attract

GO ON TO THE NEXT PAGE

PART 7

Directions: In this part you will read a selection of texts, such as magazine and newspaper articles, e-mails, and instant messages. Each text or set of texts is followed by several questions. Select the best answer for each question and mark the letter (A), (B), (C), or (D) on your answer sheet.

Questions 147-148 refer to the following document.

Speak to Us: Revolution in Social Media
August 2 – August 3
Hotle Goldhawk, Chancery Street, RQ7 4TR New York, USA

Name: Aaron Brooks
Title: Public Relations Officer
Company: Bayswater Broadcasting
Address: 34 Stanmore Road, RP2 5TW, New York, USA
E-mail: aaronbrooks@bayswaterbroadcasting.com
Phone: +32 746 9998 5743

I would like to be present at:

____ August 2 – Evening session: opening remarks, keynote speech, buffet dinner, and three breakout meetings (5:00 P.M. - 7:30 P.M.)

✓ August 3 – All-day session: five breakout lectures (11:00 A.M., 12:30 P.M., 2:30 P.M., 3:30 P.M., 4:30 P.M.)

Rate:
✓ One day ($60)
____ Two days ($110)

---

147. What is the purpose of the document?
(A) To adjust an event location
(B) To sign up for an event
(C) To ask for a payment
(D) To schedule a conference

148. According to the document, what will Mr. Brooks most likely do?
(A) Request reimbursement
(B) Have a buffet lunch
(C) Attend a small group discussion
(D) Make some opening remarks

Questions 149-150 refer to the following text message chain.

● ● ● ○ ○   🔋

9:29 A.M. **Katrian Contreras**
Have you arrived at the office?

9:30 A.M. **Matthew Clark**
Yes, I have. I got here at 9.

9:30 A.M. **Katrian Contreras**
The printer in my office is not working. I called a technician to have it repaired, but she won't be able to come until late this afternoon. I need to have some digital blueprints printed out for the meeting with my clients at 10.

9:31 A.M. **Matthew Clark**
Not to worry. I can do that for you. Which folder should I open to locate them?

9:32 A.M. **Katrian Contreras**
I've saved them on the computer on my desk. You will be able to see them in the Debden file folder. Can you find them?

9:32 A.M. **Matthew Clark**
Yes, I found them. I will try to get to it right now.

9:33 A.M. **Katrian Contreras**
Excellent! I will come to your office right away. Thanks!

149. What issue is Ms. Contreras faced with?
(A) She cannot get immediate help.
(B) Some blueprints need to get approved.
(C) Her assistant did not come to work yet.
(D) Her clients have arrived earlier than expected.

150. At 9:32 A.M., what does Mr. Clark most likely mean when he writes, "I will try to get to it right now"?
(A) He will contact a repair person.
(B) He will set up a meeting room.
(C) He will print some documents.
(D) He will adjust some blueprints.

GO ON TO THE NEXT PAGE

➡️

441

Questions 151-152 refers to the following e-mail.

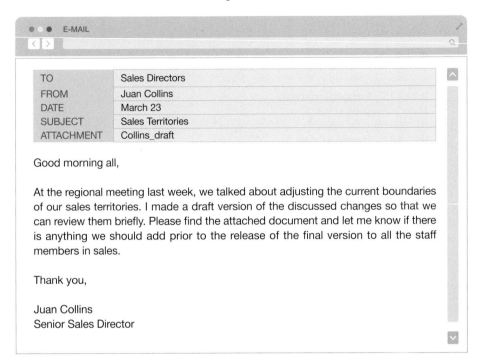

TO	Sales Directors
FROM	Juan Collins
DATE	March 23
SUBJECT	Sales Territories
ATTACHMENT	Collins_draft

Good morning all,

At the regional meeting last week, we talked about adjusting the current boundaries of our sales territories. I made a draft version of the discussed changes so that we can review them briefly. Please find the attached document and let me know if there is anything we should add prior to the release of the final version to all the staff members in sales.

Thank you,

Juan Collins
Senior Sales Director

151. Why has the e-mail been written?
(A) To update the employee directory
(B) To approve a draft version of a pamphlet
(C) To make adjustments to a report
(D) To follow up on a topic addressed at a meeting

152. What does Ms. Collins encourage recipients to do after reviewing the attached document?
(A) Make duplicates of it
(B) Share their suggestions
(C) Upload it to a Web site
(D) Announce it to all employees

Questions 153-155 refer to the following notice.

EPPING PUBLICATION FAIR

On 21 July from 10 A.M. to 5 P.M., the annual Epping Publication Fair will be held at the auditorium of the Epping City Center at 321 Dollis Avenue. All donations are welcome. Please bring any unwanted books and publications not to the site of the event, but here to the library. We will collect donated items until 16 July.

All the proceeds from the event will be used for the much-needed construction of the library's new wing for public use, and for the "Make Kids Interested in Reading" program, created by Marion Keller, which has been widely recognized for its educational value.

We are in need of volunteers on the day of the event. If you are willing to lend a hand preparing the event, serving as a cashier, or cleaning up at the end of the fair, please get in touch with Amanda Neal at anealeppinglibrary.us.og. Or you can just show up at 10 A.M. on 21 July and help!

TEST 3

153. Where should the reading materials be dropped off?
(A) At a city center
(B) At a library
(C) At a bookstore
(D) At a local school

154. According to the notice, what will the funding from the fair be used for?
(A) The construction of an auditorium
(B) The expansion of a book collection
(C) An initiative for children
(D) The hiring of new library staff members

155. Who most likely is Ms. Neal?
(A) The coordinator of a community event
(B) An author of books for kids
(C) An expert in educating children
(D) An attendant working at a bookstore

GO ON TO THE NEXT PAGE

443

Questions 156-158 refer to the following article.

The more sleep, the better job!

15 September—Colexy Tech, a computer manufacturing firm, is encouraging its staff members to sleep more by paying them to do so. Employees who sleep at least eight hours per day will earn an additional £150 each year, which comes out to be almost three pounds per week. — [1] —.

According to Mr. Chavez, one of Colexy's operating managers, staff will volunteer to register to participate in the program, and the hours they sleep each night will be automatically recorded in their individual electric bracelet. — [2] —. The program was planned based on the results of research on how to increase work efficiency. The results have indicated that employee performance can be improved dramatically by having staff sleep more than seven hours a day. — [3] —. In fact, the Croydon Sleep Science Laboratory (CSSL) has argued that without quality sleep, each employee can lose about ten days' worth of productivity per year. — [4] —. This new program will show that sleeping on the job may not be as bad as it seems.

---

156. What is the article mainly about?
(A) Encouraging researchers to study sleep
(B) Explaining a firm's new program
(C) Addressing issues with a firm's products
(D) Preventing workers from causing hazards

157. What does the article mention about allowing more time to sleep?
(A) It allows staff to avoid working overtime.
(B) It makes staff work better.
(C) It creates a safer workplace.
(D) It results in staff lateness.

158. In which of the positions marked [1], [2], [3], and [4] does the following sentence best belong?
"This amounts to £1,400 in wasted salary per employee."
(A) [1]
(B) [2]
(C) [3]
(D) [4]

Questions 159-160 refer to the following e-mail..

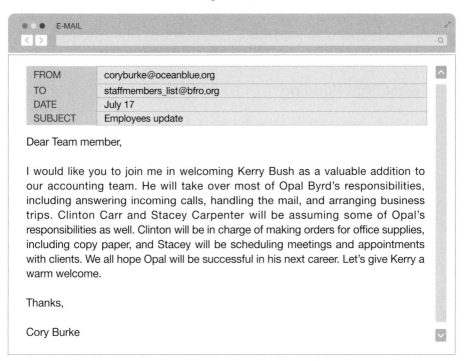

FROM	coryburke@oceanblue.org
TO	staffmembers_list@bfro.org
DATE	July 17
SUBJECT	Employees update

Dear Team member,

I would like you to join me in welcoming Kerry Bush as a valuable addition to our accounting team. He will take over most of Opal Byrd's responsibilities, including answering incoming calls, handling the mail, and arranging business trips. Clinton Carr and Stacey Carpenter will be assuming some of Opal's responsibilities as well. Clinton will be in charge of making orders for office supplies, including copy paper, and Stacey will be scheduling meetings and appointments with clients. We all hope Opal will be successful in his next career. Let's give Kerry a warm welcome.

Thanks,

Cory Burke

159. What is the main reason for the e-mail?
(A) To make a request for office supplies
(B) To publicize an open position
(C) To announce a new team employee
(D) To arrange a meeting with a client

160. Who most likely used to distribute the mail?
(A) Kerry Bush
(B) Clinton Carr
(C) Opal Byrd
(D) Cory Burke

GO ON TO THE NEXT PAGE

Questions 161-163 refer to the following Web page.

www.wembleybistro.uk/menulist/pudding

Sweet Fruit Pudding

Much to my regret, some old dishes that used to be popular aren't anymore these days. —— [1] ——. However, sweet fruit pudding has never been out of sight nor out of mind. It is still as popular as it was when our main chef, Warren Carlson, made the first one about 15 years ago. —— [2] ——. The recipe of this pudding was not carefully designed; Carlson mistakenly put an excessive amount of fruit and sugar in his mix one day. —— [3] ——. Chef Erin Black, who was taught most of her cooking skills by Carlson and is the manager of our west branch, follows the same recipe she learned from her master before he retired. The ingredients are kept frozen andthen served chilled so that customers can taste the crispy fresh fruit. —— [4] ——. And people come back again and again for more.

161. What is suggested about the dessert?
(A) It cannot be served hot.
(B) Only one chef knows how to make it.
(C) It is served with bread.
(D) It was discontinued.

162. What is mentioned about Chef Carlson?
(A) He majored in cooking.
(B) He was Chef Black's apprentice.
(C) He will be expanding his business.
(D) He is no longer working as a chef.

163. In which of the positions marked [1], [2], [3], and [4] does the following sentence best belong?
"That accident resulted in Wembley Bistro's special dessert."
(A) [1]
(B) [2]
(C) [3]
(D) [4]

Questions 164-166 refer to the following letter.

May 4
Ms. Kristi Loretta, Sales Director
Sports Goods Retailer
331 Lancaster Road
London, Brompton RX02 C11

Dear Ms. Loretta,

This summer, Devin Sportswear will introduce a new promotional campaign for its new sports articles, including badminton equipment. The new campaign will begin in June and continue until August. Advertisements will be placed in several local newspapers and in sports magazine, such as Weekly Badminton. We considered running radio commercials but decided not to in the end, due to the high cost. Instead, we will put more efforts on advertising online in July. We look forward to this project and are ready to cooperate with you to keep your stocks filled. Enclosed are pamphlets and posters containing the images of the new goods for your shop. Should you be in need of extra support, please feel free to get in touch with me.

Sincerely,

Jeremy Watson, Product Director
Devin Sportswear

164. When will Devin Sportswear start promoting the new product line?
(A) In May
(B) In June
(C) In July
(D) In August

165. According to the letter, which medium will Devin Sportswear NOT use for its advertising campaign?
(A) Newspapers
(B) Magazines
(C) The radio
(D) The Internet

166. What has Mr. Watson sent with the letter?
(A) An invoice for the latest order
(B) Advertising materials
(C) A list of advertising agencies
(D) Samples of some products

GO ON TO THE NEXT PAGE

Questions 167-168 refer to the following form.

Hampstead Maritime Research Center
Request Form for Identification Card

1. Member Information
Name: Ivan Ross
Division: Maritime Meteorology
Position: Team leader
Work Location: Colindale Cross Wing
(✓) Full-time ( ) Part-time

2. Cause for Request
( ) Transfer
( ) New card
(✓) Lost card
( ) Limited access
( ) Extensive access

3. If your badge was misplaced, please explain how it happened (indicating date and time):

I last used my ID card on Thursday, 7 August, around 9:30 P.M. when leaving the lab. I went straight to my car, parked in lot B3, and drove home. The next morning, I wasn't able to find it. I checked my car and my garage. Thus, I assume I must have lost the card on my way from the lab to the parking lot.

4. Verification for ID Card Holder's Request
The above information the requester completed is true and correct. The requester agrees that in case of misplacement or theft a penalty of £80.00 has to be paid according to the replacement card policy. If the requester returns the lost card within a week, the fee will be refunded.

Requester signature: Ivan Ross Date: 8 August

5. For official use only:
Confirmed by: Dwight Soto
New card issued on: 8 August
Previous ID card canceled: (✓) Yes ( ) No

167. What is indicated about Mr. Ross?
(A) He began working in the lab a few months ago.
(B) He met with a coworker after work.
(C) He left the Colindale Cross Wing in the evening.
(D) He seldom parks his vehicle in lot B3.

168. According to the form, what did NOT happen on August 8?
(A) A missing ID card became invalid.
(B) A certain amount of money was paid.
(C) Mr. Ross's vehicle was searched.
(D) A missing ID card was found.

REVITALIZE BUSINESS SPACE (RBS)

321 S. 9th High Hill Avenue • Sydney
871-6632-1123 www.rbspace.au

Our priority is to keep our customers' working spaces in the best condition possible. For this reason, personalized services are provided to fulfill our customers' needs. The following are some of our services:

• Exterior and interior window washing
• Floor care, including waxing and polishing (refinishing on request)
• Tidying up after construction and renovation
• Furniture care, including dusting and polishing
• Garbage disposal, including recycling

In order to determine the appropriate services, one of our employees will visit your workplace and evaluate the size and features of your facility. The employee will provide a price estimate right after the evaluation so as to begin working at your earliest convenience. You don't have to worry about signing a service contract on the day the employee first visits. To set up a date and time, send an email to evaluation@rbspace.au.

Unlike its competitors, RBS does its best to minimize environmental influence by using non-toxic chemicals and cutting-edge equipment that consumes minimal energy. We at RBS are devoted to meeting these challenging yet worthy standards while providing efficient services at prices as low as our competitors. Check our Web site at www.rbspace.au for more details about our services.

TEST 3

169. What kind of business is RBS?
(A) A real estate agency
(B) A construction firm
(C) A furniture manufacturer
(D) A cleaning company

170. How can people interested in the services get a price quote?
(A) By calling the customer service department
(B) By visiting RBS's Web site
(B) By filling out an application form
(D) By scheduling a visit from RBS

171. How does RBS differ from its competitors?
(A) It offers a money-back guarantee.
(B) It provides personalized services.
(C) Its prices are lower.
(D) Its services are safe for the environment.

GO ON TO THE NEXT PAGE

Questions 172-175 refer to the following text message chain.

●●●○○

Belinda Chambers 11:21 A.M.
Hello, Elena and Hannah. Have you seen any package delivered for me? Some documents should have arrived for me today, but they might have been inadvertently delivered to another department. It would be a package from Winnipeg Crops and may be marked as "crucial."

Elena Christensen 11:22 A.M.
We don't have anything for you here at the information desk. You'd better ask the mail room on the first floor.

Garry Cortez 11:23 A.M.
We have a package from Winnipeg Crops here in the photocopy room, but I wasn't able to find any name on it.

Belinda Chambers 11:25 A.M.
That might be the one I'm expecting. Do you mind checking the shipping label once again?

Garry Cortez 11:26 A.M.
You're right. There is your name on it. I didn't notice it because it was too small.

Belinda Chambers 11:28 A.M.
Excellent! Is it passible to have the package delivered to my desk on the third floor?

Garry Cortez 11:28 A.M.
Sure, I was about to go up there to get papers anyway.

Belinda Chambers 11:29 A.M.
I appreciated your help.

172. Why did Ms. Chambers begin the text message chain?
(A) She was sent a package by mistake.
(B) She shipped a damaged product.
(C) She is about to attend a client meeting.
(D) She cannot locate some documents.

173. What does Ms. Christensen suggest doing?
(A) Rearranging a meeting room
(B) Visiting Winnipeg Crops
(C) Checking another area
(D) Coming to the information desk

174. At 11:26 A.M., what does Mr. Cortez most likely mean when he writes, "You're right"?
(A) He misplaced some forms.
(B) He finally sees a name.
(C) He wants to send back a package.
(D) He is late for a meeting.

175. What will Mr. Cortez most likely do next?
(A) Reschedule a delivery date
(B) Go to the mail room
(C) Look through some documents
(D) Visit Ms. Chambers's office

GO ON TO THE NEXT PAGE

TEST 3

Questions 176-180 refer to the following article and invoice.

Debate on What to Do with an Empty Lot

At the Bethnal Council meeting on February 17, there was a furious debate about how a vacant land at 231 Dollis Road should be used. The space used to be a drive-through fast-food restaurant. The completion of the new road, Neasden Drive, caused traffic to be redirected away from Bethnal's downtown area. As a result, the restaurant went out of business.

Ralph Morgan, one of the council members, suggested a plan to construct a four-story public parking garage. She cited a Bethnal consumer study that supports her petition for building the new parking structure. "The lack of parking space in the center of Bethnal is harmful to business. A new parking facility would bring in a lot of vendors as well as shoppers to the area."

The Bethnal Community Association (BCA) called for a different plan. BCA requested that the land be converted into a public park. BCA member Candice Ramos argued that "People don't want any more concrete structures. They long for more places to enjoy fresh air, green plants, and trails to stroll on."

Roy Reed, a kindergarten teacher, came up with an idea to use the space as a playground for children. He said that kids in Bethnal don't seem to have much space to play. "The land is not like Harrow Park. There isn't adequate room for extensive trails to walk along."

Andrea Reyes, the Mayor of Bethnal, has yet to express her opinion about these ideas. Voting on this issue is scheduled to take place on March 21.

Euston Supply

342 Brondesbury Street Golders, London, RC4 2C4

Request from:
Bethnal City Government
459 Gloucester Road Bethnal, London QC2 3R1

Ship to: 231 Dollis Road

Product	Product No.	Rate
2-seat seesaw – 4 sets	ROCV-341y-RO	£3,266
4 meter slide – 2 sets	ROCV-341q-RT	£4,854
Jungle Gym – 1 set	ROCV-341r-RU	£2,990
	Total	£11,110

176. What is the article mainly about?
(A) Controversial plans for a new business
(B) Bids for developing an old part of a city
(C) Possible uses for a certain site
(D) Issues attributed to road repair work

177. What is suggested about 231 Dollis Road?
(A) It has a parking area made by the city council.
(B) It will be used to open a drive-through restaurant.
(C) It currently features a residential building.
(D) It is not visited by many people because of a new route.

178. In the article, the word "supports" in paragraph 2, line 5, is closest in meaning to
(A) bears
(B) aids
(C) holds
(D) backs up

179. What is indicated about Harrow Park?
(A) It boasts a playground for children.
(B) It boasts an extensive trail.
(C) It is very popular among local residents.
(D) It was recently open to the public.

180. Whose suggested plan was most likely chosen on March 21?
(A) Mr. Morgan's
(B) Ms. Ramos's
(C) Mr. Reed's
(D) Ms. Reyes's

GO ON TO THE NEXT PAGE

Questions 181-185 refer to the schedule and e-mail.

Trade and Industries Association (TIA)
"The Importance of Distance Training Programs in Business"
Royal College of Jakarta, 22-24 September
Tentative Schedule for Tuesday, 22 September

8:30 A.M .– 9:30 A.M.	Enrollment
9:00 A.M. – 10:30 A.M.	Welcome and Opening Address: Javier Lynch, Chair of Convention
10:40 A.M. – 11:10 A.M.	Keynote Speech: Rodrigo McCarthy, Head of TIA
11:20 A.M. – 12:30 P.M.	Title of presentation not decided: presenter supposed to be invited from Victoria College of Business, Malaysia.
12:30 P.M. – 1:10 P.M.	Lunch (Manor Campus Center)
1:20 P.M. – 2:05 P.M.	Improving Online Resources Management: Elaine McDonald, Hanoi Corporate Business Academy, Vietnam
2:15 P.M. – 3:00 P.M.	Distance Training in the Movie Industry: presenter from London to be invited
3:10 P.M. – 3:05 P.M.	Creating Innovative Course Contents: Whitney Le, Madrid Visual Art Institute, Spain
3:15 P.M. – 4:10 P.M.	Trainee Support Programs: Gertrude Johnston School of Adolescent Psychiatry, Berlin, Germany

● ● ●   E-MAIL

< >

FROM	Rodrigo McCarthy ⟨ymaccarthy@tia.org⟩
TO	Javier Lynch ⟨javierlynch@green.ac.org⟩
SUBJECT	RE: Tentative Convention Schedule for Tuesday
DATE	10 July

Hello Mr. Lynch,

As you requested, I have drafted the convention schedule for Tuesday, but as you can see, some slots still need to be filled out. Prof. Paula Jenkins from Scotland expressed interest in speaking about distance training, as it is used in some of the movie academies in her nation. In addition, I contacted Victoria College, and they informed me that Mr. Omar Graves is willing to be the presenter. Ms. Whitney Le told me that she will not be able to participate. However, Mr. Katie Hansen, her replacement from the same institute, will hand in the topic of his talk soon. Lastly, I want to let you know that I will be leaving for Jakarta earlier than originally scheduled. This will give me more time to prepare my speech.

Sincerely,

Rodrigo McCarthy

181. What is indicated about Mr. McCarthy?
(A) He is resigning from his current position.
(B) He will take questions after his speech.
(C) He has been the head of TIA for more than a year.
(D) He will give a talk on the first day of the convention.

182. When will an expert in corporate business give a presentation?
(A) At 10:40 A.M.
(B) At 11:25 A.M.
(C) At 1:20 P.M.
(D) At 3:15 P.M.

183. In the e-mail, the word "slots" in paragraph 1, line 2, is closest in meaning to
(A) parking
(B) times
(C) holes
(D) chances

184. What presentation topic will need to be withdrawn?
(A) Trainee Support Programs
(B) Creating Innovative Course Contents
(C) Distance Training in the Movie Industry
(D) Improving Online Resources Management

185. According to the e-mail, what information will Mr. McCarthy be sent?
(A) The contact information
(B) The list of presenters
(C) The topic of a talk
(D) The completed schedule

GO ON TO THE NEXT PAGE

Questions 186-190 refer to the following Web page, e-mail, and survey.

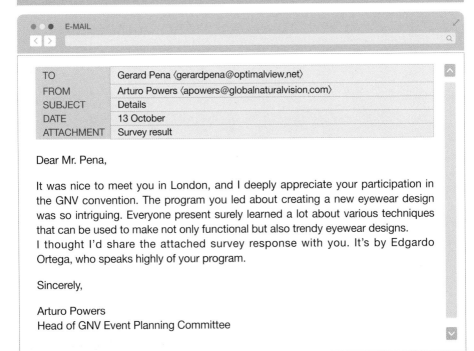

http://www.globalnaturalvision.com/yearlyconvention

MAIN	THIS YEAR CONVENTION	TRAINING & PROGRAMS	REGISTRATION SERVICE	BECOME A MEMBER

Come and Join the Fifth Annual Global Natural Vision Convention in Rulslip, 9–11 October.

The Global Natural Vision (GNV) Convention offers practitioners in the industry the chance to explore the newest trends and developments in eyewear technology. This year's convention will be held in London, and the keynote presenter is Dr. Alice Parker. Dr. Parker, head of the global Eye Care Institution, will talk about the newest medical development in eye treatment. Other guest presenters include such eyewear experts as Gerard Pena, Sandy Patel, Ida Payne, and Ronnie Palmer. More details about the program and the speakers are available under the Training & Programs tab.

The convention will take place at the Harrow Hill Hotel. The number of rooms available at a lowered price for GNV membership holders is limited. When reserving your room, simply use your GNV membership code.

You can sign up beginning 15 August. Registration fees go up on 1 September. Click the Registration Service tab to sign up online.

● ● ●   E-MAIL

< >

TO	Gerard Pena ⟨gerardpena@optimalview.net⟩
FROM	Arturo Powers ⟨apowers@globalnaturalvision.com⟩
SUBJECT	Details
DATE	13 October
ATTACHMENT	Survey result

Dear Mr. Pena,

It was nice to meet you in London, and I deeply appreciate your participation in the GNV convention. The program you led about creating a new eyewear design was so intriguing. Everyone present surely learned a lot about various techniques that can be used to make not only functional but also trendy eyewear designs.
I thought I'd share the attached survey response with you. It's by Edgardo Ortega, who speaks highly of your program.

Sincerely,

Arturo Powers
Head of GNV Event Planning Committee

Attendee Survey for the Global Natural Vision Convention

Please rate each aspect of the convention.

Organization and arrangements	Excellent ___	Good ___	Fair ___	Poor _X_
Content and programs	Excellent _X_	Good ___	Fair ___	Poor ___
Location	Excellent _X_	Good ___	Fair ___	Poor ___
Refreshments	Excellent _X_	Good ___	Fair ___	Poor ___

Comments: My registration was not processed correctly. I had signed up prior to the deadline, but my convention packet was missing. Although I eventually received my packet, I was not able to attend the keynote speaker's presentation because of the delay. Despite all of this, the convention was great. I especially enjoyed the program hosted by the eyewear designer. It was very informative.

– Edgardo Ortega

186. What is suggested about the convention?
(A) It is exclusive to eyewear experts.
(B) Its registration process must be completed by September 1.
(C) Its location is the same every year.
(D) It offers a discounted room rate to some attendees.

187. What is the main purpose of the e-mail?
(A) To provide feedback on a program
(B) To inquire about a convention survey questionnaire
(C) To help a presenter with travel arrangements
(D) To organize convention programs

188. In the e-mail, the word "present" in paragraph 1, line 3, is closest in meaning to
(A) gift
(B) current
(C) attending
(D) introduce

189. What can be inferred about Mr. Ortega?
(A) A program he wanted to attend was called off.
(B) He had to miss Dr. Parker's talk.
(C) His room was reserved ahead of the convention.
(D) He was satisfied with the registration process.

190. Which presenter was Mr. Ortega particularly happy with?
(A) Ms. Patel
(B) Ms. Palmer
(C) Mr. Pena
(D) Ms. Payne

GO ON TO THE NEXT PAGE

Questions 191-195 refer to the following article and e-mails.

(Bournemouth) — Ice cream currently holds roughly 25 percent of the £9.5 billion dessert market in the nation, and is expected to grow by another 20 percent this year. The latest ice-cream fad has come from abroad like most of the other dessert trends. Holly Ramirez largely contributed to the surge in regional ice-cream sales. She is a talented entrepreneur leading the famous Bournemuth-based ice-cream producer Sweet Dream Ice. Upon finishing her university studies about 8 years ago, Ms. Ramirez went to Madrid. There, she saw ice cream carts on almost every street corner in the city. "Working in a financial institution, I often visited the corner ice- cream stores with my colleagues," she said. "I became an enthusiast of the taste of ice cream and the mood in ice-cream stores."

After quitting her job at ED Finance Consulting in Spain, Ms. Ramirez came back to London and started her own style of ice-cream cart. The years passed, and Ms. Ramirez's tasty ice creams (with unusual flavors such as spicy sauce and eggplant) are now being sold in almost every supermarket on the western coastal area. Moreover, her company is going to expand into the global market with a launch in Japan and Indonesia. We will keep our eyes on Ms. Ramirez and wait for her next flavor exploration!

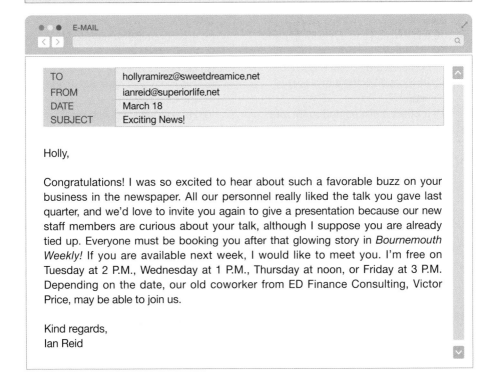

● ● ● E-MAIL

TO	hollyramirez@sweetdreamice.net
FROM	ianreid@superiorlife.net
DATE	March 18
SUBJECT	Exciting News!

Holly,

Congratulations! I was so excited to hear about such a favorable buzz on your business in the newspaper. All our personnel really liked the talk you gave last quarter, and we'd love to invite you again to give a presentation because our new staff members are curious about your talk, although I suppose you are already tied up. Everyone must be booking you after that glowing story in *Bournemouth Weekly!* If you are available next week, I would like to meet you. I'm free on Tuesday at 2 P.M., Wednesday at 1 P.M., Thursday at noon, or Friday at 3 P.M. Depending on the date, our old coworker from ED Finance Consulting, Victor Price, may be able to join us.

Kind regards,
Ian Reid

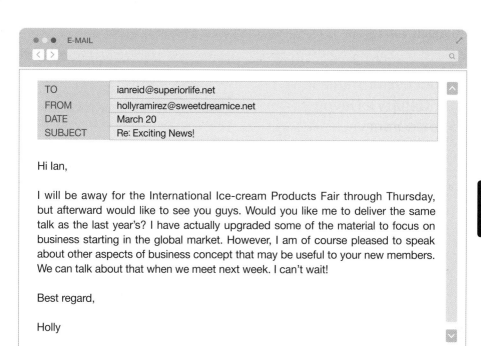

TO ianreid@superiorlife.net
FROM hollyramirez@sweetdreamice.net
DATE March 20
SUBJECT Re: Exciting News!

Hi Ian,

I will be away for the International Ice-cream Products Fair through Thursday, but afterward would like to see you guys. Would you like me to deliver the same talk as the last year's? I have actually upgraded some of the material to focus on business starting in the global market. However, I am of course pleased to speak about other aspects of business concept that may be useful to your new members. We can talk about that when we meet next week. I can't wait!

Best regard,

Holly

191. What is suggested about the dessert market in the nation?
(A) It is much larger in Bournemouth than in other regions.
(B) It was affected by trends from other nations.
(C) It makes £9.5 billion from ice-cream sales.
(D) It grew by 20 percent last year.

192. What is indicated about Ms. Ramirez and Mr. Reid?
(A) Both are ice-cream specialists.
(B) Both used to work in Spain.
(C) Both are currently staying in Bournemouth.
(D) Both will attend an industry event.

193. In the first e-mail, the word "story" in paragraph 1, line 5, is closest in meaning to
(A) offer
(B) type
(C) feature
(D) function

194. What time will Ms. Ramirez and Mr. Reid most likely see each other?
(A) At 12 P.M.
(B) At 1 P.M.
(C) At 2 P.M.
(D) At 3 P.M.

195. What does Ms. Ramirez offer to do?
(A) Hand out materials to participants
(B) Set up a date and time for an international fair
(C) Give feedback about recruiting new employees
(D) Talk about starting a business in the global market

GO ON TO THE NEXT PAGE

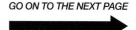

Questions 196-200 refer to the following article, advertisement, and review.

Successful Transition at Canary's Devon Restaurant

By Tony Simmons

Canary (19 March)—Terry Garrett, once the assistant cook at Devon Restaurant, has bought the restaurant and is now running it. "When Sarah decided to return to her hometown of Quebec, Canada, to be an instructor at a culinary school," said Ms. Garrett, "I realized it was time for me to manage my own bistro."

"Terry was a great help in every aspect of my business, from the innovative dishes and service to the fascinating advertising. She had served as more than an employee," said Ms. Sarah Gonzalez, the former head cook. Garrett assumed ownership last week and has already unveiled several new menu selections, including a pumpkin and spinach salad, which, according to restaurant reviewer Travis Gibson of the Canary Daily, has an "elegant flavor."

To book a table, call (087) 2173-9932 or visit www.devonrestaurant.net

DEVON
Restaurant

21 March {Monthly Special}
£29.00 per person - 3 COURSE MEAL

STARTER
Pumpkin and spinach salad
OR
Caesar salad

MAIN COURSE
Garlic-roasted beef with oyster mushrooms
OR
Chicken on stone grill with lime-chili sauce

DESSERT
Ice cream with seasonal fruit
OR
Strawberry cake

www.canaryregionalrestaurants.com.uk/devonrestaurant/customercomments

I visited Devon Restaurant with my family a few days ago. The place is conveniently located, and its atmosphere is relaxing. They provide a set menu, which is changed every month, with two options for each of the three courses. As we are vegetarian, the menu was problematic. The cook agreed to adjust one of the main courses to suit us, but it took a lot of time for us to get our food. The main dish was good but not wonderful. It consisted just of potatoes with some seasonal vegetables in a lime-chili sauce. However, the pumpkin and spinach salad we all got was amazing. If I go back to this place, I will have that dish again.

Overall Rating: 3 stars. ★ ★ ★
Posted by Darren Gilbert, 26 March

196. What is the article mainly about?
(A) An issue in the opening a new restaurant
(B) A change in the ownership of a business
(C) A special event at some local businesses
(D) A chef who won an award

197. According to the article, why is Ms. Gonzalez going to Quebec?
(A) To live with her family
(B) To become an advertising director
(C) To open another new branch
(D) To teach cooking at an institution

198. What part of the article does Mr. Gilbert agree with?
(A) The dish mentioned in a local publication was delightful.
(B) The customer service is much better than expected.
(C) The menu has the widest selections in the Canary area.
(D) The restaurant has a nature-themed atmosphere.

199. In the review, the word "adjust" in paragraph 1, line 4, is closest in meaning to
(A) modify
(B) apply
(C) order
(D) charge

200. What dish was changed for Mr. Gilbert?
(A) Caesar Salad
(B) Strawberry cake
(C) Garlic-roasted beef
(D) Grilled chicken

GO ON TO THE NEXT PAGE

461

TEST 3

해설

정답 **TEST 3**

01. (C)	41. (A)	81. (C)	121. (C)	161. (A)
02. (B)	42. (A)	82. (B)	122. (B)	162. (D)
03. (A)	43. (B)	83. (A)	123. (C)	163. (C)
04. (A)	44. (C)	84. (B)	124. (A)	164. (B)
05. (B)	45. (D)	85. (B)	125. (D)	165. (C)
06. (C)	46. (B)	86. (D)	126. (D)	166. (B)
07. (B)	47. (C)	87. (C)	127. (A)	167. (C)
08. (A)	48. (A)	88. (C)	128. (A)	168. (D)
09. (C)	49. (D)	89. (C)	129. (A)	169. (D)
10. (A)	50. (D)	90. (C)	130. (B)	170. (D)
11. (A)	51. (B)	91. (C)	131. (B)	171. (D)
12. (C)	52. (A)	92. (C)	132. (C)	172. (D)
13. (A)	53. (C)	93. (C)	133. (D)	173. (C)
14. (B)	54. (B)	94. (B)	134. (C)	174. (B)
15. (C)	55. (A)	95. (C)	135. (D)	175. (D)
16. (A)	56. (D)	96. (A)	136. (A)	176. (C)
17. (B)	57. (C)	97. (C)	137. (D)	177. (D)
18. (B)	58. (B)	98. (B)	138. (A)	178. (D)
19. (A)	59. (A)	99. (B)	139. (A)	179. (B)
20. (C)	60. (C)	100. (B)	140. (C)	180. (C)
21. (A)	61. (B)	101. (A)	141. (A)	181. (D)
22. (B)	62. (B)	102. (D)	142. (A)	182. (C)
23. (A)	63. (C)	103. (C)	143. (A)	183. (B)
24. (B)	64. (A)	104. (A)	144. (C)	184. (B)
25. (A)	65. (B)	105. (B)	145. (B)	185. (C)
26. (B)	66. (D)	106. (D)	146. (D)	186. (D)
27. (C)	67. (A)	107. (B)	147. (B)	187. (A)
28. (C)	68. (C)	108. (A)	148. (C)	188. (C)
29. (A)	69. (A)	109. (A)	149. (A)	189. (B)
30. (C)	70. (C)	110. (B)	150. (C)	190. (C)
31. (C)	71. (B)	111. (C)	151. (D)	191. (B)
32. (C)	72. (C)	112. (D)	152. (B)	192. (B)
33. (A)	73. (B)	113. (C)	153. (B)	193. (C)
34. (A)	74. (B)	114. (C)	154. (C)	194. (D)
35. (D)	75. (B)	115. (C)	155. (A)	195. (D)
36. (B)	76. (C)	116. (C)	156. (B)	196. (B)
37. (A)	77. (D)	117. (B)	157. (B)	197. (D)
38. (C)	78. (A)	118. (D)	158. (D)	198. (A)
39. (B)	79. (D)	119. (C)	159. (C)	199. (A)
40. (D)	80. (C)	120. (C)	160. (C)	200. (D)

1

(A) A woman is opening a window.
(B) A woman is writing something down on a notepad.
(C) A woman is talking over the phone.
(D) A woman is watering some plants.

[해석]
(A) 여자는 창문을 열고 있는 중이다.
(B) 여자는 메모지에 무언가를 적고 있다.
(C) 여자는 전화로 통화를 하고 있다.
(D) 여자는 식물에 물을 주고 있다.

어휘   over the phone 전화상으로   water 물을 주다   plant 식물

01 1인 사진은 사람의 동작과 외관에 집중한다.

Part 1의 1–2번 문제, 특히 1번은 주로 1인 사진이 출제된다. 1인 사진은 시선 처리를 주로 사진 중심부에 집중해 눈에 띄는 동작과 상태를 미리 파악해야 한다.

STEP 1 사진분석

❶ 1인 중심
❷ 전화를 사용하고 있다.
❸ 노트북을 쳐다보고 있다.
❹ 책상 위에 화분이 있다.

STEP 2 사진에 보이지 않는 단어가 들리면 바로 소거한다.

(A) A woman is opening a window.
▸ 창문을 열고 있지 않다.
(B) A woman is writing something down on a notepad.
▸ 무언가를 적고 있지 않다.
(C) A woman is talking over the phone. ▸정답
(D) A woman is watering some plants.
▸ 물을 주고 있지 않다.

STEP 3 "1인 사진 – 사무실" 빈출표현

① 특정 동작에 집중

talking on the phone 통화를 하고 있다
writing a memo 메모를 하고 있다
wearing a jacket 재킷을 입고 있다 (상태)
typing on a keyboard 키보드를 치고 있다
looking at a monitor 모니터를 보고 있다
working on a laptop 노트북으로 작업 중이다
reading a document 문서를 읽고 있다

② 주변 사물에 집중 (책상을 중심으로)

potted plants are arranged on the desk 책상 위에 화분이 배치되어 있다
a desk has been cleared 책상이 치워져 있다

2

(A) She's parking a bicycle.
(B) She's cycling in a town.
(C) She's resting against a railing.
(D) She's putting some food in a basket.

[해석]
(A) 여자는 자전거를 주차하고 있다.
(B) 여자는 시내에서 자전거를 타고 있다.
(C) 여자는 난간에 기대고 있다.
(D) 여자는 바구니에 음식을 넣고 있다.

어휘 **park** 주차하다 **cycle** 자전거를 타다 **rest against** ~에 기대다 **railing** 난간 **put** 놓다 **basket** 바구니

02 오답을 먼저 소거한 후에 정답을 찾는다.

Part 1에서 사진에 안 보이는 명사, 동사들은 모두 답이 아니다. 소거법은 이렇게 사진 내용과 상관없는 오답을 제거해 가며 정답을 남기는 방법을 말한다. 따라서 답이 아닌 것은 'X'로, 모르는 것은 '△' 혹은 '?'로 표시하면서 빨리 판단할 수 있어야 한다.

STEP 1   사진분석

❶ 1인 중심
❷ 자전거를 타고 있다.
❸ 난간에 자전거들이 세워져 있다.

STEP 2   사진에 보이지 않는 단어가 들리면 바로 소거한다.

(A) She's ~~parking~~ a bicycle.
 ▶ 여자는 자전거를 타고 있다.
(B) She's cycling in a town. ▶ 정답
(C) She's ~~resting against~~ a railing.
 ▶ 여자는 난간에 기대고 있지 않다.
(D) She's ~~putting~~ some ~~food~~ in a basket.
 ▶ 여자는 바구니에 음식을 넣고 있지 않다.

STEP 3   소거법 POINT

1. 사진에서 보이지 않는 명사, 동사가 들리면 모두 오답이다.
2. 1인 사람 사진 → 주어는 대부분 통일되기 때문에 동사와 뒷부분을 위주로 받아쓰기를 한다.
3. 다수 사람 사진 → 주어의 단복수에 맞는 동사를 파악하자.
4. 보기가 사물 주어로 시작하면 완료형 '이미 ~한 상태'가 주로 답이 된다.
5. 사람이 없는 사진에서 진행형 수동태 be being p.p.가 들리면 오답이다.

3

(A) Some people are listening to a presentation.
(B) Some people are setting up a presentation.
(C) Some people are typing on their keyboards.
(D) Some people are drinking from some bottles of water.

[해석]
(A) 몇몇 사람들이 발표를 듣고 있다.
(B) 몇몇 사람들이 발표를 준비하고 있다.
(C) 몇몇 사람들이 키보드를 두드리고 있다.
(D) 몇몇 사람들이 물을 마시고 있다.

어휘   presentation 발표   set up 마련하다   type on a keyboard 키보드를 두드리다

03 2인 이상의 사진은 공통된 동작이나 포괄적인 상태가 답이다.

2인 이상의 사진은 Part 1 중반에 위치하여 난이도가 높은 편에 속하지는 않지만, 1인 사진과 달리 여러 대상의 동작이나 상태, 그리고 사물을 파악해야 하므로 주의해야 한다.

STEP 1   사진분석

❶ 〈사람+사물〉 사진
❷ 한 사람이 발표를 하고 있다.
❸ 사람들이 테이블에 둘러 앉아 있다.
❹ 테이블 위에 물병이 있다.

STEP 2   사진에 보이지 않는 단어가 들리면 바로 소거한다.

(A) Some people are listening to a presentation. ▶정답
(B) Some people are setting up a presentation.
▶ 사람들이 발표를 듣고 있는 중이다.
(C) Some people are typing on their keyboards.
▶ 키보드를 치고 있는 사람은 없다.
(D) Some people are drinking from some bottles of water.
▶ 물을 마시고 있는 사람은 없다.

STEP 3   2인 이상 사진의 POINT

1. 특정인 한 명을 언급할 때는 One of the men의 표현과 함께 동작과 상태의 차이점을 나타낸다.
2. Some people 혹은 They 등의 표현이면 공통된 동작/상태가 답이 된다.
ex. They are having a meeting. 사람들이 회의를 하고 있다.
    Some people are participating in a parade. 일부 사람들이 퍼레이드에 참가하고 있다.

사진 유형	정답 유형
다수 사람이 나왔을 경우	① 다수의 공통 행위와 상황 묘사 ② 특정인 한 명의 구체적인 동작 묘사 ③ 주변의 상황 묘사

4

(A) She's holding a bag open.
(B) She's paying for some fruit.
(C) She's labeling some fruit by size.
(D) People are stocking items on shelves.

[해석]
(A) 여자는 봉투를 열린 채로 들고 있다.
(B) 여자는 과일 값을 지불하고 있다.
(C) 여자는 크기 순으로 과일에 라벨을 붙이고 있다.
(D) 사람들이 선반에 물건을 쌓고 있다.

어휘   **bag** 가방, 봉투   **pay for** 돈을 내다   **label** ~에 라벨을 붙이다   **stock** 두다, 비축하다   **shelf** 선반

04 2인 이상 사진에서 단수 주어로 시작하는 보기는 그 특정 주어의 상태에 집중한다.

▶ 다수의 사람들이 등장하는 사진은 주로 공통된 동작이나 전체 배경에 대해 언급한다.
▶ 최근에는 다수 사람 중 한 명을 언급하여 특정 동작이나 상태의 특징을 답으로 하는 문제가 출제 된다.

STEP 1   사진분석

❶ 사람과 주변 배경
❷ 여자는 과일이 들어있는 봉투를 들고 있다.
❸ 과일이 진열되어 있다.
❹ 사람들이 상품을 보고 있다.

STEP 2   사진에 보이지 않는 단어가 들리면 바로 소거한다.

(A) She's holding a bag open. ▶ 정답
(B) She's ~~paying for~~ some fruit.
▶ 돈을 지불하고 있지 않다.
(C) She's ~~labeling~~ some fruit by size.
▶ 라벨을 붙이고 있지 않다.
(D) People ~~are stocking~~ items on shelves.
▶ 물건을 쌓고 있는 사람은 없다.

STEP 3   쇼핑 사진의 POINT

1. be purchasing은 오답이다.
– 쇼핑 사진에서 '사다'라는 동사가 정답 키워드가 되는 경우는 사진에서 '돈을 주고받을 때'이다.
– '사다(purchase, buy, pay)'의 표현을 함께 암기하자.

2. be being displayed는 정답이다.
– 물건을 진열하는 사람이 동작을 하고 있거나, 물건이 이미 진열되어 있는 상태에도 be being displayed가 정답이다.
– '진열되어 있다'의 다른 표현으로 have been displayed, be displayed, be on display도 사용한다.

3. 야외 시장 – shade / shelter / parasol
– 야외 시장에서는 천막과 우산을 자주 언급한다.
All umbrellas are folded. 모든 우산이 접혀 있다.
Some canopies are open. 천막이 쳐져 있다.
A canopy is casting a shadow. 천막이 그림자를 드리우고 있다.

4. 직원 – arrange / shelves
– 마트의 경우, 직원이 물건을 채우고 있는 동작을 나타낸다.
A man is stocking items on a shelf. 남자가 선반 위에 물건을 채우고 있다.
Some items are being arranged. 일부 물건이 정리되고 있는 중이다.

5

(A) A building door has been closed.
(B) Some people are walking through some archways.
(C) Some signs are being posted on a building.
(D) Bricks have been piled next to a building.

[해석]
(A) 건물 문이 닫혀 있다.
(B) 몇몇 사람들이 아치형 입구를 걸어가고 있다.
(C) 몇몇 간판들이 건물에 게시되고 있다.
(D) 벽돌이 건물 옆에 쌓여 있다.

어휘 close 닫다 through 통하여, 지나서 post 게시하다 brick 벽돌 pile 쌓다

05   다수의 사람이 등장한 경우에는 공통 행위를 확인하라.

▶ 사람과 사물이 함께 있는 사진이라고 해도 후반부 문제에서는 사람과 사물의 비중이 비슷하게 출제된다.
▶ 사람이 있는 사진이라고 하더라도 들리는 주어가 무엇이냐에 따라 동사의 형태와 시제가 달라질 수 있으므로 주의해야
  한다.

STEP 1   사진분석

❶ 사람과 주변 배경
❷ 사람들이 걷고 있다.
❸ 아치형 문이다.

STEP 2   사진에 보이지 않는 단어가 들리면 바로 소거한다.

(A) A building ~~door has been closed~~.
▶ 닫힌 문은 보이지 않는다.
(B) Some people are walking through some archways. ▶정답
(C) Some signs are ~~being~~ posted on a building.
▶ 간판을 게시하고 있는 사람은 없다.
(D) Bricks ~~have been piled~~ next to a building.
▶ 건물 옆에 쌓여있는 벽돌은 없다.

STEP 3   사람과 사물이 혼합되어 있는 사진의 POINT

1. 사람의 비중과 배경의 비중을 판단한다.
2. 사진 속 장소와 주변 사물의 위치 및 상태를 확인한다.
3. 사진에서 부각되는 사물의 특징과 관련 단어들을 암기해 두어야 한다.
4. 사람의 동작과 무관한 동사를 사용한 오답에 주의한다.
5. 사진에 없는 사물을 언급한 오답에 주의한다.

6

(A) Some plants are being arranged.
(B) Some chairs have been stacked next to a restaurant.
(C) A bridge overlooks the river.
(D) Some people are reading some materials.

[해석]
(A) 식물들이 배치되고 있다.
(B) 몇몇 의자들이 식당 옆에 쌓여 있다.
(C) 다리가 강을 내려다보고 있다.
(D) 몇몇 사람들은 일부 자료를 읽고 있다.

어휘 **plant** 식물 **arrange** 배열하다, 준비하다 **stack** 쌓다, 쌓이다 **overlook** (건물 등을) 내려다보다
material 자료

06 사진의 중앙이 아니라 배경을 정답으로 한다.

사진의 배경에 고층 건물이나 동상과 같이 다른 대상보다 높은 것이 등장할 때, 배경 묘사를 정답으로 출제하기도 한다.

STEP 1 사진분석

❶ 사람이 없는 사물 위주 사진
❷ 테이블 위에 잔이 놓여 있다.
❸ 화분에 식물이 심어져 있다.
❹ 강에 다리가 있다.

STEP 2 사진에 보이지 않는 단어가 들리면 바로 소거한다.

(A) Some plants are ~~being~~ arranged.
▸ 식물을 배치하는 사람은 없다.
(B) Some chairs ~~have been stacked~~ next to a restaurant.
▸ 쌓여 있는 의자는 없다.
(C) A bridge overlooks the river. ▸ 정답
(D) ~~Some people~~ are reading some materials.
▸ 자료를 읽고 있는 사람은 없다.

STEP 3 overlook 내려다보다

1. 배경의 건물이나 동상 등이 높은 위치에 있는 경우에 사용한다.
2. 강가에 건물이나 나무가 높이 있는 경우에 사용한다.
ex. Buildings overlook a river. 빌딩들이 강을 내려다보고 있다.

07. To what room will the new employee go for the orientation?
(A) His name is Edward Morris. 주어오류
(B) Room 604. 구체적인 장소답변
(C) It starts at 10 A.M. When 의문문 답변

07. 신입사원은 오리엔테이션을 위해 몇 호실로 가야 합니까?
(A) 그의 이름은 Edward Morris입니다.
(B) 604호실입니다.
(C) 오전 10시에 시작 합니다.

---

08. Where should I bring these survey files?
(A) To the marketing director's office. 이동 방향 전치사 to를 이용한 답변
(B) For the information session. Why 의문문 답변
(C) Nearly 200 copies. 연상 어휘 x/How many 답변

08. 제가 이 조사파일을 어디로 가져가야 합니까?
(A) 마케팅 부장님 사무실로요.
(B) 설명회를 위해서요.
(C) 거의 200부입니다.

---

09. Why are you searching your desk?
(A) It is made of oak. 연상 어휘 x
(B) Something hidden. What 의문문 답변/연상 어휘 x
(C) Because it has our employee directory. 구체적인 이유 답변

09. 왜 당신의 책상을 살펴보고 있습니까?
(A) 그건 오크나무로 만들었습니다.
(B) 숨겨진 것이요.
(C) 거기에 저희 직원명부가 있기 때문입니다.

---

10. Do you want to receive an additional discount?
(A) Sure, what do I need to do? Yes 답변
(B) 10 percent more. How much 답변/연상 어휘 x
(C) I got the message. 연상 어휘 x

10. 추가 할인을 받고 싶으세요?
(A) 네, 제가 무엇을 해야 할까요?
(B) 10퍼센트 더요.
(C) 저는 메시지를 받았습니다.

---

11. When are you going to arrive in Prague?
(A) On Friday morning. 시점 답변
(B) To attend a conference. Why 의문문 답변
(C) At the train station. Where 의문문 답변

11. 당신은 프라하에 언제 도착합니까?
(A) 금요일 오전에요.
(B) 학회에 참석하기 위해서입니다.
(C) 기차역에서요.

---

12. How long does it take to reach the convention center?
(A) I took the offer. 동일 어휘 x
(B) Not very often. How often 답변
(C) Around three hours. 소요시간 답변

12. 컨벤션 센터에 가는데 얼마나 걸립니까?
(A) 저는 그 제안을 받아들였습니다.
(B) 자주는 아닙니다.
(C) 약 3시간이요.

---

13. How can I apply for grant aid?
(A) I know the officer over there is responsible. '모르겠다' 답변
(B) Yes, we can help you. Yes/No 오류
(C) To accept the application. 연상 어휘 x/Why 의문문 답변

13. 보조금을 어떻게 신청하나요?
(A) 제가 저쪽에 있는 그 담당자를 압니다.
(B) 네, 저희는 당신을 도울 수 있습니다.
(C) 지원서를 받기 위해서입니다.

14. Have you heard Ms. Simmons was transferred here?
(A) A variety of ~~transportation~~ options.
유사 발음 x/What 의문문 답변
(B) Oh, we met each other at yesterday's staff meeting.
간접적 답변
(C) ~~Because of~~ her promotion. **Why 의문문 답변**

14. Simmons 씨가 이곳으로 전근 왔다는 걸 당신은 들으셨나요?
(A) 다양한 교통수단이요.
(B) 아, 어제 직원회의에서 만났습니다.
(C) 그녀의 승진 때문입니다.

---

15. Would you like me to complete the request form?
(A) The ~~question and answer~~ section. **연상 어휘 x**
(B) The performance was ~~great~~. **How 의문문 답변**
(C) No, it isn't difficult. **No 답변**

15. 제가 신청서를 작성할까요?
(A) 질의응답 부문이요.
(B) 공연은 대단했습니다.
(C) 아니요, 그건 어렵지 않습니다.

---

16. How did you like the concert?
(A) You were right. It was awesome. **의견 답변**
(B) Around ~~200 people~~. **How many 답변/연상 어휘 x**
(C) ~~For~~ most ~~jazz~~ fans. **Why 의문문 답변/연상 어휘 x**

16. 콘서트는 어땠나요?
(A) 당신이 맞았어요. 굉장했습니다.
(B) 약 200명이요.
(C) 대부분의 재즈 팬들을 위해서입니다.

---

17. Does Mr. Hahn work for the marketing or the accounting department?
(A) It is a correct ~~number~~. **연상 어휘 x**
(B) Well, I'm not sure. **'모른다' 답변**
(C) They are on the ~~market~~. **유사 발음 x**

17. Hahn 씨는 마케팅부와 회계부 중 어느 부서에서 일하나요?
(A) 맞는 번호입니다.
(B) 글쎄요, 저는 잘 모르겠습니다.
(C) 그들은 시장에 있습니다.

---

18. The client will be at our company, won't she?
(A) She ~~worked~~ there, too. **연상 어휘 x**
(B) Yes, but she called to say she might be a little late. **긍정의 Yes, but~**
(C) ~~To discuss~~ a future plan. **Why 의문문 답변**

18. 그 고객은 우리 회사에 올 거예요, 그렇지 않나요?
(A) 그녀도 거기에서 일했습니다.
(B) 네, 그렇지만 그녀는 조금 늦을지도 모른다고 전화했습니다.
(C) 추후 계획을 논의하기 위해서요.

---

19. In which room will our conference be held at the hotel?
(A) Let's ask at the reception desk. **'모른다' 답변**
(B) In ~~Ottawa~~. **도시로 답변이 가능한 Where 의문문 답변**
(C) It ~~lasts~~ for three hours. **how long 답변/연상 어휘 x**

19. 컨퍼런스는 호텔의 어느 장소에서 열립니까?
(A) 접수처에 물어봅시다.
(B) Ottawa에서요.
(C) 그건 3시간 동안 지속됩니다.

---

20. Do I need to print our organization's logo on these T-shirts?
(A) With striped ~~patterns~~. **연상 어휘 x**
(B) They come in various ~~sizes~~. **연상 어휘 x**
(C) No, I already asked that. **No, 제가 했어요**

20. 이 티셔츠에 있는 회사 로고를 제가 인쇄해야 합니까?
(A) 줄무늬 모양으로요.
(B) 그건 다양한 크기로 출시됩니다.
(C) 아니요, 제가 이미 그것을 요청했습니다.

21. Will you process the survey results right now, or can you manage it later?
(A) I'll do it first tomorrow morning. **later의 구체적 시점 답변**
(B) A sales ~~manager~~. **유사 발음 x/What 의문문 답변**
(C) They ~~conducted~~ the survey. **시제 오류**

21. 이 설문조사 결과를 지금 처리하시겠어요 아니면 나중에 처리하시겠어요?
(A) 제가 내일 아침에 그것을 맨 먼저 하겠습니다.
(B) 판매부장이요.
(C) 그들은 설문조사를 했습니다.

---

22. Would it be possible for you to make a presentation at the workshop?
(A) Some new ~~employees~~. **who 의문문 답변**
(B) When will it take place? **반문 답변**
(C) ~~He~~ was ~~present~~ at the meeting. **주어오류/유사 발음 x**

22. 워크숍에서 당신이 발표해 주실 수 있나요?
(A) 몇몇 신입사원들이요.
(B) 그것이 언제 개최되나요?
(C) 그는 회의에 참석했습니다.

---

23. The welding machine was replaced yesterday, wasn't it?
(A) That won't happen until this Friday. **간접적 답변**
(B) His ~~replacement's~~ Susan. **유사 발음 x**
(C) ~~At~~ the mechanic's. **Where 의문문 답변**

23. 용접기가 어제 교체됐죠, 그렇지 않나요?
(A) 이번 주 금요일이나 되어야 합니다.
(B) 그의 후임자는 Susan 씨입니다.
(C) 정비소에서요.

---

24. Who will be in charge of the fundraising event?
(A) Is all the ~~equipment ready~~ yet? **연상 어휘 x**
(B) Mary Williams from PHK Broadcasting. **구체적인 사람이름 답변**
(C) I think it's on ~~March 25~~. **When 의문문 답변**

24. 모금행사는 누가 담당할 건가요?
(A) 모든 장비가 준비됐습니까?
(B) PHK 방송사의 Mary Williams 씨 입니다.
(C) 저는 3월 25일이라고 생각합니다.

---

25. Why haven't you completed this report?
(A) I need more data to analyze. **구체적 이유 답변**
(B) A ~~complete~~ task. **유사 발음 x/What 의문문 답변**
(C) ~~He reported~~ the problem. **주어오류/유사 발음 x**

25. 당신은 왜 이 보고서를 완료하지 않았습니까?
(A) 저는 분석을 위해 더 많은 데이터가 필요합니다.
(B) 완전한 임무입니다.
(C) 그는 그 문제를 알렸습니다.

---

26. There are some eateries for lunch around this building, right?
(A) ~~Take the next train~~. **How 의문문 답변**
(B) I always bring my own. **간접적 답변**
(C) ~~Within~~ an hour. **When 의문문 답변**

26. 이 건물 근처에는 점심을 먹기 위한 몇몇 식당이 있어요, 그렇죠?
(A) 다음 기차를 타세요.
(B) 저는 항상 제 것을 가져옵니다.
(C) 한 시간 이내에요.

27. Where is the award ceremony supposed to be held?
(A) He is dedicated to his team. 주어오류
(B) It ~~was~~ on the fifth floor. 시제 오류
(C) They're still searching for a venue. '모른다' 답변

27. 시상식은 어디에서 열리기로 되어 있습니까?
(A) 그는 그의 팀에 헌신하고 있습니다.
(B) 5층에 있었어요.
(C) 그들은 여전히 장소를 찾고 있습니다.

---

28. The supervisor wants us to take an inventory of last season's clothing.
(A) ~~At~~ a design company. Where 의문문 답변
(B) It depends on the ~~season~~. 동일 어휘 x
(C) I have to complete Mira's project today. 다른 일정이 있다는 답변

28. 관리자는 우리가 지난 시즌 의류의 재고 목록을 만들기를 원합니다.
(A) 디자인 회사예요.
(B) 시즌에 따라 달라요.
(C) 저는 오늘 Mira 씨의 프로젝트를 완료해야 합니다.

---

29. Haven't you called the cleaning agency for our office?
(A) Wasn't it Rebecca's responsibility? 반문 답변
(B) The company ~~recalled~~ its defective products. 유사 발음 x
(C) ~~With baking soda~~.

29. 당신이 저희 사무실을 위해 청소업체에 전화하지 않았습니까?
(A) Rebecca 씨의 업무 아니었나요?
(B) 그 회사는 그 회사의 결함이 있는 제품을 회수했습니다.
(C) 베이킹 소다로요.

---

30. Is there someone available to help me set up the conference room?
(A) Because it is clean. Why 의문문 답변
(B) ~~At~~ the ~~staff meeting~~. Why 의문문 답변/연상 어휘 x
(C) Marc just finished his report. 간접적 답변

30. 회의실을 준비하는데 저를 도와주실 분 있습니까?
(A) 깨끗하기 때문입니다.
(B) 직원회의에서요.
(C) Marc 씨가 방금 그의 보고서를 끝냈습니다.

---

31. Let's hire more technicians to manage the upgraded system.
(A) ~~In~~ the updated report. Where 의문문 답변
(B) ~~Higher~~ sales figures. 유사 발음 x
(C) I'll take over that assignment. 간접적 답변

31. 업그레이드된 시스템을 관리할 더 많은 기술자를 고용합시다.
(A) 최신 보고서예요.
(B) 더 높은 매출액이요.
(C) 제가 그 업무를 인계받을 겁니다.

07 [What+명사] What 뒤에 나오는 명사가 답을 결정한다.

[질문 분석] To what room will the new employee go for the orientation?
What room이 키워드인 What+명사 의문문이다. What+place/site/building/장소명사는 장소(where)를 묻는 문제임을 유의하자.

[보기 분석]
(A) His name is Edward Morris. ❸ 주어오류
응답의 he/she는 질문에서 특정한 사람이 언급되어야 답할 수 있음을 주의하자.

(B) Room 604. ▶정답
몇 호실인지 장소를 묻는 질문에 604호라고 구체적인 장소를 답하는 정답이다.

(C) It starts at 10 A.M. ❷ 다른 의문사에 대한 답변
'10시에 시작 합니다'라는 답변으로 when의문문에 대한 응답이다.

08 [Where] 정지 상태 vs. 이동 방향

[질문 분석] Where should I bring these survey files?
where should I bring이 키워드로 어디로 가져가야 하는지 장소를 묻는 where의문문이다. where의 미래형 질문은 주로 '어디에 두어야 하는가'를 묻는 질문으로 1. 이동 방향 전치사 to를 이용한 답변이나, 2. 명령문으로 답한다는 것을 알아두자.

[보기 분석]
(A) To the marketing director's office. ▶정답
'어디로 가져가야 하는지' 묻는 질문에 '마케팅 부장님 사무실로요'라고 이동 방향 전치사 to를 이용해 장소를 알려주는 정답이다.

(B) For the information session. ❷ 다른 의문사에 대한 답변
이유에 대한 답변으로 why에 대한 응답이다.

(C) Nearly 200 copies. ❹ 연상 어휘 오류
질문의 files에서 copies를 연상한 어휘 오류이다. '거의 200부요'라는 답변은 수량에 대한 How many 의문문에 대한 응답이다.

09 Why 의문문은 이유나 변명을 언급한다.

[질문 분석] Why are you searching your desk?
'왜 책상을 살펴보고 있는지' 묻는 이유를 묻는 Why 의문문이다.

[보기 분석]
(A) It is made of oak. ❹ 연상 어휘 오류
질문의 desk를 oak로 연상한 어휘 오류이다.

(B) Something hidden. ❷ 다른 의문사에 대한 답변
명사의 답변은 What 의문문에 대한 응답임을 유의하자. 질문의 searching에서 hidden을 연상한 어휘 오류이다.

(C) Because it has our employee directory. ▶정답
책상을 살펴보고 있는 이유로 '그곳에 직원 명부가 있기 때문'이라고 이유를 설명하는 정답이다.

10 [Do/be/조동사] – Yes/No로 답한다.

[질문 분석] Do you want to receive an additional discount?

Do you want to receive가 키워드인 조동사 의문문이다. 조동사 의문문은 사실 확인이나 상대방의 의견을 묻는 것으로, 상대의 질문에 대해 긍정의 Yes나 부정의 No로 먼저 대답하고, 그 뒤에 자신이 하고 싶은 말을 한다.

[보기 분석]

(A) Sure, what do I need to do? ▸정답
'추가 할인을 받고 싶은지' 묻는 질문에 긍정의 Sure로 답하고 '제가 무엇을 해야 하나요?'라고 반문하고 있으므로 정답이다.

(B) 10 percent more. ❷ 다른 의문사에 대한 답변
질문의 discount의 연상 어휘 10 percent를 이용한 오답이다. 정도에 대한 답변으로 how much에 대한 응답이다.

(C) I got the message. ❹ 연상 어휘 오류
질문의 receive의 연상 어휘 got을 이용한 오답이다.

11 When 의문문은 구체적인 시점 부사가 기본 정답이다.

[질문 분석] When are you going to arrive in Prague?

When/arrive가 키워드인 시간을 묻는 When 의문문이다. When 의문문은 행위나 사건이 일어나는 한 순간, 즉 시점을 묻는 질문이다. 따라서 구체적인 시점 부사가 기본 정답이므로 시간 관련 전치사와 시간 명사를 미리 파악해 두자.

[보기 분석]

(A) On Friday morning. ▸정답
'금요일 오전에요'라는 시점을 나타내는 응답으로 정답이다.

(B) To attend a conference. ❷ 다른 의문사에 대한 답변
이유에 대한 답변으로 why에 대한 응답이다.

(C) At the train station. ❷ 다른 의문사에 대한 답변
장소에 대한 답변으로 Where 의문문에 대한 응답이다.

12 〈How+형용사/부사〉는 숫자나 수량형용사로 답한다.

[질문 분석] How long does it take to reach the convention center?

How long does it take가 키워드인 How long 의문문이다. How long은 소요시간을 묻는 의문문으로 일반적으로 '기간'이나 '소요 시간'으로 답한다.

[보기 분석]

(A) I took the offer. ❹ 동일 어휘 오류
질문의 take를 반복 이용한 오답이다.

(B) Not very often. ❷ 다른 의문사에 대한 답변
빈도에 대한 답변으로 빈도, 횟수를 묻는 How often 의문문에 대한 응답이다.

(C) Around three hours. ▸정답
'가는데 얼마나 걸리는지' 묻는 질문에 '약 3시간'이라고 구체적인 소요시간으로 답하는 정답이다.

13 [I don't know] '모르겠다'의 다양한 표현들

[질문 분석] How can I apply for grant aid?

How can I apply for가 키워드로 보조금 신청을 위해 어떻게 해야 하는지 묻는 How 의문문이다. 답변으로 '모르겠다'는 표현은 모든 질문에 통하는 답변이므로 관련 표현들을 잘 알아 두자. '모르겠다'의 답변들로는 1. 모르겠다, 2. 누구에게 물어봐라 3. 내가 알아봐 주겠다 4. 아직 결정되지 않았다 등이 있다.

[보기 분석]

(A) I know the officer over there is responsible. ▸정답
'보조금을 어떻게 신청하는지' 묻는 질문에 '담당자를 알고 있다'는 응답으로 우회적으로 '모르겠다'고 답변한 정답이다.

(B) Yes, we can help you. ❶ Yes/No 오류
의문사로 시작하면 Yes/No 답변은 오답이다. 의문사는 '언제, 어디서, 누가, 무엇을, 어떻게, 왜, 어떤'이라는 육하원칙의 질문을 하므로, 이에 맞는 구체적인 대상으로 답변해야 한다.

(C) To accept the application. ❹ 연상 어휘 오류
질문의 apply for에서 연상할 수 있는 application을 이용한 오답이다. 이유에 대한 답변으로 Why 의문문에 대한 응답이다.

14 [Do/be/조동사] Yes/No가 없는 대답

[질문 분석] Have you heard Ms. Simmons was transferred here?

Have you heard가 키워드인 사실을 확인하는 조동사 의문문이다. 조동사 의문문에서 Yes/No가 없는 경우에는 1. 다음 행동을 제시하거나, 2. 간접적으로 상황을 설명해 준다.

[보기 분석]

(A) A variety of transportation options. ❹ 유사 발음 오류
질문의 transferred의 유사 발음으로 transportation을 이용한 오답이다. 명사의 답변은 What 의문문에 대한 응답임을 유의하자.

(B) Oh, we met each other at yesterday's staff meeting. ▸정답
'Simmons 씨가 이곳으로 전근 왔다는 것을 들었는지' 묻는 질문에 '저희는 어제 직원회의에서 만났습니다'라고 긍정의 Yes를 간접적으로 설명하는 정답이다.

(C) Because of her promotion. ❷ 다른 의문사에 대한 답변
이유에 대한 답변으로 Why 의문문에 대한 응답이다.

15 [권유/제안/부탁] 제안에 대한 답은 '혼자 할 수 있어요'이다.

[질문 분석] Would you like me to complete the request form?
Would you like me to가 키워드인 '제가 ~할까요?'의 제안문이다. '제가 해 줄까요?' 질문의 응답으로 1. 괜찮아요(No thanks.) 2. 혼자 할 수 있어요(No Thanks. I'll make some myself. / Thanks, but I can manage it myself.) 3. 고마워요(Thank you.)가 기본 대답이다.

[보기 분석]
(A) The question and answer section. ❹ 연상 어휘 오류
질문의 request의 연상 어휘 question and answer를 이용한 오답이다.

(B) The performance was great. ❷ 다른 의문사에 대한 답변
의견을 묻는 How was ~? 의문문에 대한 응답이다.

(C) No, it isn't difficult. ▶정답
'제가 신청서를 작성할까요?'라는 질문에 '아니오, 그건 어렵지 않아요' 즉, 어렵지 않으니 '내가 하겠다'고 답하는 정답이다.

16 [How의 다양한 구어체 질문] – How did you like ~ (의견)

[질문 분석] How did you like the concert?
How did you like는 How를 이용해 의견을 묻는 질문으로 의견, 감정, 상태 형용사나 부사로 답한다.

[보기 분석]
(A) You were right. It was awesome. ▶정답
'콘서트 어땠어요?'라고 의견을 묻는 질문에 '당신이 맞았어요, 그건 굉장했어요'라고 구체적인 의견을 답하는 정답이다.

(B) Around 200 people. ❷ 다른 의문사에 대한 답변
수에 대한 답은 How many 의문문에 대한 응답이다. 질문의 concert의 연상 어휘로 인원수를 이용한 오답이다.

(C) For most jazz fans. ❷ 다른 의문사에 대한 답변
이유에 대한 답변으로 Why 의문문에 대한 응답이다. 질문의 concert의 연상 어휘로 jazz를 이용한 오답이다.

17 [I don't know] '모르겠다'의 다양한 표현들

[질문 분석] Does Mr. Hahn work for the marketing or the accounting department?

Mr. Hahn work/marketing or accounting department가 키워드인 선택 의문문이다. 키워드 or가 들리는 순간 or 의 앞뒤 단어에 집중해야 한다. 선택 의문문 or에 기본적인 답변은 1. 'A다/ B다.'와 같이 둘 중 하나를 선택해서 답하거나, 2. 'A, B 둘 다 좋거나 싫다'고 답한다. 또는 3. 〈A or B〉 중 A나 B가 아닌 그와 같은 종류인 제 3의 대안으로 답할 수 있다. 그렇지만, '모르겠다'는 표현은 사실상 모든 질문에 통하는 답변이므로, 답변으로 '모르겠다'는 표현이 나오면 정답이 될 수 있다는 점을 유의하자.

[보기 분석]
(A) It is a correct number. ❹ 연상 어휘 오류
질문의 accounting의 연상 어휘 number를 이용한 오답이다.

(B) Well, I'm not sure. ▶정답
'Hahn 씨가 마케팅부와 회계부 중 어느 부서에서 일하는지' 묻는 질문에 '모른다'고 답하는 정답이다. '모르겠다'는 답변은 1. 모르겠다 2. 누구에게 물어봐라 3. 내가 알아봐 주겠다 4. 아직 결정되지 않았다 5. 기억이 나지 않는다와 같이 답변할 수 있다는 점을 알아두자.

(C) They are on the market. ❹ 유사 발음 오류
질문의 marketing의 유사 발음 market을 이용한 오답이다.

18 [부정/부가 의문문] 긍정이면 Yes, 부정이면 No로 답한다.

[질문 분석] The client will be at our company, won't she?

The client will be at our company가 키워드인 사실을 확인하는 부가 의문문이다. 부가 의문문은 앞에 주어진 사실이나 의견을 확인하기 위한 질문이므로 Yes/No로 답한 후에 보충 설명한다.

[보기 분석]
(A) She worked there, too. ❹ 연상 어휘 오류
질문의 company의 연상 어휘 worked를 이용한 오답이다.

(B) Yes, but she called to say she might be a little late. ▶정답
'고객이 회사에 오는지' 묻는 질문에 긍정의 Yes로 답한 후 그렇지만 그녀는 늦을지도 모른다고 전화했다고 보충 설명하는 정답이다. 〈Yes, but ~/No, but ~〉 표현은 사실을 확인해 주기 위한 Yes/No 뒤에서 추가 설명을 할 때 자주 쓰이는 표현이므로 알아두자.

(C) To discuss a future plan. ❷ 다른 의문사에 대한 답변
to부정사는 이유나 목적에 대한 답변으로 Why 의문문에 대한 응답이다.

19 [I don't know] '모르겠다'의 다양한 표현들

[질문 분석] In which room will our conference be held at the hotel?

'which room/conference/held'가 키워드로 컨퍼런스가 호텔의 어느 장소에서 열리는지 장소를 묻는 Which 의문문이다. 〈Which+명사〉는 해당 명사의 종류로 대답하거나 해당 명사를 구체적으로 설명하는 것이 답이다.

[보기 분석]
(A) Let's ask at the reception desk. ▶정답
'호텔의 어느 장소에서 열리는지' 장소를 묻는 질문에 '접수처에서 물어 봅시다'라고 '모른다'로 답하는 정답이다. '모르겠다'

의 표현은 모든 질문에 대해 통하는 답변이므로 관련 표현을 잘 알아두자. '모르겠다'의 답변으로 1. 누구에게 물어봐라 2. 내가 알아봐 주겠다는 표현이 있다는 점을 알아두자.

(B) In Ottawa. ❷ 다른 의문사에 대한 답변
호텔 내의 구체적 장소를 묻고 있는 질문에 도시로 답하는 오답이다. 〈which+명사〉는 해당 명사의 종류로 답해야 한다. 질문이 which room/at the hotel이므로 회의실 등과 같은 호텔 안의 구체적인 장소로 답해야 한다.

(C) It lasts for three hours. ❷ 다른 의문사에 대한 답변
'3시간 지속돼요'라는 답변은 소요 시간을 묻는 How long 의문문에 대합 응답이다. 질문의 held에 대한 연상 어휘로 lasts를 이용한 오답이다.

20 제안 의문문에서 가장 중요한 질문은 ~ me to do이다.

[질문 분석] Do I need to print our organization's logo on these T-shirts?
Do I need to가 키워드인 '내가 ~해야 하는지' 묻는 제안 의문문이다. Would you like me to do/Do you want me to do 등의 표현은 '내가 ~ 해줄까요?'의 의미로 대답은 주로 '괜찮다/혼자 할 수 있다/고맙다' 등이 나온다.

[보기 분석]
(A) With striped patterns. ❹ 연상 어휘 오류
질문의 T-shirts에 대한 연상 어휘로 striped patterns를 이용한 오답이다.

(B) They come in various sizes. ❹ 연상 어휘 오류
질문의 T-shirts에 대한 연상 어휘로 various sizes를 이용한 오답이다.

(C) No, I already asked that. ▶정답
'제가 인쇄해야 하나요?'라고 묻는 질문에 부정의 No로 답한 뒤 '제가 이미 요청했어요'라고 부가 설명하는 정답이다. 매회 평균 4-6문제가 출제되는 권유/제안 질문은 기본적인 답변으로 1. 좋다(수락) 2. 싫다(거절) 3. That's a good idea가 있다는 점을 알아두자.

21 [or] 〈시간 or 시간〉은 시간으로 답한다.

[질문 분석] Will you process the survey results right now, or can you manage it later?
right now or/later가 키워드인 선택 의문문이다. or 앞에 시간이 나오면 '시간과 시간'을 묻는 형태로 보고 시간으로 답한다.

[보기 분석]
(A) I'll do it first tomorrow morning. ▶정답
'지금 처리할 건지 나중에 처리할 건지' 묻는 질문에 '내일 아침에 하겠다'고 later에 해당하는 'tomorrow morning'이라는 특정 시점으로 답한 정답이다.

(B) A sales manager. ❹ 유사 발음 오류
질문의 manage의 유사 발음 manager를 이용한 오답이다. 명사의 답변은 What 의문문에 대한 응답임을 유의하자.

(C) They conducted the survey. ❺ 시제 오류
'지금 할 것인지 나중에 할 것인지' 묻는 미래 질문에 '그들은 설문 조사했어요'라고 과거로 답하고 있으므로 오답이다. 질문의 survey를 반복 이용한 오답이다.

22 [반문] 의문사를 이용한 추가 질문

[질문 분석] Would it be possible for you to make a presentation at the workshop?

Would/possible/presentation이 키워드로 '당신이 발표해 줄 수 있는지' 묻는 권유/제안/부탁 의문문이다. Did you ~? Are you ~? 등의 조동사 의문문은 주로 사실 확인을 위한 것이지만 끝까지 들어야 한다. 조동사로 시작하여 선택이나 권유/제안/부탁 등으로 답을 유도하는 문제가 다수 출제되기 때문이다. Should we ~? Can I ~? Would you like ~? Do you want ~? 등은 사실 확인 질문이 아니라 권유/제안/부탁이다.

[보기 분석]

(A) Some new employees. ❷ 다른 의문사에 대한 답변
사람 이름이나 직위로 응답하는 Who 의문문에 대한 답변이다.

(B) When will it take place? ▸ 정답
'워크숍에서 당신이 발표해 줄 수 있는지' 묻는 권유/제안/부탁 질문에 '워크숍이 언제 개최되는지' 반문으로 답하는 정답이다. 의문사를 이용해 추가 질문하는 반문으로 응답할 수 있다는 점을 알아두자.

(C) He was present at the meeting. ❸ 주어오류
응답의 he/she는 질문에서 특정한 사람이 언급되어야 답할 수 있음을 주의하자. 질문의 presentation의 유사 발음 present를 이용한 오답이다.

23 [부정/부가 의문문] Yes/No 없는 정답은 변명이 나온다.

[질문 분석] The welding machine was replaced yesterday, wasn't it?

was replaced yesterday가 키워드인 사실 확인을 하는 부가 의문문이다. Yes가 없을 때에는 대부분 1. 이미 했다 2. 항상 그렇다 등이 답이 되며, No를 대신해서는 주로 1. 변경 2. 몰랐다 3. 변명 4. 아직 끝내지 못했다는 내용이 나온다.

[보기 분석]

(A) That won't happen until this Friday. ▸ 정답
'용접기가 어제 교체됐는지' 묻는 질문에 '이번 주 금요일이나 되어야 한다'는 답변으로, 교체되지 않았다는 것을 간접적으로 답하고 있으므로 정답이다.

(B) His replacement's Susan. ❹ 유사 발음 오류
질문의 replaced의 유사 발음 replacement를 이용한 오답이다.

(C) At the mechanic's. ❷ 다른 의문사에 대한 답변
장소에 대한 답변으로 Where 의문문에 대한 응답이다.

24 [Who] 사람 이름이나 직위로 대답한다.

[질문 분석] Who will be in charge of the fundraising event?

Who/in charge of가 키워드인 Who 의문문이다. Who 의문문에서 답이 되는 유형은 주로 1.사람 이름, 사람을 대신하는 대명사 2. 직위나 관계 3. 부서나 회사 이름 등이 있다. Who 의문문에서 대명사가 답이 되는 경우는 상당한 주의를 요한다. 1. I, You, We 등은 답이 될 수 있다. 2. He, She 등은 질문에 Ms.나 Mr.가 없는 경우 답이 되지 않는다. 3. No one, Someone 등은 답이 될 수 있다.

[보기 분석]

(A) Is all the equipment ready yet? ❹ 연상 어휘 오류
질문의 event에 대한 연상 어휘로 equipment를 언급한 오답이다.

(B) Mary Williams from PHK Broadcasting. ▸정답
담당자는 누가될 것인지 묻는 질문에 'PHK 방송사의 Mary Williams 씨'라고 구체적인 사람 이름으로 답하는 정답이다.

(C) I think it's on March 25. ❷ 다른 의문사에 대한 답변
시점에 대한 답변으로 When 의문문에 대한 응답이다.

25 [Why] 이유나 변명을 언급한다.

[질문 분석] Why haven't you completed this report?
Why haven't you completed가 키워드로 이유를 묻는 Why 의문문이다. 의문사 why가 이유를 묻는다고 해서
because로 시작하는 답변만을 기대해선 곤란하다. 예전에는 이유나 목적을 나타내는 for/as/because/to부정사 등이
출제되었으나 최근에 because, for, so that 등이 생략된 평서문 형태가 정답으로 나오는 경우나 문제점을 직접적으로
설명하는 경우가 증가하고 있다.

[보기 분석]
(A) I need more data to analyze. ▸정답
'완료하지 않은 이유'를 묻는 질문에 분석을 위해 더 많은 데이터가 필요하다고 구체적 이유를 평서문으로 답하는 정답이다.

(B) A complete task. ❹ 유사 발음 오류
질문의 completed의 유사 발음 complete를 이용한 오답이다. 명사의 답변은 What 의문문에 대한 응답임을 유의하자.

(C) He reported the problem. ❸ 주어오류
응답의 he/she는 질문에서 특정한 사람이 언급되어야 답할 수 있음을 주의하자. 질문의 report의 유사 발음 reported를
이용한 오답이다.

26 [부정/부가 의문문] 최근 부가 의문문은 right으로 끝난다.

[질문 분석] There are some eateries for lunch around this building, right?
부가 의문문은 앞에 주어진 사실이나 의견을 확인하기 위한 질문으로 Yes/No로 답한 후에 보충 설명을 한다. right으로 끝
나는 문장은 부가 의문문으로 사실 여부를 확인해 주어야 한다. 키워드는 There are some eateries이다.

[보기 분석]
(A) Take the next train. ❷ 다른 의문사에 대한 답변
명령문은 "제가 어떻게 할까요"의 방법을 묻는 how should I 에 대한 응답이 주로 된다.

(B) I always bring my own. ▸정답
'점심을 위한 식당이 있는지' 묻는 질문에 '저는 항상 제 것을 가져와요' 즉, 점심을 가져오기 때문에 근처식당이 있는지 없는
지 '모른다'고 우회적으로 답하는 정답이다.

(C) Within an hour. ❷ 다른 의문사에 대한 답변
〈within + 기간〉 응답은 기한을 나타내므로 when will ~?와 같이 기한을 묻는 when에 대한 응답으로 적절하다.

27 [Where] 고득점 유형 – 우회적 답변

[질문 분석] Where is the award ceremony supposed to be held?
Where/be held가 키워드인 장소를 묻는 where의문문이다. where의문에서 '모르겠다, 제3자에게 물어봐라(확인해봐라)' 식의 돌려 말하기 표현으로도 답할 수 있다는 점을 유의하자.

[보기 분석]
(A) He is dedicated to his team. ❸ 주어오류
3인칭 대명사인 he를 받을 수 있는 것은 질문의 Mr.~나 고유명사임을 알아두자.

(B) It was on the fifth floor. ❺ 시제 오류
질문의 의도와 맞지 않는 시제는 오답이다. 보기는 where의문문에 장소로 답하고 있지만, '시상식은 어디에서 열리기로 되어 있나요?'라는 미래의 질문에 '5층에 있었어요'라고 과거로 답하고 있으므로 오답이다.

(C) They're still searching for a venue. ▸정답
'시상식이 어디에서 열리는지' 묻는 질문에 '그들은 여전히 장소를 찾고 있다'라는 답변으로 '모른다'를 우회적으로 답하고 있으므로 정답이다. They는 award ceremony를 준비하는 사람들임을 알 수 있다.

28 [평서문] '변명, 다른 일정, 그만 뒀다, 내 담당이 아니다'로 답한다.

[질문 분석] The supervisor wants us to take an inventory of last season's clothing.
The supervisor wants us to take an inventory가 키워드인 평서문이다. 질문의 주어는 supervisor이지만, 실제 의미는 "우리가 재고목록을 만들어야 한다"로 파악해야 하는 5형식 구조의 문장이므로 주의하자. 〈A want B to do = A는 원한다 / B가 to do 하기를〉이라는 의미로 권유/제안/부탁하는 평서문임을 알아두자. 권유/제안/부탁 질문에는 1. 좋다(수락) 2. 싫다(거절) 3. That's a good idea.가 기본답변이다.

[보기 분석]
(A) At a design company. ❷ 다른 의문사에 대한 답변
장소에 대한 답변으로 where의문문에 대한 응답이다.

(B) It depends on the season. ❹ 동일 어휘 반복
질문의 season을 반복 이용한 오답이다.

(C) I have to complete Mira's project today. ▸정답
'관리자는 우리가 재고목록을 만들길 원한다'라는 평서문에 '저는 오늘 Mira 씨의 프로젝트를 완료해야 해요'라고 다른 일정이 있다고 답하는 정답이다. 다른 일정이 있어서 하지 못한다고 거절의 No를 간접적으로 답변하고 있다.

29 [부정/부가 의문문] – 그 사실에 대해 나도 모른다.

[질문 분석] Haven't you called the cleaning agency for our office?
Haven't you called the cleaning agency가 키워드인 사실 확인을 하는 부정 의문문이다. 부정 의문문에서 not은 부정이 아니라 자신의 의견을 강조하는 표현이므로 not이 없다고 가정하고 일반의문문처럼 '주어가 ~한지, ~인지'의 여부를 판단하는 것이 핵심이다.

[보기 분석]
(A) Wasn't it Rebecca's responsibility? ▸정답
'청소업체에 전화했냐'고 묻는 질문에 'Rebecca 씨의 업무 아니었나요?'라고 반문으로 응답하는 정답으로, No를 간접적으로 답하고 있다는 것을 알 수 있다.

(B) The company recalled its defective products. ❹ 유사 발음 오류
질문의 called의 유사 발음 recalled을 이용한 오답이다.

(C) With baking soda. ❷ 다른 의문사에 대한 답변
수단을 묻는 How 의문문에 대한 응답이다. 질문의 cleaning의 연상 어휘 baking soda를 이용한 오답이다.

30 [Do/be/조동사] Yes/No가 없는 대답

[질문 분석] Is there someone available to help me set up the conference room?
Is there someone/to help me가 키워드인 조동사 의문문이다. 조동사 의문문에서 Yes/No가 없는 경우에는 1. 다음 행동을 제시하거나 2. 간접적으로 상황을 설명해 준다. 조동사 의문문에서 대답 자체가 긍정이나 부정의 의미를 충분히 내포하고 있는 경우에는 Yes/No를 생략하기도 한다.

[보기 분석]
(A) Because it is clean. ❷ 다른 의문사에 대한 답변
이유에 대한 답변으로 Why 의문문에 대한 응답이다.

(B) At the staff meeting. ❷ 다른 의문사에 대한 답변
장소에 대한 답변으로 Where 의문문에 대한 응답이다. 질문의 conference room의 연상 어휘 staff meeting을 언급한 오답이다.

(C) Marc just finished his report. ▸정답
'저를 도와주실 분 있나요?'라는 질문에 'Marc 씨가 방금 보고서를 끝냈어요'라고 답하며 Marc 씨가 도와줄 수 있다고 간접적으로 응답하는 정답이다. 대답 자체에 Yes의 의미를 내포하고 있다는 것을 알 수 있다.

31 No를 대신하거나 간접적인 거절을 위한 상황 설명

[질문 분석] Let's hire more technicians to manage the upgraded system.
Let's hire technicians가 키워드인 제안문이다. No라고 말하거나 혹은 직접적인 거절을 하기 힘든 경우 간접적인 상황으로 답한다.

[보기 분석]
(A) In the updated report. ❷ 다른 의문사에 대한 답변
장소에 대한 답변으로 Where 의문문에 대한 응답이다.

(B) Higher sales figures. ❹ 유사 발음 오류
질문의 hire의 유사 발음 higher을 이용한 오답이다. 비슷한 발음의 단어를 사용한 오답에 주의하자. 단어만 들었을 때는 구별이 어렵지만, 문장에서는 같이 어울리는 특정 대상들이 있으므로 연결 대상을 함께 알아 두면 쉽게 오답을 구별 할 수 있다. walk outside와 work on the desk와 같이 어떤 단어들과 함께 쓰이는가를 같이 연습해 두어야 한다. 빈출 유사 발음 오류로 출제되는 단어로 copy-coffee가 있다는 것도 알아두자.

(C) I'll take over that assignment. ▸정답
'더 많은 기술자를 고용합시다'라는 제안에 '제가 그 업무를 인계받을 거예요' 즉, 고용할 필요가 없다고 No를 간접적으로 말하는 정답이다.

Questions 32-34 refer to the following conversation.

M Hello, Mrs. Pendlier. This is Michael Gibson calling. I'm the marketing director of Telson's Engineering. Our company is planning to organize an engineering convention this year. And since you're <u>32</u> familiar with this field, **we'd like to invite you to be our keynote speaker.**   `32-D`

W Oh, I'd be pleased to do that. Actually, I just need to check my schedule. It is already quite full.

M The convention will be at 10 A.M. September 14. That's a Friday.

W Oh, I'm available that morning but I have a meeting that afternoon. <u>33</u> **Can I give my presentation at 10 A.M.?**

M <u>34</u> Okay, **I'll ask my assistant to put** you on first in the presentation list. There's one other thing I want to ask. Can we post your presentation on our Web site?   `34-C` `34-D`

---

32. What does the man ask the woman to do?
(A) Review a book
(B) Explain a route
(C) Deliver a speech
(D) Organize a reception

33. What does the woman inquire about?
(A) The time of an event
(B) The fee of an event
(C) The length of document
(D) The availability of parking

34. What will the man most likely do next?
(A) Contact his colleague
(B) Make a conference call
(C) Post a presentation
(D) Inspect a Web site

남 / 요청 / 상
ㄴ 남자대사, "We'd like to ~"

여 / 문의
ㄴ 여자대사, 질문
"Could I ~?"

남 / 다음 행동 / 하
ㄴ 남자대사, I'll ~

남 안녕하세요, Pendlier 씨. 저는 Telson's Engineering의 마케팅 부장인 Michael Gibson입니다. 저희 회사는 올해 공학 학회 준비를 계획하고 있습니다. Pendlier 씨께서 이 분야를 잘 알기 때문에 저희의 기조 연설자로 초청하고 싶습니다.

여 오, 기꺼이 하겠습니다. 일정만 확인하고요. 일정이 꽤 빡빡하거든요.

남 학회는 9월 14일 오전 10시에 있을 거예요. 금요일입니다.

여 오, 저는 그날 아침은 시간이 되는데 오후에는 회의가 있습니다. 오전 10시에 발표해도 될까요?

남 알겠습니다. 비서에게 당신을 발표 목록 첫 번째로 올려놓도록 요청할게요. 여쭙고 싶은 것이 한 가지 더 있습니다. 저희 웹사이트에 귀하의 발표내용을 업로드해도 될까요?

32. 남자가 여자에게 요청한 것은 무엇인가?
(A) 책 논평
(B) 경로 안내
(C) 연설
(D) 축하 연회 준비

33. 여자가 묻는 것은 무엇인가?
(A) 행사 시간
(B) 행사 요금
(C) 문서 길이
(D) 주차 가능성

34. 남자는 다음에 무엇을 할 것 같은가?
(A) 그의 동료에게 연락하기
(B) 전화 회의하기
(C) 프리젠테이션 게시하기
(D) 웹 사이트 점검하기

32 문제의 순서와 대화의 순서는 일치한다.

STEP 1 답은 순서대로 대화상에 배치되기 때문에 전체 대화 내용을 다 듣고 답을 선택하기 보다는 문제의 위치에 따라 해당 보기에 집중하여 듣는다.

남자가 여자에게 요청한 것이 무엇인지 묻는 문제로, 첫 번째 문제에 해당하기 때문에 지문의 상단부에 집중하며 보기 중 관련 단어가 들리는지 집중하자. 남자의 대사 "we'd like to invite you to be our keynote speaker."에서 남자는 여자에게 기조 연설자가 될 것을 요청하고 있다는 것을 알 수 있다. 따라서 정답은 (C)이다.

– 대사의 구체적인 단어는 보기의 포괄적인 단어로 paraphrasing된다.
keynote speaker 〈 Deliver a speech

STEP 2 함정유형 및 오답패턴

(A) Review a book
(B) Explain a route
(C) Deliver a speech ▸정답
(D) ~~Organize~~ a reception ▸ 위치와 상관없는 **organize**를 이용한 오답이다.

33 남자/여자(Man/Woman)를 확인하자.

STEP 1 여자의 대사에서 질문을 파악하자.

여자의 대사 "Can I give my presentation at 10 A.M.?"에서 오전 10시에 발표할 수 있는지 묻고 있으므로 정답은 (A)이다.

34 미래 정보는 대화 후반부에 나오는 I'll ~이 정답이다.

STEP 1 다음 행위(미래 정보)를 묻는 문제는 주로 당사자의 대사에서 정답을 알 수 있다.

남자가 다음에 할 일을 묻고 있는 문제이다. 후반부 남자의 대사에서 정답의 단서를 찾자. 남자의 대사 "I'll ask my assistant to put you on first in the presentation list"에서 남자의 비서에게 발표명단 첫 번째에 여자의 이름을 올릴 것을 요청하겠다고 언급하고 있으므로 남자는 비서에게 연락할 것임을 알 수 있다. 따라서 정답은 (A)이다.

– 대사의 구체적인 단어는 보기의 포괄적인 단어로 paraphrasing된다.
ask 〈 contact, my assistant 〈 colleague

STEP 2 함정유형 및 오답패턴

(A) Contact his colleague ▸정답
(B) Make a conference call
(C) ~~Post~~ a presentation ▸ **post**를 반복 이용한 오답이다. 남자가 여자에게 문의한 사항이다.
(D) ~~Inspect~~ a Web site ▸ 정답 위치와 관계없는 **Web site**를 이용한 오답이다.

어휘 **marketing director** 마케팅 부장 **organize** 준비하다 **be familiar with** 익히 알다
keynote speaker 기조 연설자 **be pleased to do** ~하여 기쁘다, 기꺼이 ~하다 **quite** 꽤, 상당히
ask 요청하다, 부탁하다 **presentation** 발표 **would you mind if** ~? ~해도 괜찮겠습니까? **record** 기록하다
recommend 추천하다 **direct** (길을) 안내하다 **organize** 준비하다 **reception** 축하 연회
inquire about ~에 관하여 묻다 **availability** 가능성 **inspect** 점검하다

Questions 35-37 refer to the following conversation.

W Excuse me. I just arrived at this station and I'd like to transfer to a
35 train for Denver, **but I'm not sure which platform I should go to.** I
was checking the monitor but I can't find my train.

M Oh, I'm sorry. **There** has been a **problem with our display system.**
36 It is **not updating properly.** I'm sorry for the inconvenience. I'll
check your train with my computer. Did you say Denver?

W Yes, train 11.

M All right. **Your train** is leaving from platform 5. To get there, **you'll**
37 **have to take a free shuttle bus.** Just go straight ahead and follow
the yellow signs. The bus leaves every five minutes.

`35-C`
`35-A` `35-B`
`36-A`

`36-D`

`37-B`

35. What is the woman concerned about?
(A) An arrival time
(B) A departing time
(C) A schedule change
(D) A platform number

여 / 걱정 / 상
ㄴ, 여자대사, "But I'm not
sure ~"

36. According to the man, what has caused the problem?
(A) A ~~canceled~~ train
(B) A technical issue
(C) A lack of staff
(D) A renovation project

남 / 문제점
ㄴ, "I'm sorry that ~"

37. What will the woman most likely do next?
(A) Take a shuttle bus
(B) ~~Sign~~ a bus ticket
(C) ~~Wait~~ at the station
(D) Have some refreshments

여 / 다음 행동 / 하
ㄴ, 남자대사, "You'll ~"

여 실례합니다. 방금 이 역에 도착했는데 Denver행 기차
로 환승하고 싶어요. 그런데 어느 승강장으로 가야되는
지 확실하지 않아서요. 모니터를 확인했지만, 탈 기차를
찾을 수 없어요.

남 오, 죄송합니다. 저희 디스플레이 시스템에 문제가 있습
니다. 해당 시스템이 제대로 업데이트 되고 있지 않습니
다. 불편을 드려 죄송합니다. 제가 승차하실 기차를 컴퓨
터로 확인해 보겠습니다. Denver라고 하셨죠?

여 네, 11번 기차입니다.

남 알겠습니다. 기차는 5번 승강장에서 출발합니다. 그곳에
가려면, 무료 셔틀 버스를 타셔야 합니다. 직진하셔서 노
란색 표지판을 따라가시면 됩니다. 버스는 5분마다 출발
합니다.

35. 여자가 걱정하는 것은 무엇인가?
(A) 도착 시간
(B) 출발 시간
(C) 일정 변경
(D) 승강장 번호

36. 남자에 따르면, 문제의 원인은 무엇인가?
(A) 취소된 기차
(B) 기술적인 문제
(C) 직원 부족
(D) 수리 프로젝트

37. 여자는 다음에 무엇을 할 것 같은가?
(A) 셔틀 버스 타기
(B) 버스승차권에 서명하기
(C) 역에서 기다리기
(D) 다과 먹기

STEP 1 그러나(**but/however**), 사실은(**actually/in fact**), 유감스럽게도 (**unfortunately**), 죄송합니다만(**I'm sorry but/I'm afraid~**), 고맙지만(**Thanks but~**) 등의 역접 또는 반전을 의미하는 표현 뒤에 정답의 단서가 제시될 가능성이 높다.

여자가 걱정하는 것이 무엇인지 묻는 문제로, 첫 번째 문제에 해당하기 때문에 지문의 상단부에 집중하며 보기 중 관련 단어가 들리는지 집중하자. 여자의 대사 "But I'm not sure which platform I should go to"에서 어느 승강장으로 가야 하는지 모른다는 언급을 통해 여자가 가야할 승강장이 어디인지 걱정하고 있다는 것을 알 수 있다. 따라서 정답은 (D)이다.

STEP 2 함정유형 및 오답패턴

(A) An arrival time ▸ **train**에서 연상한 오답이다.
(B) A departing time ▸ **tain**에서 연상한 오답이다.
(C) A ~~schedule~~ change ▸ **transfer**에서 연상할 수 있는 **change**를 이용한 오답이다.
(D) A platform number ▸ 정답

STEP 1 남자의 문제는 남자가 언급한다.

남자의 대사에서, 문제의 원인이 무엇인지 정답의 근거를 확인하자. 중반부 남자의 대사 "There has been a problem with our display system. It is not updating properly"에서 디스플레이 시스템에 문제가 있으며, 제대로 업데이트 되고 있지 않다고 언급하고 있다. 따라서 정답은 (B)이다.

- 대사의 구체적인 단어는 보기의 포괄적인 단어로 paraphrasing된다.
not updating properly ⟨ a technical problem

STEP 2 함정유형 및 오답패턴

(A) A ~~canceled~~ train ▸ 위치와 상관없는 **train**을 이용한 오답이다. 기차가 취소되었다는 언급은 없다.
(B) A technical issue ▸ 정답
(C) A lack of staff
(D) A renovation project ▸ **updating**에서 연상한 오답이다.

STEP 1 다음 행동(미래정보)를 묻는 문제(~ next?)는 주로 당사자의 대사에서 정답을 알 수 있다. 그런데 고난이도의 문제들에서는 상대방의 제안이나 요청을 수락함으로써 그것을 하겠다는 의미 (결과적으로 미래의 행위)가 되므로 상대가 제안하는 내용이나 요청하는 내용을 잘 들어야 한다.

여자가 다음에 할 일이 무엇인지 묻는 문제이다. 남자의 마지막 대사 "Your train is leaving from platform 5. To get there, you'll have to take a free shuttle bus"에서 기차는 5번 승강장에서 출발하고 그곳에 가기 위해 셔틀 버스를 타야 한다고 언급하고 있으므로 여자는 기차 승강장으로 가기 위해, 셔틀 버스를 타러 갈 것임을 알 수 있다. 따라서 정답은 (A)이다.

STEP 2 함정유형 및 오답패턴

(A) Take a shuttle bus ▸ 정답
(B) ~~Sign~~ a bus ticket ▸ **bus**는 언급되었지만 버스 승차권에 사인하라는 언급은 없다.
(C) ~~Wait~~ at the station ▸ 대화의 장소가 **station**이지만, 기다리라는 언급은 없다.
(D) Have some refreshments

어휘 **arrive** 도착하다 **transfer** 환승하다 **platform** 승강장 **properly** 제대로, 적절히 **inconvenience** 불편 **check** 알아보다, 확인하다 **actually** 실제로 **leave** 출발하다 **follow** (~의 뒤를) 따라가다 **sign** 표지판 **canceled** 취소된 **technical** 기술적인 **transportation** 교통 수단

TEST 3 해설

Questions 38-40 refer to the following conversation with three speakers.

W1 Hello, George. I have a question about our restaurant.

M Sure, **Monica. What is it**?

W1 **Well, I think** a former coworker of mine would be a good fit for
38 our restaurant. He's held a manager position for about six years at
Monaga's Restaurant and he is looking for a new position. I heard
we've got an opening for a hall manager. **How can I recommend**
39 **him for the job**?

M Ah.. let's see. Hays has been here a long time.

W2 Did you say my name?

M Yes. Do you know how to recommend job candidates?

W2 Sure, you can send an e-mail to Jenny in the human resources
40 department. **I'll write down her e-mail address** right now.

40-A **40-B**

---

38. What does Monica want to do?
(A) Take a class at a fitness center
(B) Attend a training workshop
(C) Refer a person for employment
(D) Hold a staff meeting

Monica / 원하는 것 / 상
└ "How can I ~?"

39. Why does the man say, "Hays has been here a long time."?
(A) To explain a workshop Hays is organizing
(B) To suggest Hays is the right person to answer
(C) To recommend that Hays be promoted
(D) To express surprise about ~~the service period~~ Hays has

남 / 화자 의도 파악
└ 앞뒤 문맥 파악

40. What does Hays offer to do?
(A) Send an e-mail
(B) ~~Visit~~ the HR department
(C) Review an application
(D) Provide some information

Hays / 제공 / 하
└ I'll ~
.

여1 안녕하세요, George 씨. 저희 식당에 관해서 궁금한 점이 있어요.
남 그래요, Monica 씨. 뭔가요?
여1 음, 저의 이전 동료가 저희 식당에 잘 맞을 거라고 생각해요. 그는 Monaga 식당에서 약 6년 동안 매니저로 일했고 지금 새로운 일자리를 찾고 있는데요. 홀 매니저 자리에 공석이 있다고 들었는데요. 어떻게 그 자리에 제 동료를 추천할 수 있나요?
남 아.. 어디 한번 봅시다. Hays 씨가 여기에 오래 있었어요.
여2 저를 부르셨나요?
남 네, 입사 지원자를 추천하는 방법을 알고 있나요?
여2 물론이죠. 인사부 Jenny 씨에게 이메일을 보낼 수 있어요. 제가 지금 바로 그녀의 이메일 주소를 적어드릴게요.

38. Monica 씨는 무엇을 하길 원하는가?
(A) 피트니스 센터에서 수업듣기
(B) 교육 워크숍 참석하기
(C) 채용 추천하기
(D) 직원 회의 개최하기

39. 남자는 왜 "Hays 씨가 여기에 오래 있었어요"라고 말하는가?
(A) Hays 씨가 준비 중인 워크숍을 설명하기 위해
(B) Hays 씨가 답해줄 적임자임을 제안하기 위해
(C) Hays 씨의 승진을 추천하기 위해
(D) Hays 씨의 근무 기간에 놀라움을 표현하기 위해

40. Hays 씨가 무엇을 하기를 제안하고 있는가?
(A) 이메일 보내기
(B) 인사과 방문하기
(C) 지원서 검토하기
(D) 정보 제공하기

38 3인 대화에서 특정 사람의 이름이나 키워드를 통한 질문이 자주 출제된다.

STEP 1 **Monica** 씨가 원하는 것이 무엇인지 묻는 문제이다. 질문의 키워드 **Monica** 씨가 누구인지 파악하자.

상단부 남자의 대사 "Monica. What is it?"에 대한 여자1의 응답 "Well, I think ~"를 통해 여자1이 Monica인 것을 알 수 있고 "How can I recommend him for the job?"라며 어떻게 이전 동료를 공석에 추천하는지 묻고 있으므로 정답은 (C)이다.

– 대사의 구체적인 단어는 보기의 포괄적인 단어로 paraphrasing된다.
recommend him for the job 〈 Refer a person for employment

39 화자의 의도 파악 문제는 주어진 '문장'을 기준으로 위아래에서 연결어를 확보해야 한다.

STEP 1 화자의 의도 파악 문제는 앞 사람의 말에 대해 답변/반응을 하는 것이 대부분으로, 앞 사람의 대사에서 들리는 '특정단어'를 포함하거나 관련된 보기가 정답이 된다.

바로 앞 여자1의 질문 "How can I recommend him for the job?"에 대해 남자는 "Hays has been here a long time.(Hays 씨가 여기에 오랫동안 있었어요.)"라고 응답하고 있으므로 남자는 Hays 씨가 그 질문에 대해 답변할 수 있다고 생각하는 것임을 알 수 있으므로 정답은 (B)이다.

STEP 2 함정유형 및 오답패턴

(A) To explain a workshop Hays is organizing
(B) To suggest Hays is the right person to answer ▶정답
(C) To recommend that Hays be promoted
(D) To express surprise about ~~the service period~~ Hays has ▶주어진 문장 a long time에서 연상한 오답이다.

40 3인 대화에서 미래의 일정이나 제안이 마지막 문제로 등장한다.

STEP 1 제안, 요구 사항이나 미래 일정은 후반부에 답이 있다.

질문의 키워드 Hays 씨가 누구인지 파악하자. 남자의 대사 "Hays has been here a long time."에 대한 여자2의 응답 "Did you say my name?"를 통해 여자2가 Hays 씨인 것을 알 수 있고, 여자2의 마지막 대사 "I'll write down her e-mail address right now."에서 이메일 주소를 알려 주겠다고 언급하고 있으므로 정답은 (D)이다.

– 대사의 구체적인 단어는 보기의 포괄적인 단어로 paraphrasing된다.
her e-mail address 〈 some information

STEP 2 함정유형 및 오답패턴

(A) ~~Send an e-mail~~ ▶Hays 씨가 아닌 You가 할 일이다.
(B) ~~Visit the HR department~~ ▶human resources department를 반복 이용한 오답이다.
(C) Review an application
(D) Provide some information ▶정답

어휘 **former** 이전의 **coworker** 동료 **fit** 맞다 **recommend** 추천하다 **candidate** 후보자 **send** 보내다 **write down** ~을 적다 **attend** 참석하다 **employment** 고용 **refer** 언급하다 **organize** 준비하다 **promote** 승진시키다 **application** 지원서

Questions 41-43 refer to the following conversation.

W Hello, Mr. Steinbeck. I'm calling from the Urban History Museum.
41 **I'd like to thank you for your consistent sponsorship.** For our
42 **organization's 10th anniversary, we're planning to offer our loyal
sponsors some special gifts.** And we're going to interview some of
our sponsors for our upcoming newsletter. When are you available
for an interview?

M This Thursday at 1 o'clock. Will that work?

W Yes, that sounds good. And **we need your recent photo** to put it
43 alongside your interview for the article. **Could you email me by this
Wednesday**?

M I'd be happy to. See you on Thursday.

`41-C`
`42-B`

`43-C`

---

41. Why does the woman thank the man?
(A) He sponsored an organization.
(B) He purchased a product.
(C) He organized an event.
(D) He received an award.

여 / 감사이유 / 상
ㄴ, 여자대사, "I'd like to thank
you ~"

42. Why is the woman calling?
(A) To explain an event
(B) To review his interview
(C) To get some feedback
(D) To wrap up an event

여자 / 전화목적 / 상
ㄴ, 2:1구조, 여자의 첫 대사

43. By when must the man provide his photo?
(A) By Tuesday
(B) By Wednesday
(C) By Thursday
(D) By Friday

3. 남자 / 의무 / 하
ㄴ, 여자대사, Could you ~?

여 안녕하세요, Steinbeck 씨. 도시 역사박물관에서 전화
드립니다. 한결같은 후원 감사드립니다. 저희 박물관의
10주년을 맞이해서, 헌신적인 후원자분들에게 특별 선
물을 드리려고 합니다. 그리고 저희의 곧 있을 소식지를
위해 일부 후원자분들을 인터뷰할 것입니다. 인터뷰 시
간은 언제가 괜찮으신가요?
남 이번 주 목요일 1시요. 그때 괜찮나요?
여 네, 좋습니다. 그리고 저희는 기사에서 귀하의 인터뷰 기
사에 함께 놓을 최근 사진이 필요합니다. 이번 주 수요일
까지 이메일로 보내 주실 수 있나요?
남 기꺼이 그렇게 하겠습니다. 목요일에 뵙겠습니다.

41. 왜 여자는 남자에게 고마워하는가?
(A) 그는 단체를 후원했다.
(B) 그는 상품을 구매했다.
(C) 그는 행사를 준비했다.
(D) 그는 상을 받았다.

42. 여자가 전화한 이유는?
(A) 행사를 설명하기위해
(B) 그의 인터뷰를 검토하기 위해
(C) 피드백을 얻기 위해
(D) 행사를 마무리 짓기 위해

43. 남자는 그의 사진을 언제까지 제공해야 하는가?
(A) 화요일
(B) 수요일
(C) 목요일
(D) 금요일

41 답의 위치를 예측하면서 보기에 집중하자.

STEP 1 답은 순서대로 대화상에 배치되기 때문에 전체 내용을 다 듣고 답을 선택하기 보다는 문제의 위치에 따라 해당 보기에 집중하여 듣는다.

여자가 감사하는 이유를 묻고 있는 첫 번째 문제이다. 지문의 상단부 여자의 대사에서 정답의 근거를 찾자. 여자의 대사 "I'd like to thank you for your consistent sponsorship."에서 한결같은 후원에 감사드린다고 언급하고 있으므로 정답은 (A)이다.

STEP 2 함정유형 및 오답패턴

(A) He sponsored an organization. ▶정답
(B) He purchased a product.
(C) He ~~organized~~ an event. ▶organization의 유사 발음을 이용한 오답이다.
(D) He received an award.

42 장소/직업 등의 같은 위치 문제가 연달아 출제되면 2:1의 구조이다.

STEP 1 Part 3 문제와 대화 중 정답의 위치는 대화를 기준으로 1:1:1(상:중:하)로 나온다. 각 질문의 정답이 한꺼번에 나오는 경우가 있는데, 대화 전반부에 두 문제의 정답이 2개 연속 나오는 경우를 2:1의 구조라고 하며 전체 문제의 20~30% 정도를 차지한다. 처음 두 질문이 주제, 직업, 문제점, 과거형 질문, 장소 등에 관해 묻는다면 첫 번째 화자의 대사에서 동시에 답이 들린다.

여자의 전화목적을 묻는 문제이다. 두 번째 문제가 전화목적을 묻고 있는 문제이므로, 2:1구조일 수 있다는 것을 미리 파악하고 여자의 첫 대사에서 정답의 근거를 찾자. 상단부 여자의 대사 "For our organization's 10th anniversary, we're planning to offer our loyal sponsors some special gifts."에서 10주년을 맞아, 후원자들에게 선물을 드리려고 한다고 언급을 하고 있으며, 곧 있을 소식지를 위해 후원자를 인터뷰할 것이다(we're going to interview)고 했으므로 (A)가 정답이다.

– 대사의 구체적인 단어는 보기의 포괄적인 단어로 paraphrasing된다.
10th anniversary 〈 event

STEP 2 함정유형 및 오답패턴

(A) To explain an event ▶정답
(B) To ~~review~~ his interview ▶앞으로 interview를 진행할 것이라고 언급하고 있다.
(C) To get some feedback
(D) To wrap up an event

43 남자의 의무에 대한 문제는 여자의 말의 You에서 답이 나온다.

STEP 1 화자의 '의무'는 상대방의 **You should ~/ Please ~** 와 같은 요청/제안의 표현으로 제시된다.

남자가 언제까지 그의 사진을 제공해야 하는지 묻는 문제이다. 여자의 대사 "we need your recent photo"에서 당신의 최근 사진이 필요하다는 언급과 함께, "Could you email me by this Wednesday?"에서 이번주 수요일까지 보내달라고 요청하고 있으므로 정답은 (B)이다.

STEP 2 함정유형 및 오답패턴

(A) By Tuesday
(B) By Wednesday ▶정답
(C) By Thursday ▶정답위치와 관계없이 반복되는 오답이다. 남자가 인터뷰하는 요일이다.
(D) By Friday

어휘 consistent 한결같은 sponsorship 후원 organization 단체, 기구 loyal 충성스러운 sponsor 후원자, 후원하다 upcoming 다가오는, 곧 있을 newsletter 소식지 recent 최근의 alongside ~옆에, 나란히 organize 준비하다 wrap up 마무리 짓다

Questions 44-46 refer to the following conversation.

M Hi, Marilyn. Thanks for telling me about that **book** on art of the renaissance. It was really interesting and **the descriptions were** **44** **easy to understand**.

W I thought you might like it.

M **Can you** recommend any other books on that subject? I didn't **45** think I liked history culture and literature so much.

W Well, try *The Literature of Italy*. It provides a thorough analysis of Italian literature in the Renaissance.

M Excellent! I'll place an order online.

W You know the **bookstore** on Maple Street **has a clearance sale** **46** going on right now? They're offering up to 90 percent off on books.

M Oh, then I'll go there tonight after work. Thanks.

45-A

46-A

---

44. What does the man mention about the book?
(A) It is known by international readers.
(B) It has various photos.
(C) It is easy to understand.
(D) It got poor reviews.

남 / book / 상
ㄴ. 남자 대사 상단

45. What does the man ask the woman to do?
(A) Pick up some orders
(B) Extend a deadline
(C) Consult a manual
(D) Provide a suggestion

남 / 요청
ㄴ. 남자 대사, Could you ~?

46. What does the woman suggest about the bookstore?
(A) It has a~wide~selection~ of books.
(B) It has a sale going on.
(C) It is located near her office.
(D) It is going to be renovated.

여 / bookstore
ㄴ. 키워드 앞뒤 문장

남 안녕하세요, Marilyn 씨. 르네상스 예술에 관한 책을 알려 주셔서 감사합니다. 그 책은 정말 재미있었고 설명은 이해하기 쉬웠습니다.

여 당신이 좋아할 거라고 생각했습니다.

남 그 주제에 관한 다른 책을 추천해 주시겠어요? 제가 역사 문화와 문학을 그렇게 좋아할 줄은 몰랐어요.

여 음, 이탈리아의 문학이란 책을 읽어보세요. 그 책은 르네상스시대의 이탈리아 문학을 철저히 분석하고 있어요.

남 좋아요! 온라인으로 구매해야겠어요.

여 지금 Maple가에 있는 서점에서 재고정리세일을 진행하고 있다는 거 아세요? 책을 90%까지 할인하고 있어요.

남 오, 그럼 일이 끝난 후에 오늘밤에 가야겠어요. 감사합니다.

44. 남자가 책에 대해 언급한 것은 무엇인가?
(A) 국제적인 독자들에게 알려져 있다.
(B) 다양한 사진이 담겨 있다.
(C) 이해하기 쉽다.
(D) 좋지 않은 평가를 받았다.

45. 남자는 여자에게 요청하는 것은 무엇인가?
(A) 주문품 수령하기
(B) 마감기한 연장하기
(C) 설명서 참고하기
(D) 추천하기

46. 여자가 서점에 대해 언급한 것은 무엇인가?
(A) 다양한 책을 보유하고 있다.
(B) 세일 중이다.
(C) 그녀의 사무실 근처에 위치한다.
(D) 보수될 것이다.

44 키워드 문제는 키워드 기준 앞뒤 문장에 답이 위치한다. ▶ book

STEP 1 문제의 키워드가 누구의 대사에 나오는지 확인하고 문제에 나오는 키워드를 대화에서 잡아야 답을 골라낼 수 있다.

남자가 책에 대해 언급한 것이 무엇인지 묻는 문제이다. 첫 번째 문제에 해당하므로 대화의 상단부에서 문제의 키워드 book을 찾자. 남자의 첫 대사 "Thanks for telling me about that book on art of the renaissance"에서 르네상스 예술에 관한 책을 언급하고 있고, 이어서 "the descriptions were easy to understand."에서 설명이 이해하기 쉬웠다고 언급하고 있으므로 정답은 (C)이다.

45 문제의 순서와 대화의 순서는 일치한다.

STEP 1 답의 위치를 예측하면서 보기에 집중하자.

남자가 여자에게 요청하는 것이 무엇인지 묻는 두 번째 문제이다. 답은 순서대로 나오기 때문에 지문의 중반부 남자의 대사에서 정답의 근거를 찾자. 남자의 대사 "Can you recommend any other books on that subject?"에서 다른 책을 추천해 달라고 언급하고 있으므로 정답은 (D)이다.

− 대사의 구체적인 단어는 보기의 포괄적인 단어로 paraphrasing된다.

recommend 〈 provide a suggestion

STEP 2 함정유형 및 오답패턴

(A) Pick up some ~~orders~~ ▶ 위치와 상관없는 order를 이용한 오답이다.
(B) Extend a deadline
(C) Consult a manual
(D) Provide a suggestion ▶ 정답

46 키워드 문제는 키워드 기준 앞뒤 문장에 답이 위치한다. ▶ bookstore

STEP 1 여자의 대사에서 키워드 **bookstore**를 파악하자.

여자가 서점에 관해 언급한 것이 무엇인지 묻는 문제이다. 마지막 문제이므로 지문의 하단부에서 키워드 bookstore를 파악하자. 후반부 여자의 대사 "You know the bookstore on Maple Street has a clearance sale going on right now?"에서 서점이 재고정리 세일을 진행하고 있다고 언급하고 있으므로 정답은 (B)이다.

STEP 2 함정유형 및 오답패턴

(A) It has ~~a wide selection~~ of books. ▶ books가 언급되었지만, 다양한 책을 보유하고 있는지는 언급되어 있지 않다.
(B) It has a sale going on. ▶ 정답
(C) It is located near her office.
(D) It is going to be renovated.

어휘 description 설명 understand 이해하다 literature 문학 thorough 완전한
a clearance sale 재고 정리 세일 up to ∼까지 international 국제적인 extend 연장하다 deadline 마감기한
consult 참고하다 renovation 수리

Questions 47-49 refer to the following conversation.

W Good morning, **Thank you for** calling Clean Air **Service center**.
47 This is Jannice speaking. How may I help you?
M Hello, I'm calling from P&D Co. Ltd. We recently had your company install a ventilation system in our office building, but **it's not**
48 **working properly**.
W I'm sorry for the inconvenience. Let me check my computer for the schedule available. Well, our technicians are all out on calls right now. So, we don't have anyone available today. Someone can stop by tomorrow morning.
M Oh, no. We really need it fixed today. It's getting warmer in here and we're going to have a meeting with a large number of investors tomorrow.
W OK, **I'll call my manager** right now and see what we can do.

48-B

49-C

47. Where most likely does the woman work?
(A) At an advertising agency
(B) At a factory
(C) At a service center
(D) At a law firm

여 / 직업 / 상
└. 여자 대사. "Thank you for calling ~"

48. What problem does the man mention?
(A) A system is out of order.
(B) Staff is not available.
(C) A review is not satisfactory.
(D) An office is not spacious.

남 / 문제점
└. 남자대사

49. What will the woman do next?
(A) Check her computer
(B) Leave for a business trip
(C) Attend a meeting
(D) Contact her coworker

여 / 미래 행동 / 하
└. 여자대사, I'll ~

여 안녕하세요, Clean Air 서비스 센터에 전화 주셔서 감사합니다. 저는 Jannice입니다. 무엇을 도와드릴까요?
남 안녕하세요, P&D사입니다. 저희는 최근에 저희 사무실 건물에 환기 시스템 설치를 요청했었습니다. 그런데 환기 시스템이 제대로 작동하고 있지 않습니다.
여 불편을 드려 죄송합니다. 컴퓨터로 가능한 일정을 확인해 보겠습니다. 음. 모든 기술자들은 현재 모두 외근중이라 오늘 가능한 직원이 없습니다. 내일 아침 방문할 수 있습니다.
남 오, 안돼요. 오늘 정말로 고쳐야 합니다. 점점 더워지고 있고 내일 많은 투자자분들과 회의가 있을 예정입니다.
여 알겠습니다. 지금 바로 관리자에게 전화해서 조치를 취해보겠습니다.

47. 여자는 어디에서 일하고 있을 것 같은가?
(A) 광고 대행사에서
(B) 공장에서
(C) 서비스 센터에서
(D) 법률 사무소에서

48. 남자가 언급한 문제는 무엇인가?
(A) 시스템이 고장 났다.
(B) 직원이 시간이 없다.
(C) 리뷰가 만족스럽지 않다.
(D) 사무실이 넓지 않다.

49. 여자는 다음에 무엇을 할 것인가?
(A) 그녀의 컴퓨터 확인하기
(B) 출장가기
(C) 회의 참석하기
(D) 그녀의 동료에게 연락하기

47 직업은 대화의 전반부에 답이 들린다.

STEP 1 주로 전반부에 특정 직업과 명사를 언급한다.

여자의 직업을 묻는 문제로, 여자의 첫 대사 "Thank you for calling Clean Air Service center."에서 여자가 서비스 센터에서 일하고 있음을 알 수 있다. 따라서 정답은 (C)이다.

48 문제점과 걱정은 본인의 입으로 직접 얘기한다.

STEP 1 주요 빈출 문제점으로 늦음(late), 지연(delayed), 바쁨(busy), 부족(lack), 고장 (out of order) 등의 내용이 있다는 것을 알아두자.

남자가 언급한 문제점이 무엇인지 묻는 문제이다. 남자의 대사 "We recently had your company install a ventilation system ~ it's not working properly."에서 최근에 환기 시스템을 설치했는데 제대로 작동하지 않는다고 언급하고 있다. 따라서 정답은 (A)이다.

– 대사의 구체적인 단어는 보기의 포괄적인 단어로 paraphrasing된다.
it doesn't work properly 〈 out of order

STEP 2 함정유형 및 오답패턴

(A) A system is out of order. ▸정답
(B) ~~Staff is not available.~~ ▸여자가 언급한 문제이다.
(C) A review is not satisfactory.
(D) An office is not spacious.

49 미래 정보는 대화 후반부에 나오는 I'll ~이 정답이다.

STEP 1 다음 행위(미래 정보)를 묻는 문제는 주로 당사자의 대사에서 정답을 알 수 있다.

여자가 다음에 할 일을 묻고 있는 문제이다. 후반부 여자의 대사에서 정답의 단서를 찾자. 여자의 마지막 대사 "I'll call my manager right now"에서 관리자에게 연락하겠다고 언급하고 있으므로 정답은 (D)이다.

– 대사의 구체적인 단어는 보기의 포괄적인 단어로 paraphrasing된다.
call 〈 contact

STEP 2 함정유형 및 오답패턴

(A) Check her computer
(B) Leave for a business trip
(C) ~~Attend a meeting~~ ▸남자가 미래의 할 일이다.
(D) Contact her coworker ▸정답

어휘 install 설치하다 ventilation 환기 throughout 도처에 properly 제대로, 적절히 repair 수리 technician 기술자 in charge of ~을 담당해서 investor 투자자 out of order 고장난 available 구할 수 있는, 시간이 있는 satisfactory 만족스러운 spacious 널찍한 attend 참석하다 contact 연락하다

Questions 50-52 refer to the following conversation with three speakers.

W Welcome to Motzkito Clothing Company.

M1 Hi, **I'd like to order some uniforms** with our company logo for a company picnic. **50**   `50-B` `52-C`

W **Okay. Here's a catalogue** of our clothing designs to choose from.

M1 Actually, I want the same design my friend chose at her company's workshop last year. Her company is GNG Law Firm.

W Let me see. Hmm... that design **#811** you mentioned **no longer is** **51** **available**.

M1 That's a shame. Our colleagues were happy with that design.

W Then, **let me ask the supervisor. Marco**, this customer needs design #811 which is no longer made. **Is it possible to make it again?**

M2 **It's OK** but **it'll cost a bit** more because the design template needs **52** to be recreated.   `52-D`

M1 Oh, in that case, can you send me an estimate of the cost?

---

50. What are the speakers discussing?
(A) A software program   (B) A company's logo
(C) A store credit   **(D) A clothing order**

주제 / 상
└, 대화의 앞부분, I'd like to ~

51. According to the woman, What is suggested about #811?
(A) It has diverse patterns.
(B) It is not available anymore.
(C) It comes in many colors.
(D) It is limited to members.

여 / 키워드 #811
└, 여자대사, 키워드 앞뒤 문장

52. What does Marco explain to the customer?
(A) There will be an extra charge.
(B) There is another option for shipping.
(C) The company logo is not printed.
(D) There will be an extra consultation.

Marco / 하
└, Marco 씨가 누구인지
파악하자

여 Motzkito 의류 회사에 오신 것을 환영합니다.
남1 안녕하세요, 회사 야유회용으로 회사 로고가 새겨진 유니폼을 주문하고 싶습니다.
여 네, 선택하실 수 있는 의류 디자인 목록입니다.
남1 사실, 제 친구가 작년에 회사 워크숍에서 선택한 디자인을 원합니다. 그 친구 회사는 GNG 법률 사무소입니다.
여 어디 봅시다. 음, 언급하신 #811 디자인은 더 이상 이용하실 수 없습니다.
남1 이런, 제 동료가 그 디자인을 엄청 좋아했거든요.
여 그러면, 관리자에게 물어보겠습니다. Marco 씨, 손님께서 더 이상 생산되지 않는 #811 디자인을 필요로 합니다. 그 디자인을 다시 제작할 수 있을까요?
남2 가능하지만 디자인 견본을 다시 만들어야 해서 비용이 조금 더 발생할 겁니다.
남1 오, 그렇다면, 비용견적서를 제게 보내주실 수 있나요?

50. 화자가 논의하는 것은 무엇인가?
(A) 소프트웨어 프로그램   (B) 회사 로고
(C) 상점 적립금   (D) 의류 주문

51. 여자에 따르면, #811에 대해 언급된 것은 무엇인가?
(A) 다양한 무늬가 있다.
(B) 더 이상 이용할 수 없다.
(C) 색상이 다양하다.
(D) 회원에게만 한정되어 있다.

52. Marco 씨가 고객에게 설명하는 것은 무엇인가?
(A) 추가 요금이 발생할 것이다.
(B) 배송을 위한 다른 선택사항이 있다.
(C) 회사 로고가 인쇄되지 않았다.
(D) 추가 상담이 있을 것이다.

50 주제나 목적을 묻는 문제는 처음 2줄에 답이 있다.

STEP 1 대화의 주제를 묻는 문제는 보통 첫 문장을 들으면 해결할 수 있다. 대화를 처음부터 끝까지 다 듣고 나서 답을 고르기보다 우선 보기의 내용을 파악한 다음 대화의 앞부분을 들으면서 답을 결정해야 한다.

지문의 상단부 남자1의 대사 "I'd like to order some uniforms"에서 유니폼을 주문하고 싶다는 말에 대해 여자가 "Okay. Here's a catalogue(네, 목록이 여기 있습니다)"라고 응답하고 있으므로 의류 주문에 관해 이야기하고 있다는 것을 알 수 있다. 따라서 정답은 (D)이다.

– 대사의 구체적인 단어는 보기의 포괄적인 단어로 paraphrasing된다.
uniforms 〈 clothing

STEP 2 함정유형 및 오답패턴

(A) A software program
(B) A company's logo ▶ **company logo**를 반복 이용한 오답이다. 회사의 로고가 새겨진 유니폼을 주문하고 싶다고 언급하고 있다.
(C) A store credit
(D) **A clothing order** ▶ 정답

51 키워드 문제는 키워드 기준 앞뒤 문장에 답이 위치한다. ▶ #811

STEP 1 문제의 키워드가 누구의 대사에 나오는지 확인하고 문제에 나오는 키워드를 대화에서 잡아야 답을 골라낼 수 있다.

여자가 #811에 대해 언급한 것이 무엇인지 묻는 문제이다. 여자의 대사에서 키워드 #811의 앞뒤 문장을 파악하자. 여자의 대사 "that design #811 you mentioned no longer is available."에서 #811 디자인은 더 이상 이용할 수 없다고 언급하고 있다. 따라서 정답은 (B)이다.

– 대사의 구체적인 단어는 보기의 포괄적인 단어로 paraphrasing된다.
no longer is available 〈 It is not available anymore

52 3인 대화의 2–3번째 문제는 주로 사람의 이름을 특정하여 묻는다.

STEP 1 특정 사람의 이름이나 키워드를 통한 질문이 자주 출제된다.

Marco 씨가 고객에게 설명한 것이 무엇인지 묻는 문제이다. 키워드 Marco 씨를 파악하자. 여자의 대사 "let me ask the supervisor."에서 관리자인 Marco 씨에게 물어보겠다고 언급하고 있고, 이어 "Marco, is it possible to make it again?"라는 질문에 남자2가 "It's OK"라고 응답하고 있으므로 남자2가 Marco 씨인 것을 알 수 있다. 이어진 남자2의 대사에서 "but it'll cost a bit more"라며 비용이 조금 더 발생할 것임을 언급하고 있으므로 정답은 (A)이다.

STEP 2 함정유형 및 오답패턴

(A) **There will be an extra charge.** ▶ 정답
(B) There is another option for shipping.
(C) The company logo is not printed. ▶ 정답의 위치와 관계없는 **company logo**를 이용한 오답이다.
(D) There will be an extra consultation. ▶ 지문의 **more**가 등장하지만, 추가 상담이 있을 것이라는 언급은 없으므로 오답이다.

어휘 order 주문하다 catalogue 목록 no longer 더 이상 ~아닌 colleague 동료 template 견본
estimate 견적서 diverse 다양한 consultation 상담, 협의

Questions 53-55 refer to the following conversation.

M Good afternoon. **Welcome to the Ledding Art Gallery**. How can I
53 help you?

W Hello. It's my first time here and I was wondering if your gallery has any programs for visitors.

W Yes, we have a variety of programs. Are you interested in private or business program?

M Actually, I'm interested in a private program.

W All right. With our **private program**, you can reserve a specific
54 day to have a special **guided** **tour** of our gallery. Also, on the last Thursday of the month, there's a reception for networking. It provides opportunities to connect with artists and other professionals. `54-D`

M Wow, that's what I'm looking for. Can I apply for that program right
55 now? `55-D`

W Sure. **Just fill out this form** and pay 100 dollars for admission. `55-C`

---

53. Where does the man work?
(A) At a museum   (B) At a movie theater
(C) At an art gallery   (D) At a community center

54. What does the private program provide?
(A) A discount
(B) A guided tour
(C) Some refreshments
(D) A guide ~~book~~

55. What will the man most likely do next?
(A) Complete a form
(B) Buy some gifts
(C) ~~Request~~ a fee
(D) ~~Apply~~ a discount

남 / 직업 / 상
└ 남자대사 Welcome to ~

private program / 제공
└ 키워드 앞뒤 문장

남 / 미래 행동 / 하
└ 여자대사, Just fill out ~

남 안녕하세요. Ledding 아트 갤러리에 오신 것을 환영합니다. 무엇을 도와드릴까요?

여 안녕하세요. 제가 여기에 처음 왔는데 갤러리에서 방문객을 위한 프로그램이 있는지 궁금해서요.

여 네, 다양한 프로그램이 있습니다. 개인 프로그램에 관심이 있나요 아니면 기업 프로그램에 관심이 있나요?

남 사실, 개인 프로그램에 관심이 있습니다.

여 알겠습니다. 개인 프로그램으로, 가이드와 함께 저희 갤러리의 특별 견학을 위해 특정 날짜를 예약하실 수 있습니다. 또한, 그 달의 마지막 주 목요일에, 네트워킹 파티가 있습니다. 작가분들이나 기타 직업군에 계신 분들과 만날 수 있는 기회가 될 거예요.

남 아, 그게 바로 제가 찾던 거예요. 지금 바로 그 프로그램에 신청할 수 있나요?

여 물론이죠. 이 양식을 작성하시고 입회비 100달러를 지불하시면 됩니다.

53. 남자는 어디에서 일하고 있는가?
(A) 박물관   (B) 영화관
(C) 미술관   (D) 시민 문화 회관

54. 개인 프로그램이 제공하는 것은 무엇인가?
(A) 할인
(B) 가이드 관광
(C) 다과
(D) 가이드북

55. 남자는 다음에 무엇을 할 것 같은가?
(A) 양식 작성
(B) 선물 구매
(C) 비용 요청
(D) 할인 적용

53 직업은 대화의 전반부에 답이 들린다.

STEP 1 주로 전반부에 특정 직업과 명사를 언급한다.

남자의 직업을 묻는 문제로, 남자의 첫 대사 "Welcome to the Ledding Art Gallery. How can I help you?"에서 남자가 아트 갤러리에서 일하고 있음을 알 수 있으므로 정답은 (C)이다.

54 키워드 문제는 키워드 기준 앞뒤 문장에 답이 위치한다. ▶ private program

STEP 1 문제의 키워드가 누구의 대사에 나오는지 확인하고 문제에 나오는 키워드를 대화에서 잡아야 답을 골라낼 수 있다.

개인 프로그램이 제공하는 것이 무엇인지 묻는 문제이다. 키워드 private program 앞뒤 문장에서 정답의 근거를 찾자. 여자의 대사 "With our private program, you can reserve a specific day to have a special guided tour of our gallery."에서 개인 프로그램으로, 가이드 투어를 이용할 수 있다고 언급하고 있다. 따라서 정답은 (B)이다.

STEP 2 함정유형 및 오답패턴

(A) A discount
(B) A guided tour ▶정답
(C) Some refreshments
(D) A guide ~~book~~ ▶**guided**를 이용한 오답으로, 가이드북을 제공한다는 언급은 없다.

55 미래 정보는 대화 후반부에 나오는 I'll ~이 정답이다.

STEP 1 다음 행위(미래정보)를 묻는 문제(~next?)는 주로 당사자의 대사에서 정답을 알 수 있다. 그런데 고난이도의 문제들에서는 상대방의 제안이나 요청을 수락함으로써 그것을 하겠다는 의미(결과적으로 미래의 행위)가 되므로 상대가 제안하는 내용이나 요청하는 내용을 잘 들어야 한다.

남자의 미래 행동을 묻는 문제이다. "Can I apply for the program right now?(지금 바로 프로그램에 신청할 수 있나요?)"라는 남자의 질문에 여자는 "Just fill out this form(이 양식을 작성하시면 됩니다)"이라고 답하고 있다. 따라서 남자는 양식을 작성할 것임을 알 수 있으므로 정답은 (A)이다.

– 대사의 구체적인 단어는 보기의 포괄적인 단어로 paraphrasing된다.
fill out this form 〈 complete a form

STEP 2 함정유형 및 오답패턴

(A) Complete a form ▶정답
(B) Buy some gifts
(C) ~~Request~~ a fee ▶남자가 할 일은 비용을 지불하는 것이다.
(D) ~~Apply~~ a discount ▶**apply**를 반복 이용하여 혼동을 유도한 오답이다.

어휘 **art gallery** 미술관 **find out** 알아내다 **a variety of** 여러 가지의 **private** 개인적인 **specific** 구체적인
connect 연결되다 **form** 서식 **request** 요청하다

Questions 56-58 refer to the following conversation.

M Thanks for coming here today.

W My pleasure. **You said** on the phone **that you recently opened**
56 **another bakery** in Sacramento.

M Yes, but its sales haven't increased since it opened five months ago,
57 so I decided to contact you for help. **I read some good reviews of**
your agency through my business community cafe online.

W It's always good to get a compliment. We can help improve your
business presence and increase your sales in the area.

M That'd be great.

W We'll create customized advertisements that will attract customers
to your business. And then, we'll create **a focus group of people**
58 **of various ages**, analyze which ads work best and decide on
which media the selected ad will be launched.

57-B

---

56. What type of business does the man own?
(A) A shoes store (B) A restaurant
(C) A clothing shop **(D) A bakery**

57. How did the man learn about the woman's agency?
(A) From a colleague
(B) From an advertisement
(C) From a Web site
(D) From a radio broadcast

58. What does the woman say about the focus group?
(A) It gave good reviews.
(B) It will consist of several age group.
(C) It will run for five months.
(D) It is intended for the specific season.

남 / 직업 / 상
└, 상대방의 대사에서 직업을
알 수 있는 경우

남 / How did, learn / 여자의
회사
└, 남자대사, I found ~

여 / 키워드 focus group
└, 키워드 앞뒤 문장

남 와주셔서 감사합니다.

여 별말씀을요. 전화상으로 최근에 Sacramento에 제과
점을 또 하나 개업했다고 말씀하셨습니다.

남 맞아요. 그런데 5개월 전에 개업한 이후로 매출이 늘지
않고 있어요. 그래서 도움을 받고자 연락드렸습니다. 온
라인 비즈니스 커뮤니티 카페로 에이전시에 대한 좋은
평을 많이 보았습니다.

여 칭찬 받는 것은 항상 좋습니다. 저희는 그 지역에 당신의
사업을 알리고 판매량을 증가시키는데 도움을 드릴 수
있습니다.

남 그러면 좋죠.

여 저희는 당신의 사업에 고객을 유인할 맞춤형 광고를 제
작할 것입니다. 그런 다음, 다양한 연령의 사람들로 구성
된 포커스 그룹을 만들고, 어떤 광고가 가장 효과적인지
분석하고, 선정된 광고를 어떤 매체로 개시할지 결정할
것입니다.

56. 남자는 어떤 사업을 하고 있는가?
(A) 신발 상점
(B) 식당
(C) 의류 상점
(D) 제과점

57. 남자는 여자의 회사를 어떻게 알게 되었는가?
(A) 동료
(B) 광고
(C) 웹 사이트
(D) 라디오방송

58. 여자는 포커스 그룹에 대해 무엇이라고 말하는가?
(A) 좋은 평가를 했다.
(B) 다양한 연령대로 구성될 것이다.
(C) 5개월 동안 진행될 것이다.
(D) 특정 시즌을 위해 만들어졌다.

56 여자의 말에서 남자의 직업이나 장소를 알 수 있다.

STEP 1 본인이 직접 자신이 일하는 회사에 대해서 언급하지 않고 상대방의 대사를 통해 어떤 업종에서 일하는지를 알아내야 하는 경우 난이도가 높아진다.

남자가 어떤 사업을 하고 있는지 묻는 문제이다. 남자의 첫 대사 "Thanks for coming here today"에 대한 여자의 응답 "you said ~ that you recently opened another bakery"를 통해 남자가 최근에 제과점을 개업했다는 것을 알 수 있으므로 정답은 (D)이다. 해당 문제는 여자의 대사에서 남자의 직업에 대한 단서가 나온 고난이도 문제라는 점을 유의하자.

57 답의 위치를 예측하면서 보기에 집중하라.

STEP 1 답은 순서대로 대화상에 배치되기 때문에 전체 내용을 다 듣고 답을 선택하기 보다는 문제의 위치에 따라 해당 보기에 집중하여 듣는다.

남자가 어떻게 여자의 회사를 알게 되었는지 묻는 문제이다. 두 번째 문제이므로 대사 중반부, 남자의 대사에서 보기에 있는 관련 단어가 들리는지 집중하자. 남자의 대사 "I read some good reviews of your agency through my business community cafe online."에서 남자는 웹 사이트를 통해 여자의 회사를 알 수 있었다고 언급하고 있다. 따라서 정답은 (C)이다.

– 대사의 구체적인 단어는 보기의 포괄적인 단어로 paraphrasing된다.
business community cafe online. 〈 a Web site

STEP 2 함정유형 및 오답패턴

(A) From a colleague
(B) From an ~~advertisement~~ ▸ 위치와 상관없는 **advertisements**를 반복 이용한 오답이다.
(C) From a Web site ▸ 정답
(D) From a radio broadcast

58 키워드 문제는 키워드 기준 앞뒤 문장에 답이 위치한다. ▸ focus group

STEP 1 문제의 키워드가 누구의 대사에 나오는지를 확인하고 문제에 나오는 키워드를 대화에서 잡아야 답을 골라낼 수 있다.

여자의 대사에서 focus group을 파악하자. 여자의 마지막 대사 "we'll create a focus group of people of various ages"에서 다양한 연령대로 구성된 포커스 그룹이라고 언급하고 있다. 따라서 정답은 (B)이다.

– 대사의 구체적인 단어는 보기의 포괄적인 단어로 paraphrasing된다.
a focus group of ~ various ages 〈 consist of several age group

---

어휘 **increase** 증가하다 **compliment** 찬사, 칭찬 **improve** 개선하다, 향상시키다 **attract** 끌어들이다 **customized** 개개인의 요구에 맞춘 **made of** ~로 만든 **analyze** 분석하다 **selected** 선택된 **launch** 시작하다, 개시하다 **consist of** 구성되다 **intend for** ~을 위해 만들다

Questions 59-61 refer to the following conversation.

W Good morning. **Thank you for calling** Palms **Real Estate Agency.** Can I
59 help you?

M Yes, I'm leaving for Liverpool in March and I'd like to rent a studio.

W Sure, that's what we specialize in. What conditions are you looking for?

M Well, I'm not sure how long I'll stay. It will probably be for 12 months, but it
60 depends on the company's situation. **So I want a month by month contract.** `60-B`

W Hmm, in that case, the monthly fee will be a little more because contracts
are usually on a yearly basis here. Is that okay?

M That's fine. And I'm visiting Liverpool next Monday, so could you give me a
tour of some properties then?

W Of course. Before we meet, I'll email you some properties you might be `61-C`
61 interested in. **Could you tell me your e-mail address?**

---

59. What type of business does the woman work for?
(A) **A real estate agency**
(B) A consulting firm
(C) A manufacturing company
(D) A shoe store

여자 / 직업 / 상
ㄴ, 여자대사 Thank you for
calling ~

60. Why does the man say, "It depends on the company's situation."?
(A) To express his apology
(B) To ~~complain about~~ his company
(C) **To explain the terms of his contract**
(D) To decline an invitation

남 / 화자 의도 파악
ㄴ, 앞뒤 문맥 파악

61. What will the man most likely do next?
(A) Give directions to a company
(B) **Provide his contact information**
(C) Send an e-mail
(D) Contact his supervisor

남 / 다음 행동 / 하
ㄴ, 여자대사, Could you ~?

여 안녕하세요. Palms 부동산에 전화 주셔서 감사합니다.
도와드릴까요?

남 네, 저는 3월에 Liverpool로 떠나는데 스튜디오를 대여
하고 싶습니다.

여 네, 그 부분이라면 저희가 전문입니다. 어떤 조건을 찾고
계세요?

남 음, 제가 얼마나 머무를지 확실하지 않아서요. 아마 12
개월 정도일텐데 회사 상황에 따라 달라요. 그래서 월 단
위로 계약을 하고 싶어요.

여 음, 그런 경우에, 이곳은 계약이 보통 일 년 단위이기 때
문에 한 달 이용료가 조금 더 발생할거에요. 괜찮나요?

남 괜찮습니다. 그리고 제가 다음 주 월요일에 Liverpool
을 방문할 건데, 그때 집들을 구경시켜 주실 수 있나요?

여 물론이죠, 저희가 만나기 전에, 관심이 있으실 수도 있는
집들을 이메일로 보내드릴게요. 이메일 주소를 알려주시
겠어요?

59. 여자는 어떤 사업에서 일하고 있는가?
(A) 부동산 중개소
(B) 컨설팅 회사
(C) 제조 회사
(D) 신발 가게

60. 남자는 왜 "it depends on the company's situation."
이라고 말하는가?
(A) 그의 사과를 표하기 위해
(B) 그의 회사에 대해 불평하기 위해
(C) 그의 계약 조건을 설명하기 위해
(D) 초청을 거절하기 위해

61. 남자는 다음에 무엇을 할 것 같은가?
(A) 회사로 가는 길 알려주기
(B) 그의 연락처 제공하기
(C) 이메일 보내기
(D) 그의 상사에게 연락하기

59 직업은 대화의 전반부에 답이 들린다.

STEP 1 주로 전반부에 특정 직업과 명사를 언급한다.

여자의 직업을 묻는 문제로 여자의 첫 대사 "Thank you for calling Palms Real Estate Agency"에서 여자가 부동산 중개업소에서 일한다는 것을 알 수 있다. 따라서 정답은 (A)이다.

60 화자의도 파악문제는 해당 위치에서 연결어를 확보하자.

STEP 1 전체 문맥상 의미를 파악하는 문제이며 앞뒤 문맥을 파악하여 포괄적인 정답을 찾아야 한다.

주어진 문장(it depends on the company's situation)을 언급한 뒤에 "So I want a month by month contract. (그래서 달마다 계약하고 싶어요)"라고 언급하고 있다. 따라서 주어진 문장을 언급한 이유는 회사의 사정에 따라 상황이 달라질 수 있기 때문에, 다른 계약 조건을 원한다고 설명하기 위한 것임을 알 수 있으므로 정답은 (C)이다.

STEP 2 함정유형 및 오답패턴

(A) To express his apology
(B) To ~~complain about~~ his company ▸**company**를 반복 이용한 오답으로, 그의 회사에 대한 불평은 언급되지 않으므로 오답이다.
(C) To explain the terms of his contract ▸정답
(D) To decline an invitation

61 You'll ~이 나오면 그 말을 듣는 사람의 미래가 된다.

STEP 1 하단부에서 You'll ~이 들리면 상대방에게 명령/요청하는 것이다.

남자가 다음에 할 일이 무엇인지 묻는 문제이다. 여자의 마지막 대사 "Could you tell me your e-mail address?"에서 이메일 주소를 알려달라고 요청하고 있으므로 남자의 다음 행동은 여자에게 이메일 주소를 알려줄 것임을 알 수 있다. 따라서 정답은 (B)이다.

– 대사의 구체적인 단어는 보기의 포괄적인 단어로 paraphrasing된다.
e-mail address 〈 contact information

STEP 2 함정유형 및 오답패턴

(A) Give directions to a company
(B) Provide his contact information ▸정답
(C) ~~Send an e-mail~~ ▸여자가 할 일이다.
(D) Contact his supervisor

어휘 **leave for** ~로 떠나다 **rent** 빌리다 **specialize in** ~을 전문으로 하다 **depend on** 달려있다 **contract** 계약서 **complain about** ~에 대해 불평하다 **contract** 계약 **terms** 조건 **present** 제시하다 **decline** 거절하다 **invitation** 초대

Questions 62-64 refer to the following conversation and room list.

W Welcome to Rosewood Hotel. How can I help you?

M Good morning. **I'd like to make a** reservation for a conference **at your** `62-D`
62 **hotel** on January 25.

W Okay. Well, as you can see in this brochure, we have a wide range of rooms. How many people will be attending?

M Approximately 80. So, **I think the room that can accommodate 100 would** `63-D`
63 **be the best**.

W All right. Then I'll reserve the room for you. Also, we have a special event going on at that time; the Strawberry World. It's a brunch buffet with all sorts of fresh strawberry dishes and many brunch items. You are eligible to
64 receive **a 20 percent off coupon** on **this buffet**. `64-B`

M Oh, great. We'll do that for lunch that day then.

Rosewood Hotel

Room	Capacity
Crystal Ballroom	300
Sapphire Room	200
Emerald Room	100
Onyx Room	80

62. What does the man want to do?
(A) Cancel a meeting   **(B) Reserve a place**
(C) Inquire about a price   (D) ~~Change~~ a reservation

남 / 목적 / 상
└ 남자대사 상단부
I'd like to ~

63. Look at the graphic. Which room does the man choose?
(A) Crystal Ballroom   (B) Sapphire Room
(C) Emerald Room   (D) Onyx Room

시각자료 / 남
└ 남자대사, 시각자료에서
주어진 보기 외의 것을 확인하자.

64. What does the woman say is the man eligible to receive?
(A) A discount coupon   (B) A ~~complimentary~~ lunch
(C) Free Wi-Fi   (D) A mileage service

여 / 남자가 받을 수 있는 것
└ 여자대사, You are eligible
to receive ~

로즈우드 호텔

Room	Capacity
Crystal Ballroom	300
Sapphire Room	200
Emerald Room	100
Onyx Room	80

여 Rosewood 호텔에 오신 것을 환영합니다. 무엇을 도와드릴까요?

남 안녕하세요. 컨퍼런스를 위해 1월 25일자로 예약하고 싶습니다.

여 네, 음, 이 책자에서 보실 수 있듯이, 저희는 다양한 객실을 보유하고 있습니다. 몇 분이나 참석하시나요?

남 대략 80명입니다. 제 생각엔 100명 정도 수용가능한 객실이 좋을 것 같습니다.

여 알겠습니다. 그럼 그 객실로 예약해 드리겠습니다. 그리고, 그때면 특별 행사인 Strawberry World를 진행

하는데요. 갖가지 신선한 딸기 요리와 다양한 브런치 요리로 구성된 브런치 뷔페입니다. 이 뷔페에 20% 할인 쿠폰을 받으시게 됩니다.

남 오, 좋습니다. 그러면 그날 점심에 그 뷔페를 이용하겠습니다.

62. 남자는 무엇을 하길 원하는가?
(A) 회의 취소   (B) 장소 예약
(C) 가격 문의   (D) 예약 변경

63. 시각 자료를 보시오. 남자는 어느 방을 선택하고 있는가?
(A) Crystal Ballroom   (B) Sapphire Room
(C) Emerald Room   (D) Onyx Room

64. 여자는 남자가 무엇을 받을 자격이 있다고 말하는가?
(A) 할인 쿠폰   (B) 무료 점심
(C) 무료 와이파이   (D) 마일리지 서비스

62 답의 위치를 예측하면서 보기에 집중하자.

STEP 1 〈남자의 목적〉은 전반부 남자 대사에서 답이 나온다.

남자의 목적을 묻는 첫 번째 문제이다. 지문의 상단부 남자의 대사에서 정답의 근거를 찾자. 남자의 첫 대사 "I'd like to make a reservation ~ at your hotel"에서 호텔 예약을 하고 싶다고 언급하고 있으므로 정답은 (B)이다.

STEP 2 함정유형 및 오답패턴

(A) Cancel a meeting
(B) Reserve a place ▸정답
(C) Inquire about a price
(D) ~~Change~~ a reservation ▸reservation은 언급되었지만 변경을 원하는 것이 아닌 예약을 원하는 것이므로 오답이다.

63 〈시각 자료〉 문제는 보기가 대화에서 언급되지 않는다.

STEP 1 보기가 객실명이므로 시각자료에서 그 외의 부분을 확인하면서 담화를 들어야 한다.

남자가 어떤 방을 선택하는지 묻는 문제이다. 보기에 객실명이 언급되어 있으므로 시각자료에서 객실명을 제외한 수용인원 정보를 파악하면서 대화에 집중하자. 참석자 수를 묻는 여자의 질문(How many people will be attending?)에 남자는 "I think the room that can accommodate 100 would be the best.(100명을 수용할 수 있는 객실이 가장 좋을 것 같다)고 응답하고 있다. 따라서 남자는 수용인원이 100명인 객실을 선택할 것임을 알 수 있으며, 시각자료에서 수용인원 이 100명인 객실은 Emerald 룸이므로 정답은 (C)이다.

STEP 2 함정유형 및 오답패턴

(A) Crystal Ballroom
(B) Sapphire Room
(C) Emerald Room ▸정답
(D) ~~Onyx Room~~ ▸참석자가 거의 80명이라고 응답하고 있고, 그래서 100명을 수용할 수 있는 객실이 좋을 것 같다고 언급하고 있으므로 오답이다.

64 문제의 순서와 대화의 순서는 일치한다.

STEP 1 답은 순서대로 대화상에 배치되기 때문에 전체 대화 내용을 다 듣고 답을 선택하기 보다는 문제의 위치에 따라 해당 보기에 집중하여 듣는다.

여자가 언급하고 있는, 남자가 무엇을 받을 자격이 있는지 묻는 문제이다. 세 번째 문제이기 때문에 후반부 여자의 대사에서 정답의 단서를 찾자. 후반부 여자의 대사 "You are eligible to receive a 20 percent off coupon on this buffet." 에서 20% 할인 쿠폰을 받을 수 있다고 언급하고 있으므로 정답은 (A)이다.

STEP 2 함정유형 및 오답패턴

(A) A discount coupon ▸정답
(B) A ~~complimentary~~ lunch ▸lunch를 반복 이용한 오답으로, 브런치 뷔페를 위한 20%할인 쿠폰을 받을 수 있다고 언급하 고 있다.
(C) Free Wi-Fi
(D) A mileage service

어휘 **a wide range of** 다양한 **approximately** 대략 **all sorts of** 많은 **be eligible to** ~할 자격이 있다 **opportunity** 기회 **reserve** 예약하다 **inquire about** ~에 관하여 묻다 **complimentary** 무료의

Questions 65-67 refer to the following conversation and list.

W Hi. I ordered a Cherryblossom Mini Dresser a week ago on your Web site and **(65)** I just received it today. **I was trying to put it together.** Unfortunately, some of the parts presented on your manual were missing in the package. `65-A` `65-C`

M Oh, I'm sorry. Can you tell me which parts were missing? **(66)**

W Some screws. **I think they should be twelve of them, but there were only ten.** `66-B`

M If you give me your contact information and a receipt number, I'll send you a package of twelve by overnight shipping. Or, if you come to one of our offline stores today, you can pick up the package at the customer service desk.

W I live near one of your stores so I'll visit it right now. Do I need to present my receipt as proof of purchase? `67-B`

M You don't have to. **I'll issue a customer number** for the case right now and you can tell the service desk about it. **(67)**

Cherryblossom Mini Dresser Parts List	
Item	Quantity
Handle	4
Flathead screw	8
Wheel	4
Rounded screw	**12**

65. What was the woman trying to do?
(A) ~~Order~~ some clothing **(B) Assemble an item**
(C) ~~Obtain~~ a manual (D) Return a faulty product

66. Look at the graphic. What part is not included in the package?
(A) Handle (B) Flathead Screws
(C) Wheel **(D) Rounded Screws**

67. What will the man give the woman?
(A) A customer number (B) A store receipt
(C) A service warranty (D) A store location

여 / 시도한 일 / 상
ㄴ. 여자대사, 과거표현

시각자료
ㄴ. 보이는 정보가 많을 때는 표에 나열되어 있는 정보를 기준으로 일치와 불일치를 확인하자.

남 / 제공 / 하
ㄴ. 남자대사 I'll ~

여 안녕하세요. 1주일 전에 귀하의 웹 사이트에서 벚꽃 소형 서랍장을 주문했고 오늘 방금 그것을 받았습니다. 조립하려고 했는데 유감스럽게도, 설명서에 명시된 부품 일부가 패키지에 들어있지 않습니다.
남 오, 죄송합니다. 어떤 부품이 없는지 알려 주시겠어요?
여 나사입니다. 12개가 있어야 되는데 10개 밖에 없었습니다.
남 연락처와 영수증 번호를 알려주시면, 익일배송으로 12개가 들어 있는 패키지를 보내 드리겠습니다. 또는, 오늘 저희 오프라인 상점 중 한곳으로 오시면, 고객 서비스 데스크에서 패키지를 받으실 수 있습니다.
여 집이 상점 근처라 지금 방문할 수 있어요. 구매 증거로 영수증을 제시해야 하나요?
남 그러실 필요 없습니다. 이런 경우를 대비해 고객 번호를 발급해 드릴테니 서비스 데스크에 말씀하시면 됩니다.

벚꽃 소형 서랍장 부품 목록	
품목	수량
손잡이	4
납작 머리 나사	8
바퀴	4
둥근 나사	12

65. 여자는 무엇을 하려고 했나?
(A) 의류 주문 (B) 상품 조립
(C) 설명서 얻기 (D) 결함 있는 제품 반환

66. 시각 자료를 보시오. 패키지에 포함되지 않은 부품은 무엇인가?
(A) 손잡이 (B) 납작 머리 나사
(C) 바퀴 (D) 둥근 나사

67. 남자는 여자에게 무엇을 줄 것인가?
(A) 고객 번호 (B) 상점 영수증
(C) 서비스 보증서 (D) 상점 위치

65 남자/여자/화자(Man/Woman/Speakers)를 확인하자.

STEP 1 대부분 문제에서 남자에 대해 물어보면 남자 대사에 답이 있고, 여자에 대해 물어보면 여자 대사에 답이 있다.

여자가 무엇을 하려고 했는지 묻는 문제이다. 첫 번째 문제이므로 지문 상단부 여자의 대사에서 보기에 관련 단어가 들리는지 집중하자. 여자의 대사 "I ordered a Cherryblossom Mini Dresser"를 통해 여자가 서랍장을 주문했다는 것을 알 수 있고, "I was trying to put it together."라는 언급을 통해 서랍장을 조립하려고 했음을 알 수 있다. 따라서 정답은 (B)이다.

– 대사의 구체적인 단어는 보기의 포괄적인 단어로 paraphrasing된다.
put it together 〈 assemble an item

STEP 2 함정유형 및 오답패턴

(A) ~~Order~~ some clothing ▶ordered를 반복 이용한 오답으로, 의류를 주문하려고 했다는 언급은 없으므로 오답이다.
(B) Assemble an item ▶정답
(C) ~~Obtain~~ a manual ▶위치와 관계없는 manual을 이용한 오답이다.
(D) Return a faulty product

66 Brochure/Coupon은 잘못된 정보를 찾는 것이 정답이다.

STEP 1 전단지, 쿠폰, 가격표는 대화의 정보와의 일치와 불일치를 확인하자. 해당 자료는 보이는 정보가 많기 때문에 표에 나열되어 있는 정보를 기준으로 들리는 대사와 일치와 불일치를 확인하자.

패키지에 포함되어 있지 않은 부품이 무엇인지 묻는 문제이다. 표에 나열되어 있는 정보를 기준으로 들리는 대사와 일치, 불일치를 확인하자. 여자의 대사 "I think they should be twelve of them, but there were only ten."에서 12개가 있어야 하는데 10개 밖에 없었다고 언급하고 있다. 시각자료에서 수량이 12개인 품목은 Rounded screw이므로 정답은 (D)이다.

STEP 2 함정유형 및 오답패턴

(A) Handle
(B) Flathead ~~Screws~~ ▶수량을 파악해야 한다.
(C) Wheel
(D) Rounded Screws ▶정답

67 미래 정보는 대화 후반부에 나오는 I'll ~이 정답이다.

STEP 1 대부분의 대화는 과거 → 미래의 순서로 진행되므로 미래 관련 문제는 대화의 후반부에 답이 나온다.

남자가 무엇을 제공할 것인지 묻는 문제이다. 미래 정보는 대화 후반부에 위치하므로 지문의 후반부에서 정답의 근거를 파악하자. 남자의 마지막 대사 "I'll issue a customer number"에서 고객 번호를 발급해 주겠다고 언급하고 있으므로 정답은 (A)이다.

STEP 2 함정유형 및 오답패턴

(A) A customer number ▶정답
(B) A store ~~receipt~~ ▶위치와 상관없는 receipt를 반복 이용한 오답이다.
(C) A service warranty
(D) A store location

어휘 unfortunately 유감스럽게도 screw 나사 overnight shipping 익일배송 send 발송하다 present 제시하다, 보여주다 issue 발부하다 faulty 결함이 있는

Questions 68-70 refer to the following conversation and directory.

W Eric, <u>Sara called me earlier</u>. She said she has a <u>severe cold</u> so she
68 is unable to come in today. Also, she asked me to take over her work.
M All right. I'll call her later. First let me check my computer. Actually
69 **her daily work is similar to mine**, so I'll cover most of it. Oh, there's
an unusual event. She was supposed to set up the meeting room at
3 P.M.

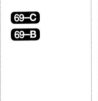

W I've never done that. Can you show me what to do?
M Don't worry. Check the directory. Today's meeting will be a staff
70 meeting. **You can** just call the representative who is **responsible for
Internal Events**, and she will tell you what to prepare.

Helmore Furniture Company Directory

Name	Responsibility	Extension
Megan Kim	Marketing	124
Scott McField	Outsourcing	957
Natasha Grokova	**Internal Events**	325
Mika Kobayashi	Accounting	117

68. What does the woman say happened to Sara?
(A) She had a car accident.
(B) She won an award.
(C) She called in sick.
(D) She went on a business trip.

69. What does the man suggest about Sara's work?
(A) It is almost the same as his.
(B) It is time consuming.
(C) It is complicated.
(D) It is important.

70. Look at the graphic. Who should the woman contact?
(A) Megan Kim
(B) Scott McField
(C) Natasha Grokova
(D) Mika Kobayashi

1. 여 / Sara / 상
└, 지문의 상단부

2. 남 / Sara's work
└, 고유명사 → 3인칭 대명사로
언급 "her work"

3. 시각자료
└, 시각자료에서 주어진 보기
외의 것을 확인하자.

Helmore 가구 회사 주소 성명록

이름	책무	내선번호
Megan Kim	마케팅	124
Scott Mcfield	아웃소싱	957
Natasha Grokova	내부 행사	325
Mika Kobayashi	회계	117

여 Eric, 좀 전에 Sara에게 전화 왔어요. Sara가 심한 감
기에 걸려서 오늘 못 올 거라며 저에게 그녀의 업무를 대
신해 달라고 요청했습니다.
남 알겠습니다. 제가 나중에 Sara에게 전화할게요. 우선 제
컴퓨터를 확인하겠습니다. 사실 일상 업무가 제 업무와
비슷해요. 그래서 대부분 제가 처리할 거예요. 오, 다른
일이 있네요. 오후 3시에 회의실을 준비하기로 되어 있
었어요.
여 저는 그 일을 해 본적이 없는데, 어떻게 해야 할지 알려
주시겠어요?

남 걱정하지 마세요. 연락처를 보세요. 오늘 회의는 직원회
의예요. 내부 행사 담당 직원에게 연락하면 무엇을 준비해
야 하는지 알려 줄 거예요.

68. 여자는 Sara에게 무슨 일이 일어났다고 말하는가?
(A) 그녀는 차 사고를 당했다.
(B) 그녀는 상을 받았다.
(C) 그녀는 전화로 병가를 알렸다.
(D) 그녀는 출장 갔다.

69. 남자는 Sara의 업무에 대해 무엇이라고 말하는가?
(A) 그의 업무와 거의 같다.
(B) 시간이 많이 걸린다.
(C) 복잡하다.
(D) 중요하다.

70. 시각자료를 보시오. 여자가 연락해야 하는 사람은
누구인가?
(A) Megan Kim
(B) Scott McField
(C) Natasha Grokova
(D) Mika Kobayashi

68 답의 위치를 예측하면서 보기에 집중하라.

STEP 1 답은 순서대로 대화상에 배치되기 때문에 전체 내용을 다 듣고 답을 선택하기보다는 문제의 위치에 따라 해당 보기에 집중하며 듣는다.

첫 번째 문제이므로 지문의 상단부에서 답의 근거를 찾자. 여자의 첫 대사 "Sara called~. She said she has a severe cold"에서 Sara가 감기에 걸렸다고 전화 했다고 언급하고 있다. 따라서 정답은 (C)이다.

– 대사의 구체적인 단어는 보기의 포괄적인 단어로 paraphrasing된다.

severe cold 〈 sick

69 문제에 제시된 사람 및 회사 이름은 3인칭 대명사로 표현된다.

STEP 1 제3자의 고유명사나 일반명사로 묻는 문제가 나올 경우에는 고유명사나 일반명사가 대화의 처음에 언급된 후, 3인칭 대명사(he/she/they/it)로 반복해서 언급된다.

문제의 키워드 Sara를 여자의 첫 대사에서 언급하고 있고, 남자의 대사 "her daily work is similar to mine"에서 3인칭 대명사 "her"로 Sara를 반복해서 언급하고 있다. 그녀의 업무가 자신의 업무와 비슷하다고 언급하고 있으므로 정답은 (A)이다.

– 대사의 구체적인 단어는 보기의 포괄적인 단어로 paraphrasing된다.

similar 〈 almost the same

STEP 2 함정유형 및 오답패턴

(A) It is almost the same as his. ▶정답
(B) It is ~~time~~ consuming. ▶3 P.M.의 연상 어휘 time을 이용한 오답이다.
(C) It is ~~complicated~~. ▶정답 위치와 관계없는 unusual을 이용한 오답이다.
(D) It is important.

70 〈시각 자료〉 문제는 보기가 대화에서 언급되지 않는다.

STEP 1 보기가 이름이므로 시각자료에서 그 외의 부분을 확인하면서 담화를 들어야 한다.

여자가 누구에게 연락해야 하는지 묻는 문제이다. 보기에 이름이 언급되어 있으므로 시각자료에서 이름을 제외한 그 외 정보를 파악하면서 대화에 집중하자. 남자의 대사 "You can just call the representative who is responsible for Internal Events"에서 당신은 내부 행사 담당 직원에게 연락할 수 있다고 언급하고 있다. 시각자료에서 Internal Events 담당은 Natasha Grokova이므로 정답은 (C)이다.

어휘 **severe** 심각한 **cold** 감기 **similar** 유사한, 비슷한 **unusual** 흔치 않은, 드문
be supposed to do ~하기로 되어 있다 **set up** 준비하다 **prepare for** ~을 준비하다 **complicated** 복잡한

Questions 71-73 refer to the following telephone message.

Hello, Mr. Cohen. This is Janet Miller **from** the Noranda Community
[71] Library. I'm calling to let you know that **the book** you requested
last week, *New Deals in the Future*, **is now available**. We can
hold it for only one day. Please come by the library at your earliest
convenience to pick it up at the circulation desk. **But if you need**
[72] more time, just call me back at extension 214. And **remember that**
[73] the **circulation desk is open until 6 P.M.** Thanks Mr. Cohen, and
have a great day.

71-A

73-A

71. Why is the speaker calling?
(A) To ~~acknowledge the support~~ of the library
(B) To inform that a book can be borrowed
(C) To inquire about an event
(D) To accept a job offer

전화 목적 / 상
ㄴ 첫 2줄에 집중

72. What can the listener ask for?
(A) A time table for some lessons
(B) An e-mail confirmation
(C) Additional time
(D) A discount coupon

청자 / 요청
ㄴ 청자는 you
ㄴ If you ~ 표현에 집중

73. What does the speaker remind the listener about?
(A) What is needed for ~~extension~~
(B) What the hours of operation are
(C) Where the nearest store is
(D) Who the right person is

화자 / 상기시키는 것 / 하
ㄴ 화자가 청자에게 상기시키는 것
ㄴ remember that 표현에
집중

안녕하세요. Cohen 씨. 저는 Noranda 커뮤니티 도서관에서 근무하고 있는 Janet Miller입니다. 지난주에 예약하신 도서 New Deals in the Future가 현재 대출이 가능하게 되어 전화 드렸습니다. 저희는 도서를 하루 동안만 보관해 드릴 수 있습니다. 편하신 시간에 도서관에 들르시어 대출대에서 찾아가시기 바랍니다. 시간이 더 필요하시다면, 내선번호 214로 다시 전화 주십시오. 대출대는 오후 6시까지 운영하고 있음을 알려드립니다. 감사합니다. 좋은 하루 되십시오.

71. 화자는 왜 전화를 걸었는가?
(A) 도서관의 지원에 감사를 표하기 위해서
(B) 도서를 대출할 수 있음을 알리기 위해서
(C) 행사에 대해서 문의하기 위해서
(D) 구직 제안을 수락하기 위해서

72. 청자는 무엇을 요청할 수 있는가?
(A) 일부 수업 시간표
(B) 확인 이메일
(C) 추가 시간
(D) 할인 쿠폰

73. 화자는 청자에게 무엇을 상기시키고 있는가?
(A) 기간 연장에 필요한 것
(B) 운영 시간
(C) 가장 가까운 가게 위치
(D) 적합한 사람

STEP 1 Hi, Hello, Good morning의 간단한 인사말 뒤에 주제/목적이 제시된다.

화자가 전화를 건 이유를 묻는 문제로, 지문의 "This is Janet Miller ~ is now available."에서 도서관에서 근무하고 있는 화자 Janet Miller 씨는 청자가 예약한 도서인 New Deals in the Future의 대출 가능함을 알리고자 전화를 했음을 언급하였으므로 정답은 (B)이다. 지문의 구체적인 어휘 let you know that the book is now available은 보기의 포괄적인 어휘 inform that a book can be borrowed로 paraphrasing되었다.

STEP 2 함정유형 및 오답패턴

(A) To ~~acknowledge the support~~ of the library ▸지문에서 **library**는 언급되었지만, 남자가 전화를 건 목적은 지원에 대한 감사인사가 아닌 도서 대출의 가능함을 알리는 것이므로 오답이다.
(B) To inform that a book can be borrowed ▸정답
(C) To inquire about an event
(D) To accept a job offer

STEP 1 화자가 언급하는 청자의 요청사항은 if you ~로 주로 언급한다.

청자가 화자에게 요청할 수 있는 것이 무엇인지를 묻는 문제로, 지문의 "We can hold it ~ at the circulation desk."와 "But if you need more time, just call me back at extension 214."에서 일반적으로 예약한 도서는 하루 동안만 보관할 수 있음을 언급하였다. 하지만 역접 접속사 But을 기준으로 청자가 예약한 도서를 대출하기까지 하루 이상 보관해야 하는 기간이 필요하다면, 내선번호로 연락 달라고 언급하였다. 즉, 화자가 요청할 수 있는 것은 추가 기간으로 정답은 (C) Additional time이다. 지문의 구체적인 어휘 more time은 보기의 포괄적인 어휘 additional time으로 paraphrasing되었다.
주로 But이나 However, Actually 등의 역접이나 반전을 의미하는 접속사나 부사 등이 나오면 그 뒤에 정답을 동반하는 경우가 많다.

STEP 1 화자가 청자에게 상기시키고자 하는 말은 Please remember that ~, Please make sure ~ 등으로 표현된다.

화자가 청자에게 알려주는 것이 무엇인지를 묻는 문제로, 지문 후반부의 "And remember that the circulation desk is open until 6 P.M."에서 청자가 예약한 도서를 빌릴 수 있는 장소인 대출대는 저녁 6시까지 운영함을 언급하였다. 즉, 화자는 대출대의 운영 종료 시간을 다시 한 번 청자에게 언급하고 있으므로 정답은 (B) What the hours of operation are이다.

STEP 2 함정유형 및 오답패턴

(A) What is needed for ~~extension~~
(B) What the hours of operation are ▸정답
(C) Where the nearest store is
(D) Who the right person is

어휘 request 요청하다 available 이용할 수 있는 hold 가지고 있다, 보유하다 come by ~로 오다
at your convenience 편리한 시간에 pick up 가지러 가다 circulation desk 대출대 extension 내선번호

Questions 74-76 refer to the following instruction.

Good morning everyone. Before we start today's lunch shift I'd like to remind you of something. As you already know, **many of our** **74** **guests** want to pay for their **meals** individually even though they **75** are **eating together. So, we installed a new payment system** yesterday. It's quite easy to use. Just log into the system and select the table as you usually do. And then select the red button at the bottom of the screen. This easy payment option will allow you to divide the payment of the bill. But if you **need help** during your shift, **76** **Mr. Melder from LP Soft is here for today.**

75-A **75-D**

74. Where most likely does the speaker work?
(A) At a hotel
(B) At a cafeteria
(C) At a bus terminal
(D) At a grocery store

화자 / 근무지 / 상
ㄴ, 첫 2줄의 our, your, this, here에 집중하자.

75. What is the speaker mainly discussing?
(A) Newly installed ~~furniture~~
(B) A computer software feature
(C) A ~~revised~~ working shift
(D) A new ~~vendor~~

주제 / 상
ㄴ, 언급되는 단어와 보기의 일치에 집중하자.

76. What does the speaker imply when she says, "Mr. Melder from LP Soft is here for today"?
(A) Mr. Melder ~~will give a demonstration.~~
(B) There are ~~more guests than usual.~~
(C) Mr. Melder can resolve a problem.
(D) ~~A new manager~~ was hired.

화자의도파악 /하
ㄴ, 해당 위치 앞뒤 문맥 파악

안녕하세요, 여러분. 오늘 점심 근무를 시작하기 전에, 여러분에게 알려드릴 몇 가지가 있습니다. 다들 아시다시피, 저희 손님의 대다수는 함께 식사를 함에도 각각 식사비용을 지불하고 싶어 합니다. 그래서 저희는 어제 새로운 결제 시스템을 설치했습니다. 사용법은 매우 쉽습니다. 시스템에 접속하여 여러분이 담당하고 있는 테이블을 선택하십시오. 그리고 화면 아래의 빨간 버튼을 누르십시오. 이 쉬운 결제 방법 (easy payment system)으로 계산서의 결제 금액을 나눌 수 있습니다. 하지만, 일하면서 도움이 필요하시다면, LP Soft사에서 나오신 Melder 씨가 오늘 하루 동안 여기 계실 것입니다.

74. 화자는 어디에서 근무하고 있을 것 같은가?
(A) 호텔
(B) 식당
(C) 버스 터미널
(D) 식료품점

75. 화자는 무엇에 대해서 논의하고 있는가?
(A) 새로 설치된 가구
(B) 컴퓨터 소프트웨어 기능
(C) 수정된 근무시간
(D) 새로운 판매회사

76. 화자가 "Mr. Melder from LP Soft is here for today" 라고 말한 의도는 무엇인가?
(A) Melder 씨는 제품을 시연할 예정이다.
(B) 평상시보다 손님이 많다.
(C) Melder 씨는 문제를 해결할 수 있다.
(D) 새로운 관리자가 채용되었다.

74 직업/장소는 첫 2줄의 대명사(I/You/We), 장소 부사(here/this+장소명사)에서 나온다. ▶ 화자의 근무지

STEP 1 첫 2줄에서 **our, your, this, here**의 표현과 함께 들리는 장소/직업 명사가 정답이 된다.

화자의 근무지를 묻는 문제로, 지문의 "many of our guests want to pay for their meals individually even though they are eating together."에서 화자가 근무하는 곳의 손님 대다수가 함께 식사를 하지만, 각자 결제를 하고 싶어 함을 언급하였다. 즉, 화자가 근무하고 있는 곳은 식사를 하는 장소로 정답은 (B) At a cafeteria이다.

STEP 2 **함정유형 및 오답패턴**

(A) At a hotel
(B) At a cafeteria ▶ 정답
(C) At a bus terminal
(D) At a grocery store ▶ 이곳은 guests가 아닌 customers가 등장한다.

75 들리는 단어는 구체적이나, 정답은 포괄적 어휘를 사용한다.

STEP 1 지문에서 들리는 구체적인 단어는 보기에서 언급되는 것이 일반적이나, 자주 사용하는 구체적인 단어는 보기상에서 포괄적인 단어와 일반화된 단어로 **paraphrasing**됨을 유의한다.

지문의 첫 2줄에서는, 화자가 근무하고 있는 회사의 문제점 즉, 상황설명을 하고 있다. 하지만 지문의 "So, we installed a new payment system yesterday."에서 문제점을 해결하기 위해 신규 결제 시스템을 설치했음을 언급하면서, 그 이후로 사용방법을 언급하고 있다. 따라서 화자가 실제로 말하고 싶은 목적 즉, 주제는 새롭게 설치된 결제 시스템이므로 정답은 (B)이다. 지문의 구체적인 어휘 new payment system은 보기의 포괄적인 어휘 A computer software feature로 paraphrasing되었다.

STEP 2 **함정유형 및 오답패턴**

(A) Newly installed ~~furniture~~ ▶ 새롭게 설치한 것은 가구가 아니라, 결제 시스템이므로 오답이다.
(B) A computer software feature ▶ 정답
(C) A ~~revised~~ working shift ▶ new와 유사 어휘인 revised를 사용한 오답이다.
(D) A new ~~vendor~~ ▶ 화자는 신규 판매회사가 아닌 신규 결제 시스템을 언급하고 있으므로 오답이다.

76 " "의 화자의 의도파악 문제는 같은 뜻의 보기는 제거한다.

STEP 1 주어진 문장 " "의 앞뒤 문맥을 듣고 〈포괄적〉으로 묘사한 것이 정답이 된다. 또한 주어진 문장 " "과 동일한 단어 혹은 같은 의미의 보기는 오히려 답이 될 확률이 적다.

지문의 전반부터 중반부까지 각각 계산하기를 원하는 고객님들을 위해 신규 결제 시스템(Easy Payment Option)의 도입과 사용방법을 언급하였다. 앞 문장인 "But if you need help during your shift"에서 근무시간 동안 해당 결제 시스템의 도움이 필요하다는 상황을 가정하며 기준 문장인 "Mr. Melder from LP Soft is here for today"에서 LP Soft사에서 나오신 Melder 씨가 오늘 이곳에 있다고 언급하였다. 즉, 근무 중 결제 시스템을 사용하다 겪게 될 문제를 Melder 씨가 해결해 줄 수 있다는 화자의 간접적인 의도를 파악할 수 있다. 따라서 정답은 (C)이다.

STEP 2 **함정유형 및 오답패턴**

(A) Mr. Melder ~~will give a demonstration.~~ ▶ here for today로 일어날 수 있는 상황을 예측하고 있는 오답이다.
(B) There are ~~more guests than usual.~~
(C) Mr. Melder can resolve a problem. ▶ 정답
(D) ~~A new manager~~ was hired. ▶ Mr. Melder 씨를 a new manager로 연상시킨 오답이다.

어휘 **shift** 근무조, 근무시간 **remind** 상기시키다, 다시 한번 알려주다 **individually** 각각 ,따로 **quite** 꽤, 상당히 **log into** ~에 접속하다 **bottom** 맨 아래(부분) **allow** ~을 가능하게 하다, 허용하다 **divide** 나누다 **payment** 지불금 **bill** 계산서

Questions 77-79 refer to the following news report.

Good evening, this is channel 9 news. Camp Hill's 10th Annual Food Festival is just around the corner. It will be held during the last week of July in downtown Camp Hill. Every year, over hundreds of people

77 visit the festival. Please <u>checkout</u> the official <u>Web site</u> for **schedule details**. **A <u>new event</u> is added this year**. It is one of the most

78 anticipated events, where **several celebrity chefs** will **demonstrate** their **cooking skills** and <u>serve</u> their **signature menus** from 6 to 7 P.M. on the last day of the festival. Arrive early, as it is **expected** to be

79 one of the **most popular events** and **advance reservations are not accepted**.

`77-A` `78-C` `78-D` `79-A` `79-B` `79-C`

---

77. Why are the listeners encouraged to visit a Web site?
(A) To get information about some food
(B) To participate in a news program
(C) To check weather conditions
(D) To learn more about a schedule

이유 / 키워드 visit a web site / 상
└. 문제 키워드 visit a web site에 집중

78. What **makes the event** different **from** previous events?
(A) Some famous cooks will be present.
(B) All events will be broadcasted live on the internet.
(C) The period of the event will be extended.
(D) There will be more activity programs.

different / previous events
└. different, new, special 등의 형용사 표현에 집중

79. Why does the speaker say,
"Advance reservations are not accepted"?
(A) To explain the reason for a delay
(B) To notify of a policy change
(C) To suggest visiting another business
(D) To recommend arriving early

화자의도파악 / 하
└. 해당 위치 앞뒤 문맥 파악

안녕하세요, 채널 9번 뉴스입니다. 곧 Camp Hill에서 제 10회 연례 요리 축제가 개최될 예정입니다. 해당 행사는 Camp Hill 시내에서 7월 마지막 주 동안 진행될 예정입니다. 매년 수백 명이 넘는 사람들이 이 축제에 참가하고 있습니다. 공식 웹사이트에서 세부 일정표를 확인해 주십시오. 올해에는 새로운 행사가 추가될 예정입니다. 이 행사는 가장 기대되는 행사 중 하나로써, 행사 마지막 날 오후 6시부터 7시까지 여러 유명 요리사들이 요리법을 시연하고 그들의 시그니처 메뉴를 제공할 예정입니다. 일찍 오세요, 이 행사는 가장 인기 있는 행사 중 하나로 예상되기 때문에 사전 예약은 불가능합니다.

77. 왜 청자에게 웹사이트를 방문하도록 장려하고 있는가?
(A) 일부 식품에 대한 정보를 얻기 위해서
(B) 뉴스 프로그램에 참가하기 위해서
(C) 기상 상태를 확인하기 위해서
(D) 자세한 일정을 알아보기 위해서

78. 이전 행사와 무엇이 다른가?
(A) 일부 유명 요리사가 참석할 예정이다.
(B) 모든 행사는 인터넷에서 라이브로 방송될 예정이다.
(C) 행사 기간이 연장될 예정이다.
(D) 더 많은 액티비티 프로그램이 진행될 예정이다.

79. 화자가 "Advance reservations are not accepted."
라고 말한 의도는 무엇인가?
(A) 지체된 이유를 설명하기 위해서
(B) 변경된 정책을 알리기 위해서
(C) 다른 기업 방문을 권하기 위해서
(D) 일찍 도착하기를 당부하려고

77 Why 관련 질문은 대화에서 그대로 반복된 후 원인에 대한 정답이 나온다.

STEP 1 Why 뒤의 키워드가 지문에서 들려야 그 뒤에 정답이 나온다.

문제의 키워드는 visit a Web site로, 청자들이 웹사이트를 방문해야 하는 이유를 묻는 문제이다. 지문의 "Please checkout the official Web site for schedule details."에서 Camp Hill에서 진행되는 제 10회 연례 음식 축제의 세부 일정표를 웹사이트에서 확인하라고 요청하고 있다. 따라서 청자들에게 웹사이트를 방문하라고 장려하고 있는 이유는 (D)이다.

STEP 2 함정유형 및 오답패턴

(A) To ~~get information~~ about some food ▸지문에서 food는 언급되었지만, 웹사이트에서는 식품관련 정보가 아닌 일정표를 확인할 수 있으므로 오답이다.
(B) To participate in a ~~news program~~ ▸지문의 new event에서 news program을 연상한 오답이다.
(C) To check ~~weather conditions~~
(D) To learn more about a schedule ▸정답

78 차이점, 변경사항을 묻는 문제는 형용사에 주의하라.

STEP 1 차이점을 묻는 문제는 different, new, special 등의 형용사 표현에 정답이 있다.

올해 행사가 이전 행사와 차별화된 점이 무엇인지를 묻는 문제로, 지문의 "A new event is added this year. ~ skills and serve their signature menus"에서 여러 유명 셰프들이 조리 기술을 시연하고, 그들의 시그니처 메뉴를 제공하는 신규 행사가 신설되었음을 언급하였다. 즉, 올해 행사에는 유명한 셰프들이 참가해 프로그램을 진행할 예정이므로 정답은 (A)이다. 지문의 구체적인 will demonstrate their ~ signature menus는 보기의 포괄적인 어휘 will be present로 paraphrasing되었다.

STEP 2 함정유형 및 오답패턴

(A) Some famous cooks will be present. ▸정답
(B) All events will be broadcasted live ~~on the internet.~~ ▸Web site와 유사 어휘인 on the Internet을 사용한 오답이다.
(C) The period of the event ~~will be extended.~~ ▸지문에서 행사 기간은 언급되었지만, 연장되었다는 내용은 언급되지 않았으므로 오답이다.
(D) There will be ~~more activity programs.~~ ▸지문에서 새롭게 추가된 행사만을 언급하고 있으므로, 액티비티 프로그램의 증가 여부는 파악할 수 없다.

79 " "의 화자의 의도파악 문제는 포괄적으로 설명한 보기가 정답이다.

STEP 1 화자의 의도 파악 문제의 표현은 주로 앞뒤 문맥을 연결하는 역할을 하므로, 주변 문맥을 파악해야만 포괄적인 정답을 찾아야 한다.

앞 문장인 유명 셰프들이 진행하는 신규 행사는 매우 인기가 있을 거라 예상되는 행사 중에 하나로 추측하며 사전 예약이 불가능함을 언급하였다. 즉, 올해 신설된 행사는 사람이 많이 몰릴 것이라는 화자의 간접적인 우려와 동시에 이에 대한 해결책을 간접적으로 제시하고 있다. 따라서 행사가 진행되는 시간보다 일찍 도착하기를 당부하고 있는 (D)가 정답이다.

STEP 2 함정유형 및 오답패턴

(A) To explain ~~the reason for a delay~~ ▸화자가 설명하는 것은 지체 이유가 아닌 간접적인 우려와 해결책이므로 오답이다.
(B) To notify of ~~a policy change~~ ▸화자는 변경된 정책이 아니라, 사전 예약이 불가능하다는 공지를 알리고 있는 것으로 오답이다.
(C) To suggest ~~visiting another business~~
(D) To recommend arriving early ▸정답

어휘 annual 매년의, 연례의 just around the corner 임박하여 downtown 시내에 official 공식적인 anticipated 기대하던, 대망의 celebrity 유명인사 demonstrate 보여주다 serve 제공하다 advance reservation 사전 예약 accept 받아들이다

Questions 80-82 refer to the following excerpt from a meeting

Thank you for attending today's meeting. As you know, our company
80 has **won an award** at the National Advertising **Competition** that
ended **last week** in New York.
This means we're now recognized nationwide for our quality work.
I wanted to thank you all for your hard work. And I would like to
81 **celebrate this special day** next weekend. I've **come up with two**
possible locations for the party, and just let me know **which one**
82 **you prefer**. **The result** will be posted **next week**.

80-A 80-B

81-A 81-B
82-D
82-A

80. What has the speaker's company recently done?
(A) It has won a contract.
(B) It has hired a new advertising agency.
(C) It has participated in a contest.
(D) It has moved its headquarters.

키워드 recently / 상
ㄴ, 유사 어휘인 last week로
언급된다.
ㄴ,키워드 앞뒤 문장에 집중

81. What news does the speaker announce?
(A) A board meeting will be held.
(B) A press interview will be conducted.
(C) A celebration is being planned.
(D) A new policy will be implemented.

주제
ㄴ, 연설의 주제

82. What does the speaker say will happen next week?
(A) A project schedule will be posted.
(B) The location for an event will be revealed.
(C) Working hours will be revised.
(D) The final design for an office layout will be decided.

키워드 next week / 하
ㄴ, 키워드 앞뒤 문장에 집중

오늘 회의에 참석해주셔서 감사합니다. 아시다시피, 우리 회
사는 지난주 뉴욕에서 있었던 국내 광고 경연대회에서 수상
을 했습니다. 이것은 우리 품질이 전국적으로 인정받고 있음
을 의미합니다. 여러분들의 노고에 감사드리고 싶습니다. 또
한 다음 주말에 이 특별한 날을 기념하고 싶습니다. 파티를
열 만한 두 곳을 제안드리니 어디가 더 좋을지 알려주십시
오. 결과는 다음 주에 게시하겠습니다.

80. 화자가 근무하고 있는 회사는 최근에 무엇을 하였는가?
(A) 계약을 체결했다.
(B) 새로운 광고 대행사를 고용했다.
(C) 대회에 참가했다.
(D) 본사를 이전했다.

81. 화자가 발표하고 있는 소식은 무엇인가?
(A) 이사회 회의가 진행될 예정이다.
(B) 언론 인터뷰가 진행될 예정이다.
(C) 기념행사가 예정되어 있다.
(D) 신규 정책이 실행될 예정이다.

82. 화자는 다음 주에 무엇이 일어날 것이라고 말하고 있는가?
(A) 프로젝트 일정이 게시될 것이다.
(B) 행사 장소가 발표될 것이다.
(C) 근무시간이 변경될 것이다.
(D) 사무실 배치의 최종 디자인이 결정될 것이다.

80 키워드 문제는 키워드 기준 앞뒤 문장에 정답이 나온다.

STEP 1 문제 중에 특정 키워드에 대해 묻는 문제는 반드시 담화 중의 해당 키워드 앞뒤에서 답이 들린다. 일반적으로는 키워드 뒤에 답이 들리지만 최근에는 키워드 앞에 미리 답이 나오는 경우가 있다.

문제의 키워드는 recently이지만, 담화에서는 유사 어휘인 last week로 언급된다. 지문의 "our company has won an award at the National Advertising Competition that ended last week in New York."에서 해당 회사가 최근 한 일은 행사에 참여해 우승한 것으로 정답은 (C)이다. 지문의 구체적인 어휘 National Advertising Competition 은 보기의 포괄적인 어휘 contest로 paraphrasing되었다.

STEP 2 함정유형 및 오답패턴

(A) It has won ~~a contract~~. ▸계약 체결이 아닌 수상을 받은 것으로 오답이다.
(B) It has ~~hired a new advertising agency~~. ▸국내 광고 경연대회에서 수상 받은 것으로 화자가 근무하고 있는 회사는 광고 관련 회사임을 추측할 수 있다.
(C) It has participated in a contest. ▸정답
(D) It has moved its headquarters.

81 전체 지문의 목적을 묻는 문제는 특정 행사나 연설의 주제를 묻는 문제와 서로 다른 유형이다.

STEP 1 특정 행사나 연설의 주제를 묻는 문제는 '소개'나 '공지' 지문 유형에서 주로 출제된다.

지문 중반부의 "And I would like to celebrate ~ locations for the party"에서 화자는 국내 광고 대회에서 수상 받은 일을 기념하고자 파티를 진행할 2개의 장소를 제시했다. 따라서 기념 파티를 준비하고 있다는 화자의 의도를 파악할 수 있으므로 정답은 (C)이다.

STEP 2 함정유형 및 오답패턴

(A) A ~~board meeting~~ will be held. ▸이사회 회의가 아닌 기념행사가 진행될 예정이므로 오답이다.
(B) A ~~press interview~~ will be conducted. ▸지문에서 다음 주에 기념행사가 진행될 예정임을 언급했으므로 오답이다.
(C) A celebration is being planned. ▸정답
(D) A ~~new~~ policy will be implemented. ▸special에서 new를 연상한 오답이다.

82 키워드 문제는 키워드 기준 앞뒤 문장에 답이 나온다. ▶ next week

STEP 1 문제 중에 특정 키워드에 대해 묻는 문제는 반드시 지문 중의 해당 키워드 앞뒤에서 정답이 들린다. 일반적으로는 키워드 뒤에 답이 들리지만 최근에는 키워드 앞에 미리 답이 나오는 경우가 있다.

문제의 키워드는 next week로, 지문의 "I've come up with two possible locations ~ The result will be posted next week."에서 화자는 기념행사를 진행할 두 곳의 장소를 제시하며, 해당 장소 중에 선호하는 장소를 선정해 달라고 요청하고 있다. 또한, 이에 대한 결과는 다음 주에 게시할 예정임을 언급하였다. 따라서 화자는 다음 주에 기념파티를 진행할 장소를 발표할 예정으로 정답은 (B)이다. 지문의 구체적인 어휘 the result(which location you prefer) will be posted는 보기의 포괄적인 어휘 The location for an event will be revealed로 paraphrasing되었다.

STEP 2 함정유형 및 오답패턴

(A) A ~~project schedule~~ will be posted. ▸화자가 게시하는 것은 기념행사가 일어나는 장소 투표 결과이므로 오답이다.
(B) The location for an event will be revealed. ▸정답
(C) Working hours will be revised.
(D) The ~~final design for an office layout~~ will be decided. ▸결과가 발표되는 다음 주 이전에 화자를 비롯한 청자들은 행사를 진행할 장소를 결정해야 하므로 오답이다.

어휘   **attend** 참석하다   **win an award** 상을 타다   **end** 끝나다   **be recognized for** ~으로 인정받다   **quality** 품질
hard work 노고   **celebrate** 기념하다   **come up with** 제시하다, 제안하다   **prefer** 선호하다   **post** 게시하다

Questions 83-85 refer to the following telephone message.

Hello, Mr. Park. **This is** Samuel **from** Allen **Electronics Store**. I just
83 heard back from our warehouse manager about the laser printer you
ordered from us last Friday. `83-C` `83-D`

84 **Unfortunately**, the **printer you ordered** is currently out of stock. `84-A` `85-D`
However, I found some similar printers you might like. They are
all compact and feature blue-tooth connectivity, but have slightly
different designs and colors. If you don't mind, **I will** send some `85-C`
85 links and you can take a look. I'm sorry for the inconvenience.

---

83. Who most likely is the speaker?
(A) A sales representative
(B) A technician
(C) A ~~restaurant~~ manager
(D) A warehouse ~~worker~~

화자 / 직업 / 상
ㄴ. 첫 2줄 인사 표현에 집중

84. What problem is the speaker addressing?
(A) A business is ~~short-staffed~~.
(B) A product is unavailable.
(C) A shipment has been delayed.
(D) A part has been damaged.

화자 / 문제점
ㄴ. 역접의 단어에 집중

85. What does the speaker offer to do?
(A) Contact another store
(B) Send some links
(C) Provide ~~a coupon~~
(D) ~~Check the inventory~~

화자 / 제안 / 하
ㄴ. 화자가 해야 하는 일
ㄴ. 미래 표현(I'll)에 집중

안녕하세요, Park 씨. 저는 Allen 전자제품 매장에서 근무하
고 있는 Samuel입니다. 귀하께서 지난주 금요일에 주문하
신 레이저 프린터기와 관련하여 자사의 창고 관리자에게 연
락을 받았습니다. 안타깝게도, 당신께서 주문하신 프린터는
현재 품절되었습니다. 하지만, 귀하께서 좋아하실 만한 비슷
한 프린터기를 찾았습니다. 해당 제품 모두 소형이며 블루투
스와 연결할 수 있지만, 디자인과 색상이 약간 다릅니다. 괜
찮으시다면 제가 링크를 보내드릴 테니 확인해 주십시오. 불
편을 드려 죄송합니다.

83. 화자는 누구일 것 같은가?
(A) 판매 직원
(B) 기술자
(C) 식당 관리자
(D) 창고 근무자

84. 화자가 언급하고 있는 문제는 무엇인가?
(A) 기업은 인력이 부족하다.
(B) 상품의 재고가 없다.
(C) 배송이 지체되고 있다.
(D) 부품이 손상되었다.

85. 화자는 무엇을 하기를 제안하고 있는가?
(A) 다른 가게와 연락하기
(B) 일부 링크 보내기
(C) 쿠폰 제공하기
(D) 재고 확인하기

83 전화 메시지는 화자와 청자를 구별하는 특별한 표현이 있다.

STEP 1 **'This is + 화자/ This is for + 청자'는 화자와 청자를, 'I'm calling to/about + 주제'는 목적을 나타낸다.**

화자의 직업을 묻는 문제로, 지문의 "This is Samuel from ~ you ordered from us last Friday."에서 화자인 Samuel 씨는 Allen 전자제품 매장에서 근무하며, 청자가 주문한 레이저 프린터와의 관련소식을 들었음을 언급하였다. 즉, 화자는 전자제품 매장에서 근무하는 직원으로 정답은 (A) A sales representative이다.

STEP 2 **함정유형 및 오답패턴**

(A) **A sales representative** ▸정답
(B) A technician
(C) A ~~restaurant~~ manager ▸화자는 식당 관리자가 아닌 창고 관리자와 이야기를 나눴으므로 오답이다.
(D) A warehouse ~~worker~~ ▸화자는 창고 관리자와 이야기를 나눴음을 언급하였지만, 이는 화자의 직업이 아니므로 오답이다.

84 문제점은 역접의 단어(Unfortunately/But) 다음에 언급된다.

STEP 1 **주요 빈출 문제점은 늦음(late), 지연(delayed), 매진(out of stock), 고장(out of order), 부족(lack) 등의 내용이 주를 이룬다.**

화자가 언급하고 있는 문제점이 무엇인지를 묻는 문제로, 지문의 "Unfortunately, the printer you ordered is currently out of stock."에서 청자가 구입한 레이저 프린터기가 현재 매진되어 구매할 수 없다는 소식을 알리고 있으므로 정답은 (B)이다. 또한 보기의 포괄적인 어휘 a product is unavailable로 paraphrasing되었다.
주로 But이나 However, Actually 등의 역접이나 반전을 의미하는 접속사나 부사 등이 나오면 그 뒤에 정답을 동반하는 경우가 많다.

STEP 2 **함정유형 및 오답패턴**

(A) A business is ~~short-staffed~~. ▸직원 부족이 아닌 물건 품절이라는 곤란한 상황에 처해 있으므로 오답이다.
(B) **A product is unavailable.** ▸정답
(C) A shipment has been delayed.
(D) A part has been damaged.

85 I'll ~로 말하면 제안을, You'll ~로 말하면 요청을 뜻한다.

STEP 1 **미래 시제의 일이 연이어 나올 때, 주어에 따라서 질문의 의도가 달라진다.**

화자의 미래 일정을 묻는 문제로, 지문의 "If you don't mind, I will send some links and you can take a look."에서 화자는 청자가 주문한 레이저 프린터를 대체할 수 있는 유사한 프린터기를 추천하였고, 이와 관련된 링크를 보낸다는 계획을 언급하고 있다. 따라서 화자가 해야 할 일은 (B)이다.

STEP 2 **함정유형 및 오답패턴**

(A) Contact another store
(B) **Send some links** ▸정답
(C) Provide ~~a coupon~~ ▸화자가 제공하는 것은 쿠폰이 아닌 대체 프린터 관련 링크로 오답이다.
(D) ~~Check the inventory~~ ▸지문의 전반부에서 청자가 주문한 물건의 재고가 품절되었음을 언급하였으므로 오답이다.

어휘 electronics store 전자제품 매장 warehouse 창고 currently 현재, 지금 out of stock 품절(매진)이 되어 compact 소형의, 간편한 feature ~을 특징으로 삼다 slightly 약간, 조금 take a look ~을 (한번) 보다 inconvenience 불편

Questions 86-88 refer to an excerpt from a meeting.

Thank you for coming today on such a short notice. I called this
[86] meeting to **discuss some of the services** that we're offering here
at Rosedale Hotel. Unlike other hotels, we're now **providing free
wireless Internet Service** in the business lounge. It could be a
great advantage when choosing a hotel. **That way** I believe we
[87] will **increase the number of guests.** Now I'll hand out a copy of
[88] the customer survey report conducted last month. Just take a few
minutes to **review the report.**

87-A
88-B

86. What is the speaker mainly discussing?
(A) Employee benefits
(B) Free transportation
(C) A reservation policy
(D) Internet availability

주제 / 상
ㄴ. 첫 2줄에 집중한다.

키워드 Rosedale Hotel /
hope
ㄴ. Rosedale Hotel은
담화에서 we로 언급된다.
ㄴ. 미래표현에 집중한다.

87. What is Rosedale Hotel hoping to do?
(A) Run more ~~shuttle services~~
(B) ~~Add~~ new menu items
(C) Attract more guests
(D) Improve old facilities

88. What are the listeners asked to do?
(A) Test some samples
(B) ~~Complete a survey~~
(C) Review a report
(D) Sign up for a program

청자 / 미래 / 하
ㄴ. 미래 표현에 집중

오늘 이렇게 급작스런 소집에도 불구하고 와주셔서 감사합
니다. 이곳 Rosedale 호텔에서 제공하고 있는 일부 서비스
를 논의하고자 이 회의를 소집하였습니다. 다른 호텔과 달리,
저희는 비즈니스 라운지에서 무료 무선 인터넷 서비스를 제
공하고 있습니다. 이것은 호텔을 정할 때 큰 장점이 될 수 있
습니다. 이러한 방식으로, 투숙 고객의 수를 증가시킬 수 있
을 거라 생각됩니다. 이제 저는 지난달에 실시되었던 고객
설문 보고서의 사본을 나눠드리겠습니다. 해당 보고서를 확
인해 주십시오.

86. 화자는 무엇을 이야기하고 있는가?
(A) 직원 복지혜택
(B) 무료 교통수단
(C) 예약 정책
(D) 인터넷 이용

87. Rosedale 호텔은 무엇을 하기를 바라는가?
(A) 셔틀 서비스 증가
(B) 신규 메뉴 추가
(C) 더 많은 고객 유치
(D) 노후 시설 개선

88. 청자들은 무엇을 하기를 요청받았는가?
(A) 일부 샘플 시험하기
(B) 설문조사 작성하기
(C) 보고서 검토하기
(D) 프로그램 등록하기

86 회의의 주제/목적은 Before we start, I'd like to start 다음에 나온다.

STEP 1 회의 지문은 **Thanks for coming, Before we begin**의 표현으로 시작하며, 주제를 나타내는 전형적인 표현에는 **I'd like to ~**, 〈명령문〉, 〈과거 시제의 문제 제기를 통한 이유〉로 언급된다.

회의의 주제를 묻는 문제로, 첫 2줄의 과거시제에 집중해야 한다. 지문의 "I called this meeting ~ Internet Service in the business lounge."에서 화자가 근무하고 있는 Rosedale 호텔에서 제공예정인 무료 무선 인터넷 서비스를 논의하고자 오늘 회의를 소집했음을 언급하였다. 따라서 회의의 주제는 (D) Internet availability이다. 지문의 구체적인 어휘 now providing free wireless Internet Service in the business lounge는 보기의 Internet availability로 paraphrasing되었다.

87 문제에 제시된 사람 및 회사 이름은 대명사로 표현된다.

STEP 1 고유명사나 일반명사가 대화의 처음에 언급된 후, 대명사로 반복해서 언급된다.

문제의 키워드 Rosdale Hotel은 화자가 근무하고 있는 회사로, 대명사 we로 해당 호텔에서 근무하고 있는 전 직원들을 대변한다. 또한 해당 문제는 Rosedale 호텔이 바라는 것이 무엇인지를 묻는 문제로 미래 시제에 집중해야 한다. 지문의 "we're now providing free wireless internet service at the business lounge."과 "That way I believe we will increase the number of guests."에서 무료 무선 인터넷 서비스를 제공하면서 숙박하는 고객이 많아질 것을 예상하고 있다. 즉, Rosedale 호텔이 바라는 것은 더 많은 고객 유치로 정답은 (C)이다. 지문의 구체적인 어휘 increase the number of guests는 보기의 포괄적인 어휘 attract more guests로 paraphrasing되었다.

STEP 2 함정유형 및 오답패턴

(A) Run more ~~shuttle services~~ ▶ 셔틀서비스가 아닌 더 많은 고객을 기대하므로 오답이다.
(B) ~~Add~~ new menu items
(C) Attract more guests ▶ 정답
(D) Improve old facilities

88 수동태 문제는 권유, 제안 등의 표현을 들어야 한다.

STEP 1 수동태 문제 유형은 주로 청자에게 요청이나 제안을 하는 것으로, 지문에서 청자를 언급하는 명령문이나 **You'll ~**의 표현 등을 사용한다.

화자가 청자에게 요청한 것이 무엇인지를 묻는 문제로, 지문의 "Now I'll hand out ~ review the report."에서 화자는 지난달에 실시된 설문 조사결과를 배부하며, 청자들에게 해당 보고서를 검토하기를 요청하고 있다. 따라서 정답은 (C)이다.

STEP 2 함정유형 및 오답패턴

(A) Test some samples
(B) ~~Complete a survey~~ ▶ 설문조사는 지난달에 실시된 것으로 오답이다.
(C) Review a report ▶ 정답
(D) Sign up for a program

어휘 **discuss** 논의하다 **offer** 제공하다 **unlike** ~와는 달리 **business lounge** 비즈니스 라운지 **advantage** 이점, 장점 **the number of** ~의 수 **hand out** 나누어 주다 **conduct** (특정한 활동을) 하다

Questions 89-91 refer to the following telephone message.

Hello, This is Hailey Grant from PRG International. **Last Thursday, I**
[89] ordered several pieces of **furniture** and have not yet received them
despite the fact that I had paid for an express delivery. I checked
[90] your Web site and it shows that **the delivery was made** to our
office in Tulsa yesterday. **But there must be an error. Please call**
[91] me back at 245-5487. I hope we can figure out this situation as
soon as possible. We need to set up some workstations for new
employees by this Friday.

[89-D] [91-A]
[91-B]
[89-A]

89. Why is the speaker calling?
(A) To inquire about a shipping rate
(B) To schedule a meeting
(C) To make a complaint
(D) To request a document

전화 / 목적 / 상
ㄴ, 첫 2줄 과거 표현에 집중
ㄴ, 과거 정보 언급 → '요청'

90. What does the speaker say about a Web site?
(A) It blocks access to certain pages.
(B) It needs upgraded software.
(C) It gives misinformation.
(D) It is easy to navigate.

키워드 a Web site
ㄴ, 키워드 앞뒤 문장에 집중

91. What is the listener asked to do?
(A) Ship additional items
(B) Send a catalogue
(C) Return a call
(D) Confirm an order number

청자 / 미래 / 하
ㄴ, 청자가 요청받은 것
ㄴ, 권유제안 표현에 집중

안녕하세요, 저는 PRG International에서 근무하고 있는
Hailey Grant입니다. 지난주 목요일에 가구를 주문했고 특
급 운송료를 지불했지만, 아직도 제품을 받지 못했습니다. 웹
사이트를 확인하니, 어제 Tulsa에 위치한 저희 사무실로 물
건이 배송되었다고 나옵니다. 하지만 오류가 있음에 틀림없
습니다. 245-5487로 저에게 전화주시기 바랍니다. 가능한 빨
리 이 상황을 해결할 수 있기를 바랍니다. 이번 주 금요일까
지 신입 직원들을 위한 근무 장소를 준비해야 하거든요.

89. 화자는 왜 전화를 걸었는가?
(A) 배송료를 문의하기 위해서
(B) 회의 일정을 잡기 위해서
(C) 항의하기 위해서
(D) 서류를 요청하기 위해서

90. 화자가 웹사이트에 대해 언급한 것은 무엇인가?
(A) 특정 페이지의 접근을 차단한다.
(B) 업그레이드된 소프트웨어가 필요하다.
(C) 잘못된 정보를 주고 있다.
(D) 길을 찾기가 쉽다

91. 청자는 무엇을 하기를 요청받았는가?
(A) 추가 상품 배송하기
(B) 카탈로그 배송하기
(C) 전화 회신하기
(D) 주문번호 확인하기

89 전화 메시지 - 첫 2줄에서 과거 정보를 언급하면 '요청'이 주제가 된다.

STEP 1 지문의 첫 2줄은 주로 현재시제로 일정, 인물, 행사 등의 소식을 소개 및 공지한다. 하지만 첫 2줄에서 과거를 언급하면 문제점, 불만사항을 언급하거나 추가적인 요청을 위한 포석이 된다.

화자가 전화를 건 이유를 묻는 문제로, 지문의 "Last Thursday, I ordered ~ for an express delivery."에서 화자는 지난주 특급 운송료 지불과 동시에 가구를 주문했지만, 아직까지 물건을 받지 못했다는 불만사항을 표출하며 동시에 화자가 주문한 물건을 배송해 달라는 화자의 간접적인 의도를 파악할 수 있다. 따라서 정답은 (C)이다.

STEP 2 함정유형 및 오답패턴

(A) To ~~inquire about~~ a shipping rate ▸화자는 이미 배송료를 지불했으므로 오답이다.
(B) To schedule a meeting
(C) To make a complaint ▸정답
(D) To request ~~a document~~ ▸화자는 간접적으로 주문한 가구 배달을 요청하고 있으므로 오답이다.

90 키워드 문제는 키워드 기준 앞뒤 문장에 답이 나온다. ▸ a Web site

STEP 1 문제 중에 특정 키워드에 대해 묻는 문제는 반드시 지문 중의 해당 키워드 앞뒤에서 정답이 들린다. 일반적으로는 키워드 뒤에 답이 들리지만 최근에는 키워드 앞에 미리 답이 나오는 경우가 있다.

문제의 키워드는 a Web site로, 지문의 "I checked your Web site ~ But there must be an error."에서 웹사이트에서는 어제 화자의 사무실로 물건이 배송되었다는 정보를 웹사이트에서 확인할 수 있지만, 화자는 아직 물건을 받지 못했다는 현 상황을 언급하고 있다. 즉, 해당 웹사이트는 잘못된 정보를 주고 있으므로 정답은 (C)이다. 지문의 구체적인 어휘 error(=delivery was made)는 보기의 포괄적인 어휘 misinformation으로 paraphrasing되었다.
주로 But이나 However, Actually 등의 역접이나 반전을 의미하는 접속사나 부사가 나오면 그 뒤에 정답을 동반하는 경우가 많다.

STEP 2 함정유형 및 오답패턴

(A) It ~~blocks access to certain pages~~. ▸error에서 연상한 오답이다.
(B) It ~~needs upgraded software~~. ▸error에서 연상한 오답이다.
(C) It gives misinformation. ▸정답
(D) It is easy to navigate.

91 요청/제안 문제는 하단에 위치하며 please가 대세이다.

STEP 1 **If you ~, please ~.**(~한다면, ~하세요)의 제안 표현을 자주 사용하므로 알아 두자.

화자가 청자에게 요청한 것이 무엇인지를 묻는 문제로, 지문의 "Please call me back at 245-5487. I hope we can figure out this situation as soon as possible."에서 해당 문제와 관련하여 화자에게 연락을 달라고 요청하고 있으며 이 문제가 빨리 해결되기를 바라고 있다. 따라서 청자가 해야 할 일은 Hailey Grant 씨에게 전화를 거는 것으로 정답은 (C)이다.

STEP 2 함정유형 및 오답패턴

(A) Ship ~~additional items~~ ▸화자에게 보내야 하는 것은 추가 물품이 아닌 화자가 주문한 가구이므로 오답이다.
(B) Send a ~~catalogue~~ ▸카탈로그가 아닌 화자가 주문한 가구를 배송해야 하므로 오답이다.
(C) Return a call ▸정답
(D) ~~Confirm an order number~~ ▸figure out this situation에서 연상한 오답이다.

어휘 despite ~에도 불구하고 pay for 대금을 지불하다 express 급행의, 신속한 employee 직원
figure out ~을 이해하다, 알아내다 workstation 사무실 따위에서 근로자 한사람에게 주어지는 작업 장소

Questions 92-94 refer to the following news report.

Good evening, I'm Joe Cohen. Tonight I have **good news** that you
92 will be interested in. The **Louisville Transportation Department** has
announced that a new transportation application, called Louisville
Tran, was just released today. According to its development manager,
Eric Jason, it **enables you** to **find where your** bus **is located** and
93 **when it arrives.** Now you don't need to wait for a bus wondering when
94 it will arrive. **Just download and install it** on your smart-phone. **It only
takes a few minutes.** If you need more information, visit the Louisville
City homepage.

`92-A`

`93-A`

92. What's the news report about?
(A) A new ~~business~~
(B) A local sports event
(C) Public transportation
(D) ~~Upcoming~~ community events

뉴스 보도 / 주제
ㄴ 첫 2줄에 집중

93. What will the listeners now be able to do?
(A) Buy tickets in advance
(B) Register online
(C) Search some vehicles
(D) Review a document

키워드 listeners / able to do
ㄴ listeners는 대화에서 you로
언급된다.
ㄴ 미래 표현에 집중

94. Why does the speaker say, "It only takes a few minutes"?
(A) To ~~emphasize a short distance~~
(B) To recommend a service
(C) To suggest waiting ~~for a while~~
(D) To encourage listeners to join an event

화자의도파악 / 하
ㄴ 해당 위치 앞뒤 문맥 파악

안녕하세요, 저는 Joe Cohen입니다. 오늘밤 여러분들이 관
심을 가질 만한 좋은 소식을 전해드리겠습니다. Louisville
교통부는 오늘 Louisville Tran이라는 새로운 교통 앱을 출
시했음을 발표하였습니다. 관리 개발자인 Eric Jason의 말
에 따르면, 그것은 여러분이 탑승하려는 버스의 위치와 도착
시간을 확인할 수 있습니다. 이제 여러분은 버스가 언제 도
착할지를 궁금해 하며 기다릴 필요가 없습니다. 지금 스마트
폰에 다운받으셔서 설치하십시오. 몇 분밖에 걸리지 않습니
다. 더 많은 정보가 필요하시다면, Louisville 시 홈페이지를
방문해주십시오.

92. 뉴스보도는 무엇에 관한 것인가?
(A) 신규 기업
(B) 지역 스포츠 행사
(C) 대중교통
(D) 곧 있을 지역 주민 행사

93. 청자들은 지금 무엇을 할 수 있는가?
(A) 티켓 사전구매
(B) 온라인 신청
(C) 교통편 검색
(D) 문서 검토

94. 화자가 "It only takes a few minutes"라고 말한 의도는
무엇인가?
(A) 단거리임을 강조하기 위해서
(B) 서비스를 권유하기 위해서
(C) 잠시 기다리는 것을 제안하기 위해서
(D) 청자들의 행사 참여를 권장하기 위해서

92 첫 2줄 안에 주제/목적이 나온다.

STEP 1 **Hi, Hello, Good morning**의 간단한 인사말 뒤에 주제/목적이 제시된다.

보도되고 있는 뉴스의 주제를 묻는 문제로, 지문의 "I have good news ~ has just released today."에서 Louisville 교통부는 교통 관련 앱 Louisville Tran을 출시했다는 기쁜 소식을 전하고 있다. 즉, 대중교통과 관련된 앱에 대한 내용이 이어질 것이므로 정답은 (C)이다. 지문의 구체적인 어휘 a new transportation application, called Louisville Tran 은 보기의 포괄적인 어휘 Public transportation으로 paraphrasing되었다.

STEP 2 함정유형 및 오답패턴

(A) A new ~~business~~. ▶지문의 **application**은 모바일 앱을 말하지만, **application**(입사 지원서)에서 연상한 오답이다.
(B) A local sports event
(C) Public transportation ▶정답
(D) ~~Upcoming~~ community events

93 청자는 you로 언급된다.

STEP 1 **listeners**는 담화에서 **you**로 언급된다.

청자들이 할 수 있는 것을 묻는 문제이므로, you와 함께 미래표현에 집중해야 한다. 지문의 "According to its development manager ~ Now you don't need to wait for a bus wondering when it will arrive."에서 교통부에서 개발한 Louisville Tran앱으로 버스의 위치와 도착 시간을 파악할 수 있음을 언급하였다. 즉 청자들은 해당 앱으로 탑승하려는 대중교통을 검색할 수 있으므로 정답은 (C)이다. 지문의 구체적인 어휘 find where your bus is located and when it arrives는 보기의 포괄적인 어휘 search some vehicles로 paraphrasing되었다.

STEP 2 함정유형 및 오답패턴

(A) Buy ~~tickets~~ in advance ▶**bus**에서 **tickets**를 연상한 오답이다.
(B) Register online
(C) Search some vehicles ▶정답
(D) Review a document

94 " "의 화자의 의도파악 문제에서 같은 뜻의 보기는 제거한다.

STEP 1 주어진 문장 " "의 앞뒤 문맥을 듣고 〈포괄적〉으로 묘사한 것이 정답이 된다. 또한 주어진 문장 " "과 동일한 단어 혹은 같은 의미의 보기는 오히려 답이 될 확률이 적다.

지문 전반부부터 중반부까지 교통부에서 개발한 앱의 장점을 홍보하고 있다. 앞 문장인 "Just download and install it on your smart-phone."에서 앱을 다운받아 스마트폰에 설치하라고 청자들에게 권유하고 있다. 이어서 "It only takes a few minutes"에서 해당 앱을 설치하는데 얼마 걸리지 않는다 즉, 이 앱을 당장 다운받아 사용해보라고 간접적으로 권유하고 있다. 따라서 정답은 (B)이다.

STEP 2 함정유형 및 오답패턴

(A) To ~~emphasize a short distance~~ ▶기준 문장과 유사하므로 오답이다.
(B) To recommend a service ▶정답
(C) To suggest waiting ~~for a while~~ ▶**a few minutes**에서 **for a while**를 연상한 오답이다.
(D) To encourage listeners to join an event

어휘 be interested in ~에 관심이 있다 Transportation Department 교통부 transportation 수송, 운송 release 공개하다 enable ~을 할 수 있게 하다 locate ~의 정확한 위치를 찾아내다 wonder 궁금하다 install 설치하다

531

Questions 95-97 refer to the following announcement and sign.

Thank you all for coming to the Annual Family Run. First, I'd like to thank **95** **Jun's Fresh Market** for **providing the logo-printed T-shirts** you're currently wearing. Before starting your race, I'd like to remind you of a few things. As you know, we usually have three different leveled routes. **96** **However, this year we added a 3-kilometer route**. It makes it more fun for participants with children. And **lastly**, for your safety, always **97** **remember to follow the directions of our** staff in red vests standing along the route. In the event of an emergency, our medical team can assist you in any type of emergency during the race.

2017 **Family Run**	
Apple Route	**3 kilometers**
Pear Route	5 kilometers
Melon Route	7 kilometers
Banana Route	10 kilometers

95. What has Jun's Fresh Market provided?
(A) Prizes
(B) Safety equipment
(C) T-shirts
(D) Refreshments

키워드 Jun's Fresh Market / 상
ㄴ. 키워드 앞뒤 문장에 집중

96. Look at the graphic. Which route is new to the event?
(A) Apple Route
(B) Pear Route
(C) Melon Route
(D) Banana Route

시각자료 / new route
ㄴ. 경로 길이에 집중

97. What are the listeners advised to do?
(A) Check the signs on the routes
(B) Get a map at a staff booth
(C) Follow the directions of the officials
(D) Sign up for the next event

청자 / 제안 / 하
ㄴ. 권유/제안 표현에 집중

연례 Family Run에 참가해주셔서 감사합니다. 우선 현재 여러분들이 착용하고 있는 로고가 그려진 티셔츠를 제공해 주신 Jun's Fresh Market에 감사인사를 드립니다. 경기를 시작하기 전에, 몇 가지를 알려드리려 합니다. 아시다시피, 저희는 보통 3개의 다른 수준의 경로를 갖고 있습니다. 하지만, 올해 저희는 3킬로미터의 경로를 추가하였습니다. 이것으로 아이들과 함께 참가한 분들에게 더 많은 재미를 드릴 수 있습니다. 그리고 마지막으로, 여러분들의 안전을 위해, 각 경로를 따라 서있는 빨간 조끼를 착용한 저희 안내요원들의 지시사항을 항상 따라주십시오. 비상시에는, 저희 의료팀이 경기 동안 발생할 수 있는 긴급 상황에서 여러분들을 도와드릴 것입니다.

2017 **Family Run**	
Apple 경로	3 킬로미터
Pear 경로	5 킬로미터
Melon 경로	7 킬로미터
Banana 경로	10 킬로미터

95. Jun's Fresh Market에서 제공한 것은 무엇인가?
(A) 상
(B) 안전 장비
(C) 티셔츠
(D) 다과

96. 시각자료를 보시오. 행사에 어떤 경로가 신설되었는가?
(A) Apple 경로
(B) Pear 경로
(C) Melon 경로
(D) Banana 경로

97. 청자들은 무엇을 하도록 요청받았는가?
(A) 경로에 설치되어 있는 표지판 확인하기
(B) 직원용 부스에서 지도 받기
(C) 관리원들의 지시사항 따르기
(D) 다음 행사 신청하기

95 키워드 문제는 키워드 기준 앞뒤 문장에 정답이 나온다. ▶ Jun's Fresh Market

STEP 1 문제 중에 특정 키워드에 대해 묻는 문제는 반드시 담화 중의 해당 키워드 앞뒤에서 답이 들린다. 일반적으로는 키워드 뒤에 답이 들리지만 최근에는 키워드 앞에 미리 답이 나오는 경우가 있다.

Jun's Fresh Market이 제공한 것이 무엇인지를 묻는 문제로, 지문의 "I'd like to thank Jun's Fresh Market for providing the logo-printed T-shirts you're currently wearing."에서 Jun's Fresh Market에서 제공하고 있는 것은 티셔츠로 정답은 (C) T-shirts이다.

STEP 2 함정유형 및 오답패턴

(A) Prizes
(B) ~~Safety~~ equipment ▶ 지문의 후반부에서 **safety**가 언급된다.
(C) T-shirts ▶ 정답
(D) Refreshments

TEST 3 해설

96 시각자료 ▶ 시각 자료 문제에서 (A)-(D)의 보기는 절대 대화에서 들리지 않는다.

STEP 1 보기가 마라톤 경로 이름이므로 시각자료에서 그 외의 부분을 확인하면서 담화를 들어야 한다. 따라서 경로 길이에 해당하는 단어를 들어야 한다.

Annual Family Run에서 신설된 마라톤 코스가 무엇인지를 묻는 문제로, 지문의 "As you know, we usually have three different leveled routes. However, this year we added a 3-kilometer route."에서 원래 다른 길이의 3개 코스를 진행했지만, 올해에는 3킬로미터의 코스를 추가했음을 언급하였다. 즉, 시각자료에서 3킬로미터에 해당하는 경로의 이름은 Apple Route로 정답은 (A)이다.

주로 But이나 However, Actually 등의 역접이나 반전을 의미하는 접속사나 부사가 나오면 그 뒤에 정답을 동반하는 경우가 많다.

97 요청/제안 문제는 하단에 위치하며 please가 대세이다.

STEP 1 〈Please + 동사원형〉 혹은 〈Let's ~〉, 〈If you~, please~〉의 표현에서 정답을 파악해야 한다.

화자들이 당부 받은 것이 무엇인지를 묻는 문제로, 지문의 "lastly, for your safety, always remember to follow the directions of our staff in red vests standing along the route."에서 마라톤에 참가하는 사람들의 안전을 위해서, 코스를 따라 서있는 안전요원의 지시사항을 따라달라고 요청하고 있다. 즉, 화자가 청자에게 요청한 것은 (C)이다. 지문의 구체적인 어휘 our staff in red vests along the route는 보기의 포괄적인 어휘 officials로 paraphrasing되었다.

STEP 2 함정유형 및 오답패턴

(A) ~~Check the signs~~ on the routes ▶ 마라톤 경로에 위치한 것은 간판이 아닌 안내원이므로 오답이다.
(B) ~~Get a map~~ at a staff ~~booth~~ ▶ 지문에서 **staff**는 언급되었지만, 직원용 부스에서 지도를 받는 것이 아니라, 참가자들의 안전을 위해 안전요원의 지시사항을 따라달라고 요청하는 것으로 오답이다.
(C) Follow the directions of the officials ▶ 정답
(D) ~~Sign up for the next event~~

어휘 **currently** 현재 **race** 경주, 달리기 (시합) **remind** 상기시키다, 다시 한 번 알려 주다 **leveled** 등급의 **add** 추가하다 **route** 경로 **participant** 참가자 **direction** 지시, 명령 **vest** 조끼 **locate** ~에 있다 **along** ~을 따라 **in the event of** 만약 ~하면, ~할 경우에는 **emergency** 비상 **assist** 돕다

Questions 98-100 refer to the following excerpt from a meeting and pie chart.

Good morning, everyone. I'll begin today's staff meeting by mentioning
98 our sales figures. As you see, according to this report we have already
passed our expected number of sales of our new tablet PC this
month. Yeah... I know it's pretty good, but it's gonna be too much strain
99 on our capabilities, because this high demand is expected to grow
even further over the coming years. Our factory in Columbus simply
cannot handle this much demand. In order to address our limited capacity,
100 the management has decided to buy one of the local manufacturers. It
held 9 percent of the market share last year. And I agree it's absolutely
worth the money.

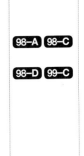

98-A 98-C
98-D 99-C

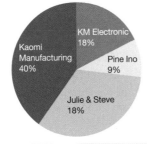

Market Share

KM Electronic 18%
Kaomi Manufacturing 40%
Pine Ino 9%
Julie & Steve 18%

98. According to the speaker, what was mentioned in the report?
(A) The company will launch a new product.
(B) Product sales exceeded expectations.
(C) A new rival company has appeared this year.
(D) The company is experiencing a financial crisis.

키워드 the report / 상
└키워드 앞뒤 문장에 집중

99. What does the speaker say is a problem?
(A) An important contract has been terminated.
(B) The production capacity is limited.
(C) Market competition has increased.
(D) A project was over budget.

화자 / 문제점
└ 역접의 단어에 집중

100. Look at the graphic. Which company may be purchased?
(A) KM Electronic   **(B) Pine Ino**
(C) Julie & Steve   (D) Kaomi Manufacturing

시각자료 / 매수 기업 / 하
└ 서수, 최상급, 수량 표현에 집중

안녕하세요, 여러분. 자사의 매출액을 언급하면
서 오늘 직원회의를 시작하겠습니다. 보시다시
피, 이번 보고서에 따르면, 저희는 이번 달 신규
태블릿 PC의 예상 판매 수치를 초과했습니다.
이 일은 매우 좋은 일이지만, 이렇게 높은 수요가
향후에도 늘어날 거라 예상되기 때문에 자사의
역량에 너무 많은 무리를 가져올 거라 생각됩니
다. 콜럼버스에 위치한 공장은 이렇게 많은 수요
를 감당할 수 없습니다. 자사의 제한된 역량을 해
결하기 위해서, 이사회는 지역 제조업체 중 한곳
을 인수하기로 결정했습니다. 작년에 그곳은 시
장 점유율 9퍼센트를 달성했습니다. 따라서 저는
이 투자가 그만한 가치가 있다고 생각합니다.

98. 화자의 말에 따르면, 보고서에서 언급된 것은 무엇인가?
(A) 그 기업은 신규 상품을 출시할 예정이다.
(B) 제품 매출이 예상 수치 이상이다.
(C) 올해 경쟁 기업이 새롭게 등장했다.
(D) 회사는 금융 위기를 겪고 있다.

99. 화자는 어떤 문제를 언급하고 있는가?
(A) 중요한 계약이 종결되었다.   (B) 생산 능력이 제한되어 있다.
(C) 시장경쟁이 증가하고 있다.   (D) 프로젝트는 예산을 초과했다.

100. 시각자료를 보시오. 어떤 회사를 매수할 예정인가?
(A) KM 전자   (B) Pine Ino
(C) Julie & Steve   (D) Kaomi 제조사

STEP 1   문제 중에 특정 키워드에 대해 묻는 문제는 반드시 담화 중의 해당 키워드 앞뒤에서 답이 들린다. 일반적으로는 키워드 뒤에 답이 들리지만 최근에는 키워드 앞에 미리 답이 나오는 경우가 있다.

문제의 키워드는 the report이지만, 담화에서는 유사 어휘인 according to this report로 언급된다. 보고서에서 언급된 내용이 무엇인지를 묻는 내용으로, according to 뒤의 내용에 집중해야 한다. 지문의 "I'll begin today's ~ our new tablet PC this month."에서 새롭게 출시한 태블릿 PC의 매출이 예상 수치 이상이었다는 내용을 보고서에는 확인할 수 있음을 언급하였다. 보기의 구체적인 어휘 passed our expected number of sales of our new table PC는 보기의 포괄적인 어휘 product sales exceeded expectation으로 paraphrasing되었다.

STEP 2   함정유형 및 오답패턴

(A) The company ~~will launch~~ a new product. ▶기업은 이미 신규 태블릿 PC를 출시했으므로 오답이다.
(B) Product sales exceeded expectations. ▶정답
(C) A new ~~rival company~~ has appeared this year. ▶경쟁 회사가 아닌 신규 태블릿 PC를 출시한 것으로 오답이다.
(D) The company is experiencing a ~~financial~~ crisis. ▶회사는 금융 위기가 아닌 생산 능력에 무리를 느끼고 있으므로 오답이다.

STEP 1   주요 빈출 문제점은 늦음(late), 지연(delayed), 매진(out of stock), 고장(out of order), 부족(lack) 등의 내용이 주를 이룬다.

화자가 근무하고 있는 회사에서 겪고 있는 문제가 무엇인지를 묻는 문제로, 지문의 "but it's gonna be too much strain on our capabilities, because this high demand is expected to grow even further over the coming years."에서 새롭게 출시한 태블릿 PC의 매출은 기대 이상이지만, 향후 이에 대한 수요가 증가한다는 것을 가정하면 회사에 많은 문제점을 가져올 거라 예상하고 있는 화자의 우려를 파악할 수 있다. 즉, 생산 능력이 예상 매출을 따라 잡지 못하므로 정답은 (B)이다. 지문의 구체적인 어휘 strain on our capabilities는 보기의 포괄적인 어휘 production capacity is limited로 paraphrasing되었다.
– 주로 But이나 However, Actually 등의 역접이나 반전을 의미하는 접속사나 부사가 나오면 그 뒤에 정답을 동반하는 경우가 많다.

STEP 2   함정유형 및 오답패턴

(A) An important contract has been terminated.
(B) The production capacity is limited. ▶정답
(C) Market ~~competition~~ has increased. ▶경쟁이 아닌 신규 출시된 태블릿 PC의 수요가 높아지고 있으므로 오답이다.
(D) A project was ~~over budget~~. ▶strain on our capabilities에서 over budget를 연상한 오답이다.

STEP 1   그래프는 대상의 〈비교〉를 위한 것이므로, 서수, 최상급, 수량 표현으로 정답을 파악해야 한다.

화자의 회사가 겪고 있는 문제를 해결하기 위해서, 어떤 국내 제조업체를 매수할지를 묻는 문제이다. 지문의 "In order to address ~ market share last year."에서 인수할 기업은 작년에 시장 점유율 9퍼센트를 달성했음을 언급하였다. 따라서 정답은 (B) Pine Ino이다.

어휘   **staff meeting** 직원회의   **mention** 언급하다   **sales figure** 매출액, 판매 합계   **pretty** 꽤, 아주
strain 부담, 압박   **capability** 능력   **demand** 수요   **further** 한층 더, 더욱이   **handle** 다루다, 처리하다
address 고심하다, 다루다   **capacity** 용량, 수용력, 능력   **hold** 보유하다   **market share** 시장 점유율
absolutely 전적으로, 틀림없이   **worth** ~의 가치가 있는

101 This week's column / (by Dennis K. Wagman) / has / a ─────── and insightful analysis /
주어　　　　　　전치사구　　　　　동사　　　　　　　　　　　목적어

(of the market trend).
전치사구

등위접속사는 같은 성분을 연결한다.
has a ─────── and insightful analysis

STEP 1 등위접속사 and로 연결된 병렬 구조를 확인해야 한다.

동사 has의 목적어인 명사 analysis를 수식하는 〈형용사+and+형용사〉의 병렬 구조이다.

STEP 2 등위접속사는 앞뒤 문장에서 동일한 부분이 생략된다.

빈칸 뒤 명사 analysis가 생략되었다. 따라서 빈칸은 명사 analysis를 수식해 주며 insightful과 동일한 형태의 형용사 (A) wise가 정답이다.

STEP 3

〈has 명사 and 명사〉 구조로 볼 수도 있겠지만, 빈칸 앞의 관사 a가 있으므로 불가산 명사 (C) wisdom은 오답이다.

STEP 4 위 접속사는 같은 성분의 단어와 단어, 구와 구, 절과 절을 대등하게 연결한다.

명사 and 명사, 동사 or 동사와 같은 연결대상의 품사를 확인하자.

등위접속사	– 문두에 나올 수 없다. – 동일 부분을 생략하고 〈구와 구〉, 〈단어와 단어〉를 연결할 수도 있다.(단, so는 앞뒤에 완전한 문장을 받는다.)

해석 Dennis K. Wagman의 이번 주 칼럼은 현명하고 통찰력 있는 시장 동향 분석을 포함하고 있다.
어휘 **wise** 현명한 **insightful** 통찰력 있는 **analysis** 분석 **market trend** 시장추세
정답 (A)

---

102 Mrs. Young / had to review / all the proposals / (from prospective suppliers) /
주어　　　　동사　　　　　목적어　　　　　　전치사구

before / ─────── / met with / them.
접속사　　　주어2　　　동사2　　　목적어2

대명사의 위치에 따라 주격, 목적격, 소유격이 출제된다.
완전한 문장 + 접속사 + _____ + 동사 + 목적어

STEP 1 접속사 또는 관계사 + 1 = 문장에서 동사의 개수

동사가 2개인 (had to review, met with) 문장이 접속사 before로 연결된 문장이다.

STEP 2 빈칸의 위치를 파악한다.

빈칸은 동사 met with의 주어 자리이므로 주격 대명사로 주어 자리에서 주어 역할을 하는 (D) she가 정답이다.

STEP 3 대명사의 격을 묻는 문제는 매월 1~2문제씩 출제되고 있으며, 그 자리를 확실히 파악해야 한다.

1. ─── +동사+목적어: 동사의 앞자리는 주어이므로 주격이 와야 한다.
2. 주어+동사 + ─── 명사: 명사 앞에는 소유격이 와야 한다.
3. 주어+동사+목적어+ ───: 완전한 문장 뒤의 부사 자리는 재귀대명사가 온다.
4. 타동사/전치사+ ───: 타동사나 전치사의 목적어 자리에는 목적격이나 재귀대명사가 온다. (s≠o 목적격 / s=o 재귀대명사)

해석 Young 씨는 예비 공급업체들과 만나기 전에 그들이 제출한 모든 제안서를 검토해야 했다.
어휘 **proposal** 제안, 제의 **prospective** 장래의, 잠재적인 **supplier** 공급자, 공급 회사 **meet with** ~을 만나다
정답 (D)

---

103 One of our clients / requested / a refund / ─────── / the music player / (he received) /
　　　　　주어　　　　　동사 (that 생략)　목적어　　　　接続詞　　　　주어2　　　　관계대명사절

was damaged.
동사2

접속사 여부는 동사의 개수가 결정한다.
완전한 문장 + _____ + 완전한 문장

STEP 1 빈칸은 완전한 두 문장을 연결시킬 수 있는 부사절 접속사 자리이다.

따라서 보기 중 부사절 접속사인 (C) because가 정답이다. 보기 중 명사를 받는 전치사인 (B) despite와 (D) concerning은 오답이다.

STEP 2 why는 두 가지 경우로 볼 수 있다.

1. 명사절 접속사로 쓰이는 의문부사 why는 문장 중간에 있다면 동사나 전치사의 목적어 절이 되어야 하므로 오답이다.
2. 관계부사로 쓸 경우에는 선행사가 reason과 같은 이유를 의미하는 명사가 되어야 한다.

STEP 3 관계부사 = [전치사 + 관계대명사]

관계부사절은 선행사 뒤에서 when(시간), where(장소), how(방법), why(이유) 등으로 선행사를 수식하는 문장이다. 관계대명사처럼 선행사를 뒤에서 수식하지만 뒤에는 완전한 문장이 온다.

선행사 + 관계부사 when/where/how/why + 완전한 문장 + 동사 + 목적어
　　　　　선행사를 수식하는 형용사 역할을 하는 관계부사

* 특히 [완전한 문장+ ─────── +완전한 문장]의 형태로 나올 때는 부사절의 접속사와 같은 형태가 된다.

선행사 (장소 명사: hotel, culture, 국가, 도시 …)	where (= in/at/on/to which)+완전한 문장
선행사 (시간 명사: time, year, 날짜, 요일 …)	when (= at/on/in which)+완전한 문장
선행사 (방법 명사: way …)	how (= in/of/to which)+완전한 문장 * the way how로는 쓰지 않는다.
선행사 (이유 명사: reason …)	why (= for which)+완전한 문장

해석 그가 받은 뮤직플레이어가 손상되었기 때문에 고객 중 한 사람은 환불을 요청했다.
어휘 **request** ~을 요청하다 **refund** 환불 **receive** 받다 **damage** 손상을 입히다
정답 (C)

TEST 3 해설

104 It / is / ——————— that / we all / be aware of / changes / that / occur / (on the market).
　　가주어　동사1　　진주어　(접속사)　주어2　　동사2　　목적어　주격관계대명사　동사3　전치사구

이성/감정/판단의 형용사 + that + 주어 + (should) + 동사원형
It is _____ that we all be ~

STEP 1 　빈칸 동사 is의 주격 보어 역할을 하는 적절한 형용사 어휘를 고르는 문제이다.

STEP 2 　형용사 자리에 이성, 감정, 판단을 표현하는 형용사가 오면 그 뒤에 오는 **that**절의
should는 생략 가능하다.
'시장에서 일어나고 있는 변화를 알아야 한다'는 '당위와 필요성'을 언급하고 있다. that절에 should가 생략된 동사원형이
오고 있으므로 (A) critical이 정답이다.

STEP 3
(B) substantial는 '양, 가치, 중요성'이 '상당한'을 의미 하며, (C) eventful은 '다사다난한'을 의미 한다. (D) actual은 '실제
의'를 의미하므로 모두 문맥상 적절하지 않으므로 오답이다.

STEP 4 　**It is**+이성/감정/판단의 형용사+**that**+주어+(**should**)+동사원형+ ~.
　　　　　└.**important, imperative, essential, necessary, advisable, critical** ...

※ 그 밖에 꼭 알아두어야 할 형용사

사실에 대한 판단의 형용사 〈it is+형용사+(for 사람)+to부정사/that절〉
useful 유용한　natural 당연한　(in)convenient (불)편한　difficult 어려운　easy 쉬운　hard 어려운 (im)possible (불)가능한　regrettable 유감스러운　necessary 필요한　(un)important (안) 중요한

의지를 나타내는 형용사 〈사람 주어+be동사+형용사+to부정사/that절〉
anxious 갈망하는　keen/eager 열망하는　reluctant ~하기를 꺼려하는　willing 기꺼이 ~하려고 하는

> 해석 　우리 모두가 시장에서 일어나고 있는 변화를 알아야 한다는 것은 중요하다.
> 어휘 　be aware of ~을 알다　change 변화　occur 일어나다, 발생하다
> 정답 　(A)

---

105 Mr. Diaz / has contacted / several agencies / to obtain / the permits / ——————— /
　　　　주어　　　동사　　　　목적어　　　to부정사　to부정사목적어
(for operating a facility).
　　전치사구

타동사의 능동태 분사는 뒤에 목적어가 있어야 한다.
명사(**permits**) + _____ + 전치사구(**for operating a facility**)

STEP 1 　문장 = 주어1+동사1
이미 본동사 has contacted가 있으므로 동사 (A) requires (D) will require는 답이 될 수 없다.

STEP 2 　빈칸을 포함한 뒤의 표현은 명사 **permits**를 수식하는 분사구문이다.
수동의 과거분사(p.p.)는 수식받는 명사가 목적어가 된다. 타동사의 능동태 분사(Ving)는 뒤에 목적어가 있어야 한다.
require은 타동사이므로 (C) requiring이 되려면 뒤에 목적어가 있어야 한다. 빈칸 뒤에 목적어가 없으므로 과거 분사인
(B) required가 정답이다.

STEP 3 　능동의 현재분사 형용사(–ing)가 답이 되는 경우는 크게 세 가지이다.
1) 앞의 명사가 의미상 주어이고 뒤의 명사가 의미상 목적어 역할을 할 때 **ex.** a boy reading a book 책을 읽는 소년
2) 자동사가 분사 형용사가 될 때 **ex.** the rising sun 떠오르는 태양

3) 감정동사가 사물을 수식하는 분사 형용사가 될 때 ex. interesting movies 흥미로운 영화들

> 해석 Diaz 씨는 시설 운영에 필요한 허가를 얻기 위해 여러 회사에 연락했다.
> 어휘 contact 연락하다   agency 대리점, 대행사, 회사   obtain 얻다   permit 허가, 허가증   operate 운영하다
> facility 시설, 설비
> 정답 (B)

---

106 (With the AK–350 Scanners), users / can ———— create / electronic documents /
　　　　　　　　　전치사구　　　　주어　　　　동사　　　　　　　　목적어
　　　that / are / more than 1,000 pages long.
　주격관계대명사 동사2　　주격 보어

> 〈조동사+부사+본동사〉
> can ———— create

STEP 1　부사는 명사를 제외한 모든 것을 수식한다.

빈칸은 조동사 can과 본동사 create사이에 적절한 품사를 고르는 문제이다. 동사를 꾸며주는 것은 부사이므로 '수월하게,
용이하게'를 뜻하는 (D) easily가 정답이다.

STEP 2

(A) easy는 '수월한, 용이한'을 의미하는 형용사이다.
(B) ease는 '용이함'을 의미하는 명사이다.
(C) easier은 'easy'의 비교급 형태인 형용사이다.

STEP 3　15개의 부사 출제 패턴

① 〈주어+**부사**+동사〉
② 〈주어+동사+목적어+**부사**〉
③ 〈관사+**부사**+형용사+명사〉
④ 〈be+**부사**+형용사/부사〉
⑤ 〈**부사**, 완전한 문장(주어+동사+목적어)〉
⑥ 〈완전한 문장+**부사**〉
⑦ 〈be+**부사**+과거분사〉
⑧ 〈be+**부사**+현재분사〉
⑨ 〈have+**부사**+과거분사〉
⑩ 〈자동사+**부사**+전치사〉
⑪ 〈조동사+**부사**+본동사〉
⑫ 〈완전한 문장+as+**부사**+as〉
⑬ 〈완전한 문장+more+**부사**+than〉
⑭ 〈to+**부사**+동사원형〉
⑮ 〈전치사+**부사**+동명사〉

> 해석 AK–350 스캐너로 사용자들은 1,000페이지가 넘는 전자문서를 쉽게 만들 수 있다.
> 어휘 create ~을 만들어 내다   electronic 전자의   document 문서
> 정답 (D)

107 Because / rain / is / ——————— / (this Friday), the outdoor concert / has been rescheduled

접속사　주어1　동사1　　　　　　부사구　　　　주어2　　　　　　동사2

/ (for March 20).

(전치사구)

> 사물 명사 is _____ (주격 보어)
> **rain is ———————**

STEP 1　be동사 뒤의 주격 보어 자리에 들어갈 수 있는 품사는 명사와 형용사이다.

명사가 답이 되는 경우는 주어와 동격이 성립될 때인데, (C) liking 취향(명사), (D) likeness 닮음(명사)는 동격이 될 수 없으므로 주어의 상태를 설명하는 형용사 (B) likely(~할 것 같은)가 정답이다. (A)likes는 동사이므로 오답이다.

STEP 2　-ly로 끝나는 형용사는 암기해 두자.

> ※ -ly 형태의 형용사
> timely(시기적절한), orderly(정돈된), leisurely(한가로운, 느긋한), friendly(우호적인, 친절한), costly(많은 돈이 드는), likely(~할 것 같은), 그 외에 시간의 개념을 가진 weekly(주간의), monthly(월간의), yearly(해마다의) 등이 있다

> 해석　이번 주 금요일에 비가 올 것 같기 때문에, 야외 콘서트는 3월 20일로 일정이 변경되었다.
> 어휘　outdoor 야외의　reschedule 일정을 변경하다
> 정답　(B)

108　(At the press conference), the president of KM Music / stated / that /

　　　　　(전치사구)　　　　　　　　　주어1　　　　　　동사1　접속사

there / is / a slight ——————— / the company / will merge / (with Lisa Media)

유도부사 동사2(there be동사 구문) 주어2　　주어3　　　　동사3　　　(전치사구)

> **there is + 주어**
> **there is a slight ———————**

STEP 1　유도부사인 there이 문두로 가면서 주어와 동사의 순서가 바뀌게 된다.

따라서 빈칸은 동사 is의 주어 자리로 형용사 slight의 수식을 받는 적절한 명사가 정답이다. (C) possibly는 부사, (D) possible는 형용사이므로 오답이다.

STEP 2　주어와 동사의 수일치에 주의하자.

동사의 수일치는 항상 there be 뒤에 오는 명사에 맞춰야 한다. 동사가 단수 is이므로 복수명사인 (B) possibilities는 답이 될 수 없다. 따라서 단수명사 (A) possibility가 정답이다.

STEP 3　'무엇이 있다'는 의미로 사용되는 [there+be동사+명사] 구문

동사의 수는 동사 뒤에 나오는 명사에 일치시키며 시험에는 주로 [there is/are, seem(s), remain(s) + 명사]로 자주 등장한다.

> 해석　기자회견에서, KM Music의 회장은 Lisa 미디어와 합병할 가능성이 약간 있다고 말했다.
> 어휘　press conference 기자 회견　president 회장　state 말하다, 진술하다　slight 약간의　merge 합병하다
> 정답　(A)

109 More information / (─────── our current job openings) / is / available /
　　　　　　주어　　　　　　　　　　　　　　　　　　　　　동사　주격 보어
(on our homepage).
전치사구

전치사 + 명사
─────── our current job openings

STEP 1 전치사는 뒤에 명사를, 접속사는 뒤에 〈주어+동사〉를 동반한다.
빈칸 뒤 명사구 our current job openings와 어울려 부사구를 만드는 적절한 전치사 어휘를 고르는 문제이다.

STEP 2 빈칸의 앞뒤 명사의 관계를 파악한다.
(B) across는 〈across+장소〉의 형태로 '~건너편, ~전체에 걸쳐'를 의미하거나, across the industry (그 업종 전체에 걸쳐)와 같이 〈across+업종〉의 형태로 '~전체에 걸쳐'를 의미하는 전치사이다.
(C) 전치사 except는 '~을 제외하고'라는 의미로 전체 중에 일부 혹은 특정한 것을 제외하고 다른 것을 언급할 때 사용한다. except는 all the companies except our company(우리 회사를 제외한 모든 회사들)와 같이 문장 중에 전체를 의미하는 all 또는 every가 있어야 한다.
(D) upon은 명사와 어울려서 "~하자마자"의 의미상 어울리지 않는다.
따라서, '현재 채용 모집에 관한 더 많은 정보'라는 문맥으로 '~에 대하여'의 주제를 의미하는 (A) about이 정답이다.

STEP 3 〈주제/대상을 의미하는 빈출 전치사〉
① on/over/in/[with] regard to/as to/as for
(*as for는 문두에서 사용하며 앞에서 언급된 내용과 관련하여 새로운 주제를 말할 때 사용한다.)
② concerning/regarding/pertaining to/related to

해석 현재 채용 모집에 대한 자세한 정보는 저희 홈페이지에서 이용하실 수 있습니다.
어휘 **current** 현재의 **job opening** (직장의) 빈자리 **available** 이용할 수 있는, 얻을 수 있는
정답 (A)

110 This equipment / is / to be ———————— / only / when / conducting health-related tests.
　　　주어　　　동사　보어(to부정사)　　　부사　접속사　　　분사구문

> **to be done 〈수동〉**
> **is to be** ————————

STEP 1　준동사를 선택할 때 수, 태, 시제를 고려한다.
준동사는 수식어구로 명사나 형용사, 부사의 역할을 하지만 동사의 원래 성질을 가지고 있기 때문에 ① (의미상의) 주어 ② 목적어 ③ 보어 ④ 태 ⑤ 동사의 형식 ⑥ 시제 등은 그대로 가지고 있다.

STEP 2　타동사 use는 목적어가 있어야 한다.
빈칸 뒤에 목적어가 없으므로 타동사인 use는 p.p. 형태의 수동태가 되어야 하므로 정답은 (B) used이다.

STEP 3

준동사	의미상의 주어	수	수동태 vs. 능동태		완료시제
to부정사	for 주어+to부정사	단수동사	to do 〈능동〉 to be done 〈수동〉	to have p.p. (능동) to have been p.p. (수동)	일반적으로 준동사의 시제는 본동사나 주절의 시제와 동일하다. 하지만 본동사나 주절의 시제보다 앞서 발생한 사실을 말할 때는 완료시제를 쓴다.
동명사	소유격+동명사	단수동사	doing 〈능동〉 being done 〈수동〉	having p.p. (능동) having been p.p. (수동)	
분사	① 선행사 ② 주절의 주어	–	doing 〈능동/현재분사〉	having p.p.	
			done 〈수동/과거분사〉	having been p.p.	

▶ to부정사와 동명사의 의미상 주어는 대부분 문장의 주어와 동일하며 이때는 따로 의미상의 주어를 쓰지 않는다. 또 주어가 이미 알고 있는 대상일 경우에는 생략한다.

> 해석 이 장비는 건강과 관련된 검사를 할 때에만 사용되어야 한다.
> 어휘 **equipment** 장비　**conduct** (특정한 활동을) 하다　**health-related** 건강과 관련된
> 정답 (B)

---

111 ———————— / is / particularly special / (about our new portable printer) / is
　　　　동사1　　　주격 보어1　　　　전치사구　　　　　동사2
/ its compatibility / (with various devices).
　주격 보어2　　　　전치사구

> **명사절 접속사로 쓰이는 의문사 〈의문대명사, 의문형용사, 의문부사〉**
> **[———————— 동사1 보어1] 동사2 보어2**

STEP 1　접속사 또는 관계사 + 1 = 문장에서 동사의 개수
문장에서 동사가 2개 (is, is)이므로 접속사 또는 관계사가 필요하다.

STEP 2　문장 = 주어1 + 동사1
빈칸은 동사 앞에 위치하므로 주어 자리이다. 따라서 빈칸은 주어와 접속사 역할을 할 수 있는 관계대명사나 명사절 접속사로 쓰이는 의문대명사가 와야 한다.

STEP 3　의문대명사 what과 which의 차이는 선택범위의 유무로 구별한다.
해당 문장에는 선택 범위가 없으므로 정답은 (C) what이 된다.

주격 관계대명사 (A) that은 선행사 뒤에 쓰인다. 빈칸 앞의 선행사가 없으므로 오답이다.
의문부사 (B) why는 뒤에 완전한 문장이 와야 한다.

STEP 4　문두의 명사절은 전체 문장의 주어 역할을 한다.

주로 문장 맨 앞에 빈칸이 있으며, 두 번째 동사 앞에 주어가 없다. 따라서 두 번째 문장은 주어가 없는 불완전한 문장이다.
이 두 문장 사이에는 쉼표가 없다.

명사절 접속사 + 주어1 + 동사 ～ + 동사2 + 목적어2
　　문장의 전체 주어　　　　　주어가 없는 불완전한 문장

명사절 접속사가 빈칸으로 된 경우, 동사2 앞에는 주어가 없고 명사절이 동사2의 주어로 전체 문장의 주어가 된다. 이때 전체 문장의 주어는 명사절이며, 전체 문장의 본동사는 동사2이다.

> 해석　우리의 새로운 휴대용 프린터의 특별한 점은 다양한 장치와의 호환성이다.
> 어휘　**particularly** 특별히　**special** 특별한, 특별한 것　**portable** 휴대용의　**compatibility** 호환성
> 정답　(C)

112　It / is estimated / that / our new batteries / will last / (for ——— two months) /
　　가주어　동사1　진주어 접속사　주어2　동사2　전치사　전치사for의 목적어
　　(without needing to be charged).
　　　전치사구

수사 수식 부사 〈 _____ + 숫자 + 단위 명사〉
——— **two months**

STEP 1　숫자(수량 형용사) **two**를 수식하는 부사를 찾는 문제로 보기 중 숫자 수식 부사는 (D) **approximately**이다.

STEP 2　오답 분석
(A) approximate는 '거의 정확한, 근사치인'을 의미하는 형용사, '～와 비슷하다'를 의미하는 동사이다.
(B) approximates는 approximate의 3인칭 단수 동사형태이다.
(C) approximation '근사치'를 의미하는 명사이다.

STEP 3　수사 수식 부사

의미	수사를 꾸며 주는 부사(구)	의미	수사를 꾸며 주는 부사(구)
거의	almost, nearly, about	최대한	up to, a maximum of
대략	approximately, roughly, around	～만큼	as many as(수), as much as(양)
겨우	only, just, merely, at most, at the most, no more than	～ 이상(～보다 많은)	over, more than
최소한, 적어도	at least, a minimum of	～ 이하(～보다 적은)	under, less than

> 해석　우리의 새 배터리는 충전할 필요 없이 약 두 달 동안 지속될 것으로 추정된다.
> 어휘　**estimate** 추정하다　**last** 지속되다　**charge** 충전하다
> 정답　(D)

113

Our main server / deals with / a high ———— of data / daily / , so / we /
　　주어　　　　 동사 　　　 목적어 　　　　 　 부사　접속사 주어2

need to upgrade / the system / urgently.
　 동사2　　　　 목적어2　　　 부사

⟨a 명사 of⟩ 수량의 형용사
deals with a high ———— of data

STEP 1　빈칸의 위치를 파악한다.

동사 deals with의 목적어 자리에 빈칸 뒤 of data의 수식을 받는 적절한 명사 어휘를 고르는 문제이다. data의 '양'을 의미할 수 있는 것은 (C) volume이다.

STEP 2　⟨a high volume of 명사⟩는 '많은 양의~'를 의미한다.

동사 deals with과 '많은 양의 데이터를 처리한다'라는 문맥이 적절하므로 정답은 (C) volume이다.

STEP 3　⟨a 명사 of⟩ 수량의 형용사

- each/one of+복수명사
- (a) few/many/several/those of+복수명사
- a number of/a wide range of/a series of+복수명사
- an amount/a quantity/a great deal of+불가산명사
- (a) little of+불가산명사
- all/some/most/any of+복수명사/불가산명사
▶ 참고로 ⟨none of+명사⟩는 ⟨none of+가산/불가산/사람/사물/단수/복수명사⟩ 모두 가능하다.

> 해석　우리의 메인 서버는 매일 많은 양의 데이터를 처리하기 때문에, 시스템을 서둘러 업그레이드 해야 한다.
> 어휘　deal with 처리하다　daily 일일, 하루　urgently 급히
> 정답　(C)

114

(For reasons / that / are / ———— / uncertain), Mrs. Potter / has suddenly left / her job.
 전치사구 주격관계대명사 동사1 　　　　　　 주격 보어　　 주어　　　　 동사2　　　　 목적어

부사 어휘 문제는 수식받는 대상을 함께 확인하자.
reasons that are ———— uncertain, ~ suddenly left

STEP 1　빈칸은 보어 uncertain을 수식하는 부사 자리이다.

보기 모두 부사이므로, 의미와 구조상 적절한 것을 찾아야 한다.
(A) much는 '양이 많은'이라는 의미의 수량형용사로 불가산 명사를 수식하며, 부사로는 정도가 '매우, 많이, 자주'라는 의미로 동사, 부사, 과거분사를 수식한다. much는 또한 비교급과 최상급을 수식한다는 점도 알아두자.
(B) soon은 '곧'이라는 의미로 미래시제와 함께 쓰인다.
(D) far는 '(거리상) 멀리', '(시간상) 오래 전에'라는 의미로, '(정도가) 훨씬'이라는 의미를 나타내어 형용사나 부사의 원급이나 비교급을 수식한다.

STEP 2

still은 어느 상태가 변화 없이 계속 지속됨을 보여주는 부사이다. 따라서 '여전히 이유가 분명하지 않다'는 것을 나타내는 (C) still이 정답이다.

STEP 3　be동사 + ⟨명사 vs. 형용사 vs. 부사⟩ + (전치사구)

① 명사가 답인 경우 – I am a boy.
'주어+be동사+주격 보어'에서 주격 보어에 명사가 오려면 주어와 동종의 명사가 등장해야 한다. 예를 들어 주어가 사람이면 뒤에 주격 보어도 사람이 등장해야 하며, 주어가 가산보통명사이면 뒤에도 가산보통명사가 나와야 한다. 그러나 이러한 완전 동격이 거의 이루어지지 않기 때문에 일반적으로 be동사 뒤에는 형용사가 온다고 말한다.

② 부사가 답인 경우 – I am (<u>currently</u>, current) in the room.
be동사 뒤에 오는 형용사는 주어의 상태를 보여 주어야 한다. 그런데 I = current(현재의, 통용되는)은 성립이 되지 않는다. 오히려 I는 방안에 있는 것이기 때문에 여기에서 주격 보어는 in the room이 되어야 한다. 따라서 그 사이에 등장하는 부수적인 수식은 부사가 한다.

③ 형용사가 답인 경우 – I am (<u>busy</u>, busily) on Monday.
be동사 뒤에 오는 형용사 busy는 I = busy로 주어의 상태를 말하고 있다. I am busily on Monday. (X)

> 해석 여전히 분명하지 않은 이유로, Potter 씨는 그녀의 직장을 갑자기 그만두었다.
> 어휘 reason 이유 uncertain 불확실한 suddenly 갑자기 leave 그만두다 job 직장
> 정답 (C)

115 (With the latest software system), our service agents / can ─────── /
　　　　전치사구　　　　　　　　　　　주어　　　　　　동사
(to customers' questions) / (more rapidly).
　전치사구　　　　　　　　부사구

자동사+전치사
can ─────── to customers' questions

STEP 1 빈칸 뒤 전치사 to가 위치하고 보기의 동사의 형태가 능동이므로, 자동사가 필요한 자리이다.
따라서 타동사인 (A) suggest와 (D) handle은 오답이다. (B) inform 역시 타동사로서 사람 명사를 받으므로 답이 될 수 없다.

STEP 2 전치사 to와 함께 쓸 수 있는 동사를 찾아야 한다.
(C) respond는 주로 전치사 to, with, by와 함께 쓰이며 '대답하다, 반응을 보이다'를 의미하는 자동사이다. 따라서 빈칸 뒤 전치사 to와 함께 '고객의 문의에 대응하다'를 의미하는 (C) respond가 정답이다. 자동사 respond는 Part 5에서 자동사/타동사 자리를 묻는 문제에서 보기로 타동사 answer와 함께 출제된다는 점을 알아두자.

STEP 3 빈출 〈자동사+전치사〉

concentrate on ~에 집중하다	benefit from ~로부터 이익을 얻다	refrain from 그만두다
care for 돌보다	enroll in 등록하다	focus on 집중하다
succeed in 성공하다	differ in 다르다	rely on 의지하다
check in 체크인하다	wait for 기다리다	look into/through
interfere with 간섭하다	contend with	조사하다
talk about 논의하다	(문제/상황과) 씨름하다	apologize to 사과하다
consist of ~로 구성되다	compete with 경쟁하다	listen to 듣다
object to 반대하다	lay off 해고하다	look for 찾다
go through 겪다	deal with 다루다	

> 해석 최신 소프트웨어 시스템으로, 자사의 서비스 대리점은 고객의 문의에 더 신속히 대응할 수 있다.
> 어휘 agent 대리점 question 질문 rapidly 신속히
> 정답 (C)

116 Our company ——————— / stipulate / that / fragile items / should be individually packed /
　　　　 주어　　　　　　　　　　 동사1　 접속사　 주어2　　　　　　　　　　 동사2

(in cartons) / (in order to protect them from being damaged).
전치사구　　　　　　　 to부정사구

복합명사 일 때 앞의 명사는 형용사 역할을 한다.
company ——————— stipulate

STEP 1 〈명사 + 명사〉가 위치하는 경우, 복합명사를 생각하자.

보기 모두 명사 어휘 이므로 명사 company와 복합명사를 이루며, 동사 stipulate의 주어 자리에 적절한 명사 어휘를 골라야 한다.

STPE 2 company regulations는 '회사 내 규정'을 의미한다.

〈명사+명사〉의 복합명사에서 앞에 오는 명사는 뒤에 오는 명사의 종류나 유형을 보여준다. 원칙적으로 명사 자리에는 명사가 하나만 와야 한다. 그러나 두 개의 명사가 모여 새로운 하나의 뜻을 만드는 경우에는 명사 두 개가 함께 쓰이기도 한다. 이를 복합명사라 한다.

'부서지기 쉬운 상품은 개별포장 해야 한다고 명시한다'는 것은 회사 규정이므로, 빈칸 앞 명사 company와 복합명사를 이루는 (C) regulations가 정답이다.

STEP 3 주어와 동사의 관계를 파악하자.

동사 stipulate(규정하다)의 주어로서 (A) belief는 '신념, 확신', (B) subject는 '주제, 문제' (D) expenditure '지출, 비용'은 오답이다.

STEP 4 반드시 암기해 두어야 하는 복합명사 List

consumer awareness 소비자 인식	identification card 신분증
expiration date 유효 기간, 만기일	safety procedure 안전 절차
pay increase 급여 인상	application form 지원서
product recognition 제품 인지도	media coverage 미디어 보도
production facilities 생산 설비	performance appraisal 업무 평가
attendance record 출석률	employee participation 직원 참여
assembly line 조립 라인	staff assembly 직원회의
production figures 생산 실적	hearing protection devices 청력 보호기
heating equipment 난방 기구	information distribution 정보 배포

해석 저희 회사 규정은 부서지기 쉬운 상품은 손상되는 것을 막기 위해 상자에 개별 포장해야 한다고 명시합니다.
어휘 stipulate ~을 규정하다, 명기하다 fragile 부서지기 쉬운 individually 개별적으로 pack (짐을) 싸다, 꾸리다 carton 상자 in order to ~하기 위해 protect 보호하다 damage 손상을 주다, 피해를 입히다
정답 (C)

---

117 Apollo Global Management, LLC / ——————— / a variety of financial services /
　　　　 주어　　　　　　　　　　　 동사　　　　　　 목적어

(tailored / to the needs of retired people).
분사　　　　 전치사구

문장 = 주어1 + 동사1
Apollo Global Management, LLC ——————— a variety of financial services

STEP 1 빈칸은 주어 Apollo Global Management의 동사 자리이다.

하나의 문장에는 반드시 하나의 동사가 있어야 하므로 빈칸은 동사 자리이다. 따라서 동사형태가 아닌 (C) offering은 우선 제거한다.

STEP 2 동사 형태 문제는 수 → 태 → 시제 순으로 파악하자.

1. 주어가 단수이므로 복수 동사인 (A) offer은 답이 될 수 없다.
2. 빈칸 뒤 목적어가 있으므로 빈칸은 능동형이 필요하다. 따라서 수동인 (D) will be offered는 오답. 정답은 (B) offers이다.

STEP 3 4형식의 수동태는 목적어에 따라 3형식과 4형식이 다르게 출제된다.

4형식 동사의 수동태는 특이하게 간접목적어와 직접목적어를 둘 다 수동태의 주어로 취해 만들 수가 있다.

4형식 동사의 능동태	주어 + 동사 + 사람(에게) + 사물(을/를) '주어가 ~에게 ~을 주다' 　　　　　　 간접목적어　 직접목적어
4형식 동사의 수동태	① 간접목적어(주어) + be동사 p.p. + 직접목적어(목적어) '주어가 목적어를 받다' ② 직접목적어(주어) + be동사 p.p. + to + 사람 '주어를 ~에게 주다' 　ㄴ. 주어 + 동사(능동태) + 목적어 + to + 사람 (3형식 동사) 　　 주어가 목적어를 (에게) 주다

> 해석 Apollo Global Management, LLC는 은퇴한 사람들의 요구에 맞춤화된 다양한 금융 서비스를 제공한다.
> 어휘 a variety of 여러 가지의　financial 재정의　tailored 맞춤의　retired 은퇴한
> 정답 (B)

---

118 The board of directors / postponed / the product launch / ─────── / all inspections /
　　　　　 주어　　　　　　 동사1　　　　 목적어　　　　　　　　　　　　　 주어2
end / (next week).
동사2　부사구

> 완전한 두 개의 문장: 부사절 접속사
> **완전한 문장 ─────── 완전한 문장**

STEP 1 빈칸은 2개의 완전한 문장을 연결할 수 있는 접속사 자리이다.

(A) from (B) despite (C) about 모두 전치사이므로 오답이다.

STEP 2 부사절 접속사는 2개의 완전한 문장을 연결한다.

따라서 완전한 문장을 받을 수 있는 부사절 접속사 (D) until이 정답이다. until은 '~할 때까지'를 의미하며 '(상태 동사 + until + 일회성의 동작/완료 동사)' 형태로 쓰인다는 점을 알아두자. ex) Stay(상태동사) here until I come back(특정 시점을 나타내는 동작 동사).

STEP 3 두 개의 완전한 문장을 연결하는 부사절의 접속사

부사절 접속사는 문장 맨 앞이나 중간에 위치하며 완전한 두 문장을 잇는다. 이때 접속사는 앞뒤 문장의 관계를 설명한다. 참고로 부사절 접속사의 뒤 문장에 주어가 없을 때 동사는 분사 형태가 된다.

부사절 접속사 + 주어1 + 동사1 + 목적어1 , + 주어2 + 동사2 + 목적어2
주어1 + 동사1 + 목적어1 + **부사절접속사** + 주어2 + 동사2 + 목적어2

> 해석 이사회는 모든 점검이 다음 주에 끝날 때까지 상품 출시를 연기했다.
> 어휘 postpone 연기하다, 미루다　a product launch 상품 출시　inspection 점검, 검사　end 끝나다
> 정답 (D)

119 Leon's Paradise / is / an independent ———— / that / is based / (on a real story).
　　　　　주어　　　동사1　　주격 보어　　　　　　 주격관계대명사 동사2　　　 전치사구

관사, 소유격, 한정사 뒤에는 항상 명사가 답이다.
Leon's Paradise(주어: 사물명사) is an independent ———— (주격 보어)

STEP 1   빈칸은 동사 is 뒤의 주격 보어 자리이다.
부정관사 an과 함께 주격 보어로 들어갈 수 있는 품사는 명사뿐이다. 관사 뒤의 일반 형용사는 명사를 대신해서 단독으로 쓰일 수 없으므로, 빈칸은 빈칸 앞의 형용사 independent의 수식을 받는 명사 자리이다. 따라서 동사 film의 과거, 과거분사 형태인 (D) filmed는 우선 제거하자.

STEP 2   수식받는 명사의 수를 확인하라.
빈칸 앞의 부정관사 an이 있으므로 명사의 복수 형태인 (B) films는 답이 될 수 없다.

STEP 3   주격 보어로 명사가 답이 되는 경우는 주어와 동격이 성립될 때이다.
주어 Leon's Paradise와 빈칸의 명사는 동격이어야 하므로 사람 명사인 (A) filmer(촬영하는 사람)은 답이 될 수 없다. 따라서 Leon's Paradise와 동격이 성립되는 (C) film(영화)가 정답이다.

STEP 4   토익 시험에 출제되는 사람 명사

- 사람 명사는 대개 -er, -or, -st, -ee, -ent, -ant 등으로 끝난다.
- 사람이 구성 요소인 명사 또한 사람으로 취급하며 가산명사이다.
  community(공동체), department(부서), team(팀), firm(회사), organization(기구), factory(공장), agency(에이전시), store(가게), shop(상점), branch(지점), etc.
  ex. Our company is pleased to work with you. 저희 회사는 귀하와 일을 하게 되어 기쁩니다.

해석 Leon's Paradise는 실제 이야기에 기반을 둔 독립영화이다.
어휘 independent 독립된 base on ~에 기초를 두다 real 진짜의
정답 (C)

---

120 (In a recent experiment), all the air bags / (in Aida's vehicles) / were proven /
　　　　　전치사구　　　　　　　　　주어　　　　　전치사구　　　　　동사
(to be ————).
　to부정사구

〈형용사 vs. 분사〉, 형용사가 우선한다.
to be ————

STEP 1   빈칸은 be동사의 보어 자리이다.
따라서 동사인 (A) rely와 부사인 (D) reliably는 우선 제거하자.

STEP 2   빈칸이 형용사 자리이고, 보기에 형용사와 분사가 둘 다 있으면, 형용사가 우선한다.
실제 시험에서 형용사 자리는 ① 명사를 수식하는 자리 ② 2형식과 5형식 동사의 보어 자리인데, 보기에 있는 형용사 vs. 분사 중에 형용사가 답이 될 확률은 거의 98%이다. 대신 보기에 형용사가 없다면 형용사 역할을 하는 분사를 선택한다. 따라서 '믿을 수 있는'을 의미하는 형용사 (C) reliable가 정답이다.

STEP 3   분사 형용사가 답이 되는 3가지 출제 유형
빈칸이 형용사 자리인데 보기에 나온 분사가 답인 경우는
1. 기존 형용사가 없을 때
2. 기존 형용사에 동사의 뜻이 추가될 때
3. 형용사에서 동사로의 사역, 완료/수동, 진행/능동의 의미가 강조될 때이다.

ex. 형용사 – diverse ('다양한' 원래 다양한 상태인)+people, nature, color 등
분사 – diversified('다각화된' 인위적인 과정을 거쳐서 다각화된)+product, service 등

해석 최근 실험에서, Aida 차량의 모든 에어백은 신뢰할 만하다고 입증되었다.
어휘 recent 최근의 prove 입증하다 reliable 믿을 수 있는
정답 (C)

121　We / asked / the appraiser / to confirm / that / this item / is / a ―――――
　　　주어　동사1　목적어　　목적보어　　접속사　주어2　동사2
　　Pablo Nelson painting.
　　주격 보어

> 형용사 어휘는 수식받는 명사를 확인하자.
> **confirm that this item is a ―――― Pablo Nelson painting**

STEP 1　빈칸은 명사 Pablo Nelson painting(Pablo Nelson 그림)을 수식하는 적절한 형용사 어휘를 찾는 문제이다.

보기 모두 형용사이므로 의미와 구조상 적절한 어휘를 골라야 한다.

STEP 2　형용사와 수식을 받는 명사와의 관계를 파악하자.

주어인 this item과 동격관계의 보어 Pablo Nelson 그림에서 이를 수식할 수 있는 의미상 적절한 형용사 어휘는 보기 중 "진짜의"의 (C) genuine이다.

STEP 3　오답 분석

(D) 형용사 correct는 방법, 의견, 결정 등이 상황에 맞게 '정확한, 적절한'을 의미하며 answer(답), form(서식), position(위치)와 같은 명사를 수식한다.

해석 우리는 감정인에게 이 물품이 진짜 Pablo Nelson 그림인지 확인하도록 요청했다.
어휘 ask A to부정사 A가 ~하도록 요청하다 appraiser 감정인 confirm ~을 확인하다 painting 그림
정답 (C)

122 Please contact / us / ──────── the availability of different models and possibilities
　　　　　동사　　목적어
for discount.

뒤에 있는 명사가 전치사를 결정한다.
Please contact us ──────── the availability of different models

STEP 1 빈칸은 완전한 문장 뒤에서 명사구와 함께 수식어구가 될 수 있는 전치사 자리이다.

STEP 2 전치사 어휘는 뒤의 명사를 파악하자.
(A) through는 '수단, 방법을 나타내는 전치사'로 through the process와 같이 '과정, 절차, 경험'의 명사와 함께 쓰인다.
(C) around는 '장소나 위치를 나타내는 전치사'로 '~ 주변에'를 의미한다.
(D) without은 '예외라는 의미를 갖는 전치사로 '~ 없이'를 의미한다.
빈칸 뒤의 명사가 availability이고 바로 앞 문장에서 "우리에게 연락해라"라는 말이 나오므로 연락하는 이유 즉 주제를 나타내어야 하므로 빈칸의 자리는 '주제, 대상'을 나타내는 전치사로 '~에 관하여'를 의미하는 (B) regarding이 정답이다.

STEP 3 주의해야 할 전치사

(1) 두 단어 이상으로 구성된 전치사

두 단어 이상으로 구성된 경우 마지막 단어가 전체 품사를 결정한다. prior to, ahead of 등은 형용사가 아니라 전치사구로 봐야 한다.

prior to ~전에 ahead of ~에 앞서 regardless of ~에 상관없이 native to ~에서 태어난
free of ~을 떠나서, 면제된

(2) -ing 형태의 전치사

regarding ~에 관해서 concerning ~에 대해서 following ~다음에, 이후 including ~을 포함해서

해석 타모델 구입 및 할인 가능 여부에 대해 연락주시기 바랍니다.
어휘 contact 연락하다 availability (입수) 가능성 possibility 가능성
정답 (B)

---

123 Southwest Gas Corporation / was ──────── sold / (for over two billion dollars).
　　　　　주어　　　　　　　　　　　동사　　　　　　　　　　전치사구

be + 부사 + 과거분사
was ──────── sold

STEP 1 빈칸은 be동사 was와 과거분사 sold 사이에 위치해 있으므로 부사 자리이다.
따라서 보기 중 부사인 (C) reportedly가 정답이다.

STEP 2 오답 분석
(A) reporter는 '리포터'를 의미하는 명사이다.
(B) reports는 동사 report의 3인칭 단수 현재 형태이거나, 명사 report의 복수 형태이므로 오답이다.
(D) reporting은 명사로 '보도'를 의미하거나, 동사 report의 현재분사 형태이므로 답이 될 수 없다.

STEP 3 부사는 명사를 제외한 모든 것을 수식한다.
형용사는 명사만을 수식하지만 부사는 명사를 제외한 나머지 형용사, 동사, 부사는 물론이고 구, 절, 전체 문장까지 수식할 수 있다.

(1) 동사를 꾸며 주는 부사:

We will <u>promptly</u> answer your questions. 저희가 질문에 즉시 답변해 드리겠습니다.

(2) 형용사를 꾸며 주는 부사:

Last day's match was <u>extremely</u> exciting. 마지막 날 시합은 상당히 흥미진진했다.

(3) 다른 부사(구/절)를 꾸며 주는 부사:

She makes Italian food <u>very</u> well. 그녀는 이탈리아 음식을 참 잘 만든다.

(4) 문장 전체를 꾸며 주는 부사:

<u>Luckily</u>, I won the ticket to go on a safari tour. 운 좋게도, 나는 사파리 투어를 할 수 있는 티켓을 얻었다.

(5) 수사 수식 부사:

The airport is <u>approximately</u> twenty kilometers away from the hotel. 공항은 호텔에서 약 20킬로미터쯤 떨어져 있다.

▶ 일반적으로 부사는 (대)명사를 수식할 수 없지만 아래의 3가지 경우에는 가능하다.
① 강조 부사 only, also, even, just 등 ② 일부 시간, 장소 부사 above, below 등 ③ quite a + 명사

해석 Southwest Gas Corporation는 20억 달러 이상에 판매되었다고 전해졌다.
어휘 **sell for** (얼마에) 팔리다, 팔다   **billion** 10억   **reportedly** 전해진 바에 의하면, 보도된 바로는
정답 (C)

TEST 3 해설

---

124   All the automatic doors / (in this building) / will be / out of service / while /
　　　　　　주어　　　　　　　전치사구　　　　동사　　　주격 보어　　　접속사

regular inspection work / ————— place.
　　주어2　　　　　　　동사2

> 시제 문제는 시간 관련 부사를 확인하자.
> **주어 will be out of service while 주어 —————**

STEP 1   문장에 접속사 while이 있으므로 동사 2개가 필요하다.

빈칸은 주어 inspection work의 동사 자리이다. 따라서 동사형태가 아닌 (D) taking은 우선 제거한다.

STEP 2   시간 부사절의 미래는 현재가, 미래완료는 현재완료가 대신한다.

while은 "~하는 동안"의 시간을 나타내는 부사절 접속사로서, 주절과의 시제일치를 파악해야 함을 주의하자. 주절의 시제가 will be의 미래시제이므로, 보기 중 과거인 (C) took는 오답이다. while은 〈while +현재 진행형, 주어+미래시제〉의 구조로 사용되므로 정답은 (A) is taking이다.

STEP 3   시간과 조건 부사절은 미래시제 대신 현재시제를 쓴다. 뿐만 아니라 미래완료시제 대신 현재완료시제를 쓴다.

종속절	주절
시간/조건 부사절 접속사+동사(현재시제) ∟ when / while / as / before / after … ∟ if / in case / unless …	주어+동사(미래시제)+목적어 ~ ∟ 주절의 시제는 will이나 must/should 등의 미래의 일임을 알 수 있는 내용이 나온다.

해석 이 건물의 모든 자동문은 정기 점검 작업이 진행되는 동안 사용이 중단될 것이다.
어휘 **automatic** 자동의   **be out of** ~에서 벗어나 있다   **regular** 정기적인   **inspection** 점검   **take place** 일어나다
정답 (A)

125 Cindy Foster / is respected / (as a resourceful leader) / (with proven ability) /
　　　주어　　　　동사1　　　　전치사구　　　　　　전치사구
———— / (whatever / challenges / arise).
　　　　(접속사　　주어2　　동사2)->명사절

〈명사+to부정사〉
with proven ability ———— whatever challenges arise

STEP 1　빈칸은 완전한 문장과 명사절(**whatever challenges arise**) 사이에 위치한다.
따라서 본동사 형태인 (A) meet은 답이 될 수 없다.

STEP 2　빈칸은 앞에 있는 명사를 수식할 수 있는 준동사 자리이다.
명사 ability를 수식하는 동사의 형태는 to부정사이다.

STEP 3　준동사를 선택할 때 수, 태, 시제를 고려한다.
빈칸 뒤 명사절 whatever challenges arise이 목적어 역할을 하므로 수동태인 (C) to be met은 답이 될 수 없다. 따라서 정답은 (D) to meet 이다.

STEP 4　빈출 〈명사+to부정사〉
시험에 가장 자주 출제되는 것 중 하나가 명사를 수식하는 to부정사이다. 주로 [계획, 노력, 목적, 의도, 시간] 등의 명사와 함께 쓰이는 to부정사는 미래의 의미를 지닌다.

ability to do ~하기 위한 능력	attempt to do ~하려는 시도
effort to do ~하기 위한 노력	right to do ~할 권리
opportunity (= chance) to do ~할 기회	way to do ~할 방법
decision to do ~하겠다는 결정	willingness to do ~하려는 의지
time to do ~할 시간	plan to do ~할 계획
authority to do ~할 수 있는 권한	proposal to do ~하겠다는 제안

해석　Cindy Foster는 어떤 어려움이 일어나든지, 이를 충족시킬 수 있는 증명된 능력을 갖춘 지략 있는 지도자로 존경받는다.
어휘　respect 존경하다　resourceful 지략 있는　leader 지도자　proven 증명된　ability 능력　challenge 도전
arise 발생하다
정답　(D)

---

126 Our customer service representatives / will allocate / classes (suited to you) /
　　　　　주어　　　　　　　　　　　동사1　　　목적어　　　분사구
———— / the registration form / is submitted.
　　　　　주어2　　　　　　동사2

동사의 개수 = 접속사/관계사 + 1
완전한 문장 ———— 주어 + 동사

STEP 1　접속사 여부는 동사의 개수가 결정한다.
문장에 동사가 2개이므로 빈칸은 접속사가 필요한 자리이다.
(B) only는 부사이므로 답이 될 수 없다.
(C) either은 형용사, 대명사, 부사이다. 접속사로 사용하려면 'either A or B'의 구조로 or과 함께 있어야 하므로 오답이다.

STEP 2
(A) whereas는 주절과 종속절에 '반대, 대조' 등의 의미를 연결하는 단어들이 있어야 답이 된다. 따라서, 시간 부사절을 이끄는 접속사로 '일단 ~하면, ~하자마자'를 의미하는 접속사 (D) once가 정답이다.

STEP 3　보기에 함께 등장하는 접속사 vs. 전치사 vs. 부사

접속사와 전치사는 연결어이다. 접속사 뒤에는 문장(동사)가 추가로 연결되며, 전치사 뒤에는 명사가 추가된다.

접속사/관계사	기본 문장에 동사가 하나 더 추가되어야 한다.
전치사	전치사는 문장에서 명사를 추가할 때 사용한다. 전치사 하나당 명사 하나씩이 추가된다. 전치사구는 문장 구조에 영향을 주지 않는다.
부사	완전한 문장에 들어가며 연결어가 아닌 수식어구이기 때문에 문장 구조에 영향을 주지 않는다.

해석 저희 고객 서비스 상담원은 신청서가 제출되자마자 당신에게 맞는 수업을 할당할 것입니다.
어휘 customer service representative 고객 서비스 상담원　allocate 할당하다　registration form 신청서
submit 제출하다
정답 (D)

127　Although / most companies / (at the exhibition) / offered / promotional flyers /
　　　접속사　　　　주어1　　　　　전치사구　　　　동사1　　　　목적어

(to visitors), ——— / provided / free samples / (like we did).
전치사구　　　주어2　　　동사2　　　　목적어　　　접속사 주어3 동사3

수량형용사는 뒤에 반복 명사를 생략하고 명사를 대신할 수 있다.
Although most companies offered ~, ——— provided ~.

STEP 1　빈칸은 동사 provided의 주어 자리이다.

동사 provided(제공하다)의 주어로 가능한 것은 사람관련 명사이다. 따라서 사물명사인 (C) everything은 오답이다.
(B) any는 평서문, 긍정문에 단독으로 쓰이지 않으며 부정문, 의문문, 조건문, 가정, 미래의 불특정한 대상을 의미할 때 사용
된다.

STEP 2　명사를 대신하는 수량대명사 few

(A) few와 (D) neither는 부정문을 나타내는 대명사로서 문장의 앞서 언급된 명사는 compaines이므로 이를 다시 받을
수 있는 것으로 적절한 것은 (A) few이다. neither는 "둘다 아닌"의 의미를 나타내므로 언급된 대상이 둘일 경우 사용됨을
주의하자.

STEP 3　수량의 형용사와 수사만이 반복 명사를 생략하고 명사를 대신할 수 있다.

[수사, 수량형용사는 대명사로도 쓰일 수 있기 때문에 뒤에 오는 명사 없이 명사 자리에 들어갈 수 있다. 하지만 일반 형용사
는 명사를 대신하는 역할을 할 수 없다는 것을 알아두자. (예외: the+형용사 = 복수 사람 명사, 추상명사)

해석 전시회에서 대부분의 회사들은 방문객들에게 홍보용 전단을 제공했지만, 우리가 한 것처럼 무료 샘플을 제공한 회사
는 거의 없었다.
어휘 exhibition 전시회　promotional 홍보의　flyer 전단　visitor 방문객　provide 제공하다
정답 (A)

128 Our business plan / (for the next year) / includes / a list / (of three —————) /
주어   전치사구   동사   목적어   전치사구

(to be achieved) / (for each quarter).
to부정사   전치사구

> **to부정사의 수식을 받는 명사**
> **of three ————— to be achieved**

STEP 1   빈칸은 전치사 of의 목적어 자리로 숫자 three의 수식을 받는 명사 자리이다.

STEP 2   〈명사+to부정사〉로 명사가 to부정사의 수식을 받을 수 있는 것인지를 확인하라.
(A) objective는 〈objective + to부정사〉 구조로 ' ~하려는 목표'를 의미하는 명사이다. 따라서 빈칸 뒤 to부정사의 수식을 받으며 '달성할 세 가지 목표'를 의미하는 명사 (A) objectives가 정답이다.

STEP 3   to부정사의 기본적인 용법
(1) 명사적 용법: to부정사가 명사적 용법으로 쓰일 때는 '~하는 것'으로 해석되고 문장에서 명사 역할(주어, 목적어, 보어)을 한다.
(2) 형용사적 용법: to부정사가 형용사적 용법으로 쓰일 때는 명사를 수식하는 기능을 하며 명사 뒤에 위치한다. 주로 way, ability, right, wish, opportunity 등의 명사를 수식한다.
(3) 부사적 용법: to부정사가 부사의 기능을 하는 것으로 주로 '~하기 위해서(= in order to)'라는 목적의 to부정사가 출제된다.

> 해석 우리의 내년 사업 계획은 분기별로 달성할 세 가지 목표의 목록을 포함한다.
> 어휘 business plan 사업계획   include 포함하다   achieve 달성하다
> 정답 (A)

---

129 (Due to the introduction of new drugs), the stock price / (of Mollet Pharmaceuticals) /
전치사구   주어   전치사구

————— / (by 20 percent) / (by the end of this year).
동사   전치사구   전치사구

> **미래완료시제는 미래의 완료 시점을 동반한다.**
> **주어 + ————— + by the end of this year**

STEP 1   빈칸은 문장의 본동사가 들어갈 자리이다.
따라서 준동사인 (B) rising은 오답이다.

STEP 2   자동사는 수동태가 될 수 없다.
동사 rise는 자동사이므로 수동태가 될 수 없으므로 (C) will be risen, (D) has been risen은 오답이다. 따라서 능동의 (A) will have risen이 정답이다.

STEP 3   미래완료는 특정한 미래 시점까지의 동작/상태의 완료, 결과, 경험, 계속을 나타낸다. 시험에서는 주로 미래의 완료 시점(~까지)과 같이 등장한다.
① **완료/결과:** 미래 어느 시점에서의 동작의 완료를 나타낸다.
Molly will have completed the designs by the time she meets with the client next week. 다음 주에 클라이언트를 만날 때쯤에는 Molly가 디자인을 완성할 것이다.
② **경험:** 미래의 어느 시점까지 경험해 보게 되는 일을 나타낸다.
③ **계속:** 미래의 어느 시점까지 계속되는 동작이나 상태를 나타낸다.
He will have lived here for three years by next September. 그는 다음 달 9월이면 여기서 3년을 살게 된다.
④ **미래완료진행형:** 미래 어느 시점까지 동작이 계속되고 있음을 강조한다.

(미래완료 대신 미래완료진행형을 쓰면 더 생생한 느낌을 전달한다.)

Next month, Mr. Kim will have been working at JR Industry for twelve years.

다음 달에는 Kim 씨가 JR Industry에서 12년 동안 일을 하고 있게 된다.

해석 신약의 도입으로 인해, Mollet 제약 회사의 주가는 연말까지 20퍼센트 증가할 것이다.
어휘 introduction 도입 stock price 주가 increase 증가하다
정답 (A)

---

130 Glory Dry Cleaning / claims / that / it / can process / orders / more ──────
　　　　주어　　　 동사1　　 접속사 주어2　 동사2　　 목적어
(than neighboring stores).
　(than+비교대상)

완전한 문장 + 부사
it can process orders(완전한 문장) more ──────

STEP 1 빈칸은 완전한 문장 뒤에 위치했으므로 부사 자리이다.

STEP 2 동사 **process**(처리하다)와 어울리는 적절한 부사 어휘를 찾아야 한다.

"처리하다"의 동사 process는 "어떻게 처리하다"의 의미구조를 형성하는 것이 일반적이므로 보기 중 방법을 나타내는 "효율적으로"의 (B) efficiently가 정답이 된다. (A) suddenly(갑자기)와 (C) recently(최근에)는 시간을 나타내고, (D) chiefly(주로)는 부분을 나타내므로 오답이다.

STEP 3 비교급과 최상급은 구조 분석과 품사가 먼저이다.

● 원급 비교 〈as+형용사/부사+as+비교 대상〉
as와 as 사이에 빈칸이 있고, 보기 중에 부사와 형용사를 놓고 골라야 한다면 문장의 구조를 보자. as ~ as를 지우고 봤을 때 앞의 문장이 완전한 형태라면 부사가 정답이고 앞의 문장이 보어가 필요한 불완전한 형태라면 형용사가 답이다.

He works as ──────── as his supervisor. 그는 그의 상사만큼 일을 효율적으로 한다. (A) ~~efficient~~ (B) efficiently	This machine is as ──────── as the old one. 이 기계는 예전 것만큼이나 효율적이다. (A) efficient (B) ~~efficiently~~

● 우열 비교 〈more+형용사/부사+than+비교 대상〉
문장에 〈than+비교 대상〉이 있는데 앞에 비교급이 없다면 빈칸은 비교급 자리다. 이때 문장이 완전하면 빈칸에는 부사가, 불완전하면 형용사가 들어간다. 특히 2형식 동사가 보이면 보어 역할을 하는 형용사가 필요한 불완전한 문장이라는 것을 쉽게 알 수 있다.

해석 Glory 드라이클리닝은 인근 상점들보다 더 능률적으로 주문을 처리할 수 있다고 주장한다.
어휘 claim 주장하다 process 처리하다 neighboring 근처의, 인근의
정답 (B)

Questions 131-134 refer to the following memo.

TO   Mary James
FROM   F. Mondez, General Manager
DATE   14 December
SUBJECT   An issue

Dear Mary,

I am writing to discuss a problem that has arisen. As you know, -------- of our
131.
customer service representatives reported that they have received many complaints
about shipment delays throughout November. -------- the highest sales volume we
132.
had at the beginning of the month, we can understand a few delay, but Comma
Shipping has been consistently late for their deliveries -------- we contracted the
133.
business.

--------. Therefore, I'd like you to search for some delivery agencies which are very
134.
reliable and punctual and e-mail me a list by December 16.

I appreciate your help.

---

131. (A) every
     (B) most
     (C) any
     (D) much

주어 자리
└. 전치사 of와 어울리는 품사를
골라야 한다.

132. (A) Give
     (B) To give
     (C) Given
     (D) Giving

전치사
└. 빈칸 뒤의 명사구를 받을 수
있는 품사를 찾아야 한다.

133. (A) while
     (B) until
     (C) before
     (D) since

접속사 어휘
└. 앞뒤 문장을 연결해주는
접속사를 찾아야 한다.

134. (A) Many of us were satisfied with ~~Parashut Company~~.
     (B) However, our ~~sales~~ have slightly ~~decreased~~.
     (C) At the next meeting, I'm going to suggest changing a
     shipping company.
     (D) Without ~~innovation~~, we cannot guarantee our company's
     ~~leading position in the industry~~.

문맥 추가 문제
└. 빈칸 문장의 앞뒤 문장을
확인하자.

문제 131-134는 다음 메모를 참조하세요.

발신	Mary James
수신	F. Mondez, 총 책임자
날짜	12월 14일
제목	문제

Mary 씨에게,

발생한 문제를 논의하고자 이 편지를 작성하였습니다. 아시다시피, 저희 고객 서비스 상담원들 대다수가 11월 한 달 동안 발생한 배송지연과 관련하여 많은 불만을 받았음을 알려주었습니다. 그달 초에 저희가 최고 판매량을 기록했다는 점을 고려할 때, 약간의 지연은 이해할 수 있지만, 저희가 Comma 택배사와 계약을 맺은 이후로, 그 회사의 물건 배송은 지속적으로 늦어지고 있습니다.

다음 회의에서, 택배사 변경을 제안할 예정입니다. 그러므로 믿을 수 있으며, 시간을 엄수하는 여러 택배회사를 찾아보기를 부탁드리며, 12월 16일까지 목록을 이메일로 보내주십시오.

도와주셔서 감사합니다.

> 어휘 general manager 총 책임자 discuss 논의하다 arise 발생하다 customer service representative 고객 서비스 상담원 complaint 불평, 항의 shipment 수송품, 배송 throughout ~동안 죽, 내내 sale 매출 consistently 일관하여, 지속적으로 contract 계약하다 therefore 그러므로 delivery agency 택배회사 reliable 믿을 수 있는 punctual 시간을 지키는 appreciate 감사하다

주어 자리

131 한 문장 내의 구조를 분석하고 필요 품사를 찾는다.

STEP 1 빈칸은 동사 **reported**의 주어 역할을 할 수 있는 대명사가 들어가야 한다.

STEP 2 수량형용사는 명사와 수가 일치해야 한다.

보기 중 형용사인 (A) every는 뒤에 단수 가산명사가, (D) much는 뒤에 단수 불가산명사가 따라 나와야 하므로 오답이다.

STEP 3 **most of + 명사**

전치사 of와 어울릴 수 있는 것은 대명사 (B) most와 (C) any뿐이다. 하지만 (C) any는 주로 부정문과 의문문에서 쓰이므로 오답이다. 따라서 of 이하의 수식을 받을 수 있는 대명사인 (B) most가 정답이다. 〈most of + 명사〉의 구조로 '~의 대부분'이라는 뜻을 가지며, 전치사 뒤의 명사는 특정 범위를 언급한다.

전치사
132 전치사는 뒤에 명사를, 접속사는 뒤에 〈주어+동사〉를 동반한다.

STEP 1   완전한 문장에 명사를 추가할 때는 전치사가 필요하다.

빈칸 뒤의 명사구 the highest sales volume을 받을 수 있는 품사는 전치사이다. 문장의 본동사 can understand가 있고, 접속사가 없으므로 본동사 형태인 (A) Give는 오답이다. 준동사인 (D) Giving과 (B) To give는 구조상 위치할 수 있으나, 의미상 give의 목적어로 the highest sales volume(최고 판매량)과 어울리지 못하므로 오답이다.

STEP 2   분사 전치사를 기억하자.

(C) Given은 '~을 고려(감안)하면, 고려해 볼 때'라는 의미의 분사 형태의 전치사로, '최고 판매량을 고려할 때'라는 의미를 언급하고 있다.

접속사 어휘
133 완전한 두 개의 문장은 부사절 접속사가 연결한다.

STEP 1   빈칸은 완전한 문장과 완전한 문장 사이에 위치해 있다.

빈칸 뒤의 완전한 문장을 받을 수 있는 품사는 부사절 접속사로, 문맥상 가장 적절한 어휘를 고르는 문제이다.

STEP 2   부사절 접속사는 문장관계를 가장 먼저 파악해야 한다.

주절의 동사는 has been consistently late로 현재완료시제로 과거의 특정 시점 이후부터 현재까지 지속적으로 늦었다는 상황을, 빈칸 뒤에는 Comma 택배회사와 계약을 체결한 과거의 특정 시점을 나타낸다. 따라서 '그 시점부터 지금까지 쭉' 현재까지 영향을 미쳤다는 것을 나타낼 수 있는 접속사 (D) since가 정답이다.

STEP 3

접속사 (A) while(~동안에)은 종속절 기간 동안 주절의 동사가 발생한다는 의미로, 주절과 종속절의 시제가 일치해야 한다. 지속 혹은 계속의 의미를 가진 (B) until(~까지)은 주절의 동사에 완료시제가 올 수 없으므로 오답이다. 또한 (C) before(~전에)은 종속절보다 주절이 더 과거여야 하므로 오답이다.

문맥 추가 문제
134 문맥 추가 문제는 연결어들을 확인해야 한다.

STEP 1   원인 therefore 결과

Comma 택배회사의 물건 배송이 지연되고 있다는 문제점을 언급하고 있는 지문이다.
빈칸 뒤 접속부사 therefore은 인과관계를 나타내기 때문에, therefore 앞에는 원인을, 뒤에는 초래되는 결과가 언급되어야 한다. 빈칸 뒷 문장은 시간을 잘 엄수하는 특정 회사를 조사해달라고 요청하고 있으므로 빈칸에는 "택배사의 조사를 요청하는 이유"에 해당하는 내용이 언급되어야 하므로 정답은 (C)이다.

(A) 저희 대다수는 Parashut기업에 만족했습니다.
(B) 하지만, 저희 판매량은 조금 줄어들었습니다.
(C) 다음 회의에서, 택배사 변경을 제안할 예정입니다.
(D) 혁신이 없다면, 저희는 업계에서 자사의 선도적인 위치를 보장할 수 없습니다.

Questions 135-138 refer to the following notice.

Parson Communications Policy

Due to the increasing inquiries for usage of printers and copiers, the general department would like to announce following printer policy.

1. Color Printer

The color printer on the 5th floor is for the ------- use of advertising department **135.** employees. Advertising department staff members can print out 50 copies per week without a supervisor's approval. Documents ------- with the color printer must be for **136.** within Parsons Communications and for meetings and presentations with our clients.

2. Express Copier

The express copier is located on the 6th floor. It consumes a lot of energy, so it is used only for mass copying. To use it, employees must obtain their department printing pass. A printing pass ------- by the general department. **137.**

3. Black and White Copiers

These are located on the 3rd floor next to the employee lounge. Every worker in Parson Communications can make and print out up to 50 pages per week.

NOTE

All printing and copying work is recorded with an employee's identification badge. If the staff wants to make additional copies, they must receive managerial authorization. Please remember all equipment may be used for business purposes only. -------. **138.**

Thank you for your cooperation.

135. (A) customary
(B) peculiar
(C) subtle
(D) exclusive

형용사 어휘
└ 명사 use를 수식하는 형용사를 찾아야 한다.

136. **(A) made**
(B) making
(C) to make
(D) be made

동사
└ 빈칸은 documents를 수식하는 품사를 골라야 한다.

137. (A) are issued
(B) issue
(C) will have issued
(D) will be issued

동사 수 / 태 / 시제
└ A printing pass를 받는 태와 시제의 문제이다.

138. **(A) No copies are allowed for any personal purposes.**
(B) The second-floor copiers will be fixed.
(C) The laser color printers have been upgraded.
(D) The support team can maintain all printers and copiers.

문맥 추가 문제
└ 빈칸 문장의 앞뒤 문장을 확인하자.

Parson Communications사 정책

프린터와 복사기의 사용에 관한 많은 문의 때문에, 총무과는 아래와 같은 프린터 관련 지침을 공지하고자 합니다.

1. 컬러 프린터
5층에 비치되어 있는 컬러프린터기는 광고부 직원들 전용입니다. 광고부 직원들은 상사의 승인이 없다면 매주 50 페이지까지 인쇄하실 수 있습니다. 컬러프린터로 인쇄한 문서는 Parsons Communications사 내부에서만 사용 되어야 하며, 고객과의 회의 및 발표에 사용되어야 합니다.

2. 고속 복사기
고속 복사기는 6층에 위치해 있습니다. 그것은 많은 에너지를 소비하기 때문에, 대량 복사에만 사용됩니다. 고속 복사기를 사용하려면 부서에서 복사기 사용권을 받아야 합니다. 복사기 사용권은 총무부에서 발행할 예정입니다.

3. 흑백 복사기
복사기는 3층 직원 휴게실 옆에 위치해 있습니다. Parson Communications사의 전 직원들은 매주 최대 50장 을 복사하실 수 있습니다.

주의
모든 인쇄 및 복사 업무는 직원 사원증과 함께 기록됩니다. 만약 추가 복사를 하셔야 한다면, 관리자의 공식적인 허 가를 받으셔야만 합니다. 모든 장비는 사업 목적으로만 사용할 수 있음을 명심하십시오. 개인 용도로 복사를 하실 수 없습니다.

협조해주셔서 감사합니다.

> 어휘 due to ~ 때문에 inquiry 연구, 문의 usage 사용 general department 총무과
> supervisor 감독관, 관리자 approval 승인 mass 대량의 issue 발행하다
> employee lounge 직원 휴게실 up to 최대의 record 기록하다 managerial 관리의
> authorization 허가, 인가 purpose 목적 cooperation 협조

형용사 어휘

135 **형용사 어휘는 관련 명사를 파악하자.**

STEP 1 빈칸은 명사 use를 수식하는 적절한 형용사 어휘를 찾는 문제이다.

STEP 2 지문은 프린터 사용관련 정책을 소개하는 것으로, 빈칸 뒤 문장은 광고부 직원들 이 인쇄할 수 있는 매수가 정해져 있음을 언급하였다.

즉, 컬러 프린터기는 광고부 직원들만이 사용할 수 있음을 알 수 있으므로 빈칸에는 '독점적인, 전용의'의 의미를 가진 (D) exclusive가 정답이다.

STEP 3
(A) customary는 '관례적인, 습관적인'의 의미를 갖고 있지만, 주로 과거 과거의 이야기를 할 때 사용하므로, 현 정책을 소개하 고 있는 지문에서는 사용이 불가능하다. (B) peculiar(이상한, 기이한)과 (C) subtle(미묘한, 알아차리기 힘든)은 해당 문장 에서 use를 수식하기에 적합하지 않으므로 오답이다.

동사
136 수식받는 명사가 실제 목적어면 p.p. vs. 수식받는 명사가 주어면 –ing

STEP 1 문장은 반드시 1개의 동사를 동반해야 한다.

이 문장의 동사는 must be이며, 접속사나 관계사가 없으므로 본동사 형태인 (D) be made는 오답이다. 따라서 앞의 명사 documents를 수식할 수 있는 준동사를 골라야 한다.

STEP 2 동사 make는 타동사로, 준동사 또한 목적어를 취해야 한다.

하지만 빈칸 뒤에는 목적어가 없으므로 관계대명사가 생략된 수동태 분사구문으로 볼 수 있다. 따라서 정답은 (A) made이다. documents는 만드는 대상이지, 만드는 주체가 아니므로 능동의 의미를 갖고 있는 현재분사 (B) making은 오답이다.

STEP 3 미래 = to부정사, 현재 = 동명사

to 부정사 형태인 (C) to make는 주로 미래나 목적을 의미하지만, 해당 지문은 Parson Communications사의 정책으로 언제나 적용되는 규칙에는 현재시제를 사용해야 하므로 오답이다.

동사 수/태/시제
137 동사 자리는 수 ⇨ 태 ⇨ 시제를 생각하자.

STEP 1 하나의 문장에는 동사 하나가 반드시 있어야 한다.

문장에 동사가 없으므로 빈칸에는 동사가 들어가야 한다. 하지만 보기 모두 본동사의 형태이다.

STEP 2 단수주어 + 단수동사

주어는 A printing pass로 복수 동사인 (A) are issued와 (B) issue는 오답이다.

STEP 3 동사 문제 "수 → 태 → 시제"로 판단한다.

issue는 타동사로 '~을 발표하다, 공표하다'의 뜻을 갖고 있다. 하지만 빈칸 뒤에 목적어가 없으므로 동사는 수동태가 되어야 한다. 따라서 보기 중 수동 형태의 동사인 (D) will be issued가 정답이다. (C) will have issued는 미래완료 시제로, 과거에서 현재를 지나 미래까지 영향을 주는 경우에 사용하며, 주로 미래의 특정 완료시점을 동반해야 하므로 오답이다.

문맥 추가 문제
138 문맥 추가 문제는 빈칸 앞뒤의 내용과 연결되는 보기의 키워드를 찾아야 한다.

STEP 1 빈칸에는 프린터 사용 정책에 대한 내용이 언급되어야 한다.

Parson Communications사의 프린터 정책을 설명하는 공지문으로, 바로 앞 문장에서 '복사는 사업적인 용도로만 사용되어야 함'을 언급하였다. 즉 앞에 나온 내용과 같은 의미인 '개인적인 용도로 사용되어서는 안 된다'는 (A)가 정답이다.
(A) 개인적인 용도로 복사를 하실 수 없습니다.
(B) 2층에 위치한 복사기는 수리될 예정입니다.
(C) 레이저 컬러 프린터기가 업데이트 되었습니다.
(D) 지원팀은 모든 프린터기와 복사기를 점검할 예정입니다.

Olive Oil Sales on the Rise

The Chamber of Commerce in Spain announced that this year's national olive oil sales have reached 1,000,000 tons. This figure is 12 percent higher than the last year's number and sales have been increasing for three consecutive years. The Chamber attributes this growth as well as growth in the -------- **139.** years to several factors, -------- **140.** the availability of lower retail prices due to the significant rise in olive crops in the area. Contrary to the national demand for olive oils, the international market has seen a slight -------- **141.** for these past four years notwithstanding concentrated advertising efforts. -------- **142.**.

139. (A) earlier
(B) current
(C) following
(D) further

형용사 어휘
ㄴ. 객관적인 근거 단어 :
this growth as well as ~

140. (A) includes
(B) included
(C) including
(D) include

연결어구
ㄴ. 빈칸 뒤의 명사를 받을 수
있는 품사는 전치사

141. (A) drop
(B) value
(C) competition
(D) interruption

명사 어휘
ㄴ. 객관적인 근거 단어 :
contrary to

142. (A) Consequently, it is expected that a different international approach will be undertaken next year.
(B) However, another factor is the transitions from the current policy.
(C) Consumers who prefer Canola oil also enjoy the taste of olive oil.
(D) Therefore, the success of the advertisements was accepted by the Chamber.

문맥 추가 문제
ㄴ. 빈칸 문장의 앞뒤 문장을
확인하자.

올리브유 판매 증가

스페인에 위치한 상업회의소는 올해 국내 올리브유 판매량이 백만 톤을 달성했음을 발표하였습니다. 해당 수치는 작년 수치보다 12퍼센트 더 높으며 판매량은 3년 연속으로 증가하고 있습니다. 회의소는 전년도 증가와 함께 이러한 증가를 몇몇 요인에서 찾았는데, 해당 지역에서 재배하는 올리브 수확량의 상당한 증가로 소매가가 더 낮아진 이유도 있습니다. 올리브유에 대한 국내 수요와는 반대로, 해외 시장에서는 광고에 엄청난 노력을 기울였음에도 불구하고 지난 4년 동안 소폭의 하락이 있었습니다. 따라서 내년에는 다른 해외 시장 조치가 취해질 것으로 예상됩니다.

어휘 Chamber of Commerce 상업회의소 national 국가의, 전국적인 reach 도달하다, ~에 이르다 figure 수치 consecutive 연이은 attribute A to B A를 B의 덕분으로 보다 factor 요인 availability 유용성, 가능성 retail price 소매가격 due to ~ 때문에 significant 상당한 crop 농작물 contrary to ~와는 반대로 demand 수요 slight 약간의 notwithstanding ~에도 불구하고 concentrated 집중적인 undertake 착수하다

형용사 어휘

139 어휘 문제는 해석상 말이 되는 것이 정답이 아니다.

STEP 1 빈칸은 전치사의 목적어 years를 수식하는 형용사 자리이다.

빈칸은 명사 years를 수식하는 적절한 형용사를 골라야 하는 어휘이다.

STEP 2 as well as 는 '추가'의 뜻을 의미하며 앞과 뒤를 동등하게 이어준다.

빈칸 앞의 this growth(이러한 증가)를 언급하고 있으므로, 빈칸은 바로 앞 문장에서 언급하고 있는 전년도 증가(sales ~ increasing for three consecutive years)를 의미하는 것임을 알 수 있다. 따라서 정답은 (A) earlier(이전의)이다.

STEP 3

(C) following(다음의)와 (D) further(추가적인, 또 다른)은 미래를 나타내어, 예상 수치를 추측할 때 사용하므로 오답이다.

연결어구

140 명사를 받을 수 있는 품사는 전치사이다.

STEP 1 완전한 문장 뒤에서 명사를 추가할 수 있는 품사는 전치사뿐이다.

따라서 보기 중 본동사 형태인 (A) includes와 (D) include는 오답이다.

STEP 2 분사형 전치사를 기억하자.

(B) included는 분사형태로 뒤의 명사를 수식할 수 있지만, 문장을 연결해주는 역할은 없으므로 오답이다. 따라서 완전한 문장 뒤에서 명사를 받을 수 있는 분사 형태의 전치사인 (C) including이 정답이다. including은 '~을 포함하여'의 의미로, 뒤에 구성요소를 이루는 명사가 따라온다. 즉 availability of lower retail prices(더 저렴한 소매가격으로 물건 구매 가능)는 factor(요인)에 대한 예시를 들어주고 있다.

141 어휘 문제는 해석상 말이 되는 것이 정답이 아니다.

STEP 1 빈칸은 타동사 has seen의 목적어 자리이다.

빈칸은 형용사 slight의 수식을 받는 적절한 명사 어휘를 골라야 하는 문제이다.

STEP 2 대조 전치사 Contrary to

지문 앞에서 국내 올리브유 판매량은 3년 연속으로 증가하고 있다는 사실을 언급하였다.
하지만 해당 문장에서 역접 전치사구 contrary to(~와는 반대로)로, 해외 시장에서는 판매량이 감소하고 있음을 파악할 수 있다. 따라서 정답은 (A) drop(하락, 감소)이다.

STEP 3

(B) value(가치)는 주로 great, good, poor의 수식을 받으며, (C) competition(경쟁)은 increasing, rising, strong의 수식을 받는다. 또한 토익에서 (D) interruption(방해)은 주로 전치사 in을 동반하여 중단된 일을 언급한다.

142 문맥 추가 문제는 빈칸 앞뒤의 내용과 연결되는 보기의 키워드를 찾아야 한다.

STEP 1 올리브유의 국내 판매량이 증가하고 있다는 사실을 언급하는 기사다.

하지만 빈칸 앞에는 "광고에 노력을 기울였음에도, 해외 시장에서의 올리브유 판매량이 감소하고 있다"는 부정적인 내용을 언급하고 있다. 일반적으로 문제점 뒤에는 해결하고자 하는 해결책을 제시하므로 보기 중 대안과 관련된 내용을 언급하고 있는 (A)가 정답이다.

(A) 따라서 내년에는 다른 해외 시장 조치가 취해질 것으로 예상됩니다.
(B) 그러나 다른 요인은 현 정책에서의 변화를 나타냅니다.
(C) 카놀라유를 선호하는 소비자들은 올리브 오일의 맛도 좋아합니다.
(D) 그러므로 상업회의소는 그 광고들의 성공을 받아들였습니다.

Questions 143-146 refer to the following article.

Birmingham Gazette

Business Updates

(2 March)—Clean&Clear Sanitation, a sewage disposal company announced today that CEO Martin Sung will retire next July. Mr. Sung ------- Clean&Clear for over 25
143.
years. -------. As reported by a company press release, his expertise in the sewage
144.
treatment and his excellent managerial skills allowed him to obtain a management position. -------, he took over the CEO position.
145.

"Thanks to Mr. Sung's leadership, Clean&Clear has leaped to the top position in the industry in a flash. We are now a large enough ------- the most prestigious clients."
146.
Marilyn Pearson, Clean&Clear's vice president of affairs, said. Ms. Pearson has accepted Mr. Sung's replacement.

143. (A) has operated
(B) will operate
(C) is operating
(D) had been operating

동사 시제
ㄴ. 전치사구 for over 25 years

144. (A) Several firms operate sanitation facilities in U.S.
(B) The business is popular with residents and officials alike.
(C) He started his career in operations at the firm's Oxford branch.
(D) He is a partner of the company and also vice president.

문맥 추가 문제
ㄴ. 빈칸 문장의 앞뒤 문장을 확인하자.

145. (A) In other words
(B) Before long
(C) However
(D) On the contrary

부사 어휘
ㄴ. 빈칸 뒤 완전한 문장을 수식

146. (A) be attracting
(B) in attraction to
(C) attracted
(D) to attract

동사 태
ㄴ. 본동사 자리 여부 혹은 능/수동을 파악하자.

문제 143-146은 다음 기사를 참조하세요.

Birmingham Gazette
기업 신규 소식

(3월 2일) – 폐수 처리회사인 Clean&Clear Sanitation의 Martin Sung 대표가 오는 7월에 은퇴할 것이라는 소식이 오늘 발표되었습니다. Sung 씨는 25년 이상 Clean&Clear사에서 근무하였고, 옥스퍼드 지점 영업직에서 일을 시작했습니다. 회사의 공식 발표에 따르면, 그는 하수 처리에 대한 전문 지식과 탁월한 경영 기술로 관리직에 임명되었으며, 이에 곧이어 대표직을 맡았습니다.

"Sung 씨의 리더십 덕분에, Clean&Clear사는 순식간에 업계의 최고 자리에 도달하게 되었습니다. 그래서, 지금 저희는 일류 고객을 유치할 수 있을 만큼 충분히 큰 회사가 되었습니다."라고 Clean&Clear사의 부대표인 Marilyn Pearson 씨가 말했습니다. Pearson 씨는 Sung 씨의 직책을 인수받을 것입니다.

> 어휘 sanitation 위생시설 sewage disposal 하수처리 retire 은퇴하다 press release 대언론 공식 발표 expertise 전문 지식 treatment 처리 managerial 경영의 obtain 얻다 take over 인수하다 leap 뛰어오르다 in a flash 순식간에 prestigious 일류의 replacement 교체, 대체

동사 시제

143 동사 자리는 수 ⇨ 태 ⇨ 시제를 생각하자.

STEP 1 빈칸은 주어 뒤에 들어갈 본동사의 형태를 묻는 문제이다.

STEP 2 현재완료를 나타내는 시간부사구 = for + 기간명사

전치사구 for over 25 years는 25년 넘게 Sung 씨의 근무가 지속되었음을 나타낸다. 따라서 과거부터 현재까지 동작이나 상태가 계속되는 경우에 사용하는 현재완료 시제 (A) has operated가 정답이다.

STEP 3 각 시제의 쓰임에 주의하자.

현재 진행 시제인 (C) is operating는 말하고 있는 시점에도 어떤 일이 계속 발생하고 있을 때 사용해, Sung 씨가 지금도 근무하고 있다는 상태를 강조할 수 있지만, 특정 기간 동안 동작의 지속을 나타내는 전치사구와 함께 쓰지 못하므로 오답이다. 과거완료 진행 (D) had been operating은 전치사구와 어울릴 수 있지만, 과거에 Sung 씨의 근무가 종료되었다는 것으로 오답이다.

문맥 추가 문제

144 문맥 추가 문제는 빈칸 앞뒤의 내용과 연결되는 보기의 키워드를 찾아야 한다.

STEP 1 빈칸에는 **Sung** 씨의 과거 경력에 대한 내용이 언급되어야 한다.

Clean&Clear사의 대표 Sung 씨의 은퇴소식을 알리는 기사로, 빈칸 앞에는 "Sung 씨가 25년 넘게 근무했다"라는 근무 이력을 언급하고 있다. 또한 빈칸 뒤에는 "Sung 씨는 전문 지식과 경영기술로 관리직에 임명되었다"는 경력을 언급하고 있다. 따라서 관리직에 오르기 전의 구체적인 이전 경력을 언급하는 것이 가장 적절하므로 정답은 (C)이다.

(A) 여러 회사는 미국의 정화시설을 운영하고 있습니다.
(B) 기업은 거주자들과 공무원들에게 모두 인기 있습니다.
(C) 그는 그 회사의 옥스퍼드 지점 영업직에서 일을 시작했습니다.
(D) 그는 회사의 동업자이자, 현 부대표입니다.

STEP 2

Sung 씨의 은퇴소식을 알리는 기사이므로, 기업에 관한 이야기를 언급하고 있는 (A)와 (B)는 오답이다. 또한 (D)는 Sung 씨가 은퇴한 이후에 대표직을 맡을 Marily Pearson 씨의 현 직위를 언급하는 것으로, Sung 씨의 근무 경험을 언급하고 있는 빈칸에 들어갈 수 없다.

부사 어휘
145 문장 전체를 수식하는 품사는 부사이다.

STEP 1 빈칸은 뒤의 완전한 문장 전체를 수식하는 부사 자리로 적절한 부사 어휘를 묻는 문제이다.

STEP 2 앞뒤 내용이 시간 순서대로 전개되고 있으므로, 빈칸에는 시간부사구가 필요하다.

빈칸 앞은 Sung 씨가 전문 지식과 경영 기술로 관리직에 오르게 되었다는 사실을, 빈칸 뒤에는 대표직을 인수받았다는 사실을 언급하였다. 즉, Sung 씨가 갖춘 우수한 능력으로, 금방 대표직에 올랐다는 내용이 가장 적절하므로 정답은 (B) Before long(머지않아)가 정답이다.

STEP 3

(A) in other words, (C) However, (D) On the contrary는 역접 접속사로, 앞에 나온 내용과 대조를 이뤄야 하므로 오답이다.

동사 태
146 한 문장 내의 구조를 분석하고 필요 품사를 찾는다.

STEP 1 선택지가 모두 다른 품사 형태로 나와 있으므로, 빈칸 앞뒤 구조를 통해 적합한 품사를 선택해야 한다.

STEP 2 본동사와 준동사를 구별해야 한다.

문장에는 접속사나 관계사 없이 본동사 are만 존재하므로, 본동사 형태인 (A) be attracting은 오답이다. 빈칸은 명사 앞자리이므로 형용사로 볼 수 있지만, 빈칸 앞 부사 enough가 있음을 주의해야 한다. 부사 enough는 형용사를 뒤에서 수식하므로 분사형태인 (C) attracted는 위치상 오답이다.

STEP 3 형용사 + enough + to부정사

부사 enough 뒤에는 to부정사구 혹은 〈전치사+동명사〉의 형태가 나올 수 있으므로 정답은 (D) to attract이다. 〈형/부+enough+to부정사(~할 수 있을 정도로 충분히 ~하다)〉의 구조로 사용된다.

Questions 147-148 refer to the following document.

Speak to Us: Revolution in Social Media
August 2 – August 3 `147-D`
Hotle Goldhawk, Chancery Street, RQ7 4TR New York, USA `147-A`

Name: Aaron Brooks
Title: Public Relations Officer
Company: Bayswater Broadcasting
Address: 34 Stanmore Road, RP2 5TW, New York, USA
E-mail: aaronbrooks@baywaterbroadcasting.com
Phone: +32 746 9998 5743

I would like to be present at: `147` I would like to be present
→ sign up for an event

____ August 2 – Evening session: opening remarks, keynote speech, buffet dinner, and three breakout meetings (5:00 P.M. - 7:30 P.M.)

✓ **August 3** – All-day session: five breakout lectures (11:00 A.M., 12:30 P.M., 2:30 P.M., 3:30 P.M., 4:30 P.M.) `148` breakout lectures
→ small group discussion

Rate:
✓ One day ($60)
____ Two days ($110)

오답 함정 **147-C**
해당 지문은 참가 신청서로, ask for a payment(지불금 청구 요청)는 참가자가 아닌 주최자 측에서 해야 하는 일이므로 오답이다.

---

147. What is the purpose of the document?
(A) To ~~adjust~~ an event location
(B) To sign up for an event
(C) To ~~ask for~~ a payment
(D) To ~~schedule~~ a conference

목적 / 하단부 요구 사항에 답이
있을 확률 10%
ㄴ. 지문 하단부 제안 표현
I would like to ~

148. According to the document, what will Mr. Brooks most likely do?
(A) Request reimbursement
(B) Have a ~~buffet lunch~~
(C) Attend a small group discussion
(D) Make some ~~opening remarks~~

Mr. Brooks / 미래 / 하
ㄴ. 키워드 Mr. Brooks이지만,
정답을 파악할 수 없으므로
또 다른 키워드 August 3에서
정답을 파악해야 한다.

담화회 : 소셜 미디어의 혁명
8월 2일 - 8월 3일
Hotle Goldhawk, Chancery가, RQ7 4TR 뉴욕, 미국

이름 : Aaron Brooks
직책 : 홍보 담당자
회사 : Bayswater 방송사
주소 : 34 Stanmore가, RP2 5TW, 뉴욕, 미국
이메일 : aaronbrooks@bayswaterbroadcasting.com
전화번호 : +32 746 9998 5743

참석희망 날짜 :

____ 8월 2일 - 저녁 시간 : 개회사, 기조연설, 저녁뷔페, 3번의 브레이크아웃 회의포함
(오후 5시 - 오후 7시 30분)

✓ 8월 3일 - 종일제 : 다섯 개의 브레이크아웃 강의
(오전 11시, 오후 12시 30분, 오후 2시 30분, 오후 3시 30분, 오후 4시 30분)

요금 :
✓ 1일권 (60 달러)
____ 2일권 (110 달러)

어휘 revolution 혁명   public relation 홍보, 섭외   officer 담당자   present 참석한
breakout meeting 브레이크 아웃 회의(소규모 회의)   purpose 목적   adjust 조정하다   sign up 등록하다
ask for 요청하다   reimbursement 변제, 상환

---

147. 문서의 목적은 무엇인가?

(A) 행사장소를 조정하기 위해
(B) 행사를 신청하기 위해
(C) 지불금을 청구하기 위해
(D) 컨퍼런스 일정을 잡기 위해

STEP 1   목적은 처음 2~3줄에 답이 있을 확률이 90%이며 하단부 요구사항에 답이 있을 확률은 10%이다.

상황 설명이 길어 목적이 상단부에 나타나지 않을 경우에는 목적이 하단부에 요구 사항이나 부탁, 제안 등의 표현으로 제시된다. 또한 요구나 부탁의 표현으로 주로 Please, I need you to ~, If you ~ 등의 표현을 찾아야 한다. 지문의 "Speak to Us: Revolution in Social Media"과 "I would like to be present at"을 통하여 해당 문서는 소셜 미디어의 혁명에 관한 담화회의 참가신청서로 Aaron Brooks 씨는 8월 3일자 강연에 참석하기를 원한다고 체크했으므로 정답은 (B)이다.

STEP 2   오답 함정

(A) 지문의 "Hotle Goldhawk, Chancery Street, RQ7 4TR New York, USA"에서 담화회 진행 장소가 언급되었지만, 해당 지문은 참가 신청서로, 변경사항을 언급하지 않으므로 오답이다.
(C) 참석 예정자인 Brooks 씨가 참가비용을 표시했지만, ask for a payment(지불금 청구)는 해당 행사를 주최하는 측에서 해야 하는 일이므로 오답이다.
(D) 지문의 "August 2 - August 3"에서 이미 일정이 8월 2일부터 3일까지 진행됨이 언급되었으므로 오답이다.

148. 문서에 따르면, Brooks 씨는 무엇을 할 것 같은가?

(A) 환급 요청하기
(B) 뷔페식 점심 식사하기
(C) 소그룹 회의에 참석하기
(D) 개회연설 하기

STEP 1   키워드 옆에 답이 없는 경우 또 다른 키워드를 남긴다.

문제 중에서 제시된 키워드를 본문에 찾으면 그 근저에 정답이 있다. 하지만 키워드 근처에 있는 내용이 보기 중에 답에 해당하는 것이 없다면 또 다른 키워드를 남기므로, 또 다른 키워드를 연결하여 정답을 찾는다.

문제의 키워드는 Mr. Brooks 씨이므로, 그의 이름 주변에서 정답을 찾아야 하지만, 이와 관련된 내용이 보기에서 언급되지 않았다. 따라서 참가신청서에서, 그가 체크한 참석 날짜에서 그의 미래 일정을 파악해야 한다. 지문의 "August 3 - All-day session: five breakout lectures (11:00 A.M., 12:30 P.M. 2:30 P.M., 3:30 P.M., 4:30 P.M.)"에서 그는 8월 3일에 진행되는 종일제에 참석하며, 그날에는 다섯 개의 관련 강의가 진행될 예정임을 확인할 수 있다. 따라서 정답은 (C)이다. 지문의 구체적인 어휘 breakout lectures는 포괄적인 어휘 small group discussion으로 paraphrasing되었다.

STEP 2   답은 항상 **paraphrasing**된다.

(A) 지문은 참가 신청서로, reimbursement(환급비용)를 언급할 수 없으므로 오답이다.
(B) 지문의 "August 2–Evening session ~ three breakout meetings"에서 점심이 아닌 저녁 뷔페가 언급되었지만, 이는 Brooks 씨가 참가하는 날짜가 아니므로 오답이다.
(D) 지문은 참가 신청서로, 참가자인 Brooks 씨가 개회 인사를 하지 않으므로 오답이다.

Questions 149-150 refer to the following text message chain.

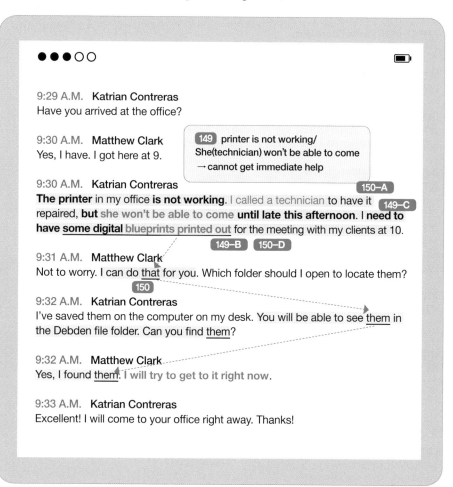

9:29 A.M. Katrian Contreras
Have you arrived at the office?

9:30 A.M. Matthew Clark
Yes, I have. I got here at 9.

149 printer is not working/
She(technician) won't be able to come
→ cannot get immediate help

9:30 A.M. Katrian Contreras
The printer in my office **is not working**. I called a technician to have it
repaired, **but she won't be able to come** until late this afternoon. **I need to
have some digital** blueprints printed out for the meeting with my clients at 10.

150-A

149-C

149-B   150-D

9:31 A.M. Matthew Clark
Not to worry. I can do that for you. Which folder should I open to locate them?

150

9:32 A.M. Katrian Contreras
I've saved them on the computer on my desk. You will be able to see them in
the Debden file folder. Can you find them?

9:32 A.M. Matthew Clark
Yes, I found them. I will try to get to it right now.

9:33 A.M. Katrian Contreras
Excellent! I will come to your office right away. Thanks!

---

149. What issue is Ms. Contreras faced with?
(A) She cannot get immediate help.
(B) Some blueprints need to get approved.
(C) Her assistant did not come to work yet.
(D) Her clients have arrived earlier than expected.

Ms. Contreras / 문제점
└, Contreras 씨의 대사에
정답이 있다.

150. At 9:32 A.M., what does Mr. Clark most likely mean when
he writes, "I will try to get to it right now"?
(A) He will contact a repair person.
(B) He will set up a meeting room.
(C) He will print some documents.
(D) He will adjust some blueprints.

화자의도 파악문제
└, 해당 위치의 위아래
문맥을 파악하자.
주어진 문장의 "it"이
무엇인지 파악하자.

[오전 9시 29분] Katrian Contreras
사무실에 도착했나요?

[오전 9시 30분] Matthew Clark
네, 9시에 왔습니다.

[오전 9시 30분] Katrian Contreras
제 사무실 프린터가 작동하지 않아서요. 프린터를 수리하고자 기술자에게 전화를 했지만, 오늘 오후 늦게까지 올 수 없다고 합니다. 10시에 예정되어 있는 고객과의 회의에서 필요한 디지털 설계도를 인쇄해야 하는데 말이죠.

[오전 9시 31분] Matthew Clark
걱정 마세요. 제가 해볼게요. 그것들을 찾으려면 어떤 폴더를 열어야 하나요?

[오전 9시 32분] Katrian Contreras
제 책상에 있는 컴퓨터에 그 파일들을 저장해 놓았습니다. Debden 파일 폴더에서 그 파일들을 확인하실 수 있습니다. 찾으셨나요?

[오전 9시 32분] Matthew Clark 네, 찾았습니다. 지금 바로 할게요.

[오전 9시 33분] Katrian Contreras
훌륭해요! 제가 지금 바로 당신 사무실로 가겠습니다. 감사합니다!

어휘 technician 기술자, 전문가 blueprint 설계도 print out 출력하다 locate 찾아내다 get to it 일에 착수하다 face 직면하다 immediate 즉각적인 approve 승인하다 set up 설치하다, 마련하다

---

149. Contreras 씨가 직면한 문제는 무엇인가?

(A) 그녀는 바로 도움을 받을 수 없다.
(B) 일부 설계도는 승인을 받아야 한다.
(C) 그녀의 조수는 아직 출근하지 않았다.
(D) 그녀의 고객은 예상보다 일찍 도착했다.

STEP 1   문제점, 과거의 정보는 정답이 앞에 있다.

problem, concern, worry, challenge 등 어려움, 문제점, 과거의 상황은 본문의 앞부분에서 설명되며, 문제점과 걱정은 본인의 입으로 직접 이야기 한다. 따라서 Contreras 씨가 겪고 있는 문제점은 그의 대사에서 확인할 수 있다. Contreras 씨의 대사인 "The printer in my office is not working. I called a technician to have it repaired, but she won't be able to come until late this afternoon."에서 그의 사무실에 위치한 프린터기가 고장이 났지만, 오늘 오후까지 기술자가 올 수 없기 때문에, 지금 당장 사용이 불가능함을 언급하였다. 즉, Contreras 씨의 대사에서는 도움을 받을 수 없다는 문제점만을 언급했으므로 정답은 (A)이다.

STEP 2

(B) 지문의 "I need to have some digital blueprints printed out for the meeting"에서 설계도가 승인되어야 하는 것이 아니라 인쇄되어야 하는 것이므로 오답이다.
(C) 지문의 "I called a technician ~ won't be able to come until late this afternoon."에서 조수가 아닌 Contreras 씨가 연락한 기술자가 올 수 없음을 언급했으므로 오답이다.
(D) 지문의 "I need to have some digital blueprints printed out for the meeting with my clients at 10."에서 그가 메시지를 작성한 시간은 오전 9시 30분으로 고객과의 회의가 10시에 있음을 언급하였다. 하지만, 고객의 도착 여부는 확인할 수 없으므로 오답이다.

150. 오전 9시 32분에 Clark 씨가 "지금 바로 그 일을 해드릴게요."라고 작성하였을 때 의미하는 것은 무엇일 것 같은가?

(A) 그는 수리공에게 연락할 것이다.
(B) 그는 회의실을 준비할 것이다.
(C) 그는 서류를 인쇄할 것이다.
(D) 그는 설계도를 수정할 것이다.

STEP 1   온라인 채팅 '의도' 문제는 위아래 연결어가 있거나 전체적인 상황을 포괄적으로 묘사하는 것이 정답이다.

온라인 채팅의 대화에서는 등장인물들의 관계와 입장을 먼저 정리하고, 해당 위치의 위아래 문맥을 파악하여 포괄적인 정답을 찾는 것이 관건이다. 지문의 상단부에서 Contreras 씨는 10시에 있을 고객과의 회의에서 사용할 디지털 설계도를 인쇄해야 하지만, 프린터기에 문제가 생겨 이용이 불가능함을 언급하였다. 그 뒤에 Clark 씨의 대사인 "I can do that for you. Which file should I open to locate them?"과 Contreras 씨의 대사인 "I've saved them on the computer on my desk. You will be able to see them in the Debden file folder. Can you find them?"에서 Contreras 씨를 대신하여 Clark 씨가 대신 문서를 찾아 인쇄를 해 줄 것임을 확인할 수 있다. 즉 그가 "I will try to get to it right now(지금 바로 그 일을 해드릴게요.)"라고 말한 시점에서 알 수 있는 것은 Contreras 씨가 필요로 하는 설계도를 인쇄해주는 것이므로 이는 대명사 it에 해당된다. 따라서 정답은 (C)이다.

STEP 2

(A) 지문의 "I called a technician to have it repaired"에서 Contreras 씨가 이미 수리기사에게 연락을 했으므로 오답이다.
(B) 지문에서 Contreras 씨는 회의실 준비를 요청하지 않았으므로 오답이다.
(D) 지문의 "I need to have some digital blueprints printed out for the meeting"에서 blueprints는 언급되었지만, 수정이 아닌 인쇄를 요청했으므로 오답이다.

Questions 151-152 refer to the following e-mail.

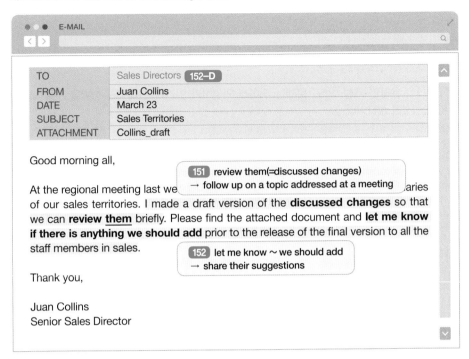

E-MAIL

TO	Sales Directors 152-D
FROM	Juan Collins
DATE	March 23
SUBJECT	Sales Territories
ATTACHMENT	Collins_draft

Good morning all,

151 review them(=discussed changes)
→ follow up on a topic addressed at a meeting

At the regional meeting last we_____aries of our sales territories. I made a draft version of the **discussed changes** so that we can **review them** briefly. Please find the attached document and **let me know if there is anything we should add** prior to the release of the final version to all the staff members in sales.

152 let me know ~ we should add
→ share their suggestions

Thank you,

Juan Collins
Senior Sales Director

---

151. Why has the e-mail been written?
(A) To update the employee directory
(B) To approve a draft version of a pamphlet
(C) To make adjustments to a report
(D) To follow up on a topic addressed at a meeting

목적 / 상
└ 지문의 상단부에서 확인하자.

152. What does Ms. Collins encourage recipients to do after reviewing the attached document?
(A) Make duplicates of it
(B) Share their suggestions
(C) Upload it to a Web site
(D) Announce it to all employees

Ms. Collins / 요청사항
└ Collins 씨가 수신자들에게
요청한 일

문제 151-152는 다음 이메일을 참조하시오.

수신	영업 부장들
발신	Juan Collins
날짜	3월 23일
제목	영업 지역
첨부파일	Collins_초안

여러분 안녕하세요.

지난주 지역회의에서, 현재 저희가 영업을 하고 있는 구역의 경계 조정과 관련하여 이야기를 나누었습니다. 그 사안들을 간단히 검토할 수 있도록 논의되었던 변경사항에 대한 초안을 작성하였습니다. 첨부된 문서를 보시고 영업부 전 직원들에게 최종 버전을 발표하기 전에, 추가되어야할 사항이 있다면 저에게 알려주십시오.

감사합니다.

Juan Collins 올림
수석 영업부장

어휘 **territory** 판매 관할 구역 **talk about** ~에 대해 이야기 하다 **current** 현재의, 지금의 **boundary** 경계, 경계선 **briefly** 잠시, 간단히 **approve** 승인하다 **make adjustments to** ~을 조절하다, 조정하다 **duplicate** 복사하다, 사본의, 사본 **suggestion** 제안, 제의, 의견

---

151. 이메일이 작성된 이유는 무엇인가?

(A) 직원 주소록을 업데이트하기 위해
(B) 소책자의 초안을 승인하기 위해
(C) 보고서를 수정하기 위해
(D) 회의에서 논의된 주제를 마무리 짓기 위해

STEP 1 목적은 처음 두 줄에 90% 답이 있다.

이메일을 작성한 이유를 묻고 있는 문제이다. 지문의 "At the regional meeting ~ so that we can review them briefly."에서 이메일 발신자인 Collins 씨는 지난 회의에서 논의했던 영업지역 경계조정 관련 사안들을 검토하고자 초안을 작성하였다고 언급했다. 따라서 지난 주 회의에서 마무리하지 못한 사안들을 마무리 짓고자 하는 Collins 씨의 의도를 파악할 수 있으므로 정답은 (D)이다.

STEP 2 답은 항상 paraphrasing된다.

지문의 구체적인 어휘 adjusting the current boundaries of our sales territories는 follow up으로, discussed changes는 topic addressed at a meeting으로 paraphrasing되었다.

152. 첨부된 서류를 검토한 뒤에 Collins 씨가 수신자들에게 무엇을 하라고 권장하고 있는가?

(A) 사본 만들기
(B) 의견 공유하기
(C) 웹사이트에 업로드하기
(D) 모든 직원에게 공지하기

STEP 1 요구사항은 답이 지문의 하단부에 있다.

결론이나 미래에 대한 전망, 계획 또는 제안이나 요구, 요청사항은 본문의 하단부에 주로 등장한다. 주로 You must/should/have to need 등 혹은 If절과 명령문에 정답이 나온다. 지문의 "let me know if there is anything we should add prior to the release of the final version to all the staff members in sales."에서 영업지역 관련 사안들이 최종적으로 마무리되기 전에 추가할 사항이 있다면 알려달라고 요청하고 있다. 즉 다른 영업 부장들의 의견 공유를 요청하고 있으므로 정답은 (B)이다.

STEP 2

(A), (C)는 지문에서 언급되지 않았으므로 오답이다.
(D) 지문의 수신자는 Sales Directors(영업 부장들)로, 전 직원들이 아닌 영업 부장에게만 공지되었으므로 오답이다.

Questions 153-155 refer to the following notice.

EPPING PUBLICATION FAIR

오답 함정 154-B
도서 목록 확대는 수익금이 아닌 참가자들의 자발적인 참여로 이루어지므로 오답이다.

On 21 July from 10 A.M. to 5 P.M., the annual Epping Publication Fair will be held at the auditorium of the Epping City Center at 321 Dollis Avenue. All donations are welcome. Please bring any unwanted books and publications not to the site of the event, but here to the **library**. We will collect donated items until 16 July.

154-A 153

All the **proceeds from the event** will be used for the much-needed construction of the library's new wing for public use, and for the **"Make Kids Interested in Reading" program**, educationa

154 "Make Kids Interested in Reading" program
→ An initiative for children

idely recognized for its

We are in need of volunteers on the day of the event. If you are willing to **lend a hand preparing the event, serving as a cashier, or cleaning up** at the end of the fair, please **get in touch with Amanda Neal** at anealeppinglibrary.us.og. Or you can just show up at 10 A.M. on 21 July and he 155

TEST 3 해설

153. Where should the reading materials be dropped off?
(A) At a city center
(B) At a library
(C) At a bookstore
(D) At a local school

배포 장소
└, our / your / this / here에 집중

154. According to the notice, what will the funding from the fair be used for?
(A) The construction of an auditorium
(B) The expansion of a book collection
(C) An initiative for children
(D) The hiring of new library staff members

박람회 수익금 사용처
└, 키워드 funding from the fair 앞뒤에서 정답의 근거를 찾자.

155. Who most likely is Ms. Neal?
(A) The coordinator of a community event
(B) An author of books for kids
(C) An expert in educating children
(D) An attendant working at a bookstore

Ms. Neal / 직업
└, 키워드 앞뒤에서 정답의 근거를 찾자.

577

문제 153-155은 다음 공지문을 참조하세요.

EPPING 출판 박람회

7월 21일 오전 10시부터 오후 5시에, 321 Dollis가에 위치한 Epping 시청 강당에서 연례 Epping 출판 박람회가 진행될 예정입니다. 모든 기부를 환영합니다. 필요 없는 책과 출판물들을 행사장이 아닌 이곳 도서관으로 가져와 주십시오. 저희는 7월 16일까지 기부품을 수집할 예정입니다.

행사 수익금은 공공의 목적으로 사용될 도서관 신관 건축과 Marion Keller 씨가 제작한 "어린이들이 독서에 흥미를 갖게 하기" 프로그램에 긴요히 사용될 예정이며, 해당 프로그램은 교육적 가치로 널리 인정받아 왔습니다.

저희는 행사 당일 자원봉사자들이 필요합니다. 만약 행사 준비, 물건 계산, 행사 종료 후 뒷정리에 도움을 주시려고 한다면, aneal@eppinglibrary.us.og로 Amanda Neal에게 연락해 주십시오. 혹은 7월 21일 오전 10시에 오셔서 도와주세요!

어휘 publication 출판물 fair 박람회 annual 매년의 auditorium 강당 donation 기부(금) site 현장 collect 수집하다 proceeds 돈, 수익금 much-needed 대단히 필요한 construction 건설 wing 부속 건물 public 공공의 use 사용 widely 널리, 폭넓게 recognized 인정된 educational 교육적인 value 가치 in need of ~을 필요로 하고 be willing to VR 기꺼이 ~하다 lend a hand 도움을 주다 serve as ~의 역할을 하다 cashier 출납원, 회계원 clean up 정리하다, 치우다

---

153. 이 읽을거리가 배부될 장소는 어디인가?

(A) 도심부
(B) 도서관
(C) 서점
(D) 국립 학교

STEP 1   답은 순서대로 배치된다.

해당 지문이 배포될 장소가 어디인지를 묻는 문제로, our/your/this/here의 표현과 함께 들리는 장소 명사가 정답이 된다. 지문의 "Please bring any unwanted books and publications not to the site of the event, but here to the library"에서 원치 않는 도서를 이곳 도서관으로 가져와달라고 요청하고 있다. 따라서 공지문인 읽을거리가 놓여 있을 장소는 (B)이다.

---

154. 공지문에서, 박람회 모금액은 어떤 목적으로 사용될 예정인가?

(A) 강당 건설
(B) 도서 수집품 확대
(C) 어린이를 위한 프로젝트
(D) 신규 도서관 직원 채용

STEP 1   답은 항상 키워드 옆에 있다.

문제의 키워드는 funding from the fair로, 지문에서는 유사 어휘 proceeds from the event로 언급된다. 지문의 "All the proceeds from the event will be used for the much-needed construction of the library's new wing for public use and for the "Make Kids Interested in Reading" program, created by Marion Keller,"에서 행사에서 발생한 수익금은 도서관 신관과 Marion Keller가 제작한 유아 독서 프로그램에 사용될 계획이 언급되어 있다. 따라서 정답은 (C)이다. 지문의 구체적인 어휘 "Make Kids Interested in Reading" program은 initiative for children으로 paraphrasing 되었다.

STEP 2

(A) 지문의 "All the proceeds from the event will be used for the much-needed construction of the library's new wing"에서 강당이 아닌 도서관 신축 및 특정 프로그램에 수익금이 사용될 것이므로 오답이다.
(B) 지문의 "Please bring any unwanted books and publications not to the site of the event, but here to the library."에서 도서 목록 확대는 수익금이 아닌 참가자들의 자발적인 기부로 이루어지는 것이므로 오답이다.
(D) 지문의 "All the proceeds ～ Reading program"에서 행사 수익금이 도서관 신규 직원 채용에 쓰인다는 언급이 없으므로 오답이다.

---

155. Neal 씨는 누구일 것 같은가?

(A) 주민 행사 진행자
(B) 어린이 도서 작가
(C) 어린이 교육 전문가
(D) 서점에서 근무하는 안내원

STEP 1   사람 이름은 항상 중요한 키워드이다.

비즈니스 문서에서는 다수의 이름이 등장하기 때문에, 혼란이 없도록 등장인물간의 관계나 각자의 주장들을 이해하는 능력이 중요하다. 따라서 I/You/제 3자 등의 관계를 파악하면서 내용을 정리해야 한다. 문제의 키워드인 Ms. Neal 씨로, 해당 키워드 주변에 정답이 있다. 지문의 "If you are willing to lend a hand preparing the event, serving as a cashier, or cleaning up at the end of the fair, please get in touch with Amanda Neal"에서 행사에 도움을 줄 사람들은 Neal 씨에게 연락을 하라고 요청하고 있다. 즉 Neal 씨는 행사 주최 관련 일을 담당하고 있으므로 정답은 (A)이다.

STEP 2

(C) 지문의 "Make Kids Interested in Reading" program, created by Marion Keller, which has been widely recognized for its educational value.에서 교육적 가치로 널리 인정을 받고 있는 "어린이들이 독서에 흥미를 갖게 하기" 프로그램을 제작한 Marion Keller 씨의 직업은 어린이 교육 전문가임을 알 수 있다.

Questions 156-158 refer to the following article.

The more sleep, the better job!

15 September—Colexy Tech, a computer manufacturing firm, is **encouraging its staff members to sleep more** by paying them to do so. Employees who sleep at least eight hours per day will earn an additional £150 each year, which comes out to be almost three pounds per week. — [1] —.

156

According to Mr. Chavez, one of Colexy's operating managers, **staff will volunteer to register to participate in the program**, and the hours they sleep each night will be automatically recorded in their indi...

> **157** employee performance can be improved dramatically
> → makes staff work better

indicated that **employee performance can be improved dramatically** by **having staff sleep** more than seven hours a day. — [3] —. In fact, the Croydon Sleep Science Laboratory (CSSL) has argued that without quality sleep, each employee can lose about **ten days' worth of productivity** per year. — [4] —. This

> **158** ten days' worth of productivity
> → £1,400 in wasted salary

---

156. What is the article mainly about?
(A) Encouraging researchers to study sleep
(B) Explaining a firm's new program
(C) Addressing issues with a firm's products
(D) Preventing workers from causing hazards

157. What does the article mention about allowing more time to sleep?
(A) It allows staff to avoid working overtime.
(B) It makes staff work better.
(C) It creates a safer workplace.
(D) It results in staff lateness.

158. In which of the positions marked [1], [2], [3], and [4] does the following sentence best belong?
"This amounts to £1,400 in wasted salary per employee."
(A) [1]
(B) [2]
(C) [3]
(D) [4]

주제 / 상
ㄴ 주제나 목적은 첫 2줄에서 파악하자.

키워드 allowing more time to sleep
ㄴ 문제와 보기의 키워드를 정리한 후 본문을 검색하자.

문맥 추가 문제
ㄴ 지시대명사 this가 가리키는 대상을 파악하자.

문제 156-158은 다음 기사를 참조하시오.

수면이 충분할수록, 더 나은 업무성과를!

9월 15일 - 컴퓨터 제조업체인 Colexy Tech는 직원들에게 더 오랜 시간 동안 수면을 취하도록 장려하고 있습니다. 하루에 적어도 8시간 동안 잠을 자는 직원들은 1년에 추가로 150파운드를 벌 것이며, 이것은 주당 대략 3파운드에 해당합니다. -[1]-.

Colexy사의 운영관리자인 Chavez 씨의 말에 따르면, 직원들은 그 프로그램에 참가하기 위해 자발적으로 신청할 것이며, 매일 밤 수면을 취하는 시간은 자동적으로 각 개인의 전자 팔찌에 기록될 것이라고 합니다. -[2]-. 이 프로그램은 업무 효율성 향상 방법에 관한

연구 조사 결과에 기초하여 계획되었습니다. 그 결과는 하루에 7시간 이상 숙면을 취하면 직원들의 업무 능력이 극적으로 개선될 수 있음을 보여주었습니다. -[3]-. 사실, Croydon 수면 과학 연구소(CSSL)는 충분한 수면을 취하지 않는다면, 각 직원은 1년에 약 10일치에 해당하는 생산성을 잃을 수 있다고 주장했습니다. -[4]- 이 신규 프로그램은 근무 중 수면을 하는 것이 생각보다 나쁘지 않을 수도 있다는 것을 보여줍니다.

어휘 manufacturing 제조업 encourage 장려하다 at least 적어도, 최소한 volunteer 자원하다 electric 전기의 bracelet 팔찌 efficiency 효율, 효율성 improve 개선되다, 나아지다, 향상시키다 dramatically 극적으로 argue 주장하다 address 다루다 avoid 방지하다 workplace 직장, 업무 현장

---

156. 기사는 주로 무엇에 관한 것인가?

(A) 연구자들에게 수면 연구를 장려하는 것
(B) 회사의 신규 프로그램을 설명하는 것
(C) 회사의 상품에서 발생한 문제점을 다루는 것
(D) 직원이 위험요소를 유발하는 것을 예방하는 것

STEP 1 목적은 처음 두 줄에 90% 정답이 있다.

목적은 본문의 상단부를 확인하자. 지문의 "Colexy Tech, a computer manufacturing firm, is encouraging ~ three pounds per week."과 "According to Mr. Chavez, one of Colexy's operating managers, staff will volunteer to register to participate in the program"에서 Colexy사에서 진행하고 있는 프로그램의 장점을 설명하면서 더 많은 수면을 취해야 하는 이유를 설명하고 있으므로 정답은 (B)이다.

---

157. 기사에서, 더 많은 수면시간을 갖는 것에 대하여 언급된 것은 무엇인가?

(A) 직원들의 시간 외 근무를 방지한다.
(B) 직원이 더 일을 잘할 수 있도록 만든다.
(C) 더 안전한 업무공간을 만든다.
(D) 직원의 지각을 초래한다.

STEP 1 '사실'인 것을 찾는 문제는 보기의 키워드를 먼저 정리한 후 본문을 검색한다.

문제의 키워드는 allowing more time to sleep으로, Colexy Tech사에서 직원들이 더 많은 숙면을 취하도록 허락하는 것에 대하여 언급된 것을 묻는 문제이다. 지문의 "employee performance can be improved dramatically by having staff sleep more than seven hours a day."에서 하루에 7시간 이상 숙면을 취하는 직원들은 업무 능력이 극적으로 향상할 수 있다고 했으므로, 정답은 (B)이다. 지문의 employee performance can be improved dramatically는 보기의 makes staff work better로 paraphrasing되었다.

158. [1], [2], [3] 그리고 [4]로 표시된 자리 중에서 다음 문장이 들어가기에 가장 알맞은 위치는 어디인가?

"이것으로 직원당 낭비되는 급여가 총 1,400파운드에 달합니다."

(A) [1]

(B) [2]

(C) [3]

(D) [4]

STEP 1 '문맥' 추가 문제는 위치와 연결어가 관건이다.

문맥 추가 문제는 해당 위치 위아래로 연결어가 확보되는 것이 관건이므로, 문단별로 주제어를 확보하고 관련 주제에 맞는 위치에 문장을 추가해야 한다. 기준 문장의 대명사 This가 무엇을 언급하는지를 정확하게 판단해야 한다.

기준 문장에서는 직원당 낭비되고 있는 급료가 1400 파운드에 달한다고 언급하고 있다. 따라서 앞 문장에서도 낭비와 같은 부정적인 내용이 언급되어야 한다. 따라서 부정적인 이야기를 하고 있는 [4]번에 들어가, 직원들이 충분한 수면을 취하지 않았을 경우에 대략 10일 만큼의 생산성을 잃을 수 있다고 하며, 이것을 금액으로 환산한다면, 1400 파운드의 급료에 해당한다고 이야기하는 것이 가장 적절하다.

Questions 159-160 refer to the following e-mail.

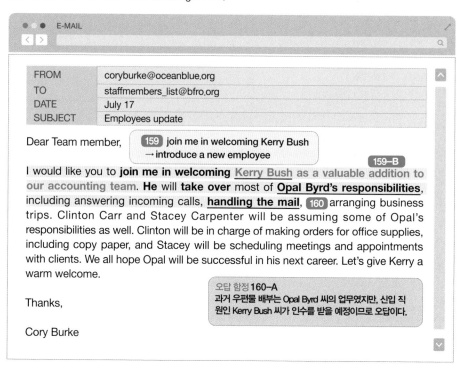

FROM | coryburke@oceanblue.org
TO | staffmembers_list@bfro.org
DATE | July 17
SUBJECT | Employees update

Dear Team member,

159 join me in welcoming Kerry Bush
→ introduce a new employee

159-B

I would like you to **join me in welcoming** Kerry Bush as a valuable addition to our accounting team. **He** will **take over** most of **Opal Byrd's responsibilities**, including answering incoming calls, **handling the mail,** 160 arranging business trips. Clinton Carr and Stacey Carpenter will be assuming some of Opal's responsibilities as well. Clinton will be in charge of making orders for office supplies, including copy paper, and Stacey will be scheduling meetings and appointments with clients. We all hope Opal will be successful in his next career. Let's give Kerry a warm welcome.

Thanks,

오답 함정 160-A
과거 우편물 배부는 Opal Byrd 씨의 업무였지만, 신입 직원인 Kerry Bush 씨가 인수를 받을 예정이므로 오답이다.

Cory Burke

TEST 3 해설

159. What is the main reason for the e-mail?
(A) To make a request for office supplies
(B) To publicize an open position
(C) To announce a new team employee.
(D) To arrange a meeting with a client

목적 / 상
└. 지문의 상단부에서
확인하자.

160. Who most likely used to distribute the mail?
(A) Kerry Bush
(B) Clinton Carr
(C) Opal Byrd
(D) Cory Burke

담당자 / distribute the mail
└. 사람 이름과 업무에
집중해야 한다.

문제 159-160은 다음 이메일을 참조하시오.

발신	coryburke@oceanblue.org
수신	staffmembers_list@bfro.org
날짜	7월 17일
제목	신입 직원 관련 안내사항

팀원들에게,

저희 회계 부서에서 근무하게 될 소중한 신입 직원인 Kerry Bush 씨를 환영하는데 함께 해 주십시오. Bush 씨는 수신 전화 응답과 우편물 처리 및 출장 준비를 포함하여 Opal Byrd 씨의 업무 대부분을 인수 받을 것입니다. Clinton Carr 씨와 Stacey Carpenter 씨도 Opal 씨의 일부 업무를 인계받을 예정입니다. Clinton 씨는 복사 용지를 포함하여 사무용품 주문을 담당할 것이며 Stacey 씨는 고객과의 회의 및 약속일정을 잡을 것입니다. 저희는 Opal 씨가 그의 다음 직장생활에서도 성공하기를 바랍니다. Kerry 씨를 따뜻하게 맞이합시다.

감사합니다.

Cory Burke 올림

어휘 **take over** 인수하다 **responsibility** 책무 **assume** (책임을) 맡다 **in charge of** ~을 담당해서
make a request 요청하다 **publicize** 알리다 **distribute** 나누어 주다

---

159. 이메일이 작성된 주된 이유는 무엇인가?

(A) 사무용품을 요청하기 위해
(B) 공석을 발표하기 위해
(C) 새로운 팀원을 소개하기 위해
(D) 고객과의 회의를 준비하기 위해서

STEP 1   목적은 처음 두 줄에 90%답이 있다.

이메일이 작성된 이유를 묻고 있는 문제이다. 지문의 "I would like you to join me in welcoming Kerry Bush as a valuable addition to our accounting team."에서 발신자인 Burke 씨가 근무하고 있는 회계 부서에 신입 직원 Kerry Bush 씨를 환영해달라고 요청하고 있다. 즉, 신입 직원을 소개하고 있으므로 정답은 (C)이다.

STEP 2

(A), (D) 지문은 회계 부서의 전 직원들에게 보내는 문서로, 신입 직원인 Kerry Bush 씨를 환영해주자는 내용으로 오답이다.
(B) 지문의 "welcoming Kerry Bush as a valuable addition to our accounting team."에서 신입 직원인 Kerry Bush 씨가 이미 채용이 되었으므로 오답이다.

160. 우편물을 배부했던 사람은 누구일 것 같은가?

(A) Kerry Bush
(B) Clinton Carr
(C) Opal Byrd
(D) Cory Burke

STEP 1　사람 이름은 항상 중요한 키워드이다.

비즈니스 문서에서는 다수의 이름이 등장하기 때문에, 혼란이 없도록 등장인물간의 관계나 각자의 주장들을 이해하는 능력이 중요하다. 따라서 I/You/제 3자 등의 관계를 파악하면서 내용을 정리해야 한다. 문제의 키워드인 distribute the mail로 우편물을 담당했던 사람이 누구인지를 찾아야 한다. 지문의 "welcoming Kerry Bush as ~ He will take over most of Opal Byrd's responsibilities, including answering incoming calls, handling the mail"에서 신입직원인 Kerry Bush 씨는 과거 Opal Byrd 씨의 업무였던 수신 전화 응대, 우편물 처리 등의 업무를 인수 받을 것임이 언급되어 있다. 따라서 과거에 우편물을 배부했던 사람은 (C) Opal Byrd이다.

STEP 2

(A) 지문의 "welcoming Kerry Bush as a valuable addition to our accounting team. He will take over most of Opal Byrd's responsibilities, including answering incoming calls, handling the mail."에서 과거 우편물을 배부했던 Opal Byrd 씨의 업무를 신입 직원인 Kerry Bush 씨가 인수 받을 것임이 언급되었으므로 오답이다.
(B) 지문의 "Clinton will be in charge of making orders for office supplies,"에서 Cliton Carr 씨는 사무용품 주문을 담당할 예정이므로 오답이다.
(D) 이메일 발신자인 Burke 씨가 담당하고 있는 업무는 언급되지 않았으므로 오답이다.

Questions 161-163 refer to the following Web page.

www.wembleybistro.uk/menulist/pudding

Sweet Fruit Pudding

Much to my regret, some old dishes that used to be popular aren't anymore these days. —— [1] ——. However, sweet fruit p [**163** mistakenly put ~ and sugar in his mix → that accident] of mind. It is still as popular as it was w the first one about 15 years ago. —— [2] ——. The recipe of this pudding was not carefully designed; Carlson **mistakenly put an excessive amount of fruit and sugar in his mix** one day. —— [3] ——. Chef Erin Black, who was taught most of her cooking skills by **Carlson** and is the manager of our west branch, follows the same recipe she learned from her master before **he retired. The ingredients are kept frozen and then served chilled** s[**161** ingredients are kept frozen and then served chilled → cannot be served hot] fruit. —— [4] ——. And people come bac[

162 retired → no longer working as a chef

---

161. What is suggested about the dessert?
(A) It cannot be served hot.
(B) Only one chef knows how to make it.
(C) It is served with bread.
(D) It was discontinued.

키워드 the dessert
ㄴ. 문제와 보기의 키워드를 정리한 후 본문을 검색하자.

162. What is mentioned about Chef Carlson?
(A) He majored in cooking.
(B) He was Chef Black's apprentice.
(C) He will be expanding his business.
(D) He is no longer working as a chef.

키워드 Chef Carlson
ㄴ. 문제와 보기의 키워드를 정리한 후 본문을 검색하자.

163. In which of the positions marked [1], [2], [3], and [4] does the following sentence best belong?
"**That accident resulted in Wembley Bistro's special dessert.**"

(A) [1]
(B) [2]
(C) [3]
(D) [4]

문맥 추가 문제
ㄴ. that accident를 가리키는 말을 찾자.

http://www.wembleybistro.uk/menulist/pudding

달콤한 과일 푸딩

정말 유감스럽게도, 예전에 인기 있었던 요리들이 요즘 더 이상 인기가 없습니다. -[1]-. 그렇지만, 달콤한 과일 푸딩은 잊혀진 적이 없습니다. 그것은 약 15년 전에 저희의 메인 주방장인 Warren Carlson 씨가 처음 만들었을 때처럼 여전히 인기 있습니다. -[2]-. 이 푸딩의 요리법은 세심하게 만들어진 것이 아닙니다.; Carlson 씨는 어느 날 실수로 많은 양의 과일과 설탕을 혼합된 재료에 넣었습니다. -[3]-. Carlson 씨에게 요리 기술의 대부분을 배웠으며 현재 서부매장의 관리인 Erin Black 요리사는 Carlson 씨가 은퇴하기 전에 스승에게 배운 요리법을 똑같이 재현했습니다. 고객들이 아삭한 신선 과일을 맛볼 수 있도록 재료는 냉동 보관 후 차갑게 제공됩니다. -[4]- 그리고 사람들은 더 많이 먹으려고 몇 번이고 다시 옵니다.

어휘 **used to** ~하곤 했다   **mistakenly** 실수로   **excessive** 지나친, 과도한   **follow** 따라가다   **retire** 은퇴하다   **ingredient** 재료   **chill** (음식을) 차게 식히다   **crispy** 바삭바삭한, 아삭아삭한   **discontinue** 중단하다

161. 디저트에 대해 언급된 것은 무엇인가?
(A) 뜨겁게 제공할 수 없다.
(B) 오직 한 명의 요리사만이 조리법을 알고 있다.
(C) 빵과 함께 제공된다.
(D) 생산이 중단되었다.

STEP 1   '사실'인 것을 찾는 문제는 보기의 키워드를 먼저 정리한 후 본문을 검색한다.

보기의 키워드들을 본문에서 검색하여 보기의 내용과 본문의 내용을 비교 대조하여 정답을 찾아야 한다. 지문의 "The ingredients are kept frozen and then served chilled."에서 Carlson 씨에게 배운 푸딩은 냉동 보관 후 차갑게 제공된다고 언급되어 있으므로 정답은 (A)이다.

STEP 2

(B) 지문의 Chef Erin Black, ~ learned from her master before he retired.에서 Carlson 씨가 은퇴하기 전에 Black에게 모든 것을 가르쳐 주었다고 언급되었으므로 그녀 역시 푸딩의 조리법을 알고 있음을 알 수 있다.
(C)는 언급되지 않은 사항이므로 오답이다.
(D) 지문의 "It is still as popular as it was"에서 푸딩은 계속해서 생산되고 있음을 확인할 수 있으므로 오답이다.

162. 요리사 Carlson 씨에 대해 언급된 것은 무엇인가?
(A) 그는 요리를 전공했다.
(B) 그는 요리사 Black의 견습생이었다.
(C) 그는 자신의 사업을 확장할 것이다.
(D) 그는 더 이상 요리사로 일하지 않는다.

STEP 1   답은 항상 키워드 옆에 있다.

질문의 키워드 Chef Carlson과 관련된 내용을 지문에서 찾아 보기와 대조하는 문제이다. 지문의 "Chef Erin Black, ~ she learned from her master before he retired."에서 Black 씨의 스승인 Carlson 씨가 은퇴하기 전에 모든 요리 기술들을 가르쳐주었다고 언급이 되어 있다. 즉 은퇴를 했다는 것은 Carlson 씨는 더 이상 요리사로 근무를 하지 않는 것이므로 정답은 (D)이다.

STEP 2

(A)는 언급되지 않은 사항이므로 오답이다.

(B) 지문의 "Chef Erin Black, who was taught most of her cooking skills by Carlson"에서 Carlson 씨의 제자가 Black 씨이므로 오답이다.

(C) 지문의 "Chef Erin Black, ~ before he retired."에서 Carlson 씨가 은퇴를 했음이 언급되었으므로 사업을 확장한다는 것은 오답이다.

---

163. [1], [2], [3], [4]로 표시된 자리 중에서 다음 문장이 들어가기에 가장 알맞은 위치는 어디인가?

"그 실수로 Wembley 식당의 특별한 디저트가 만들어졌습니다."

(A) [1]

(B) [2]

(C) [3]

(D) [4]

STEP 1 '문맥' 추가 문제는 지시 형용사, 지시 대명사, 부사들이 정답을 연결한다.

기준 문장에서 지시 형용사나 지시 대명사가 언급되었다면, 빈칸 위아래에서 해당 지시 형용사나 대명사가 지칭하는 것을 찾아서 연결해야 한다. 접속사, 전치사, 부사, 접속부사들은 앞뒤 문맥의 연결 관계 즉, 추가/역접/대조/인과/순접 등의 관련성을 설명한다.

기준 문장의 지시형용사 that과 수식을 받는 명사 accident로 예상치 못한 사건이 언급되는 문장을 찾아야 한다. [3]번 앞 문장인 "The recipe of this pudding was not carefully designed; Carlson mistakenly put an excessive amount of fruit and sugar in his mix one day."에서 실수로 과도한 양의 과일과 설탕을 부어 푸딩이 만들어졌다고 언급하였다. 즉, that accident는 mistakenly put ~ sugar in his mix에 해당하므로 정답은 (C)이다.

Questions 164-166 refer to the following letter.

May 4
Ms. Kristi Loretta, Sales Director
Sports Goods Retailer
331 Lancaster Road
London, Brompton RX02 C11

Dear Ms. Loretta,

This summer, **Devin Sportswear** will **introduce a new promotional campaign** for its new sports articles, including badminton equipment. **The new campaign will begin in June** and continue until August. **Advertisements** will be placed in several local newspapers and in sports magazine, such as *Weekly Badminton*. We considered running **radio commercials but decided not to** 165 e end, due to the high cost. Instead, we will put more efforts on advertising online in July. We look forward to this project and are ready to cooperate with you to keep your stocks filled. Enclosed are **pamphlets and posters containing the images** of the new goods for your shop. Should you be in need of extra support, please feel free

166 pamphlets and posters
→ advertising materials

Sincerely,

Jeremy Watson, Product Director
Devin Sportswear

164. When will Devin Sportswear start promoting the new product line?
(A) In May
(B) In June
(C) In July
(D) In August

When / start promoting
ㄴ, 홍보 시작 날짜
ㄴ, 지문의 상단부에서 확인하자.

165. According to the letter, which medium will Devin Sportswear NOT use for its advertising campaign?
(A) Newspapers
(B) Magazines
(C) The radio
(D) The Internet

Not / 광고 수단
ㄴ, Not question은 소거법을 이용하자.

166. What has Mr. Watson sent with the letter?
(A) An invoice for the latest order
(B) Advertising materials
(C) A list of advertising agencies
(D) Samples of some products

Mr. Watson sent
ㄴ, Watson 씨가 발송한 것
ㄴ, 지문의 하단부를 확인하자.

5월 4일
Kristi Loretta 씨, 영업 부장
스포츠 상품 소매업자
331 Lancaster가
런던, Brompton RX02 C11

Loretta 씨에게,

올 여름, Devin Sportswear는 배드민턴 용품을 포함하여 신규 스포츠 용품으로 새로운 홍보 캠페인을 진행할 예정입니다. 신규 캠페인은 6월에 시작되며 8월까지 지속될 예정입니다. 광고는 일부 지역 뉴스 및 Badminton 주간지와 같은 스포츠 잡지에 실릴 예정입니다. 저희는 라디오 광고 진행을 고려했지만 높은 비용 때문에 결국 진행하지 않기로 결정했습니다. 대신, 저희는 7월에 온라인 광고에 더 많은 노력을 기울일 예정입니다. 저희는 이 프로젝트를 기대하며, 당신의 재고를 채우는 데 당신과 협력할 준비가 되어있습니다. 저희의 신규 상품 사진을 포함하여 팸플릿과 포스터를 동봉하였습니다. 추가적인 도움이 필요하시다면, 언제든지 저에게 연락해 주십시오.

진심을 다해,

Jeremy Watson, 제품 감독자
Devin Sportswear

어휘 **sales director** 영업부장 **promotional** 홍보의 **article** 물품, 물건 **equipment** 장비, 용품 **place** 배치하다 **local** 지역의 **commercial** 광고방송 **due to** ~때문에 **put effort on** ~에 공을 들이다 **look forward to Ving** ~을 기대하다 **be ready to VR** ~할 준비가 되어 있다 **cooperate with** ~에 협조하다 **stock** 재고(품) **fill** 채우다 **enclose** 동봉하다 **feel free to VR** 마음대로 ~하다 **get in touch with** ~와 접촉하다

---

164 Devin Sportswear는 신규 상품 홍보를 언제 시작할 예정인가?

(A) 5월
(B) 6월
(C) 7월
(D) 8월

STEP 1 기간, 요일, 숫자 등은 키워드 옆에 있는 것이 정답이다.

숫자, 기간, 요일 등은 보기의 정보가 본문에서 모두 언급되면서 난이도가 올라간다. 따라서 본문에 있는 정보들 중에 문제에서 제시하는 키워드 옆에 있는 정확한 정보를 찾아내는 것이 관건이다.
지문의 "Devin Sportswear will introduce a new promotional campaign ~ , The new campaign will begin in June and continue until August."에서 Devin Sportswear사의 신규 제품 홍보는 6월부터 시작하여 8월에 끝날 것이라고 언급되어 있다. 따라서 홍보를 시작하는 달은 6월로 정답은 (B)이다.

165. 편지에 따르면, Devin Sportswear는 광고 캠페인에 어떤 매체를 사용하지 않을 것인가?

(A) 신문
(B) 잡지
(C) 라디오
(D) 인터넷

STEP 1　Not Question은 소거법을 이용한다.

언급되지 않는 것을 묻는 문제로 지문의 언급된 것을 보기와 대조해 소거한 후 정답을 남긴다.
지문의 "Advertisements will be placed ~ on advertising online in July"에서 Devin Sportswear에서 진행하는 광고는 지역 신문(A), 잡지(B)와 인터넷(D)을 통해 진행됨을 확인할 수 있다. 하지만 비용 문제 때문에 라디오 광고는 진행하지 않기로 결정이 났음을 언급하였다. 따라서 광고를 진행하지 않는 곳은 라디오로 정답은 (C)이다.

---

166. Watson 씨는 편지와 함께 무엇을 발송했는가?

(A) 최신 주문 청구서
(B) 광고 자료
(C) 광고 회사 목록
(D) 일부 상품 견본

STEP 1　답은 항상 paraphrasing된다.

편지에 첨부된 것이 무엇인지를 묻는 문제로, 지문의 "Enclosed are pamphlets and posters containing the images of the new goods for your shop."에서 신규 상품 이미지가 포함되어 있는 팜플렛과 포스터를 동봉하였다고 언급하였으므로 정답은 (B)이다. 지문의 구체적인 어휘 pamphlets and posters는 보기의 포괄적인 어휘 advertising materials로 paraphrasing되었다.

Hampstead Maritime Research Center
Request Form for Identification Card

1. Member Information
Name: Ivan Ross
Division: Maritime Meteorology
Position: Team leader
Work Location: Colindale Cross Wing
(✓) Full-time ( ) Part-time

2. Cause for Request
( ) Transfer
( ) New card
(✓) Lost card
( ) Limited access
( ) Extensive access

3. If your badge was misplaced, please explain how it happened (indicating date and time):

`167` around 9:30 P.M., leaving the lab
→ left the lab(Colindale Cross Wing) in the evening

I last used my ID card on Thursday, 7 August, **around 9:30 P.M.** when **leaving the lab**. I went straight to my car, parked in lot B3, and drove home. **The next morning**, I wasn't able to find it. **I checked my car** and my garage. Thus, I assume I must have lost the card on my way `168-C` he lab to the parking lot.

4. Verification for ID Card Holder's Request
The above information the requester completed is true and correct. The requester agrees that **in case of misplacement** or theft a **penalty of £80.00 has to be paid according to the replacement card policy**. If the requester returns the lost card within a week, the fee will be refunded. `168-B`

Requester signature: Ivan Ross Date: 8 August

5. For official use only:
Confirmed by: Dwight Soto
New card issued on: 8 August
Previous ID card canceled: (✓) Yes ( ) No
`168-A`

167. What is indicated about Mr. Ross?
(A) He began working in the lab a few months ago.
(B) He met with a coworker after work.
(C) He left the Colindale Cross Wing in the evening.
(D) He seldom parks his vehicle in lot B3.

168. According to the form, what did NOT happen on August 8?
(A) A missing ID card became invalid.
(B) A certain amount of money was paid.
(C) Mr. Ross's vehicle was searched.
(D) A missing ID card was found.

문제 167-168은 다음 서식을 참조하세요.

Hampstead Maritime 연구센터
사원증 요청서

1. 회원 정보
이름: Ivan Ross
부서: 해양 기상학
직위: 팀장
근무지: Colindale Cross 동
(✓) 정규직　　( ) 아르바이트

2. 요청 사유
( ) 전근
( ) 신규 발급
(✓) 카드 분실
( ) 권한 제한
( ) 권한 확대

---

3. 귀하의 사원증을 분실하셨다면, 어떤 일이 있으셨는지 설명해 주십시오. (날짜와 시간을 명시해 주십시오.):
저는 8월 7일 목요일 저녁 9시 30분쯤 연구실을 나갈 때 마지막으로 사원증을 사용했습니다. 주차장 B3에 주차되어 있는 자가용으로 직행하여 집으로 운전해 갔습니다. 다음날 아침, 저는 사원증을 찾을 수가 없었습니다. 제 차량과 차고도 확인했습니다. 그러므로 저는 실험실에서 주차장으로 가는 길에 사원증을 분실했다고 생각합니다.

---

4. 사원증 소지자 요청 증명
요청자가 작성한 위의 정보는 모두 사실이며 정확합니다. 요청자는 카드를 분실하거나 도난 당한 경우에 카드 재발급 규정에 따라 80파운드의 수수료를 납부 하셔야 합니다. 요청자가 1주일 이내로 분실된 카드를 반납하신다면, 해당 비용은 환불됩니다.
요청자 서명: Ivan Ross 날짜: 8월 8일

---

5. 업무전용:
확인자: Dwight Soto
신규 카드 발급 날짜 : 8월 8일
이전 카드 취소: (✓) 예　　( ) 아니오

어휘 **research center** 연구센터　**request form** 신청서　**identification card** 사원증　**division** 부서, 국 **maritime** 바다의　**meteorology** 기상학　**wing** 부속건물, 동　**transfer** 이동, 전임　**access** 입장, 전근 **extensive** 아주 넓은　**misplace** 잘못 두다　**badge** 사원증　**indicate** 나타내다　**lot** 지역, 부지　**garage** 차고 **assume** 추정하다　**must have p.p** ~임에 틀림없다　**verification** 확인, 조회　**holder** 소유자　**above** ~보다 위에 **complete** 완료하다　**penalty** 벌금, 위약금　**within** ~이내에　**confirm** 사실임을 확인해 주다　**issue** 발행하다 **previous** 이전의

---

167. Ross 씨에 관하여 언급된 것은 무엇인가?
(A) 그는 몇 달 전부터 실험실에서 근무하기 시작했다.
(B) 그는 퇴근 후에 동료를 만났다.
(C) 그는 저녁에 Colindale Cross동을 떠났다.
(D) 그는 주차장 B3에 거의 주차를 하지 않는다.

STEP 1　'사실'인 것을 찾는 문제는 보기의 키워드를 먼저 정리한 후 본문을 검색한다.

질문의 키워드인 Mr. Ross와 관련된 내용을 지문에서 찾자. 지문의 "on Thursday, 7 August, around 9:30 P.M. when leaving the lab"에서 사원증 재발급 요청자인 Ross 씨는 8월 7일 목요일 저녁 9시 30분쯤에 실험실에서 나왔음이 언급되었다. 즉 그의 근무지인 실험실 Colindale Cross동을 늦게 떠난 것이므로 정답은 (C)이다. 지문의 구체적인 어휘 around 9:30 P.M. 및 leaving the lab은 포괄적인 어휘 left the lab(Colindale Cross Wing) in the evening 으로 paraphrasing되었다.

STEP 2

(A) 지문의 "on Thursday, 7 August, around 9:30 P.M. when leaving the lab"에서 그의 근무지가 실험실인 것을 확인할 수 있지만, 근무 기간은 언급되지 않았으므로 오답이다.

(B) 지문의 "I went straight ~ and drove home."에서 퇴근을 하고 바로 집으로 갔음을 언급했으므로 오답이다.

(D) 지문의 "I went straight to my car, parked in lot B3"에서 Ross 씨가 주차장 B3에 차를 주차해 놓았음을 확인할 수 있지만, 해당 장소에 주차를 하는 횟수는 확인할 수 없으므로 오답이다.

---

168. 문서에서, 8월 8일에 발생하지 않은 것은 무엇인가?

(A) 분실한 사원증은 효력이 상실된다.

(B) 특정 금액을 납부했다.

(C) Ross 씨의 차량을 살펴보았다.

(D) 분실된 사원증은 발견되었다.

STEP 1   Not Question은 소거법을 이용한다.

언급되지 않는 것을 묻는 문제로 지문의 언급된 것을 보기와 대조해 소거한 후 정답을 남긴다.

(A) 지문의 "Previous ID card canceled: (✓) Yes"에서 기존카드는 취소를 했으므로 사용이 불가능함을 알 수 있다.

(B) 지문의 "The requester agrees that ~ according to the replacement card policy."에서 화자는 카드를 분실하여 카드를 재발급했으므로, 규정에 따라 80 파운드의 수수료를 납부해야 한다.

(C) 지문의 "The next morning, ~ I checked my car"에서 Ross 씨는 카드가 분실되었음을 알고 본인의 차를 확인했음을 언급하였다.

STEP 2

(D) 지문은 Request Form for Identification Card(사원증 요청서)로, 분실카드를 찾았는지에 대해서는 언급하지 않으므로 오답이다.

Questions 169-171 refer to the following leaflet.

REVITALIZE BUSINESS SPACE (RBS)
321 S. 9th High Hill Avenue • Sydney
871-6632-1123 www.rbs

working space in the best
condition → cleaning company

Our priority is to keep our customers' **working spaces in the best condition** possible. For this reason, personalized services are provided to fulfill our customers' needs. The following are some of our services:

오답 함정 171–B
맞춤 서비스는 RBS 사의 전체적인 특징으로, 경쟁 업체와의 차이점인지를 확인할 수 없다.

- Exterior and interior window washing
- Floor care, including waxing and polishing (refinishing on request)
- Tidying up after construction and renovation
- Furniture care, including dusting and polishing
- Garbage disposal, including recycling

In order to determine the appropriate services, one of our employees will visit your workplace and evaluate the size and features of your facility. The employee will provide a price estimate right after the evaluation so as

170 To set up a date and time → Scheduling a visit from RBS

convenience. You don't have to worry about sig   ay the employee first visits. **To set up a date and time, send an email** to evaluation@rbspace.au.

Unlike its competitors, RBS does its best **to minimize environmental influence** by using non-toxic chemicals and cutting-edge equipment that consumes minimal energy.

171 to minimize environmental influence → its services are safe for the environment

challenging yet worthy standards while pr   s our competitors. Check our Web site at www.rbspace.au for more details about our services.

TEST 3 해설

169. What kind of business is RBS?
(A) A real estate agency
(B) A construction firm
(C) A furniture manufacturer
(D) A cleaning company

RBS / 업종
└ 첫 2줄의 our / your / this / here에 집중해야 한다.

170. How can people interested in the services get a price quote?
(A) By calling the customer service department
(B) By visiting RBS's Web site
(B) By filling out an application form
(D) By scheduling a visit from RBS

How / people interested / get a price quote
└ 가격 견적서에 대한 내용을 언급하고 있는 두 번째 단락에 집중한다.

171. How does RBS differ from its competitors?
(A) It offers a money–back guarantee.
(B) It provides personalized services.
(C) Its prices are lower.
(D) Its services are safe for the environment.

RBS differ / competitors
└ 경쟁사와의 차이점
└ 보기의 키워드를 먼저 정리한다.

595

REVITALIZE BUSINESS SPACE (RBS)
321 S. High Hill 9번가 · 시드니
871-6632-1123 www.rbspace.au

고객분들의 작업 공간을 최상의 상태로 유지하는 것이 저희의 우선사항입니다. 이러한 이유로, 고객의 요구를 충족시키기 위해 맞춤 서비스가 제공됩니다. 다음의 사항들은 저희 서비스의 일부입니다.

• 외부 및 내부 창문 세척
• 왁스칠 및 광내기를 포함한 바닥 관리 (요청 시 표면 재손질)
• 공사 및 수리 후 정리
• 먼지 털기 청소 및 광내기를 포함한 가구 관리
• 재활용을 포함한 쓰레기 처리

적절한 서비스를 결정하기 위해, 저희 직원이 귀사에 방문해서 귀사 공간의 면적과 특이사항을 파악할 것입니다. 직원은 가급적 빨리 작업을 시작할 수 있도록 평가 후에 바로 가격 견적서를 제공할 것입니다. 직원이 처음 방문한 날에 서비스 계약서에 서명하는 것은 걱정하지 않으셔도 됩니다. 일정을 잡으시려면, evaluation@rbspace.au로 이메일 보내주십시오.

경쟁 업체와는 다르게, RBS사는 무독성 화학물질과 에너지를 최소로 소비하는 최첨단 장비를 사용하여 환경에 미치는 영향을 최소화하고자 최선을 다하고 있습니다. 저희 RBS사는 경쟁업체만큼 저렴한 가격으로 효율적인 서비스를 제공하면서 도전적이지만 가치 있는 기준을 충족시키기 위해 헌신하고 있습니다. 서비스에 대한 더욱 자세한 사항은 저희 웹사이트 www.rbspace.au를 확인해주세요.

어휘 **priority** 우선 사항, 우선 **personalized** 개인이 원하는 대로 할 수 있는 **fulfill** 이행하다, 만족시키다 **refinishing** 표면을 새로 끝손질함 **tidy something up** ~을 깔끔하게 정리하다 **disposal** 처리, 처분 **determine** 결정하다 **appropriate** 적절한 **cutting-edge** 최첨단의 **consume** 소모하다 **devote to** ~에 전념하다

---

169. RBS는 어떤 사업체인가?
(A) 부동산 중개소
(B) 건설회사
(C) 가구 제조업체
(D) 청소 회사

STEP 1   답은 순서대로 배치된다.

업종을 묻는 문제는 단순하게 회사 이름에서 정답이 나올 수 있는 것이 아니다. 누가 누구에게 즉, 두 사람의 관계를 이해해야 하며 첫 2줄에서 our/your/this/here의 표현과 함께 들리는 장소/직업 명사가 정답이 될 확률이 높다. 지문의 "Our priority is to keep our customers' working spaces in the best condition possible."에서 전단지에서 광고하고 있는 기업인 RBS는 고객들의 작업 공간을 최상의 상태로 유지해준다고 언급되어 있다. 즉, 업무 공간을 청소해준다는 것이므로 해당 기업이 청소업체임을 확인할 수 있으므로 정답은 (D)이다.

170. 서비스에 관심 있는 사람들은 어떻게 견적서를 받을 수 있는가?

(A) 고객 서비스팀에 전화함으로써
(B) RBS의 웹사이트에 방문함으로써
(C) 신청서를 작성함으로써
(D) RBS와 방문일정을 잡음으로써

STEP 1   추후 연락처/연락 방법/지원 방법 등은 지문의 하단부에 정답이 있다.

연락할 방법, 연락해야 하는 이유 등은 정답이 지문의 하단부에 있으며, If~, Please ~, To부정사구 등의 표현을 잡아야 한다. 문제의 키워드는 get a price quote로, 가격 견적서를 받을 수 있는 방법을 묻는 문제로, price quote와 유사어휘인 price estimate가 언급된 두 번째 지문에 집중한다. 따라서 해당 문단의 마지막 부분인 "To set up a date and time, send an email to evaluation@rbspace.au."에서 감정을 받을 기업은 RBS에 이메일을 보내 일정을 잡아야함을 언급하였다. 따라서 RBS사가 제공하는 서비스에 관심 있는 사람들이 가격 견적서를 받으려면 RBS사와 방문 일정을 잡아야 하므로 정답은 (D)이다.

STEP 2

(A) 지문의 "To set up a date and time, send an email to evaluation@rbspace.au."에서 견적서를 내고 싶은 사람은 고객 서비스 부서가 아니라 언급되어 있는 주소로 이메일을 보내달라고 요청하고 있으므로 오답이다.
(B) 하단부에 언급되어 있는 웹사이트에서는, 가격 견적서가 아니라 RBS사에서 제공하는 서비스에 대한 자세한 정보를 확인할 수 있으므로 오답이다.
(C) 해당 지문은 청소 회사인 RBS사에서 제작한 광고지로, 신청서 작성에 대한 내용은 언급되지 않았으므로 오답이다.

---

171. RBS사는 다른 경쟁업체와 어떻게 다른가?

(A) 환불을 보장한다.
(B) 맞춤 서비스를 제공한다.
(C) 가격이 더 저렴하다.
(D) 서비스가 환경에 안전하다.

STEP 1   '사실'인 것을 찾는 문제는 보기의 키워드를 먼저 정리한 후 본문을 검색한다.

문제의 키워드는 differ, competitors로, 경쟁 업체와의 차이점이 무엇인지를 묻는 문제이다. 지문의 "Unlike its competitors, RBS does its best to minimize environmental influence ~ minimal energy"에서 경쟁업체와 다르게 무독성 화학물질과 최소한의 에너지를 소비하는 최첨단 장비 사용으로 환경에 미치는 영향을 최소화하고자 최선을 다하고 있다고 언급하고 있으므로 정답은 (D)이다.

STEP 2

(A)는 언급되지 않은 사항이므로 오답이다.
(B) personalized services는 언급되었지만, 상단부에 RBS의 전체 서비스에 대한 특징으로 언급되었으므로 오답이다.
(C) 지문의 "providing efficient services at prices as low as our competitors."에서 경쟁업체만큼 저렴한 가격에 서비스를 제공한다고 언급했으므로, 오답이다.

Questions 172-175 refer to the following text message chain.

●●●○○   🔋

Belinda Chambers   11:21 A.M.   `172`
Hello, Elena and Hannah. **Have you seen any package delivered for me?**
Some documents should have arrived for me today, but they might have
been inadvertently delivered to another department. It would be a package
from Winnipeg Crops and may be marked as "crucial."

Elena Christensen   11:22 A.M.
We don't have anything for you here at the information desk. **You'd better**
ask the mail room on the first floor.

> `173` ask the mail room on the first floor
> → Check another area

Garry Cortez   11:23 A.M.
We have a package from Winnipeg Crops here in the photocopy room, but **I**
wasn't able to find any name on it.

Belinda Chambers   11:25 A.M.
That might be the one I'm expecting. **Do you mind checking the shipping**
label once again?   `174`

Garry Cortez   11:26 A.M.
You're right. **There is your name on it**. I didn't notice it because it was too
small.

Belinda Chambers   11:28 A.M.
Excellent! Is it possible to have **the package delivered to my desk on the**
third floor? `175`

Garry Cortez   11:28 A.M.
Sure, I was about to go up there to get papers anyway.

Belinda Chambers   11:29 A.M.
I appreciated your help.

---

172. Why did Ms. Chambers begin the text message chain?
(A) She was sent ~~a package by mistake~~.
(B) She shipped a damaged product.
(C) She is about to attend a client meeting.
(D) She cannot locate some documents.

목적 / 상
└ 지문의 상단부에서 정답을
확인하자.

173. What does Ms. Christensen suggest doing?
(A) Rearranging a meeting room
(B) Visiting Winnipeg Crops
(C) Checking another area
(D) Coming to the ~~information desk~~

Ms. Christensen / 제안
└ Christensen 씨의 대사에
정답이 있다.

174. At 11:26 A.M., what does Mr. Cortez most likely mean when he writes, "You're right"?
(A) He misplaced some forms.
(B) He finally sees a name.
(C) He wants to send back a package.
(D) He is late for a meeting.

화자의도 파악문제
ㄴ. 해당 위치의 위아래 문맥을 파악하자.

175. What will Mr. Cortez most likely do next?
(A) Reschedule a delivery date
(B) ~~Go to the mail room~~
(C) Look through some ~~documents~~
(D) Visit Ms. Chambers's office

Mr. Cortez/미래/하
ㄴ. 지문의 하단부에서 Cortez 씨가 앞으로 할 일을 찾자.

문제 172–175은 다음 온라인 대화 메시지를 참조하세요.

Belinda Chambers [오전 11:21]
안녕하세요, Elena 씨 그리고 Hannah 씨. 저에게 배달 온 물건을 보셨나요? 오늘 저에게 배송되어야 하는 서류가 있지만, 실수로 다른 부서로 배송이 된 것 같습니다. 그것은 Winnipeg Crops에서 발송된 물건일 것이고, "중요" 라고 표시가 되어있을 것입니다.

Elena Christensen [오전 11:22]
여기 안내데스크쪽으로 온 물건은 없습니다. 1층의 우편실에 물어보는 것이 나을 것 같습니다.

Garry Cortez [오전 11:23]
Winnipeg Crops에서 온 물건이 이곳 복사실에 있지만, 이름은 적혀있지 않습니다.

Belinda Chambers [오전 11:25]
제가 기다리고 있던 물건인 것 같습니다. 다시 한 번 배송 라벨을 확인해 주실 수 있나요?

Garry Cortez [오전 11:26]
맞네요. 당신 이름이 적혀 있습니다. 너무 작아서 알아차리지 못했습니다.

Belinda Chambers [오전 11:28]
잘됐네요. 3층에 있는 제 자리로 물건을 가져다주실 수 있나요?

Garry Cortez [오전 11:28]
물론이죠, 막 서류를 가지러 그곳에 가려던 참이었어요.

Belinda Chambers [오전 11:29]
도와주셔서 감사합니다.

어휘 package 소포 deliver 배달하다 document 서류, 문서 inadvertently 우연히, 부주의로 department 부서 crucial 중대한, 결정적인 information desk 안내소 had better VR ~하는 편이 낫다 photocopy room 복사실 mind 언짢아하다, 상관하다 shipping label 배송 라벨 once again 한 번 더 notice 알아채다, 인지하다 be about to VR 막 ~하려는 참이다 appreciate 고마워하다

---

172. Chambers 씨는 왜 온라인 대화를 시작하였는가?
(A) 그녀는 우연히 소포를 받았다.
(B) 그녀는 파손된 제품을 배송했다.

(C) 그녀는 고객과의 회의에 참석하려던 참이다.
(D) 그녀는 일부 서류를 찾을 수 없다.

STEP 1 목적은 처음 두 줄에 90%답이 있다.

Chambers 씨가 먼저 온라인 대화 메시지를 보낸 이유를 묻는 문제이다. 그의 첫 대사인 "Have you seen any package delivered for me? Some documents should have arrived for me today"에서 오늘 Chambers 씨에게 배송되어야 하는 서류가 있지만, 아직 받지 못해 찾고 있다고 언급하였다. 따라서 대화를 시작한 이유는 (D)이다.

STEP 2

(A) 지문의 "Have you seen any package delivered for me? Some documents should have arrived for me today,"에서 Chambers 씨에게 배송되어야 하는 물건을 받지 못했음을 언급하였으므로 오답이다.
(B), (C) 언급되지 않은 사항이므로 오답이다.

---

173. Christensen 씨는 무엇을 하기를 제안하고 있는가?
(A) 회의실 재정리
(B) Winnipeg Crops사 방문
(C) 다른 장소 확인
(D) 안내 데스크 방문

STEP 1 미래의 계획은 상대방 대사에서 권유/제안으로 답이 제시되기도 한다.

일반적인 미래의 일정은 본인의 대사에 정답이 있지만 상대방 대사에서 ask, require, suggest, need 등의 동사를 사용해서 문제에서 제시된 인물에게 요청을 하는 표현으로 정답이 제시되기도 한다.
Christen 씨의 대사인 "We don't have anything for you here at the information desk. You'd better ask the mail room on the first floor."에서 Christensen 씨가 근무하고 있는 안내소에는 Chamber 씨에게 온 서류가 없기 때문에, Chamber 씨에게 1층에 위치한 우편실을 확인하라고 요청하고 있다. 따라서 Christensen 씨가 제안한 것은 (C) 이다. 지문의 ask the mail room on the first floor은 포괄적인 어휘 Check another area로 paraphrasing되었다.

STEP 2

(A), (B) 언급되지 않은 사항이므로 오답이다.
(D) 지문의 "We don't have anything for you here at the information desk."에서 Christensen의 근무 장소인 안내 데스크에는 우편이 오지 않았다고 언급하였으므로 오답이다.

---

174. 오전 11시 26분에 Cortez 씨가 "You're right."라고 적었을 때 의미하는 것은 무엇인가?
(A) 그는 일부 문서를 다른 장소에 두었다.
(B) 그는 마침내 이름을 확인했다.
(C) 그는 소포를 반송하기를 원한다.
(D) 그는 회의에 늦었다.

STEP 1 온라인 채팅 '의도파악' 문제는 위아래 연결어가 있거나 전체적인 상황을 포괄적으로 묘사하는 것이 정답이다.

온라인 채팅의 대화에서는 등장인물들의 관계와 입장을 먼저 정리하고 해당 위치의 위아래 문맥을 파악하고 포괄적으로 정답을 찾는 것이 관건이다.
Cortez 씨의 대사인 "We have a package from Winnipeg Crops here in the photocopy room, but I wasn't able to find any name on it."에서 우편실에 Winnipeg Crops에서 발송한 물건이 있지만, 이름이 보이지 않는다고 언급되어 있다. 그 다음 Chambers 씨의 "That might be the one I'm expecting. Do you mind checking the shipping label once again?"에서 그가 기대하고 있는 물건이 우편실에 있다는 것을 확인했으며, 배송 라벨을 다시 한 번 확인해달라고 요청하자 Cortez 씨는 "You're right"이라는 긍정의 대답과 함께 "There is your name on it." 라며, 그 소포 위에 당신의 이름이 적혀 있다고 언급하고 있으므로 Cortez 씨가 마침내 Chambers 씨의 이름을 확인했음을 알 수 있으므로 정답은 (B)이다.

175. Cortez 씨는 무엇을 할 예정인가?

(A) 배달 일정 다시 잡기
(B) 우편실 방문하기
(C) 일부 서류 검토하기
(D) Chambers 씨의 사무실 방문하기

STEP 1 미래의 계획은 상대방 대사에서 권유/제안으로 답이 제시되기도 한다.

특정 사람의 미래 일정을 묻는 문제로 지문의 하단부에서 해당인물의 말에서 답을 찾아야 한다. Cortez 씨의 마지막 말의 처음이 권유/제안에 대한 수락의 표현인 sure로 시작하므로 바로 앞 사람의 권유/제안 질문을 파악하면 답을 찾을 수 있다. Chambers 씨의 대사인 "Is it possible to have the package delivered to my desk on the third floor?"과 Cortez 씨의 대사인 "Sure."에서 3층에 위치한 Chambers 씨의 사무실로 소포를 올려달라는 요청에 Cortez 씨는 긍정의 의사를 표현하였다. 따라서 정답은 (D)이다.

STEP 2

(A)는 언급되지 않은 사항이므로 오답이다.
(B) 우편실에서 근무하고 있는 Cortez 씨가 Chambers 씨의 소포를 가져다 줄 예정이므로 오답이다.
(C) 지문의 "Do you mind checking the shipping label once again?"에서 물건에 담겨 있는 서류가 아니라 배송 라벨을 확인해달라고 요청했으므로 오답이다.

1

Debate on What to Do with

> **176** debate about how a vacant land should be used → possible uses for a certain site

At the Bethnal Council meeting on February 17, **there was a furious debate about how a vacant land at 231 Dollis Road should be used. The space used to be** a drive-through fast-food **restaurant. The completion of the new road, Neasden Drive,** caused traffic to be redirected away from Bethnal's downtown area. As a result, **the restaurant went out of business. 177**

Ralph Morgan, one of the council members, suggested a plan to construct a four-story public parking gar **178** She cited a Bethnal consumer study that **supports** her petition for building the new parking structure. "The lack of parking space in the center of Bethnal is harmful to business. A new parking facility would bring in a lot of vendors as well as shoppers to the area."

The Bethnal Community Association (BCA) called for a different plan. BCA ... erted ... ndice ... want

> **180** 1+2 연계 문제
> STEP 3. seesaw, slide, jungle gym → playground for children

> **179** The land (vacant land at 231 Dollis Road) = There = not adequate room for extensive trails → Harrow park boasts an extensive trail

Roy Reed, a kindergarten teacher, came up with an **idea to use the space as a playground for children**. He said that kids in Bethnal don't seem to have much space to play. "The land is not like **Harrow Park. There isn't adequate room for extensive trails to walk along.**"

Andrea Reyes, the Mayor of Bethnal, has yet to express her opinion about these ideas. **Voting on this issue** is scheduled to **take place on March 21.**

> **180** 1+2 연계 문제
> STEP 1. March 21 : 최종 결정

2

Euston Supply

342 Brondesbury Street Golders, London, RC4 2C4

Request from:
Bethnal City Government
459 Gloucester Road Bethnal, London QC2 3R1

> **180** 1+2 연계 문제
> STEP 2. Bethnal 시청에서 주문한 내용 확인

	Product No.	Rate
2-seat seesaw – 4 sets	ROCV-341y-RO	£3,266
4 meter slide – 2 sets	ROCV-341q-RT	£4,854
Jungle Gym – 1 set	ROCV-341r-RU	£2,990
	Total	£11,110

176. What is the article mainly about?
(A) Controversial plans for a new business
(B) Bids for developing an old part of a city
(C) Possible uses for a certain site
(D) Issues attributed to road repair work

주제 / 상
ㄴ 지문의 상단부에서 정답을 확인하자.

177. What is suggested about 231 Dollis Road?
(A) It has ~~a parking area made~~ by the city council.
(B) It ~~will be used to open~~ a drive-through restaurant.
(C) It currently features a ~~residential building~~.
(D) It is not visited by many people because of a new route.

키워드 231 Dollis Road :
지문 **1**
ㄴ, 키워드와 관련된 내용을
지문에서 검색하자.

178. In the article, the word "supports" in paragraph 2, line 5, is closest in meaning to
(A) bears   (B) aids
(C) holds   **(D) backs up**

동의어 찾기 문제
ㄴ, 단어를 기준으로
앞뒤 문장을 확인하자.
: 지문 **1**

179. What is indicated about Harrow Park?
(A) It boasts a playground for children.
(B) It boasts an extensive trail.
(C) It is very popular among local residents.
(D) It was recently open to the public.

키워드 Harrow Park :
지문 **1**
ㄴ, 키워드와 관련된 내용을
지문에서 검색하자.

180. Whose suggested plan was most likely chosen on March 21?
(A) Mr. Morgan's   (B) Ms. Ramos's
(C) Mr. Reed's   (D) Ms. Reyes's

3월 21일 채택 제안서
ㄴ, 키워드 March 21 : 지문 **1**
ㄴ, 지문 **2**에서, 사람들의
제시한 계획을 확인해야 한다.

문제 176-180은 다음 기사와 청구서를 참조하시오.

공터 사용에 대한 토론   **1**

2월 17일 Bethnal 의회 회의에서, 231 Dollis가에 위치한 공터를 어떻게 사용할지에 대한 열띤 토론이 있었습니다. 그곳은 드라이브 스루 매장을 갖춘 패스트푸드점으로 사용했었습니다. 새 도로인 Neasden Drive의 완공은 차량을 Bethnal 도심 지역을 거치지 않도록 했습니다. 결과적으로, 그 식당은 폐업했습니다.

의원 중 한분인 Ralph Morgan 씨는 4층의 공영 차고지 건설 계획을 제안했습니다. 그녀는 새로운 주차 건물을 지으려는 그녀의 청원서를 뒷받침하는 Bethnal 소비자 조사를 인용했습니다. "Bethnal 중심부의 주차 공간 부족은 사업에 좋지 않습니다. 새로운 주차 시설은 그 지역에 쇼핑객뿐 아니라 많은 판매 회사를 유치시킬 것입니다."

Bethnal 지역 자치회(BCA)는 다른 계획을 요구했습니다. BCA는 그 부지가 공립 공원으로 바뀌어야 한다고 요청했습니다. BCA의 일원인 Candice Ramos 씨는 "사람들은 더 이상 콘크리트 구조물을 원하지 않습니다. 그들은 신선한 공기, 녹색 식물, 산책을 즐길 수 있는 더 많은 장소를 원합니다."라고 주장했습니다.

유치원 선생님인 Roy Reed 씨는 아이들을 위한 놀이터로 그 장소를 사용하는 방안을 생각해 냈습니다. 그는 Bethnal 지역의 아이들은 놀 수 있는 장소가 충분하지 않는 것 같다고 말했습니다. "그 지역은 Harrow 공원 같지 않습니다. 그곳은 걸을 수 있는 넓은 오솔길이 들어설 공간 충분하지 않습니다."

Bethnal의 시장인 Andrea Reyes 씨는 이 방안에 대한 의견은 아직 표명하지 않았습니다. 이 안건에 대한 투표는 3월 21일에 진행될 것으로 예정되어 있습니다.

Euston Supply   **2**

342 Brondesbury Street Golders, 런던, RC4 2C4

신청자 :
Bethnal 시청
459 Gloucester Road Bethnal, 런던 QC2 3R1

배송지 : 231 Dollis가

제품	제품 번호	가격
좌석 2개의 시소 - 4세트	ROCV–341y–RO	3,266 파운드
4미터 길이의 미끄럼틀 - 2세트	ROCV–341q–RT	4,854 파운드
정글짐 - 1세트	ROCV–341r–RU	2,990 파운드
	총액	11,110 파운드

어휘 furious 왕성한, 맹렬한 completion 완료, 완성 redirect ~의 방향을 바꾸다 go out of business 폐업하다
cite (이유, 예를) 들다 petition 청원서, 탄원서 vendor 판매회사 convert into ~로 바꾸다
long for 열망하다, 갈망하다 come up with 제안하다, ~을 생각해내다 adequate 충분한 seesaw 시소
controversial 논란이 많은 reside 살다, 거주하다

---

176. 기사는 주로 무엇에 대한 것인가?

(A) 신규 사업과 관련하여 논란이 많은 계획
(B) 도시의 오래된 지역을 개발하는 것에 대한 입찰
(C) 특정 지역의 가능한 사용처
(D) 도로 공사로 야기되는 문제

STEP 1 　 목적은 처음 두 줄에 90% 답이 있다.

기사가 작성된 이유를 묻고 있는 문제이다. 첫 번째 지문의 "Debate on What to Do with an ~ should be used."에서 2월 17일에 진행된 Bethnal시 회의에서 231 Dollis가에 위치한 공터를 어떻게 사용할지에 대한 열띤 토론이 진행되었다고 언급하였다. 따라서 이후에 그 장소에 대한 사용 방법이 토론 내용으로 언급될 것을 알 수 있으므로 정답은 (C)이다. 지문의 구체적인 어휘 debate about how a vacant land should be used는 포괄적인 어휘 possible uses for a certain site로 paraphrasing되었다.

---

177. 231 Dollis 도로에 관해 언급된 것은 무엇인가?

(A) 시의회가 만든 주차 공간이 있다.
(B) 그곳에는 드라이브스루 식당을 갖춘 가게가 개점할 것이다.
(C) 그곳에는 현재 주거용 건물이 있다.
(D) 새로운 길로 인해 많은 사람들이 가지 않는다.

STEP 1 　 답은 항상 키워드 옆에 있다.

문제의 키워드 231 Dollis Road와 관련된 내용을 지문에서 찾아 보기와 대조하는 문제이다. 첫 번째 지문의 "there was a furious debate ~ the restaurant went out of business"에서 231 Dollis가에 위치한 공터에는 패스트푸드 점이 있었는데, 새 도로인 Neasden Drive의 완공으로 Bethnal 도심 지역을 차량이 우회했고, 결과적으로 231 Dollis가에 위치해있던 식당이 폐업했다고 언급하고 있으므로 정답은 (D)이다.

STEP 2

(A) 지문의 "there was a furious debate about how a vacant land at 231 Dollis Road should be used."에서 해당 공터를 어떻게 사용할지 논의를 진행했음이 언급되었다. 하지만 최종결정은 아직 나지 않았으므로 오답이다.
(B) 지문의 "The space used to be a drive-through fast-food restaurant"에서 과거에 드라이브스루를 갖춘 패스트푸드 가게가 있었지만 과거에 폐업했음을 언급하였으므로 오답이다.
(C) 지문의 "Debate on What to Do with an ~ should be used."에서 231 Dollis가에 위치한 장소는 비어있음을 언급하였으므로 오답이다.

178. 기사에서, 두 번째 문단 다섯 번째 줄의 "supports"와 의미가 가장 가까운 것은?

(A) 견디다
(B) 돕다
(C) 가지고 있다
(D) 뒷받침하다

STEP 1

동의어 찾기 문제는 진짜 동의어를 찾는 것이 아니다. 동의어 찾기 문제에서 보기의 대부분은 실제 동의어들이다. 단순히 같은 뜻을 찾는 것이 아니라 본문의 문맥에 어울리는 단어로 교체하는 것이 핵심이다. 해당 문장인 "She cited a Bethnal consumer study that supports her petition for building the new parking structure."에서 새로운 주차 공간을 짓자는 그녀의 청원서를 '뒷받침하는' 연구 자료를 인용했다고 언급되어 있다. 따라서 '뒷받침하다'와 동일한 의미를 갖고 있는 (D)가 정답이다.

---

179. Harrow 공원에 대해 언급된 것은 무엇인가?

(A) 아이들을 위한 놀이터를 자랑한다.
(B) 넓은 산책로를 갖고 있다.
(C) 지역 주민들 사이에서 매우 인기 있다.
(D) 최근에 대중에게 개방되었다.

STEP 1　　답은 항상 키워드 옆에 있다.

문제의 키워드 Harrow Park와 관련된 내용을 지문에서 찾아 보기와 대조하는 문제이다. 첫 번째 지문의 "The land is not like Harrow Park. There isn't adequate room for extensive trails to walk along."에서 231 Dollis 가에 위치한 그 부지는 Harrow 공원과 다르게, 넓은 오솔길이 들어설 장소가 부족하다고 언급하였다. 즉, Harrow 공원에는 산책로가 많음을 파악할 수 있으므로 정답은 (B)이다.

STEP 2

(A) 지문의 "The land is not like Harrow Park. There isn't adequate room for extensive trails to walk along."에서 Harrow 공원에는 놀이터가 아닌 산책로가 많이 있음을 언급하였으므로 오답이다.
(C), (D)는 지문에서 언급되지 않았으므로 오답이다.

---

180. 누구의 제안서가 3월 21일에 선택된 것 같은가?

(A) Morgan 씨의 것
(B) Ramos 씨의 것
(C) Reed 씨의 것
(D) Reyes 씨의 것

STEP 1　　표나 시각 자료 등에는 직접적인 답이 많지 않다.

시각 자료는 답을 선택할 수 있는 근거를 제공하는 역할을 하기 때문에, 두 문서 연계 문제의 출제 비중이 크다. 문제를 본격적으로 풀기 전에 두 문서의 앞부분을 키워드 위주로 정리한다.

먼저 문제의 키워드인 "March 21"은 첫 번째 지문의 "Voting on this issue is scheduled to take place on March 21."에서 해당 날짜에는 투표로 해당 공터를 어떻게 사용할지에 대한 최종적인 결정이 난다고 언급되었다. 두 번째 지문의 표는 Bethnal 시청에서 주문한 물품에 대한 주문서로, "2-seat seesaw, 4 meter slide, Jungle Gym"을 통하여 아이들을 위한 놀이부지로 사용될 계획임을 확인할 수 있다. 따라서 첫 번째 지문의 "Roy Reed, a kindergarten teacher, came up with an idea to use the space as a playground for children."에서 아이들을 위한 놀이 공간으로 사용하자는 유치원 교사인 Roy Reed씨의 청원서가 받아들여졌음을 알 수 있다. 따라서 정답은 (C)이다.

Questions 181-185 refer to the following schedule and e-mail.

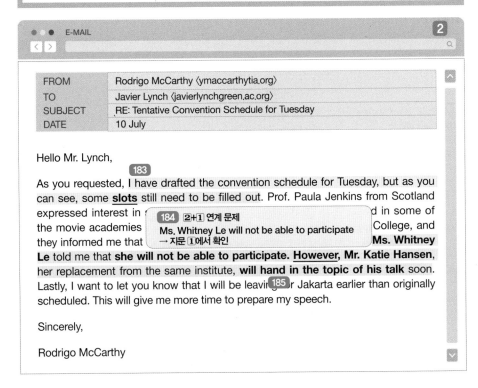

Trade and Industries Association (TIA)
"The Importance of Distance Training Programs in Business"
Royal College of Jakarta, 22-24 September
Tentative Schedule for Tuesday, **22 September** 181

8:30 A.M .– 9:30 A.M.	Enrollment
9:00 A.M. – 10:30 A.M.	Welcome and Opening Address: Javier Lynch, Chair of Convention
10:40 A.M. – 11:10 A.M.	**Keynote Speech:** Rodrigo **McCarthy, Head of TIA** 181
11:20 A.M. – 12:30 P.M.	Title of presentation not decided: presenter supposed to be invited from Victoria College of Business, Malaysia.
12:30 P.M. – 1:10 P.M.	Lunch (Manor Campus Center)
1:20 P.M. – 2:05 P.M.	Improving Online Resources Managem 182 Elaine McDonald, Hanoi **Corporate Business** Academy, Vietnam
2:15 P.M. – 3:00 P.M.	Distance Training in the Movie Industry: presenter from London to be invited
3:10 P.M. – 3:05 P.M.	**Creating Innovative Course Contents: Whitney Le**, Madrid Visual Art Institute, Spain 184 2+1 연계 문제
3:15 P.M. – 4:10 P.M.	Trainee Support Programs: Gertrude Johnston School of Adolescent Psychiatry, Berlin, Germany

E-MAIL 2

FROM	Rodrigo McCarthy ⟨ymaccarthytia.org⟩
TO	Javier Lynch ⟨javierlynchgreen.ac.org⟩
SUBJECT	RE: Tentative Convention Schedule for Tuesday
DATE	10 July

Hello Mr. Lynch,

183

As you requested, I have drafted the convention schedule for Tuesday, but as you can see, some **slots** still need to be filled out. Prof. Paula Jenkins from Scotland expressed interest in [184 2+1 연계 문제 Ms. Whitney Le will not be able to participate → 지문 ①에서 확인] d in some of the movie academies College, and they informed me that **Ms. Whitney Le** told me that **she will not be able to participate. However, Mr. Katie Hansen,** her replacement from the same institute, **will hand in the topic of his talk** soon. Lastly, I want to let you know that I will be leavi 185 r Jakarta earlier than originally scheduled. This will give me more time to prepare my speech.

Sincerely,

Rodrigo McCarthy

181. What is indicated about Mr. McCarthy?
(A) He is resigning from his current position.
(B) He will take questions after his speech.
(C) He has been the head of TIA for ~~more than a year.~~
(D) He will give a talk on the first day of the convention.

182. When will an expert in corporate business give a presentation?
(A) At 10:40 A.M.
(B) At 11:25 A.M.
(C) At 1:20 P.M.
(D) At 3:15 P.M.

183. In the e-mail, the word "slots" in paragraph 1, line 2, is closest in meaning to
(A) parking   **(B) times**
(C) holes   (D) chances

184. What presentation topic will need to be withdrawn?
(A) Trainee Support Programs
(B) Creating Innovative Course Contents
(C) Distance Training in the Movie Industry
(D) Improving Online Resources Management

185. According to the e-mail, what information will Mr. McCarthy be sent?
(A) The contact information
(B) The list of presenters
(C) The topic of a talk
(D) The completed schedule

문제 181-185는 다음 일정표와 이메일을 참조하세요.

무역산업 협회 (TIA)
"경영 원격 연수 프로그램의 중요성"
Jakarta 왕실 대학, 9월 22일 – 24일
9월 22일 화요일 임시 일정표

오전 8:30 - 오전 9:30	강의 신청
오전 9:00 - 오전 10:30	환영사와 개회사 : Javier Lynch, 학회장
오전 10:40 - 오전 11:10	기조연설: Rodrigo McCarthy, TIA 책임자
오전 11:20 - 오후 12:30	발표 주제 미정 : 발표자는 말레이시아의 Victoria 경영 대학에서 초청 예정
오후 12:30 - 오후 1:10	점심식사 (Manor 캠퍼스 센터)
오후 1:20 - 오후 2:05	온라인 자원 관리 개선 : Elaine McDonald, 베트남의 Hanoi 기업경영학술원
오후 2:15 - 오후 3:00	영화 산업의 원격 연수 : 런던에서 발표자 초청 예정
오후 3:10 - 오후 3:05	혁신적인 수업 내용 제작 : Whitney Le, 스페인의 Madrid 시각예술 협회
오후 3:15 - 오후 4:10	연수생 지원 프로그램 : 독일 베를린의 소아 청소년 Gertrude Johnston 학교

발신	Rodrigo McCarthy 〈ymaccarthy@tia.org〉
수신	Javier Lynch 〈javierlynch@green.ac.org〉
제목	답장 - 화요일 임시 학회 일정표
날짜	7월 10일

Lynch 씨, 안녕하세요.

귀하께서 요청하신 대로, 저는 화요일 학회 일정표 초안을 작성하였지만, 보시는 대로, 여전히 비어 있는 시간대를 채워야 합니다. 스코틀랜드의 Paula Jenkins 교수는 원격 연수가 자국의 영화협회에서도 사용되기 때문에, 연설하는 것에 관심을 표현했습니다. 게다가 저는 Victoria 대학교와 연락했으며, 그들은 Omar Graves 씨가 발표를 한다는 소식을 알려주었습니다. Whitney Le 씨는 참석이 불가능함을 알려주었습니다. 하지만 동일 기관에서 근무하고 있는 Katie Hansen 씨가 그녀를 대신할 것이며, 곧 발표 주제를 제출할 것입니다. 마지막으로 저는 본래 계획했던 것보다 일찍 Jakarta로 출발하게 되었음을 알려드립니다. 이것으로 제 연설을 준비할 시간이 더 많아졌습니다.

진심을 다해,

Roadrigo Mccarthy 올림

어휘 association 협회 **royal college** 왕실 대학 **tentative** 잠정적인, 임시의 **enrollment** 등록, 입학 **welcome** 환영 **address** 연설 **chair** 의장 **keynote speech** 기조연설 **improve** 개선시키다 **resources management** 자원 관리 **corporate business** 기업 **distance training** 원격 연수 **industry** 산업, 업계 **create** 창조하다 **innovative** 혁신적인 **content** 콘텐츠, 내용물 **institute** 기관, 협회 **trainee** 견습생, 연습생 **adolescent psychiatry** 소아 청소년 **draft** 초안을 작성하다 **slot** 장소, 시간대 **fill out** 채우다 **express** 표현하다

---

181. McCarthy 씨에 관하여 언급된 것은 무엇인가?

(A) 그는 현 직위에서 사퇴할 것이다.
(B) 그는 연설이 끝난 뒤에 질문을 받을 것이다.
(C) 그는 1년 넘게 TIA의 회장이었다.
(D) 그는 학회 첫 날에 연설을 할 것이다.

STEP 1 답은 항상 키워드 옆에 있다.

질문의 키워드 Mr. McCarthy와 관련된 내용을 지문에서 찾아 보기와 대조하는 문제이다. 첫 번째 지문의 "The Importance of Distance Training ~ 22 September"과 "Keynote Speech: Rodrigo McCarthy, Head of TIA"에서 TIA 대표인 McCarthy 씨는 행사 첫날인 9월 22일에 기조연설을 할 예정임을 확인할 수 있다. 따라서 정답은 (D)이다. 지문의 구체적인 어휘 22 September은 보기의 포괄적인 어휘 the first day of the convention으로 paraphrasing되었다.

STEP 2

(A), (B)는 언급되지 않은 사항이므로 오답이다.
(C) 지문의 "Rodrigo McCarthy, Head of TIA"에서 Mccarthy 씨가 TIA의 대표임을 확인할 수 있지만, 해당 직책에서 근무한 기간을 알 수 없으므로 오답이다.

---

182. 기업 전문가는 언제 발표를 할 예정인가?

(A) 오전 10:40   (B) 오전 11:25
(C) 오전 1:20   (D) 오후 3:15

STEP 1   기간, 요일, 숫자 등은 키워드 옆에 있는 것이 정답이다.

본문에 있는 정보들 중에 문제에서 제시하는 키워드 옆에 있는 정확한 정보를 찾아내는 것이 관건이다. 문제의 키워드는 expert in corporate business로 기업 전문가가 발표를 하는 시간을 골라야 하는 문제이다. 첫 번째 지문의 "Improving Online Resources Management: Elaine McDonald, Hanoi Corporate Business Academy, Vietnam"에서 베트남의 Hanoi 기업 경영 학술원에서 나온 Elaine McDonald 씨가 기업 전문가임을 알 수 있다. 따라서 해당 학회가 진행되는 시간인 오후 1시 20분에 해당하는 (C)가 정답이다.

---

183. 이메일에서, 첫 번째 단락 두 번째 줄의 "slots"와 의미가 가장 가까운 것은?

(A) 주차 공간   **(B) 시간대**
(C) 구멍   (D) 기회

STEP 1   동의어는 문맥상 대체할 수 있는 단어를 찾는 것이다.

보기에서 일차원적으로 같은 의미의 단어를 찾는 것이 아니라 그 단어의 다양한 의미 중에서 본문의 상황에 맞는 의미를 선택해야 한다. 해당 문장인 "I have drafted the convention schedule for Tuesday, but as you can see, some slots still need to be filled out."에서 초안으로 작성된 임시 시간표의 '시간대'를 채워야 함을 언급하고 있다. 따라서 '시간대'의 의미를 갖고 있는 (B)가 정답이다.

---

184. 어떤 발표 주제가 취소되어야 하는가?

(A) 연습생 지원 프로그램
(B) 혁신적인 수업 내용 제작
(C) 영화 산업의 원격 연수
(D) 온라인 자원 관리 개선

STEP 1   5문제 중 반드시 한 문제 이상은 두 문서를 동시에 이용해야 정답이 나온다.

한 문서가 일정상의 변경 요청, 할인이나 멤버십 자격 조건 등을 보여주면 나머지 문서에서 특정 인물의 조건과 연계해서 정답을 찾아야 한다. 두 번째 지문의 "Ms. Whitney Le told me that she will not be able to participate."에서 Whitney 씨가 학회에 참여할 수 없음을 언급하였다. 따라서 첫 번째 지문에서 Whitney 씨의 발표 주제인 "Creating Innovative Course Contents"가 취소되었으므로 정답은 (B)이다.

---

185. 이메일에서, McCarthy 씨는 어떤 자료를 받을 예정인가?

(A) 연락처
(B) 발표자 명단
(C) 발표 주제
(D) 최종 일정표

STEP 1   but, however, unfortunately 등 역접 뒤에 정답이 있다.

역접 구조의 앞부분에는 상황 설명이 있으며, 결론이 뒤에 나온다. 따라서 but, however, unfortunately 등의 표현 뒤에는 중요한 답의 정보가 있다. McCarthy 씨가 받을 자료가 무엇인지를 문제로, 그는 이메일의 발신자에 해당한다. 두 번째 지문의 "However, Mr. Katie Hansen, her replacement from the same institute, will hand in the topic of his talk soon."에서 그는 Whitney Le 씨를 대신할 Katie Hansen 씨로부터 새로운 발표 주제를 받을 것임이 언급되어 있다. 따라서 정답은 (C)이다.

STEP 2

(A), (B)는 언급되지 않은 사항이므로 오답이다.
(D) 지문의 "As you requested, I have drafted the convention schedule for Tuesday, but as you can see, some slots still need to be filled out."에서 일정표를 잡는 사람은 McCarthy 씨로, 그가 다른 관계자에게 최종 일정표를 전송해야 하는 사람도 McCarthy 씨이므로 오답이다.

TEST 3 해설

Questions 186-190 refer to the following Web page, e–mail, and survey.

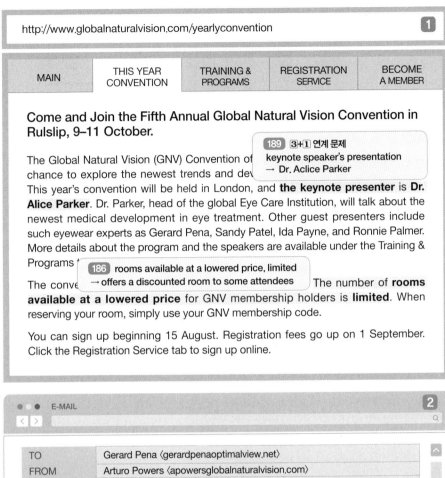

http://www.globalnaturalvision.com/yearlyconvention　　　　　　　1

MAIN	THIS YEAR CONVENTION	TRAINING & PROGRAMS	REGISTRATION SERVICE	BECOME A MEMBER

Come and Join the Fifth Annual Global Natural Vision Convention in Rulslip, 9–11 October.

> **189** ③+① 연계 문제
> keynote speaker's presentation
> → Dr. Aclice Parker

The Global Natural Vision (GNV) Convention of [...] chance to explore the newest trends and dev [...] This year's convention will be held in London, and **the keynote presenter** is **Dr. Alice Parker**. Dr. Parker, head of the global Eye Care Institution, will talk about the newest medical development in eye treatment. Other guest presenters include such eyewear experts as Gerard Pena, Sandy Patel, Ida Payne, and Ronnie Palmer. More details about the program and the speakers are available under the Training & Programs [...]

> **186** rooms available at a lowered price, limited
> → offers a discounted room to some attendees

The conve [...] The number of **rooms available at a lowered price** for GNV membership holders is **limited**. When reserving your room, simply use your GNV membership code.

You can sign up beginning 15 August. Registration fees go up on 1 September. Click the Registration Service tab to sign up online.

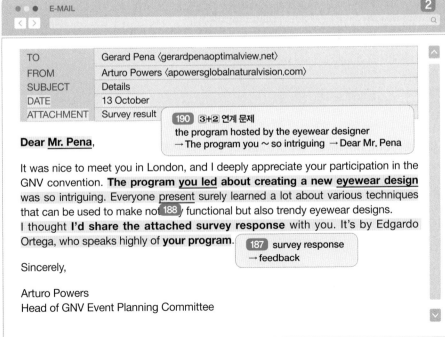

● ● ● 　E-MAIL　　　　　　　　　　　　　　　　　　　　2

TO	Gerard Pena ⟨gerardpenaoptimalview.net⟩
FROM	Arturo Powers ⟨apowersglobalnaturalvision.com⟩
SUBJECT	Details
DATE	13 October
ATTACHMENT	Survey result

> **190** ③+② 연계 문제
> the program hosted by the eyewear designer
> → The program you ~ so intriguing → Dear Mr. Pena

Dear **Mr. Pena**,

It was nice to meet you in London, and I deeply appreciate your participation in the GNV convention. **The program you led about creating a new eyewear design** was so intriguing. Everyone present surely learned a lot about various techniques that can be used to make not **188** functional but also trendy eyewear designs.

I thought **I'd share the attached survey response** with you. It's by Edgardo Ortega, who speaks highly of **your program.**

> **187** survey response
> → feedback

Sincerely,

Arturo Powers
Head of GNV Event Planning Committee

Attendee Survey for the Global Natural Vision Convention

3

Please rate each aspect of the convention.

	Excellent	Good	Fair	Poor
Organization and arrangements				X
Content and programs	X			
Location	X			
	X	Good		

190 3+2 연계 문제
the program hosted by the eyewear designer → 지문 ②에서 확인

189 3+1 연계 문제
keynote speaker's presentation → 지문 ①에서 확인

...ot processed c...
the deadline, but my convention packet was missing. Although I eventually received my packet, **I was not able to attend the keynote speaker's presentation** because of the delay. Despite all of this, the convention was great. I especially enjoyed the **program hosted by the eyewear designer. It was very informative.**

-Edgardo Ortega

186. What is suggested about the convention?
(A) It is exclusive to eyewear experts.
(B) Its registration process must be completed by September 1.
(C) Its location is the same every year.
(D) It offers a discounted room rate to some attendees.

키워드 the convention
키워드 앞뒤에 정답을 찾는다.
ㄴ, 지문 ①

187. What is the main purpose of the e-mail?
(A) To provide feedback on a program
(B) To inquire about a convention survey questionnaire
(C) To help a presenter with travel arrangements
(D) To organize convention programs

이메일 / 목적
ㄴ, 목적이 앞부분에 없으면,
하단부의 요구사항이 정답이다.
ㄴ, 지문 ②

188. In the e-mail, the word "present" in paragraph 1, line 3, is closest in meaning to
(A) gift
(B) current
(C) attending
(D) introduce

동의어 찾기 문제
ㄴ, 단어를 기준으로
앞뒤 문장을 확인하자.
ㄴ, 지문 ②

189. What can be inferred about Mr. Ortega?
(A) A program he wanted to attend was called off.
(B) He had to miss Dr. Parker's talk.
(C) His room was reserved ahead of the convention.
(D) He was satisfied with the registration process.

키워드 Mr. Ortega
ㄴ, Ortega 씨가 작성한 설문 조사지 ③을 먼저 확인하자.
ㄴ, 학회에 대한 전반적인 이야기 ①에서 세부사항을 확인하자.

190. Which presenter was Mr. Ortega particularly happy with?
(A) Ms. Patel
(B) Ms. Palmer
(C) Mr. Pena
(D) Ms. Payne

Ortega 씨가 만족한 발표자
ㄴ, Ortega 씨가 작성한 설문 조사지 ③을 먼저 확인하자.
ㄴ, 지문 ②에서 키워드 the program hosted by the eyewear designer에 집중하자.

문제 186-190은 다음 웹페이지, 이메일과 설문 조사지를 참조하세요.

http://www.globalnaturalvision.com/yearlyconvention **1**

| 메인 | 올해의 학회 | 교육 & 프로그램 | 등록 서비스 | 회원 가입 |

10월 9일부터 11일까지 Rulslip에서 진행되는 제 5회 연례 Global Natural Vision 학회에 참가하십시오.

Global Natural Vision(GNV)는 아이웨어 기술에 있어서 개발 현황과 최신 트렌드를 확인해 보실 수 있는 기회를 업계 종사자분들에게 제공합니다. 올해 학회는 런던에서 진행되며 기조 연설자는 Alice Parker 박사님이십니다. 세계 눈 관리 협회장인 Parker박사님은 시력 치료와 관련하여 최신 의학 발달에 관하여 이야기를 나눌 것입니다. 초청 연사는 Gerad Pena, Sandy Patel, Ida Payne 및 Ronnei Plamer와 같은 아이웨어 전문가들을 망라합니다. 해당 프로그램과 연설가에 관한 더 자세한 내용은 교육&프로그램 탭에서 확인하실 수 있습니다.

학회는 Harrow Hill 호텔에서 진행될 예정입니다. GNV 회원들이 저렴한 가격에 이용하실 수 있는 객실 수는 제한되어 있습니다. 귀하의 객실을 예약하실 때, GNV 회원번호를 이용해 주십시오.

여러분들은 8월 15일부터 신청하실 수 있습니다. 등록비는 9월 1일 자로 인상됩니다. 온라인으로 신청하시려면 등록 서비스 탭을 클릭해 주십시오.

2

수신	Gerard Pena ⟨gerardpena@optimalview.net⟩
발신	Arturo Powers ⟨apowers@globalnaturalvision.com⟩
제목	세부사항
날짜	10월 13일
첨부파일	설문조사 결과

Pena 씨에게,

런던에서 당신을 만나서 반가웠습니다. 그리고 GNV 학회에 참석해주셔서 진심으로 감사드립니다. 귀하께서 진행하셨던 새로운 아이웨어 디자인 관련 프로그램은 아주 흥미로웠습니다. 참석자들 모두 실용적이고 세련된 아이웨어 디자인 제작에 도움이 될 수 있는 다양한 기술에 대해 많이 배웠습니다.
첨부 설문 응답지를 공유할까 합니다. 귀하의 프로그램을 극찬한 Edgardo Ortega 씨의 응답입니다.

진심을 다하여,

Arturo Powers 올림
GNV 행사 기획위원회 책임자

Global Natural Vision 학회 참석자 설문지 ③

학회의 각 측면을 평가해 주십시오.

	훌륭함	좋음	보통	형편없음
기획 및 준비	___	___	___	X
콘텐츠 및 프로그램	X	___	___	___
위치	X	___	___	___
다과	X	___	___	___

후기 : 등록이 제대로 처리되지 않았습니다. 저는 마감일 전에 등록했지만 학회자료가 분실되었습니다. 결국에는 제 자료를 받았지만, 늦어져 기조 연설자의 발표에 참석하지 못하였습니다. 하지만 학회는 매우 좋았습니다. 저는 특히 아이웨어 디자이너가 진행했던 프로그램이 좋았습니다. 그 프로그램은 매우 유익했습니다.

－Edgardo Ortega

어휘 **annual** 연례의 **convention** 총회 **offer** 제공하다 **practitioner** 현역 **industry** 산업 **explore** 탐구하다 **trend** 동향, 추세 **development** 발달, 성장 **technology** 기술, 기계 **keynote presenter** 기조 연설자 **institution** 기관 **medical** 의학의 **treatment** 치료 **expert** 전문가 **the number of** ~의 수 **available** 이용할 수 있는 **lowered** 낮은 **holder** 소유자 **registration fee** 등록비 **deeply** 깊이 **appreciate** 고마워하다 **intriguing** 아주 흥미로운 **functional** 실용적인 **trendy** 최신 유행의 **rate** 평가하다 **aspect** 측면 **refreshment** 다과 **process** 처리하다 **prior to** ~에 앞서, 먼저 **especially** 특히 **informative** 유용한 정보를 주는

---

186. 학회에 관하여 언급된 것은 무엇인가?

(A) 아이웨어 전문가들로만 제한되어 있다.

(B) 등록 과정은 9월 1일까지 마무리되어야 한다.

(C) 위치는 매년 동일하다.

(D) 일부 참석자들에게 할인된 객실 요금을 제공한다.

STEP 1 보기 문장 중에 한 단어 오류를 찾아라.

보기 중에 오답인 문장은 한 단어씩의 오류를 포함하고 있다. 따라서 대략적인 내용으로 정답을 찾는 것이 아니라 꼼꼼하게 정보를 처리하는 것이 중요하다. 문제의 키워드인 the convention은 첫 번째 지문의 전체에서 언급되고 있으므로 첫 번째 지문에서 정답을 파악해야 한다. 지문의 "The number of rooms available at a lowered price for GNV membership holders is limited."에서 GNV 회원들에게는 저렴한 가격에 일부 호텔 객실을 제공한다고 언급되어 있다. 저렴한 가격에 이용할 수 있는 객실은 정해져 있음을 알 수 있으므로 정답은 (D)이다.

STEP 2

(A) 지문의 "The Global Natural Vision (GNV) Convention offers ~ developments in eyewear technology."에서 GNV 학회는 아이웨어 기술 개발을 확인할 수 있는 기회를 참가자들에게 제공한다고 언급되어 있다. 따라서 해당 학회에는 아이웨어 전문가를 비롯하여 다양한 업계 사람들이 참여할 것임을 알 수 있으므로 오답이다.

(B) 지문의 "You can sign up beginning 15 August. Registration fees go up on 1 September."에서 참가 신청은 8월 15일부터 진행되며 9월 1일부터는 참가비가 인상됨을 언급하고 있다. 하지만 마감 일자는 언급되지 않았으므로 오답이다.

(C) 지문의 "Come and Join the Fifth Annual Global Natural Vision Convention in Rulslip, 9–11 October."과 "This year's convention will be held in London"에서 제 5회 학회가 런던 Rulslip시에서 개최됨이 언급되었지만, 과거 개최지는 언급되지 않았으므로 오답이다.

187. 이메일의 주요 목적은 무엇인가?

(A) 프로그램 관련 피드백을 제공하기 위해서
(B) 학회 설문 조사지에 관하여 문의하기 위해서
(C) 발표자의 출장 준비를 돕기 위해서
(D) 학회 프로그램을 기획하기 위해서

STEP 1   목적이 앞부분에 없을 때는 하단부에 나오는 요구사항에 정답이 있다.

목적이나 주제를 묻는 문제는 주로 지문의 상단부에 목적이 언급되지만, 초반에 편지나 이메일을 보내게 된 배경 등을 설명할 때는 하단부에 요청 사항으로 목적이 등장한다. 두 번째 지문인 이메일이 작성된 이유를 묻는 문제로 지문의 "I thought I'd share the attached survey response with you. It's by Edgardo Ortega, who speaks highly of your program."에서 Pena 씨의 프로그램을 극찬한 Edgardo Ortega 씨가 작성한 설문 응답을 첨부했음을 언급하고 있다. 따라서 이메일의 주요 목적은 프로그램에 대한 피드백을 제공하기 위한 것임을 알 수 있으므로 정답은 (A)이다.

STEP 2

(B) 지문의 "I thought I'd share the attached survey response with you. It's by Edgardo Ortega, who speaks highly of your program."에서 Edgardo Ortega 씨가 이미 작성한 convention survey questionnaire(학회 설문조사지)를 첨부하였다고 했으므로 오답이다.
(C)는 언급되지 않은 사항이므로 오답이다.
(D) 학회 프로그램은 9월 9일부터 11일에 진행되었으므로 이메일 발송 날짜인 10월 13일에 학회 프로그램을 기획한다는 것은 오답이다.

---

188. 이메일에서, 첫 번째 단락 세 번째 줄의 "present"와 의미가 가장 가까운 것은?

(A) 선물
(B) 현재의
(C) 참석하고 있는
(D) 소개하다

STEP 1   동의어 찾기 문제는 진짜 동의어를 찾는 것이 아니다.

보기의 대부분은 실제 동의어들로, 단순히 같은 뜻을 찾는 것이 아니라 본문의 문맥에 어울리는 단어로 교체하는 것이 핵심이다. 해당 문장인 "Everyone present surely learned a lot about various techniques"에서 '참석한' 사람들은 다양한 기술을 배웠다고 언급하였다. 따라서 '참석한'의 의미를 갖고 있는 (C)가 정답이다.

---

189. Ortega 씨에 대해 추론할 수 있는 것은 무엇인가?

(A) 그가 참석하길 원하는 프로그램은 취소되었다.
(B) 그는 Parker 박사님의 강연을 놓쳤다.
(C) 그의 방은 학회 이전에 예약되었다.
(D) 그는 신청 과정에 만족했다.

STEP 1   특정인과 관련한 사실 확인 문제는 해당 지문과 연계 지문을 동시에 봐야 한다.

세 지문 중에 하나의 지문에만 언급되는 사람과 관련한 사실 확인 문제는 보기의 키워드를 통해 위치를 확인해야 한다. 이때 해당 지문뿐만 아니라 연계 지문의 내용이 보기의 키워드로 등장한다. 문제의 키워드인 Mr. Ortega는 두 번째 지문과 세 번째 지문에 등장하지만, 학회 참석자인 Ortega 씨가 작성한 설문조사지에서 그와 관련된 사실을 파악해야 한다. 따라서 세 번째 지문의 "but my convention packet was missing. Although I eventually received my packet, I was not able to attend the keynote speaker's presentation because of the delay."에서 그가 분실한 학회 자료를 받느라 기조 연설자의 발표에 참석하지 못했다고 언급하였다. 따라서 학회에 대한 전반적인 이야기를 하고 있는 첫 번째 지문의 "the keynote presenter is Dr. Alice Parker."에서 기조 연설자가 Alice Parker 박사님임을 확인할 수 있다. 따라서 Ortega 씨는 Alice Parker 박사님의 연설을 놓친 것으로 정답은 (B)이다.

STEP 2

(A)는 언급되지 않은 사항이므로 오답이다.

(C) 지문의 "I had signed up prior to the deadline,"에서 그는 객실을 예약한 것이 아니라, 마감일 전에 학회를 신청한 것이므로 오답이다.

(D) 지문의 "My registration was not processed correctly."에서 Ortega 씨는 신청 과정에 불만족하고 있음을 간접적으로 표현했으므로 오답이다.

---

190. Ortega 씨가 특히나 만족하였던 발표자는 누구인가?

(A) Patel 씨
(B) Palmer 씨
(C) Pena 씨
(D) Payne 씨

STEP 1 　 보기가 모두 장소이거나, 시간, 사람 이름 등이면 모두 본문에서 검색해 두어야 한다.

문제의 키워드를 중심으로 보기에 해당하는 명사들을 빠르게 찾는 것이 관건이다. 즉 보기의 명사들이 키워드와 매칭 되는지를 확인해야 한다. 문제의 키워드는 which presenter, Ortega, happy with로 Ortega 씨가 만족했던 발표의 진행자가 누구인지를 묻는 문제이다. Ortega 씨가 작성했던 설문조사지인 세 번째 지문에서 "the convention was great. I especially enjoyed the program hosted by the eyewear designer. It was very informative."에서 아이웨어 디자이너가 진행했던 프로그램이 특히나 유익했음을 언급하였다. 하지만 학회에 대한 전체적인 이야기를 하고 있는 첫 번째 지문에서는 기조 연설자만을 밝히고 있으므로 두 번째 지문에서 정답을 찾아야 한다. 두 번째 지문의 "The program you led about creating a new eyewear design was so intriguing."에서 you에 해당하는 이메일의 수신자인 Pena씨가 아이웨어 디자인 제작에 관한 프로그램 진행했음을 확인할 수 있다. 즉 Ortega 씨가 만족한 프로그램의 진행자는 Pena씨로, 정답은 (C)이다.

Questions 191-195 refer to the following article and e-mails.

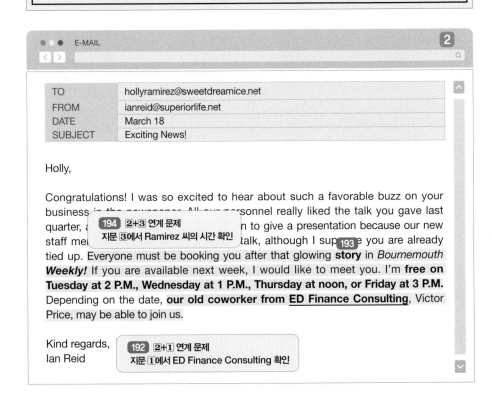

(Bournemouth) – Ice cream currently holds roughly 25 percent of the £9.5

> **191** ice cream fad has come from abroad
> → has been affected by trends from other nations

The latest ice-cream fad has come from abroad like most of the other dessert trends. Holly Ramirez largely contributed to the surge in regional ice-cream sales. She is a talented entrepreneur leading the famous Bournemuth-based ice-cream producer Sweet Dream Ice. Upon finishing her university studies about 8 years ago, Ms. Ramirez went to Madrid. There, she saw ice cream carts on almost every street corner in the city. "Working in a financial institution, I often visited the corner ice-

cream stores with my colleagues," she said. "I became an enthusiast of the taste of ice cream and the mood in ice-cream stores."

After quitting **her job at ED Finance Consulting in Spain, Ms. Ramirez** came back to London and started her

> **192** 2+1 연계 문제
> ED Finance Consulting
> → Ramirez's job at ED Finance Consulting
> → Ms. Ramirez and Mr. Reid used to work in Spain

the western coastal area. Moreover, her company is going to expand into the global market with a launch in Japan and Indonesia. We will keep our eyes on Ms. Ramirez and wait for her next flavor exploration!

● ● ● E-MAIL

TO | hollyramirez@sweetdreamice.net
FROM | ianreid@superiorlife.net
DATE | March 18
SUBJECT | Exciting News!

Holly,

Congratulations! I was so excited to hear about such a favorable buzz on your business in the newspaper. All our personnel really liked the talk you gave last quarter, a

> **194** 2+3 연계 문제
> 지문 ③에서 Ramirez 씨의 시간 확인

n to give a presentation because our new staff me talk, although I sup **193** e you are already tied up. Everyone must be booking you after that glowing **story** in *Bournemouth Weekly!* If you are available next week, I would like to meet you. I'm **free on Tuesday at 2 P.M., Wednesday at 1 P.M., Thursday at noon, or Friday at 3 P.M.** Depending on the date, **our old coworker from ED Finance Consulting**, Victor Price, may be able to join us.

Kind regards,
Ian Reid

> **192** 2+1 연계 문제
> 지문 ①에서 ED Finance Consulting 확인

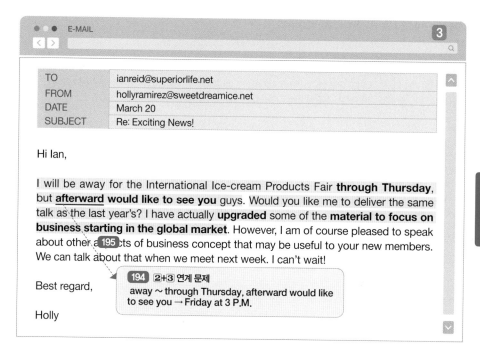

TO   ianreid@superiorlife.net
FROM   hollyramirez@sweetdreamice.net
DATE   March 20
SUBJECT Re: Exciting News!

Hi Ian,

I will be away for the International Ice-cream Products Fair **through Thursday**, but **afterward** **would like to see you** guys. Would you like me to deliver the same talk as the last year's? I have actually **upgraded** some of the **material to focus on business starting in the global market**. However, I am of course pleased to speak about other ⑲⑤cts of business concept that may be useful to your new members. We can talk about that when we meet next week. I can't wait!

Best regard,

194 2+3 연계 문제
away ~ through Thursday, afterward would like to see you → Friday at 3 P.M.

Holly

---

191. What is suggested about the dessert market in the nation?
(A) It is much larger in Bournemouth than in other regions.
(B) It was affected by trends from other nations.
(C) It makes £9.5 billion from ice-cream sales.
(D) It grew by 20 percent last year.

키워드 dessert market in the nation : 지문 1

192. What is indicated about Ms. Ramirez and Mr. Reid?
(A) Both are ice-cream specialists.
(B) Both used to work in Spain.
(C) Both are currently staying in Bournemouth.
(D) Both will attend an industry event.

키워드 Ms. Ramirez and Mr. Reid : 지문 1, 2
ㄴ. Reid 씨가 발신자인
2 지문에서의 키워드 ED Finance Consulting에 집중한다.

193. In the first e-mail, the word "story" in paragraph 1, line 5, is closest in meaning to
(A) offer   (B) type
(C) feature   (D) function

동의어 찾기 문제
ㄴ. 단어를 기준으로 앞뒤 문장을 확인하자.

194. What time will Ms. Ramirez and Mr. Reid most likely see each other?
(A) At 12 P.M.
(B) At 1 P.M.
(C) At 2 P.M.
(D) At 3 P.M.

Ramirez 씨와 Reid 씨가 만나는 날짜
ㄴ. 문제의 키워드 Ramireza 씨와 Reid 씨가 주고받는 지문 2, 3에 정답을 파악하자.

195. What does Ms. Ramirez offer to do?
(A) Hand out materials to participants
(B) Set up a date and time for an international fair
(C) Give feedback about recruiting new employees
(D) Talk about starting a business in the global market

Mr. Ramirez / 제안
ㄴ. 지문 3 : 보내는 사람 I

문제 191-195은 다음 기사와 이메일을 참조하세요.

(본머스) – 아이스크림은 현재 국내 95억의 파운드의 가치를 지닌 디저트 시장의 대략 25 퍼센트를 차지하고 있으며, 올해에도 20 퍼센트 성장할 거라고 예측되고 있습니다.

최근 아이스크림 유행은 다른 대다수의 디저트 유행과 같이 해외에서 유래되었습니다. Holly Ramirez는 지역 아이스크림 판매량 급증에 크게 기여했습니다. 그녀는 본머스에 본사를 둔 유명한 아이스크림 생산업체인 Sweet Dream Ice를 경영하고 있는 유능한 기업가입니다. 8년 전쯤 Ramirez 씨가 대학 학업을 마치자마자 마드리드로 갔습니다. 그곳에서, 도시의 거의 모든 길모퉁이에 위치한 아이스크림 가게를 보았습니다. "금융기관에서 일하면서 저는 종종 동료들과 함께 모퉁이의 아이스크림 가게를 방문했습니다."라고 말했습니다. "저는 아이스크림 가게의 분위기와 아이스크림 맛에 열광하게 되었습니다."

스페인의 ED 금융 회사를 그만둔 이후에 Ramirez 씨는 런던으로 돌아와 자신만의 스타일을 가진 아이스크림 가게로 장사를 시작했습니다. 시간은 흐르면서 매운 소스와 가지와 같은 특이한 맛을 갖춘 Ramirez 씨의 맛있는 아이스크림은 서쪽 해안 지역에 위치한 슈퍼마켓 대부분에서 현재 판매되고 있습니다. 게다가, 그녀의 회사는 일본과 인도네시아에 상품을 출시하면서 전 세계로 진출해 나갈 예정입니다. 저희는 Ramirez 씨를 주시할 예정이며 다음에 출시하는 새로운 맛을 기대하고 있습니다.

수신	hollyramirez@sweetdreamice.net
발신	ianreid@superiorlife.net
날짜	3월 18일
제목	흥미로운 뉴스!

Holly 씨,

축하합니다! 저는 신문에서 당신의 사업이 순조롭다는 소식을 듣게 되어 기뻤습니다. 우리 직원 모두는 지난 분기에 있던 당신의 연설을 매우 좋아했습니다. 그리고 저희 신입사원들이 당신의 연설에 대해 궁금해 하기 때문에 이미 바쁘실 거라 생각되지만, 한번 더 발표를 해 주셨으면 합니다. 본머스위클리에 극찬을 받은 기사가 난 후에 모두가 당신을 보러 갈 겁니다. 만약 다음 주에 시간이 있으시다면, 저는 당신을 만나 뵙고 싶습니다. 저는 화요일 오후 2시, 수요일 오후 1시, 목요일 정오, 금요일 오후 3시가 가능합니다. 날짜에 따라서, ED 금융 회사에서 근무했던 오랜 동료인 Victor Pricesms도 저희와 함께할 수 있습니다.

안부를 전하며

Ian Reid 올림

수신	ianreid@superiorlife.net
발신	hollyramirez@sweetdreamice.net
날짜	3월 20일
제목	답장 : 흥미로운 뉴스

안녕하세요, Ian 씨

저는 국제아이스크림 상품 박람회때문에 목요일까지 출장을 갈 예정이지만 그 이후에 여러분들을 만나 뵙고 싶습니다. 작년과 동일한 주제로 강연하기를 바라시는 건가요? 사실 세계시장의 스타트업에 중점을 두고 일부 소재를 업그레이드하였습니다. 하지만 저는 물론 신규 직원들에게 유용한 비즈니스 개념의 다른 측면에 관하여 발표해도 좋습니다. 다음 주에 만나게 되면 나눌 수 있겠군요. 너무 기대됩니다.

안녕히 계세요.

Holly 올림

어휘 **roughly** 대략 **billion** 10억 **latest** 최신의 **fad** 유행 **abroad** 해외로 **contribute to** ~에 기여하다 **surge** 급증 **regional** 지역의 **entrepreneur** 기업가 **financial institution** 금융기관 **colleague** 동료 **enthusiast** 열광적인 팬 **tasty** 맛있는 **launch** 개시, 출시 **exploration** 탐사, 탐험 **favorable** 호의적인 **buzz** 열중하는 것, 열광 **quarter** 분기 **curious** 호기심이 많은 **suppose** 생각하다 **tie up** 묶어 놓다 **glowing** 극찬하는 **coworker** 동료 **afterward** 후에 **material** 자료 **aspect** 측면

191. 국내 디저트 시장에 관하여 언급된 것은 무엇인가?
(A) 다른 지역보다 Bournemouth지점이 훨씬 더 크다.
(B) 매년 다른 국가의 유행에 영향을 받았다.
(C) 아이스크림 판매로 95억 파운드를 번다.
(D) 작년에 20퍼센트까지 성장했다.

STEP 1　본문 중에 구체적인 단서들을 모아서 포괄적인 정답을 찾는다.

각 문서의 앞부분을 skimming하고, 문제를 분석하여 정답의 위치, 풀이전략, 키워드를 확보한다. 문제의 키워드는 dessert market in the nation으로, 국내 디저트 시장과 관련된 내용을 지문에서 찾아 보기와 대조하는 문제이다. 첫 번째 지문의 "The latest ice-cream fad has come from abroad like most of the other dessert trends."에서 최근 국내 아이스크림의 인기는 해외에서 유래되었음을 확인할 수 있다. 따라서 해외의 다른 국가에서 영향을 받았다는 (B)가 정답이다.

STEP 2

(C) 지문의 "Ice cream currently holds ~ in the nation"에서 아이스크림 판매로 95억 파운드의 수익을 창출한다는 것은 확인이 불가능하므로 오답이다.
(D) 지문의 "Ice cream currently holds ~ by another 20 percent this year"에서 올해의 예측 성장률을 언급하고 있으므로 오답이다.

192. Ramirez 씨와 Reid 씨에 관하여 언급된 것은 무엇인가?

(A) 둘 다 아이스크림 전문가이다.

(B) 둘 다 스페인에서 근무하였다.

(C) 둘 다 현재 Bournemouth에서 머무르고 있다.

(D) 둘 다 업계행사에 참석할 것이다.

STEP 1   5문제 중 반드시 한 문제 이상은 두 문서를 동시에 이용해야 정답이 나온다.

사람 이름은 가장 중요한 키워드로, 두 문서에서 각각 I/You의 관계를 이해해야 한다. Ramirez 씨와 Reid 씨의 관계를 묻는 문제로, 1번째 지문에서는 Ramirez 씨에 대한 소개만 언급되므로 두 번째 지문과 연계하여 정답을 파악해야 한다. 두 번째 지문의 "our old coworker from ED Finance Consulting, Victor Price, may be able to join us."에서 이메일 발신자인 Ian Reid 씨는 Ed 금융회사에서 Ramirez 씨와 함께 근무한 동료임을 확인할 수 있다. 또한 첫 번째 지문의 "After quitting her job at ED Finance Consulting in Spain,"에서 ED 금융 회사가 스페인에 위치해 있음을 확인하였다. 따라서 Ramirez 씨와 Reid 씨는 스페인에서 근무했음을 파악할 수 있으므로 정답은 (B)이다.

STEP 2

(A) 첫 번째 지문의 "Holly Ramirez ~ ice-cream producer Sweet Dream Ice."에서 Ramirez 씨는 아이스크림 전문가임을 확인할 수 있지만, Ian 씨의 구체적인 직업은 확인할 수 없으므로 오답이다.

(C) 첫 번째 지문의 "Holly Ramirez ~ ice-cream producer Sweet Dream Ice."에서 Ramirez 씨의 회사 Sweet Dream Ice사의 본사 위치는 확인할 수 있지만, 거주 장소는 확인할 수 없다. 또한 Ian 씨의 거주지도 지문에서 언급되지 않았으므로 오답이다.

(D) 두 번째 지문의 "All our personnel really liked the talk you gave last quarter, and we'd love to invite you again to give a presentation"에서 Ian 씨의 회사에서 Ramirez 씨의 연설 진행을 요청하고 있다. 즉, Ramirez 씨와 Reid 씨는 업계 행사가 아닌 Ian 씨의 회사에서 만날 것임을 추측할 수 있으므로 오답이다.

---

193. 첫 번째 이메일에서, 첫 번째 단락 다섯 번째 줄의 "story"와 의미가 가장 가까운 것은?

(A) 제안

(B) 종류

(C) 특집 기사

(D) 기능

STEP 1   동의어는 문맥상 대체할 수 있는 단어를 찾는 것이다.

보기에서 일차원적으로 같은 의미의 단어를 찾는 것이 아니라 그 단어의 다양한 의미 중에서 본문의 상황에 맞는 의미를 선택해야 한다. 해당 문장인 "Everyone must be booking you after that glowing story in Bournemouth Weekly!"에서 Bournemouth Weekly에 극찬을 받은 '기사'가 난 후에 모두가 당신을 보러 갈 것이다'고 언급되었다. 따라서 '기사'를 의미하는 (C)가 정답이다.

194. Ramirez 씨와 Ian 씨는 언제 만날 것 같은가?

(A) 오후 12시
(B) 오후 1시
(C) 오후 2시
(D) 오후 3시

STEP 1 　보기가 모두 장소이거나, 시간, 사람 이름 등이면 모두 본문에서 검색해 두어야 한다.

문제의 키워드를 중심으로 보기에 해당하는 명사들을 빠르게 찾는 것이 관건이다. 즉 보기의 명사들이 키워드와 매칭 되는 지를 확인해야 한다. 문제의 키워드는 Ms. Ramirez and Mr. Ian, see each other로, Ramirez 씨와 Ian 씨가 만나는 시간을 묻는 문제이다. 먼저 Ian 씨가 보내는 이메일인 두 번째 지문에서 "If you are available next week, I would like to meet you. I'm free on Tuesday at 2 P.M., Wednesday at 1 P.M., Thursday at noon, or Friday at 3 P.M."에서 다음 주에 가능한 시간을 언급하며, Ramirez 씨와의 만나기를 기대하고 있다. 이에 대한 답장으로 Ramirez 씨가 보내는 세 번째 이메일에서 "I will be away for the International Ice-cream Products Fair through Thursday, but afterward would like to see you guys."에서 목요일까지는 박람회 참가로 그 이후에 시간이 가능하다고 언급하였다. 따라서 Ramirez 씨가 연설을 할 수 있는 요일은 금요일로, 오후 3시에 만날 것임을 추측할 수 있다. 따라서 정답은 (D)이다.

---

195. Ramirez 씨는 무엇을 제공하는가?

(A) 참가자들에게 유인물 배부하기
(B) 국제박람회 날짜와 시간 정하기
(C) 신규 직원 채용에 피드백 주기
(D) 세계시장에서 창업 관련 이야기하기

STEP 1 　마지막 문제의 답은 주로 세 번째 문서에 등장한다.

단일 지문 문제와 마찬가지로 다중 지문의 문제들도 정답은 순서대로 배치된다. Ramirez 씨가 제안한 것이 무엇인지를 묻는 문제로, Ramirez 씨가 발신자인 세 번째 지문에서 정답을 파악해야 한다. 지문의 "Would you like me to deliver the same talk as the last year's? I have actually upgraded some of the material to focus on business starting in the global market."에서 발표 주제로 세계 시장에서의 사업 기획에 관한 주제를 새롭게 준비하였다고 언급하였다. 따라서 Ramirez 씨의 발표 주제가 세계 시장에서 사업 기획에 관한 이야기임을 확인할 수 있으므로 정답은 (D)이다.

STEP 2

(A), (C)는 언급되지 않은 사항이므로 오답이다.
(B) 지문의 "I will be away for the International Ice-cream Products Fair through Thursday,"에서 국제 박람회의 일정은 이미 잡혀 있으므로 오답이다.

Questions 196-200 refer to the following article, advertisement, and review.

[1]

Successful Transition at Canary's Devon Restaurant

> **196** Terry Garrett ~ has bought the restaurant → a change in the ownership

Canary (19 March)—**Terry Garrett**, once the assistant cook at Devon Restaurant, **has bought the restaurant and is now running it**. "When **Sarah** decided to return to her hometown of **Quebec**, Canada, **to be an instructor at a culinary schoo**l," said Ms. Garrett, "I

> **197** be an instructor at a culinary school → teach cooking at an institution

"Terry was a great help in every aspect of my business, from the innovative dishes and service to the fascinating advertising. She had served as more than an employee," said Ms. Sarah Gonzalez, the f **198** **1+3 연계 문제** own a pumpkin and spinach salad dish unve → elegant flavor

including **a pumpkin and spinach salad, which, according to restaurant reviewer Travis Gibson of the Canary Daily, has an "elegant flavor."**

To book a table, call (087) 2173-9932 or visit www.devonrestaurant.net

[2]

DEVON
Restaurant

21 March {Monthly Special}
£29.00 per person - 3 COURSE MEAL

STARTER
Pumpkin and spinach salad
OR
Caesar salad

> **200** **3+2 연계 문제**
> potatoes with some seasonal vegetables with lime-chili sauce → Chicken on stone grill with lime-chilli sauce

Chicken on stone grill with lime-chili sauce

DESSERT
Ice cream with seasonal fruit
OR
Strawberry cake

200 3+2 연계 문제
potatoes with some seasonal
vegetables in a lime-chili sauce

...ny family a few days ago. The place is conveniently ...laxing. They provide a set menu, which is changed ...r each of the thre 199 ourses. As we are vegetarian, the menu was problematic. The cook agreed to **adjust** one of **the main courses to suit us**, but it took a lot of time for us to get our food. The main dish was good but not wonderful. It consisted just of **potatoes with some seasonal vegetables in a lime-chili sauce**. However, **the pumpkin and spinach salad** we all got was **amazing**. If I go back to this place, I will have

198 1+3 연계 문제
a pumpkin and spinach salad dish
→ 1 elegant flavor / 3 amazing

Overall Rating: 3 stars. ★★★
Posted by Darren Gilbert, 26 March

196. What is the article mainly about?
(A) An issue in the opening a new restaurant
(B) A change in the ownership of a business
(C) A special event at some local businesses
(D) A chef who won an award

목적 / 상
ㄴ 지문의 상단부를 확인하자.
ㄴ 지문 1

197. According to the article, why is Ms. Gonzalez going to Quebec?
(A) To live with her family
(B) To become an advertising director
(C) To open another new branch
(D) To teach cooking at an institution

Ms. Gonzalez / Quebec
ㄴ Ms. Gonzalez과 Guebez
주위에 정답이 있다.
ㄴ 지문 1

198. What part of the article does Mr. Gilbert agree with?
(A) The dish mentioned in a local publication was delightful.
(B) The customer service is much better than expected.
(C) The menu has the widest selections in the Canary area.
(D) The restaurant has a nature–themed atmosphere.

Gilbert 씨가 동의한 내용
ㄴ 지문 1인 기사와 Gilbert
씨의 후기인 지문 3의 공통점

199. In the review, the word "adjust" in paragraph 1, line 4, is closest in meaning to
(A) modify
(B) apply
(C) order
(D) charge

동의어 찾기 문제
ㄴ 단어를 기준으로
앞뒤 문장을 확인하자. : 지문 3

200. What dish was changed for Mr. Gilbert?
(A) Caesar Salad
(B) Strawberry cake
(C) Garlic–roasted beef
(D) Grilled chicken

Gilbert 씨에게 제공된
특별 요리
ㄴ Gilbert 씨의 후기인
지문 3과 지문 2의 메뉴의
차이점

문제 196-200은 다음 기사, 광고, 후기를 참조하시오.

Canary's Devon 식당에 성공적인 변화
Tony Simmons 작성

Canary (3월 19일) – 한때 Devon 식당에서 보조 요리사였던 Terry Garrett 씨는 Devon 식당을 인수했고 현재 그곳을 운영하고 있습니다. "Sarah 씨가 요리학교의 교사가 되기 위해 그녀의 고향인 캐나다 퀘백으로 돌아가기로 결정했을 때, 저만의 작은 식당을 운영할 때라는 것을 깨달았습니다."라고 Garrett 씨가 말했습니다.

"Terry 씨는 획기적인 요리와 서비스에서부터 매력적인 광고까지 저의 사업의 모든 면에 많은 도움을 주었습니다. 그녀는 직원 이상의 역할을 했습니다."라고 이전 주방장인 Sarah Conzalez 씨가 말했습니다. Garrett 씨는 지난주에 소유권을 취득했으며 호박 시금치 샐러드를 포함해서 몇몇 새로운 메뉴를 이미 공개했고, 이를 두고 Canary 일간지의 음식점 비평가 Travis Gibson 씨가 "우아한 맛"이라고 표현했습니다.

식사를 예약하기 위해서는 (087) 2173-9932로 전화 주시거나 www.devonrestaurant.net를 방문하세요.

Devon 식당

3월 21일 {월별 특별요리}
1인당 29파운드 - 3단계 코스 요리

전채 요리
호박 시금치 샐러드 또는 시저 샐러드

메인 요리
느타리 버섯을 곁들인 구운 마늘 소고기
또는 라임 칠리 소스로 곁들인 석쇠로 구운 치킨

디저트
계절 과일 아이스크림
또는 딸기 케이크

www.canaryregionalrestaurants.com.uk/devonrestaurant/customercomments

저는 며칠 전 가족과 함께 Devon 식당에 방문했습니다. 그곳은 편리한 곳에 위치해 있고 분위기는 편안합니다. 그곳에선 3단계 코스 요리에 각각 두 가지 요리로 구성되어 있는 세트 메뉴를 매달 다르게 제공합니다. 저희는 채식주의자기 때문에, 메뉴에 문제가 있었습니다. 요리사는 저희를 충족시키고자 메인 요리를 조정해주는 것에 동의했지만, 요리가 준비되는데 시간이 너무 오래 걸렸습니다. 메인 요리는 훌륭하진 않았지만 괜찮았습니다. 라임 칠리소스에 계절 채소가 곁들여진 감자요리였습니다. 그러나, 저희 모두가 먹은 호박 시금치 샐러드는 놀라웠습니다. 제가 이곳을 다시 방문한다면, 한 번 더 그 요리를 먹을 것입니다.

총평: 별 3개. ★★★
Darren Gilbert 게시, 3월 26일

196. 기사는 주로 무엇에 관한 것인가?

(A) 새로운 식당 개점의 문제
(B) 사업 소유권의 변화
(C) 일부 지역 기업에서 진행하는 특별 행사
(D) 상을 수상한 요리사

STEP 1 목적은 처음 2줄에 90% 정답이 있다.

기사가 작성된 이유를 묻고 있는 문제이다. 첫 번째 지문의 "Terry Garrett, ~ has bought the restaurant and is now running it."에서 Devon 식당의 보조 요리사였던 Garrett 씨가 Devon 식당을 인수했음이 언급되었다. 즉 경영자가 Garrett 씨로 변경되었으므로 정답은 (B)이다.

---

197. 기사에 따르면, Gonzalez 씨가 Quebec에 가는 이유는 무엇인가?

(A) 그녀의 가족과 함께 살기 위해
(B) 광고 책임자가 되기 위해
(C) 새 지점을 열기 위해
(D) 기관에서 요리를 가르치기 위해

STEP 1 정답은 항상 paraphrasing된다.

Gonzalez 씨가 Quebec에 가는 이유를 묻는 문제로, Gonzalez 씨와 Quebec이 언급되어 있는 첫 번째 지문에서 정답을 파악해야 한다. 지문의 "When Sarah decided to return to her hometown of Quebec, Canada, to be an instructor at a culinary school,"에서 그녀는 고향인 Quebec으로 돌아가 요리학교에서 선생님으로 근무하려는 결정을 내렸음을 확인할 수 있다. 따라서 정답은 (D)이다. 지문의 구체적인 어휘 be an instructor at a culinary school은 포괄적인 어휘 teach cooking at an institution으로 paraphrasing되었다.

STEP 2

(A) 지문의 "Sarah decided to return to her hometown of Quebec"에서 Quebec이 고향임이 언급되었지만, 가족이 살고 있는지와, 함께 살지에 대해 언급하지 않았으므로 오답이다.
(B) 지문의 "When Sarah decided to return to her hometown of Quebec, Canada, to be an instructor at a culinary school,"에서 Quebec에 돌아가 광고 책임자가 아닌 요리학교의 강사가 되고자 함을 언급했으므로 오답이다.
(C)는 언급되지 않은 사항이므로 오답이다.

198. Gilbert 씨가 기사의 내용에서 동의한 것은 무엇인가?

(A) 지역 신문에서 언급한 요리는 맛있었다.
(B) 고객 서비스는 예상보다 더 좋았다.
(C) Canary 지역에서 가장 다양한 메뉴를 제공한다.
(D) 식당은 자연적인 분위기이다.

STEP 1   특정인과 관련한 사실 확인 문제는 해당 지문과 연계 지문을 동시에 봐야 한다.

세 지문 중에 하나의 지문에만 언급되는 사람과 관련한 사실 확인 문제는 보기의 키워드를 통해 위치를 확인해야 한다. 이때 해당 지문뿐만 아니라 연계 지문의 내용이 보기의 키워드로 등장한다. Gilbert 씨가 기사의 내용 중 동의한 것이 무엇인지를 묻는 문제로, Gilbert 씨가 작성한 후기인 세 번째 지문과 기사의 공통점을 찾아 정답을 파악해야 한다. 첫 번째 지문의 a pumpkin and spinach salad, which, according to restaurant reviewer Travis Gibson of the Canary Daily, has an "elegant flavor."에서 비평가인 Travis Gibson 씨는 호박 시금치 샐러드 요리를 우아한 맛이라고 표현했다. 또한 세 번째 지문의 "the pumpkin and spinach salad we all got was amazing."에서 해당 요리에 맛있다는 찬사를 보내고 있다. 따라서 Gilbert 씨는 지역 일간지에서 언급한 요리가 맛있다는 사실에 동의했으므로 정답은 (A)이다.

STEP 2

(B), (C), (D)는 언급되지 않은 사항이므로 오답이다.

---

199. 논평에서 첫 번째 문단 네 번째 줄의 "adjust"와 의미가 가장 가까운 것은?

(A) 수정하다
(B) 지원하다
(C) 주문하다
(D) 청구하다

STEP 1   동의어 찾기 문제는 진짜 동의어를 찾는 것이 아니다.

보기의 대부분은 실제 동의어들로, 단순히 같은 뜻을 찾는 것이 아니라 본문의 문맥에서 어울리는 단어로 교체하는 것이 핵심이다. 지문의 "The cook agreed to adjust one of the main courses to suit us."에서 요리사는 우리를 충족시키고자 메인 요리를 '조정해주는 것'에 동의했다 라고 언급하고 있다. 따라서 '수정하다, 조정하다'의 의미로 adjust가 사용되었으므로 정답은 (A) modify이다.

200. Gilbert 씨를 위해 어떤 음식이 변경되었나?

(A) 시저 샐러드
(B) 딸기 케이크
(C) 구운 마늘 소고기
(D) 구운 치킨

STEP 1 차액/변경 사항들은 **original**과 **new** 정보를 구분해 두어야 한다.

주로 originally, previously, formerly 등의 부사들과 자주 출제되며, 변경되는 사항과 문서간의 연결 키워드를 확인해야 한다. Gilbert 씨를 위해 변경된 음식을 묻는 문제로, Gilbert 씨가 작성한 후기에서 정답을 찾아야 한다. 지문의 "The cook agreed to adjust one of the main courses to suit us"와 "the main dish was good but not wonderful. It consisted just of potatoes with some seasonal vegetables in a lime-chili sauce."에서 채식주의자인 Gilbert 씨 가족을 위해 요리사는, 메인 요리로 라임 칠리소스에 계절 채소가 곁들여진 감자요리를 특별히 준비했음을 언급했으며, 해당 식당의 메뉴인 두 번째 지문에서 본래 음식이 무엇인지를 확인해야 한다. 따라서 두 번째 지문의 "Chicken on stone grill with lime-chili sauce"에서 본래 라임 칠리소스가 곁들여진 음식은 구운 치킨이었으므로 정답은 (D)이다.

Answer Sheet

음시일자 :

TOEIC Test 1

	한글
성명	한자
	영문

Listening Comprehension

No.	ANSWER A B C D	No.	ANSWER A B C D	No.	ANSWER A B C D	No.	ANSWER A B C D	No.	ANSWER A B C D
1	Ⓐ Ⓑ Ⓒ Ⓓ	21	Ⓐ Ⓑ Ⓒ Ⓓ	41	Ⓐ Ⓑ Ⓒ Ⓓ	61	Ⓐ Ⓑ Ⓒ Ⓓ	81	Ⓐ Ⓑ Ⓒ Ⓓ
2	Ⓐ Ⓑ Ⓒ Ⓓ	22	Ⓐ Ⓑ Ⓒ Ⓓ	42	Ⓐ Ⓑ Ⓒ Ⓓ	62	Ⓐ Ⓑ Ⓒ Ⓓ	82	Ⓐ Ⓑ Ⓒ Ⓓ
3	Ⓐ Ⓑ Ⓒ Ⓓ	23	Ⓐ Ⓑ Ⓒ Ⓓ	43	Ⓐ Ⓑ Ⓒ Ⓓ	63	Ⓐ Ⓑ Ⓒ Ⓓ	83	Ⓐ Ⓑ Ⓒ Ⓓ
4	Ⓐ Ⓑ Ⓒ Ⓓ	24	Ⓐ Ⓑ Ⓒ Ⓓ	44	Ⓐ Ⓑ Ⓒ Ⓓ	64	Ⓐ Ⓑ Ⓒ Ⓓ	84	Ⓐ Ⓑ Ⓒ Ⓓ
5	Ⓐ Ⓑ Ⓒ Ⓓ	25	Ⓐ Ⓑ Ⓒ Ⓓ	45	Ⓐ Ⓑ Ⓒ Ⓓ	65	Ⓐ Ⓑ Ⓒ Ⓓ	85	Ⓐ Ⓑ Ⓒ Ⓓ
6	Ⓐ Ⓑ Ⓒ Ⓓ	26	Ⓐ Ⓑ Ⓒ Ⓓ	46	Ⓐ Ⓑ Ⓒ Ⓓ	66	Ⓐ Ⓑ Ⓒ Ⓓ	86	Ⓐ Ⓑ Ⓒ Ⓓ
7	Ⓐ Ⓑ Ⓒ	27	Ⓐ Ⓑ Ⓒ Ⓓ	47	Ⓐ Ⓑ Ⓒ Ⓓ	67	Ⓐ Ⓑ Ⓒ Ⓓ	87	Ⓐ Ⓑ Ⓒ Ⓓ
8	Ⓐ Ⓑ Ⓒ	28	Ⓐ Ⓑ Ⓒ Ⓓ	48	Ⓐ Ⓑ Ⓒ Ⓓ	68	Ⓐ Ⓑ Ⓒ Ⓓ	88	Ⓐ Ⓑ Ⓒ Ⓓ
9	Ⓐ Ⓑ Ⓒ	29	Ⓐ Ⓑ Ⓒ Ⓓ	49	Ⓐ Ⓑ Ⓒ Ⓓ	69	Ⓐ Ⓑ Ⓒ Ⓓ	89	Ⓐ Ⓑ Ⓒ Ⓓ
10	Ⓐ Ⓑ Ⓒ	30	Ⓐ Ⓑ Ⓒ Ⓓ	50	Ⓐ Ⓑ Ⓒ Ⓓ	70	Ⓐ Ⓑ Ⓒ Ⓓ	90	Ⓐ Ⓑ Ⓒ Ⓓ
11	Ⓐ Ⓑ Ⓒ	31	Ⓐ Ⓑ Ⓒ Ⓓ	51	Ⓐ Ⓑ Ⓒ Ⓓ	71	Ⓐ Ⓑ Ⓒ Ⓓ	91	Ⓐ Ⓑ Ⓒ Ⓓ
12	Ⓐ Ⓑ Ⓒ	32	Ⓐ Ⓑ Ⓒ Ⓓ	52	Ⓐ Ⓑ Ⓒ Ⓓ	72	Ⓐ Ⓑ Ⓒ Ⓓ	92	Ⓐ Ⓑ Ⓒ Ⓓ
13	Ⓐ Ⓑ Ⓒ	33	Ⓐ Ⓑ Ⓒ Ⓓ	53	Ⓐ Ⓑ Ⓒ Ⓓ	73	Ⓐ Ⓑ Ⓒ Ⓓ	93	Ⓐ Ⓑ Ⓒ Ⓓ
14	Ⓐ Ⓑ Ⓒ	34	Ⓐ Ⓑ Ⓒ Ⓓ	54	Ⓐ Ⓑ Ⓒ Ⓓ	74	Ⓐ Ⓑ Ⓒ Ⓓ	94	Ⓐ Ⓑ Ⓒ Ⓓ
15	Ⓐ Ⓑ Ⓒ	35	Ⓐ Ⓑ Ⓒ Ⓓ	55	Ⓐ Ⓑ Ⓒ Ⓓ	75	Ⓐ Ⓑ Ⓒ Ⓓ	95	Ⓐ Ⓑ Ⓒ Ⓓ
16	Ⓐ Ⓑ Ⓒ	36	Ⓐ Ⓑ Ⓒ Ⓓ	56	Ⓐ Ⓑ Ⓒ Ⓓ	76	Ⓐ Ⓑ Ⓒ Ⓓ	96	Ⓐ Ⓑ Ⓒ Ⓓ
17	Ⓐ Ⓑ Ⓒ	37	Ⓐ Ⓑ Ⓒ Ⓓ	57	Ⓐ Ⓑ Ⓒ Ⓓ	77	Ⓐ Ⓑ Ⓒ Ⓓ	97	Ⓐ Ⓑ Ⓒ Ⓓ
18	Ⓐ Ⓑ Ⓒ	38	Ⓐ Ⓑ Ⓒ Ⓓ	58	Ⓐ Ⓑ Ⓒ Ⓓ	78	Ⓐ Ⓑ Ⓒ Ⓓ	98	Ⓐ Ⓑ Ⓒ Ⓓ
19	Ⓐ Ⓑ Ⓒ	39	Ⓐ Ⓑ Ⓒ Ⓓ	59	Ⓐ Ⓑ Ⓒ Ⓓ	79	Ⓐ Ⓑ Ⓒ Ⓓ	99	Ⓐ Ⓑ Ⓒ Ⓓ
20	Ⓐ Ⓑ Ⓒ	40	Ⓐ Ⓑ Ⓒ Ⓓ	60	Ⓐ Ⓑ Ⓒ Ⓓ	80	Ⓐ Ⓑ Ⓒ Ⓓ	100	Ⓐ Ⓑ Ⓒ Ⓓ

Reading Comprehension

No.	ANSWER A B C D	No.	ANSWER A B C D	No.	ANSWER A B C D	No.	ANSWER A B C D	No.	ANSWER A B C D
101	Ⓐ Ⓑ Ⓒ Ⓓ	121	Ⓐ Ⓑ Ⓒ Ⓓ	141	Ⓐ Ⓑ Ⓒ Ⓓ	161	Ⓐ Ⓑ Ⓒ Ⓓ	181	Ⓐ Ⓑ Ⓒ Ⓓ
102	Ⓐ Ⓑ Ⓒ Ⓓ	122	Ⓐ Ⓑ Ⓒ Ⓓ	142	Ⓐ Ⓑ Ⓒ Ⓓ	162	Ⓐ Ⓑ Ⓒ Ⓓ	182	Ⓐ Ⓑ Ⓒ Ⓓ
103	Ⓐ Ⓑ Ⓒ Ⓓ	123	Ⓐ Ⓑ Ⓒ Ⓓ	143	Ⓐ Ⓑ Ⓒ Ⓓ	163	Ⓐ Ⓑ Ⓒ Ⓓ	183	Ⓐ Ⓑ Ⓒ Ⓓ
104	Ⓐ Ⓑ Ⓒ Ⓓ	124	Ⓐ Ⓑ Ⓒ Ⓓ	144	Ⓐ Ⓑ Ⓒ Ⓓ	164	Ⓐ Ⓑ Ⓒ Ⓓ	184	Ⓐ Ⓑ Ⓒ Ⓓ
105	Ⓐ Ⓑ Ⓒ Ⓓ	125	Ⓐ Ⓑ Ⓒ Ⓓ	145	Ⓐ Ⓑ Ⓒ Ⓓ	165	Ⓐ Ⓑ Ⓒ Ⓓ	185	Ⓐ Ⓑ Ⓒ Ⓓ
106	Ⓐ Ⓑ Ⓒ Ⓓ	126	Ⓐ Ⓑ Ⓒ Ⓓ	146	Ⓐ Ⓑ Ⓒ Ⓓ	166	Ⓐ Ⓑ Ⓒ Ⓓ	186	Ⓐ Ⓑ Ⓒ Ⓓ
107	Ⓐ Ⓑ Ⓒ Ⓓ	127	Ⓐ Ⓑ Ⓒ Ⓓ	147	Ⓐ Ⓑ Ⓒ Ⓓ	167	Ⓐ Ⓑ Ⓒ Ⓓ	187	Ⓐ Ⓑ Ⓒ Ⓓ
108	Ⓐ Ⓑ Ⓒ Ⓓ	128	Ⓐ Ⓑ Ⓒ Ⓓ	148	Ⓐ Ⓑ Ⓒ Ⓓ	168	Ⓐ Ⓑ Ⓒ Ⓓ	188	Ⓐ Ⓑ Ⓒ Ⓓ
109	Ⓐ Ⓑ Ⓒ Ⓓ	129	Ⓐ Ⓑ Ⓒ Ⓓ	149	Ⓐ Ⓑ Ⓒ Ⓓ	169	Ⓐ Ⓑ Ⓒ Ⓓ	189	Ⓐ Ⓑ Ⓒ Ⓓ
110	Ⓐ Ⓑ Ⓒ Ⓓ	130	Ⓐ Ⓑ Ⓒ Ⓓ	150	Ⓐ Ⓑ Ⓒ Ⓓ	170	Ⓐ Ⓑ Ⓒ Ⓓ	190	Ⓐ Ⓑ Ⓒ Ⓓ
111	Ⓐ Ⓑ Ⓒ Ⓓ	131	Ⓐ Ⓑ Ⓒ Ⓓ	151	Ⓐ Ⓑ Ⓒ Ⓓ	171	Ⓐ Ⓑ Ⓒ Ⓓ	191	Ⓐ Ⓑ Ⓒ Ⓓ
112	Ⓐ Ⓑ Ⓒ Ⓓ	132	Ⓐ Ⓑ Ⓒ Ⓓ	152	Ⓐ Ⓑ Ⓒ Ⓓ	172	Ⓐ Ⓑ Ⓒ Ⓓ	192	Ⓐ Ⓑ Ⓒ Ⓓ
113	Ⓐ Ⓑ Ⓒ Ⓓ	133	Ⓐ Ⓑ Ⓒ Ⓓ	153	Ⓐ Ⓑ Ⓒ Ⓓ	173	Ⓐ Ⓑ Ⓒ Ⓓ	193	Ⓐ Ⓑ Ⓒ Ⓓ
114	Ⓐ Ⓑ Ⓒ Ⓓ	134	Ⓐ Ⓑ Ⓒ Ⓓ	154	Ⓐ Ⓑ Ⓒ Ⓓ	174	Ⓐ Ⓑ Ⓒ Ⓓ	194	Ⓐ Ⓑ Ⓒ Ⓓ
115	Ⓐ Ⓑ Ⓒ Ⓓ	135	Ⓐ Ⓑ Ⓒ Ⓓ	155	Ⓐ Ⓑ Ⓒ Ⓓ	175	Ⓐ Ⓑ Ⓒ Ⓓ	195	Ⓐ Ⓑ Ⓒ Ⓓ
116	Ⓐ Ⓑ Ⓒ Ⓓ	136	Ⓐ Ⓑ Ⓒ Ⓓ	156	Ⓐ Ⓑ Ⓒ Ⓓ	176	Ⓐ Ⓑ Ⓒ Ⓓ	196	Ⓐ Ⓑ Ⓒ Ⓓ
117	Ⓐ Ⓑ Ⓒ Ⓓ	137	Ⓐ Ⓑ Ⓒ Ⓓ	157	Ⓐ Ⓑ Ⓒ Ⓓ	177	Ⓐ Ⓑ Ⓒ Ⓓ	197	Ⓐ Ⓑ Ⓒ Ⓓ
118	Ⓐ Ⓑ Ⓒ Ⓓ	138	Ⓐ Ⓑ Ⓒ Ⓓ	158	Ⓐ Ⓑ Ⓒ Ⓓ	178	Ⓐ Ⓑ Ⓒ Ⓓ	198	Ⓐ Ⓑ Ⓒ Ⓓ
119	Ⓐ Ⓑ Ⓒ Ⓓ	139	Ⓐ Ⓑ Ⓒ Ⓓ	159	Ⓐ Ⓑ Ⓒ Ⓓ	179	Ⓐ Ⓑ Ⓒ Ⓓ	199	Ⓐ Ⓑ Ⓒ Ⓓ
120	Ⓐ Ⓑ Ⓒ Ⓓ	140	Ⓐ Ⓑ Ⓒ Ⓓ	160	Ⓐ Ⓑ Ⓒ Ⓓ	180	Ⓐ Ⓑ Ⓒ Ⓓ	200	Ⓐ Ⓑ Ⓒ Ⓓ

음시일자 :

TOEIC Test 2

성명

한글		
한자	응시	
영문	번호	

Listening Comprehension

No.	ANSWER A B C D	No.	ANSWER A B C D	No.	ANSWER A B C D	No.	ANSWER A B C D	No.	ANSWER A B C D
1	ⓐ ⓑ ⓒ	21	ⓐ ⓑ ⓒ ⓓ	41	ⓐ ⓑ ⓒ ⓓ	61	ⓐ ⓑ ⓒ ⓓ	81	ⓐ ⓑ ⓒ ⓓ
2	ⓐ ⓑ ⓒ	22	ⓐ ⓑ ⓒ ⓓ	42	ⓐ ⓑ ⓒ ⓓ	62	ⓐ ⓑ ⓒ ⓓ	82	ⓐ ⓑ ⓒ ⓓ
3	ⓐ ⓑ ⓒ ⓓ	23	ⓐ ⓑ ⓒ ⓓ	43	ⓐ ⓑ ⓒ ⓓ	63	ⓐ ⓑ ⓒ ⓓ	83	ⓐ ⓑ ⓒ ⓓ
4	ⓐ ⓑ ⓒ ⓓ	24	ⓐ ⓑ ⓒ ⓓ	44	ⓐ ⓑ ⓒ ⓓ	64	ⓐ ⓑ ⓒ ⓓ	84	ⓐ ⓑ ⓒ ⓓ
5	ⓐ ⓑ ⓒ ⓓ	25	ⓐ ⓑ ⓒ ⓓ	45	ⓐ ⓑ ⓒ ⓓ	65	ⓐ ⓑ ⓒ ⓓ	85	ⓐ ⓑ ⓒ ⓓ
6	ⓐ ⓑ ⓒ ⓓ	26	ⓐ ⓑ ⓒ ⓓ	46	ⓐ ⓑ ⓒ ⓓ	66	ⓐ ⓑ ⓒ ⓓ	86	ⓐ ⓑ ⓒ ⓓ
7	ⓐ ⓑ ⓒ ⓓ	27	ⓐ ⓑ ⓒ ⓓ	47	ⓐ ⓑ ⓒ ⓓ	67	ⓐ ⓑ ⓒ ⓓ	87	ⓐ ⓑ ⓒ ⓓ
8	ⓐ ⓑ ⓒ	28	ⓐ ⓑ ⓒ ⓓ	48	ⓐ ⓑ ⓒ ⓓ	68	ⓐ ⓑ ⓒ ⓓ	88	ⓐ ⓑ ⓒ ⓓ
9	ⓐ ⓑ ⓒ	29	ⓐ ⓑ ⓒ ⓓ	49	ⓐ ⓑ ⓒ ⓓ	69	ⓐ ⓑ ⓒ ⓓ	89	ⓐ ⓑ ⓒ ⓓ
10	ⓐ ⓑ ⓒ	30	ⓐ ⓑ ⓒ ⓓ	50	ⓐ ⓑ ⓒ ⓓ	70	ⓐ ⓑ ⓒ ⓓ	90	ⓐ ⓑ ⓒ ⓓ
11	ⓐ ⓑ ⓒ	31	ⓐ ⓑ ⓒ ⓓ	51	ⓐ ⓑ ⓒ ⓓ	71	ⓐ ⓑ ⓒ ⓓ	91	ⓐ ⓑ ⓒ ⓓ
12	ⓐ ⓑ ⓒ	32	ⓐ ⓑ ⓒ ⓓ	52	ⓐ ⓑ ⓒ ⓓ	72	ⓐ ⓑ ⓒ ⓓ	92	ⓐ ⓑ ⓒ ⓓ
13	ⓐ ⓑ ⓒ	33	ⓐ ⓑ ⓒ ⓓ	53	ⓐ ⓑ ⓒ ⓓ	73	ⓐ ⓑ ⓒ ⓓ	93	ⓐ ⓑ ⓒ ⓓ
14	ⓐ ⓑ ⓒ	34	ⓐ ⓑ ⓒ ⓓ	54	ⓐ ⓑ ⓒ ⓓ	74	ⓐ ⓑ ⓒ ⓓ	94	ⓐ ⓑ ⓒ ⓓ
15	ⓐ ⓑ ⓒ	35	ⓐ ⓑ ⓒ ⓓ	55	ⓐ ⓑ ⓒ ⓓ	75	ⓐ ⓑ ⓒ ⓓ	95	ⓐ ⓑ ⓒ ⓓ
16	ⓐ ⓑ ⓒ	36	ⓐ ⓑ ⓒ ⓓ	56	ⓐ ⓑ ⓒ ⓓ	76	ⓐ ⓑ ⓒ ⓓ	96	ⓐ ⓑ ⓒ ⓓ
17	ⓐ ⓑ ⓒ	37	ⓐ ⓑ ⓒ ⓓ	57	ⓐ ⓑ ⓒ ⓓ	77	ⓐ ⓑ ⓒ ⓓ	97	ⓐ ⓑ ⓒ ⓓ
18	ⓐ ⓑ ⓒ	38	ⓐ ⓑ ⓒ ⓓ	58	ⓐ ⓑ ⓒ ⓓ	78	ⓐ ⓑ ⓒ ⓓ	98	ⓐ ⓑ ⓒ ⓓ
19	ⓐ ⓑ ⓒ	39	ⓐ ⓑ ⓒ ⓓ	59	ⓐ ⓑ ⓒ ⓓ	79	ⓐ ⓑ ⓒ ⓓ	99	ⓐ ⓑ ⓒ ⓓ
20	ⓐ ⓑ ⓒ	40	ⓐ ⓑ ⓒ ⓓ	60	ⓐ ⓑ ⓒ ⓓ	80	ⓐ ⓑ ⓒ ⓓ	100	ⓐ ⓑ ⓒ ⓓ

Reading Comprehension

No.	ANSWER A B C D	No.	ANSWER A B C D	No.	ANSWER A B C D	No.	ANSWER A B C D	No.	ANSWER A B C D
101	ⓐ ⓑ ⓒ ⓓ	121	ⓐ ⓑ ⓒ ⓓ	141	ⓐ ⓑ ⓒ ⓓ	161	ⓐ ⓑ ⓒ ⓓ	181	ⓐ ⓑ ⓒ ⓓ
102	ⓐ ⓑ ⓒ ⓓ	122	ⓐ ⓑ ⓒ ⓓ	142	ⓐ ⓑ ⓒ ⓓ	162	ⓐ ⓑ ⓒ ⓓ	182	ⓐ ⓑ ⓒ ⓓ
103	ⓐ ⓑ ⓒ ⓓ	123	ⓐ ⓑ ⓒ ⓓ	143	ⓐ ⓑ ⓒ ⓓ	163	ⓐ ⓑ ⓒ ⓓ	183	ⓐ ⓑ ⓒ ⓓ
104	ⓐ ⓑ ⓒ ⓓ	124	ⓐ ⓑ ⓒ ⓓ	144	ⓐ ⓑ ⓒ ⓓ	164	ⓐ ⓑ ⓒ ⓓ	184	ⓐ ⓑ ⓒ ⓓ
105	ⓐ ⓑ ⓒ ⓓ	125	ⓐ ⓑ ⓒ ⓓ	145	ⓐ ⓑ ⓒ ⓓ	165	ⓐ ⓑ ⓒ ⓓ	185	ⓐ ⓑ ⓒ ⓓ
106	ⓐ ⓑ ⓒ ⓓ	126	ⓐ ⓑ ⓒ ⓓ	146	ⓐ ⓑ ⓒ ⓓ	166	ⓐ ⓑ ⓒ ⓓ	186	ⓐ ⓑ ⓒ ⓓ
107	ⓐ ⓑ ⓒ ⓓ	127	ⓐ ⓑ ⓒ ⓓ	147	ⓐ ⓑ ⓒ ⓓ	167	ⓐ ⓑ ⓒ ⓓ	187	ⓐ ⓑ ⓒ ⓓ
108	ⓐ ⓑ ⓒ ⓓ	128	ⓐ ⓑ ⓒ ⓓ	148	ⓐ ⓑ ⓒ ⓓ	168	ⓐ ⓑ ⓒ ⓓ	188	ⓐ ⓑ ⓒ ⓓ
109	ⓐ ⓑ ⓒ ⓓ	129	ⓐ ⓑ ⓒ ⓓ	149	ⓐ ⓑ ⓒ ⓓ	169	ⓐ ⓑ ⓒ ⓓ	189	ⓐ ⓑ ⓒ ⓓ
110	ⓐ ⓑ ⓒ ⓓ	130	ⓐ ⓑ ⓒ ⓓ	150	ⓐ ⓑ ⓒ ⓓ	170	ⓐ ⓑ ⓒ ⓓ	190	ⓐ ⓑ ⓒ ⓓ
111	ⓐ ⓑ ⓒ ⓓ	131	ⓐ ⓑ ⓒ ⓓ	151	ⓐ ⓑ ⓒ ⓓ	171	ⓐ ⓑ ⓒ ⓓ	191	ⓐ ⓑ ⓒ ⓓ
112	ⓐ ⓑ ⓒ ⓓ	132	ⓐ ⓑ ⓒ ⓓ	152	ⓐ ⓑ ⓒ ⓓ	172	ⓐ ⓑ ⓒ ⓓ	192	ⓐ ⓑ ⓒ ⓓ
113	ⓐ ⓑ ⓒ ⓓ	133	ⓐ ⓑ ⓒ ⓓ	153	ⓐ ⓑ ⓒ ⓓ	173	ⓐ ⓑ ⓒ ⓓ	193	ⓐ ⓑ ⓒ ⓓ
114	ⓐ ⓑ ⓒ ⓓ	134	ⓐ ⓑ ⓒ ⓓ	154	ⓐ ⓑ ⓒ ⓓ	174	ⓐ ⓑ ⓒ ⓓ	194	ⓐ ⓑ ⓒ ⓓ
115	ⓐ ⓑ ⓒ ⓓ	135	ⓐ ⓑ ⓒ ⓓ	155	ⓐ ⓑ ⓒ ⓓ	175	ⓐ ⓑ ⓒ ⓓ	195	ⓐ ⓑ ⓒ ⓓ
116	ⓐ ⓑ ⓒ ⓓ	136	ⓐ ⓑ ⓒ ⓓ	156	ⓐ ⓑ ⓒ ⓓ	176	ⓐ ⓑ ⓒ ⓓ	196	ⓐ ⓑ ⓒ ⓓ
117	ⓐ ⓑ ⓒ ⓓ	137	ⓐ ⓑ ⓒ ⓓ	157	ⓐ ⓑ ⓒ ⓓ	177	ⓐ ⓑ ⓒ ⓓ	197	ⓐ ⓑ ⓒ ⓓ
118	ⓐ ⓑ ⓒ ⓓ	138	ⓐ ⓑ ⓒ ⓓ	158	ⓐ ⓑ ⓒ ⓓ	178	ⓐ ⓑ ⓒ ⓓ	198	ⓐ ⓑ ⓒ ⓓ
119	ⓐ ⓑ ⓒ ⓓ	139	ⓐ ⓑ ⓒ ⓓ	159	ⓐ ⓑ ⓒ ⓓ	179	ⓐ ⓑ ⓒ ⓓ	199	ⓐ ⓑ ⓒ ⓓ
120	ⓐ ⓑ ⓒ ⓓ	140	ⓐ ⓑ ⓒ ⓓ	160	ⓐ ⓑ ⓒ ⓓ	180	ⓐ ⓑ ⓒ ⓓ	200	ⓐ ⓑ ⓒ ⓓ

Answer Sheet

응시일자 :

TOEIC Test 3

	성명	한글	
		한자	
		영문	

Listening Comprehension

No.	ANSWER				No.	ANSWER				No.	ANSWER				No.	ANSWER				No.	ANSWER			
	A	B	C	D		A	B	C	D		A	B	C	D		A	B	C	D		A	B	C	D
1	ⓐ	ⓑ	ⓒ	ⓓ	21	ⓐ	ⓑ	ⓒ	ⓓ	41	ⓐ	ⓑ	ⓒ		61	ⓐ	ⓑ	ⓒ	ⓓ	81	ⓐ	ⓑ	ⓒ	ⓓ
2	ⓐ	ⓑ	ⓒ	ⓓ	22	ⓐ	ⓑ	ⓒ	ⓓ	42	ⓐ	ⓑ	ⓒ		62	ⓐ	ⓑ	ⓒ	ⓓ	82	ⓐ	ⓑ	ⓒ	ⓓ
3	ⓐ	ⓑ	ⓒ	ⓓ	23	ⓐ	ⓑ	ⓒ	ⓓ	43	ⓐ	ⓑ	ⓒ		63	ⓐ	ⓑ	ⓒ	ⓓ	83	ⓐ	ⓑ	ⓒ	ⓓ
4	ⓐ	ⓑ	ⓒ	ⓓ	24	ⓐ	ⓑ	ⓒ	ⓓ	44	ⓐ	ⓑ	ⓒ		64	ⓐ	ⓑ	ⓒ	ⓓ	84	ⓐ	ⓑ	ⓒ	ⓓ
5	ⓐ	ⓑ	ⓒ	ⓓ	25	ⓐ	ⓑ	ⓒ	ⓓ	45	ⓐ	ⓑ	ⓒ		65	ⓐ	ⓑ	ⓒ	ⓓ	85	ⓐ	ⓑ	ⓒ	ⓓ
6	ⓐ	ⓑ	ⓒ	ⓓ	26	ⓐ	ⓑ	ⓒ	ⓓ	46	ⓐ	ⓑ	ⓒ		66	ⓐ	ⓑ	ⓒ	ⓓ	86	ⓐ	ⓑ	ⓒ	ⓓ
7	ⓐ	ⓑ	ⓒ	ⓓ	27	ⓐ	ⓑ	ⓒ	ⓓ	47	ⓐ	ⓑ	ⓒ		67	ⓐ	ⓑ	ⓒ	ⓓ	87	ⓐ	ⓑ	ⓒ	ⓓ
8	ⓐ	ⓑ	ⓒ	ⓓ	28	ⓐ	ⓑ	ⓒ	ⓓ	48	ⓐ	ⓑ	ⓒ		68	ⓐ	ⓑ	ⓒ	ⓓ	88	ⓐ	ⓑ	ⓒ	ⓓ
9	ⓐ	ⓑ	ⓒ	ⓓ	29	ⓐ	ⓑ	ⓒ	ⓓ	49	ⓐ	ⓑ	ⓒ		69	ⓐ	ⓑ	ⓒ	ⓓ	89	ⓐ	ⓑ	ⓒ	ⓓ
10	ⓐ	ⓑ	ⓒ	ⓓ	30	ⓐ	ⓑ	ⓒ	ⓓ	50	ⓐ	ⓑ	ⓒ		70	ⓐ	ⓑ	ⓒ	ⓓ	90	ⓐ	ⓑ	ⓒ	ⓓ
11	ⓐ	ⓑ	ⓒ	ⓓ	31	ⓐ	ⓑ	ⓒ	ⓓ	51	ⓐ	ⓑ	ⓒ		71	ⓐ	ⓑ	ⓒ	ⓓ	91	ⓐ	ⓑ	ⓒ	ⓓ
12	ⓐ	ⓑ	ⓒ	ⓓ	32	ⓐ	ⓑ	ⓒ	ⓓ	52	ⓐ	ⓑ	ⓒ	ⓓ	72	ⓐ	ⓑ	ⓒ	ⓓ	92	ⓐ	ⓑ	ⓒ	ⓓ
13	ⓐ	ⓑ	ⓒ	ⓓ	33	ⓐ	ⓑ	ⓒ	ⓓ	53	ⓐ	ⓑ	ⓒ	ⓓ	73	ⓐ	ⓑ	ⓒ	ⓓ	93	ⓐ	ⓑ	ⓒ	ⓓ
14	ⓐ	ⓑ	ⓒ	ⓓ	34	ⓐ	ⓑ	ⓒ	ⓓ	54	ⓐ	ⓑ	ⓒ	ⓓ	74	ⓐ	ⓑ	ⓒ	ⓓ	94	ⓐ	ⓑ	ⓒ	ⓓ
15	ⓐ	ⓑ	ⓒ	ⓓ	35	ⓐ	ⓑ	ⓒ	ⓓ	55	ⓐ	ⓑ	ⓒ	ⓓ	75	ⓐ	ⓑ	ⓒ	ⓓ	95	ⓐ	ⓑ	ⓒ	ⓓ
16	ⓐ	ⓑ	ⓒ	ⓓ	36	ⓐ	ⓑ	ⓒ	ⓓ	56	ⓐ	ⓑ	ⓒ	ⓓ	76	ⓐ	ⓑ	ⓒ	ⓓ	96	ⓐ	ⓑ	ⓒ	ⓓ
17	ⓐ	ⓑ	ⓒ	ⓓ	37	ⓐ	ⓑ	ⓒ	ⓓ	57	ⓐ	ⓑ	ⓒ	ⓓ	77	ⓐ	ⓑ	ⓒ	ⓓ	97	ⓐ	ⓑ	ⓒ	ⓓ
18	ⓐ	ⓑ	ⓒ	ⓓ	38	ⓐ	ⓑ	ⓒ	ⓓ	58	ⓐ	ⓑ	ⓒ	ⓓ	78	ⓐ	ⓑ	ⓒ	ⓓ	98	ⓐ	ⓑ	ⓒ	ⓓ
19	ⓐ	ⓑ	ⓒ	ⓓ	39	ⓐ	ⓑ	ⓒ	ⓓ	59	ⓐ	ⓑ	ⓒ	ⓓ	79	ⓐ	ⓑ	ⓒ	ⓓ	99	ⓐ	ⓑ	ⓒ	ⓓ
20	ⓐ	ⓑ	ⓒ	ⓓ	40	ⓐ	ⓑ	ⓒ	ⓓ	60	ⓐ	ⓑ	ⓒ	ⓓ	80	ⓐ	ⓑ	ⓒ	ⓓ	100	ⓐ	ⓑ	ⓒ	ⓓ

Reading Comprehension

No.	ANSWER				No.	ANSWER				No.	ANSWER				No.	ANSWER				No.	ANSWER			
	A	B	C	D		A	B	C	D		A	B	C	D		A	B	C	D		A	B	C	D
101	ⓐ	ⓑ	ⓒ	ⓓ	121	ⓐ	ⓑ	ⓒ	ⓓ	141	ⓐ	ⓑ	ⓒ	ⓓ	161	ⓐ	ⓑ	ⓒ	ⓓ	181	ⓐ	ⓑ	ⓒ	ⓓ
102	ⓐ	ⓑ	ⓒ	ⓓ	122	ⓐ	ⓑ	ⓒ	ⓓ	142	ⓐ	ⓑ	ⓒ	ⓓ	162	ⓐ	ⓑ	ⓒ	ⓓ	182	ⓐ	ⓑ	ⓒ	ⓓ
103	ⓐ	ⓑ	ⓒ	ⓓ	123	ⓐ	ⓑ	ⓒ	ⓓ	143	ⓐ	ⓑ	ⓒ	ⓓ	163	ⓐ	ⓑ	ⓒ	ⓓ	183	ⓐ	ⓑ	ⓒ	ⓓ
104	ⓐ	ⓑ	ⓒ	ⓓ	124	ⓐ	ⓑ	ⓒ	ⓓ	144	ⓐ	ⓑ	ⓒ	ⓓ	164	ⓐ	ⓑ	ⓒ	ⓓ	184	ⓐ	ⓑ	ⓒ	ⓓ
105	ⓐ	ⓑ	ⓒ	ⓓ	125	ⓐ	ⓑ	ⓒ	ⓓ	145	ⓐ	ⓑ	ⓒ	ⓓ	165	ⓐ	ⓑ	ⓒ	ⓓ	185	ⓐ	ⓑ	ⓒ	ⓓ
106	ⓐ	ⓑ	ⓒ	ⓓ	126	ⓐ	ⓑ	ⓒ	ⓓ	146	ⓐ	ⓑ	ⓒ	ⓓ	166	ⓐ	ⓑ	ⓒ	ⓓ	186	ⓐ	ⓑ	ⓒ	ⓓ
107	ⓐ	ⓑ	ⓒ	ⓓ	127	ⓐ	ⓑ	ⓒ	ⓓ	147	ⓐ	ⓑ	ⓒ	ⓓ	167	ⓐ	ⓑ	ⓒ	ⓓ	187	ⓐ	ⓑ	ⓒ	ⓓ
108	ⓐ	ⓑ	ⓒ	ⓓ	128	ⓐ	ⓑ	ⓒ	ⓓ	148	ⓐ	ⓑ	ⓒ	ⓓ	168	ⓐ	ⓑ	ⓒ	ⓓ	188	ⓐ	ⓑ	ⓒ	ⓓ
109	ⓐ	ⓑ	ⓒ	ⓓ	129	ⓐ	ⓑ	ⓒ	ⓓ	149	ⓐ	ⓑ	ⓒ	ⓓ	169	ⓐ	ⓑ	ⓒ	ⓓ	189	ⓐ	ⓑ	ⓒ	ⓓ
110	ⓐ	ⓑ	ⓒ	ⓓ	130	ⓐ	ⓑ	ⓒ	ⓓ	150	ⓐ	ⓑ	ⓒ	ⓓ	170	ⓐ	ⓑ	ⓒ	ⓓ	190	ⓐ	ⓑ	ⓒ	ⓓ
111	ⓐ	ⓑ	ⓒ	ⓓ	131	ⓐ	ⓑ	ⓒ	ⓓ	151	ⓐ	ⓑ	ⓒ	ⓓ	171	ⓐ	ⓑ	ⓒ	ⓓ	191	ⓐ	ⓑ	ⓒ	ⓓ
112	ⓐ	ⓑ	ⓒ	ⓓ	132	ⓐ	ⓑ	ⓒ	ⓓ	152	ⓐ	ⓑ	ⓒ	ⓓ	172	ⓐ	ⓑ	ⓒ	ⓓ	192	ⓐ	ⓑ	ⓒ	ⓓ
113	ⓐ	ⓑ	ⓒ	ⓓ	133	ⓐ	ⓑ	ⓒ	ⓓ	153	ⓐ	ⓑ	ⓒ	ⓓ	173	ⓐ	ⓑ	ⓒ	ⓓ	193	ⓐ	ⓑ	ⓒ	ⓓ
114	ⓐ	ⓑ	ⓒ	ⓓ	134	ⓐ	ⓑ	ⓒ	ⓓ	154	ⓐ	ⓑ	ⓒ	ⓓ	174	ⓐ	ⓑ	ⓒ	ⓓ	194	ⓐ	ⓑ	ⓒ	ⓓ
115	ⓐ	ⓑ	ⓒ	ⓓ	135	ⓐ	ⓑ	ⓒ	ⓓ	155	ⓐ	ⓑ	ⓒ	ⓓ	175	ⓐ	ⓑ	ⓒ	ⓓ	195	ⓐ	ⓑ	ⓒ	ⓓ
116	ⓐ	ⓑ	ⓒ	ⓓ	136	ⓐ	ⓑ	ⓒ	ⓓ	156	ⓐ	ⓑ	ⓒ	ⓓ	176	ⓐ	ⓑ	ⓒ	ⓓ	196	ⓐ	ⓑ	ⓒ	ⓓ
117	ⓐ	ⓑ	ⓒ	ⓓ	137	ⓐ	ⓑ	ⓒ	ⓓ	157	ⓐ	ⓑ	ⓒ	ⓓ	177	ⓐ	ⓑ	ⓒ	ⓓ	197	ⓐ	ⓑ	ⓒ	ⓓ
118	ⓐ	ⓑ	ⓒ	ⓓ	138	ⓐ	ⓑ	ⓒ	ⓓ	158	ⓐ	ⓑ	ⓒ	ⓓ	178	ⓐ	ⓑ	ⓒ	ⓓ	198	ⓐ	ⓑ	ⓒ	ⓓ
119	ⓐ	ⓑ	ⓒ	ⓓ	139	ⓐ	ⓑ	ⓒ	ⓓ	159	ⓐ	ⓑ	ⓒ	ⓓ	179	ⓐ	ⓑ	ⓒ	ⓓ	199	ⓐ	ⓑ	ⓒ	ⓓ
120	ⓐ	ⓑ	ⓒ	ⓓ	140	ⓐ	ⓑ	ⓒ	ⓓ	160	ⓐ	ⓑ	ⓒ	ⓓ	180	ⓐ	ⓑ	ⓒ	ⓓ	200	ⓐ	ⓑ	ⓒ	ⓓ

From Bottom to Top

토익, 그냥 점수만 따는 게 아니라
영어 실력도 쌓으면서 제대로 하고 싶으세요?
듣기, 문법, 읽기, 어휘 실력을
전방위로 넓히면서
토익의 전반적인 힘을 키워 보세요.

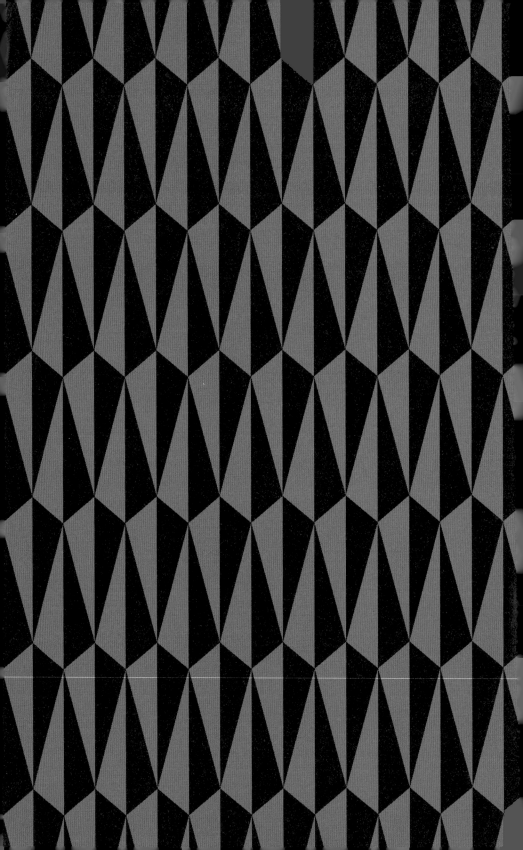

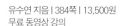

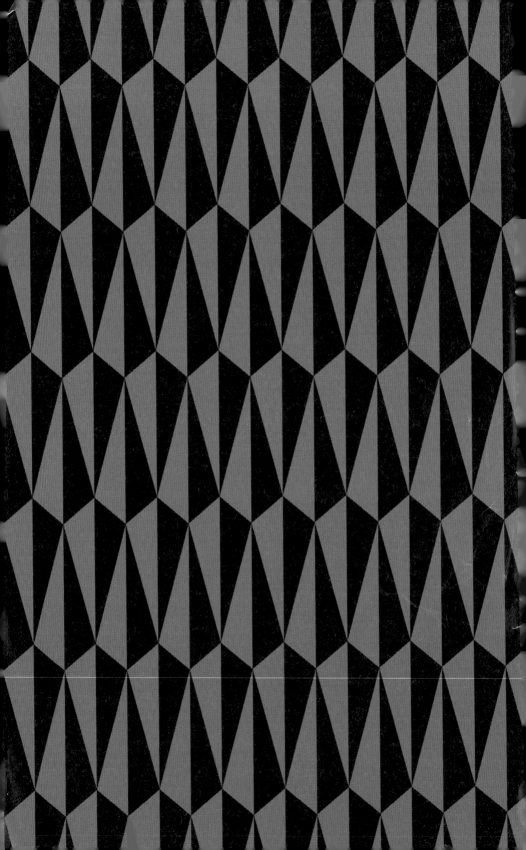